외래어와 외국어 표현 3300

알수록 '스마트Smart'해지는 한국어

외래어와 외국어 표현 3300

USEFUL LOANWORD & EXPRESSION of FOREIGN LANGUAGE in KOREAN

조형일 · 남주혜

역락

　　한국어교육 현장에서 학생들을 지도하다 보면 뜻하지 않은 곳에서 고민거리가 생긴다. 한 번도 생각해 보지 않았던 표현의 공백과 해석, 그리고 전혀 어울릴 것 같지 않은 의미들의 연결처럼, 뜻하지 않았던 순간에 만나게 되는 학습 요소들이 불쑥불쑥 튀어나온다.

　　외래어와 외국어 표현도 그렇다. 아무렇지도 않게 그렇게 쓰면 될 것이라고, 그리고 외국인들도 알아들을 수 있을 것이라고 쉽게 생각하는 이들 어휘는, 사실 외국어로서 한국어를 학습하는 학습자에게는 장애 요소가 된다. 게다가 안타깝게도 학습자들은 이들의 현실 발음과 사용례를 쉽게 찾아보기 어려운 현실이다.

　　국어사전의 ㄱ 항목부터 ㅎ 항목까지 샅샅이 뒤지면서 외래어의 자료를 수집하고, 일반 목적에 맞는 어휘들을 선정하는 동시에 200여 명의 학생들에게 최신 외래어와 상용 외래어로 적절한 어휘들을 추천하게 하고 이를 다시 검토하느라고 한 여름을 보내었다. 선정된 어휘의 의미 풀이를, 한국어 학습자의 이해 수준과 연습 활용을 염두에 두고 작성하다 보니 가을과 겨울이 훌쩍 지났다. 다시 여름과 가을, 용례를 이어 붙이고 여러 번의 시행착오 끝에 겨우 편집을 끝냈다. 남주혜 선생은 석사 학위 논문을 쓰는 와중에도 어휘의 선정에서부터 용례의 생산까지 편자로서의 해야 할 몫을 충실히 담당해 주었다. 그러므로 이 책에서 간혹 보일 수 있는 오류는 모두 책임 편자인 본인의 몫이다.

　　이 책에는 현재 상용되는 한국어의 외래어, 외국어 표현이 모두 담기지는 않았다. 하지만 이 책에 쓰인 모든 표현은 '알수록 스마트해지는' 유용한 한국어 표현이다. 물론 이들 역시 태생적으로 부족해 보일 수밖에 없는 것이 사실이다. 하지만, 외국인 학습자의 궁금증을 해소해 주기 위해서 표준 표기법과 발음은 물론 현실 표기 형태와 발음까지 제시하였고, 각 표현별로 유용한 예문을 실제적 발화 상황을 고려하여 확장 표현으로 유의어·반의어, 관련 표현 등을 담아내었다. 그러므로 이 책은 결과적으로 외국인 학습자는 물론 한국어의 어휘력 향상을 위해 공부하는 모든 한국인 학습자에게 유익한 표현집이라고 할 수 있다.

　　이 책이 출판되기까지 우여곡절이 많았다. 그러하기에 흔쾌히 출판을 허락해 주신 역락 출판사 이대현 사장님과 이를 위해 노력해 주신 박태훈 본부장님, 그리고 섬세하면서도 신속하게 편집을 해주신 박선주 대리님께 진심으로 감사의 인사를 드린다.

2012년 3월

책임 편자　조　형　일

- 이 책에서, 외래어는 국립국어원 표준국어대사전에 등재된 어휘 중에서 선정한 것이다. 외국어 표현의 경우에는 가장 일반적으로 상용되는 표현을 기준으로 삼아 제시했다.

- 표준어의 표기법에도 불구하고 그 표기와 현실 발음이 상이한 경우에는 단어[발음]처럼, 상용되는 발음을 [ ]표 안에 제시하였다. 이때 표준 표기와 발음이 아닌 것으로, 이 책에서 제안하고 있는 표기와 발음은 /표기 /[발음]처럼 표제어에 연이어 달아 두었다. 이들 표기와 발음이 절대적으로 옳다고 보기는 어렵지만, 이들은 일반적으로 상용되는 현실 표기와 발음을 최대한 반영하여 제시한 것이다.

- 발음 표시가 따로 되지 않은 것은 표현과 발음이 동일한 것이다. 여기서는 '캡슐 capsule'처럼 자연스럽게 된소리가 나는 경우에는 따로 '[캡쑬]'처럼 표시하지 않았으나, '식스six'처럼 [식쓰]가 아닌 [씩쓰]로 소리 나는 경우에는 이를 밝혀 적었다.

- 이 책은 그 성격상 외국어나 외래어를 잘못 사용하는 경우에도 이를 찾아 볼 수 있도록, 표준어법에 위반되는 표기인 경우에도 표제어로 삼았다. 표제어로 선정된 비표준어의 경우에는 표제어의 앞에 * 표시를 붙여 두었으며, 바로 앞뒤에 이어지는 표준 표제어가 아닌 경우에는 → 표시 뒤에 올바른 표준 표제어를 제시해 두어 따로 찾아볼 수 있도록 했다.

- 각 표제어마다 간단한 설명을 달아 두었고, 이를 다시 응용하여 이해할 수 있도록 2개에서 4개 정도의 용례를 달아 두었다. 용례들은 독립적 또는 대화 방식으로 상호 조응하면서 학습자의 이해를 도와줄 수 있도록 구성되었다. 용례는 표제어에서 확장되는 단어들까지 최대한 함께 사용하여 구성한 것이다. 이때 'WTO', 'YMCA'처럼 영어의 두문자(頭文字) 조합을 한국어의 표기에서 그대로 사용하는 경우에는 상례를 따랐다.

- 이 책의 말미에 정리해 둔 목록에서, 외국어와 외래어의 표준 표기와 발음은 까만색으로 표시해 두었고 그렇지 않은 경우에는 연이어 회색으로 표시해 두었다. 회색

으로 표시된 것은 표준 표기와 발음은 아니지만 현대 한국어에서 일반적으로 널리
사용되는 것이다.

- 이 목록 중에는 DMZ, Dalmatian, extract, Metasequoi 등의 단어처럼 표준어의 표기법
  과 발음이 상용되는 표기형태·발음과 아예 맞지 않은 것들이 있다. 이 경우에도
  표준어를 맨앞에 제시하였는데, 이때에는 다음처럼 현대 한국어에서 지배적으로
  쓰이고 있는 표기 또는 발음을 까만색으로 표시해 두었다.

외래어, 외국어	표준 표기	상용 표기 또는 발음
DMZ	디엠제트	디엠지
Dalmatian	달마티안	달마시안
extract	엑스트랙트	액기스 엑기스[엑끼쓰]
Metasequoia	메타^세쿼이아	[메타쎄콰이어/아]

- 외국어와 외래어 표현의 어원이 영어가 아닌 경우에는 다음의 약호를 사용하여 표
  제어 뒤에 달아 두었다.

그리스 어	Gre	네덜란드 어	Net
독일어	Ger	라틴 어	Lat
러시아 어	Rus	산스크리트 어	San
에스파냐 어	Esp	이탈리아 어	Ita
일본어	Jap	중국어	Chi
포르투갈 어	Por	프랑스 어	Fra
히브리 어	Heb	힌디 어	Hin

항목 찾기

가드guard　호위(護衛)하는 사람, 경비(警備).

> ▶ 그녀를 계속 따라가는 사람이 바로 그녀의 보디가드예요

> ▶ 팀(team)에서 슛(shoot)이 가장 정확한 사람을 슈팅가드라고 한다.

> ▶ 가드레일이 튼튼하지 않으면 인명(人命)사고가 나기 쉽습니다.

> ▷ 보디가드(bodyguard) : 개인 경호원.

> ▷ 슈팅^가드(shooting guard) : 주로 농구 경기(競技)에서, 슛을 잘 넣는 수비수.

> ▷ 가드^레일(guard-rail) : 도로의 사고 방지(防止)용 방호벽(防護壁).

가든garden[1]　정원(庭園).

> ▶가든에서 바비큐 파티(barbecue party)를 하다.

> ▶가든 용품(用品)을 사다.

> ▶연말 모임으로 가든파티를 열었다.

가든garden[2]　고기를 구워서 먹는 음식점(飮食店). ○○가든.

> ▶ 우리는 언제나 '대한 가든'에서 회식(會食)을 한다.

> ▶ 고기는 역시 '대한 가든'이 제일 맛있다.

> ▷ 가든파티(garden party) : 정원에 모여서 즐기는 파티.

***가디건**cardigan　털로 짠 스웨터(sweater)의 하나. 앞이 트인 스웨터 → 카디건.

> ▶ 가을이면 그녀는 늘 가디건을 입는다.

> ▶ 저 노란색 가디건은 얼마예요?

***가라**から Jap　진짜가 아닌 물건 또는 방식(方式).

> ▶ 부장님이 안 계신데요 부장님 사인(sign)을 제가 '가라'로 해도 될까요?

> ▶ 안 되죠! '가라'로 남의 사인을 대신하는 건 나쁜 겁니다.

> → '가짜'로 순화.

***가라오케**からオケ [가라오께] Jap　가짜 오케스트라(orchestra). 술을 마시면서 노래를 부를 수 있는 곳.

> ▶ 우리는 항상 가라오케에서 연말(年末) 모임을 갖습니다.

> ▶ 회식(會食) 후에 가라오케에서 2차 모임을 가집시다.

> ▷ 녹음된 반주(伴奏)만을 말하기도 함.

가솔린

　　　→ '노래방', '노래 주점(酒店)'으로 순화.

가솔린gasoline　석유(石油)연료의 하나, 휘발유(揮發油).

　　▶ 이번 대지진(大地震)으로 가솔린 공급에 차질(蹉跌)이 생겼다.

　　▶ 가솔린 차량(車輛)과 디젤(diesel) 차량은 무엇이 다른가요?

가스gas [가쓰] /[까쓰]　기체(氣體)의 총칭(總稱).

　　▶ 그가 독(毒)가스를 뿜어대는 바람에 모두들 코를 막고 난리였다.

　　▶ 누군가 가스를 분출(噴出)한 게 분명해. 방귀 냄새가 나는데?

　　▷ 가스^라이터(gas lighter) : 가스 연료를 이용한 라이터.

　　▷ 가스^램프(gas lamp) : 가스 연료를 이용한 등불.

　　▷ 가스^레인지(gas range) : 조리용(調理用) 가열(加熱) 기구(器具).

　　▷ 가스^보일러(gas boiler) : 가스를 연료로 한 난방(煖房) 기구.

　　▷ 가스^탱크(gas tank) : 가스 용기(容器).

가스펠gospel　종교적(宗敎的)인 노래, 복음(福音).

　　▶ 그녀는 가스펠 가수(歌手)가 되는 것이 꿈이다.

　　▶ 가장 좋아하는 가스펠송이 뭐야?

　　▷ 가스펠^송(gospel song[가스펠쏭]) : 교회의 복음(福音) 성가(聖歌).

가십gossip /[가씹]　소문, 떠도는 이야기.

　　▶ 그런 가십거리로 시간을 때우는 건 너무 아까워.

　　▶ 사람들은 연예계(演藝界)에 떠도는 가십을 좋아한다.

가운gown /[까운]　긴 겉옷의 총칭(總稱).

　　▶ 목욕을 하고 가운을 걸치면 시원하고 편안하다.

　　▶ 공부를 시작한 지 7년 만에 드디어 박사(博士) 가운을 입을 수 있었다.

가이드guide　관광(觀光) 안내를 하는 사람.

　　▶ 낯선 곳에서는 가이드의 안내를 받는 게 좋아요

　　▶ 외국 여행 시에는 반드시 그곳 가이드의 연락처를 적어 놓으세요

가이드^라인guideline　범위(範圍)나 목표를 정해서 제시해 두는 것.

　　▶ 정부(政府)는 경제(經濟) 성장의 가이드라인을 빨리 마련해야 한다.

　　▶ 우리도 월급 인상(引上)의 가이드라인을 공개해 줬으면 해요

가이드^북guidebook　안내하는 것 또는 안내 책자(冊子), 여행안내서(案內書).

　　▶ 여행할 때에는 그곳의 가이드북을 꼭 챙겨 가세요

　　▶ 가이드북에는 그곳의 관광(觀光) 상품이 잘 나와 있어요

가이아Gaia   그리스(Greece) 신화(神話)에 나오는 신. 대지(大地)의 여신(女神).
- ▶ 대지의 여신 가이아는 만물(萬物)의 어머니이다.
- ▶ 인류는 정말 가이아의 복수(復讐)에 시달리고 있는 걸까?

가제Gaze **Ger**   상처(傷處) 소독(消毒)용 천 → 거즈.
- ▶ 아기들에게는 부드러운 가제 손수건이 좋아요.
- ▶ 상처를 덮고 있던 가제를 떼기가 무서워요.

가톨릭Catholic /카톨릭   가톨릭교(敎).
- ▶ 가톨릭대학교가 어디에 있어요?
- ▶ 한국에는 개신교(改新敎) 신자가 많아요? 가톨릭 신자가 많아요?
- ▷ 가톨릭대학교(Catholic University of Korea) : 성심, 성의, 성신 세 개의 교정을 가진 종합대학교.

간디즘Gandhiism   비폭력(非暴力), 무저항주의(無抵抗主義).
- ▶ 그는 진정으로 간디즘을 믿고 실천(實踐)하면서 살고 있는 사람이다.
- ▶ 간디즘을 빼고 인도(India)의 독립(獨立) 운동을 말하기는 어렵다.

*간지かんじ **Jap**   멋진 모습.
- ▶그는 무엇을 입어도 간지가 난다.
- ▶그녀가 간지 나는 모자를 쓰고 왔다.
- ▷ 보통 '간지가 나다'의 형태로 쓴다.
- → '멋있다', '분위기(雰圍氣) 있다'로 순화.

갈릭garlic   마늘을 써서 만든 요리.
- ▶ 내가 직접 만든 갈릭 빵이야.
- ▶ 이 요리는 갈릭소스를 곁들여 먹으면 아주 맛있어요.
- ▷ 갈릭^소스(garlic sauce) : 마늘로 만든 소스.

감마gamma **Gre**   그리스(Greece) 자모(字母)의 세 번째 문자(文字) → 그리스문자.
- ▷ A/α알파, B/β베타, Γ/γ감마, Δ/δ델타, E/ε엡실론, Z/ζ제타, H/η에타, Θ/Θ세타, I/ι요타, K/κ카파, Λ/λ람다, M/μ뮤, N/ν뉴, Ξ/ξ크시/크사이, O/o오미크론, Π/π파이, P/ρ로, Σ/σ시그마, T/τ타우, Y/υ입실론, Φ/φ피, X/χ키, Ψ/ψ프시/프사이, Ω/ω오메가.

개그gag   말로 웃기는 코미디(comedy).
- ▶그가 개그맨이 될 줄 몰랐어.
- ▶그의 개그에 모든 사람들이 즐거워했다.

개런티

  ▷ 개그^맨(gagman) : 개그를 직업으로 하는 사람.

개런티guarantee　출연료(出演料) / 보증, 보증인(保證人).

  ▶ 참석한 모든 가수들이 콘서트(concert)의 개런티를 불우이웃 돕기 성금으로 기부(寄附)했다.

  ▶ 개런티는 얼마든지 원하는 대로 드리지요

갤러리gallery¹　미술품 전시(展示)관, 화랑(畫廊).

  ▶ 인사동에 있는 갤러리에서 괜찮은 작품전(作品展)을 많이 하던데요

  ▶ 갤러리를 빌려서 이번 행사를 진행(進行)하면 어떨까?

갤러리gallery²　골프(golf) 경기(競技)의 관중(觀衆).

  ▶ 백여 명이 넘는 갤러리가 숨을 죽이고 그의 경기(競技)를 지켜보았다.

  ▶ 그를 보려고 수천 명의 갤러리가 골프장에 모여 들었다.

갤런gallon　용량(容量) 단위의 하나.

  ▶ 석유 1갤런은 몇 리터(liter)쯤 되나요?

  ▶ 갤런은 부피를 재는 단위인데, 한국에서는 잘 쓰지 않는다.

갤럽gallup　여론(輿論) 조사(調査) 기관(機關).

  ▶ 한국갤럽연구소에서 조사한 바에 따르면 최근 남성의 화장품 소비가 급증(急增)하고 있다고 한다.

  ▶ 한국 갤럽에 이번 연구를 위한 설문조사(設問調査)를 의뢰(依賴)하였다.

갭gap　물건과 물건 사이의 틈 / 차이, 간격.

  ▶ 소파(sofa)와 테이블(table) 사이에는 어느 정도의 갭을 두면 될까요?

  ▶ 의견 차이의 갭을 좁힐 수가 없어서 결국 대화를 포기했어요

  ▶ 그는 계속해서 이상(理想)과 현실(現實)의 갭을 좁혀야 한다고 주장했다.

거즈gauze　상처 소독(消毒)용 천 → 가제.

  ▶ 상처를 덮고 있던 거즈를 떼기가 무서워요

  ▶ 아기들에게는 부드러운 거즈 손수건이 좋아요

*걸girl　소녀, 여자.

  ▶ 나도 예쁜 걸프렌드가 있었으면 좋겠어.

  ▶ 저는 어렸을 때 걸스카우트 단원(團員)이었어요

  ▷ 걸^프렌드(girl friend) : 여자친구.

  ▷ 걸^스카우트(Girl Scouts) : 수양, 사회봉사(社會奉仕) 목적의 여성 단체(團體).

게놈genom　/[지놈]　Ger　염색체(染色體), 유전체(誘電體)(DNA).

▸ 인간의 유전자 지도를 그리는 게놈 프로젝트(project)가 진행되었다.

▸ 한국인 천 명의 게놈을 분석하는 프로젝트를 드디어 실행합니다.

게르마늄germanium `Ger` 반도체(半導體)로 쓰이는 금속(金屬) 원소(元素)의 하나.

▸ 게르마늄 황토(黃土)방이 건강에 그렇게 좋대요.

▸ 게르마늄의 효능(效能)이 알려지자 사람들은 많은 관심을 보였다.

게르만German /[저만] `Ger` 독일(獨逸) 민족, 독일의.

▸ 게르만족(族)의 이동은 유럽(Europe) 사회에 어떤 영향을 끼쳤나요?

▸ 그녀는 유독(惟獨) 게르만 신화(神話)에 관심이 많아요.

게리맨더링Gerrymandering 자기 소속(所屬) 정당(政黨)에 유리하게 선거(選擧)구를 개정(改正)하는 것.

▸ 그 지역은 지난번 선거 때 게리맨더링 논란(論難)이 있었던 곳이야.

▸ 게리맨더링을 막기 위해서는 선거구를 법률(法律)로 정해야 한다.

게릴라guerilla `Esp` 유격대 또는 유격전(遊擊戰).

▸ 게릴라 전투로 적을 이긴 그들은 자신감에 가득 차 있었다.

▸ 예고 없이 관중을 모아서 여는 콘서트(concert)를 게릴라 콘서트라고 한다.

▸ 기업들은 고객을 확보하기 위해서 게릴라성 이벤트(event)를 개최한다.

게마인샤프트Gemeinschaft `Ger` 공동(共同) 사회 ↔ 게젤샤프트

▸ 게마인샤프트는 공동 사회를, 게젤샤프트는 이익(利益) 사회를 말한다.

▸ 오늘은 게마인샤프트에서 게젤샤프트로 변화하는 과정을 공부했다.

게슈타포Gestapo `Ger` 나치(Nazi) 독일 시절의 비밀경찰(秘密警察).

▸ 게슈타포는 나치 정권(政權)의 권력(權力) 강화(强化)를 위해 만들어졌다.

▸ 그때 그 게슈타포는 유대인(Judea人)인 나를 왜 살려 두었을까?

게스트guest 초대 손님, 방송(放送) 출연자(出演者).

▸ 오늘은 아주 특별한 게스트를 모셨습니다.

▸ 그는 게스트 하우스(house)에서 하루를 머물렀다.

게이gay '동성애자(同性愛者)'를 이르는 말.

▸ 그는 남성을 좋아하는 게이다.

▸ 게이와 레즈비언이 어떻게 다른가요?

▹ 주로 남성 동성애자를 가리킨다. 여자는 '레즈비언(lesbian)'이라고 함.

게이지gauge 표준(標準) 치수. 또는 그 측정기(測程器).

▸ 자동차 연료 게이지에 문제가 생긴 것 같아요.

게이트

    ▶ 여러 모로 분노(忿怒) 게이지가 상승한 그는 참지 못하고 화를 냈다.

게이트gate　관문(關門), 입구(入口).

    ▶ 10분 후에 정문 게이트 앞에서 만나요.

    ▶ 비행기는 여전히 게이트에서 이륙(離陸) 신호를 기다리고 있었다.

    ▶ 경주(競走)가 시작되자 경주마들은 힘차게 게이트를 박차고 뛰어나왔다.

게이트^볼gate ball　공을 스틱(stick)으로 치는 레저스포츠(leisure sports)의 하나.

    ▶ 우리 할아버지는 게이트볼을 좋아하셔.

    ▶ 이번 주말에는 게이트볼 친선(親善) 대회가 열립니다.

게임game [께임] /[껨] 규칙(規則)을 정해서 승부(勝負)를 겨루는 것. 놀이. 경기(競技).

    ▶ 게임을 하다.

    ▶ 그는 요즘 게임에 푹 빠져 지낸다.

    ▶ 그는 부상(負傷)을 입어서 이번 게임에는 출전(出戰)하지 못했다.

    ▶ 그는 이번 게임에서도 게임메이커로서의 역할을 잘 해냈다.

    ▷ 게임^메이커(game maker) : 게임에서 핵심적인 역할을 하는 선수.

게젤샤프트Gesellschaft Ger　이익(利益) 사회 ↔ 게마인샤프트

    ▶ 상인(商人)은 본래 게젤샤프트적인 인간이다.

    ▶ 게마인샤프트가 공동(共同) 사회라면 게젤샤프트는 이익 사회이다.

게토ghetto Ita　빈민(貧民) 지구(地區).

    ▶ 게토는 원래 유대인(Judea人) 이 모여서 사는 구역(區域)을 가리키던 말이다.

    ▶ 한국의 '게토'는 어디인가?

겔gel /젤 Ger　말랑말랑한 고체(固體) 물질.

    ▶ 얼굴을 하얗게 만들어 준다는 화이트닝(whitening) 겔이 새로 나왔습니다.

    ▶ 저기에 고여 있는 겔처럼 생긴 저건 뭐죠?

겟세마네Gethsemane　예수가 처형(處刑)되기 전날 기도하던 장소

    ▶ 겟세마네 동산에서 기도하던 예수의 모습을 그려보았다.

    ▶ 겟세마네 기도로 알려진 그곳은 이제 유명한 관광지(觀光地)가 되었다.

*고go　시작하다, 계속 가다.

    ▶ 신나게 회식(會食) 장소로 고!

    ▶ 자, 오늘도 '고고씽'합시다!

    ▷ 고고(gogo) : 강조하는 표현. *[꼬고].

    ▷ 고고^씽(gogo^) : '신나게 가자'라는 의미. '어서 가자', '시작하자'라는 신조어.

고고gogo 로큰롤(rock'n'roll)에 맞춰 추는 춤 또는 그 음악.
> ▶ 추억의 고고 댄스(dance)로 모두들 즐거운 밤을 보냈다.
> ▶ 70년대의 고고 댄스가 다시 인기를 얻고 있다.

***고데**こて Jap   머리를 다듬는 기구.
> ▶ 고데기(機)를 사용해서 머리에 웨이브(wave)를 주니까 한결 멋있어요
> ▶ 고데를 사용할 때에는 화상(火傷)을 입지 않게 조심해야 해요
→ '인두', '지짐머리'로 순화.

고딕Gothic[1] 중세(中世) 유럽(Europe)의 건축 양식(樣式).
> ▶ 고딕 양식으로 지어진 멋진 건물 앞에서 사진을 찍었다.
> ▶ 고딕식 건축 양식의 특징은 무엇인가요?
> ▷ 고딕^건축(Gothic建築) : 고딕식으로 된 건축.
> ▷ 고딕^식(Gothic式) : 중세 서(西)유럽에서 유행(流行)했던 건축 양식.

고딕Gothic[2] 글씨체의 하나. 고딕체(Gothic體).
> ▶ 이 부분은 고딕체로 바꿔주세요
> ▶ 이 문서의 글씨체로는 고딕이 더 어울릴 것 같네요

***고로케**croquette /[고로께] Fra   다진 고기를 볶아서 빵가루를 묻혀서 기름에 튀겨
낸 음식의 총칭(總稱) → 크로켓.
> ▶ 아, 고로케 먹고 싶다.
> ▶ 이 밤중에 고로케처럼 기름에 튀긴 음식은 몸에 안 좋아.

고릴라gorilla 유인원(類人猿)과의 큰 짐승의 하나.
> ▶ 철조망(鐵條網)에 갇혀서 지내는 고릴라가 너무 불쌍해.
> ▶ 여자에게 고릴라같이 생겼다는 말을 하다니 너무한 거 아니에요?

고스톱go & stop /[고스돕] 한국 사람들이 즐겨하는 카드(card) 놀이.
> ▶ 고스톱에 빠지면 패가망신(敗家亡身)할 수 있다.
> ▶ 한국 사람들은 명절(名節)에 가족들과 함께 재미로 고스톱을 친다.

고스트ghost 유령(幽靈), 귀신(鬼神).
> ▶ '고스트'를 한국에서는 유령 또는 귀신이라고 하지요
> ▶ 아! 그래서 '고스트'라는 영화에 귀신이 나오는 거였군요

곤돌라gondola Ita /곤도라 이탈리아 베네치아(Italy Venice)의 전통 나룻배.
> ▶ 베네치아의 곤돌라를 타보는 게 내 꿈이야.
> ▶ 곤돌라를 타고 마을을 한 바퀴 돌았다.

곤로

*곤로こんろ Jap   옛날식 난로의 하나. 풍로(風爐).
　▶ 겨울이 되니까 곤로에 고구마를 구워먹던 추억이 생각나요
　▶ 석유곤로보다는 전기곤로가 더 나아요.
　→ '풍로(風爐)', '화로(火爐)'로 순화.

골goal /[꼴]   목표, 도달점(到達點) / 구기(球技) 경기(競技)에서 득점(得點)하는 것.
　▶ 이번 게임에서는 겨우 한 골을 넣었어요
　▶ 그는 대단한 골 감각을 가지고 있다.
　▶ 내 인생의 골은 당신과의 결혼이에요
　▷ 골^게터(goal+getter) : 구기 경기(競技)에서 득점을 가장 많이 하는 선수(選手).
　▷ 골^네트(goal net) : 골대의 그물망.
　▷ 골^키퍼(goalkeeper) : 골대를 지키는 선수.

*골덴corded velveteen   골이 있는 직물(織物) → 코르덴.
　▶ 이 재킷(jacket)은 골덴 소재로 만들어서 세련(洗練)된 느낌이 나요
　▶ 이 골덴 바지는 참 따뜻해 보인다.

*골든golden   황금의, 금빛의, 귀중한.
　▶ 경기(競技)가 끝나기 직전에 그는 골든골(goal)을 터뜨렸다.
　▶ 이번 골든디스크 시상식(施賞式)의 주인공은 누가 될 것인가?
　▷ 골든^디스크(golden disk) : 백만 장 이상 팔린 음반(音盤)에 주는 상.

골인goal-in¹ /[꼴인]   운동경기(競技)(運動競技)에서 상대편 골대(goalpost)에 공을 넣었
　을 때 쓰는 표현.
　▶ 박지성 슛(shoot)! 골인! 골인입니다.
　▶ (농구) 한국! 3점 슛! 네, 골인입니다.

골인goal-in² /[꼴인]   목표 지점(地點)에 들어옴.
　▶ 그는 드디어 결혼에 골인하였다.
　▶ 골인 지점을 앞에 두고 여기서 포기할 수는 없어.

골프golf /[꼴프]   구기(球技) 경기(競技)의 하나.
　▶ 골프 칠 줄 알아요?
　▶ 골프장에 가득한 사람들을 보자 그는 긴장(緊張)이 되었다.
　▷ 골프^장(golf場) : 골프 경기(競技)장.

*구루마くるま Jap   수레, 달구지.
　▶ 아직도 '구루마'라는 말을 쓰나?

▶ 무슨 소리야? 이제 수레를 ‘구루마’라고 하지 않아. 뭐 일본에서는 아직도 차를 ‘구루마’라고 하기는 하지만.

*굿good 좋은, 좋다.

　▶ 이 빵은 우유와 먹으면 맛이 정말 굿이다.

　▶ 아주 좋아요, ‘베리굿’이에요.

　▷ 굿＾모닝(good morning) : 아침 인사.

　▷ 굿＾바이(good bye) : 헤어질 때의 인사.

　▷ 굿＾잡(good job) : ‘잘했다’라는 칭찬의 말.

　▷ 베리＾굿(very good) : ‘아주 좋다’라는 칭찬/감탄(感歎)의 말.

*그라데이션gradation 점진적(漸進的)인 변화, 색(色)의 바림 → 그러데이션.

　▶ 화장에도 그라데이션 기법(技法)이 필요해요.

　▶ 두 가지 색깔을 그라데이션으로 나타내니까 더 아름다워 보여요.

그라운드ground 운동장, 경기(競技)장(競技場).

　▶ 그라운드를 가득 채운 사람들은 모두 그녀의 등장을 기다렸다.

　▶ 지금 자랑스러운 한국의 대표 선수들이 그라운드에 입장하고 있습니다.

그라인더grinder 물체 표면(表面)을 매끄럽게 만드는 기구(器具).

　▶ 그라인더는 연삭기(研削機)라고도 해요.

　▶ 이번에 큰맘 먹고 전동(電動) 그라인더를 구입했어요.

그라탱gratin /그라탕 Fra 화이트소스(white sauce), 다진 고기, 야채 등을 오븐(oven)에 구운 요리.

　▶ 치즈(cheese) 그라탱 스파게티(spaghetti)로 주세요.

　▶ 저는 한국적인 맛이 나는 김치 그라탱을 만들어 보려고 해요.

*그람gram → 그램.

그랑프리grand prix Fra 선발(選拔) 대회, 경쟁(競爭) 대회에서의 대상(大賞).

　▶ 국제 피겨(figure)대회인 그랑프리 파이널(final)이 이곳에서 열립니다.

　▶ 그랑프리를 수상(受賞)한 그의 얼굴이 환하게 빛났다.

그래뉼러＾당granular糖 /그래뉼라 과립(顆粒)형 정제(精製) 설탕.

　▶ 달게 먹고 싶으면 그래뉼러당을 한 스푼(spoon) 정도 넣으세요.

　▶ 그래뉼러당은 음료수나 과자를 만들 때 쓴다.

그래프graph 통계(統計) 결과를 그림으로 나타낸 것.

　▶ 두 개의 그래프를 비교해 보세요.

그래픽

▶ 이것은 지난해의 판매량(販賣量) 변화를 나타낸 그래프입니다.

그래픽graphic 그림, 도안(圖案), 화보(畵報).

▶ 그래픽디자이너가 되고 싶어서 지금부터 컴퓨터(computer) 그래픽을 공부해 보려고 해요.

▶ 그는 감각적인 그래픽디자인으로 유명해졌다.

▷ 그래픽^디자이너(graphic designer) : 그래픽 디자인 전문가.

▷ 그래픽^디자인(graphic design) : 포스터, 광고(廣告) 등에 쓰이는 이미지(image)를 전문적으로 디자인하는 것.

그랜드grand 대형(大型)의, 좋은, 훌륭한.

▶ 그랜드슬램을 달성하지는 못했지만 최선을 다하는 모습이 아주 멋졌어.

▶ 그랜드피아노를 연주하는 그녀의 모습은 정말 아름다웠다.

▶ 아울렛(outlet)의 그랜드 오픈(open)으로 많은 사람들이 몰려들었다.

▷ 그랜드^슬램(grand slam) : 어떤 운동 경기(競技) 종목의 주요 선수권 대회에서 모두 우승하는 것.

▷ 그랜드^피아노(grand piano) : 연주회용 대형 피아노

그램gram /그람 질량의 기본 단위. [g].

▶ 이 고기는 100그램에 얼마예요?

▶ 맛있는 케이크(cake)를 만들려면 생크림(cream) 500그램을 준비해 주세요

그러데이션gradation /그라데이션 점진적(漸進的)인 변화, 색(色)의 바림.

▶ 두 가지 색상(色相)을 그러데이션으로 나타내니까 더 아름다워 보여요.

▶ 화장에도 그러데이션 기법이 필요해요

그레고리^력Gregory曆 달력 계산법(計算法)의 하나. 지금의 태양력(太陽曆).

▶ 그레고리력은 세계적으로 사용되는 양력(陽曆) 달력이다.

▶ 그레고리력의 1년은 365일 또는 366일이다.

*그레이gray 회색(灰色), 회색의 / 좋지 않은.

▶ 바지는 밝은 그레이 톤(tone)으로 보여 주세요

▶ 그레이칼라(color)의 재킷(jacket)으로 멋지게 스타일(style)을 내봤어요

*그레이스grace /[그레이씨] 우아(優雅)한 / 은혜(恩惠), 은총(恩寵).

▶ 그의 목소리로 듣는 '어메이징(amazing) 그레이스'는 언제나 감동이죠

▶ 우아한 그녀에게 그레이스 김이라는 별명(別名)을 붙여 주었어요

그레코로만^형greco-Roman型 레슬링(wrestling) 종목(種目)의 하나.

▶ 그는 그레코로만형 레슬링의 감독(監督)을 맡게 되었다.

▶ 그는 그레코로만형 60kg급에서 아쉽게 은메달(medal)을 땄다.

▷ 그레코^로만(greco-Roman) : 그리스(Greece)와 로마(Rome) 양식이 혼합(混合)된 예술 양식.

그로기groggy 몸을 가누지 못하고 비틀거리는 상태.

▶ 지진(地震)으로 인해 모든 산업이 그로기 상태가 되었다.

▶ 계속되는 상대 선수(選手)의 공격에 그는 그로기 상태에 빠졌다.

그로테스크하다grotesque 괴상하다. 기괴(奇怪)하다.

▶ 그 작가(作家)는 늘 그로테스크한 이미지(image)의 작품을 만든다.

▶ 사람들은 왜 그로테스크한 광고(廣告)에 관심을 보일까?

그룹group 집단(集團), 모둠.

▶ 이번 시간에는 그룹 활동을 하겠어요

▶ 옆에 앉은 사람들과 3명씩 그룹을 만들어 보세요

▶ 저는 그룹사운드(sound)에서 보컬(vocal)을 담당하고 있습니다.

그리니치^시 Greenwich時 영국(英國)의 그리니치 천문대(天文臺)를 기준으로 삼는, 세계 표준시(標準時).

▶ 1935년부터 그리니치시가 세계의 표준시로 사용되었다.

▶ 한국은 그리니치시를 기준으로 하면 9시간 빠를 걸?

그리드grid 그물 모양, 격자(格子).

▶ 그리드 선을 그리려면 우선 선의 색깔을 선택해 주세요

▶ 포토샵(photoshop) 프로그램(program)에서 그리드 선을 만드는 방법을 알려 주세요

그리스grease [그리쓰] /[구리쓰] 마찰(摩擦) 방지(防止)용 윤활유(潤滑油).

▶ 삐걱거리는 부분에 그리스를 바르면 좋습니다.

▶ 마찰 방지를 위해서 컨테이너(container)에 그리스 칠을 하고 있습니다.

그리스^문자 Greece文字 /[그리쓰문짜] 그리스 어를 표기(表記)하는 문자(文字).

▶ 그리스문자는 언제부터 사용하기 시작했나요?

▶ 그리스문자와 중국(中國) 문자를 비교해 보았습니다.

▷ 그리스^어(Greece語) : 인도(India) · 유럽(Europe) 어족(語族)의 한 언어.

▷ A/α알파, B/β베타, Γ/γ감마, Δ/δ델타, E/ε엡실론, Z/ζ제타, H/η에타, Θ/θ세타, I/ι요타, K/κ카파, Λ/λ람다, M/μ뮤, N/ν뉴, Ξ/ξ크시/크사이, O/o오미크

론, Π/π파이, P/ρ로, Σ/σ시그마, T/τ타우, Y/υ입실론, Φ/φ피, X/χ키, Ψ/ψ프
시/프사이, Ω/ω오메가.

그리스도Christ /[그리쓰도]   기독교(基督敎)에서의 구세주(救世主), 예수.
- ▶ 예수는 세상을 구원(救援)한 그리스도이다.
- ▶ 그리스도를 믿는 많은 사람들이 있습니다.

그린green   푸른 것, 잔디밭 / 오염(汚染)되지 않은 것.
- ▶ 이 지역은 그린벨트 구역이기 때문에 건물을 지을 수 없습니다.
- ▶ 봄에는 그린 색상(色相)이 산뜻해 보여요.
- ▶ 그린라운드는 환경을 보호하기 위해서는 무역을 규제(規制)해야 한다고 주장
한다.
- ▷ 그린^라운드(Green round) : 환경 문제 해결을 위한 국가 간 무역(貿易) 협상
(協商).
- ▷ 그린^벨트(Green belt) : 개발을 제한한 녹지(綠地) 구역(區域).
- ▷ 그린^피(Green fee) : 골프(golf)장 코스(course) 사용료.
- ▷ 그린^피스(Green Peace) : 국제적(國際的) 환경(環境) 보호(保護) 단체(團體).

그린^베레green Beret   미국 육군(陸軍) 특수부대(特殊部隊).
- ▶ 그린베레의 훈련 장소로 쓰이던 곳이 어디지요?
- ▶ 그린베레는 미국에서 가장 재주가 많은 부대로 꼽힌다.

그릴grill   고기 굽는 불판 또는 그 불판에 구운 고기.
- ▶ 야외(野外)에 나가서 그릴에 구워 먹는 고기 맛은 정말 끝내줍니다.
- ▶ 연기 없이 삼겹살을 구울 수 있는 전기(電氣) 그릴이 인기를 얻고 있다.

그립grip   자루, 손잡이.
- ▶ 이 탁구 라켓(racket)은 '그립 감'이 별로야.
- ▶ '그립 감'이 뭐야?
- ▶ 아! 그건 손잡이의 감촉(感觸)을 말하는 거야.

글라스glass [글라쓰] /글래스   유리, 유리잔.
- ▶ 여기 글라스 두 개만 더 주시겠어요?
- ▶ 글라스 잔을 부딪치자 맑은 소리가 났다.

글라스노스트glasnost [글라쓰노스트] `Rus`   러시아(Russia)의 개방(開放) 정책(政策), 정
보(情報) 공개(公開) 정책.
- ▶ 1980년대 중반에 러시아는 글라스노스트 정책을 폈다.

▶ 글라스노스트 정책은 소련(蘇聯)에 어떤 영향을 끼쳤나요?

글라이더glider　발동기(發動機)가 없는 비행기. 활공기(滑空機).

　　▶ 인류(人類)는 1902년에 처음으로 글라이더를 만들었다.

　　▶ 땅에 추락한 글라이더는 처참하게 부서지고 말았다.

글래머glamour　몸매가 좋고, 매력적(魅力的)인 여자.

　　▶ 그녀는 역시 우리 시대 최고(最高)의 글래머 가수야.

　　▶ 글래머 스타일(style)의 그녀는 어디에 가든지 인기를 끌었다.

*****글래스**glass [글래쓰]　→ 글라스.

글러브glove　장갑, 특히 야구용 장갑.

　　▶ 난 야구공과 글러브만 있으면 심심하지 않아요.

　　▶ 글러브가 닳도록 열심히 연습해야 훌륭한 야구선수가 되지요.

글로리아gloria　영광의 찬가(讚歌). 기독교 찬미(讚美)곡.

　　▶ 비발디(Vivaldi)의 글로리아를 들을 때면 언제나 감동이 밀려와요.

　　▶ 글로리아를 연주(演奏)한 그들은 큰 박수(拍手)를 받았다.

글로벌global /[글로벌]　전(全) 세계적(世界的)인.

　　▶ 글로벌 인재를 육성(育成)하기 위한 프로그램(program)들이 많이 생겼어요.

　　▶ 우리 회사가 세계적인 글로벌 기업으로 성장하도록 노력하겠습니다.

　　▷ 글로벌리즘(globalism)：세계주의(世界主義).

*****글루**glue　접착제(接着劑), 아교(阿膠).

　　▶ 글루건으로 떨어진 꽃 장식(裝飾)을 다시 붙였다.

　　▶ 접착력이 좋은 글루를 추천해 주세요.

　　▷ 글루＾건(glue gun)：총(銃)모양의 접착제 도포(塗布)용 기구(器具).

글루코오스glucose /글루코스[글루코쓰]　포도당(葡萄糖).

　　▶ 우리가 흔히 말하는 포도당이 글루코오스입니다.

　　▶ 체내(體內)에 글루코오스가 대량으로 증가하면 병이 생기나요?

글루텐gluten /글루틴　식물성 단백질(蛋白質) 혼합물(混合物)의 하나.

　　▶ 글루텐은 음식을 씹을 때 쫄깃쫄깃하게 해줍니다.

　　▶ 빵을 만들 때 글루텐이 잘 형성되도록 반죽을 하는 것이 중요하다.

글리세린glycerine /[그리세린]　약(藥), 화장품 원료로 쓰이는 가공(加工) 액체(液體)의
하나.

　　▶ 글리세린은 어떤 효능(效能)이 있나요?

글리코겐

> ▶ 글리세린은 단맛과 끈기가 있어서 의약품, 폭약, 화장품 따위의 원료나 기계
> 류의 윤활제(潤滑劑)로 사용한다.
> ▶ 글리세린으로 비누를 만드는 방법을 배웠다.

글리코겐glycogen   동물 에너지(energy) 대사(代謝)에 중요한 탄소(炭素) 물질.
> ▶ 탄수화물은 근육 세포 속에 글리코겐으로 저장된다.
> ▶ 글리코겐이 많이 들어있는 음식은 무엇인가요?

기가giga   컴퓨터(computer) 용량의 단위, 1,024메가바이트(megabyte). 기가바이트(gigabyte).
[GB].
> ▶ 이 USB는 8기가밖에 안 된다.
> ▶ 파일(file)을 다운(down)받았는데 용량이 2기가가 넘어요.

기니^피그guinea pig   모르모트(marmotte), 실험용 또는 애완용 쥐.
> ▶ 기니피그는 어린이들에게 인기 있는 애완동물이에요
> ▶ 저도 기니피그 한 쌍을 키우고 있어요

*__기스__きず [기쓰] Jap   흠집.
> ▶ 새로 산 차에 기스가 나서 속이 많이 상해요.
> ▶ ‘기스’는 안 쓰는 게 좋은 표현이에요. ‘흠’ 또는 ‘흠집’이라고 하면 돼요

기어gear[1] /기아   톱니바퀴(기계 부품), 서로 맞물려 돌아가는 톱니 모양의 바퀴.
> ▶ 저 기계는 고성능(高性能) 기어가 달려 있는 기계다.
> ▶ 이 시계는 (톱니) 기어가 잘 안 맞아서 이제 못 쓰겠다.

기어gear[2] /기아   자동차 동력(動力) 조절 장치, [RND1234].
> ▶ 기어 변속(變速)을 하다.
> ▶ 눈길 운전에서는 기어 변속에 주의해야 한다.

기요틴guillotine /길로틴 Fra   사형(死刑) 집행용 단두대(斷頭臺).
> ▶ 기요틴은 프랑스(France)의 기요틴 박사가 만들어 낸 사형도구이다.
> ▶ 죄수들의 고통을 줄이기 위해 기요틴이 만들어졌다고 한다.

깁스Gips /[기브쓰] /[기부쓰] Ger   부러지거나 삔 곳에 치료용으로 대는 석고(石膏)붕대.
> ▶ 2주 동안이나 깁스를 하고 있어야 한대요
> ▶ 교통사고로 다리를 다친 그는 깁스를 두르고 나타났다.

*__까메오__cameo Lat   유명인(有名人)이 어떤 극중(劇中)에서 단역(端役)으로 잠깐 등장
하는 것 → 카메오
> ▶ 주인공의 실제 부인이 까메오로 출연한다면서요?

▸ 그녀의 까메오 출연에 모든 관객(觀客)이 깜짝 놀랐다.

***까스**cutlet [까쓰]   고기에 빵가루를 묻혀서 기름에 튀겨낸 음식 → 커틀릿.

▸ 치킨(chicken)까스를 만들었어.

▸ 치킨까스는 샐러드(salad)와 함께 먹으면 맛있지.

***까페**cafe   커피(coffee)와 음료, 간단한 간식(間食)을 파는 곳 → 카페.

▸ 한국에는 분위기(雰圍氣) 좋은 까페가 많이 있어요

▸ 까페에 가서 차 한잔 할래요?

***꼬냑**cognac Fra   프랑스(france)산 술, 고급 브랜디(brandy)의 하나 → 코냑.

▸ 꼬냑은 어떻게 먹어야 제대로 맛을 느낄 수 있나요?

▸ 프랑스의 코냑은 '꼬냑'이라는 술 이름으로 더 유명(有名)하다.

나노

⠿⠿ ㄴ ⠿⠿

나노nano　단위(單位)와 결합하여, 10억(億)분의 1.

　▶ 1나노미터(meter)면 얼마나 작은 걸까?

　▶ 10억분의 1미터니까 웬만한 현미경(顯微鏡)으로는 보이지도 않을 걸.

***나레이션**narration　이야기 형식의 해설(解說) → 내레이션.

　▶ 이번 다큐멘터리(documentary)의 나레이션은 배우들이 직접 해 보면 어떨까?

　▶ 그 여자는 나레이터 모델(model)을 한 지 5년이나 되었대요.

나르시시즘narcissism [나르시씨즘] /나르시즘　자기 성애(性愛), 자기도취증(自己陶醉症).

　▶ 그녀가 나르시시즘에 빠진 게 확실해?

　▶ 그는 나르시시즘의 문제점을 신랄(辛辣)하게 지적(指摘)하였다.

　▷ 나르시시스트(narcissist)：자기도취형의 사람.

***나비**navigation /네비 /내비　길을 안내해 주는 기계, 주로 차량에 부착(附着)하여 사용함 → 내비게이션.

　▶ 차에 나비를 달다.

　▶ 나비 덕분에 부산까지 쉽게 왔다.

나사NASA　미국 항공(航空) 우주국(宇宙局).

　▶ 저의 꿈은 우주(宇宙) 항공학과에 진학(進學)해서 나사에 들어가는 거예요.

　▶ UFO와 관련된 이번 나사의 중대 발표에 모두가 관심을 보였다.

　▷ National Aeronautics and Space Administration.

나스닥NASDAQ　미국의 증권(證券) 시세(時勢) 정보 시스템(system).

　▶ 올해 들어서만 벌써 두 번째로 나스닥 지수(指數)가 폭락(暴落)했습니다.

　▶ 나스닥 증시(證市) 현황(現況)은 어디에서 볼 수 있지?

　▷ National Association of Securities Dealers Automated Quotations.

***나시**^티そでなし T `Jap`　소매가 없는 윗옷, 티셔츠(T-shirts).

　▶ 그렇게 입고 싶어 하더니 결국 나시티를 샀군요.

　▶ 여름에는 역시 나시티를 입어야 시원하죠.

　→ '민소매'로 순화.

***나이브하다**naive　욕심 없이 천진난만(天眞爛漫)하다.

28

　▶ 너 참 나이브하다.

　▶ 넌 문제를 다루는 방식이 나이브한 게 유일한 흠이야.

***나이스**nice [나이쓰]　좋은, 멋진, 훌륭한.

　▶ 그 사람 참 나이스하지 않아?

　▶ 나이스는 무슨! 하나도 멋있지 않아.

나이키Nike　그리스(Greece) 신화(神話)에 나오는 신의 하나, 승리의 여신(女神) → 니케.

　▶ 승리(勝利)의 신 '니케'의 영어식 발음이 '나이키'이다.

　▶ 승리의 신 나이키는 운동화 상표로 더 유명해요.

***나이트**night　밤, 밤의.

　▶ 요즘 같은 여름에는 나이트 근무를 하는 날이 무척 힘들어요.

　▶ 피부가 거칠어 보이네. 잠들기 전에 나이트 크림(cream)을 듬뿍 발라.

　▷ 나이트^클럽(nightclub) : 야간, 심야 댄스 클럽. 유흥업소

나이팅게일nightingale　간호인(看護人).

　▶ 백의의 천사를 꿈꾸는 간호학과(看護學科) 학생들이 오늘 '나이팅게일 선서식
　　(宣誓式)'을 했다.

　▶ 나이팅게일은 백의(白衣)의 천사(天使)로 불린다.

나이프knife　칼의 총칭(總稱) / 식사용 칼.

　▶ 저는 포크(fork)와 나이프를 사용하는 것이 익숙하지 않아요.

　▶ 나이프를 들고 스테이크(steak)를 썰기 시작했다.

***나인**nine　아홉 번째, 아홉째.

　▶ 난 넘버(number) 나인도 충분히 만족해요.

　▶ 텐, 나인, 에이트, 세븐, 식스, 파이브, 포, 쓰리, 투, 원, 번지(bungee)!

　▷ 제로(zero), 원(one), 투(two), 쓰리(three), 포(four), 파이브(five), 식스(six[씩쓰]), 세
　　븐(seven[쎄븐]), 에이트(eight/에잇), 나인(nine), 텐(ten).

나일론nylon /[나이롱]　인조(人造) 섬유의 하나.

　▶ 그녀는 나일론 재킷(jacket) 하나만 걸치고 집을 나섰다.

　▶ 나일론 소재의 티셔츠(T-shirts)도 있나요?

나치Nazi /나찌 `Ger`　히틀러(Hitler) 집권(執權) 시절 독일의 독재(獨裁) 정당(政堂).

　▶ 독일(獨逸)에서 나치는 어떤 활동을 했나요?

　▶ 나치즘이 비난받는 이유는 무엇인가?

　▷ 나치즘(Nazism) : 나치의 정치사상(政治思想) 또는 체제(體制).

나토

나토NATO 북대서양(北大西洋) 조약(條約) 기구(機構).
> ▶ 나토에는 몇 개의 나라가 가입되어 있나요?
> ▶ 오늘 오후에 드디어 나토에서 합의(合意)된 내용을 발표합니다.
> ▷ North Atlantic Treaty Organization.

나트륨natrium 염화나트륨의 통칭(通稱), 소금 성분 / 알칼리(alkali) 금속(金屬)의 하나.
> ▶ 건강을 위해서 나트륨이 많이 들어간 음식은 가급적(可及的) 피하세요.
> ▶ 가공식품(加工食品) 속에 들어 있는 나트륨의 양을 조사하였다.
> ▷ sodium.

나폴레옹Napoléon `Fra` 프랑스(France) 제1 제국(帝國)의 황제(皇帝).
> ▶ 나폴레옹은 실제로 키가 아주 작은 사람이었대.
> ▶ 그래? 나폴레옹이라는 이름만 들으면 큰 덩치와 용감한 얼굴이 떠오르는데.

나프탈렌naphthalene 방부제(防腐劑), 방충제(防蟲劑)로 쓰이는 합성(合成) 원료.
> ▶ 오래간만에 옷장 문을 열었더니 나프탈렌 냄새가 지독하게 나네.
> ▶ 그래도 나프탈렌을 넣어 놔야 옷이 상하지 않아.

난센스nonsense [난쎈쓰] /넌센스[넌쎈스] 일반적인 상식(常識)이 아닌 특이(特異)한 것. 말도 안 되는 일.
> ▶ 난센스 퀴즈(quiz)를 풀다.
> ▶ 그의 말은 전부 거짓말이거나 아니면 난센스이다.

내레이션narration /나레이션 이야기 형식의 해설(解說).
> ▶ 이번 다큐멘터리(documentary)의 내레이션은 배우들이 직접 해 보면 어떨까?
> ▶ 그 여자는 내레이터 모델(model) 경력이 5년이래요.
> ▷ 내레이터(narrator) : 내레이션을 하는 사람.
> ▷ 내레이터^모델(narrator model) : 상품 설명 전문 모델.

내비게이션navigation /네비게이션 길을 안내해 주는 기계, 주로 차량(車輛)에 부착(附着)하여 사용함.
> ▶ 차에 내비게이션을 달다.
> ▶ 내비(게이션) 덕분에 부산까지 쉽게 왔다.
> ▷ '나비, 내비, 네비' 등으로 적고 발음하기도 함.

내셔널리즘nationalism /[내셔날리즘] 국가 중심 주의, 민족주의(民族主義).
> ▶ 너는 스포츠(sports) 내셔널리즘이 너무 심한 거 아냐?
> ▶ 그래? 그럼 우리 내셔널리즘의 양면성(兩面性)에 대해서 이야기해 보자.

너트nut¹ 볼트(bolt)에 끼우는 것. 조임 쇠.

▶ 너트 하나가 빠진 탓에 열차가 서는 사고가 발생했다.

▶ 너트가 풀리지 않도록 꽉 조여 주세요

너트nut² /넛 호두, 땅콩 등의 견과(堅果)류.

▶ 너트를 이용한 드레싱(dressing)을 만들어 보려고 해요

▶ 여러 가지 견과류를 섞어 놓은 '믹스(mix) 너트'를 간식(間食)으로 먹어요

*넌센스nonsense [넌센쓰] 일반적인 상식(常識)이 아닌 특이(特異)한 것. 말도 안 되는 일 → 난센스.

▶ 그의 말은 거짓말이거나 넌센스이다.

▶ 넌센스 퀴즈(quiz)를 풀다.

▶ 이번 문제는 넌센스 퀴즈입니다.

넘버number /[남바] 번호, 순서.

▶ 너 언제까지 넘버원의 자리를 지킬 수 있을 것 같아?

▶ 이거 넘버가 이상한데? 넘버링이 잘못 된 것 같아.

▷ 넘버링(numbering) : 숫자를 매기는 것.

▷ 넘버ˆ원(number one) : 첫 번째, 최고, 1인자.

*넛nut → 너트²

네거티브(하다)negative¹ /[네가티브] 부정적(否定的)이다, 소극적(消極的)이다.

▶ 넌 모든 일에 너무 네거티브해.

▶ 네거티브한 방식의 선거운동은 바람직하지 않아요

네거티브(하다)negative² /[네가티브] 음성(-) 반응 ↔ 포지티브(positive).

▶ 검사 결과가 네거티브로 나왔어요

▶ 독감(毒感)이 의심되는 환자에게서 네거티브 반응이 나타났다.

*네비게이션navigation /나비 길 안내용 전자기기(電子器機) → 내비게이션.

▶ 네비게이션에 목적지를 찍고 찾아오세요

▶ 요즘에는 네비게이션이 없으면 아예 길을 못 찾겠어요

네안데르탈ˆ인Neanderthal人 현존 인류와 유인원(類人猿)의 중간 인류.

▶ 네안데르탈인의 사진을 본 적 있어?

▶ 네안데르탈인도 오스트랄로피테쿠스(Australopithecus)처럼 생겼어?

*네오neo 다른 말 앞에 붙어서, 새로운. 뉴(new).

▶ 네오로맨티시즘(romanticism)은 새로운 낭만주의(浪漫主義)라는 뜻이다.

네온

> ▶ 네오라는 표현이 붙으면 모두 '새로운' 것으로 해석하면 되나요?
> ▷ 네오＾리얼리즘(neo-realism) : 신사실주의(新寫實主義).

네온neon 광고(廣告)용 전기등(電氣燈) 제작(製作)에 많이 쓰이는 기체(氣體) 원소(元素)의 하나.

> ▶ 화려한 네온사인으로 도시의 밤은 낮처럼 환해졌다.
> ▶ 네온 불빛 때문에 눈이 부신다.
> ▷ 네온＾사인(neon sign[네온싸인]) : 네온관을 사용한 전기등으로 만든 광고

네이블＾오렌지navel orange 브라질산(産) 씨 없는 오렌지.

> ▶ 지난번에 샀던 네이블오렌지는 값도 싸고 맛있었어.
> ▶ 네이블오렌지에는 정말 씨가 없어?

***네이비**navy 해군(海軍), 해군의.

> ▶ 해군 중에서 최정예(最精銳) 특수부대(特殊部隊)를 '네이비 씰'이라고 불러요
> ▶ 네이비색(色)은 해군 군복(軍服)처럼 푸른색을 말할 때 많이 쓰죠
> ▷ 네이비＾씰(navy seal) : 해군 특수부대.

네이비＾블루navy blue 해군(海軍)의 옷처럼 짙푸른 색깔.

> ▶ 네이비블루는 따뜻한 봄 날씨에 잘 어울리는 색깔이에요
> ▶ 네이비블루 티셔츠(T-shirts)에 화이트(white) 진(jean)을 입어 봐요

네이팜＾탄napalm彈 고성능(高性能) 폭탄(爆彈)의 하나.

> ▶ 네이팜탄은 어떤 무기예요?
> ▶ 네이팜탄의 공격은 도시 전체를 파괴할 수 있어요

***네일＾아트**nail art /네일 손톱(발톱) 미용(美容)을 하는 것.

> ▶ 네일아트를 직업으로 삼으려면 자격증(資格證)이 필요한가요?
> ▶ 나는 요즈음 친구와 같이 네일아트를 배우러 다닌다.
> ▷ 네일＾아트＾숍(nail art shop) : 손톱, 발톱 미용을 해 주는 곳.

네크＾라인neckline /[넹나인] 목둘레의 선.

> ▶ 티셔츠(T-shirts)의 네크라인에 따라서 얼굴형이 달라 보여요
> ▶ 내 얼굴에 어울리는 네크라인은 어떤 걸까?

네트net /[넷] 테니스 · 배구 · 탁구 · 배드민턴 등 구기(球技) 경기(競技)에서 쓰이는 그물.

> ▶ 배드민턴(badminton) 네트의 높이를 좀 낮춰 주세요
> ▶ 네트에 공이 걸려 버렸네.

네트워크network[1] /[네트웍] 컴퓨터(computer) 통신망(通信網), 라디오・텔레비전 등의 방송망(放送網).

▶ 무선 네트워크를 사용하다.

▶ 네트워크에 문제가 생겨 인터넷(internet) 접속이 되지 않습니다.

▶ 그 소식은 여러 네트워크를 통해 삽시간에 퍼졌다.

네트워크network[2] /[네트웍] 관계와 소통(疏通).

▶ 우리 사장님은 네트워크 범위가 굉장히 넓은 것 같아요

▶ 지역 사회 네트워크에 빨리 적응하는 게 중요하다.

*네티즌netizen 네트워크를 이용하는 사람의 총칭(總稱).

▶ 네티즌들의 악성(惡性) 댓글에도 그녀는 아랑곳하지 않았다.

▶ 요즘은 네티즌들의 눈치를 보는 정치인들이 많아졌어요

넥타nectar 과일을 갈아서 만든 진한 주스(juice).

▶ 복숭아 넥타를 만드는 방법을 알려 줄게요

▶ 부드럽고 시원한 넥타 한잔 드시고 가세요

넥타이necktie 목에 두르는 장식용 액세서리(accessory)의 하나.

▶ 넥타이 매는 법을 알아요?

▶ 세련된 컬러(color)의 넥타이와 넥타이핀을 선물 받으면 좋겠어요

▷ 넥타이＾핀(necktie+pin) : 넥타이를 고정시키기 위해서 꽂는 핀.

노no 무엇인가를 부정(不定)하는 표현, 아니다. 무효(無效).

▶ 질문에는 '예스(yes)' 혹은 '노'로만 대답해 주세요

▶ 계속해서 내린 비로 노게임이 선언(宣言)되었다.

▶ 한때 '노바디'라는 노래가 세계적으로 인기를 끈 적이 있었다.

▶ 저기 '노스모킹' 표시 안 보여요? 여기서는 담배를 피우면 안 돼요

▶ 그 질문에 대해서는 노코멘트하겠습니다.

▶ 그는 노타이 차림으로 행사장에 나타났다.

▶ 이번 게임에서 노히트 노런이 나올 줄이야.

▷ 노＾게임(no game) : 경기(競技) 무효.

▷ 노＾바디(nobody) : 아무도 아님.

▷ 노＾스모킹(no smoking) : 금연(禁煙) 구역 표시.

▷ 노＾코멘트(no comment) : 언급 회피 표현.

▷ 노＾타이(no+tie) : 넥타이를 매지 않은 정장 차림.

노가다

▷ 노^히트 노^런(no-hit+no-run) : 야구 경기(競技)에서, 투수가 안타도 득점도 내 주지 않은 경기.

*노가다どかた **Jap** 건축 노동자, 일용직(日用職) 근로자.

▶ 그는 노가다라도 뛰고 싶었지만 일자리가 없었다.

▶ 노가다는 매우 힘든 직업이에요.

→ '노동', '(힘든)일' / '노동자', '근로자'로 순화.

노르딕Nordic 스키(ski) 경기(競技)에서, '거리 경기, 점프 경기, 복합 경기'를 말함. 노르딕 경기.

▶ 스키 경기는 노르딕 경기와 알파인(alpine) 경기로 나눌 수 있다.

▶ 동계 올림픽(olympic)에서 열린 노르딕 스키 경기를 재미있게 보았다.

노벨^상Nobel賞 세계적인 상(賞)의 하나.

▶ 한국에서 노벨상을 수상한 사람이 있나요?

▶ 한국에서는 김대중 전 대통령(大統領)이 노벨평화상을 수상했지요.

노스탤지어nostalgia /[노스텔지아] 고향을 그리워하는 마음, 향수(鄕愁).

▶ 그 노래는 사람들에게 노스탤지어를 불러 일으켰다.

▶ 사람들의 감성을 자극(刺戟)하는 노스탤지어 마케팅(marketing)이 성행하고 있다.

노아Noah 구약성서(舊約聖書)에 나오는 인물의 하나.

▶ 노아는 세계 최초로 큰 배를 만든 사람이라고 할 수 있다.

▶ 노아의 방주(方舟)에 탄 사람들은 모두 몇 명이었을까요?

노이로제Neurose **Ger** 스트레스(stress), 신경증(神經症).

▶ 요즘은 어른들뿐만 아니라 아이들도 노이로제에 걸린대요.

▶ 제발 그만해, 난 정말 노이로제에 걸릴 것 같아.

▶ 스트레스와 노이로제의 차이점이 뭘까요?

노크knock /[녹] 가볍게 두드리는 것.

▶ 들어오시기 전에는 반드시 노크해 주세요.

▶ 노크도 없이 그렇게 막 들어오시면 안 되지요.

노킹knocking 엔진(engine)에서 연료가 불완전하게 폭발(爆發)하는 현상.

▶ 갑자기 차에서 노킹 소리가 나서 깜짝 놀랐어요.

▶ 노킹 현상이 발생하는 이유는 뭔가요?

노트¹knot 배 속도를 나타내는 단위. 1노트 = 1.852km/h.

▶ 배의 속도는 노트로 나타냅니다.

▶ 배의 속도는 30노트만 되어도 굉장히 빠른 겁니다.

노트[2]note[1] 무언가를 적을 수 있도록 아무것도 안 쓰여 있는 공책(空冊).

▶ 노트에 오늘 배운 것을 적었다.

▶ 공부를 하기 위해서 노트를 샀다.

노트[2]note[2] 어떤 내용을 받아 적다.

▶ 수업 시간에 노트를 하다.

▶ 노트한 내용을 복습하다.

▶ 지금부터 하는 말을 잘 노트해 두세요.

▶ 노트를 잘하는 사람이 공부도 잘한다.

▷ 노트하다 ≒ 메모(memo)하다, 적다.

노트르담Notre Dame /노틀담 성모 마리아(Our Lady)를 추앙(推仰)하는 성당(聖堂). 파리(Paris)의 노트르담이 가장 유명(有名)함.

▶ 여행 마지막 날 노트르담 대성당에 갔다.

▶ '노트르담의 꼽추'라는 영화(映畫)를 제일 감동적(感動的)으로 보았어요.

▷ 노트르담의 꼽추(The Hunchback of Notre Dame) : 빅토르 위고(Victor Hugo)의 소설.

노트북notebook 휴대용 컴퓨터(computer).

▶ 최신(最新) 노트북을 구입했어요.

▶ 이번 주말에는 그냥 집에서 친구와 노트북으로 영화(映畫)를 볼 거예요.

노하우knowhow 남보다 잘할 수 있는 자신만의 기술. 비법(秘法).

▶ 열심히 해서 스승님의 노하우를 전수(傳受)받을 생각을 해야지.

▶ 그 일을 계속 했더니 노하우가 생겼다.

녹^다운knock-down[1] /[넉따운] 완전히 쓰러짐.

▶ 상대 선수의 강한 펀치(punch)에 그는 완전히 녹다운되었다.

▶ 상대방을 단 한 방으로 녹다운시킬 수 있는 방법이 없을까?

녹^다운knock-down[2] 현지(現地) 조립 방식인 '녹다운 방식'의 수출(輸出).

▶ 녹다운 방식은 자동차 산업에서 흔히 볼 수 있다.

▶ 완전한 제품이 아닌 부품을 수출하는 방식을 녹다운 수출이라고 한다.

녹^아웃knock-out /[너가웃] 상대방을 완전히 패배(敗北)시키는 것. 케이오(KO).

▶ 오늘은 그를 꼭 녹아웃시키고 말 거예요.

녹턴

    ▶ 이미 녹아웃되었는데 더 이상 지켜볼 필요가 있나요?

녹턴nocturne   서정적(抒情的)인 피아노(piano) 악곡(樂曲) 형식, 야상곡(夜想曲).

    ▶ 쇼팽(Chopin)의 녹턴 곡을 연주(演奏)할 수 있어요?

    ▶ 녹턴을 들으니 마음이 편해졌다.

논^스톱nonstop /[논스탑] 멈추지 않음. 계속함.

    ▶ 경기(競技)는 2시간 동안 논스톱으로 진행(進行)되었다.

    ▶ 그는 논스톱으로 달렸지만 결국 제 시간에 도착하지 못하였다.

논^타이틀non title /[넌타이틀] 선수권(選手權), 우승(優勝) 상패(賞牌) 따위가 걸려 있지 않은 친선 경기(競技).

    ▶ 이번 경기는 논타이틀 형식으로 치러집니다.

    ▶ 논타이틀 매치(match)는 체급(體級)에 상관없는 경기예요

누가nougat Fra   과자(菓子)류의 하나.

    ▶ '누가'를 만드는 법을 알아요?

    ▶ '누가'는 설탕 반죽에 견과(堅果)류나 과일 조각을 섞어서 만들어요

누드nude 아무것도 걸치지 않은 상태.

    ▶ 그녀는 누드화(畫)를 그리는 화가(畫家)예요

    ▶ 나는 김밥 중에서 누드 김밥을 제일 좋아해요

뉘앙스nuance [뉘앙쓰] Fra   어떤 표현을 쓰느냐에 따라서 의미와 느낌이 차이가 날 때 쓰는 표현.

    ▶ 묘한 뉘앙스를 풍기다.

    ▶ 그는 기분이 나쁘다는 뉘앙스로 내게 말했다.

   → '어감(語感)'으로 순화.

*뉴[1]new 새로운, 신(新).

    ▶ 그가 이번에 선보인 뉴패션(fashion)에 많은 이들이 관심을 가졌다.

    ▶ 미국(美國)의 뉴딜 정책은 어떤 결과를 가져왔나요?

    ▶ 뉴룩 스타일(style)의 재킷(jacket)을 하나 구입하려고요

    ▶ 뉴타운 개발 계획에 많은 사람들이 반대하고 있다.

    ▷ 뉴딜(New Deal) : 미국의 경제(經濟) 공황(恐慌) 대처(對處) 정책(政策).

    ▷ 뉴룩(new look) : 새로운 유행(流行) 형태.

    ▷ 뉴타운(new town) : 오래된 건물을 헐고 아파트(apartment)로 새롭게 지은 도시(都市).

뉴²*N/ν* Gre 그리스(Greece) 자모(字母)의 열세 번째 문자(文字) → 그리스문자.
  ▷ A/α알파, B/β베타, Γ/γ감마, Δ/δ델타, E/ε엡실론, Z/ζ제타, H/η에타, Θ/θ세
  타, I/ι요타, K/κ카파, Λ/λ람다, M/μ뮤, N/ν뉴, Ξ/ξ크시/크사이, O/o오미크
  론, Π/π파이, P/ρ로, Σ/σ시그마, T/τ타우, Y/υ입실론, Φ/φ피, X/χ키, Ψ/ψ프
  시/프사이, Ω/ω오메가.

뉴런neuron 신경세포(神經細胞)와 돌기(突起).
  ▶ 뉴런은 우리 몸에서 어떤 기능을 하나요?
  ▶ 뉴런은 자극(刺戟)을 받아들이고 전달하는 기능을 해요.

뉴스news [뉴쓰] 언론(言論)의 보도(報道) / 새로운 소식.
  ▶ 어제 9시 뉴스 봤어요?
  ▶ 그 사건은 뉴스에도 보도되었다.

뉴클레오티드nucleotide 생체(生體)의 구성 물질의 하나. 핵산(核酸).
  ▶ 뉴클레오티드는 DNA를 구성하는 물질의 하나이다.
  ▶ 뉴클레오티드는 전문 용어지만 상식(常識)으로 알아 두면 좋다.

뉴턴newton 질량(質量)과 속도로 계산하는 힘의 단위. 1뉴턴 = 10만 다인(dyne).
  ▶ 뉴턴은 과학자의 이름 아닌가요?
  ▶ 맞아. 그래서 그 뉴턴이 발견한 힘의 단위를 '뉴턴'이라고 하는 거야.

니그로Negro 아프리카(Africa) 인종(人種)을 낮잡아 일컫는 말.
  ▶ 니그로는 인종차별(人種差別) 표현이므로 사용하지 않는 것이 좋다.
  ▶ 그는 니그로 방언(方言)을 사용하였다.

니르바나nirvāna /[너바나] San 열반(涅槃), 불교(佛敎) 표현.
  ▶ 니르바나는 불교 최고(最高) 목표이자 최고의 선(善)입니다.
  ▶ 한국어에서 '열반'은 니르바나의 한국식 발음입니다.

니스ニス [니쓰] Jap 합성 도료(塗料)의 하나, 바니시(varnish) → 바니시.
  ▶ 니스를 발랐으니까 마를 때까지는 조심해야 해요.
  ▶ 니스는 마르고 난 후에 다시 덧칠을 해야 해요.

니케Nike 그리스(Greece) 신화(神話)에 나오는 신. 승리(勝利)의 여신(女神) → 나이키.
  ▶ 승리의 신 '니케'의 영어(英語)식 발음은 '나이키'이다.
  ▶ 승리의 신 니케는 운동화 상표(商標)로 더 유명해요.

니켈nickel 도금(鍍金), 합금(合金)용으로 주로 쓰이는 금속(金屬) 원소(元素).
  ▶ 지진(地震)의 영향으로 니켈의 가격이 상당히 올랐다.

니코틴

▶ 철(鐵)에 녹이 스는 것을 막기 위해서 니켈도금을 하기도 한다.

▷ 니켈^도금(nickel鍍金) : 녹이 스는 것을 방지하기 위해서 철에 니켈을 입히
는 것.

니코틴nicotine /[니코친] 담배에 함유(含有)된 중독성(中毒性)있는 성분의 하나.

▶ 담배를 끊기 위해서 열심히 니코틴 껌을 씹고 있어요.

▶ 금연(禁煙)을 위해서는 니코틴 패치(patch)를 붙이는 것도 좋은 방법이에요.

니크롬^선nichrome線 주로 전열(電熱)선으로 많이 쓰이는, 니크롬으로 만든 도선(導線).

▶ 니크롬선을 이용해서 전기구이 기계를 만들 수 있을까?

▶ 니크롬선은 어떤 성질을 가지고 있나요?

니트knit 뜨개질 옷 또는 뜨개질한 것.

▶ 남자친구에게 선물할 니트를 직접 뜨고 있어요.

▶ 니트가 참 예쁘고 따뜻해 보이네요.

니트로^글리세린nitroglycerin /[니트로그리세린] 다이너마이트(dynamite)의 주재료. 폭
발물(爆發物)의 중요 원료.

▶ 니트로글리세린이 약(藥)으로도 사용되나요?

▶ 글쎄요? 니트로글리세린은 다이너마이트의 재료 아닌가요?

니퍼nipper /[니빠] 전선(電線) 절단용 공구(工具).

▶ 전선을 자르려면 니퍼가 필요해요.

▶ 이것보다 좀 더 큰 니퍼는 없나요?

니힐리스트nihilist 허무주의자(虛無主義者).

▶ 사람들은 그가 니힐리스트라고 말한다.

▶ 나도 젊었을 때에는 니힐리스트였어요.

▷ 니힐리즘(nihilism) : 허무주의(虛無主義).

*닉네임nickname 별명(別名), 애칭(愛稱).

▶ 닉네임으로 부를까요? 이름을 부를까요?

▶ 저는 닉네임으로 불러주는 게 더 좋아요.

▷ 닉(nick) : 닉네임의 준말.

님비^현상NIMBY 자신만을 아는 이기주의(利己主義).

혐오(嫌惡) 시설을 자신의 동네에 설치(設置)하지 못하도록 반대하는 현상.

▶ 님비 현상이 나타나는 게 지극히 자연스러운 일일까?

▶ 지역 님비 현상 때문에 쓰레기 소각장(燒却場) 건설이 갈수록 어려워진다.

▷ Not In My Back Yard.

님프nymph　그리스(Greece) 신화(神話)에 나오는 여신(女神).

▶ 물의 여신 님프와 관련된 이야기를 알고 있어요.

▶ 나도 어렸을 적에는 님프처럼 예쁘다는 소리를 들었어요.

ㄷ

다다이즘dadaism   유럽(Europe)에서 일어난 예술 운동의 하나. 질서 파괴주의(破壞主義).
- ▶ 이 영화를 다다이즘의 관점(觀點)에서 분석해 봤어.
- ▶ 그 사람 다다이즘 아티스트(artist)로 유명하지 않아요?
- ▷ 다다이스트(dadaist) : 다다이즘을 주장하거나 신봉(信奉)하는 사람.

다비드David   이스라엘(Israel)의 2대 왕(王) /르네상스(Renaissance) 시대 조각품의 하나. 다비드 상(像) → 다윗.
- ▶ 결국 다비드가 이스라엘의 왕이 되었지.
- ▶ 미켈란젤로(Michelangelo)는 다비드 상을 조각한 예술가야.

다스ダス [다쓰] /[타쓰] `Jap`   열두 개씩 묶어 놓은 물건의 단위.
- ▶ 연필 한 다스에는 몇 개가 들어 있지요?
- ▶ 한 다스에는 12자루의 연필이 들어 있어요.
- → '묶음'으로 순화.
- ▷ dozen

__*__**다시**だし `Jap`   멸치, 다시마, 조개 따위를 우려내어 맛을 낸 국물. 우려내는 것.
- ▶ 맛있는 다시 국물을 만들었다.
- ▶ 멸치 다시 국물로 찌개를 끓였다.
- → '맛국물'로 순화.

다운down[1] /[따운]   가격을 내리다, 낮추다.
- ▶ 가격을 다운시키고 나니까 더 잘 팔리네요.
- ▶ 가격을 얼마나 더 다운시킬 수 있을까요?

다운down[2] /[따운]   컴퓨터(computer) 프로그램(program)이 갑자기 멈추다.
- ▶ 시스템(system)이 다운되는 바람에 일을 하지 못하고 있어요.
- ▶ 이 컴퓨터에 문제가 있는 것 같아요. 어제도 다운됐었거든요.

다운down[3] /[따운]   프로그램을 내려 받다.
- ▶ 안내 파일(file)을 다운받아야 하는데 어느 사이트(site)에 가야 하지?
- ▶ 학교 홈페이지(homepage)에서 파일을 다운받을 수 있어요.
- ▷ 다운로드(download) : 컴퓨터 파일을 전송받는 것.

다운down[4] /[따운] 중단되다.

> ▶ 그의 펀치(punch) 한방에 상대 선수는 완전히 다운되고 말았다.

> ▶ 지진으로 모든 설비기기(設備器機)가 다운되었습니다.

다운down[5] /[따운] 기분이 나빠지다.

> ▶ 너 오늘 하루 종일 기분이 다운되어 있는 것 같아.

> ▶ 그러게. 난 비만 오면 늘 이렇게 기분이 다운되더라.

다운down[6] /[따운] 축소(縮小)하다.

> ▶ 회사 규모를 조금 다운^사이징을 할 필요가 있습니다.

> ▶ 이번 구입 물량을 조금 다운시켜야 할 것 같은데요

> ▷ 다운^사이징(downsizing[다운싸이징]) : 규모(規模)를 축소하는 것.

다운증후군Down症候群 선천성(先天性) 정신박약(精神薄弱) 증세(症勢).

> ▶ 다운증후군은 21번 염색체 수가 보통 사람보다 한 개 더 많을 때 나타난다.

> ▶ 그는 다운증후군을 갖고 태어났지만 성격이 참 밝아요

다운타운downtown 도시 중심가. 상업(商業)지역. 도심지(都心地).

> ▶ 다운타운은 언제나 생동감(生動感)으로 가득하다.

> ▶ 도시를 좋아하는 그녀가 다운타운을 떠나서 살 수 있을까?

> ▷ 업타운(uptown) : 높은 지대, 주택(住宅)지구. 주로 잘사는 곳을 지칭(指稱).

다윈주의Darwinism 자연도태(自然淘汰)와 적자생존(適者生存) 중심의 생물 진화론(進化論). 다위니즘(Darwinism).

> ▶ 저는 다윈주의 이론이 많은 문제점을 갖고 있다고 생각해요

> ▶ 당신이 다윈주의를 절대적(絶對的)으로 지지(支持)하는 근거는 무엇인가요?

다윗David 이스라엘(Israel)의 제2대 왕(王) → 다비드.

> ▶ 결국 다윗이 이스라엘의 왕이 되었지.

> ▶ 미켈란젤로(Michelangelo)는 다윗 상(像)을 조각한 예술가야.

*다이[1]die 고스톱(go stop), 카드(card) 게임(game) 등에서 그만할 때 쓰는 표현.

> ▶ 포커(poker) 게임에서 판을 포기하는 것을 '다이(die)'라고 해.

> ▶ 그래? 그럼 이번 판에는 나는 다이. 한 판 쉴래.

*다이[2]だい Jap 물건을 올려놓는 곳.

> ▶ 다이를 달다.

> ▶ 텔레비전을 올려놓을 다이를 샀다.

> → '선반', '대[臺]'로 순화.

다이내믹하다

다이내믹하다dynamic /다이나믹   역동적(力動的)이다, 활동적이다.
　　▶ 뭔가 좀 다이내믹한 것 없을까?
　　▶ 지금부터 다이내믹하고 짜릿함이 가득한 쇼(show)가 펼쳐집니다.
다이너마이트dynamite /[다이나마이트]   니트로글리세린(nitroglycerin)으로 만든 폭약(爆藥)의 하나.
　　▶ 그는 다이너마이트 폭파 사고로 목숨을 잃을 뻔했다.
　　▶ 다이너마이트는 노벨(Nobel)이 최초로 발명하였다.
*다이렉트direct   중간을 거치지 않고 직접 하는 것.
　　▶ 이 번호로 전화를 걸면 저와 다이렉트로 통화하실 수 있어요
　　▶ 여기서 거기까지 다이렉트로 가는 교통편이 있나요?
다이빙diving /[따이빙]   뛰어드는 것.
　　▶ 그는 멋진 포즈(pose)로 다이빙을 하면서 물속에 뛰어 들었다.
　　▶ 저는 뉴질랜드(New Zealand)에 가면 항상 스카이(sky)다이빙을 즐겨요.
　　▷ 다이버(diver) : 다이빙을 하는 사람.
　　▷ 다이빙＾대(diving臺) : 수영장용 다이빙 보드(diving board).
다이아몬드diamond¹ /다이아   보석(寶石)의 하나, 금강석(金剛石).
　　▶ 그는 내게 다이아몬드 반지를 끼워 주며 청혼(請婚)하였다.
　　▶ 이 톱날은 다이아몬드로 만들어졌다.
다이아몬드diamond² /다이아   트럼프(trump) 패의 하나.
　　▶ 트럼프 카드(card)에서 다이아몬드는 몇 장이죠?
　　▶ 너 클로버(clover)나 다이아몬드 카드 있어?
다이어그램diagram /[다이아그램]   도표(圖表).
　　▶ 다이어그램의 종류에 대해서 알아봅시다.
　　▶ 나눠 드린 자료에서 1번 다이어그램을 봐 주세요
다이얼dial /[다이알]   숫자판, 눈금판.
　　▶ 다이얼을 잘못 누르셨습니다. 다시 눌러 주세요.
　　▶ 금고(金庫)의 다이얼 번호를 쉽게 바꿀 수 있나요?
다이얼로그dialogue /[다이알로그]   대화, 회화(會話).
　　▶ 다음 시간에는 다이얼로그를 중심으로 공부하겠습니다.
　　▶ 다이얼로그와 본문은 모두 외우세요
다이어트diet   체중 감량(減量)을 하기 위해서 식사, 음식을 적게 섭취(攝取)하는 것.

▸ 이번이 마지막이라고 생각하고 다이어트를 시작했다.

▸ 그녀는 다이어트에 성공해서 몰라보게 날씬해졌다.

→ '덜 먹기', '식이 요법'으로 순화.

다이오드diode 진공관(眞空管)의 하나, 반도체(半導體).

▸ 다이오드는 전류를 한쪽 방향으로만 흘린다.

▸ 발광(發光) 다이오드는 어디에 사용하나요?

다이옥신dioxine 쓰레기 소각(燒却) 시에 발생하는 유독(有毒) 가스(gas)의 하나.

▸ 그곳에서 다이옥신이 검출(檢出)되었다.

▸ 비닐(vinyl)을 태우면 다이옥신이 발생한다.

***다이제스트**digest 요약한 것 또는 그러한 형태의 잡지(雜誌).

▸ 이번 달부터 '리더스(leaders) 다이제스트'를 구독하기로 했어.

▸ 건강 다이제스트를 펴낸 곳이 어디인가요?

다인dyne 힘의 단위. [dyn].

▸ 1다인은 어느 정도의 힘인가요?

▸ 1다인은 1그램의 물체에 작용하여 1초 동안 1cm의 가속도를 내는 힘이에요

▷ 뉴턴(newton).

다임dime 미국의 화폐(貨幣) 단위. 1다임 = 10센트

▸ 미국 돈은 달러(dollar), 센트(cent), 다임으로 나뉘나요?

▸ 그럴 거야. 1다임이 10센트라고 하던데.

다큐멘터리documentary /[다큐멘타리] 실제 사건을 영상화(映像化)한 것.

▸ 그는 3년 동안이나 원주민들과 함께 살며 다큐멘터리를 제작하였다.

▸ 요즘은 다큐멘터리가 대세(大勢)야.

▸ 넌 무슨 예능(藝能)을 다큐멘터리처럼 그렇게 진지(眞摯)하게 하냐?

***다크**dark 어두운 것, 진한 것 / 비밀(秘密)스러운 것.

▸ 요즘 많이 피곤해요? 당신 눈 밑에 다크 서클(circle)이 너무 심해요

▸ 다크 브라운(brown) 컬러(color)로 염색(染色)을 했어요

▸ 그는 이번 경기(競技)에서 다크호스로 떠오르며 많은 인기를 얻었어요

▷ 다크^호스(dark horse) : 실력이 파악되지 않은 상대.

다크^서클dark circle [다크써클] 눈 아랫부분이 까맣게 보이는 것. 주로 피곤할 때 생기는 것.

▸ 요즘 일이 많아서 피곤해. 다크 서클이 생겼어.

다트

> ▶ 어디 좀 봐. 정말 다크 서클이 눈 밑까지 내려왔네.
> → '눈그늘', '눈밑그늘'로 순화.

다트dart　표적(標的)을 맞히는 놀이의 하나.
> ▶ 사람을 향해서 다트를 던지면 큰일 나요
> ▶ 어제는 친구와 하루 종일 다트 게임(game)만 했어요

다프네Daphne　그리스(Greece) 신화(神話)에 나오는 요정(妖精)의 하나.
> ▶ 신화 속에서 아폴론(Apollon)은 다프네를 짝사랑하고 있었다.
> ▶ 나는 요즘 다프네처럼 아름다운 여자와 만나고 있다.

닥스훈트Dachshund　독일산(産) 사냥개의 하나.
> ▶ 닥스훈트는 몸이 길고 매우 활발해요
> ▶ 닥스훈트처럼 멋진 사냥개를 기르고 싶어요
> ▶ 닥스훈트를 분양(分讓)받을 수 있을까요?

***닥터**doctor　의사(醫師) / 박사(博士) / 전문가(專門家).
> ▶ 내과(內科)병동(病棟)의 닥터 김은 지금 어디에 있나?
> ▶ 박사학위(博士學位)를 받았으니 이제부터 닥터 조라고 불러야 하나요?
> ▶ 정치(政治) 홍보(弘報) 전문가(專門家)를 '스핀(spin) 닥터'라고 부릅니다.

달마티안Dalmatian /달마시안　개 품종(品種)의 하나.
> ▶ 흰색 바탕에 검은색 얼룩점이 찍힌 달마티안이 지나갔어요
> ▶ 달마티안의 원산지(原産地)는 크로아티아(Croatia)래요
> ▶ 한국에서는 달마티안을 보통 '달마시안'이라고 적고 불러요

댄스dance [댄쓰] /[땐쓰]　춤의 총칭(總稱).
> ▶ 역시 그녀는 댄스의 여왕이라고 할 만해.
> ▶ 그렇지? 역시 사교(社交)댄스계의 댄싱퀸답지?
> ▷ 사교＾댄스(社交dance) : 연회(宴會)에서 추는 춤. 왈츠(waltz), 탱고(tango) 등.
> ▷ 댄싱＾퀸(dancing queen) : 춤을 가장 잘 추는 여자의 통칭(通稱).

***더머**dumber　얼간이.
> ▶ 그 사람은 똑똑해 보이던데 왜 별명이 더머일까?
> ▶ 그들은 우리 학교에서 덤앤더머로 유명해요
> ▷ 덤＾앤＾더머(dumb & dumber) : 얼간이들.

***더미**dummy　시험(試驗)용 인체(人體) 모형(模型).
> ▶ 자동차 충돌로 인한 충격 정도를 알아보기 위해 더미로 실험을 했다.

▸ 더미 인형이 사람인 줄 알고 깜짝 놀랐어요

더블double /[떠블/따블] 이중(二重)의, 두 배의.

▸ 택시(taxi) 요금을 더블로 드릴 테니 빨리 좀 가 주세요

▸ 마우스(mouse)를 더블 클릭하면 새로운 화면이 뜰 거예요

▷ 더블＾베드(double bed) : 2인용 침대.

▷ 더블＾보기(double bogey) : 골프 경기(競技)에서, 기준 타수보다 2타 많이 치는 것.

▷ 더블＾캐스트(double cast) : 한 역할을 두 명의 배우가 맡는 것.

▷ 더블＾클릭(double click) : 컴퓨터의 마우스를 두 번 연이어 누르는 것.

▷ 더블＾헤더(doubleheader) : 야구경기에서, 두 번 연속으로 경기를 하는 것.

*더블유W/w /[떠블류] /[따블류] 영어 알파벳의 스물세 번째 글자.

▸ 알파벳은 에이, 비, 시, 디, 이, 에프, 지, 에이치, 아이, 제이, 케이, 엘, 엠, 엔, 오, 피, 큐, 아르, 에스, 티, 유, 브이, 더블유, 엑스, 와이, 지(제트)이다.

▷ 에이(A/a), 비(B/b), 시([씨]C/c), 디(D/d), 이(E/e), 에프(F/f), 지(G/g), 에이치(H/h), 아이(I/i), 제이(J/j), 케이(K/k), 엘(L/l), 엠(M/m), 엔(N/n), 오(O/o), 피(P/p), 큐(Q/q), 아르([알]R/r), 에스[에쓰]S/s), 티(T/t), 유(U/u), 브이(V/v), 더블유(/[떠블류]W/w), 엑스(X/x), 와이(Y/y), 지(제트Z/z).

더블유비시WBC /[떠블류비씨] 세계 권투 평의회.

▷ World Boxing Council.

더블유비에이WBA /[떠블류비에이] 세계 권투 협회.

▷ World Boxing Association.

더블유에이치오WHO /[떠블류에이치오] 세계 보건 기구.

▷ World Health Organization.

더블유에프티유WFTU /[떠블류에프티유] 세계 노동조합 연맹.

▷ World Federation of Trade Unions.

더블유티오WTO /[떠블류티오] 세계 무역 기구.

▷ World Trade Organization.

*더비derby 경기(競技), 경주.

▸ 그는 홈런더비를 앞두고 몸을 풀고 있다.

▸ 이번 더비는 다른 어떤 때보다도 더 치열했어요

▷ 홈런＾더비(homerun＋derby) 야구경기에서, 홈런 경쟁 경기.

더빙dubbing /[떠빙] 영상(映像)물에 소리를 입히는 것.

더치^페이

> ▶ 오늘 오후에 더빙 작업을 마무리하려고 해요.
> ▶ 한국어로 더빙되거나 한글 자막이 들어간 영화를 보여 주세요.

더치^페이Dutch+pay /더치   소요(所要) 비용을 각자 내는 것.

> ▶ 오늘은 누가 사나?
> ▶ 그냥 더치페이로 하지.

*더플백duffle bag /[떠블빽] [따블빽]   군대(軍隊)에서 지급되는 병사용 가방. 의류(衣類) 가방.

> ▶ 더플백을 맨 군인(軍人)들은 긴장(緊張)된 표정이었다.
> ▶ 다양한 야영(野營) 장비(裝備)를 보관하기엔 역시 더플백이 최고야.

더플^코트duffle coat /[떠블코트]   모자가 달린 겨울 코트의 하나.

> ▶ 빨간색 더플코트를 입은 여자 아이 못 봤어요?
> ▶ 더플코트에 머플러(muffler)로 단단히 무장(武裝)을 했어요.

*던전dungeon   지하(地下) 감옥(監獄).

> ▶ 그는 던전에 갇혀서 1년을 더 보내야만 했다.
> ▶ 그녀는 온라인게임(online game) 중에서 던전 게임을 제일 좋아한다.

덤프dump /[떰프]   공사용 운반 차량. 덤프^트럭(dump truck).

> ▶ 저기 지나가는 차가 15톤 덤프야.
> ▶ 덤프트럭이 먼지를 일으키며 달렸다.
> ▶ 어린 남자 아이들은 왜 그렇게 장난감 덤프를 좋아할까?

덤핑dumping [떰핑]   생산가격(生産價格)보다 낮게 상품을 파는 것.

> ▶ 이 물건들은 덤핑으로 나와서 값이 싼 거예요.
> ▶ 덤핑 세일(sale)이 시작되자 사람들이 몰려왔다.

덩크^슛dunk shoot   농구경기(競技)에서, 바스켓(basket)에 바로 공을 꽂아 넣는 것.

> ▶ 그의 덩크슛 장면은 평생 잊지 못할 거야.
> ▶ 난 딱 한 번만이라도 덩크슛을 해보고 싶어.

데님denim   청바지 또는 청바지 제작(製作)용 천.

> ▶ 이 구두가 데님에도 어울릴까?
> ▶ 작업을 할 때에는 그냥 데님을 입으세요. 데님이 제일 편할 거예요.

*데드dead   죽은 것, 기능을 상실한 것 /마지막.

> ▶ 난 이번 카드(card) 판은 데드(dead)야. 한 판 쉴게.
> ▶ 이번 원고는 데드라인이 언제예요?

▷ 데드라인(deadline) : 마지막 한계선(限界線), 한계점, 마감 시간.

▷ 데드^볼(dead ball) : 야구경기(競技)에서, 투수가 던진 공이 타자의 몸에 맞는 것.

*데미지damage 손해(損害), 손실(損失).

▶ 생각보다 데미지가 크지 않아 다행입니다.

▶ 그는 우리 일에 엄청난 데미지를 입힌 후에 무책임하게 떠나버렸어요.

데뷔début /데뷰 **Fra** 어떤 일을 처음 시작하다. 처음 등장하다.

▶ 그는 3년여의 연습생 끝에 드디어 가수로 데뷔했다.

▶ 그는 데뷔한 후 10년 만에 겨우 이름을 알렸다.

▷ 첫 출연, 첫 등장, 첫 무대.

데스^마스크death-mask [데쓰마스크] 얼굴을 본떠서 만든 탈.

▶ 전시(展示)된 나폴레옹(Napoleon)의 데스마스크가 과연 진짜일까?

▶ 이곳에서는 유명 조각가가 제작한 데스마스크를 전시하고 있습니다.

데스크desk 호텔(hotel)이나 병원(病院), 학원(學院) 등의 접수처(接受處).

▶ 데스크에서 접수를 하시고 자리에 앉아서 기다리세요.

▶ 자세한 내용은 데스크에 문의하세요.

데스크톱desktop /[데스크탑] 책상용 컴퓨터(computer).

▶ 노트북(notebook)을 살까 데스크톱을 살까?

▶ 사무실에서 쓰기에는 데스크톱이 낫지요.

데시^벨decibel /[데씨벨] 소리 세기의 단위. [dB].

▶ 데시벨을 측정했더니 120데시벨이나 나왔어요.

▶ 우와! 120데시벨이면 비행기 소리보다도 큰 거예요.

데이지daisy 국화과 식물의 하나.

▶ 데이지가 참 예쁘게 피었네요.

▶ 데이지는 민들레꽃과 참 많이 닮았어요.

데이터data /데이타 자료의 총칭(總稱).

▶ 제가 가지고 있는 데이터는 이게 전부예요.

▶ 데이터의 용량(容量)이 너무 커서 전송(電送) 속도가 느려요.

▶ 어쩌죠? 데이터뱅크에 기록하는 중에 데이터가 모두 날아갔어요.

▷ 데이터^뱅크(data bank) : 정보(情報) 은행(銀行).

▷ 데이터베이스(database) : 데이터를 모아 놓은 것, 그 이용 프로그램(program).

데이트date 사귀기 위해서, 또는 사귀는 사람들이 만나는 것.

데카당

　▶ 오늘 5시에 데이트가 있다.

　▶ 지난 주말에는 남자 친구와 데이트를 했다.

　▷ 친구 간에 단순히 만나는 것에는 잘 쓰지 않음.

데카당décadent **Fra**　탐미적(耽美的), 퇴폐적(頹廢的) 문예사조(文藝思潮), 퇴폐주의.

　▶ 그는 낭만(浪漫)과 데카당의 시대에 살았다.

　▶ 데카당 문학을 대표하는 작품으로는 무엇이 있나요?

　▷ 데카당스(décadence).

데칼코마니décalcomanie **Fra**　초현실주의(超現實主義) 대칭적(對稱的) 회화 기법.

　▶ 미술 시간에 데칼코마니를 해 본 적이 있어요?

　▶ 이 부분에는 데칼코마니 디자인(design)을 넣자.

데코레이션decoration /데코　꾸미는 것의 총칭(總稱).

　▶ 이번 크리스마스 트리(tree)의 데코레이션은 어떻게 할까요?

　▶ 데코는 주혜가 잘하니까 맡겨 보죠.

데탕트détente **Fra**　긴장(緊張) 완화(緩和) 상태.

　▶ 이번에는 데탕트 분위기를 만드는 게 쉽지 않을 것 같아요.

　▶ 양국(兩國)이 갑자기 데탕트를 위한 조약(條約)에 합의한 이유가 뭘까?

덱deck [데크] /데크　배의 갑판(甲板) 또는 바닥, 발판 따위를 말함.

　▶ 이 배의 2층 덱에 구조용 보트(boat)가 실려 있다.

　▶ 우주선의 앞쪽 덱에 출구가 있습니다.

델타delta^1　제4위, 네 번째의 것 / 소량(少量), 극소량(極少量).

　▶ 델타는 그리스(Greece) 문자의 하나입니다.

　▶ 미국의 델타 포스(force)는 특수부대(特殊部隊)의 대명사라고 할 수 있다.

델타delta^2 **Gre**　그리스(Greece) 자모(字母)의 네 번째 문자(文字) → 그리스문자.

　▷ Α/α알파, Β/β베타, Γ/γ감마, Δ/δ델타, Ε/ε엡실론, Ζ/ζ제타, Η/η에타, Θ/Θ세타, Ι/ι요타, Κ/κ카파, Λ/λ람다, Μ/μ뮤, Ν/ν뉴, Ξ/ξ크시/크사이, Ο/ο오미크론, Π/π파이, Ρ/ρ로, Σ/σ시그마, Τ/τ타우, Υ/υ입실론, Φ/φ피, Χ/χ키, Ψ/ψ프시/프사이, Ω/ω오메가.

*뎀뿌라てんぷら **Jap**　튀김어묵.

　▶ 밥과 함께 먹을 반찬이 뎀뿌라밖에 없네.

　▶ 출출한데 우동하고 뎀뿌라나 먹고 갈까?

　▷ 한국에서는 이제 안 쓰면 안 쓸수록 좋은 표현.

도그마dogma 진리가 되는 교리(敎理).

▶ 그는 지금 자기만의 도그마에 빠져 있다.

▶ 도그마에 지나치게 사로잡히는 것은 좋지 않아요

도넛doughnut /도우넛 /도너츠 /[도나쓰] 기름에 튀겨낸 빵.

▶ 커피(coffee)와 도넛(doughnut)으로 점심을 때웠더니 벌써 출출하네요

▶ 이 도넛은 너무 느끼한데도 자꾸 먹게 된다.

*도라이바driver 나사(螺絲)못을 돌리는 도구 → 드라이버.

▶ 십자 도라이바로 이렇게 나사를 조이면 될까?

▶ 도라이바가 뭐냐, 무식하게. 이제부터 드라이버라고 해.

▷ 한국에서는 이제 안 쓰면 안 쓸수록 좋은 표현.

*도란스transformer [도란쓰] 변화시키는 것, 변압기(變壓器) → 트랜스.

▶ 이걸 연결하려면 도란스가 필요하겠는데요

▶ 한국은 220볼트(volt)가 기본이에요. 110볼트 기계를 사용하려면 도란스가 필요하죠

▷ 한국에서는 이제 안 쓰면 안 쓸수록 좋은 표현.

도리스^식Doris式 [도리쓰식] 고대 그리스(Greece) 건축 양식의 하나. 도리스 양식(樣式).

▶ 도리스식은 간소(簡素)하고 남성적인 게 특징입니다.

▶ 도리스식을 대표하는 건축물로는 뭐가 있어요?

도미노domino¹ 작은 조각을 세워서 넘어뜨리는 게임(game).

▶ 이번 캠프(camp)에서는 어린이들을 위해 도미노 게임을 준비했어요

▶ 도미노 쌓기를 누가 제일 잘하지요?

도미노domino² 어떤 사건이 발단이 되어서, 연쇄적(連鎖的)으로 사건이 일어나는 현상.

▶ IMF 때에는 기업들이 도미노처럼 도산(倒産)했었다.

▶ 도미노 현상이 발생하는 이유가 뭘까?

도스DOS [도쓰] 컴퓨터(computer) 운영(運營) 체제(體制)의 하나.

▶ 저는 초등학교 때 도스를 배웠어요

▶ 지금은 도스를 배우지 않아도 괜찮아요

▷ Disk Operating System.

*도어door /도아 문(門).

▶ 전철역에 스크린(screen) 도어를 설치하지 않으면 위험해요

도우

> ▶ 도어록을 전문으로 하는 가게를 찾고 있어요
> ▷ 도어＾록(door rock /[도어락]) : 문 자물쇠.
> ▷ 도어＾체인(door chain) : 문 안쪽에 달아 놓은 보안용 쇠사슬.

*도우dough　빵의 재료가 되는 반죽.

> ▶ 도우를 잘 만들어야 빵 맛이 좋아요.
> ▶ 피자(pizza) 도우를 만들 때에는 이스트(yeast)를 얼마나 넣어요?

도킹docking　배나 비행기 등이 모선(母船)과 결합하는 것 / 결합.

> ▶ 도킹에 성공하자 그 배에 타고 있던 모든 사람들이 안심하였다.
> ▶ 컴퓨터(computer) 도킹스테이션이 필요할까?
> ▷ 도킹＾스테이션(docking station) : 도킹되는 것.

도트^프린터dot printer　컴퓨터(computer) 프린터(printer) 방식의 하나.

> ▶ 많은 양을 찍어낼 때는 도트프린터가 좋아.
> ▶ 요즘 누가 도트프린터를 쓰냐?

도핑^테스트doping test　운동선수의 불법 약물 복용(服用) 여부를 검사하는 것.

> ▶ 도핑테스트 결과 그는 약물을 복용한 것으로 나타났다.
> ▶ 피겨(figure) 선수들도 도핑테스트를 받나요?

독트린doctrine　공식적으로 내세운 교리(敎理), 학설(學說), 정책(政策).

> ▶ 2차 세계대전 이후 닉슨(Nixon) 독트린으로 냉전(冷戰)이 완화되었다.
> ▶ 닉슨 독트린의 결과로 어떤 일이 발생했나요?

돈키호테^형Don Quixote型 /동키호테　현실 도피(逃避), 과대망상(誇大妄想)에 빠진 인간형의 하나.

> ▶ 그는 전형적(典型的)인 돈키호테형 인간이다.
> ▶ 돈키호테형 인간과 햄릿형(Hamlet型) 인간은 서로 정반대의 성격을 가지고 있다.

돈^후안Don Juan /돈주앙　바람둥이의 대표적인 인물.

> ▶ 돈 후안은 바람둥이를 대표하는 인물이에요.
> ▶ 사람들은 왜 돈 후안의 이야기를 재미있다고 생각할까?

*돌¹doll　인형(人形).

> ▶ 이번 '돌 페스티벌(festival)'에서 인형에 관한 모든 것을 보여드립니다.
> ▶ 인형을 좋아하는 사람들이 모여서 '인터넷(internet) 돌 카페(cafe)'를 만들었다.

*돌²-dol(idol)　아이돌(idol)을 나타내는 표현 → 아이돌.

> ▶ 요즘 '돌'들은 너무 멋있지 않니?

▶ 돈을 벌기 위해 열심히 활동하는 아이돌을 '생계돌'이라고 불러요.

▶ 속칭 '성인돌'인 그녀는 수많은 아이돌을 제치고 인기를 얻었다.

▷ 성인돌(成人+idol), 생계돌(生界+idol), 군필돌(軍畢+idol) 등등.

돌멘dolmen 고인돌.

▶ 돌멘은 한국에서 고인돌이라고 부른다.

▶ 돌멘은 한국을 비롯한 전 세계에 분포되어 있다.

돌비^시스템 Dolby system [돌비씨스템] 오디오의 녹음(錄音) 및 재생(再生) 방식의 하나.

▶ 돌비시스템은 녹음 과정에서 잡음(雜音)을 적게 만드는 방식이다.

▶ 저희 프로그램(program)은 돌비시스템을 지원하고 있습니다.

*__돌핀__dolphin 돌고래.

▶ 돌핀과 함께하는 바다 여행을 즐겨보세요

▶ 그는 돌핀킥을 아주 잘해요

▷ 돌핀^킥(dolphin kick) : 수영 접영법(蝶泳法)의 발차기 동작.

두랄루민duralumin 알루미늄(aluminium) 합금(合金)의 하나.

▶ 비행기는 어떤 금속(金屬)으로 만들지?

▶ 가볍고 튼튼해야 하기 때문에 '두랄루민'이라는 금속으로 만든다고 하던데.

듀스deuce /[듀쓰] 점수를 내는 운동 경기(競技)에서 마지막 동점(同點) 상황을 나타내는 말.

▶ 듀스가 되면 상대보다 먼저 2점을 얻어야 합니다.

▶ 듀스에서 연속으로 2점을 내기란 쉽지 않다.

듀엣duet /[뜌엣] 이중주(二重奏), 이중창(二重唱) / 2인 1조

▶ 그들의 듀엣은 환상적(幻想的)인 조화(調和)를 이루었다.

▶ 그는 평소에 좋아하던 가수와 듀엣 무대에 서게 되었다.

드라마drama TV 방송극(放送劇), 희곡(戲曲), 각본(脚本) / 드라마 같은 사건, 상황.

▶ 주말에는 역시 집에서 드라마를 보면서 쉬는 게 제일 좋다.

▶ 저는 드라마보다 영화(映畫)가 좋아요

▶ 그들의 사랑 이야기는 감동(感動)의 드라마였다.

▶ 이런 드라마틱한 상황에 처할 줄은 꿈에도 몰랐어.

▷ 드라마틱하다(dramatic) : 감동적이다, 극적(劇的)이다.

드라이dry 건조기(乾燥機)나 수건 등으로 머리를 말리거나 다듬는 일.

▶ 결혼식에 가기 위해 드라이를 했다.

드라이버

> 머리를 감은 후엔 반드시 드라이를 하는 게 좋다.
> ▷ 드라이^기(dry-機) : 머리를 말리는 기계
> ▷ 드라이^클리닝(dry-cleaning) : 물이 아닌 세척액(洗滌液)을 사용하는 세탁 방법.

드라이버driver[1] 나사(螺絲)못을 돌리는 도구. *도라이바.

> 드라이버로 나사를 조이다.
> 십자(十字)드라이버가 필요한데 일자(一字)드라이버밖에 없네.

*드라이버driver[2] 자동차의 운전기사.

> 그는 최고의 택시(taxi) 드라이버이다.
> 베스트(best) 드라이버는 아무나 될 수 있는 게 아니야.

드라이브drive[1] 컴퓨터(computer)의 저장소, 하드(hard)-드라이브

> 컴퓨터 드라이브에 자료를 저장했어요
> 드라이브 장치(裝置)에 문제가 생겼어요

드라이브drive[2] 기분 전환을 위해서 운전하거나 같이 타는 것.

> 드라이브를 나가다.
> 날씨가 좋으니 드라이브하러 갈까?

드라이^아이스dry ice [드라이아이쓰] 차가운 성질을 가진 고체(固體)의 하나.

> 아이스크림(ice cream)을 사면 드라이아이스 박스(box)에 넣어줄 거예요
> 드라이아이스를 손으로 만지면 안돼요

*드래그drag 컴퓨터(computer)에서 마우스(mouse)로 대상물을 클릭(click)하여 끄는 방식. 끌기.

> 고칠 부분을 드래그하고 마우스 오른쪽 버튼을 클릭하세요
> 이 글은 복사를 하지 못하도록 드래그를 금지해 놓았습니다.

드래프트^제draft制 프로(professional) 운동 팀(team)의 신인(新人) 선수(選手) 선발(選拔) 제도(制度)의 하나.

> 우리 회사는 드래프트제를 본떠서 신입 사원을 선발하는 제도를 만들었다.
> 드래프트제는 어떤 장점이 있나요?

드럼drum[1] 북의 서양식(西洋式) 총칭(總稱).

> 드럼을 치는 그의 모습을 보고 한눈에 반했어요
> 저는 드럼을 치면서 스트레스(stress)를 풀어요

드럼drum[2] 용기(容器), 통.

> 프린터(printer) 드럼(drum)에 문제가 생긴 것 같아.

▶ 세탁기가 고장 난 김에 드럼 세탁기로 바꿨어.

*드렁큰drunken 취한 상태.

▶ 한국에서 '드렁큰'이라는 표현을 자주 쓰나?

▶ 글쎄, '드렁큰타이거(tiger)'라는 가수(歌手) 때문에 가끔 쓰고 있는 것 같기는 해.

드레스dress [드레쓰] 여성 정장(正裝)용 원피스(one-piece). 파티(party)복(服), 무도복(舞踏服).

▶ 한국에서도 드레스를 많이 입나요?

▶ 웨딩드레스를 입으니까 정말 아름답네요

▷ 웨딩드레스(wedding dress) : 결혼식에서 신부가 입는 드레스

드레싱dressing¹ [드레씽] 음식에 뿌려 먹는 소스(sauce).

▶ 샐러드(salad)는 드레싱에 따라서 맛과 영양이 달라진다.

▶ 다양한 드레싱을 만드는 법을 배우고 싶어요

드레싱dressing² [드레씽] 상처(傷處)를 소독(消毒)하는 행위.

▶ 상처가 심하네. 어서 드레싱을 해야겠어.

▶ 상처가 감염(感染)되지 않도록 드레싱을 하는 거야.

드로어즈drawers 허벅지까지 오는 속바지.

▶ 답답한데 드로어즈는 왜 입어?

▶ 드로어즈가 몸매를 잘 잡아 주거든.

드로잉drawing 그림을 그리는 것, 도안(圖案)하는 것, 제도(製圖).

▶ 드로잉 기법(技法)을 배우고 싶어.

▶ 인사동에 있는 미술관에서 드로잉 전(展)을 연다는데 보러 가자.

*드로잉하다throwing 축구경기(競技)에서, 옆선 밖으로 나간 공을 손으로 던지는 공격 방식.

▶ 축구는 드로잉하는 상황에서만 공을 손으로 잡을 수 있다.

▶ 지난 시합에서는 드로잉할 때 파울(foul)을 많이 당했어.

*드롭drop 떨어뜨리는 것.

▶ 주말에는 놀이동산에 가서 자이로(gyro)드롭을 탔어.

▶ 그게 뭐야?

▶ 기구를 타고 높은 곳에 올라간 후에 회전하면서 빠른 속도로 떨어지는 놀이 기구야.

▷ 드롭^커브(drop+curve) : 야구경기(競技)에서, 공을 던지는 투수 기술의 하나.

드리블

갑자기 아래로 떨어지는 공.

▷ 드롭^킥(dropkick) : 공을 차는 방식의 하나.

드리블dribble　구기(球技)경기(競技)에서 손이나 발로 공을 몰고 가는 것.

▶ 네, 손흥민 선수! 수비수를 제치고 드리블을 하고 있습니다.

▶ 구자철 선수처럼 드리블을 잘하려면 어떻게 해야 하지요?

*드림dream　꿈, 희망(希望).

▶ 내가 꿈꿔 왔던 일, 나의 드림은 과연 이룰 수 있을까?

▶ '드림 컴 트루(come true)'라잖아. 꼭 이룰 수 있을 거야. 힘 내!

*드립^커피drip coffee　손으로 직접 내려서 먹는 커피(coffee).

▶ 드립 커피로 마실까 하는데 너는 어때?

▶ 그냥 기계로 만든 커피보다 드립 커피가 맛있나?

드링크drink　마실 것 / 드링크(drink)제.

▶ 시원한 드링크라도 하나 드릴까요?

▶ 저는 드링크 대신 그냥 물을 주세요.

*디D/d　영어 알파벳의 네 번째 글자.

▶ 알파벳은 에이, 비, 시, 디, 이, 에프, 지, 에이치, 아이, 제이, 케이, 엘, 엠, 엔, 오, 피, 큐, 아르, 에스, 티, 유, 브이, 더블유, 엑스, 와이, 지(제트)이다.

▷ 에이(A/a), 비(B/b), 시([씨]C/c), 디(D/d), 이(E/e), 에프(F/f), 지(G/g), 에이치(H/h), 아이(I/i), 제이(J/j), 케이(K/k), 엘(L/l), 엠(M/m), 엔(N/n), 오(O/o), 피(P/p), 큐(Q/q), 아르([알]R/r), 에스([에쓰]S/s), 티(T/t), 유(U/u), 브이(V/v), 더블유(/[떠블류]W/w), 엑스(X/x), 와이(Y/y), 지(제트Z/z).

디^데이D-day　개시(開始) 예정일.

▶ 드디어 D-day 하루 전이야.

▶ D-day는 하루하루 다가오는데 준비가 안 돼 있어서 걱정이에요.

디디티DDT　살충제(殺蟲劑)의 하나.

▶ DDT 살포(撒布)를 금지해야 해요.

▶ DDT 없이 어떻게 이 많은 벌레들을 다 잡아요?

▷ Dichloro Diphenyl Trichloro-ethane.

디^램DRAM　컴퓨터(computer) 기억 장치(裝置)의 하나.

▶ 이 컴퓨터(computer)는 램(ram)이 몇 메가(mega) DRAM이죠?

▶ 256 메가 DRAM이에요. 사용하기에는 충분할 거예요.

▷ Dynamic Random Access Memory.

디렉터director 관리자(管理者), 감독자, 지도자, 방송 제작물 감독의 통칭(通稱).

▶ 제가 이번 프로젝트의 디렉터를 맡게 되었습니다.

▶ 디렉터의 역할(役割)이 중요한데 부담(負擔)이 크시겠어요.

▶ 그가 그 영화(映畫)의 디렉터이다.

▶ 주혜는 머지않아 한국어교육센터(center)의 디렉터가 될 거야.

디렉터리directory /디렉토리 컴퓨터(computer)의 목록 층위(層位).

▶ 디렉터리는 컴퓨터(computer)의 폴더(folder) 순서라고 생각하면 된다.

▶ 아무래도 파일(file)이나 디렉터리가 손상(損傷)된 것 같아요.

디바이스device [디바이쓰] 전기, 기계 장치의 통칭(通稱).

▶ 이 디바이스는 설비(設備) 기계 중에서 핵심적인 장비라고 할 수 있습니다.

▶ 새로 고안(考案)된 디바이스 덕분에 생산성이 20%나 향상되었어요.

***디버깅하다**debugging 프로그램(program) 오류(誤謬)를 수정하는 것.

▶ 어제는 디버깅하다가 잠도 못 잤어.

▶ 어떡하지? 디버깅하는 동안에 또 새로운 오류가 발견되었어.

디브이디DVD 디지털(digital) 비디오디스크(vedio disk).

▶ 심심한데 DVD나 하나 볼까?

▶ 그 영화(映畫)의 무삭제본(無削除本)이 DVD로 나왔대.

▷ Digital Video Disk.

***디스하다**disrespect [디쓰하다] 존경하다(respect)의 반대 표현. 디스리스펙트(disrespect)
하는 것 ↔ 리스펙트하다(respect).

▶ 내가 너를 언제 디스했다고 그래?

▶ 감히 최고의 가수를 디스하다니!

디스인플레이션disinflation [디쓰인플레이션] 인플레이션(inflation)의 점진적(漸進的) 억
제(抑制) 정책(政策).

▶ 디스인플레이션은 경제(經濟)를 안정시키기 위한 정책이다.

▶ 디스인플레이션 정책도 이젠 더 이상 소용이 없을 것 같아요.

디스카운트discount /[디쓰카운트] 할인(割引), 에누리 → 디씨(DC).

▶ 이 상품은 디스카운트가 안 되나요?

▶ 이미 디스카운트가 된 가격이어서 더 이상은 안 됩니다.

디스켓diskette 컴퓨터(computer) 이동식 저장 장치의 하나. 플로피 디스크(floppy disk).

디스코

> ▸ USB가 나오기 전에는 다들 디스켓에 파일(file)을 저장했었는데.
> ▸ 디스켓은 부피가 커서 불편해.

디스코disco 경쾌한 멜로디(melody)에 맞추어 추는 춤의 하나.

> ▸ 디스코가 유행하던 시절이 언제지?
> ▸ 디스코 춤에 형식이 어디 있어? 그냥 신나게 추면 되는 거지.
> ▷ 디스코텍(discotheque) : 경쾌한 음악에 맞추어 춤을 추는 클럽.

디스크disk/disc[1] 원반 /레코드(record) /컴퓨터(computer) 보조 기억 장치(裝置).

> ▸ 하드(hard) 디스크 용량이 부족해.
> ▸ 안 쓰는 파일(file)을 삭제해서 디스크의 용량을 좀 늘려봐.
> ▷ 디스크 드라이브(disk drive) : 디스크 작동 장치.
> ▷ 디스크^자키(disk jockey) : 음악 프로 진행, 담당자. 디제이(DJ).

디스크disk/disc[2] 척추(脊椎)의 연골(軟骨).

> ▸ 디스크 수술을 받았는데도 효과가 없어.
> ▸ 디스크는 원래 치료하기 힘들대.

디스플레이display /[디쓰플레이] 전시(展示)하는 것 또는 전시된 것.

> ▸ 백화점에 디스플레이된 물건만 보면 다 사고 싶어져요
> ▸ 저도 디스플레이된 게 맘에 들어서 이 가방을 샀어요

*디씨DC 할인(割引), 에누리 → 디스카운트

> ▸ 이 상품은 DC가 안 되나요?
> ▸ 이미 DC가 된 가격이어서 더 이상은 안 됩니다.
> ▷ DisCount.

*디아이와이DIY 전문가에게 맡기지 않고 스스로 수리하거나 만드는 것.

> ▸ 이 책장은 DIY로 제가 직접 만든 거예요
> ▸ DIY 가구가 요즘 대단히 인기네요
> ▷ Do It Yourself.

디엔에이DNA 세포(細胞) 염색체(染色體)의 중요 성분의 하나 → 디옥시리보^핵산.

> ▸ 친부모인지 확인하려면 DNA 검사를 해야 합니다.
> ▸ 머리카락이 있으면 DNA 검사를 할 수 있다고 해요
> ▷ Deoxyribo Nucleic Acid.

디엠제트DMZ /[디엠지] 남북 경계선(境界線) 내의 비무장(非武裝) 지대(地帶).

> ▸ 일반인도 DMZ에 들어갈 수 있나요?

> 난 영화에서 DMZ를 처음 봤어요
>> ▷ De-Militarized Zone.

디오니소스Dionysos [디오니쏘쓰] 그리스(Greece) 신화(神話)에 나오는 신의 하나, 주신(酒神).

> ▶ 술의 신이 '디오니소스'인가? 아니면 '바커스(Bacchus)'인가?
> ▶ 디오니소스를 로마(Rome)식 표현으로는 바커스라고 불러.
>> ▷ 디오니소스^형(dionysos型) : 도취(陶醉)에 빠진 인간 유형.

디오라마diorama `Fra` 소형 모형(模型) / 투시화(透視畵).

> ▶ 난 요즘 디오라마가 좋더라. 그래서 모형(模型) 기차를 수집 중이야.
> ▶ 디오라마는 어떤 대상을 설치해 놓고 틈을 통해 보는 거 아니야?

디옥시리보^핵산deoxyribo核酸 세포(細胞) 염색체(染色體)의 중요 성분의 하나 → 디엔에이(DNA).

> ▶ 디옥시리보핵산과 DNA가 같은 말인가요?
> ▶ 네, DNA는 디옥시리보핵산의 줄임말이에요.

디옵터diopter 안경 도수(度數)의 단위.

> ▶ 안경 도수가 어떻게 돼요?
> ▶ 전 5디옵터 정도쯤 된다고 하던데요.

디자인design 설계, 도안(圖案).

> ▶ 이번 디자인은 제가 맡겠습니다.
> ▶ 산뜻한 디자인으로 부탁해요
> ▶ 이 옷은 유명한 디자이너의 작품이어서 좀 비싸요
>> ▷ 디자이너(designer) : 디자인하는 사람.

디저트dessert 밥 먹은 후에 먹는 후식(後食).

> ▶ 디저트로 아이스크림(ice cream) 먹자.
> ▶ 난 배불러서 디저트는 못 먹겠어.

디제이DJ 음악 프로그램(program) 진행, 담당자(擔當者).

> ▶ 그는 10년간 라디오(radio) 디제이를 해 오고 있어요
> ▶ 디제이는 한국말로 '음악지기'라고도 해요
>> ▷ Disc Jockey.

***디젤**Diesel 동력(動力) 기관(機關)의 한 방식. 디젤 엔진(engine).

> ▶ 이번에는 디젤 차량(車輛)을 구입하려고 해.

디지털

> ▶ 디젤차가 가솔린(gasoline) 차보다 연료비가 적게 드나?

디지털digital /[디지털]　전자기기 방식의 / 데이터(data)를 숫자로 나타내는 방식 ↔
아날로그(analogue).

> ▶ 디지털(digital) 시대에도 아날로그(analogue)가 필요하지.

> ▶ 디지털(digital) 카메라(camera)가 편리한데 넌 왜 수동 카메라를 써?

디코더decoder　코드(code)를 해독하는 것. 해독기(解讀器).

> ▶ 큰돈을 들여서 겨우 디코더를 만들었어요

> ▶ 디코더가 잘 작동해야 할 텐데 걱정이네요

디펜스defense [디펜쓰]　방어(防禦), 수비(守備).

> ▶ 이번 게임(game)은 디펜스만 하다가 끝났어.

> ▶ 그는 디펜스에 강(强)한 선수(選手)이다.

디프레션depression /[디프레쎤]　물가(物價)의 급격(急擊)한 하락으로 인한 불경기(不景
氣). 우울한 감정.

> ▶ 모두들 디프레션이 올까 봐 걱정하고 있어요

> ▶ 요즘 나는 심각한 디프레션에 빠졌어.

디플레이션deflation /디플레　화폐 가치를 끌어올리기 위해서 통화를 수축(收縮)하는
방법 ↔ 인플레이션(inflation).

> ▶ 디플레이션은 인플레이션의 반대말이야.

> ▶ 디플레이션 상황까지 가지 않도록 방법을 마련해야 해요

디피티DPT　디프테리아(diphtheria), 백일해(百日咳), 파상풍(破傷風)을 예방하기　위한
혼합 백신(vaccine).

> ▶ 우리 아이에게 DPT 주사를 맞혔어요.

> ▶ 우리 아이도 빨리 DPT 접종(接種)을 해야 하겠어요

> ▷ Diphtheria Pertussis Tetanus.

딜러dealer　거래 상인, 소매점(小賣店).

> ▶ 거래는 개인적으로 하는 것보다 딜러를 통해서 하는 것이 좋아요

> ▶ 저에게 좋은 딜러를 소개해 주시겠어요?

> ▷ 딜-하다(deal) : 흥정을 하는 것.

딜레마dilemma　이러지도 저러지도 못하는 상태, 진퇴양난(進退兩難).

> ▶ 이럴 수도 없고 저럴 수도 없고, 딜레마다.

> ▶ 딜레마에 빠져서 헤어 나오지 못하고 있어요

딜레탕트dilettante `Fra` 취미를 중심으로 하는 사람.

>▸ 예술이나 학문을 취미로 하는 사람을 딜레탕트라고 해요.

>▸ 그는 현존(現存) 예술가 중에서 최고의 딜레탕트라고 불리는 사람이다.

>▹ 딜레탕티슴(dilettantisme `Fra`) : 향락적인 문예 취미.

***땡큐**thank you /[쌩큐] /[쌩유] 고맙다, 감사하다.

>▸ 이거 너 먹어.

>▸ 땡큐, 고마워~. 너밖에 없다.

•••• ㄹ ••••

라디에이터radiator /라지에타   방열기(放熱器), 자동차 냉각기(冷却器).
  ▶ 지금 라디에이터에서 연기가 나는 거 아니에요?
  ▶ 어쩌죠? 라디에이터가 고장 난 모양이에요

라디오radio   무선(無線) 전파(電波)를 이용한 방송, 라디오 수신기(受信機).
  ▶ 잠이 안 와서 밤새도록 라디오만 들었어.
  ▶ 난 요즘 인터넷(internet) 방송을 듣느라고 라디오는 잘 안 들어.

*__라떼__latte /라테 Ita   스팀(steam) 우유를 넣어서 만든 이탈리안(Italian) 커피(coffee).
카페(cafe)-라떼의 준말.
  ▶ 카페라떼 하나 주세요
  ▶ 나는 라떼에는 시럽(syrup)을 넣어 마시는 게 더 좋더라.

라마Lama   라마교(教), 종교인, 승려(僧侶).
  ▶ 라마교는 '티베트(Tibet) 불교(佛教)'라고도 불러요
  ▶ 그는 티베트의 라마승이에요
  ▷ 라마^교(lama教) : 불교의 한 종파, 나마교(喇嘛教).
  ▷ 라마^승(lama僧) : 라마교 승려, 나마승(喇嘛僧).

라마르크^설 Lamarck說   진화설(進化說)의 하나, 용불용설(用不用說).
  ▶ 라마르크설이 뭐야?
  ▶ 잘 쓰지 않는 기관은 퇴화(退化)하고 잘 쓰는 기관은 발달한다는 진화설이야.
  ▶ 프랑스(France)의 라마르크가 주장해서 라마르크설이라고 불러.

*__라멘__ラーメン Jap   일본(日本)식 라면.
  ▶ 우리 점심은 그냥 라멘 먹을까?
  ▶ 라멘? 일본식 라면 말이지?

라벤더lavender /라벤다   여러해살이풀의 하나. 꽃에서 향유(香油)를 추출(抽出)함.
  ▶ 어디서 라벤더 향기(香氣)가 나는 것 같아.
  ▶ 지금 라벤더 향초(香草)를 피웠거든.

라벨label /레이블 Fra   상품(商品) 표시용 종이 또는 천.
  ▶ 라벨을 버렸는데 그래도 교환이 되나요?

▶ 죄송합니다만, 라벨이 붙어 있어야만 교환해 드릴 수 있어요

▷ 레테르(letter).

*라스트last 마지막, 최후(最後)의.

▶ 그는 라스트스퍼트로 마지막 열정을 불태웠다.

▶ 모두들 그 영화의 라스트신에 대한 기대가 커요.

▷ 라스트^스퍼트(last spurt) : 결승점(決勝點)을 향해 마지막으로 힘을 내는 것.

▷ 라스트 신(last scene[라스트씬]) : 마지막 장면.

라운드round 경기(競技)의 한 회(回).

▶ 전 이번 라운드만 쉬고 갈게요

▶ 이번 경기의 모든 라운드를 생중계해 드립니다.

라운지lounge 휴게(休憩) 공간.

▶ 점심 먹고 라운지에서 잠깐 보자.

▶ 외국에 나갈 때에는 공항(空港) 라운지에서 쉬는 게 좋지요

라이거liger 사자와 호랑이 사이에 태어난 새끼.

▶ 라이거가 뭐야? 타이거(tiger) 아니야?

▶ 사자와 호랑이 사이에서 태어난 새끼를 라이거라고 불러.

▷ lion+tiger.

라이너liner¹ 지면(地面)과 평행(平行)으로 날아가는 공의 모양.

▶ 그는 쭉쭉 뻗는 라이너성(性) 타구를 날렸다.

▶ 라이너와 라인드라이브(line drive)는 똑같은 말이에요

라이너liner² 정기적(定期的)인.

▶ 에어(air) 라이너가 무슨 뜻이야?

▶ 에어 라이너는 보통 '정기 항공기'라는 뜻으로 써.

라이너liner³ 옷 안쪽에 대는 천 또는 털.

▶ 피부에 직접 닿는 라이너는 순면으로 만든 것이 좋아.

▶ 이 코트(coat)에는 라이너가 달려 있어서 아주 따뜻해요

라이벌rival 경쟁(競爭) 상대.

▶ 넌 라이벌이 누구야?

▶ 내 자신이 가장 강력한 라이벌이지.

라이브live 눈앞에서 직접 실시(實施), 시행(施行), 연주(演奏)하는 것.

▶ 야구 경기(競技)는 라이브 중계로 봐야 재미가 있다.

라이브러리

> ▸ 그녀는 항상 라이브 공연만을 고집한다.
> ▷ 라이브 음악 카페(cafe) : 눈앞에서 가수/연주자가 직접 노래나 음악을 들려주
>   는 카페.
> ▷ 라이브 중계(中繼) : 녹화 방송이 아닌 실시간 중계. 생중계(生中繼).

라이브러리library 정보(情報)를 갈무리해 놓은 것, 도서관(圖書館).

> ▸ 우리 집에 라이브러리를 만들어 놓는 게 꿈이에요.
> ▸ 뮤직(music)라이브러리를 이용하면 여러 가지 음악을 들을 수 있어요.

라이선스license /[라이썬쓰] /라이센스 면허(免許), 허가증(許可證).

> ▸ 전 아직 드라이브(drive) 라이선스가 없어요.
> ▸ 라이선스가 없으면 그 일을 할 수 없을 거야.

라이스^페이퍼rice paper /[라이쓰페이퍼] 쌀로 만든 쌈용 식자재(食資材).

> ▸ 오늘 저녁에는 월남쌈을 해 먹을까?
> ▸ 마침 라이스페이퍼도 있으니 그게 좋겠다.

*라이어liar 거짓말쟁이.

> ▸ 그렇게 거짓말을 하니까 '라이어'라는 별명이 붙지.
> ▸ 이제 너까지 나를 '라이어'라고 부르는 거냐?

라이온스^클럽LIONS Club /라이언스클럽 국제적(國際的) 민간(民間) 사회봉사(社會奉仕)
단체(團體).

> ▸ 라이온스클럽이 뭐하는 곳이죠?
> ▸ 라이온스클럽은 국제적인 봉사 단체예요.
> ▷ Liberty, Intelligence, Our Nation's Safety Club.

라이터lighter /라이타 점화기(點火器)의 총칭(總稱).

> ▸ 라이터는 역시 일회용 라이터가 최고야!
> ▸ 너는 담배도 안 피우는데 라이터를 왜 가지고 다녀?

라이트light[1] 빛, 광선(光線), 조명(照明).

> ▸ 아, 깜빡하고 라이트를 안 켰다.
> ▸ 라이트가 너무 밝아서 눈이 아파요.

*라이트light[2] 가벼운.

> ▸ 얼마나 가볍기에 운동화 이름이 '라이트 운동화'야?
> ▸ 가볍긴 정말 가볍더라. '라이트 운동화'라고 할 만해.

*라이프life 생활, 생활의.

　▶ 그 사람과는 라이프스타일(style)이 달라서 같이 살기 너무 힘들어요.

　▶ 우리 인생은 라이프사이클에 따른 관리가 필요해요

　▷ 라이프^사이클(life cycle) : 생활 주기(週期), 상품 판매 과정.

라이플rifle　소총(小銃).

　▶ 위험하게 라이플을 들고 뭐하는 거야?

　▶ 난 총이라고는 라이플밖에 몰라.

라인line　선(線), 노선(路線). 수준.

　▶ 경기(競技) 중에는 라인을 넘지 않도록 조심해.

　▶ 생산 라인에 문제가 생겨서 생산량이 줄었어요.

라일락lilac　활엽(闊葉) 나무의 하나.

　▶ 마당에 심은 라일락에 꽃이 피었어.

　▶ 라일락은 이름만큼이나 아름다운 꽃이네요

라임[1]lime　레몬(lemon) 비슷한 과일의 하나.

　▶ 시원한 물에 라임을 한 조각 담갔더니 정말 맛있어요

　▶ 나는 라임 맛이나 레몬 맛이나 다 똑같은 것 같아.

라임[2]rhyme　시(詩)나 노래에서 일정한 자리에 같은 운을 두는 것. 압운(押韻).

　▶ 영어로 된 시에는 라임이 없으면 안 되는 거야?

　▶ 안 되는 건 아니지만 라임이 있어야 리듬(rhythm)이 살지.

***라지**large　큰, 대형의.

　▶ 이 모자, 라지 사이즈(size)도 있나요?

　▶ 피자(pizza) 라지로 한 판 갖다 주세요

***라지에타**radiator　방열기(放熱器), 자동차 냉각기(冷却器) → 라디에이터.

　▶ 지금 라지에타에서 연기가 나는 거 아니에요?

　▶ 라지에타가 고장 난 모양이에요.

***라카**[1]lacquer　보통 분무식(噴霧式)으로 된, 건조(乾燥)가 빠른 도료(塗料)의 한 종류
　→ 래커.

　▶ 책장에 라카를 뿌렸더니 새것처럼 멋있어졌다.

　▶ 예쁘기는 한데 라카 냄새가 너무 심하다.

***라카**[2]locker /[라커]　개인 사물함 → 로커.

　▶ 학교에는 내가 사용할 수 있는 라카가 없어.

　▶ 그래? 그러면 내 라카를 같이 쓰는 건 어때?

라켓

라켓racket 운동 경기(競技)에서 공을 치는 도구.
> ▶ 테니스(tennis)를 잘 치려면 라켓을 잡는 법부터 배워야 해.
> ▶ 이 라켓은 내가 들기에는 너무 무거워.

*라테latte /라떼 Ita 스팀(steam) 우유를 넣어서 만든 이탈리안(Italian) 커피(coffee).
> ▶ 카페(cafe)라테 하나 주세요.
> ▶ 나는 라테에는 시럽(syrup)을 넣어 마시는 게 더 좋더라.

라텍스latex 탄성(彈性)이 있는 고무.
> ▶ 이 베개는 라텍스 소재라 굉장히 편해요.
> ▶ 라텍스 침대도 요즘 많이 팔립니다.

라틴Latin 라틴 어(語), 또는 라틴 민족의.
> ▶ 라틴 음악은 매우 정열적인 음악이다.
> ▶ 영어를 쓰는 사람들은 라틴 어를 좀 더 쉽게 배울 수 있지 않을까?

*락rock 로큰롤(rock'n'roll). 음악의 한 형식 → 록.
> ▶ 락은 역시 스트레스(stress)에 좋은 음악이지!
> ▶ 그런데 락을 하는 사람들은 왜 모두 머리가 길까?

란제리lingerie Fra 여성 속옷.
> ▶ 이 근처에 란제리 숍(shop)이 있나요?
> ▶ 요즘 여자들은 란제리에도 신경을 많이 써요.

람다lambda Gre 그리스(Greece) 자모(字母)의 열한 번째 문자(文字) → 그리스문자.
> ▷ Α/α알파, Β/β베타, Γ/γ감마, Δ/δ델타, Ε/ε엡실론, Ζ/ζ제타, Η/η에타, Θ/θ세
> 타, Ι/ι요타, Κ/κ카파, Λ/λ람다, Μ/μ뮤, Ν/ν뉴, Ξ/ξ크시/크사이, Ο/ο오미크
> 론, Π/π파이, Ρ/ρ로, Σ/σ시그마, Τ/τ타우, Υ/υ입실론, Φ/φ피, Χ/χ키, Ψ/ψ프
> 시/프사이, Ω/ω오메가.

람바다lambada 관능적(官能的)인 춤과 노래의 하나.
> ▶ 요즘에도 람바다를 추는 사람이 있나?
> ▶ 람바다는 들어도 들어도 질리지 않는 신나는 음악이에요.

랍비rabbi 유대교(Judea敎)의 율법학자(律法學者).
> ▶ 랍비는 어느 나라 말이야?
> ▶ 랍비는 히브리(Hebrew) 어(語)야. 유대교에서 선생님이라는 뜻으로 쓰는 말
> 이야.

랑데부rendez-vous /랑데뷰 Fra 서로 만나는 것.

▶ 견우(牽牛)와 직녀(織女)의 랑데부 이야기를 알아요?

▶ 그녀와의 두 번째 랑데부가 기대됩니다.

래커lacquer /라카   보통 분무식(噴霧式)으로 된, 건조가 빠른 도료(塗料)의 한 종류.

▶ 책장에 래커를 뿌렸더니 새것이 되었어요.

▶ 예쁘긴 한데 래커 냄새가 너무 심하다.

*랙[1]lack   컴퓨터(computer) 프로그램(program)이나 인터넷(internet) 사용 시에 지체(遲滯)되는 현상.

▶ 요즘 서버(server)에 왜 이렇게 랙이 자주 걸리지?

▶ 내 컴퓨터는 마치 10초에 한 번씩 랙이 걸리는 것 같아.

*랙[2]rack   주로 인터넷(internet) 서버(server)를 두는 선반(懸盤).

▶ 랙 선반이 하나 필요한데 어디서 살까?

▶ 조립식(組立式) 랙으로 살 거야?

*랜덤random   무작위(無作爲)의.

▶ 파트너(partner)는 랜덤으로 정합시다.

▶ 사은품(謝恩品)은 랜덤으로 보내 준다고 합니다.

▷ 랜덤＾샘플링(random sampling) : 무작위(無作爲) 추출(抽出) 조사법.

▷ 랜덤＾액세스(random access) : 무작위 접근(接近).

랜딩landing   착륙(着陸). 착지(着地).

▶ 이렇게나 오랫동안 랜딩이 지연(遲延)되는 이유가 뭐야?

▶ 비행기는 자동 랜딩이 가능하다고 하던데요.

▶ 이번 경기(競技)에서는 랜딩 동작에 부여되는 점수가 가장 높습니다.

랜싯lancet /[랜쎗]   끝이 뾰족한 의료(醫療)용 칼 또는 채혈용(採血用) 침.

▶ 일회용 랜싯을 사용하는 게 낫지 않을까요?

▶ 랜싯은 균(菌)을 옮기면 안 되니까 위생(衛生)이 중요합니다.

랜턴lantern   휴대용 등(燈).

▶ 랜턴 꼭 챙겨.

▶ 랜턴은 왜? 어차피 밤에는 안 돌아다닐 거잖아.

랠리rally   경기(競技)가 지속(持續)되는 것.

▶ 한국에서 열리는 테니스(tennis) 랠리에 참석했어요.

▶ 자동차 랠리가 끝나면 고향으로 돌아갈 겁니다.

램RAM   컴퓨터(computer) 기억 장치의 하나. 랜덤 액세스 메모리.

램프

> ▶ 컴퓨터(computer)의 램을 바꿔야 하나 봐. 컴퓨터가 너무 느려.
> ▶ 램이 3기가(giga)면 이미 충분한데요. 컴퓨터를 한번 정리해 보는 게 어때요?
> ▷ Random Access Memory.

램프[1]lamp 등(燈)의 총칭(總稱).

> ▶ 잘 안 보여, 램프 좀 높이 들어봐.
> ▶ 램프에 기름이 없나 봐. 자꾸 꺼지려고 하네.

램프[2]ramp 고속도로의 진출입(進出入) 연결(連結)용 입체(立體) 차도(車道).

> ▶ 영동 고속도로에 진출할 수 있는 램프가 새로 생겼어요.
> ▶ 고속도로의 램프 구간에서는 절대로 후진(後進)을 하면 안 돼요.

랩[1]rap 빠른 박자에 맞추어서, 이야기하듯이 하는 노래 형식.

> ▶ 그는 우리나라에서 랩을 제일 잘하는 가수다.
> ▶ 그는 랩을 담당하고 노래는 친구가 맡았다.
> ▷ 래퍼(rapper) : 랩을 하는 가수.

랩[2]wrap 음식물 보호를 위해서 씌우는 비닐(vinyl).

> ▶ 음식에 랩을 씌워서 보관하는 것이 좋다.
> ▶ 남은 음식을 랩으로 덮어서 보관했다.

랩^타임lap time 경주(競走)에서, 구간(區間)별 소요(逍遙) 시간.

> ▶ 경기(競技)는 잘 끝났어? 랩타임이 얼마나 나왔어?
> ▶ 오늘은 랩타임이 1분 45초가 나왔어요.

랩소디rhapsody [랩쏘디] 관능적(官能的)이면서 자유로운 형식의 악곡(樂曲), 광시곡(狂
詩曲).

> ▶ 이거 들어볼래? 랩소디 스타일(style)의 협주곡(協奏曲)을 모아놓은 앨범이야.
> ▶ 그의 음악은 이제 랩소디 스타일에서 벗어나고 있다.

랩스커트wrap skirt 몸에 휘감아서 입는 치마.

> ▶ 랩스커트는 언제 입는 치마인가요?
> ▶ 수영복을 입었을 때 랩스커트를 두르면 좋다.
> ▷ wraparound skirt.

랩^코트wrap coat 여성용 외투(外套)의 한 종류.

> ▶ 오늘은 또 뭘 입지?
> ▶ 날이 아직 쌀쌀하니까 랩코트를 입는 게 어때요?

랩톱^컴퓨터laptop computer 무릎 위에 올려놓고 쓸 수 있는 휴대용 컴퓨터

(computer). 노트북(notebook) 컴퓨터.

▶ 랩톱과 노트북이 뭐가 다른 거야?

▶ 한국에서는 랩톱이나 노트북이나 같은 개념으로 사용하면 돼.

*래퍼 → 랩[1]

랭킹ranking 성적에 따른 순위. 등급(等級).

▶ 랭킹 안에만 들 수 있었으면 좋겠어.

▶ 무슨 소리야? 1, 2위는 아니어도 랭킹 3위 정도는 해야지.

러닝running[1] /런닝 달리는 것, 경주(競走).

▶ 운동을 하기 위해 러닝머신(machine)을 샀다.

▶ 러닝 화(靴)를 새로 사야 하겠다.

러닝running[2] /런닝 러닝셔츠(shirts)의 준말.

▶ 그는 집에서 항상 러닝만 입고 있다.

▶ 러닝을 입지 않으면 오히려 더 덥다.

▷ [난닝셔츠] / 난닝구.

*러닝머신running machine /런닝머신 운동 기구의 하나.

▶ 다이어트(diet)를 하려고 러닝머신을 샀어.

▶ 러닝머신을 사놓고 운동은 안 하는 사람이 더 많을 거야.

러닝메이트running mate /런닝메이트 함께 출전(出戰)하는 사람.

▶ 공부에도 러닝메이트가 필요한 것 같아.

▶ 이번 경기(競技)에서는 러닝메이트의 도움을 많이 받았어요.

*러버rubber 고무의 통칭(通稱).

▶ 러버 라켓(racket)이 뭐야?

▶ 빨간색 고무가 붙은 저 탁구라켓을 러버 라켓이라고 해.

*러브love 사랑, 사랑의.

▶ 뭔데 숨겨? 러브레터라도 썼냐?

▶ 이 드라마 너무 재미없다. 러브신도 없고.

▷ 러브^레터(love letter) : 연애편지.

▷ 러브^스토리(love story) : 사랑 이야기.

▷ 러브^신(love scene[러브씬]) : 남녀의 연애 장면.

러브^게임love game [러브께임] 테니스(tennis) 경기(競技)에서, 상대편을 무득점(無得點)으로 이기는 세트(set).

러시

▶ 테니스 경기에서는 상대방을 0점으로 이기는 게임을 러브게임이라고 불러.

▶ 점수도 못 따고 지는 건데도 러브게임이라고 사랑스럽게 부르는구나.

*러시(하다)rush [러씨] 돌진(突進), 쇄도(殺到)하다.

▶ 그렇게 함부로 러시하다가는 금방 게임(game)에서 질 거야.

▶ 이번 지진(地震)으로 그 일대에 사는 사람들의 탈출 러시가 이어졌다.

▶ 6시면 러시아워에 걸려서 차가 막힐 시간이에요.

▷ 러시^아워(rush hour) : 출퇴근 교통 혼잡 시간.

러시아Russia 동유럽(Europe) 국가의 하나.

▶ 이번 여름에 러시아에 가요.

▶ 그래요? 러시아 어를 배워야겠네요.

▶ 영화에서 러시안 룰렛을 하는 사람들을 보면 너무 무서워요.

▷ 러시아 어(Russia語) : 러시아 언어.

▷ 러시안^룰렛(Russian roulette) : 6연발 권총으로 생명을 걸고 하는 미련한 내기.

러시^아워Rush hour 차가 막히는 시간. 출퇴근하는 시간.

▶ 아침 출근 시간은 러시아워여서 언제나 차가 막힌다.

▶ 그는 러시아워를 피하기 위해 항상 일찍 출발한다.

*러키lucky /럭키 행운(幸運).

▶ 난 러키세븐인 7번을 뽑고 싶은데. 넌 몇 번 뽑았어?

▶ 미안해 내가 7번을 뽑았어. 역시 내가 러키가이.

▷ 러키^세븐(lucky seven) : 행운의 수라고 여겨지는 숫자 7.

▷ 러키^가이(lucky guy) : 행운이 가득한 사람.

러플ruffle 물결 모양의 주름 장식.

▶ 앞 쪽의 러플 장식이 지저분해 보이지 않아요?

▶ 아니요, 오히려 러플 장식이 있어서 더 여성스러워 보이는데요.

럭비Rugby 풋볼(football) 경기(競技).

▶ 미국 사람들은 왜 축구보다 럭비를 좋아하지요?

▶ 아니에요. 미국 사람들은 럭비보다 미식축구(美式蹴球)를 더 좋아해요.

*럭셔리luxury 사치스런, 고급의.

▶ 와, 너 그 시계 럭셔리해 보인다.

▶ 내가 차니까 럭셔리해 보이는 거야.

럭스lux /[룩쓰] 조명(照明) 밝기의 단위. [Lx].

▶ 조명은 럭스가 높은 것으로 할까요?

▶ 전 럭스를 잘 몰라요. 그냥 밝은 것으로 하세요.

*럭키lucky → 러키.

*런칭launching 시작하다, 발진(發進) → 론칭.

▶ 이 브랜드(brand)는 언제 런칭했나요?

▶ 꽤 오래 전에 일본에서 런칭한 제품이에요.

럼rum 술의 한 종류, 증류주(蒸溜酒).

▶ 여기서 럼도 구입할 수 있나요?

▶ 네, 저희 가게는 럼은 물론 술이란 술은 모두 판매해요.

레게reggae 라틴(Latin)계 대중음악(大衆音樂).

▶ 이 음악은 장르가 뭐야? 레게인가?

▶ 그러게. 분위기는 레게와 비슷하긴 한데 조금 색다르네.

레그혼^종leghorn種 닭 품종(品種)의 하나.

▶ 이 달걀 먹어봐. 레그혼종 달걀을 구운 거야.

▶ 레그혼종 달걀은 맛이 다른가?

레닌^주의Lenin主義 레닌(Lenin)의 공산주의(共産主義) 사상(思想).

▶ 내가 좀 더 일찍 태어났으면 레닌주의를 추종했을지도 몰라.

▶ 난 레닌주의자들이 왠지 무서워.

*레드red 빨간, 적색(赤色)의 / 경고(警告)의.

▶ 짙은 레드 컬러(color)의 립스틱(lipstick)을 바르니까 섹시해 보여요.

▶ 심판은 드디어 레드카드(card)를 꺼내 들었다.

▷ 레드^카드(red card) : 주의, 경고 표시.

*레디ready 준비 또는 준비를 알리는 구호(口號).

▶ 준비됐나요? 촬영 시작합시다. 레디고!

▶ 레디메이드는 예술품이 된 일상(日常) 용품을 가리키는 말이에요.

▷ 레디^고(ready go) : 영화, 방송 촬영 시에 촬영 시작을 알리는 소리.

▷ 레디^메이드(ready-made) : 기성품(旣成品).

레몬lemon 과일의 한 종류.

▶ 시원한 물에 레몬 한 조각만 띄워 줄래요?

▶ 전 레모네이드를 만들어 주세요.

▷ 레모네이드(lemonade) : 레몬 즙으로 만든 청량음료.

레미콘

> 레몬^주스(lemon juice) : 레몬 즙 음료.

레미콘remicon 물과 모래·시멘트(cement)를 배합한 콘크리트(concrete). 또는 콘크리트를 만들고 배달할 수 있는 차.

▶ 오늘따라 레미콘이 많이 지나가네.

▶ 레미콘 회사 돈 많이 벌겠다.

레버lever /레바 지렛대. 기기(機器)를 작동시키는 막대기의 통칭(通稱).

▶ 브레이크(brake)가 고장 났는데 레버를 갈아야 한대.

▶ 레버를 누르면 문이 열립니다.

레벨level 수준(水準), 정도

▶ 이번 교환 학생들의 한국어 레벨이 어느 정도 돼요?

▶ 레벨테스트(test)를 해야 급(級)이 결정됩니다.

레스토랑restaurant Fra 서양식(西洋式) 요리점. 서양 음식을 파는 식당.

▶ 레스토랑에서 식사를 하다.

▶ 오늘 저녁식사는 분위기 있게 레스토랑에서 할까?

레슨lesson [레쓴] 학습 단원(單元), 1과 / 개인 교습(敎習).

▶ 피아노(piano) 레슨 다녀왔어?

▶ 아니, 오늘은 성악(聲樂) 레슨을 받느라고 피아노는 쉬었어요

▶ 오늘은 레슨 5와 레슨 6을 함께 공부할게요

▶ 선생님, 지난번에 레슨 5는 하지 않았나요?

레슬링wrestling 일종의 서양식 씨름.

▶ 난 레슬링을 보면 스트레스(stress)가 풀려.

▶ 넌 제일 좋아하는 레슬러가 누구야?

> 레슬러(wrestler) : 레슬링 선수.

*__레시피__recipe /[레씨피] /[레써피] 음식의 조리(調理)법을 뜻하는 요리 용어.

▶ 레시피를 보고 요리를 하다.

▶ 맛있는 된장찌개를 끓이기 위해서 어머니의 특급(特級) 레시피를 보았다.

→ '조리법'으로 순화.

*__레알__real 진짜, 매우, 정말 → 리얼.

▶ 이 노래 레알 좋다.

▶ '레알'이 뭐야?

▶ '레알'은 '진짜'라는 말이야.

레이더radar /레이다　마이크로(micro)파(波)를 이용하는 전파 탐지기(探知機).

　▶ 그의 수상한 행동이 나의 레이더에 잡혔다.

　▶ 너의 레이더망(網)은 벗어날 수가 없구나.

　▷ radio detecting and ranging.

레이블label　라벨. 상표(商標) → 라벨.

　▶ 레이블을 떼면 교환이나 환불이 안 됩니다.

　▶ 새 옷을 레이블이 붙은 채로 입고 다녔어.

레이스[1]lace [레이쓰]　장식(裝飾)용 수예(手藝) 제품.

　▶ 주머니에 레이스가 달린 카디건(cardigan)은 어때?

　▶ 난 지저분해 보여서 레이스 장식이 달린 옷은 안 좋아해.

레이스[2]race [레이쓰]　속도나 성취(成就)를 서로 겨루는 것.

　▶ 마지막 레이스야. 모두 힘 내!

　▶ 전 모든 레이스에서 최선(最善)을 다했어요.

　▷ 레이서(racer) : 운전을 주로 하는 선수.

레이아웃layout　배열(配列), 구성, 편집 설계.

　▶ 레이아웃을 잡고 나서 다시 회의를 합시다.

　▶ 일단 완성된 레이아웃을 보여 드릴게요.

레이온rayon　인조(人造) 견사(絹絲).

　▶ 이거 순면인가요? 레이온인가요?

　▶ 순면과 레이온이 반씩 섞인 겁니다.

레이어드^룩layered look　여러 겹으로 겹쳐 입는 패션(fashion) 스타일(style).

　▶ 넌 레이어드룩이 잘 어울리는 것 같아.

　▶ 난 레이어드룩보다 깔끔한 스타일이 좋은데.

레이저laser　인공(人工) 광선(光線), 빛의 증폭(增幅) 장치(裝置).

　▶ 레이저를 이용한 수술은 안 아플까?

　▶ 레이저를 이용해도 아픈 건 마찬가지야.

　▷ light amplification by stimulated emission of radiation.

*레이트rate　비율(比率). 퍼센트(percent). [%].

　▶ 한국 사람들은 어떤 정보의 비율을 '레이트'라고 말하기도 해.

　▶ 그래? 그럼 레이트는 퍼센트와 같은 말이겠네?

레인lane　경기(競技) 코스(course).

레인저

> ▶ 드디어 이번 대회의 철인(鐵人) 3종 경기 레인이 나왔어요.
> ▶ 그는 일등으로 모든 레인을 통과하고 결승선에 들어 왔다.

레인저ranger　특수(特殊) 작전(作戰) 수행을 위한 전투원(戰鬪員).
> ▶ 작전을 수행하는 전투원을 레인저라고 불러.
> ▶ 그래? 난 '파워(power)레인저'가 제일 좋더라.

레인지range /렌지　오븐(oven) 또는 전자레인지의 준말.
> ▶ 피자(pizza)가 식었는데 레인지에 데워 줄까?
> ▶ 레인지는 전자파(電磁波)가 많이 나오니까 자주 사용하지 마세요.

레인코트raincoat　비옷.
> ▶ 노란 레인코트를 입으니 정말 깜찍하구나.
> ▶ 비도 안 오는데 레인코트를 왜 입었어?

레일rail　궤도(軌道).
> ▶ 기차가 레일을 벗어나면 안 되는 거잖아.
> ▶ 놀이동산에서 모노(mono)레일을 타 본 적이 있어요.

레임^덕lame duck　임기(任期) 만료(滿了)로 인한 권력(權力) 누수(漏水) 현상.
> ▶ 정부는 요즘 레임덕을 실감하고 있다.
> ▶ 대통령(大統領)의 강력(強力)한 지시도 먹히지 않는 걸 보니 레임덕 현상이군.

레자レザ―　Jap　인조(人造) 가죽.
> ▶ 이 소파는 천연 가죽인가요?
> ▶ 아니. 가죽처럼 보이지만 사실 싸구려 레자야.
> ▷ leather.

레저leisure　여가(餘暇) 활동.
> ▶ 여름에는 다양한 레저를 즐길 수 있어서 좋아요.
> ▶ 난 물을 무서워해서 수상(水上) 레저는 좋아하지 않아.

*레전드legend　전설(傳說), 신화(神話).
> ▶ 그 가수는 한국 발라드(ballade)계(系)의 레전드라고 할 수 있지.
> ▶ 그래? 그럼, 댄스(dance)계(系)의 레전드는 누구야?

레즈비언lesbian　여성 동성애자(同性愛者) ↔ 호모(homo).
> ▶ 그녀는 자신이 레즈비언임을 밝혔다.
> ▶ 저 사람은 행동하는 게 꼭 레즈비언 같네요.

레지レジ　Jap　다방(茶房)에서 근무하는 여자종업원.

> ▶ 그녀는 다방 레지로 여러 해 동안 일했다.
> ▶ 그는 다방에만 가면 레지를 찾곤 했다.
> ▶ 요즘에는 다방 레지라는 말은 잘 쓰지 않는다.
> ▷ register.

레지던트resident　수련의(修鍊醫). 의사(醫師).
> ▶ 그는 지금 서울의 한 대학병원에서 레지던트로 있어요.
> ▶ 레지던트를 마치고 나면 의사가 되는 건가요?

레지스탕스résistance /[레지스탕씨] **Fra**　저항(抵抗), 저항운동(抵抗運動).
> ▶ 그도 한때는 레지스탕스 운동을 했었다.
> ▶ 그는 2차 세계 대전에서 레지스탕스 운동을 하다가 감옥(監獄)에 갇혔다.

레지스터register　기록(記錄), 등록(登錄)기기 / 컴퓨터(computer)의 일시(一時) 기억 장치(裝置).
> ▶ 레지스터의 종류가 왜 이렇게 많아?
> ▶ 레지스터는 일반 메모리(memory)보다 속도가 빨라요.

레커^차wrecker車 /[레카차]　고장 차량 구호(救護) 차량(車輛).
> ▶ 사고가 나자 어떻게 알았는지 레커차가 달려 왔다.
> ▶ 레커차가 지나가는 걸 보니 사고가 났나 봐요.

레코드record /리코드　음반(音盤), 판 또는 판을 돌리는 기계.
> ▶ 그 가수 노래 있나요? 있으면 레코드 좀 틀어 줘요.
> ▶ 노래 잘하는 내 친구가 레코드를 취입(吹入)한다고 했다. 부럽다.

*****레코더**recorder /리코더　기록하는 기계 장치(裝置), 녹음기(錄音器) 또는 녹화기(錄畵器).
> ▶ 이것 봐. 새로 산 보이스(voice) 레코더야. 멋있지?
> ▶ 난 비디오(video) 레코더를 새로 샀는데…….

레퀴엠requiem **Lat**　진혼곡(鎭魂曲), 위령곡(慰靈曲).
> ▶ 레퀴엠이 뭐예요?
> ▶ 응, 레퀴엠은 죽은 사람의 영혼을 위로하기 위한 음악을 말한단다.

레크리에이션recreation /레크레이션　가벼운 오락, 함께 즐기는 게임(game).
> ▶ 레크리에이션으로 분위기를 전환해 볼까요?
> ▶ 나는 스무 살 무렵에는 레크리에이션 강사(講師) 생활도 했다.
> ▶ 사람들은 레크리에이션이라고 하지 않고 보통 '레크레이션'이라고 말한다.

*****레터**letter　편지 / 글자, 글씨, 서체.

레터링

> ▶ 그 사람에게 받은 러브레터(love letter)를 평생 간직할 것이다.

> ▶ 글씨체를 도안(圖案)하는 것을 레터링(lettering)이라고도 한다.

레터링lettering 문자 도안(圖案).

> ▶ 그 사람 팔에 새겨진 그 레터링 타투(tattoo)는 무슨 의미일까?

> ▶ 난 요즘 레터링 디자인(design)에 관심이 생겼어.

*레테르letter Net 상품명(商品名), 품명을 적어 놓은 것.

> ▶ 네 옷에 레테르가 그대로 달려 있네.

> ▶ 레테르? 한국에서는 그냥 라벨이라고 하면 돼.

> ▷ 라벨(label).

*레토르트retort¹ 살균(殺菌), 포장 식품.

> ▶ 레토르트 음식은 맛이 없나요?

> ▶ 아니에요, 요즘에는 맛있는 레토르트 음식이 많이 나와요

레토르트retort² 주로 증류(蒸溜)에 쓰이는, 목이 굽은 모양의 플라스크(flask).

> ▶ 이건 레토르트가 필요한 실험인데요

> ▶ 자 이제 저기 레토르트 속에서 일어나는 현상을 지켜보세요

레퍼리referee [레프리] 심판(審判).

> ▶ 넌 언제쯤 레퍼리 자격을 가질 수 있어?

> ▶ 심판 자격증(資格證)을 따려면 레퍼리 시험에 통과해야 해요

레퍼토리repertory /레파토리 실행 가능한 작품 목록(目錄).

> ▶ 오늘은 또 어떤 레퍼토리를 풀어 놓을 거야?

> ▶ 그 사람은 항상 똑같은 레퍼토리만 늘어놓더라.

레포츠leisure+sports 여가(餘暇) 시간에 즐기는 스포츠(sports).

> ▶ 넌 왜 더운 여름이 좋아?

> ▶ 여름에는 수상(水上) 레포츠를 즐길 수 있잖아.

*레포트report /[레폿] 연구자가 담당자(擔當者) 또는 그 기관(機關)에 제출하는 보고서

> → 리포트

> ▶ 레포트 제출일이 언제까지야?

> ▶ 어디 보자. 레포트 제출일은 다음 주 월요일이네.

*레프트left 왼쪽.

> ▶ '턴(turn) 레프트 턴 라이트(right)'라는 영화 알아요?

> ▶ '왼쪽으로 돌아 오른쪽으로 돌아'? 댄스(dance) 영화예요?

렉스Rex   모피(毛皮)용 토끼 품종의 하나.

- ▶ 렉스는 다른 토끼들에 비해 털이 짧아.
- ▶ 내 친구는 집에서 미니(mini)렉스를 기른대.

렌즈lens   카메라(camera)나 안경의 유리알, 눈에 끼는 콘택트(contact)렌즈.

- ▶ 카메라와 안경 렌즈는 자주 닦아 줘야 해.
- ▶ 내 안경 렌즈를 새로 바꿔야 하나? 잘 안 닦이네.
- ▶ 그럼 콘택트렌즈를 껴 보는 건 어때?
- ▶ 요즘 일회용 렌즈도 괜찮다고 하긴 하더라.

***렌지**range   오븐(oven) 또는 전자레인지(range)의 준말 → 레인지.

- ▶ 피자(pizza)가 식었는데 렌지에 데워 줄까?
- ▶ 렌지는 전자파(電磁波)가 많이 나오니까 자주 사용하지 마세요.

렌치wrench   파이프(pipe) 따위를 조이는 공구(工具)의 하나.

- ▶ 렌치 있으면 좀 빌려 줄래?
- ▶ 파이프를 좀 조여야 하는데 렌치가 없어요.

렌터카a rental car   빌려서 타는 자동차.

- ▶ 여행을 위해 렌터카를 빌리다.
- ▶ 요즘 렌터카는 많이 좋아졌다. 다양한 차를 고를 수 있다.

로rho Gre   그리스(Greece) 자모(字母)의 열일곱 번째 문자(文字) → 그리스문자.

- ▷ Α/α알파, Β/β베타, Γ/γ감마, Δ/δ델타, Ε/ε엡실론, Ζ/ζ제타, Η/η에타, Θ/θ세타, Ι/ι요타, Κ/κ카파, Λ/λ람다, Μ/μ뮤, Ν/ν뉴, Ξ/ξ크시/크사이, Ο/ο오미크론, Π/π파이, Ρ/ρ로, Σ/σ시그마, Τ/τ타우, Υ/υ입실론, Φ/φ피, Χ/χ키, Ψ/ψ프시/프사이, Ω/ω오메가.

로고logo   어떤 것을 대표적(代表的)으로 나타내기 위해서 만든 도안(圖案).

- ▶ 단순하고 눈에 띄는 로고를 디자인(design)해 보세요.
- ▶ 우리 회사 로고는 너무 촌스러워.

***로고송**logo song [로고쏭]   선전(宣傳)하기 위해 제작한 간단한 노래.

- ▶ 프로그램(program) 선전을 위해 로고송을 제작하였다.
- ▶ 역시 로고송은 단순하면서도 재미있어야 해.

로고스logos [로고씨] Gre   말, 언어(言語).

- ▶ 로고스는 언어를 가리키는 그리스(Grece) 말이야.
- ▶ 그런데 로고스는 언어라는 뜻 외에도 다양하게 쓰여요.

로그

*로그log[1] 컴퓨터(computer)의 이용 기록.
> ▶ 로그인(in)을 했는데 조금 있다가 자동으로 로그아웃(out)이 되었어요
> ▶ 로그인을 한 뒤 일정 시간이 지나면 자동으로 로그아웃이 되거든요
로그log[2] 수학에서 어떤 수를 나누어 만족시키는 함수(函數)의 하나.
> ▶ 수학에서 로그가 뭐였더라?
> ▶ 간단해, b=logaN일 때 a × b=N을 만족시키는 거야. 이해가 돼?
*로드road 길, 원정(遠征).
> ▶ 오늘 차 한잔의 여유를 즐기며 내 남은 인생의 로드맵을 그려 보았다.
> ▶ 주인공의 여정을 보여 주는 로드무비였는데, 조금 지루하더라.
> ▷ 로드＾게임(road game) : 원정 경기(競技).
> ▷ 로드＾레이스(road race) : 도로 경기.
> ▷ 로드＾맵(road map) : 계획, 청사진.
> ▷ 로드＾쇼(road show) : 순회(巡廻)공연
> ▷ 로드＾무비(road movie) : 여행 중에 일어나는 에피소드를 담은 영화.
> ▷ 로드＾킬(road kill) : 도로에서 야생 동물이 차에 치여 죽는 것.
*로또LOTTO 번호를 맞추면 큰돈을 받는 게임(game). 복권(福券).
> ▶ 로또 복권을 샀다. 이런! 1등에 당첨(當籤)되었다.
> ▶ 아! 나도 로또나 사볼까?
로렐라이Lorelei `Ger` 독일 라인(Rhine)강에 있는 암초(暗礁).
> ▶ 로렐라이 언덕이 유명한 이유가 뭐죠?
> ▶ 로렐라이의 전설(傳說)이 있기 때문이에요
로마Roma 이탈리아(Italia)의 수도(首都) / 중세 '로마(Rome) 제국(帝國)'.
> ▶ 이탈리아의 수도가 어디야?
> ▶ 그 유명한 로마가 이탈리아의 수도야.
> ▷ 로마＾자(Roma字) : 로마 시대 발달한, 현재 영미 유럽(Europe)의 글자.
로마네스크Romanesque `Fra` 중세 서유럽(Europe)의 미술, 건축 양식(樣式)의 하나.
> ▶ 로마네스크 양식으로 지은 건물은 어떤 모양이에요?
> ▶ 로마네스크 양식은 반원(半圓)의 아치(arch)를 많이 사용해요
로망roman `Fra` 꿈 또는 무언가 갖고 싶은 것, 하고 싶은 것.
> ▶ 멋진 차는 남자들의 로망이다.
> ▶ 그녀의 로망은 전 세계를 여행하는 것이다.

로맨스romance [로맨쓰]/로망스[로망쓰] 아름다운 연애 이야기. 사람들이 꿈꾸는 연애, 아름답고 멋진 사랑.

> ▶ 내 이상형은 로맨틱한 사람이야.

> ▶ 나도 남부럽지 않은 로맨스를 경험해 봤지만 현실은 달라.

> ▶ 그들은 핑크(pink)빛 로맨스 끝에 결혼했다.

> ▷ 로맨티시스트(romanticist) : 사랑을 갈구하고 빠져 사는 사람.

> ▷ 로맨티시즘(romanticism) : 사랑을 최상위에 두는 입장.

> ▷ 로맨틱하다(romantic) : 달콤한 사랑의 느낌, 사랑이 뭔지 표현할 줄 알다.

로봇robot /로보트 자동 기계, 인조인간(人造人間) / 수동적(受動的) 인간.

> ▶ 공부를 대신해 주는 로봇은 없을까?

> ▶ 로봇이 공부까지 해주면 너는 뭐 하게?

로브robe Fra 하나로 이루어진 옷의 한 종류.

> ▶ 로브는 누가 입는 옷이야?

> ▶ 중세(中世) 시대에 입었던 옷인데, 요즘에도 입어. 의사가 입는 옷이나 하나로 이루어진 잠옷도 일종의 로브라고 할 수 있어.

로비lobby¹ 현관 응접실(應接室) 또는 그 공간.

> ▶ 죄송하지만 로비에서 기다려 주시겠어요?

> ▶ 손님을 로비에 오래 세워 두지 마세요.

로비lobby² 이득을 얻기 위해서 상대방에게 적극적으로 펼치는 활동.

> ▶ 이번엔 또 누구에게 로비하려고 그래?

> ▶ 로비는 자칫하면 잘못된 결과를 가져올 수 있다.

> ▷ 로비스트(lobbyist) : 로비를 하는 사람.

로빙lobbing 공을 높게 띄우는 것.

> ▶ 그는 대부분의 공을 로빙으로 받아 넘긴다.

> ▶ 로빙^볼(ball)은 어떻게 처리해야 하나요?

로사리오rosario Fra 가톨릭(catholic)교에서 '로사리오(rosario)의 기도'를 드릴 때 쓰는 성물(聖物). 묵주(默珠).

> ▶ 그녀는 매주 로사리오의 기도를 바친다.

> ▶ 나는 로사리오의 기도를 할 때에 마음이 편해진다.

로션lotion 피부에 바르는 겔(gel) 타입(type)의 화장품, 보통 하얀색이 많다.

> ▶ 로션을 바르다.

로스

▶ 그녀는 헤어(hair)로션과 바디(body) 로션을 구입하였다.

▷ 겔 타입이 아닌 물로 된 로션은 '스킨로션' 또는 '스킨(skin)'으로 부른다.

*로스[1]loss [로쓰] 손실(損失), 낭비(浪費).

▶ 이번 일 때문에 발생한 로스가 얼마나 되나요?

▶ 이번 사건으로 로스가 커서 걱정이에요.

로스[2]roast [로쓰] → 로스트[2]

*로스트[1]lost 잃어버린, 상실의 / 패배(敗北).

▶ 로스트 제너레이션은 어떤 세대를 가리키는 말이야?

▶ 1차 세계대전 이후의 세대를 로스트 제너레이션이라고 해.

▷ 로스트 제너레이션(Lost Generation) : 제1차 대전 후 절망감에 휩싸인 세대. 잃어버린 세대(世代).

로스트[2]roast /로스[로쓰] 불에 굽는 것, 구운 것.

▶ 오늘 저녁은 로스트^비프(beef) 어때?

▶ 난 로스트^포테이토(potato)가 더 먹고 싶은데.

▷ 로스터(roaster) : 굽기용 조리 기구.

*로열royal /로얄 귀빈(貴賓), 멋진, 호화로운.

▶ 부모님을 위해 로열석(席)으로 공연을 예약했다.

▶ 한국에도 로열패밀리(family)가 있겠지?

▷ 로열박스(royal box) : 최고급 관람석, 로열석(席).

▷ 로열젤리(royal jelly) : 꿀벌 분비물의 하나. 왕유(王乳).

▷ 로열티(royalty) : 특허권, 상표권 등의 사용료.

로열티royalty /로얄티 타인의 저작물 사용 대가(代價).

▶ 로열티를 얼마나 지불해야 하나요?

▶ 저는 로열티를 요구하지 않을 겁니다.

로이터Reuter 세계적인 통신사의 하나.

▶ 로이터 통신은 동계올림픽(olympic) 개최지 선정 투표에서 평창이 60표 이상을 얻을 것이라고 전망했다.

▶ 로이터 통신이 보도한 소식을 전해드립니다.

로제타^석Rosetta石 이집트(Egypt) 문자 해독의 열쇠가 된, 이집트 왕의 송덕비(頌德碑).

▶ 로제타석은 대영박물관에서 아주 중요하게 생각하는 유물(遺物)이야.

▶ 로제타석 덕분에 고대 언어를 해석할 수 있게 되었다.

***로즈**rose　장미(꽃).

　▶ 음, 이건 은은한 로즈향이 나는 비누네요.

　▶ 로제트 반지를 받고 기분이 좋아졌어.

　▷ 로제트(rosette) : 장미꽃 모양의 다이아몬드.

로지lodge /롯지　산에 설치된 간이(簡易) 숙박소(宿泊所).

　▶ 배도 고픈데 로지에서 쉬고 가자.

　▶ 로지까지는 머니까 그냥 저기 바위에 앉아서 잠깐 쉬지요.

로진^백rosin bag /[로진빽]　송진(松津) 가루 주머니.

　▶ 로진백은 어디에 쓰나요?

　▶ 로진백은 야구에서 투수가 주로 사용해요. 송진 가루를 바르면 손이 미끄러

　　지는 것을 막을 수 있거든요.

로커[1]locker /라커 /라카　개인 사물함.

　▶ 학교에는 내가 사용할 수 있는 로커가 없어.

　▶ 그래? 그러면 내 로커를 같이 쓰는 건 어때?

***로커**[2]rocker /[락케] /[롹케]　록(rock)을 하는 사람. 가수(歌手).

　▶ 과거의 유명했던 로커들이 다시 인기를 얻고 있어요.

　▶ 로커들은 왜 머리를 기르고 선글라스(sunglass)를 쓸까요?

로케이션location　현지(現地) 촬영(撮影). 로케.

　▶ 열흘간의 일본 로케이션 촬영을 끝내고 집으로 돌아왔어요.

　▶ 이 영화는 로케이션으로 촬영한 부분이 불만해요.

로켓rocket /로케트　고성능(高性能) 추진(推進)체.

　▶ 모두들 숨을 죽이고 로켓이 발사되는 모습을 지켜보았어요.

　▶ 로켓 발사에 실패했으니 모두들 실망이 컸겠어요.

로코코rococo **Fra**　프랑스(France) 중세(中世) 시대 건축 양식(樣式)의 하나.

　▶ 로코코 양식은 고풍(古風)스럽고 낭만적(浪漫的)인 특징이 있어요.

　▶ 이 궁전(宮殿)은 로코코 양식으로 지어졌어요.

　▶ 난 개인적으로 로코코 양식보다는 바로크(baroque) 양식을 더 좋아해요.

로큰롤rock'n'roll　리듬(rhythm)&블루스(blues)에 컨트리(country) 음악 요소가 가미된

　　열정적인 음악 형식 → 록.

　▶ 로큰롤은 매우 신나는 음악의 하나야.

　▶ 그런데 로큰롤을 하는 사람들은 왜 모두 머리를 기를까?

로터리

 ▸ 그는 멋진 로큰롤 무대를 선보였다.
 ▸ 로큰롤은 경쾌해서 들을 때면 언제나 신이 난다.
로터리rotary /로타리 둥근 모양의 교차로(交叉路) 형식.
 ▸ 로터리가 보일 때까지 계속 걸어가세요.
 ▸ 한국의 대통령도 국제로터리클럽의 회원이래요.
 ▹ 로터리^클럽(Rotary Club) : 사회봉사와 세계 평화 목적으로 설립된 전문 직
   업인의 국제적 사교 단체.
로테이션rotation 순환, 교대.
 ▸ 근무는 로테이션으로 돌아가면서 하도록 하세요.
 ▸ 10분마다 대화 상대를 로테이션하면서 말하기를 연습했다.
*로^틴low+teen 약 10~14세 정도의 청소년.
 ▸ 아이돌 스타들의 나이가 점점 낮아져서 이제 하이틴(high teen)에서 로틴으로
   바뀌고 있대요.
 ▸ 그는 등장한 지 단 1년 만에 모든 로틴의 우상(偶像)이 되었다.
로프rope 굵은 밧줄.
 ▸ 물에 빠진 사람은 직접 구하는 것보다 로프를 던져서 구하는 것이 안전해.
 ▸ 그는 로프를 타고 건물에서 탈출했다.
로^힐low-heeled shoes 굽이 낮은 여자 구두 ↔ 하이힐(high heel).
 ▸ 발이 건강하려면 하이힐을 벗고 로힐을 신어야 해요.
 ▸ 로힐을 신으면 제 몸매를 뽐낼 수 없어요.
 ▸ 그런데 한국에서는 로힐이라는 말은 자주 들어 보지 못했어요.
 ▸ 그렇죠? 하이힐이라는 표현은 잘 쓰는데 로힐은 잘 쓰지 않아요.
 ▸ 그러면 로힐이라는 말 대신에 그냥 ‘단화(短靴)’라고 해도 되나요?
록rock /락 리듬(rhythm)&블루스(blues)에 컨트리(country) 음악 요소가 가미된 열정적
   (熱情的)인 음악 형식.
 ▸ 로큰롤은 매우 신나는 음악의 하나야.
 ▸ 그런데 로큰롤을 하는 사람들은 왜 모두 머리가 길까?
 ▸ 연주를 하면서 더 열정적으로 보이기 위해서 아닐까요?
 ▹ 록^그룹(rock group) : 로큰롤 연주 그룹사운드.
 ▹ 록^앤드^롤(rock and roll) : 로큰롤.
 ▹ 록^카페(rock-café) : 록 음악을 들으면서 춤을 출 수 있는 술집.

***론**loan   신용 거래, 대부(貸付)업.

  ▶ 급하게 돈이 필요한데 방법이 없을까?

  ▶ 지금 00은행에서 저금리로 론을 해 주던데.

***론칭**launching   시작하다, 발진(發進) → 런칭.

  ▶ 이 브랜드(brand)는 언제 론칭했나요?

  ▶ 이 제품은 꽤 오래 전에 일본에서 론칭을 했어요.

롤roll   둘둘 감는 것, 감은 것.

  ▶ 요즘은 벽지 한 롤에 얼마나 해요?

  ▶ 녹차 맛이 나는 '롤케이크' 있어요?

  ▶ 페인트(paint)칠을 하려면 롤러가 필요해.

  ▷ 롤러(roller) : 회전식 도구의 총칭(總稱).

  ▷ 롤러^블레이드(roller blade) : 바퀴가 일렬(一列)로 달린 스케이트

  ▷ 롤러^스케이트(roller skate) : 바퀴가 네 개씩 달린 스케이트

  ▷ 롤^케이크(roll-cake) : 둘둘 말린 형태의 케이크

  ▷ 롤러^코스터(roller coaster) : 레일을 빠르게 달리는 오락용 열차.

롬ROM   컴퓨터(computer)의 읽기 전용 기억 장치.

  ▶ 시디(CD)롬 드라이브(drive)에 문제가 생긴 것 같아.

  ▶ ROM은 고정기억장치라고 부르기도 해요.

  ▷ Read Only Memory.

***롯지**lodge   산에 설치된 간이(簡易) 숙박소(宿泊所) → 로지.

  ▶ 배도 고픈데 롯지에서 쉬고 가자.

  ▶ 롯지까지는 머니까 그냥 저기 바위에 앉아서 잠깐 쉬지요.

롱런하다long-run   연극(演劇) 또는 영화(映畵)가 장기(長期) 흥행(興行)하다.

  ▶ 이 드라마가 이렇게까지 롱런할 줄 몰랐어요.

  ▶ 롱런하는 드라마(drama)는 다 이유가 있어요.

뢴트겐Röntgen Ger   엑스선(X線).

  ▶ 뢴트겐이 뭐야?

  ▶ 뢴트겐은 보통 병원에서 검진용으로 쓰는 엑스선을 말해요.

루머rumour   뜬소문, 풍문(風聞).

  ▶ 그에 대한 악성(惡性) 루머는 끊이지 않았다.

  ▶ 그런 루머를 퍼뜨린 사람이 대체 누구야?

루미놀

루미놀luminol   혈흔(血痕)의 감식(鑑識)용 물질.
- ▶ 루미놀 반응을 이용한 혈흔 검사가 진행되었다.
- ▶ 범죄 현장에 도착한 그는 혈흔을 찾기 위해 루미놀 스프레이(spray)를 뿌렸다.

루블rouble   러시아(Russia)의 화폐(貨幣) 단위.
- ▶ 이건 러시아에서 사 온 모자야.
- ▶ 멋있네. 그런데 몇 루블이나 줬어?

루비ruby   보석(寶石)의 하나. 홍옥(紅玉).
- ▶ 루비 목걸이가 돋보이네요
- ▶ 7월의 탄생석이 루비인가?

루스하다loose /루쓰하다 /루즈하다   긴장(緊張) 없이 풀어져 있는 것.
- ▶ 이번 공연은 좀 루스한 것 같아.
- ▶ 시험이 끝나고 나니까 다들 너무 루스해졌어요

루어lure   인조(人造) 미끼를 이용한 낚시.
- ▶ 전 요즘 루어낚시를 즐겨요
- ▶ 루어낚시 동호회(同好會)에 함께 가 볼래요?

루주rouge /[루즈] Fra   입술연지, 립스틱(lipstick).
- ▶ 너 오늘 루주 색깔이 너무 진한 것 같아.
- ▶ 빨간 루주보다는 핑크(pink)색이 낫지 않을까?

루지luge /[롯찌]   1인이 타는 썰매.
- ▶ 루지 썰매가 올림픽(olympic) 경기(競技) 종목이라고?
- ▶ 아무리 봐도 루지는 너무 위험해 보여요

*루즈하다loose   → 루스하다.

루트[1]root   근원(根源), 수학에서의 근(根)의 기호 [$\sqrt{\ }$].
- ▶ 루트 기호를 어떻게 쓰더라?
- ▶ 루트 기호도 모르고 시험을 봤단 말이야?

루트[2]route   길, 경로(經路).
- ▶ 여기서 인천공항까지 가는 가장 짧은 루트를 알고 싶어요
- ▶ 루트를 정하고 나서 움직이는 게 좋겠어요

*루틴routine   일상적(日常的)인, 반복적(反復的)인.
- ▶ 루틴하고 단조로운 일상에 지쳤어.
- ▶ 루틴한 생활 속에서 벗어나려면 새로운 일을 찾아봐.

루프loop 곡선(曲線), 동그라미 / 순환(循環).
- ▶ 신제품은 루프의 부드러운 곡선 형태를 살려서 디자인(design)했습니다.
- ▶ 돌고 도는 감정의 루프에서 빠져나오고 싶어.

루피rupee 인도(India), 동남아(東南亞) 국가의 화폐(貨幣) 단위.
- ▶ 인도는 화폐 단위가 뭐죠?
- ▶ 인도의 화폐 단위는 루피예요

룰렛roulette 돌아가는 원반을 이용하는 도박(賭博) 기구.
- ▶ 룰렛이 돌아가자 모두가 집중했다.
- ▶ 이번 이벤트(event)는 룰렛을 돌려서 당첨자(當籤者)를 뽑는대요

룸메이트roommate /룸메 기숙사(寄宿舍)나 하숙집 등에서 함께 방을 쓰는 사람.
- ▶ 그와 룸메이트가 되었다.
- ▶ 주말에는 룸메이트와 함께 방청소를 하기로 했다

룸^살롱room+salon [룸쌀롱] /[룸싸롱] 방(房)으로 이루어진 고급 술집.
- ▶ 그 남자는 왜 그렇게 룸살롱을 자주 가지요?
- ▶ 사업하는 사람들을 룸살롱에서 많이 만나나 봐요

룸서비스room-service [룸써비쓰] 호텔(hotel) 방에서 전화로 시켜서 받는 서비스(service).
- ▶ 룸서비스로 저녁식사를 주문했다.
- ▶ 이곳 룸서비스는 별로 마음에 들지 않는다.

룸펜Lumpen `Ger` 부랑자(浮浪者), 실업자(失業者).
- ▶ 그는 일하는 것이 싫어서 룸펜이 되기로 결심했다.
- ▶ 스스로 룸펜이 되기로 결심하다니 한심하군요.

류머티즘rheumatism /류마티즘 관절 염증(炎症) 증상의 총칭(總稱).
- ▶ 할머니는 오래 전부터 류머티즘 관절염(關節炎)을 앓으셨어요
- ▶ 류머티즘 관절염을 잘 치료하는 병원이 어딘가요?

륙색rucksack /[룩쌕] 등산, 하이킹(hiking)용 배낭(背囊).
- ▶ 무거운 륙색을 등에 짊어지고 집을 나섰다.
- ▶ 어떤 륙색에 물병을 넣었어요?

르네상스Renaissance [르네쌍쓰] 중세 유럽(Europe)의 학문·예술 혁신(革新) 운동, 문예 부흥(復興).
- ▶ 르네상스 시대의 사람들은 고전 학문에 관심이 많았다.
- ▶ 르네상스 미술을 대표하는 작품은 무엇이 있지요?

르포

> ▶ 저는 르네상스 미술이라고 하면 '비너스(Venus)의 탄생'이 떠올라요

르포reportage /[르뽀] `Fra` 현지(現地) 보고(報告) 또는 기사(記事) / 기록 문학. 르포르타주.

> ▶ 르포를 작성하는 요령을 배워야 할 것 같아.
> ▶ 지난해부터는 잡지(雜誌)에 르포를 싣기 시작했어요.

리골레토rigoletto `Ita` 이탈리아(Italia) 무곡(舞曲)의 하나.

> ▶ 리골레토 3막에 나오는 아리아(aria) 들어봤어?
> ▶ 오페라(opera) '리골레토'는 비극적인 사랑 이야기를 담고 있어요

리그league 야구, 축구, 농구 등의 경기(競技) 단체 또는 특정 단체가 주최하는 경기.

> ▶ 제 꿈은 K-리그를 넘어서 유럽(Europe) 리그에 진출하는 것입니다.
> ▶ 그 야구 선수는 결국 메이저(major) 리그에 진출했다.

리기다^소나무rigida 북아메리카(America)가 원산지(原產地)인 소나무의 일종.

> ▶ 리기다소나무는 일반 소나무와 뭐가 달라?
> ▶ 리기다소나무 숲에 갔다가 이 씨앗을 발견했어요.

리넨linen [린넨] 아마(亞麻) 섬유로 짠 직물의 총칭(總稱). 린네르.

> ▶ 카디건(cardigan)을 만들려고 하는데 리넨 원단이 있을까?
> ▶ 리넨은 바람이 잘 통해서 여름옷을 만들기에 좋아요

리더[1]leader 대표, 주도자(主導者).

> ▶ 그 사람은 정말 최고의 리더라고 할 만해요
> ▶ 어디에서든지 자신이 리더가 되려는 생각은 잘못된 생각이다.
> ▶ 쉽게 포기하는 것은 리더의 자세가 아니다.

*__리더__[2]reader 읽는 것, 구독자(購讀者) 또는 정보를 읽는 기기.

> ▶ 우리 언론사는 오피니언(opinion) 리더를 귀중하게 모십니다.
> ▶ 카드(card) 리더기가 고장이 났어.
> ▶ 전자책 리더기를 가진 사람이 늘고 있다.
> ▷ 리더^기(reader機) : 플래시(flash) 드라이브(drive)나 메모리칩(memory chip) 등을 컴퓨터(computer) 단말기에서 읽을 수 있도록 해 주는 기계.

리드[1](하다)lead[1] 앞서서 이끌다, 앞장서다.

> ▶ 분위기 리드를 잘하는 사람이 멋있다.
> ▶ 그는 사람들을 리드하는 리더십이 있다.
> ▶ 그 사람은 착하지만 팀(team)을 리드하는 능력은 부족해요

▶ 저는 리더십이 부족하더라도 성실한 사람과 일하고 싶어요

▷ 리더(leader) : 대표, 주도자.

▷ 리더십(leadership) : 대표로서의 통솔력.

리드[1](하다)lead[2] 경기(競技)에서 점수가 앞서다.

▶ 점수를 리드하다.

▶ 우리가 지금 리드하고 있기는 하지만 안심하면 안 된다.

리드[2]reed 입으로 부는 악기(樂器)의 한 부분, 떨림판.

▶ 관악기(管樂器)용 리드를 어디에서 살 수 있을까?

▶ 입으로 부는 대부분의 악기는 리드로 소리를 내는 거예요.

리듬rhythm 음악에서의 운율, 박자, 일정한 규칙에 따라 반복되는 것.

▶ 리듬에 맞추어 노래를 부르다.

▶ 그의 리드미컬한 손놀림에 모두가 감탄하고 말았다.

▶ 리듬을 타며 연주하다.

▶ 그가 리듬감 있게 시를 낭송(朗誦)했다.

▶ 같은 단어를 반복하여 시의 리듬을 만든다.

▶ 난 리듬앤블루스가 듣기에 제일 편한 음악이라고 생각한다.

▷ 리드미컬하다(rhythmical) : 리듬을 잘 타고 있다.

▷ 리듬^댄스(rhythm dance) : 자유로운 형식의 사교댄스.

▷ 리듬^앤드^블루스(rhythm and blues) : 강렬한 리듬(rhythm), 단순한 멜로디 (melody)의 음악 형식.

▷ 리듬^체조(rhythm體操) : 음악에 맞추어 연기하는 여자 체조 경기(競技).

리모컨remote control(ler) /[리모콘] 무선(無線)으로 기계를 조정하는 장치.

▶ 리모컨을 작동하다.

▶ 텔레비전을 켜기 위해 리모컨을 찾았다.

리무진limousine `Fra` 고급 대형 승용차 또는 공항(空港)행 고급 버스.

▶ 리무진을 타다.

▶ 리무진 버스를 이용하여 공항에 도착했다.

리바운드(하다)rebound 공의 방향 또는 소유 상대가 바뀌는 것.

▶ 리바운드하다 공을 놓치고 말았네요.

▶ 리바운드를 하다가 발을 삐었어요.

리바이벌(하다)revival /[리바이블하다] 재(再)상영 또는 재(再)유행.

리버럴하다

> ▸ 그 영화는 리바이벌을 할 때마다 내용이 조금씩 바뀌는 것 같아.
> ▸ 드디어 그의 리바이벌 공연이 무대에 올랐다.
> ▸ 팬(fan)들의 요청으로 그 연극은 리바이벌 공연을 시작했다.

리버럴하다liberal　자유롭다.

> ▸ 교실 분위기가 리버럴하네요.
> ▸ 그는 남녀 관계에 대해 굉장히 리버럴한 사람이에요.

리베이트rebate　뇌물(賂物).

> ▸ 그는 정치계의 리베이트를 막기 위해 노력해 왔어요.
> ▸ 그의 리베이트 행각(行脚)이 결국 들통 났다.

리벳rivet　조립(組立), 연결(連結)용 못의 한 종류.

> ▸ 리벳은 종류에 따라 사용하는 방법이 달라요.
> ▸ 저것은 볼트(bolt)와 너트(nut) 그리고 리벳을 사용해서 만든 작품입니다.

리보솜ribosome　세포질(細胞質)에 함유(含有)된 성분의 하나, 소포체(小胞體).

> ▸ 리보솜의 신비를 벗긴 사람이 누구야?
> ▸ 리보솜을 연구한 그는 노벨(Nobel) 화학상을 받았어.

리보^핵산ribose核酸　생명체(生命體)의 유전(遺傳) 정보를 보전하는 물질. [RNA].

> ▸ 유전자 변이(變異)가 리보 핵산(核酸)에서 발생하기도 하나요?
> ▸ 그는 리보 핵산에 대한 연구를 시작했다.

리본ribbon[1]　끈이나 띠 모양의 장식용 헝겊 또는 그림처럼 묶는 것.

> ▸ 이 물건을 다 묶으려면 리본이 부족한데.
> ▸ 리본은 역시 이렇게 좌우 똑같은 모양으로 묶어야 예뻐.

리본ribbon[2]　리듬(rhythm) 체조에 쓰는 긴 띠.

> ▸ 우리나라 리듬 체조 선수가 이제 리본 연기를 할 차례다.

리볼버revolver　회전식(回轉式) 연발(連發) 권총(拳銃).

> ▸ 이건 리볼버의 성능을 뛰어넘는 권총이야.
> ▸ 어디 리볼버를 빌릴 만한 곳이 없을까?

리비도Libido　Ger　성적(性的) 욕망(慾望)을 나타내는 정신분석학(精神分析學) 용어.

> ▸ 프로이트(Freud)가 연구했다는 리비도가 뭔가요?
> ▸ 사람이 가지고 있는 성적 욕망을 리비도라고 해요.

*리빙living　생활 관련 소품(小品)을 나타내는 표현.

> ▸ 다양한 리빙용품을 파는 곳이 있으면 알려줘.

▶ '리빙 세상'이라는 가게가 있던데 거기에 가면 되지 않을까?

리사이틀recital [리싸이틀] 독주회(獨奏會), 독창회(獨唱會).

▶ 유학(留學)을 떠나기 전에 마지막으로 리사이틀을 열려고 해요.

▶ 그의 바이올린(violin) 리사이틀에 초대를 받았어요.

▶ 이번 피아노(piano) 연주자의 리사이틀은 정말 훌륭했다.

리서치(하다)research [리써치] 어떤 연구를 위해서 하는 조사(調査), 또는 조사를 하는 것.

▶ 온라인(online) 리서치를 시행하다.

▶ 소비자들의 심리를 리서치해서 보고하도록 해.

리셉션reception [리쎕션] 공식적(公式的) 환영(歡迎), 축하 파티(party).

▶ 리셉션에서 와인(wine) 잔을 들고 이야기하는 그의 모습에 반했어.

▶ 책이 출판되면 우리끼리라도 리셉션을 하는 게 어때요?

리셋(하다)reset [리쎗] 어떤 기기의 작동 상태를 처음으로 되돌리는 것.

▶ 리셋 버튼(button)을 누르면 모든 것이 초기화(初期化)됩니다.

▶ 새로 산 내비게이션(navigation)을 리셋하고 싶은데 어떻게 해야 하죠?

▶ 기기 뒷면을 보면 리셋 버튼이 있을 거예요.

리스(하다)lease [리쓰] 오랜 기간 동안 빌리다. 빌려 쓰다. 장기(長期) 임대(賃貸).

▶ 차가 너무 비싸니까 리스를 해서 타면 어떨까?

▶ 집을 사는 것보다 리스하는 게 낫지 않을까요?

▶ 요즘은 자동차도 리스해서 쓰는 사람이 많아졌다.

***리스크**risk 위험, 손해(損害).

▶ 이 일은 리스크가 너무 커서 맡고 싶지 않아.

▶ 이번 일로 인한 리스크는 제가 모두 책임지겠습니다.

리스트list 목록(目錄).

▶ 리스트를 다시 작성(作成)하세요.

▶ 리스트만 보고 판단하지 마세요.

리시버receiver [리씨버] 수신기(受信機), 수신자(受信者).

▶ 라디오가 잘 안 나오는데 리시버를 바꿔야 할까요?

▶ 리시버가 아니라 다른 문제일 수도 있어요.

리시브(하다)receive [리씨브] 구기(球技)경기(競技)에서, 공을 받아내는 것.

▶ 넌 리시브하는 연습을 더 해야 해.

리신

> ▸ 이기기 위해서는 서브(serve)도 중요하지만 리시브도 잘해야 해요

리신lysine 필수(必須) 아미노산(amino酸)의 하나.

> ▸ 우리 몸에 리신이 많이 흡수되면 어떻게 되나요?

> ▸ 병을 치료하는 데 리신이 얼마나 효과가 있어요?

리아스^식^해안rias式海岸 [리아쓰식] 굴곡이 심한 해안선(海岸線) 형태.

> ▸ 한국에서도 리아스식 해안을 볼 수 있나요?

> ▸ 서해와 남해는 리아스식 해안을 이루고 있어요

리어^카rear car /리아카 손수레.

> ▸ 할머니, 제가 리어카 끄는 것을 도울게요

> ▸ 리어카에 잔뜩 짐을 실었다.

리얼(하다)real /레알 진짜 같은, 사실적(寫實的)이다.

> ▸ 그 사람의 죽는 연기는 정말 리얼했어.

> ▸ 그녀는 남자친구가 너무 리얼리스트여서 싫다고 말했다.

> ▸ 리얼리즘 문학이 사랑받는 시대가 다시 올 것이다.

> ▸ 이번 대본은 리얼리티가 너무 떨어져요

> ▸ 정말 그 영화는 리얼/레알 재미있었어.

> ▷ 리얼리스트(realist) : 현실주의자(現實主義者).

> ▷ 리얼리즘(realism) : 현실주의, 사실주의(寫實主義).

> ▷ 리얼리티(reality) : 현실성.

리조트resort 휴양지(休養地).

> ▸ 이번 여름휴가는 어디로 갈까?

> ▸ 한국에는 강원도 정선에 있는 리조트가 괜찮다고 하던데.

리치reach 팔의 길이.

> ▸ 저 농구 선수는 팔의 리치가 얼마나 될까?

> ▸ 팔의 리치가 농구 실력과 상관이 있어요?

리코더recorder 입으로 부는 악기(樂器) 피리.

> ▸ 리코더? 그거 초등학교 때 불어보고 안 불어 봤는데.

> ▸ 나는 어릴 때 리코더를 제일 잘 부는 학생이었다.

*****리코딩(하다)**recording 녹음(錄音), 녹화(錄畵).

> ▸ 목 상태가 안 좋아서 오늘 리코딩은 못하겠어요

> ▸ 그는 리코딩 엔지니어(engineer)로 활동하고 있어요

▶ 이번 노래는 리코딩에 최선의 노력을 다했습니다.

리터liter 부피의 단위. 1리터. [l, L].

▶ 이 정도면 몇 리터나 될까?

▶ 2리터는 되어 보이네요.

리턴return 돌아오다, 되돌리다. 업무에 복귀하다. 다시 등장(登場)하다.

▶ 중국 지사(支社)에 나가 있던 김 과장이 회사로 리턴한다면서?

▶ 상대편이 누가 될지 모르지만 이번 리턴매치는 아주 흥미진진(興味津津)해.

▶ 리턴이 무슨 뜻이야?

▶ 리턴? 그냥 되돌아오거나, 어떤 것을 다시 제자리로 되돌릴 때 한국 사람들이 흔히 쓰는 표현이야.

▷ 리턴^매치(return match) : 승부를 가리기 위해서 다시 하는 경기(競技).

리트머스litmus [리트머쓰] 알칼리성(alkali性), 산성(酸性) 반응 지시약(指示藥).

▶ 리트머스 용지로 무슨 실험을 하려고?

▶ 산성과 알칼리성을 구분하는 실험을 할 거야.

*리틀little 작은, 소량(小量)의 / 후계(後繼)의.

▶ 곧 있으면 리틀 엔젤스(angels) 공연이 있는데 같이 볼까?

▶ 김연아의 뒤를 이을 '리틀 연아'는 과연 누가 될까?

리포솜liposome /리포좀 미세한 피막(皮膜) 입자(粒子).

▶ 이게 리포솜 아이크림(eye cream)이라는데 보통 아이크림과 뭐가 다를까?

▶ 과학자들은 리포솜의 물리적인 성질과 화학적인 성질을 연구했다.

리포터reporter 신문(新聞)이나 잡지(雜誌), 방송 등에서 이야기를 전달해 주는 사람.

▶ 다음으로 ○○○ 리포터가 전하는 소식을 듣겠습니다.

▶ 대학생들이 리포터로 활동할 수 있는 이벤트(event)가 진행 중이다.

리포트(하다)report /레포트 /[리폿] 보고, 보고서(報告書).

▶ 이번 실험에 대해 리포트할 준비가 되었나요?

▶ 리포트 작성(作成)을 서두르겠습니다.

▶ 리포트 제출일이 언제까지야?

리프트lift 자동식(自動式) 이동(移動) 기기(器機).

▶ 나는 스키 타는 것보다 리프트를 타는 게 더 재밌어.

▶ 리프트는 위험하니까 손잡이를 꼭 잡으세요.

*리플reply 인터넷 게시 글에 답으로 다는 글. 댓글, 답글.

리플레이션

> ▸ 게시판 글에 리플을 달다.
> ▸ 그녀의 경솔(輕率)한 말 한 마디에 수십 개의 악성(惡性) 리플이 달렸다.

리플레이션reflation   통화량(通貨量) 팽창(膨脹)의 한 방법.

> ▸ 디플레이션(deflation) 때문에 물가(物價)가 너무 떨어져서 리플레이션이 필요해요.
> ▸ 리플레이션으로 경기(景氣)가 다시 좋아질 수 있나요?

리플렉스^카메라reflex camera   피사체(被寫體) 반사(反射) 방식으로 구분하는 카메라 형태.

> ▸ 리플렉스 카메라를 구입해야 할 것 같아.
> ▸ 일안리플렉스(SLR) 카메라를 쓰는 사람이 아주 많아졌어요.
> ▸ 이런 장면은 이안리플렉스카메라(DSLR)로 촬영하는 게 좋은데…….
> ▷ 이안^리플렉스카메라(二眼 ; single lens reflex camera) : 초점조절렌즈와 촬영용 (撮影用) 렌즈(lens)가 따로 부착된 리플렉스 카메라.
> ▷ 일안^리플렉스카메라(一眼 ; double lens reflex camera) : 렌즈가 하나인 리플렉스 카메라.

리플릿leaflet /리플렛   광고, 선전용 인쇄물(印刷物).

> ▸ 우리 회사를 소개하기 위한 리플릿을 만들어 봅시다.
> ▸ 리플릿보다는 포스터(poster)를 만드는 게 어떨까?

리피트(하다)repeat /[리핏]   반복. 음악에서의 도돌이표

> ▸ 자 학생들! 리슨 & 리피트! 알죠?
> ▸ 똑같은 문장을 계속 리피트하는 건 너무 지겨워요.
> ▷ 리슨 앤 리피트(listen & repeat) : 듣고 따라 하기.

***리필(하다)**refill   기존 용기(容器)에 채울 수 있는 내용물을 별도 판매, 제공하는 것.

> ▸ 콜라(cola)도 리필이 되나요?
> ▸ 리필하시려면 추가 요금을 내셔야 합니다.

리허설rehearsal   연극, 방송 등의 공연 전에 실제처럼 하는 연습. 예행연습(豫行演習).

> ▸ 리허설은 실제 공연처럼 해야 한다.
> ▸ 이것이 오늘의 마지막 리허설입니다.
> ▸ 리허설을 할 때 다시 맞춰 봅시다.

린스(하다)rinse [린쓰]   머리를 감은 뒤 헹구는 것.

> ▸ 오늘 아침에 린스하셨어요?
> ▸ 린스하다가 코에 물이 들어갔어.

▶ 샴푸(shampoo)보다 좋은 린스를 쓰는 게 중요해.

린치(하다)lynch   불법적(不法的)인 폭력(暴力).

▶ 그 사람들, 어제 린치를 당해서 지금 병원에 있어요.

▶ 그들을 린치한 사람이 누구야?

릴reel[1]   물체를 감는 틀.

▶ 릴에 낚싯줄이 엉켜버렸어.

▶ 릴에 감긴 철사를 조금만 끊어서 주세요.

릴reel[2]   돌돌 말려 있는 줄, 테이프(tape).

▶ 그 영화 릴이 어딘가에 있을 텐데요.

▶ 영화 릴도 있어? 대단한데. 나는 기껏해야 낚시 릴밖에 없는데.

릴레이relay   중간 중간 연결되는 것. 중계(中繼) 경기(競技).

▶ 릴레이에서는 달리기가 빠른 사람이 마지막에 뛰어야 해요.

▶ 칭찬받은 사람이 또 다른 사람을 칭찬하는 칭찬 릴레이를 해볼까?

림rim   둥근 쇠테.

▶ 어찌나 심하게 받았는지 자동차 바퀴의 림이 찌그러졌어.

▶ 농구 골대 림의 폭은 보통 얼마나 되지요?

▶ 사람들은 '림'이라고 하기보다 그냥 '링(ring)'이라고 말하기도 한다.

림보limbo   가로 막대를 허리를 젖히고 통과하는 게임.

▶ 림보는 유연한 사람이 유리하지.

▶ 난 몸이 뻣뻣해서 림보는 못하겠다.

▶ 어릴 적에는 림보 게임(game)을 참 잘했었는데.

림프lymph   고등 동물의 조직(組織) 사이에 존재하는 액체(液體).

▶ 림프가 흐르는 림프관에 문제가 생겼어요.

▶ 혈액이 아닌 림프에 문제가 있었던 건가요?

***립**[1]lip   입술.

▶ 입에 발린 립 서비스는 이제 그만하는 게 어때요?

▶ 립스틱 색깔이 예뻐요.

▶ 립싱크만 하더니 오늘은 라이브로 노래를 하네.

▷ 립^서비스(lip service) : 남에게 잘 보이려는 말. 아첨.

▷ 립^스틱(lipstick) : 입술연지. 루주.

▷ 립^싱크(lip sync) : 소리와 입술 모양을 맞추는 기법.

립

*립²rib   갈비 부위의 고기.

  ▶ 립은 어떤 소스(sauce)와 함께 먹어야 맛있어?

  ▶ 여기요! 저희 립 대신에 스테이크(steak)로 주세요

  ▶ 립이 맛있기는 하지만 뼈 때문에 양이 너무 적어요

립글로스lip-gloss [립글로씌] /[립글로즈]   입술을 윤기 있게 만들어 주는 화장품.

  ▶ 입술이 창백해 보일 때에는 립글로스를 바르면 좋다.

  ▶ 립글로스는 남자도 바를 수 있다.

  ▶ 나는 한 번도 립글로스를 바른 적은 없어요

*립밤lip-balm   입술에 바르는 크림(cream).

  ▶ 입술이 촉촉해 보여. 립밤 발랐어?

  ▶ 응, 새로 산 비싼 립밤을 발랐거든.

립스틱lipstick   여자들이 화장할 때 입술에 바르는 연지.

  ▶ 립스틱을 바르다.

  ▶ 여자들은 기분 전환을 위해 새로운 색깔의 립스틱을 산다.

  ▷ 루주(rouge).

링ring¹   둥근 모양의 고리.

  ▶ 동그란 얼굴에는 링 귀걸이가 안 어울린다.

  ▶ 그 리듬(rhythm) 체조 선수는 링 연기가 일품(一品)이다.

  ▶ 커플링(couple ring)을 잃어버리다니 너무해.

링ring²   권투나 격투기의 경기(競技)장.

  ▶ 그는 링 위에서 진정한 챔피언(champion)의 모습을 보여 주었다.

  ▶ 링에 오르고 싶다면 더 열심히 해야 한다.

링거Ringer /[링겔] /[링게르]   환자가 주사로 맞는 일종의 식염수(食鹽水). 영양제(營養劑).

  ▶ 몸이 아플 때 링거를 맞으면 빨리 회복된다.

  ▶ 그는 링거 투혼(鬪魂)을 펼치며 연기를 계속했다.

  ▶ 링거를 꽂고 누워 있는 모습이 안쓰럽네.

링크하다link   연결(連結).

  ▶ 제가 사이트(site)의 주소를 링크해 놓을게요

  ▶ 프로그램(program)을 데이터베이스(database)와 링크하려고 하는데 잘 연결이 안 되네요

링크rink   실내 경기장(競技場).

▶ 아이스(ice) 링크에 스케이트(skate) 타러 가자.
▶ 목동 아이스 링크에서 아이스쇼(ice show)가 열린대요.

▶ 목동 아이스 링크에서 아이스쇼(ice show)가 열린대요.

•••• ㅁ ••••

마가린margarine 인공 버터(butter).
▶ 반죽에 버터 대신 마가린을 사용하세요.
▶ 빵을 구울 때 마가린을 살짝 바르면 고소해요.

마그나^카르타 Magna Carta **Lat** 영국(英國) 헌법(憲法)의 근거가 된 대헌장(大憲章).
▶ 마그나카르타의 첫 번째 조항(條項)이 뭔지 알아?
▶ 영국 교회의 자유와 권리에 대한 내용일 거야.

마그네슘magnesium 금속(金屬) 원소(元素)의 하나.
▶ 우리 몸에 마그네슘이 부족하면 어떻게 되지요?
▶ 마그네슘은 비교적 가벼운 금속이다.

마그네틱magnetic 자석(磁石). 자기체(磁氣體) / 신용카드(card)의 정보(情報) 입력 부분.
▶ 지구는 거대한 마그네틱 물질이라고 할 수 있습니다.
▶ 이 카드는 마그네틱이 손상(損傷)되어서 사용할 수 없습니다.
▶ 통장의 마그네틱 부분에 흠이 많이 생겼어요.

마그마magma 지구(地球) 표면 아래에 흐르는 고온(高溫)의 물질.
▶ 마그마의 온도는 몇 도나 될까요?
▶ 암석이 녹은 것도 마그마라고 말한다.

마네킹mannequin **Fra** 가게에서 진열(陳列)하는, 사람 크기의 인형(人形).
▶ 마네킹에 옷을 입히다.
▶ 사람이야, 마네킹이야? 너무 예쁜 거 아니야?

***마니또**manito **Ita** 겉으로 드러내지 않고 누군가를 몰래 숨어서 지켜주고 챙겨주는 사람, 친구.
▶ 마니또를 뽑다.
▶ 내가 당신의 마니또입니다.

마니아mania /매니아 어떤 한 가지 일에 광적(狂的)으로 열중하는 사람.
▶ 그 애는 게임 마니아야.
▶ 구두 마니아인 그녀는 벌써 천 켤레의 구두를 모았어요.

마닐라^삼 Manila 줄기로 로프(rope), 그물 등을 만드는 식물.

▸ 이 바구니는 마닐라삼을 말려서 직접 짠 거예요.

▸ 마닐라삼으로 만든 굵은 밧줄로 묶으세요.

마도로스matroos [마도로씨] Net 외항선(外航船) 선원(船員).

▸ 내 꿈은 바다 위의 마도로스가 되는 거야.

▸ 배를 타고 떠난 마도로스의 모험은 계속되었다.

마돈나Madonna Ita 성모 마리아(Maria) / 미국의 유명한 여자 가수(歌手).

▸ 오 나의 마돈나여. 당신은 어디에 계십니까?

▸ 그녀는 한국의 마돈나답게 섹시(sexy)한 모습을 보여 주었다.

마라톤marathon 달리기 경기(競技), 42.195km를 뛰는 경주(競走).

▸ 마라톤을 완주하다.

▸ 그는 이번 마라톤 경주에서 세계 신기록을 세웠다.

마로니에marronnier Fra 프랑스(France)에서 가로수로 쓰이는 나무의 하나. 프랑스 풍의 거리.

▸ 오후 2시에 대학로 마로니에 공원에서 만나요

▸ 마로니에 공원에는 마로니에 나무가 있나요?

▷ 마로니에^공원(marronnnier公園) : 마로니에 나무로 꾸민 공원의 통칭(通稱).

마르크Mark Ger 독일의 화폐(貨幣) 단위.

▸ 마르크는 독일의 화폐 단위입니다.

▸ 1마르크는 1페니히(Pfennig)의 100배입니다.

마르크시즘Marxism [마르크씨즘] /맑시즘 /막시즘 무계급 사회를 지향했던 사회주의 이론의 하나. 마르크스주의.

▸ 마르크시즘에 대한 강연회(講演會)가 열렸다.

▸ 그는 사회적 위기의 극복과 마르크시즘은 별로 관련이 없다고 생각한다.

마리오네트marionette /[마리오네뜨] Fra 인형극(人形劇) 또는 그때 쓰는 인형(人形).

▸ 마리오네트는 실을 매달아 움직이는 꼭두각시 인형이다.

▸ 마리오네트 공연을 보고 왔어요

마리화나marihuana 대마(大麻)의 이삭, 담배처럼 피우는 마약(痲藥)류 식물.

▸ 마리화나를 피우는 게 불법이야?

▸ 당연하지, 마리화나는 대표적인 마약이야.

*__마린__marin[1] 해군(海軍), 해병(海兵).

▸ 왜 마린 부대에 지원했나?

마린

　▶ 마린 부대의 용맹(勇猛)함을 배우려고 지원했습니다.

　▶ 여름에는 마린룩이 시원해 보이고 좋지.

　▷ 마린＾룩(marin look) : 해군(海軍) 군복(軍服) 모양의 패션(fashion).

*마린marin² 　바다, 바다의.

　▶ '마린보이(boy)' 김태환이 이번에도 금메달(medal)을 딸 수 있을까?

　▶ 한국에서는 바다의 왕자를 '마린보이'라고 한다면서요?

마림바marimba 　실로폰(xylophone)의 하나.

　▶ 저 실로폰처럼 생긴 악기(樂器)가 마림바야.

　▶ 마림바 소리는 참 맑고 깨끗하게 들려요.

마마보이mama-boy 　성인(成人)이 된 후에도 모친(母親)의 치마폭에 휩싸여 지내는 남자.

　▶ 그 남자는 다 좋은데 마마보이야.

　▶ 그러는 너는 마마보이 아니냐?

마멀레이드marmalade /[마말레이드] 　오렌지(orange)나 레몬(lemon)의 껍질을 이용해서 만든 잼(jam).

　▶ 요리책을 보고 오렌지 마멀레이드를 만들었어.

　▶ 마멀레이드는 과일 껍질의 영양분을 먹을 수 있어서 좋아.

마사지massage [맛싸지] 　안마(按摩), 피부 관리.

　▶ 발 마사지를 받았더니 피로가 풀린다.

　▶ 어깨가 뭉쳤을 때에는 마사지를 받는 것이 좋다.

　▶ 등 마사지를 할 때에는 오일(oil)을 적당히 바르는 것이 좋다.

마스카라mascara 　속눈썹을 짙게 보이게 하는 화장품.

　▶ 마스카라를 하다.

　▶ 눈썹이 풍성(豊盛)해 보이는 마스카라를 추천해 주세요.

마스크mask¹ 　먼지, 병균(病菌)을 가리기 위해서 얼굴에 쓰는 것.

　▶ 마스크를 쓰면 감기 예방에 좋다.

　▶ 황사(黃砂)가 심하니까 마스크를 쓰고 가세요.

　▷ 산소＾마스크(酸素mask) : 호흡이 곤란한 환자에게 씌우는 산소 공급용 마스크.

마스크mask² 　얼굴의 생긴 모양.

　▶ 그는 완벽한 마스크를 타고 났다.

　▶ 이번 오디션(audition)에 마스크가 좋은 연기자가 지원을 많이 했다.

*마스터master¹ /마스타 　스승 / 대장(大將).

  ▶ 난 그 사람을 마스터로 삼고 싶어.

  ▶ 우리 모임의 새로운 마스터를 소개합니다.

마스터(하다)master[2] 어떤 것을 완전히 학습하다, 체득(體得)하다.

  ▶ 2년 안에 한국어를 마스터하고 일어(日語) 공부를 시작할 거야.

  ▶ 이번 여름에 수학은 완전히 마스터했어.

  ▷ 마스터^플랜(master plan) : 기본 계획. 기본 설계.

마스트mast 배의 돛대.

  ▶ 마스트 분리 작업을 하다가 다쳤어.

  ▶ 마스트 가까이에서 일을 할 때에는 항상 조심하세요

***마에스트로**maestro 대가(大家), 거장(巨匠).

  ▶ 한국 최고의 마에스트로 음악가는 누구야?

  ▶ 마에스트로 정명훈이 드디어 부산에서 공연(公演)을 합니다.

마요네즈mayonnaise `Fra` 달걀노른자와 오일, 소금, 식초 등으로 만든 샐러드(salad)용 소스

  ▶ 마요네즈와 케첩(ketchup)을 찍어 먹었다.

  ▶ 마요네즈를 넣은 샌드위치(sandwich)를 샀다.

마우스mouse[1] [마우쓰] 컴퓨터(computer) 입력(入力) 장치(裝置)의 하나.

  ▷ 마우스가 고장 났나? 클릭(click)이 잘 안 된다.

  ▶ 이번 기회에 광학(光學) 마우스로 바꿔야 하겠다.

  ▷ 마우스패드(mouse-pad) : 마우스를 올려놓고 쓰는 패드

마우스mouse[2] [마우쓰] 생쥐.

  ▶ 미키마우스는 만화영화의 생쥐 모양 캐릭터(character)이다.

  ▶ 마이티(mighty) 마우스는 무슨 뜻이야? 힘센 생쥐?

마우스피스mouthpiece[1] [마우쓰피쓰] 관악기(管樂器)를 다룰 때 입을 대고 부는 부분.

  ▶ 플루트(flute)의 마우스피스가 망가졌어요

  ▶ 괜찮아, 마우스피스 부분만 따로 살 수 있을 거야.

마우스피스mouthpiece[2] [마우쓰피쓰] 격투기에서, 선수의 구강(口腔) 보호를 위해 입에 무는 물건.

  ▶ 아, 마우스피스를 깜빡했어요

  ▶ 이를 보호하기 위해서는 마우스피스를 꼭 챙겨야 해.

마운드mound[1] 야구에서 투수가 공을 던지는 곳.

마운드

> ▸ 구원(救援) 투수가 드디어 마운드에 올랐다.
> ▸ 그는 마운드 위에서 호흡을 가다듬었다.

마운드mound² 골프(golf) 같은 경기(競技)에서 벙커(bunker)나 그린(green) 주위의 작은 언덕이나 둑.

> ▸ 이 골프장은 마운드가 많아서 꽤나 까다로운 곳이야.
> ▸ 하지만 마운드가 많을수록 재미있지 않아?

*마운틴mountain 산(山).

> ▸ 캐나다(Canada)로 마운틴 여행 어때?
> ▸ 캐나다의 '록키(Rocky) 마운틴'을 가보는 게 내 소원이야.

마이너minor¹ /[마이나] 주류(主流)가 아닌 것, 비주류(非主流).

> ▸ 마이너로 살아야 하는 슬픔을 네가 알아?
> ▸ 메이저(major)인지 마이너인지가 뭐가 중요해?

마이너minor² /[마이나] 음악에서, 단조(短調) 또는 단음계(短音階).

> ▸ 이번 곡은 마이너로 갑니다.
> ▸ 에이 마이너(A-) 코드(cord) 좀 잡아 볼래요?

마이너스minus [마이너쓰] /[마이나쓰] 수(數)를 빼는 것, 빼기 / 음성(陰性), 네거티브 (negative) / 손실, 손해.

> ▸ 원래 있던 돈에서 오늘 쓴 돈을 마이너스하면 얼마지?
> ▸ 내 혈액형은 RH 마이너스 에이형이야.
> ▸ 이번 달은 결혼식이 너무 많아서 완전히 마이너스야.

마이신mycin /[마이싱] 항생제(抗生劑)의 일반적 총칭(總稱).

> ▸ 머리가 아픈데 마이신을 왜 먹어?
> ▸ 마이신은 두통약이 아니에요
> ▸ 의사의 처방(處方) 없이 함부로 마이신을 먹으면 안 돼요

마이^카my+car 내 차.

> ▸ 지금 같은 마이카 시대에 차 한 대 정도는 있어야지.
> ▸ 2008년 이후 요르단(Jordan)에서도 마이카 열풍(熱風)이 시작되었다.

마이크mic /[엠아이씨] 소리를 전기적 신호로 바꿔주는 것, 마이크로폰(microphone).

> ▸ 마이크 볼륨(volume) 좀 높여 주세요
> ▸ 그는 노래방에 가면 마이크를 놓지 않는다.

마이크로micro 극소형의, 100만분의 1 정도 크기의.

▶ 마이크로미터는 100만분의 1미터로 길이의 단위이다.

▶ 마이크로는 '작은'이라는 뜻의 그리스(Greece) 어(語)에서 왔다.

*마인드mind   마음, 생각, 정신을 뜻하는 표현

▶ 이력서? 뭐 그냥 대충 써서 냈어.

▶ 그런 마인드로는 절대 회사에 취직할 수 없어

마일mile   거리 단위의 하나. 1 마일 ≒ 1,609.4m.

▶ 여기서 100마일 정도 떨어진 곳에 저희 부모님이 사세요

▶ 몇 마일이나 더 가야 하나요?

마임mime   무언극(無言劇), 팬터마임(pantomime).

▶ 그는 대학로에서 마임 공연을 하며 젊은 날을 보냈다.

▶ 춘천 마임 축제에 15만 명이 몰렸다.

마조키스트masochist /매조키스트   피학대(被虐待) 성욕(性慾) 도착증(倒錯症) 환자(患者)
↔ 사디스트

▶ 그 사람에게 마조키스트 증상이 있다면서?

▶ 그 사람이 정신적·육체적인 고통을 받을 때 성적 쾌감을 느끼는 마조키스
트라니 정말 기분이 이상해요.

마조히즘masochism /매조키즘   변태(變態) 성욕(性慾)의 하나, 피학대(被虐待) 성욕(性慾)
도착증(倒錯症) ↔ 사디즘.

▶ 마조히즘이 뭐야?

▶ 마조히즘은 자신이 정신적·육체적인 고통을 받을 때 성적 쾌감을 느끼는
변태 성욕을 말해.

마카로니macaroni Ita   이탈리아(Italia)식 국수의 하나.

▶ 오늘 최고의 요리는 마카로니 샐러드(salad)였어.

▶ 마카로니로 할 수 있는 요리가 많아요

마카로니^웨스턴macaroni+western   이탈리아(Italy)에서 제작한 미국(美國) 서부극(西
部劇), 이탈리안(Italian)식 서부극(西部劇).

▶ 어릴 적에는 마카로니웨스턴의 주인공처럼 되는 것이 꿈이었다.

▶ 요즘에는 마카로니웨스턴처럼 가벼우면서도 멋진 영화를 다시 보기 어렵다.

마카롱macaron Fra   프랑스(France)풍 고급 과자의 하나.

▶ ○○카페(cafe)는 새로운 디저트(desert) 메뉴(menu)로 마카롱을 선보였다.

▶ 마카롱은 무엇으로 만들었기에 이렇게 맛있을까?

마케팅

마케팅marketing 생산품의 기획, 판매, 광고 전략(戰略) 등의 총칭(總稱).
- ▶ 새로운 마케팅 전략이 필요해.
- ▶ 그는 마케팅 분야에서 꽤 유명한 사람이에요
- ▶ 온라인(online) 마케팅의 종류는 매우 다양하다.

마크mark[1] 기호, 상표(商標), 휘장(徽章).
- ▶ 우리 회사를 나타낼 수 있는 마크를 디자인(design)해 주세요.
- ▶ 먹을거리를 구입할 때 반드시 환경마크를 확인하세요.

마크(하다)mark[2] 기록하다, 기록되다.
- ▶ 그는 당당히 1위에 마크되었다.
- ▶ 수험번호를 컴퓨터(computer) 사인펜(sign+pen)으로 마킹해 주세요
- ▷ 마킹(marking) : 마크하는 것.
- ▷ 마킹펜(marking pen) : 마킹용 펜.

마키아벨리즘Machiavellism 국가의 이익을 최우선으로 여기는 국가지상주의(國歌至上主義).
- ▶ 그는 우리가 마키아벨리즘을 벗어나야 한다고 주장했다.
- ▶ 마키아벨리즘은 국가의 발전을 위해 수단과 방법을 가리지 않는다.

***마트**mart 대형 가게, 슈퍼마켓(supermarket)보다 큰 가게를 뜻함.
- ▶ 마트에서 장을 보다.
- ▶ 대형 할인 마트의 등장으로 작은 가게들이 문을 닫았다.

***마트료시카**Матрёшка /마트로시카 /마뜨료시까 `Rus` 러시아(Russia) 특산(特産) 인형.
- ▶ 귀여운 마트료시카를 직접 그려봤어요
- ▶ 마트료시카는 나무로 만든 러시아 인형이다.

마티니martini 칵테일(cocktail)의 하나.
- ▶ 저기요, 바텐더(bartender). 마티니는 무엇으로 만들지요?
- ▶ 그는 언제나 마티니를 즐겨 마셨다.

마하Mach 속도의 단위. 마하 1 ≒340m/s, 시속 약 1,224km. [M].
- ▶ 새로 도입된 전투기는 그 속도가 무려 마하 5에 이른다.
- ▶ 마하 5라고? 말도 안 된다. 그렇게 빠르면 조종사가 어떻게 버티니?

마호가니mahogany 주로 가구(家具) 재료로 쓰이는 나무.
- ▶ 인터넷(internet)으로 마호가니를 구입할 수 있나요?
- ▶ 마호가니 화장대를 선물 받았다.

마호메트^교 Mahomet教 /[마호멛교] /마호멛   이슬람교(Islam教).

  ▶ 마호메트교는 마호메트를 믿는 종교인가요?

  ▶ 아니에요, 마호메트교는 알라(Allah)신을 믿는 종교예요.

***마후라**muffler[1]   추울 때 목에 감는 것. 목도리 → 머플러.

  ▶ 오늘 날이 춥다는데 마후라를 하고 갈까?

  ▶ 마후라가 뭐냐. 머플러지.

***마후라**muffler[2]   자동차 배기 기관 또는 배기구(排氣口).

  ▶ 자동차의 마후라가 삭으면 그런 소리가 납니다.

  ▶ 이 차는 마후라를 새것으로 간 지 얼마 안 되었어요.

  ▶ '마후라'요? 이때에도 '머플러'라고 해야 맞아요.

  ▶ 아! 요즘에는 '마후라'라는 말을 잘 안 쓰는군요?

***막시즘**Marxism /맑시즘   무계급(無階級) 사회를 지향했던 사회주의(社會主義) 이론의 하나. 마르크스주의 → 마르크시즘.

  ▶ 막시즘에 대한 강연회(講演會)가 열렸다.

  ▶ 그는 사회적 위기의 극복과 막시즘은 별로 관련이 없다고 생각한다.

만돌린mandoline   비파(琵琶)같이 생긴 서양의 현악기(絃樂器)의 하나.

  ▶ 만돌린 연주자들이 모여 자선(慈善) 음악회를 열었다.

  ▶ 만돌린이라는 악기를 배워 보고 싶은데 어디에서 배워야 하지?

말라리아malaria   모기에 의한 전염병(傳染病)의 하나. 학질(瘧疾).

  ▶ 아프리카(Africa)를 여행하려면 말라리아 예방 주사를 맞아야 해요.

  ▶ 여행 중에 말라리아에 걸린 그는 3일을 심하게 앓았다.

말타아제maltase   타액(唾液)에 들어있는 효소(酵素)의 하나.

  ▶ 말타아제는 침 속에 들어있는 효소의 일종입니다.

  ▶ 말타아제가 하는 역할이 뭔가요?

말피기^관 Malpighi管   여러 쌍으로 이루어진 곤충의 배설(排泄) 기관.

  ▶ 말피기관이 뭐야?

  ▶ 말피기관은 곤충의 배설 기관이야.

***맑시즘**Marxism /막시즘   무계급(無階級) 사회를 지향했던 사회주의(社會主義) 이론의 하나. 마르크스주의 → 마르크시즘.

  ▶ 맑시즘에 대한 강연회가 열렸다.

  ▶ 그는 사회적 위기의 극복과 맑시즘은 별로 관련이 없다고 생각한다.

맘모스

　▶ 맑시즘이라고 적는 사람들이 있기는 하지만 마르크시즘이 옳은 표기법이다.
***맘모스**mammoth[1] [맘모쓰]　코끼리의 선죠(先朝)로 추정(推定)되는 고대(古代) 동물 →
　매머드.
　▶ 맘모스와 매머드는 같은 동물인가요?
　▶ 맘모스는 4미터(meter)나 되는 거대한 동물이었대요.
***맘모스**mammoth[2] [맘모쓰]　빵의 한 종류.
　▶ 난 맘모스 빵이 제일 맛있더라.
　▶ 나도 오늘 맘모스 빵을 사 가야 하겠군.
맘보mambo 〔Esp〕　라틴아메리카(Latin-america) 음악의 하나.
　▶ 맘보 음악에 맞춰 신나게 춤을 추었다.
　▶ 멕시코(Mexico)를 거쳐 미국에서도 맘보가 유행했다.
맘보^바지mambo 〔Esp〕　몸에 꼭 맞는, 통이 좁은 바지.
　▶ 맘보바지는 1950년대 말에 유행(流行)했다.
　▶ 맘보바지도 세계적으로 큰 인기를 얻었던 때가 있었다.
망간Mangan 〔Ger〕　붉은빛을 띤 회색의 금속(金屬) 원소(元素)의 하나. [Mn].
　▶ 건전지(乾電池)는 망간 건전지가 좋다고 하던데요.
　▶ 망간은 철강(鐵鋼) 산업에서 중요하게 생각하는 금속이다.
망고mango　열대(熱帶) 지방(地方) 과일의 하나.
　▶ 필리핀(Philippines)에서 먹은 망고 맛을 잊을 수가 없어.
　▶ 망고는 한국에서 구하기 어려운데, 말린 망고라도 사다 줄까?
　▶ 무슨 소리예요? 이제 한국에도 망고가 수입돼요.
망고스틴mangosteen　열대(熱帶) 지방(地方) 과일의 하나.
　▶ 망고스틴은 망고(mango)랑 다른 과일인가?
　▶ 응. 망고스틴은 과일의 여왕(女王)이라고나 할까?
매그니튜드magnitude　지진(地震)의 규모를 나타내는 척도(尺度). [M].
　▶ 일본에 쓰나미를 일으킨 지진은 그 규모(規模)가 9.0이나 된다면서?
　▶ 그러게, 9.0매그니튜드면, 어휴 상상하기도 어려운 끔찍한 지진이지.
매너manner　좋은 행동 방식이나 자세, 태도(態度).
　▶ 그는 모든 여자들에게 매너가 좋다.
　▶ 부모님은 어려서부터 내게 매너 있게 행동하라고 가르치셨다.
매너리즘mannerism　반복적인 일상에 빠져서 새로운 생각을 하지 못하게 되는 불행한 상태.
- ▶ 매너리즘에서 벗어나고 싶은데 어떻게 해야 하지?
- ▶ 오랫동안 같은 일을 하다보면 매너리즘에 빠지기 쉽다.

*매니아mania 어떤 한 가지 일에 광적(狂的)으로 열중하는 사람 → 마니아.
- ▶ 그 애는 게임(game) 매니아야.
- ▶ 구두 매니아인 그녀는 천 켤레의 구두를 모았어요.

매니저manager[1] 연예인(演藝人)이나 운동선수의 일정(日程)을 관리해 주는 사람.
- ▶ 그의 매니저는 항상 차에서 대기하고 있다.
- ▶ 걸 그룹(girl group)은 매니저가 모든 일정을 관리한다.

매니저manager[2] 회사나 호텔(hotel)의 경영자(經營者)나 책임자(責任者).
- ▶ 그는 어린 나이에 매니저의 위치에 올랐다.
- ▶ 매니저의 자질을 갖춘 자가 책임을 다할 수 있다.

매니큐어manicure /[매니큐] 손톱을 예쁘게 색칠하는 것 또는 그 화장품.
- ▶ 매니큐어를 바르다.
- ▶ 오늘은 화려한 색깔의 매니큐어를 칠하고 집을 나섰다.

매머드mammoth[1] /맘모스 코끼리의 선조(先朝)로 추정(推定)되는 고대(古代) 동물.
- ▶ 맘모스와 매머드는 같은 동물인가요?
- ▶ 매머드는 4미터(meter)나 되는 거대한 동물이었대요.

*매머드mammoth[2] 큰, 대형의, 거대(巨大)한.
- ▶ 그 건물은 크기가 매머드 급(級)이라고 할 수 있어.
- ▶ 우리 학교 앞으로 매머드 규모의 새 건물이 들어왔다.

매스^미디어mass media /[매쓰미디어] 대중 매체(媒體).
- ▶ 야구의 인기는 매스미디어 덕분이지.
- ▶ 우리는 다양한 매스미디어 속에 살고 있다.

매스^컴mass communication 매스미디어(mass media)를 이용하여 정보(情報)를 전달하는 일.
- ▶ 매스컴을 통해 그의 결혼 소식을 들을 줄이야.
- ▶ 그 소문은 매스컴을 타고 전 세계로 퍼져 나갔다.

*매조키스트masochist 피학대(被虐待) 성욕(性慾) 도착증(倒錯症) 환자(患者) → 마조키스트
- ▶ 그 사람에게 매조키스트 증상(症狀)이 있다면서?

매조키즘

> ▶ 그 사람이 정신적·육체적인 고통을 받을 때 성적 쾌감을 느끼는 매조키스트라니 정말 기분이 이상해요.

*매조키즘masochism　변태(變態) 성욕(性慾)의 하나 → 마조히즘.

> ▶ 매조키즘이 뭐야?
> ▶ 매조키즘은 정신적·육체적인 고통에서 성적 쾌감을 느끼는 변태(變態) 성욕이야.

*매직magic　마술(魔術). 요술(妖術).

> ▶ 지금부터 어린이들을 위한 지상 최대의 매직 쇼(show)가 펼쳐지겠습니다.
> ▶ 매직이 아니고서야 어떻게 이런 일이 있을 수 있죠?

매직^(펜)magic+pen　잉크(ink)를 넣어 쓰는 굵은 펜. 펠트펜(felt pen).

> ▶ 상자 위에 매직으로 이름을 꼭 쓰셔야 합니다.
> ▶ 매직이 옷에 묻었는데 지워질까?

*매직^아이magic eye　사진이나 그림을 입체 영상(映像)으로 만들어 놓은 것.

> ▶ 난 왜 매직아이가 안 보이지?
> ▶ 매직아이를 못 보는 사람들도 있다더라.

매치match¹　경기(競技), 시합.

> ▶ 이번 경기야 말로 빅(big) 매치가 되겠는 걸.
> ▶ 잠시 후 두 팀(team)의 빅 매치가 시작됩니다.
> ▷ 매치 포인트(match point) : 운동 경기의 승패를 결정짓는 마지막 점수.

매치match²　서로 어울리는 것.

> ▶ 걔네 둘이 사귄다고?
> ▶ 그건 정말 매치가 안 된다.

매카시즘McCarthyism　극단적(極端的) 반공(反共)주의.

> ▶ 매카시즘은 1950년대에 미국에서 일어난 반공사상(反共思想)이다.
> ▶ 그는 매카시즘을 조장(助長)한다는 비난(非難)을 받았다.

매크로macro　컴퓨터(computer)의 반복 기능.

> ▶ 매크로는 반복되는 작업을 단순하게 처리해 준다.
> ▶ 매크로를 활용하면 하나의 키(key)로 여러 개의 작업을 처리할 수 있어요.

매트mat　깔개의 총칭(總稱).

> ▶ 매트가 너무 더러워. 빨래 좀 해라.
> ▶ 그럼 매트는 걷고 매트리스(mattress)만 깔고 자.

매트리스mattress [매트리쓰] 침대용 요.

▶ 매트리스를 퀸 사이즈(queen size)로 바꿨어.

▶ 매트리스가 오래 되어서 그런지 허리가 아프네.

*맥Mac 컴퓨터(computer) 제조업체 / 햄버거(hamburger) 가게.

▶ 이번 기회에 컴퓨터(computer)를 맥으로 바꾸려고 해.

▶ 여기 주변에 맥드라이브(drive) 이용할 수 있는 곳이 있나?

*맥스max 최대(最大)의.

▶ 영화는 맥스무비(movie)에 가서 보자. 그런 맥스가 무슨 뜻이야?

▶ 맥스? 맥스는 최대라는 뜻이야. 맥시멈(maximum)이라는 말도 쓰잖아.

맨션¹mansion 아파트(apartment) 형식의 연립(聯立) 주택(住宅).

▶ 철수네 집이 OO맨션이라는데, 철수네 그렇게 부자야?

▶ 어? 한국에서 맨션은 그냥 아파트 같은 집이야. 저택(邸宅)이 아니야.

*맨션²mention SNS의 하나인 트위터(twitter)에 댓글/답글을 다는 것.

▶ 그 녀석에게 똑바로 살라고 맨션을 날렸다.

▶ 맨션은 팔로우(follow)하는 사람들에게 글을 쓰는 것을 말한다.

*맨스menstruation [멘쓰] 여성의 월경(月經) → 멘스

▶ 여성의 월경을 멘스라고 해요.

▶ '맨스'요 '멘스'요?

▶ 발음은 같지만 '멘스'라고 쓰는 것이 맞아요.

맨투맨man-to-man 1 대(對) 1, 면(面) 대 면(面).

▶ 오늘부터 맨투맨 한국어 수업을 받기로 했어.

▶ 맨투맨보다는 여러 명이 함께 공부하는 게 낫지 않을까?

→ '일대일'로 순화.

맨틀mantle 지구(地球) 내부 물질의 하나.

▶ 누나! '맨틀'이 뭐야? 용암이야?

▶ 아니, 맨틀은 지구의 지각(地殼)과 핵(核) 사이에 있는 부분이란다.
  용암은 마그마(magma)가 지구 밖으로 나온 것을 말해. 더 알고 싶다고?
  사전(辭典) 찾아 봐. s(--)z

맨홀manhole 지하 공간 또는 터널(tunnel), 철교(鐵橋) 등에 만들어 놓은 구멍.

▶ 길 가던 사람이 맨홀에 빠져서 크게 다쳤대.

▶ 그러니까 너도 맨홀 덮개가 덮여 있는지 잘 보고 다녀.

머니

*머니money   돈, 재산(財産).
  ▶ 너 게임(game) 머니 얼마나 있어?
  ▶ 나도 별로 없어. 머니 충전(充塡) 좀 해야겠다.
*머드mud   진흙.
  ▶ 어제 머드팩(pack)을 하고 잤더니 피부가 좋아진 것 같아.
  ▶ 이번 주말에는 보령에서 하는 머드 축전(祝典)에 가자.
머드^게임MUD game [머드께임]   컴퓨터(computer) 통신을 이용하는 다수 사용자 이용
  게임.
  ▶ 머드게임 해 봤어요?
  ▶ 전 머드게임에 흥미가 없어요.
  ▷ Multiple User Dungeon game.
머스크^멜론muskmelon /[머스크메론]   멜론의 한 종류.
  ▶ 머스크멜론은 그냥 멜론이랑 뭐가 달라요?
  ▶ 나도 잘 모르는데, 머스크멜론이 더 비싸더라.
머스터드mustard /[머스타드]   조리용(調理用) 겨자.
  ▶ 머스터드를 이렇게 많이 뿌리면 어떡해?
  ▶ 핫도그(hot dog)에 머스터드소스(sauce)가 빠지면 무슨 맛이야?
머큐로크롬mercurochrome /머큐롬 /머큐륨   살균(殺菌), 소독제(消毒劑)의 한 종류.
  ▶ 머큐로크롬이 뭐야?
  ▶ 우리가 많이 바르는 빨간약 있잖아. 그게 바로 머큐로크롬이야.
머큐리Mercury   별의 이름, 수성(水星).
  ▶ 머큐리? 그거 차 이름 아니야?
  ▶ 원래 머큐리는 수성을 가리키는 별의 이름이야.
머플러muffler[1] /마후라   추울 때 목에 감는 것. 목도리.
  ▶ 오늘 날이 춥다는데 머플러를 하고 갈까?
  ▶ 머플러를 하면 따뜻하긴 하지.
머플러muffler[2] /마후라   자동차 배기 기관 또는 배기구(排氣口).
  ▶ 자동차의 머플러가 삭으면 그런 소리가 납니다.
  ▶ 이 차는 머플러를 새것으로 간 지 얼마 안 되었어요
*멀티multi   다중(多重)의, 복합(複合)의.
  ▶ 요즘 너무 피곤해서 멀티 비타민(vitamin)이라도 먹어야겠어.

▶ 너 요즘 너무 무리하더라. 네가 무슨 멀티플레이어도 아닌데 말이야.

▶ 멀티플레이어하면 역시 축구선수 박지성이지.

▶ 이 주변에 멀티숍이 있나요?

▷ 멀티^미디어(multimedia) : 복합 매체(媒體).

▷ 멀티^비전(multivision) : 여러 개의 모니터를 합쳐 놓은 출력(出力) 장치.

▷ 멀티^태스킹(multitasking) : 컴퓨터(computer)로 2가지 이상의 작업을 동시에 처리하는 것.

▷ 멀티^탭(multitap) : 전기 코드(cord) 확장선.

▷ 멀티^프로세스(multiprocessing) : 한 번에 여러 개의 프로세스를 구동시키는 것.

▷ 멀티^플레이어(multi player) : 다양한 포지션을 소화할 수 있는 선수.

멍키^스패너monkey spanner /[몽키스패너] 스패너의 한 종류. 멍키 렌치(wrench).

▶ 멍키스패너는 구했는데 쓰는 방법을 모르겠네.

▶ 멍키스패너는 간격만 잘 조절하면 돼.

메가mega 백만(百萬)을 나타내는 보조 단위.

▶ 컴퓨터(computer) 하드디스크(hard disk) 용량이 몇 메가야?

▶ 16 메가짜리 USB를 잃어버렸어.

▶ ZO드라이브(drive) 같은 클라우드(cloud) 서비스(service)를 이용해 봐. 50메가까지도 지원해 준대.

▷ 메가^바이트(megabyte) : 컴퓨터(computer) 처리 또는 저장 용량의 단위. 1메가바이트 = 1,024킬로바이트. [MB].

▷ 메가^톤(megaton) : 핵융합(核融合) 폭발력의 단위. 1메가톤 = TNT 100만 톤의 폭발력. [Mt].

▷ 메가^헤르츠(megahertz) : 전자기파 주파수의 단위. 100만 헤르츠/s. [MH].

메가폰megaphone 목소리를 크게 낼 수 있게 해 주는 도구.

▶ 감독이 메가폰을 들고 외치자 모두가 분주하게 움직이기 시작했다.

▶ 메가폰을 잡은 그는 힘을 다해 외쳤다.

메갈로폴리스megalopolis [메갈로폴리쓰] 여러 개의 도시가 연결된 형태. 거대(巨大) 도시.

▶ 한국에도 메갈로폴리스가 있나요?

▶ 글쎄요, 서울과 인천과 경기를 잇는 메갈로폴리스를 구상한다는 이야기를 들은 적은 있어요.

메뉴

메뉴menu[1] 식당 음식 안내 또는 안내판. 차림표.
> 여기 메뉴판 좀 주시겠어요?
> 메뉴판은 모든 테이블(table)마다 비치(備置)되어 있습니다.
메뉴menu[2] 컴퓨터(computer) 프로그램(program)의 조작 순서 일람표(一覽表).
> 마우스(mouse)의 오른쪽 버튼(button)을 클릭(click)하여 메뉴(menu)로 들어가세요.
> 메뉴 창(窓)이 뜨면 종료 버튼을 누르세요.
메달medal 목걸이 형태의, 표창(表彰) 또는 기념용 패(牌).
> 그는 드디어 금메달(medal)을 목에 걸었다.
> 그는 세 개의 메달을 목에 걸어 3관왕이 되었다.
▷ 메달리스트(medalist) : 금메달, 은메달, 동메달 등 메달을 딴 사람.
▷ 메달^박스(medal+box) : 대회에서, 메달을 차지하는 종목.
메두사Medusa 그리스(Greece) 신화(神話) 속의 한 인물. 머리카락이 뱀으로 이루어졌음.
> 이렇게 징그러운 메두사가 여자라고?
> 메두사 머리에는 뱀이 몇 마리나 달렸을까?
메들리medley 여러 개의 노래를 계속 이어서 부르는 것.
> 이번 합창(合唱) 대회에서는 어떤 곡을 부를까요?
> 동요(童謠) 메들리는 어때요?
메르카토르^도법Mercator圖法 /메카토르 지도투영법(地圖投影法 map projection)의 하나.
> 우리가 보는 대부분의 지도가 메르카토르도법으로 만들어졌어요.
> 그런데 메르카토르도법도 완벽한 건 아니에요.
메리노merino 면양(綿羊)에서 얻은 섬유로 만든 직물(織物).
> 신발이 아주 따뜻해 보여요.
> 이 이불은 메리노로 만든 거라서 아주 따뜻해요.
메리야스medias [메리야쓰] Esp 몸에 바로 입는 속옷.
> 교복(校服) 안에는 항상 메리야스를 입어야 한다.
> 그는 술에 취해 메리야스 바람으로 거리를 돌아다녔다.
*메리트merit /[메릿] 장점, 효과, 이득(利得).
> 제가 이 일을 하면 어떤 메리트가 있나요?
> 난 이 기계의 메리트를 잘 모르겠어.
메모memo 생각이나 말을 전하거나 잊지 않기 위해서 간단하게 적어 두는 것.
> 선생님의 말씀을 들으며 메모를 했다.

▸ 기억이 잘 안 나네요. 메모를 확인해 볼게요.

메모리memory　컴퓨터(computer)의 기억 장치.

▸ 메모리 용량이 부족해.

▸ 우선 이동식 메모리 디스크(disk)에 저장해 둬요.

메스mes [메쓰] Net　수술용 작은 칼.

▸ 여러 번 수술을 한 의사도 메스를 들면 심장이 떨린대요.

▸ 메스를 대지 않고 수술할 수 있는 방법은 없나요?

메스^실린더measuring cylinder [메쓰실린더]　부피를 재기 위한 원통형(圓筒形) 시험관(試驗管).

▸ 메스실린더를 실험실로 옮겨오세요.

▸ 이 용액(溶液)으로 메스실린더를 반만 채우세요.

메스^플라스크measuring flask [메쓰플라스크]　부피를 재기 위한 플라스크.

▸ 메스플라스크가 필요한데 없네요.

▸ 그냥 유리병에 담으면 안 되나요?

메시아Messiah　성서(聖書)에 나오는 구원자, 통치자(統治者).

▸ 예수가 바로 성경에서 말하는 메시아야.

▸ 성경(聖經)은 메시아 예수의 이야기를 담고 있는 책이야.

메시지message[1] [메씨지] /메세지[메쎄지]　어떤 사실을 알려 주는 짧은 글.

▸ 여보세요? 사장님과 통화할 수 있을까요?

▸ 사장님이 안 계시니 메시지를 남겨 주세요.

▸ 내가 보낸 문자 메시지 받았어?

▸ 미안해. 메시지는 받았는데 바빠서 답장을 못 보냈어.

메시지message[2] [메씨지] /메세지[메쎄지]　문학 작품이 담고 있는 주제 의미.

▸ 이 작품이 담고 있는 메시지가 무엇인가요?

▸ 인간의 끝없는 욕심은 불행을 가져온다는 메시지를 전하고 있어요.

메신저messen [메씬저] Ger　인터넷(internet)에서 실시간으로 문자와 자료를 주고받을 수 있는 프로그램(program). 메시지(message)를 전달하는 사람.

▸ 우리는 매일매일 스마트폰(smart phone) 메신저로 대화를 했다.

▸ 메신저 프로그램을 다운로드(download)한 후에 다시 로그인(log-in)해 주세요.

▸ 그는 두 사람을 이어 주는 사랑의 메신저가 되었다.

메이^데이 May Day　국제적(國際的) 노동절(勞動節), 근로자의 날, 매년 5월 1일.

메이드

> ▶ 한국에도 메이데이가 있나요?
> ▶ 매년 5월 1일을 메이데이로 보내고 있어요.

*메이드[1]made   이미 만들어진 것 또는 그렇게 되는 것
> ▶ 이거 어디에서 메이드된 거야?
> ▶ 메이드 인(in) 코리아(KOREA)라고 쓰여 있네. 한국산이야.

*메이드[2]maid   집안일을 도와주는 사람, 하녀(下女).
> ▶ 하녀 역할을 맡은 그녀는 돋보이는 메이드 의상(衣裳)을 입고 왔다.
> ▶ 메이드를 둘이나 부리다니, 그 사람 정말 부자인가 보다.
> → '가사도우미'로 순화.

*메이저major   여러 가지 중에 가장 중요하거나 좋은 것. 영향력(影響力)이 큰 것.
> ▶ 메이저급 수영대회에 나가기 위해 훈련을 받았다.
> ▶ 메이저의 반대말이 마이너(minor)인가?

메이커maker   제작자, 제조업자, 만든 물건.
> ▶ 이건 메이커가 어디야? 좋아 보이는데.
> ▶ 메이커를 쓰는 이유는 애프터서비스(after service) 때문이다.

메이크업makeup   기초화장을 한 다음에 하는 색조(色調) 화장.
> ▶ 결혼식 날 아침에 신부 메이크업을 받았다.
> ▶ 그녀는 메이크업을 하지 않은 날에는 항상 모자와 안경을 쓴다.

*메인main   주요(主要)한, 주(主)된.
> ▶ 오늘의 메인은 저 사람이다.
> ▶ 오늘의 메인 요리를 준비하겠습니다.
> ▷ 메인^이벤트(main event) : 중요한 시합, 행사.
> ▷ 메인^타이틀(main title) : 중심이 되는 제목, 주제.
> ▷ 메인^테이블(main table) : 중요한, 핵심이 되는 테이블, 자리.

메일mail   인터넷을 이용한 전자우편(e-mail). 우편물, 우편(郵便).
> ▶ 요즈음은 아침마다 메일을 확인하는 것으로 하루를 시작한다.
> ▶ 메일함(函)이 가득차서 하루 종일 메일 수신(受信)이 되지 않았다.
> → '누리우편'으로 순화.

메조^소프라노mezzo-soprano /[메조쏘프라노] Ita   소프라노와 알토(alto)의 중간 음역(音域).
> ▶ 그녀는 메조소프라노의 매력(魅力)을 한껏 발휘(發揮)했다.

    ▶ 한국을 대표하는 메조소프라노는 누구야?

메카mecca   어떤 분야의 중심. 동경(憧憬)의 대상이 되는 장소

    ▶ 한국에서 이곳은 10년 이내에 교육의 메카가 될 것이다.

    ▶ 한국 과학 기술의 메카는 대전이다.

메커니즘mechanism /[메카니즘]   기계 장치(裝置) 또는 그 원리(原理).

    ▶ 인간의 식욕을 억제(抑制)하는 메커니즘이 발견되었대.

    ▶ 다이어트(diet)를 하는 사람들이 그 매커니즘에 관심을 가지겠군.

메타^세쿼이아 Metasequoia [메타쎄콰이아] /[메타쎄콰이어]   침엽(針葉) 식물의 하나.

    ▶ 메타세쿼이아가 늘어선 아름다운 길을 너와 걷고 싶어.

    ▶ 메타세쿼이아 가로수 길을 걸으려고 담양에 갔어.

메타포metaphor /[메타포어]   어떤 것을 다른 것에 비유하는 것. 비유 표현, 은유(隱喩).

    ▶ 이 부분이 이 작품에서 가장 아름다운 메타포라고 할 수 있어요.

    ▶ 메타포 형식의 작품은 화려하지만 읽기가 힘들다는 단점이 있다.

메탄methane   침전물(沈澱物) 부패로 발생하는 무색(無色) 무취(無臭)의 가스(gas).

    ▶ 메탄이 사람한테 해로운가?

    ▶ 메탄은 쓰레기장에서도 배출된대요.

메탄올methanol   독성(毒性)이 강한 액체의 하나. 메틸알코올(methyl alcohol).

    ▶ 메탄올은 어디에 사용하나요?

    ▶ 메탄올은 연료로 쓰기도 하고, 다른 화학제품을 만들 때도 쓰죠.

    ▶ 메탄올은 에탄올(ethanol)과 달라서 먹으면 안 된다.

메트로놈metronome   박자(拍子)를 맞춰 주는 기계.

    ▶ 박자 감각을 배우려면 메트로놈을 사용하는 것이 좋아요.

    ▶ 가끔은 메트로놈을 사용해도 소용이 없는 경우도 있기는 해요.

메트로폴리스metropolis [메트로폴리쓰]   대도시(大都市).

    ▶ 메트로폴리스는 메갈로폴리스(megalopolis)와 뭐가 달라?

    ▶ 몇 개의 메트로폴리스가 연결된 것이 메갈로폴리스야.

메틸^알코올methyl alcohol /[메틸알콜] /[메칠알콜]   독성(毒性)이 강한 액체의 하나. 메탄올(methanol).

    ▶ 메틸알코올과 메탄올은 다른 거야?

    ▶ 아니야, 메틸알코올을 줄여서 메탄올이라고 불러.

멘셰비키Mensheviki `Rus`   레닌(Lenin)의 볼셰비키(Bolsheviki)에 반대했던 소수(小數)

멘솔

　　파 ↔ 볼셰비키.

　　▶ 멘셰비키는 러시아어로 소수파라는 뜻이야.

　　▶ 그럼 볼셰비키는 다수(多數)파라는 뜻인가?

　　▷ 멘셰비즘(Menshevism) : 멘셰비키의 정치적 사상 및 주의.

*멘솔menthol　박하(薄荷) 향(香)이 나는 것 → 멘톨.

　　▶ 이건 천연 멘솔로 만든 기침약이야.

　　▶ 그럼 약에서 박하 향이 나겠네?

　　▶ 멘솔 담배라고 해서 건강에 좋은 것은 아니다.

멘스menstruation [멘쓰] /맨스　여성의 월경(月經).

　　▶ 여성의 월경을 멘스라고 해요.

　　▶ '맨스'요 '멘스'요?

　　▶ 발음은 같지만 '멘스'라고 쓰는 것이 맞아요.

*멘탈mental　정신(精神) 상태, 마음의, 정신의.

　　▶ 골프(golf)에서는 멘탈이 매우 중요한 역할을 한다.

　　▶ 선수들에게는 멘탈 성장이 우선적으로 필요하다.

*멘토mentor　새로운 인생 설계를 위해 도움을 주는 조언자, 또는 후견인(後見人).

　　▶ 성공하기 위해서는 좋은 멘토를 찾아야 한다.

　　▶ 그는 내가 만난 최고의 멘토이다.

　　▷ 멘토링(mentoring) : 멘토를 해 주는 것.

멘톨menthol /멘솔　박하(薄荷) 향(香)이 나는 것.

　　▶ 이건 천연 멘톨로 만든 기침약이야.

　　▶ 그럼 약에서 박하 향이 나겠네?

　　▶ 멘톨 담배라고 해서 건강에 좋은 것은 아니다.

*멘티mentee　새로운 인생 설계를 위해 도움을 필요로 하는 사람.

　　▶ 당신은 내가 만난 최고의 멘티이다.

　　▶ 그들은 좋은 멘토(mento)와 멘티처럼 보인다.

멜라닌melanin　동물 표피(表皮) 색소(色素). 흑갈색.

　　▶ 넌 얼굴이 참 하얗다.

　　▶ 난 멜라닌 색소가 별로 없나봐.

멜라민melamine　석회질소(石灰窒素)로 만드는 합성(合成) 물질의 하나.

　　▶ 멜라민으로 만든 그릇은 아주 튼튼합니다.

▶ 뉴스(news) 봤어? 아이스크림(ice cream)에서 멜라민 성분이 나왔대.

멜로^드라마melodrama　통속적(通俗的) 대중극(大衆劇). 멜로.

▶ 재미있는 멜로드라마 좀 추천해 주세요.

▶ 난 멜로드라마는 안 봐서 모르겠어.

멜로디melody　음율(音律), 가락, 좋은 소리를 나타낼 때 씀.

▶ 그의 음악은 정말 천상(天上)의 멜로디라고 할 만하다.

▶ 나도 모르게 그 노래의 멜로디를 흥얼거렸다.

멜론melon　/[메론]　참외의 한 종류.

▶ 메론이 참 달다.

▶ '메론'이 아니고, '멜론'이라고 해야 맞는 거야.

멤버member　어떤 단체의 구성원, 회원(會員).

▶ 우리 팀의 새로운 멤버를 소개합니다.

▶ 그녀는 유명한 걸 그룹(girl group)의 멤버로 활약하고 있다.

멤버십membership　/멤버쉽　단체의 구성원 또는 회원(會員)의 자격을 갖는 것.

▶ 열심히 참여하시면 멤버십 자격을 드릴게요.

▶ 전 이미 멤버십 회원으로 가입되어 있는데요.

***모노-**mono　하나의, 일(一), 단(單).

▶ 그녀는 유독 사랑을 소재로 한 모노드라마를 좋아한다.

▶ 어제는 모노레일을 타고 한국의 경치(景致)를 감상했다.

▶ 다이얼로그(dialogue)와 모놀로그의 차이점이 뭘까?

▷ 모노^드라마(monodrama) : 한 사람의 배우가 하는 연극(演劇).

▷ 모노^레일(monorail) : 한 줄 선로(線路) 기차.

▷ 모놀로그(monologue) : 혼자서 하는 말, 독백(獨白).

모노그램monogram　글자 도안(圖案)의 한 방식.

▶ 모노그램 디자인(design)을 새롭게 시도해 봤는데 어때?

▶ 글쎄 난 모노그램은 별로야.

모니터monitor[1]　컴퓨터(computer)의 디스플레이(display).

▶ 컴퓨터(computer)의 모니터와 본체를 구입했다.

▶ 하루 종일 모니터를 봤더니 눈이 너무 아프다.

모니터monitor[2]　감시자(監視者), 감시하는 것.

▶ 그는 자신의 연기를 늘 모니터한다.

모니터링

▶ 소비자의 반응을 알아보기 위해 모니터 요원(要員) 20명을 선정했다.

모니터링monitering 감시(監視)하여 평가하는 일 또는 그 행위(行爲).

▶ 모니터링 요원(要員)이 필요하다.

▶ 보안(保安) 강화(强化)를 위해서 24시간 모니터링 서비스(service)를 실시했다.

*모닝morning 아침의, 아침.

▶ 내일 모닝커피 한잔 어때?

▶ 그래 좋아. 그럼 모닝콜 부탁해.

▷ 모닝＾커피(morning coffee) : 아침에 마시는 커피.

▷ 모닝＾콜(morning call):아침에 잠을 깨워 주는 전화.

모던^재즈modern jazz /[모던째즈] 현대화된 재즈.

▶ 콘서트홀(concert hall)에서 모던재즈 공연(公演)을 한대요

▶ '모던재즈'보다는 '모던째즈'로 발음하는 사람이 많아요.

*모던(하다)modern 현대적인, 현대의, 세련(洗練)되었다는 의미로 많이 씀.

▶ 모던한 느낌이 나는 가구를 구입했다.

▶ 모던발레의 진수(眞髓)를 느낄 수 있는 작품이네요

▶ 피카소(Picasso)가 모던아트의 대표 화가(畫家)인가?

▶ 누가 모던재즈의 거장(巨匠)일까?

▶ 그는 이 땅에 나타난 최초(最初)의 모더니스트이다.

▶ 그 작품은 모더니즘 미술가들의 열정(熱情)을 보여준다.

▷ 모던＾발레(modern ballet) : 현대식 발레.

▷ 모던＾아트(modern art) : 20세기 등장한 새로운 그림 경향(傾向).

▷ 모던＾재즈(modern jazz) : 즉흥(卽興) 연주(演奏) 기법 중심의 현대식 재즈.

▷ 모더니스트(modernist) : 현대적 인간.

▷ 모더니즘(modernism) : 최신 유행(流行) 감각을 중시하는 주의.

모델model¹ 본(本)보기, 모형(模型), 축소형(縮小型). 시범(示範), 모범(模範).

▶ 그 건물은 현대 모던(modern) 건축의 모델이라고 할 만하다.

▶ 그는 모두가 따르고자 하는 삶의 모델이 되었다.

▷ 모델링(modelling) : 모형을 만드는 것. 모형 설계.

▷ 모델＾하우스(model house) : 견본 주택.

모델model² 패션(fashion)모델.

▶ 그 모델은 워킹(walking)이 유난히 뛰어나다.

▶ 여자 친구는 모델처럼 몸매가 좋다.

모델^케이스model case /[모델케이씨] 본(本)보기.

▶ 이것이 바로 창작 예술의 모델케이스야.

▶ 조기(早期) 유학을 보내려고 하는데 누구를 모델케이스로 삼으면 될까요?

모뎀modem 컴퓨터(computer) 간 연결되는 통신 장치(裝置).

▶ 그 회사는 영화를 14초 만에 받을 수 있는 모뎀을 개발했다.

▶ 모뎀이 고장 났나 봐. 인터넷(internet) 연결이 또 안 된다.

모듈module 조립할 수 있도록 만든 부품 또는 프로그램(program)의 기능별 단위.

▶ 비행기 같이 큰 제품은 모듈별(別)로 만들어서 조립해야 한다.

▶ 태양 전지(電池) 모듈은 언제부터 공급되나요?

모드mode 유행(流行) / 방식(方式).

▶ 너 오늘 패션 모드가 독특(獨特)하다.

▶ 이제 수동 모드 상태를 자동 모드로 바꿔 주세요.

모라토리엄moratorium 국가 경제 위기에 단행하는 지급(支給) 유예(猶豫) 상태.

▶ 지진(地震)이 나자 정부는 일시적 모라토리엄을 선언했다.

▶ 얼마 동안이나 모라토리엄이 지속될까요?

모르모트marmotte /몰모트 Fra 실험용 쥐. 기니피그(guinea pig).

▶ 모르모트는 다른 쥐들과 어떻게 달라요?

▶ 우리가 애완용으로 기르기도 하는 기니피그가 바로 모르모트야.

모르몬^교 Mormon敎 /몰몬 기독교의 한 종파(宗派), 말일(末日) 성도 예수 그리스도 교회.

▶ 그는 모르몬교를 믿어요.

▶ 모르몬교를 믿는 사람들은 왜 항상 양복을 입어요?

모르타르mortar 시멘트(cement)와 모래를 섞어 만든 건축용 접착제(接着劑).

▶ 모르타르를 바르면 물이 새는 걸 막을 수 있을까?

▶ 모르타르를 바르고 충분히 굳을 때까지는 조심하세요.

모르핀morphine /몰핀 일종의 마취제(痲醉劑), 진통제(鎭痛劑).

▶ 모르핀은 환자에게 중요한 진통제이다.

▶ 하지만 모르핀은 마약(痲藥)의 일종이므로 조심해야 한다.

모멘트moment 기회, 계기(契機), 극적(劇的)인 상황.

▶ 지금 우리에게는 모멘트가 필요하다.

모바일

　▶그 사건이 모멘트가 되어 어린이 성범죄에 대한 관심이 높아졌다.
*모바일mobile　이동(移動)통신(通信) 또는 그 기기의 통칭(通稱).
　▶모바일 마케팅(marketing)의 장점은 뭘까?
　▶모바일 뱅킹(banking)의 이용자 수가 점차 증가하고 있다.
모빌mobile　부분으로 나누어서 움직이도록 만든 조각.
　▶갓 태어난 조카를 위해 모빌을 선물하고 싶어요.
　▶아기 선물로는 음악이 흘러나오는 자동 모빌이 좋지요.
모션motion　움직임, 동작(動作).
　▶저는 전투(戰鬪) 장면을 슬로우 모션으로 다시 보는 버릇이 있어요.
　▶발음은 정확하게, 모션은 크게 하세요.
모스^부호Morse符號 /[모쓰부호] /모르스[모르씨]　전신(電信)용 전달 신호.
　▶모스부호 사용할 줄 알아요?
　▶네, 규칙만 알면 모스 부호는 별로 어렵지 않아요.
모스크mosque　이슬람교(Islam敎)의 예배소(禮拜所).
　▶이슬람교도들이 모스크를 가득 채웠다.
　▶이 지역은 모스크가 있어서 관광객이 많아요.
모슬렘Moslem /무슬림　이슬람교(Islam敎)를 믿는 사람. 이슬람교도(敎徒).
　▶우리나라에도 모슬렘 사원(寺院)이 있다.
　▶라마단(Ramadan)은 모슬렘의 금식 기간을 말한다.
모슬린mousseline `Fra`　얇고 부드러운 모직물의 하나.
　▶주름 잡힌 모슬린 커튼(curtain)을 달았는데 어때요?
　▶모슬린 체크(check) 무늬 스커트(skirt)에는 어떤 재킷(jacket)이 어울릴까?
모자이크mosaic /[모자익]　여러 가지 유리나 돌, 타일(tile) 등의 조각으로 만든 그림 작품, 미술 형식.
　▶모자이크 장식.
　▶방송에서 범죄자의 얼굴은 모자이크 처리되었다.
모카^커피Mocha coffee　예멘(Yemen)의 모카 지역에서 생산되는 커피(coffee). 모카 향이 나는 커피의 통칭(通稱).
　▶모카커피 한잔 할래요?
　▶좋지요. 전 모카커피 향을 정말 좋아해요.
모터motor /모타 /[모다]　전기로 움직이는 동력 장치, 전동기(電動機).

> ▶ 모터에 이상에 생겨서 시동(始動)이 걸리지 않는다.

> ▶ 그는 입에 모터를 단 듯이 말을 빠르게 한다.

> ▷ 모터바이크(motor bike) : 가솔린 엔진(engine)으로 움직이는 자전거.

> ▷ 모터보트(motor-boat) : 모터로 추진되는 보트

> ▷ 모터사이클(motorcycle) : 모터바이크(motor bike).

모터쇼motor show [모터쑈] 최신(最新) 자동차 전시회(展示會).

> ▶ 모터쇼인데 차보다 레이싱 모델(racing model)에게 더 관심이 많은 것 같아.

> ▶ 레이싱 모델은 모터쇼의 꽃이잖아.

모텔motel 하루 또는 잠깐 머무는 숙소. 여관(旅館).

> ▶ 한국에서는 여행지(旅行地)마다 모텔이 마련되어 있어요

> ▶ 그 지역에는 관광객을 위한 모텔이 많이 있다.

모토motto 살면서 좌우명(座右銘)으로 삼는 것, 본받을 만한 것. 신조(信條).

> ▶ 정직(正直)이 내 삶의 모토이다.

> ▶ 우리 기업의 모토는 열심, 최선(最善)이다.

모티브motive /모티프(motif) 예술 또는 어떤 일의 동기(動機)가 된 것. 중심 사상이나 생각.

> ▶ 독도(獨島)가 이번 작품의 모티브가 되었다는 게 사실인가요?

> ▶ 도전적인 디자이너(designer)들은 과감(過感)한 모티브를 선택했다.

*****모핑**morphing 컴퓨터(computer)를 이용한 이미지(image) 변화 애니메이션(animation) 기법.

> ▶ 이 장면에 모핑 효과를 입힐 수 있어요?

> ▶ 포토샵(photoshop)에서 모핑 기법을 써 본 적이 있어요

모하메드^교 Mohammed敎 /모하멧교 이슬람교(Islam敎).

> ▶ 모하메드는 이슬람 종교 창시자의 이름이다.

> ▶ 어제 모하메드교(敎)의 성지(聖地)를 방문했다.

모헤어mohair 앙고라(Angora)염소의 털 또는 그것으로 짠 직물(織物).

> ▶ 모헤어로 만든 옷이 따뜻한가요?

> ▶ 모헤어로 남자 친구의 목도리를 만들어 주었어요

몬순monsoon 계절풍(季節風). 우기(雨期).

> ▶ 몬순은 한국어로 계절풍, 또는 우기라고 해.

> ▶ 인도(India)를 여행할 때는 장마 기간인 몬순 시기를 피하는 게 좋아.

몬스터

▸ 한국의 여름도 점점 몬순 기후를 닮아가고 있다.

*몬스터monster /[몬스태] 괴물의 통칭(通稱).

▸ 왜 소리를 지르고 그래? 몬스터라도 봤어?

▸ 몬스터보다 더 무서운 처녀귀신을 봤어.

몰mole 물질 양의 단위. [mol].

▸ 언니, 물리 공부하다가 '몰'이라는 게 나왔는데, 이게 뭐야?

▸ 응, 그건 물질의 양을 재는 단위야.

*몰mall 쇼핑(shopping)몰의 약칭(略稱).

▸ 요즘 젊은이들은 인터넷(internet) 몰을 많이 이용해요

▸ 그곳은 몰과 아울렛(outlet)이 많이 모여 있어서 늘 사람들로 붐벼요

몰리브덴Molybdän Ger   은백색의 금속(金屬) 원소의 하나.

▸ 몰리브덴으로 무엇을 만들 수 있을까요?

▸ 몰리브덴은 워낙 튼튼한 금속(金屬)이어서 우주선을 만드는 데 쓴단다.

*몰핀morphine 일종의 마취제(痲醉劑), 진통제(鎭痛劑) → 모르핀.

▸ 몰핀은 환자에게 중요한 진통제이다.

▸ 하지만 몰핀은 마약(痲藥)의 일종이므로 조심해야 한다.

*몸빼もんぺ Jap   일제(日帝) 시대에 들어온, 통이 넓은 바지.

▸ 몸빼 바지를 입으면 활동하기 매우 편해요

▸ 맞아요 몸빼는 일을 하기 위해서 입던 바지예요

 → '일바지'로 순화.

*몽키monkey /[멍키] 원숭이.

▸ 난 원숭이를 닮아서 별명(別名)이 몽키야.

▸ 바나나(banana)가 왜 이렇게 작아?

▸ 이건 몽키 바나나야.

▷ 몽키^바나나(monkey banana) : 일반 바나나보다 훨씬 작은 바나나.

몽타주montage Fra   인물 그림 / 여러 부분을 합성해서 만드는 사진 편집 기술의 하나.

▸ 몽타주를 돌린다고 범인이 잡힐까?

▸ 영화에서 쓰는 몽타주 기법(技法)으로는 어떤 것이 있나요?

뫼비우스Möbius [뫼비우쓰] Ger   위상(位相) 기하학적(幾何學的) 곡면 띠.

▸ 뫼비우스의 띠는 언제 봐도 참 신기해.

▸ 뫼비우스는 독일 수학자의 이름이기도 해요

무드mood   분위기(雰圍氣).

▶ 성공적인 남북 협상으로 화해의 무드가 조성되었다.

▶ 오늘밤에는 무드를 좀 잡고 싶어요. 분위기 있는 곳에서 저녁을 먹읍시다.

*무비movie   영화(映畵).

▶ 그는 이 시대 최고의 무비스타(star)이다.

▶ '무비 씨어터(theater)'가 뭐야?

▶ 영화관을 영어로 그냥 그렇게 부르는 거야.

무스mousse [무쓰] Fra   머리 모양을 고정할 때 쓰는 제품.

▶ 머리가 왜 그래? 무스라도 좀 발라야겠다.

▶ 무스보다는 헤어스프레이(hair spray)를 뿌리는 게 낫겠어.

*무슬림Moslem   이슬람교(Islam敎)를 믿는 사람. 이슬람교도(敎徒) → 모슬렘.

▶ 무슬림 사원.

▶ 라마단(Ramadan)은 무슬림이 금식(禁食)을 하는 기간이다.

무크mook   단행본(單行本) 같은 잡지(雜誌) 또는 잡지 같은 단행본.

▶ 그는 항상 무크지(紙)를 들고 전철을 타요

▶ 그는 무크 '문학의 시대'에 평론(評論)을 쓰기 시작했다.

▷ magazine+book.

뮤mu Gre   그리스(Greece) 자모(字母)의 열두 번째 문자(文字) → 그리스문자. 길이의
단위, 미크론(micron). [μ].

▷ Α/α알파, Β/β베타, Γ/γ감마, Δ/δ델타, Ε/ε엡실론, Ζ/ζ제타, Η/η에타, Θ/θ세
타, Ι/ι요타, Κ/κ카파, Λ/λ람다, Μ/μ뮤, Ν/ν뉴, Ξ/ξ크시/크사이, Ο/ο오미크
론, Π/π파이, Ρ/ρ로, Σ/σ시그마, Τ/τ타우, Υ/υ입실론, Φ/φ피, Χ/χ키, Ψ/ψ프
시/프사이, Ω/ω오메가.

*뮤비music-video   노래를 홍보하기 위해 영화(映畵)처럼 찍은 것. 뮤직^비디오

▶ 뮤비 촬영을 위해 하와이(Hawaii)를 방문했다.

▶ 뮤비 주인공에 선발되기 위해서 오디션(audition)을 보았다.

뮤즈Muse   그리스(Greece) 신화(神話)에 등장하는 신. 예술을 관장(管掌)하는 아홉 명
의 여신(女神).

▶ 그녀는 그리스 신화의 뮤즈를 생각나게 하는 요정 같은 드레스(dress)를 입고
나타났다.

▶ 예술가에게는 뮤즈의 영감(靈感)이 필요하지요.

뮤지컬

뮤지컬musical 노래와 춤이 주가 되는 연극(演劇), 음악극.
▶ 어제 대학로에서 친구와 같이 뮤지컬을 봤다.
▶ 그는 뮤지컬 배우가 되기 위해서 열심히 연습했다.

*뮤직music 음악, 노래.
▶ 너 새로 나온 그 가수의 뮤직 비디오(video) 봤어?
▶ 어? 아직 못 봤어. '뮤직 뱅크(bank)'에서는 봤는데.

미그^기MIG機 제트(jet) 전투기의 한 종류.
▶ 전쟁(戰爭)이 나면 미그기가 수천 대는 몰려올 거야.
▶ 우리나라 인근(隣近) 상공(上空)에서 미그기가 추락하는 사고가 발생했다.

미네랄mineral 광물성 영양소(鑛物性 營養素). 칼슘(calcium)·철(鐵)·인(燐)·칼륨
(kalium)·나트륨(Natrium)·마그네슘(magnesium) 등.
▶ 미네랄 함량(含量)이 높은 음식이 건강에 좋다.
▶ 미네랄 성분이 들어있는 화장품이 새로 나왔다.

미네르바Minerva 로마(Rome) 신화(神話)에 나오는 신의 하나. 지혜(知慧)의 여신(女神).
▶ 미네르바는 로마 신화에 나오는 지혜의 여신이야.
▶ 하지만 나중에 미네르바는 전쟁(戰爭)의 여신이 돼요

미뉴에트minuet /미뉴엣 프랑스(France) 무도곡(舞蹈曲)의 한 형식.
▶ 미뉴에트 연주곡이 흐르는 분위기 있는 카페(cafe)를 알려줄게.
▶ 그는 이번 공연에서 바흐(Bach)의 미뉴에트를 연주한다.

미니mini 소형(小型/小形), 기준이 되는 것보다 작은 것.
▶ 요즘은 미니가 대세야. 모든 것이 작아지고 있어.
▶ 미니 홈피를 통해 그와 소식을 주고받았다.
▶ 그녀는 향수 미니어처를 수집하는 취미가 있다.
▷ 미니홈피(mini homepage) : 소용량의 개인용 인터넷 홈페이지.
▷ 미니어처(miniature) : 어떤 것을 작게 축소해서 만들어 놓은 것.
▷ 미니스커트(miniskirt) : 짧은 치마.

미니멈minimum 최소(最小√最少) ↔ 맥시멈.
▶ 몇 명이나 올 것 같아요?
▶ 미니멈(으로) 10명은 올 거예요

미니버스minibus [미니버쓰] /[미니뻐쓰] 소형(小型) 버스
▶ 아침마다 미니버스가 와서 우리 아이를 태워 가요

▶ 외국인 학생들과 경주에 가려고 미니버스 2대를 빌렸어요

*미드美-drama   미국에서 만들어진 시리즈(series) 드라마(drama)의 준말.

▶ 영어 공부를 하기 위해 미드를 시청했다.

▶ 재미있는 미드를 추천해 주세요.

미디middy   짧지도 길지도 않은 옷의 형태.

▶ 미디 길이의 셔츠가 필요해.

▶ 미니스커트(miniskirt)를 입을까 미디스커트를 입을까?

미디어media   TV, 인터넷(internet) 언론, 신문과 같은 대중 매체(媒體). 매개체(媒介體).

▶ 요즘은 미디어 마케팅(marketing)이 중요해졌다.

▶ 미디어 교육의 목표는 인간과 인간의 범주(範疇)를 벗어나면 안 된다.

미모사mimosa   관상(觀賞)용 식물의 하나.

▶ 미모사는 잎을 건드리면 움츠러들어.

▶ 미모사는 신경초(神經草)라고도 불러요.

*미션mission [미쎤]   임무(任務), 직무(職務) / 선교, 전도(傳道). 미션^스쿨(mission school).

▶ 특수부대(特殊部隊)의 이번 미션은 뭐죠?

▶ 우리는 중·고등학교 모두 미션 스쿨을 다녔어요.

*밋션mission /밋숀   엔진(engine) 변속기(變速器) → 트랜스미션.

▶ 밋션은 자동차의 핵심 부품이에요.

▶ 난 기계에 워낙 약해서 밋션을 다루는 게 어려워.

미스[1]miss [미쓰]   실수, 잘못.

▶ 앗 이건 나의 미스네. 미안해.

▶ 이렇게 자꾸만 미스를 내면 어떻게 해. 조심해 줘.

▶ 서브(serve) 미스로 상대편에게 공격권(攻擊權)이 넘어갔다.

미스[2]Miss. [미쓰]   결혼 안 한 여성에게만 쓰는 표현.

▶ 미스 김, 일정 확인 부탁해요.

▶ 앞으로는 '미스 김' 말고 제 이름으로 불러 주세요.

→ 'ㅇㅇ씨'로 순화.

미스터Mr. /미스타   남성, 결혼 안 한 남자에게 주로 쓴다.

▶ 미스터 박은 언제 결혼해요?

▶ 미스터 박은 오늘도 좋은 여자가 나타나기만 기다리고 있어요.

→ 'ㅇㅇ씨'로 순화.

미스터리

미스터리mistery /미스테리   설명하기 힘들거나 이상한 일, 사건.
> 오늘은 세계 7 대 미스터리에 대해서 찾아봐야 하겠다.
> 그 사건은 풀리지 않는 미스터리로 남았다.

미시-족missy族 /[미씨]   미혼(未婚)처럼 자유로운 사고를 하는 결혼한 여성.
> 미시족들을 위한 새로운 스타일(style) 제안!
> 이곳은 미시족 여성들에게 인기 있는 쇼핑몰(shopping mall)이다.

미시즈Mrs. [미씨즈][미쎄쓰]   결혼한 여성에게 붙이는 호칭(呼稱).
> 미시즈 김, 거기 책 좀 줄래요?
> 어머, 전 아직 미스(Miss)인데요
→ '○○씨'로 순화.

*미싱sewing machine   재봉(裁縫)틀의 일본어(日本語)식 표현.
> 커튼(curtain)을 만들려고 미싱을 샀어요
> 그녀는 미싱만 있으면 뭐든 만들 수 있어요

미즈Miz/Ms.   여성에게 붙이는 표현의 하나.
> 미즈는 결혼한 여성과 결혼하지 않은 여성 모두에게 쓸 수 있는 표현이야.
> 아, 아가씨와 아줌마를 합치면 '미즈'가 되는구나.

미크론micron   길이 단위의 하나. 1mm의 1,000분의 1. [μ].
> 미크론이 뭐야?
> 미크론은 아주 작은 것 즉, 미생물(微生物)의 길이를 잴 때 쓰는 단위야.
▷ 뮤(mu).

미터meter /[메타] /[메다]   길이, 거리 1m = 100cm(센티미터centimeter).
> 100 미터 달리기는 내가 제일 좋아하는 종목(種目)이다.
> 1 미터는 100 센티미터이다.

미터^기meter器 /[메다(기)] /[메타(기)]   가스(gas)나 전기 등의 사용량을 세는 기계.
> 요금이 이렇게나 많이 나오다니, 미터기가 고장 난 거 아니야?
> 무슨 소리예요! 미터기는 정상적으로 돌아가고 있어요

미토콘드리아mitochondria   동식물의 세포질(細胞質)을 구성하는 요소의 하나.
> 미토콘드리아는 어머니로부터 물려받는 거래.
> 우리나라에서도 드디어 미토콘드리아에 대한 연구를 시작했다.

미트mitt   야구 경기(競技)에서, 포수·1루수가 끼는 글러브(glove).
> 아빠, 저는 포수용 미트로 사 주세요

▶ 그래. 그럼 아빠는 1루수 미트를 사야 하겠다.

미팅meeting[1]　남자와 여자가 처음 만남.

▶ 미팅을 주선(周旋)하다.

▶ 지난주에 있었던 미팅에서 그를 처음 만났다.

미팅meeting[2]　회의(會議).

▶ 오전 중에 팀 미팅이 있습니다.

▶ 팀별 미팅의 결과는 보고서로 내일까지 제출하세요.

*믹스mix　섞이다. 섞여 있는 것.

▶ 요즘에는 여러 가지가 한 번에 믹스된 제품들이 많이 나와 있다.

▶ 호떡 믹스, 땅콩 믹스 등이 그런 제품이다.

▶ 이것들을 잘 믹스하면 새로운 것들을 만들 수 있습니다.

*밀레니엄millenium /[밀리니엄]　1천 년 단위.

▶ 밀레니엄 베이비(baby).

▶ 2001년 새 밀레니엄을 맞아 새로운 마음으로 살기로 했다.

밀리-milli- /[미리]　밀리미터, 밀리그램(gram), 밀리바 등의 단위를 나타내는 말.

▶ 목이 말랐던 그는 500 밀리 우유를 단숨에 들이켰다.

▶ 네가 신는 신발은 몇 밀리야?

▷ 밀리^리터(milliliter) : 용량 단위의 하나. 1리터의 1/1000. [ml].

▷ 밀리^바(millibar) : 기압을 나타내는 단위. 1기압 ≒ 1013밀리바. [mb].

밀링^머신milling machine　나무나 금속(金屬) 등을 칼(커터cutter)로 깎는 기계.

▶ 밀링머신은 간편하게 조작할 수 있어 편리하다.

▶ 밀링머신은 정교한 작업이 가능한 기계다.

*밀크milk　우유(牛乳).

▶ 그는 아침마다 진한 밀크티(tea)를 한 잔씩 마셨다.

▶ 내가 가진 옷 중에서는 밀크^색 스웨터(sweater)가 제일 예쁘다.

▷ 밀크셰이크(milkshake) : 우유에 달걀, 설탕, 아이스크림(icecream) 등을 넣어서 만든 시원한 음료.

▷ 밀크^캐러멜(milk+caramel) : 우유를 넣어서 만든 캐러멜.

밍크mink　족제비처럼 생긴 짐승 / 밍크 고래의 약칭(略稱).

▶ 나도 밍크^코트(coat) 갖고 싶다.

▶ 밍크코트는 무슨. 밍크가 불쌍하지도 않아?

밍크

▶ 나는 바다에 사는 고래 중에 밍크 고래를 제일 좋아해.
▶ 하긴 나도 밍크가 고래 중에서 제일 예쁘다고 생각해.

∷∷ ㅂ ∷∷

바bar[1] 막대기, 높이를 나타내거나 가로막기 위해 걸쳐 놓은 막대기.

- ▶ 초콜릿(chocolat) 맛 아이스(ice)^바를 먹었다.
- ▶ 안전^바를 꽉 잡으세요.
- ▶ 높이뛰기에서는 바를 잘 활용하는 것이 중요하다.

바bar[2] /[빠] /빠 술파는 코너(corner)가 따로 준비되어 있는 술집.

- ▶ 오늘 바에 가서 한잔 할래?
- ▶ 테크노(techno)^바에 갈까 칵테일(cocktail) 바에 갈까?

바게트baguette /[바게뜨] Fra 막대기 모양의 프랑스(France) 빵.

- ▶ 오늘 점심은 바게트 샌드위치(sandwich) 어때?
- ▶ 마늘 바게트의 맛은 참 매력적(魅力的)이지 않니?

바겐세일bargain-sale [바겐쎄일] 일정 기간 동안 어떤 상품을 특별히 싸게 파는 일. 할인(割引) 판매 → 세일.

- ▶ 다음 주부터 크리스마스(christmas) 특별 바겐세일에 들어갑니다.
- ▶ 서울 시내 백화점들이 새해 첫 바겐세일을 시작했다.

＊바께스バケツ [바께쓰] /바케스[바케쓰] Jap 물건을 담는 큰 그릇.

- ▶ 먹을 물이 없어서 바께스로 겨우 식수(食水)를 퍼 날랐다.
- ▶ 마당에 내놓은 빨간 바께스에 빗물이 가득 고였다.
- ▷ bucket의 일본어식 발음.
- → '양동이'로 순화.

바나나banana /[빠나나] 열대(熱帶)·아열대(亞熱帶) 과일의 하나.

- ▶ 바나나 먹을래? 딸기 먹을래?
- ▶ 바나나와 딸기를 섞어서 주스(juice)를 만들어 먹자.

바닐라vanilla 바닐라 맛.

- ▶ 내가 아이스크림(ice cream) 사 줄게. 어떤 맛으로 먹을래?
- ▶ 아이스크림은 바닐라 아이스크림이 최고지.

바니시varnish 합성 도료(塗料)의 하나, 니스(varnish) → 니스.

- ▶ 바니시를 발랐으니 마를 때까지는 조심해.

바디

　▶ 바니시가 마르고 나면 덧칠을 해야 해요.

*바디body　몸 → 보디.

　▶ 샤워(shower)한 후에는 반드시 보디로션(lotion)을 발라야 해.

　▶ 섹시(sexi)한 보디라인(line)을 만들려면 매일 운동을 해야 해요.

바로미터barometer　어떤 것의 기준이 되는 것. 준거(準據).

　▶ 기업 경영의 바로미터가 필요하다.

　▶ 손톱과 입술은 건강의 바로미터이다.

바로크baroque　17~18세기에 유럽(Europe)에서 유행(流行)했던 미술 양식(樣式).

　▶ 루벤스(Rubens)는 바로크 미술의 거장(巨匠)이다.

　▶ 이 궁전(宮殿)은 바로크 양식을 대표하는 건물이다.

바리캉bariquant /바리깡　Fra　머리를 짧게 깎거나 다듬는 기구.

　▶ 군대(軍隊)에 가려고 바리캉으로 머리를 밀었다.

　▶ 애견(愛犬) 미용을 위해서 애견 전용(專用) 바리캉을 구입했다.

바리케이드barricade /[바리케이트]　누군가의 출입(出入)을 막기 위하여 길 위에 설치하는 장애물(障碍物).

　▶ 고속도로를 질주하던 트럭(truck)이 바리케이드를 들이받았다.

　▶ 사람들의 진입(進入)을 막기 위해 곳곳에 바리케이드를 쳤다.

바리톤baritone　테너(tenor)보다 낮고, 베이스(bass)보다는 높은 목소리, 가수(歌手).

　▶ 그는 바리톤으로 유명한 성악가(聲樂家)이다.

　▶ 그는 부드러운 바리톤 음성(音聲)을 지녔다.

바바리Burberry /[버버리]　방수(放水) 처리된 코트(coat), 바바리코트

　▶ 비 오는데 뭘 입지?

　▶ 비 오는 날엔 역시 바바리를 입는 게 좋지.

*바베큐barbecue　→ 바비큐.

바벨barbell　근육 단련에 사용하는 운동 기구. 작은 역기(力器).

　▶ 바벨을 이용해서 하는 운동은 매우 다양하다.

　▶ 꾸준한 바벨 운동으로 근육을 단련시켰다.

바벨^탑Babel塔[1]　성경에 등장하는 탑(塔). 하늘에 닿기 위해서 쌓았다고 함.

　▶ 바벨탑은 그냥 전설(傳說)일까 아니면 실존(實存)했던 역사(歷史)일까?

　▶ 성경에 나오는 바벨탑 사건은 인간의 타락(墮落)을 보여준다.

바벨^탑Babel塔[2]　실현 가능성이 없는 계획.

▶ 그게 가능하겠어? 바벨탑을 쌓는 건 아닐까?

▶ 그렇겠지? 아무래도 시간낭비가 될 것 같아.

바비큐barbecue /바베큐 돼지나 소 등을 통째로 불에 굽는 것 또는 그 음식.

▶ 오늘 저녁 메뉴(menu)는 통돼지 바비큐 어때?

▶ 좋아. 오랜만에 바비큐를 먹으면서 파티(party)나 하자.

바셀린Vaseline /[바세린] 화학적(化學的)으로 만든 고형(固形) 유지(油脂)의 하나.

▶ 요즘 피부가 너무 건조해.

▶ 바셀린을 바르면 괜찮을 거야.

바순bassoon /[바쑨] 악기(樂器)의 하나.

▶ 바순은 어떤 소리가 나요?

▶ 제 남자 친구가 음악 콩쿠르(concours) 바순 부문에서 1등을 했어요

*__바스켓__basket[1] 물건을 담는 것. 바구니, 광주리.

▶ 플라스틱(plastic) 바스켓은 가벼워서 편리하다.

▶ 소풍을 가려고 피크닉(picnic) 바스켓을 구입했다.

바스켓basket[2] 농구 경기(競技)에서 백보드(backboard)에 장치된 링(ring)과 그물.

▶ 그녀는 여자 농구의 바스켓 퀸(Queen)으로 불린다.

*__바스트__bust 여자의 가슴둘레 → 버스트

▶ 옷을 만드는 사람들은 여자의 가슴둘레를 버스트라고 불러요

▶ 어? '바스트'가 아니라 '버스트'였군요 그런데 한국 사람들은 모두 바스트라
고 하지 않아요?

*__바쓰__bath 목욕.

▶ 친구 생일 선물로 바쓰 용품(用品)을 사면 어떨까요?

▶ 바쓰 용품은 어디에 있어요?

바운드bound 공으로 하는 경기(競技)에서, 공이 지면(地面)에 부딪혀서 튀는 것.

▶ 야구를 할 때면 불규칙(不規則) 바운드 때문에 애를 먹곤 해.

▶ 그럼 내가 불규칙 바운드에 대비(對備)하는 방법을 알려줄게.

바이러스virus[1] [바이러쓰] 눈에 안 보이는 미생물(微生物) 병원체(病原體).

▶ 그는 지금 감기 바이러스로 심하게 앓고 있다.

▶ 바이러스에 감염(感染)되지 않으려면 손을 잘 씻어야 한다.

바이러스virus[2] [바이러쓰] 컴퓨터(computer) 데이터(data)나 프로그램(program)을 파괴
하는 악성(惡性) 프로그램.

바이^메탈

> ▶ 내 컴퓨터가 바이러스에 감염됐나 봐. 작동(作動)이 잘 안 된다.
> ▶ 빨리 바이러스 백신(vaccine) 프로그램을 설치해 봐.

바이^메탈bimetal 온도 변화에 반응(反應)하는 금속(金屬).

> ▶ 바이메탈이 들어간 제품에는 뭐가 있어?
> ▶ 전기밥솥에도 들어가 있고 다리미에도 들어가 있지.

***바이^바이**bye-bye /[빠이빠이] 헤어질 때 하는 영어식 인사.

> ▶ 철수야, 이모한테 바이바이 했어?
> ▶ 난 이제 너와 영원히 바이바이야.

바이브레이션vibration 진동(振動) / 노래를 부를 때 목소리를 떠는 것.

> ▶ 바이브레이션 안마(按摩)기를 새로 구입했다.
> ▶ 낚시를 할 때 미끼로 사용하는 바이브레이션을 제작했다.
> ▶ 노래를 잘 부르려면 바이브레이션이 자연스러워야 해요
> ▶ 바이브레이션을 잘하는 법이 따로 있나요?

***바이블**Bible[1] 성경(聖經).

> ▶ 바이블 스터디(study)에 함께 가지 않을래?
> ▶ 바이블 스터디? 아하! 성경 공부를 말하는 거구나.

바이블Bible[2] 어떤 분야에서 가장 권위(權威)가 있는 책을 말할 때 쓰는 표현.

> ▶ 이 책이야말로 다이어트(diet)계의 바이블이라고 할 수 있지.
> ▶ 수학(數學)의 바이블은 누가 뭐래도 '수학의 ○○'이지.

바이스vise [바이쓰] 물건을 고정시키는 공작(工作)용 기계의 하나.

> ▶ 바이스는 물건을 끼워 고정시키는 기계야.
> ▶ 이 근처에 바이스를 전문적(專門的)으로 만드는 회사가 있나요?

바이애슬론biathlon 동계 올림픽(olympic) 스키(ski) 경기(競技) 종목(種目)의 하나.

> ▶ 바이애슬론이 뭐야?
> ▶ 바이애슬론은 사격(射擊)과 스키가 합쳐진 경기를 말해.

바이어buyer /[바이애] 어떤 물품을 사기 위해서 온 사람. 수입상(輸入商), 구매상(購買商).

> ▶ 세계적인 의류(衣類) 바이어들이 한국을 방문했다.
> ▶ 이 상품은 해외 바이어들의 극찬을 받았다.

바이얼레이션violation /[바이올레이션] 규칙(規則) 위반(違反).

> ▶ 이번 시합에서는 바이얼레이션을 줄여야 해.

▶ 그는 지난 시합에서도 바이얼레이션 경고(警告)를 받았다.

바이오bio 생명, 생물 또는 그와 관련된 사업, 사업 기술.

▶ 그녀는 한국 바이오 협회(協會)의 이사장이 되었다.

▶ 바이오 연료는 지구 온난화(溫暖化)에 영향을 미친다.

▷ 바이오테크놀로지(biotechnology).

바이오리듬biorhythm 신체 · 감정 · 지성(知性) 등의 변화 주기(週期).

▶ 오늘의 바이오리듬을 확인했다.

▶ 그녀는 늘 바이오리듬을 체크(check)한 후에 하루를 시작한다.

***바이오스**BIOS [바이오쓰] 컴퓨터(computer) 운영 체제(體制). 기본 프로그램(program)의 하나.

▶ 바이오스를 설정할 수 있나요?

▶ 바이오스를 업그레이드(upgrade)하는 방법 좀 알려 주세요.

▷ Basic Input Output System.

바이올렛violet 보라색 / 제비꽃.

▶ 블라우스(blouse)는 은은한 바이올렛 색상(色相)으로 구입했어요.

▶ 이 꽃은 제가 직접 키운 바이올렛이에요.

바이올로지biology 생물학(生物學) / 생태학(生態學).

▶ 넌 전공(專攻)이 뭐야 생물학이야?

▶ 응, 난 바이올로지 분야(分野)를 공부하고 있어.

바이올린violin /[바이얼린] 현악기(絃樂器)의 하나.

▶ 바이올린은 '하는' 게 아니라 '켜는' 겁니다.

▶ 바이올린과 첼로(cello)의 아름다운 선율이 울려 퍼졌다.

▷ 바이올리니스트(violinist) : 바이올린 연주자.

***바이킹**Viking[1] 해적선(海賊船) 모양의 놀이 기구.

▶ 그는 놀이동산에 가면 늘 바이킹을 제일 먼저 탔다.

▶ 바이킹을 탈 때는 안전 바(bar)를 잘 잡아야 한다.

바이킹Viking[2] 중세 유럽(Europe)에서 활동한 노르만 족(Norman族)의 별칭.

▶ 바이킹족은 어느 나라 사람이었나요?

▶ 바이킹의 조상은 스칸디나비아(Scandinavia) 출신의 북유럽 종족이래.

바이털^사인vital sign [바이털싸인] /[바이탈싸인] 살아 있음을 나타내는 것.

▶ 바이털사인이 떨어지고 있어서 급히 응급조치(應急措置)를 했다.

바이트

> ▸ 이제 바이털사인은 정상이니까 너무 걱정하지 마세요.

바이트byte 컴퓨터(computer) 정보량의 단위. 1바이트 = 8비트(bit). [B].

> ▸ 바이트는 컴퓨터 기억 장치의 크기를 나타내는 단위야.

> ▸ 그건 나도 아는데, 1바이트가 어느 정도인지를 모르겠어.

바인더binder /바인다 서류·잡지 등을 꽂아 놓는 것. 서류철(書類綴).

> ▸ 자료를 바인더에 끼워 넣었다.

> ▸ 그 회사는 바인더 제작 전문 업체입니다.

바주카^포bazooka砲 /바주카 1인 병사가 직접 들고 조준(照準)·발사하는 휴대용 로켓(rocket)포.

> ▸ 그는 바주카포를 들고 적의 탱크(tank)에 맞섰다.

> ▸ 서유기(西遊記)라는 만화에서 저팔계의 무기(武器)는 바주카포이고, 사오정의 무기는 나방이다.

바지^선barge船 바닥이 평평한, 운반용 화물선(貨物船).

> ▸ 바지선에 오르다가 떨어졌다는 사람이 너였어?

> ▸ 바지선에서 낚시도 할 수 있어?

바캉스vacance [바캉쓰] **Fra** 피서지(避暑地)·휴양지(休養地) 등에서 보내는 휴가(休暇).

> ▸ 이번 여름엔 어디로 바캉스를 갈까?

> ▸ 바캉스하면 당연히 제주도(濟州道)지.

바코드bar code 상품 관리 기록 및 가격표. 흑백 줄무늬 기호(記號).

> ▸ 계산(計算)대에서는 바코드를 찍어 물건값을 계산한다.

> ▸ 드디어 우리 도서관(圖書館)도 바코드 시스템(system)을 도입했다.

바텐더bartender /[빠텐더] 바(bar)에서 주문을 받고 술을 내어 주는 사람.

> ▸ 그는 바텐더가 되기 위해 자격증(資格證)을 따려고 한다.

> ▸ 우리 가게의 바텐더는 칵테일(cocktail)을 만들 줄 알아야 한다.

바통bêton[1] **Fra** 육상 계주(繼走)에서 같은 팀(team) 주자(走者)끼리 주고받는 것 → 배턴.

> ▸ 계주에서는 바통을 이어받는 게 가장 중요하다.

> ▸ 세 번째 주자가 바통을 떨어뜨리는 바람에 결국 우리가 졌다.

바통bêton[2] **Fra** 어떤 지위나 일 따위를 뒷사람에게 넘겨주는 것.

> ▸ 부장님의 바통을 물려받아서 열심히 하겠습니다.

> ▸ 다음 세대를 위해서는 후임자에게 바통을 잘 넘겨 주는 것이 중요하다.

바티칸Vatican　바티칸 시국(市國), 궁전(宮殿), 교황청(敎皇廳).
- ▶ 바티칸은 가톨릭(catholic) 종교의 나라이다.
- ▶ 가톨릭 교황청은 바티칸에 있다.

박스box /[빡쓰]　상자(箱子).
- ▶ 이삿짐은 박스에 차곡차곡 넣어야 해요.
- ▶ 요즘 과자 박스를 보면 너무 종이 낭비가 심해요.

박테리아bacteria　세균(細菌).
- ▶ 그렇게 대충 씻어서 박테리아가 없어지겠니?
- ▶ 여름철 음식에는 박테리아가 기생(寄生)하기 쉽다.

발레ballet 　Fra　　무용극(舞踊劇). 줄거리가 있는 고전(古典) 춤극(劇).
- ▶ 좋은 발레 공연이 있는데 함께 갈래?
- ▶ 그녀의 꿈은 세계적인 발레리나가 되는 것이다.
- ▷ 발레리노(ballerino) : 남자 발레 무용수.
- ▷ 발레리나(ballerina) : 여자 발레 무용수.

*__발렌타인데이__St. Valentine's Day　매년 2월 14일, 애인끼리 선물을 주고받는 날. 밸런타인 성인(聖人)의 축일(祝日) → 밸런타인데이.
- ▶ 이번 발렌타인데이에는 어떤 선물을 사지?
- ▶ 발렌타인데이 선물로는 초콜릿(chocolate)만한 것이 없지요.

발레파킹valet parking　주차(駐車) 도우미가 손님의 차를 대신 주차(駐車) 관리해 주는 것.
- ▶ 무료로 발레파킹을 해 드립니다.
- ▶ 고객들의 차량(車輛) 관리를 위해 발레파킹 서비스(service)를 시작했다.

발코니balcony　건물 바깥으로 향해 있는 대(臺). 극장에서, 일반 좌석보다 높게 만들어 놓은 특별(特別)관람석(觀覽席).
- ▶ 발코니에 기대서서 뭐해?
- ▶ 발코니에서 피우는데 담배 연기가 왜 안으로 들어오지?
- ▶ 공연을 예매(豫買)할 건데, 발코니석이 좋을까 3층이 좋을까?

*__밧데리__battery　→ 배터리.

방갈로bungalow　야영(野營) 건물, 별장(別莊).
- ▶ 방갈로가 유행(流行)을 하더니 방갈로식 펜션(pension)도 생겼어.
- ▶ 방갈로에서 자면 야영하는 기분이 들어서 좋아.

배드민턴

배드민턴badminton   라켓(racket)으로 셔틀콕(shuttlecock)을 주고받는 경기(競技).
> ▶ 배드민턴 라켓과 배드민턴 공을 구입했다.
> ▶ 체력을 단련(鍛鍊)하기 위해 아침마다 배드민턴을 쳤다.

배럴barrel   부피 단위의 하나. 석유 1배럴=158.900157 리터(liter). [bbl].
> ▶ 8천만 배럴의 석유를 유조선(油槽船)에 실을 수 있대.
> ▶ 8천만 배럴? 난 얼마 만큼인지 상상이 안 돼.

배지badge [밷찌] /[밷찌]   소속(所屬)을 알려 주거나 기념하기 위해서 만들어 놓은 휘장(徽章).
> ▶ 여행사에서 나누어 드린 배지를 꼭 착용하셔야 합니다.
> ▶ 그는 학교 이름이 새겨진 배지를 자랑스럽게 달고 다녔다.

배터리battery[1] /밷데리 /[밷데리]   건전지(乾電池), 충전지(充電池).
> ▶ 내 휴대전화 배터리가 나갔어. 혹시 충전기(充電器)가 어디 없을까?
> ▶ 네 배터리 충전기를 가져오지 그랬어.

배터리battery[2]   야구에서 투수와 포수를 한 번에 나타낼 때.
> ▶ 고고 야구 최강(最强)의 배터리가 다시 뭉쳤다.
> ▶ 이번 경기(競技)에서 환상(幻想)의 배터리인 두 사람 덕분에 우리가 우승했다.

배턴baton[1]   육상 계주(繼走) 경기(競技)에서 같은 팀(team) 주자끼리 주고받는 것 →
바통.
> ▶ 계주에서는 배턴을 이어받는 게 가장 중요하다.
> ▶ 세 번째 주자(走者)가 배턴을 떨어뜨리는 바람에 우리가 졌다.

배턴baton[2]   어떤 지위나 일 따위를 뒷사람에게 넘겨주는 것.
> ▶ 부장님의 배턴을 물려받아서 열심히 하겠습니다.
> ▶ 다음 세대를 위해서는 후임자에게 배턴을 잘 넘겨 주는 것이 중요하다.

배트bat /[밷/뺃]   공을 치는 방망이.
> ▶ 어린이 야구단(野球團)에 격려(激勵)의 뜻으로 배트를 지원해 주었다.
> ▶ 경기(競技) 전 그는 야구 배트를 휘두르며 몸을 풀었다.

*배틀battle   게임(game)이나 힙합(hiphop) 댄스(dance) 등에서의 겨루기, 경기(競技).
> ▶ 지난번 게임 배틀에서 당신이 우승했다면서요?
> ▶ 이번엔 댄스 배틀 어때?
> ▶ 좋아, 댄스 배틀이라면 자신 있지.
> ▷ 전투, 싸움, 전쟁의 의미로는 잘 쓰지 않음.

배팅batting 방망이로 치다. 타격(打擊).

> ▶ 그는 손에 물집이 집힐 정도로 배팅 연습을 했다.

> ▶ 감독은 배팅 영상(映像)을 보며 선수의 동작 하나하나를 분석했다.

배팅betting /[빼팅] 내기에서, 돈을 걸다.

> ▶ 경마(競馬)에서의 배팅 방법.

> ▶ 그는 남은 재산을 모두 마지막 판에 배팅했다.

백[1]back /빽[1] → 백그라운드

백[2]bag /빽[2] 주로 여성이 들고 다니는 손가방.

> ▶ 결혼 예물(禮物)로 백을 선물 받았어.

> ▶ 명품(名品) 백 하나 정도는 들어야 하는 건가?

백그라운드background /[빽그라운드] /빽[1] 배경(背景). 어느 한 개인의 배경(背景) 즉, 집안, 학벌(學閥), 재력 따위.

> ▶ 백그라운드 뮤직(music).

> ▶ 그 사람 백그라운드 좀 조사해 봐.

> ▶ 그는 내 인생의 든든한 백그라운드가 되어 주었다.

백넘버back number /[뺑넘버] 운동선수들이 등에 대는 번호. 등번호, 배번(背番).

> ▶ 선수들 유니폼(uniform) 뒤에는 백넘버가 붙어 있다.

> ▶ 운동선수는 백넘버로 기억되기도 한다.

백댄서back dancer [빽땐써] 주로 가수(歌手)의 무대에서 전문적(專門的)으로 춤을 추는 사람.

> ▶ 그는 백댄서로 시작해서 한국 최고(最高)의 댄서가 되었다.

> ▶ 그 가수의 백댄서들은 정말 춤을 잘 춘다.

백^라이트back+light /[뺑나이트] 무대 또는 어떤 제품의 뒤쪽에서 비추는 조명(照明).

> ▶ 완벽한 무대를 만들기 위해서 백라이트를 새로 교체했습니다.

> ▶ 지난번 무대에서는 백라이트가 고장 나는 바람에 고생했어.

백미러back+mirror /[뺑미러] /[뺑미래] 자동차의 뒤를 볼 수 있도록 차의 양옆에 달려 있는 거울.

> ▶ 새로 산 차의 백미러를 조정하는 방법을 모르겠어요

> ▶ 백미러를 통해서 뒤에 있는 차를 볼 수 있어요

> ▷ 사이드미러(side mirror).

백신vaccine 면역(免疫) 재료 / 컴퓨터(computer) 바이러스(virus) 방지(防止), 복구(復舊)

백업

  프로그램(program).
- ▶ 바이러스를 방지하기 위한 새로운 백신이 계속해서 개발되고 있다.
- ▶ 난 이번에 유행(流行)하는 독감 때문에 어제 백신 주사를 맞았어.

백업backup[1] /[빼겁] 어떤 일에 있어 실수를 대비(對備)하여 미리 준비해 놓는 것.
- ▶ 이번 일의 백업 요원(要員)을 모집합니다.
- ▶ 선수들의 부상(負傷)으로 백업 요원들이 빈자리를 대신했다.

백업backup[2] /[빼겁] 컴퓨터(computer) 데이터(data) 손상(損傷)에 대비해서 원본(原本) 파일(file)을 따로 저장해 놓는 것.
- ▶ 중요한 파일은 항상 백업 파일을 만들어 놓아야 한다.
- ▶ 혹시 이메일(email)을 어떻게 백업하는지 알아?

백^파이프bag pipe /[빽파이프] 스코틀랜드(Scotland)의 민속(民俗) 악기(樂器).
- ▶ 백파이브 연주곡(演奏曲)을 모아 놓은 CD를 구입했어.
- ▶ 나는 백파이프 연주를 들을 때마다 슬퍼. 왜일까?

백^핸드 backhand /[빼캔드] 테니스(tennis)·탁구 등에서, 공을 치는 법(打球法) ↔ 포핸드(forehand).
- ▶ 탁구에서는 백핸드 블로킹(blocking)을 잘하는 것이 중요하다.
- ▶ 백핸드로 치는 경우 보다 포핸드로 치는 경우가 훨씬 많다.
- ▶ 백핸드와 포핸드를 번갈아가며 치세요.
- ▶ 그는 상대에게 강력한 백핸드 스트로크(stroke)를 날렸다.

*****백팩**backpack /[빽팩] 등에 매는 배낭(背囊) 모양의 가방.
- ▶ 백팩에 선글라스(sunglass)까지. 오늘은 패션(fashion) 센스(sense)가 넘치는데.
- ▶ 흐흐, 내게 백팩은 포기할 수 없는 패션 아이템(item)이지.

밴드[1]band 탄력성(彈力性)이 있는 끈 / 머리띠 / 상처보호(傷處保護)용 일회(一回)용 밴드
- ▶ 손가락을 베었는데 혹시 밴드 있으세요?
- ▶ 밴드를 붙이기 전에는 반드시 소독약을 먼저 바르세요.
- ▶ 그녀는 밴드로 머리를 질끈 묶고 다시 책상 앞에 앉았다.
- ▶ 그녀는 다양한 색깔의 헤어(hair)밴드로 머리를 장식했다.

밴드[2]band /[밴드] 합주단(合奏團).
- ▶ 전 고등학교 때부터 밴드 생활을 하느라 공부를 많이 못 했어요.
- ▶ 밴드에서 보컬(vocal)을 했나요?

밴앨런^대Van Allen帶 적도(赤道) 상공(上空)에 존재하는 두 개의 방사능(放射能) 대(帶).
> ▸ 우주인들은 밴앨런대의 방사능 띠에 노출(露出)되었다.
> ▸ 생명체가 밴앨런대를 통과할 수 없나요?

밴조banjo 현악기(絃樂器)의 한 종류.
> ▸ 급하게 밴조 연주자가 필요한데 아는 사람 없어요?
> ▸ 저 카페(cafe)에서 밴조를 연주하는 사람을 봤어요.

밴텀^급bantam級 격투기 선수 등급(等級)의 하나.
> ▸ 밴텀급이면 어느 정도야?
> ▸ 보통 65kg 정도면 밴텀급이야.

밸런스balance [밸런쓰] /[발란쓰] 균형(均衡), 조화(調和).
> ▸ 밸런스 잡힌 몸매를 유지하기 위해서는 아침마다 운동을 해야 해.
> ▸ 스트레스(stress)를 줄이려면 몸과 마음의 밸런스를 깨지 않아야 해.

밸런타인데이St. Valentine's Day /발렌타인데이 매년 2월 14일, 애인끼리 선물을 주고 받는 날. 밸런타인 성인(聖人)의 축일(祝日).
> ▸ 이번 밸런타인데이에는 어떤 선물을 사지?
> ▸ 이번 밸런타인데이에는 초콜릿(chocolate) 선물보다 반지가 좋을 것 같아.

밸브valve 기계의 구멍을 열고 닫는 장치(裝置).
> ▸ 가스(gas) 밸브 잠갔어? 확인해 봐.
> ▸ 자동차 연료 밸브에 문제가 생겼어요.
> ▸ 외출을 할 때에는 가스(gas) 안전밸브를 잠갔는지 꼭 확인하세요.
> ▹ 안전^밸브(安全valve) : 증기 압력을 자동으로 조절해 주는 밸브 장치.

뱀파이어vampire 서양 전설(傳說) 속에 나오는 흡혈귀(吸血鬼).
> ▸ 뱀파이어는 어떻게 생겼어?
> ▸ 글쎄, 뱀파이어가 등장하는 영화를 보면 알 수 있지 않을까?

뱁티스트Baptist 침례교도(浸禮敎徒).
> ▸ 뱁티스트들은 물에 완전히 잠기는 침례를 받는대.
> ▸ 난 물을 무서워하니까 평생 뱁티스트는 못 되겠다.

*뱅킹banking 온라인(on-line)으로 은행 거래를 하는 것. 온라인 뱅킹 시스템 (system).
> ▸ 돈은 인터넷(internet) 뱅킹으로 보낼게요.
> ▸ 모바일(mobile) 뱅킹을 사용하면 더 편리해요.

*뱅^헤어bang hair 머리 스타일(style)의 하나.

뱅크

  ▶ 나는 뱅헤어를 하고 다니는 여자들이 참 귀여워 보인다.

  ▶ 제 동안의 비결은 뱅헤어에 있는 것 같아요.

*뱅크bank   은행(銀行).

  ▶ 한국에서는 뱅크는 '둑'이 아니라 '은행'을 말할 때 쓰는 단어예요.

  ▶ 저도 모바일 뱅크를 이용하는데 오늘은 휴대전화를 두고 나왔어요.

버그bug   컴퓨터(computer) 프로그램(program) 또는 시스템(system) 오류(誤謬).

  ▶ 컴퓨터에 버그가 생겼는지 갑자가 프로그램이 멈췄어요.

  ▶ 요즘 들어서 컴퓨터에 버그가 너무 심하네요.

버너burner   취사(炊事)용으로 쓰는 휴대(携帶)용 가열기(加熱器).

  ▶ 실내에서는 버너 사용을 금지합니다.

  ▶ 캠핑(camping)을 갈 때에는 버너를 반드시 가져가야 해요.

  ▷ 가스버너(gas burner) : 가스를 사용하는 버너.

버디[1]birdie   골프(golf) 경기(競技)에서, 기준(基準) 타수(打數)보다 하나 적은 타수로
공을 홀(hole)에 집어넣는 것.

  ▶ '버디를 잡다'라는 표현이 맞는 거예요?

  ▶ 저 선수가 현존 선수 중에서 버디 퍼팅을 가장 잘하는 선수예요.

  ▷ 버디 퍼팅(birdie putting) : 공을 구멍에 집어넣는 동작.

*버디[2]buddy   친구, 벗.

  ▶ '버디'는 친구라는 말이야.

  ▶ 아, 그래서 그 인터넷(internet) 메신저(messenger)의 이름이 '버디버디'였구나.

버스bus /[뻐쓰]   공공(公共) 교통 서비스(service)의 하나.

  ▶ 10번 버스는 언제쯤 올까요?

  ▶ 그 버스는 잘 안 와요. 그래도 15분에 한 번씩은 와요.

버스트bust /바스트   여자의 가슴둘레.

  ▶ 옷을 만드는 사람들은 여자의 가슴둘레를 버스트라고 불러요.

  ▶ 엥? '바스트'가 아니라 '버스트'였군요. 그런데 한국 사람들은 모두 바스트라
    고 하지 않아요?

버저buzzer /부저   종(鐘), 초인종(招人鐘). 알림 소리.

  ▶ 드디어 경기(競技) 시작을 알리는 버저가 울었다.

  ▶ 그는 경기 종료 버저가 울기 바로 직전(直前)에 버저비터로 득점을 올렸다.

  ▶ 주문을 하실 때에는 테이블(table) 위에 있는 버저를 눌러 주세요.

▷ 버저비터(Buzzer beater) : 주로 농구 경기에서, 종료를 알리는 버저와 동시에 득점을 내는 것.

버크럼buckram 빳빳하게 만든 리넨(linen).
- ▶ 버크럼은 어디에 쓰는 거지?
- ▶ 양복을 만들거나 책을 제본(製本)할 때 버크럼을 써요.

버클buckle 띠를 고정시키는 장식물(裝飾物).
- ▶ 안전띠는 항상 버클을 잘 채워야 한다.
- ▶ 아버지 생일 선물로 버클 장식이 멋진 구두를 샀다.

***버킷^시트**bucket seat 앉으면 포옥 파묻히는 타입(type)의 자동차 좌석(坐席).
- ▶ 나도 내 차에 가죽으로 된 버킷시트를 설치하고 싶어.
- ▶ 레이싱(racing) 카(car)도 아닌데 무슨 버킷시트가 필요하니.

버터butter 우유로 만든 고체(固體) 식용(食用) 기름.
- ▶ 아침식사로 우유 한 잔과 버터 바른 식빵 어때?
- ▶ 난 버터 대신 딸기잼(jam)으로 부탁해.

버터플라이butterfly 수영법의 하나. 접영(蝶泳).
- ▶ 박태환은 버터플라이 할 때가 제일 멋져.
- ▶ 그래서 나도 이제부터 버터플라이를 배워 보려고 해.

버튼button[1] 옷을 여미는 단추.
- ▶ 날이 추우니까 버튼을 다 채워야 할 거야.
- ▶ 이 옷은 멋있기는 한데 버튼이 너무 많아서 귀찮아.

버튼button[2] 눌러서 기계를 작동시키는 단추.
- ▶ 음식을 주문하고 싶으면 식탁 위에 있는 버튼을 누르세요
- ▶ 통화가 끝난 후에는 종료 버튼을 반드시 눌러 주세요

버팅butting 격투(格鬪) 경기(競技)에서, 머리로 상대 선수를 받는 행위.
- ▶ 상대 선수의 버팅에 그의 오른쪽 눈이 부어올랐다.
- ▶ 그의 버팅으로 경기는 무효(無效)가 되었다.

버퍼buffer 데이터(data) 처리 속도 또는 처리 단위.
- ▶ 하드디스크(hard disk) 용량이 줄면 버퍼가 적어서 작동이 잘 안 될 거예요
- ▶ 버퍼가 걸려서 동영상을 제대로 못 보겠어요

***버퍼링**buffering 컴퓨터(computer)에서 데이터(data) 처리 지연(遲延) 상태를 말함.
- ▶ 버퍼링이 심해서 화면이 계속 끊겨요

▶ 버퍼링을 해결할 수 있는 방법이 없을까요?

번지^점프bungee jump /[번지쩜프] 높은 곳에서 발에 줄을 묶고 뛰는 것. 놀이.

▶ 올 해에는 꼭 번지 점프에 도전할 거야.

▶ 숙소(宿所) 근처에 번지 점프하는 곳이 있던데 같이 가 볼래?

번트bunt 야구경기(競技)에서, 배트(bat)에 공을 가볍게 맞히는 타법(打法).

▶ 그 선수가 번트를 많이 하는 이유는 뭘까요?

▶ 어제의 승부(勝負)는 번트에서 갈렸어요.

*벌크bulk 직거래(直去來) 방식으로 제공되는 제품. 정품(正品) 박스(box)와 인증라벨(label) 등이 없음.

▶ 정품을 주문했는데 벌크 제품이 왔어요.

▶ 벌크나 정품이나 물건은 똑같지 않아요?

벙커bunker 저장소(貯藏所), 군사(軍士)용 엄폐(掩蔽) 공간.

▶ 위험이 느껴지면 벙커 속으로 몸을 숨겨.

▶ 그 사람은 어떻게 벙커에서 탈출했을까?

벙커시^유bunker C油 /[벙커씨유] 내연(內燃) 기관 연료로 쓰이는 중유(重油)의 한 종류.

▶ 벙커C유를 싣고 가던 유조차(油槽車)가 사고를 냈다.

▶ 1톤(tone)이나 되는 벙커C유가 강으로 흘러들어 갔으니 큰일이야.

베고니아begonia 관상(觀賞)용 식물의 하나.

▶ 노란색 베고니아를 선물 받았는데 어떻게 키워야 할 지 모르겠어.

▶ 베고니아는 공기까지 깨끗하게 만들어 주는 식물이에요.

베니어veneer /베니아 여러 겹의 얇은 판자를 붙여서 만든 합판(合板).

▶ 베니어의 뒷면도 좀 볼 수 있을까요?

▶ 베니어합판으로 일단 벽을 막아 보자.

베다Veda Lat 인도(India)에 전해 내려오는 성전(聖典).

▶ 베다는 산스크리트 어(Sanskrit語)로 작성된 작품이에요.

▶ 베다는 문학(文學)적인 가치를 지니고 있다.

*베드bed 침대(寢臺).

▶ 베드신 촬영에 들어가자 모두들 긴장했다.

▶ 베드타운은 침상(寢牀) 도시, 주택(住宅) 도시라고도 한다.

▷ 베드^신(bed+scene[베드씬]) : 정사(情事) 장면.

▷ 베드^타운(bed+town) : 대도시 주변의 주택 지구.

베란다veranda　건물에서 바깥으로 나온 마루 공간. 툇마루.

▸ 베란다에서 식물을 키워보면 어떨까?

▸ 베란다가 좁아서 키울 수 있을까?

베레^모béret帽　**Fra**　챙이 없고 둥글납작하게 생긴 모자.

▸ 베레모를 쓰니 꼭 화가(畵家) 같구나.

▸ 지난번에도 베레모를 썼는데 그 때는 할머니 같다고 했어.

베르사유Versailles　프랑스(France) 도시의 하나.

▸ 베르사유가 왜 그렇게 유명해진 거냐?

▸ 베르사유 궁전(宮殿)하고 베르사유 조약(條約)이 워낙 유명하잖아.

▷ 베르사유^궁전(Versailles宮殿) : 프랑스 베르사유에 있는 궁전.

▷ 베르사유^조약(Versailles條約) : 제1차 세계 대전 후 체결(締結)된 평화 조약.

*베리very　매우, 아주.

▸ 이 옷 색깔 어때?

▸ 새로 산 옷이야? 베리 굿이네, 잘 어울려.

베리에이션variation　변주곡(變奏曲) / 변화.

▸ 수많은 베리에이션이 생기니 결과를 예측(豫測)할 수가 없어.

▸ 다양한 컬러(color) 베리에이션으로 분위기(雰圍氣)에 변화를 주세요

*베스트[1]best　최선(最善), 최고(最高).

▸ 너는 나의 베스트프렌드야.

▸ 지난해의 베스트드레서도 역시 그 여배우였지.

▷ 베스트^프렌드(best friend) : 가장 친한 친구. /베프

▷ 베스트^드레서(best dresser) : 옷을 가장 잘 차려 입은 사람.

베스트[2]vest　셔츠(shirt) 위에 입는 옷. 보통 소매가 없다.

▸ 추울 때는 외투(外套) 안에 베스트를 받쳐 입으면 좋아.

▸ 예쁜 장식(裝飾)이 달린 미니(mini) 베스트 있어요?

베스트^셀러best seller /[베스트쎌러]　일정 기간 동안 가장 많이 팔린 것. 인기 상품.

▸ 이 책이 올해의 베스트셀러입니다.

▸ 저렇게 촌스러운 옷이 어떻게 베스트셀러가 되었을까?

베어링bearing /베아링　회전(回轉)용 기기.

▸ 베어링을 뭐하는 데 써요?

▸ 베어링은 축을 정확하고 매끄럽게 회전시키기 위해서 사용해요

베이비시터

*베이비시터baby^sitter   돈을 받고 어린 아이를 돌봐 주는 사람.
> ▶ 이번에 출장(出張)을 가게 되었어요. 빨리 베이비시터를 구해야겠어요.
> ▶ 베이비시터 대신 어머니께 맡기는 건 어때요?

*베이스¹base¹ [베이쓰]   기초(基礎), 토대(土臺).
> ▶ 얼굴에 잡티가 너무 많아. 메이크업(makeup) 베이스를 발라야겠어.
> ▶ 베이스캠프에 거의 다 왔어. 조금만 더 힘내자.
> ▷ 베이스캠프(base camp) : 등산, 탐험(探險)할 때 근거지(根據地)로 삼은 곳.

베이스¹base² [베이쓰]   야구에서 주자(走者)가 진루(進壘)하여 밟는 것.
> ▶ 1루 베이스에 주자가 나가 있습니다.
> ▶ 홈(home) 베이스에서 아웃(out)! 아웃되고 말았습니다.

베이스²bass [베이쓰]   가장 낮은 남자 목소리. 저음(低音).
> ▶ 그는 베이스 톤(tone)의 목소리를 타고났다.
> ▶ 테너(tenor)와 베이스는 뒤쪽에 서세요.

베이지(색)beige(色)   엷고 밝은 갈색.
> ▶ 흰색이나 베이지색 면바지 있어요?
> ▶ 베이지 톤(tone)의 벽지(壁紙)로 거실 분위기를 바꾸었다.

*베이직(하다)basic   기초적(基礎的), 기본적인 것.
> ▶ 그 사람의 쓰기 수준은 아직 베이직 단계예요.
> ▶ 그는 늘 자연스럽고 베이직한 스타일(style)로 멋을 내요.

*베이커리bakery   빵집. 빵과 과자, 케이크(cake)를 파는 곳.
> ▶ 한국에서 가장 유명한 베이커리가 어디인지 알아요?
> ▶ 한국 빵은 어디나 맛있어요. 아무 베이커리나 가도 돼요.
> ▶ '베이커리'보다는 그냥 '빵집'이라고 하는 것이 더 좋아요.

*베이크bake   오븐(oven)에 구운 것의 통칭(通稱).
> ▶ 우리 거기에 가면, 오늘은 치킨베이크를 먹을까?
> ▶ 나는 치킨베이크보다 불고기베이크가 더 맛있더라.
> ▷ 치킨^베이크(chicken bake) : 닭고기를 넣어 만든 빵의 하나.

베이컨bacon   돼지고기 가공품(加工品)의 하나.
> ▶ 오늘 아침은 베이컨 샌드위치(sandwich)로 할까?
> ▶ 좋아, 난 베이컨이 들어간 게 제일 맛있더라.

베이킹파우더baking powder /[베이킹파우더]   비스킷(biscuit)·빵·과자 등의 반죽을 부풀게 하는 데 쓰는 가루.

▶ 빵을 만들려고 하는데 베이킹파우더가 없어.

▶ 베이킹파우더도 없이 빵을 어떻게 만들어?

베일veil[1] 얼굴을 가리기 위해서 머리에 쓰거나 모자 가장자리에 달아 놓는 얇은 망사(網紗).

▶ 그녀는 부끄러운 듯 베일을 벗지 않고 있었다.

▶ 베일 뒤에 가려진 그녀의 미소를 보았다.

베일veil[2] 어떤 것을 가려 놓은 것.

▶ 베일을 벗기다.

▶ 영화의 개봉(開封)과 함께 주인공과 관련된 모든 베일이 벗겨졌다.

베타beta[1] `Gre` 본 프로그램(program) 바로 전 테스트(test)용 프로그램.

▶ 베타 버전(version)은 정식(正式)으로 출시(出市)되기 전의 것을 말한다.

▶ '베타'는 차선책(次善策) 또는 완성품 이전(以前)의 것에 쓰는 표현이다.

베타beta[2] `Gre` 그리스(Greece) 자모(字母)의 두 번째 문자(文字) → 그리스문자.

▷ A/α알파, B/β베타, Γ/γ감마, Δ/δ델타, E/ε엡실론, Z/ζ제타, H/η에타, Θ/Θ세타, I/ι요타, K/κ카파, Λ/λ람다, M/μ뮤, N/ν뉴, Ξ/ξ크시/크사이, O/o오미크론, Π/π파이, P/ρ로, Σ/σ시그마, T/τ타우, Y/υ입실론, Φ/φ피, X/χ키, Ψ/ψ프시/프사이, Ω/ω오메가.

베테랑veteran `Fra` 경험이 많은 전문가(專門家), 고참(古參).

▶ 걱정하지 마세요. 그는 한국어교육에 있어서는 베테랑이에요.

▶ 그 아나운서(announcer)는 진행(進行) 실력을 인정받은 베테랑이다.

벤다이어그램Venn diagram /벤다이아그램 부분 집합, 교집합(交集合)을 나타내는 도식(圖式).

▶ 벤다이어그램은 누가 만들었을까요?

▶ 벤(Venn)이라는 사람이 만들었대요.

벡터vector 방향, 크기를 나타내는 단위 / 컴퓨터(computer) 화상(畵像)의 표현 요소

▶ 벡터는 힘이나 자기장(磁氣場), 전기장(電氣場) 등의 물리적(物理的) 개념을 설명할 때 쓰는 말이에요.

▶ 설명을 들어도 벡터의 개념을 아직도 잘 모르겠네요.

벤젠benzene 콜타르(coal-tar)에서 추출(抽出)한 휘발성(揮發性) 액체(液體)의 하나.

▶ 벤젠으로 뭘 만들 수 있어요?

벤진

▶ 벤젠을 이용해서 향료(香料), 폭약(爆藥) 등을 만들 수 있지요
▷ 벤졸(benzol).

벤진benzine　휘발유(揮發油)의 한 종류.

▶ 벤진은 언제 사용하나요?
▶ 벤진은 항공기 연료 또는 드라이클리닝(dry cleaning)에 쓰이지요.

***벤처**venture　신기술을 개발하는 중소기업이나 산업체(產業體)를 뜻함.

▶ 곳곳에 크고 작은 벤처 기업들이 문을 열었다.
▶ 벤처 사업은 많은 실업자(失業者)들에게 희망이 되었다.

벤치bench　사람들이 앉는 의자, 공원이나 경기(競技)장 의자를 말함.

▶ 저기 벤치에 앉아서 책을 보는 사람이 누구지?
▶ 공원 입구에 있는 벤치 앞에서 만나요.

벤치마킹bench-marking　경쟁 업체의 기업 전략(戰略), 경영 방식을 분석하는 것.

▶ 벤치마킹을 통해 경영을 배운다.
▶ 기업이 성장하기 위해서는 벤치마킹의 대상을 잘 선정해야 한다.

벨bell　종, 초인종(招人鐘).

▶ 벨을 누르자 문이 열렸다.
▶ 전화벨이 울리는 소리에 눈을 떴다.

벨로드롬velodrome　경주(競走)용 자전거 경기(競技)장.

▶ 그가 벨로드롬을 떠나는 모습은 왠지 쓸쓸해 보였다.
▶ 이번 경기는 올림픽(Olympic) 공원 안에 있는 벨로드롬에서 진행됩니다.

벨벳velvet　고운 털이 있는 비단. 우단(羽緞).

▶ 벨벳 소재의 고급스런 겨울 코트(coat)를 사고 싶어.
▶ 검은색 벨벳 재킷(jacket)을 입은 남자 보셨어요?

벨트belt　허리띠, 두 개 이상의 바퀴를 연결하는 띠의 총칭(總稱).

▶ 지갑이나 벨트를 선물하는 게 어때요?
▶ 아, 지갑과 벨트가 함께 있는 선물세트(set)가 좋겠어요
▶ 안전벨트는 곧 생명 벨트입니다.
▶ 자동차 타이밍(timing) 벨트를 갈아야 하나 봐.
▶ 안전벨트는 생명벨트라고도 불러요
▷ 안전＾벨트(安全belt) : 차량이나 비행기 등에서 안전을 위해서 착용하는 좌석
　벨트

벨트컨베이어belt conveyer　벨트(belt)를 회전(回轉)시켜 물품을 연속적(連續的)으로 운반하는 장치.

　　▶ 우리 공장은 벨트컨베이어 방식으로 물건을 생산한다.

　　▶ 벨트컨베이어 방식이 생산성(生產性)이 좋지.

벵골^어 Bengal語　인도(India) 어파(語派)에 속하는 언어의 하나.

　　▶ 벵골어는 어디에서 쓰는 언어예요?

　　▶ 인도 벵골 지방과 남부 아삼(Assam) 지방에서 쓰인답니다.

보너스bonus [보너쓰] /[뽀너쓰] /[뽀나쓰]　월급 외에 받는 돈이나 상품, 상여금(賞與金).

　　▶ 보너스를 받았어요. 제가 한턱 쏠게요.

　　▶ 신발을 사고, 보너스로 양말을 받았어요.

보닛bonnet /본네트　자동차 앞부분 덮개.

　　▶ 보닛을 열고 살펴봤는데 아무런 문제가 없어.

　　▶ 아니야, 보닛이 이렇게 뜨거운 건 차에 무슨 문제가 있는 거야.

보드board[1]　판자, 선반(懸盤).

　　▶ 수업을 위해 화이트(white)보드를 준비해 주세요.

　　▶ 심심한데 우리 같이 보드게임(game)이나 한판 하자.

보드board[2]　여름 물가 또는 겨울눈 위에서 타는 판(板)의 통칭.

　　▶ 올 겨울엔 보드 타러 안 가요?

　　▶ 이번엔 보드보다 스키(ski)가 타고 싶어요.

　　▶ 나는 여름에 타는 서핑(surfing) 보드가 제일 재밌더라.

보드^지board紙　조금 딱딱한 공작용 판지(板紙).

　　▶ 종이 뒤에 보드지를 대면 튼튼한 표지판을 만들 수 있어요.

　　▶ 보드지는 문방구(文房具)에서 파나요?

보드카vodka　Rus　알코올(alcohol) 함유(含有)량 40~60% 정도의 독한 술. 러시아(Russia) 특산품.

　　▶ 보드카는 러시아에서 가장 사랑받는 술이다.

　　▶ 보드카와 어울리는 안주로는 무엇이 있을까요?

보디body /바디　몸.

　　▶ 샤워(shower)한 후에는 반드시 보디로션(lotion)을 발라주어야 해.

　　▶ 섹시(sexy)한 보디라인(line)을 만들려면 매일 운동을 해야 해.

　　▷ 보디빌딩(bodybuilding) : 역기나 아령 등을 이용하여 근육을 발달시키는 것.

보디가드

　　▷ 보디페인팅(body painting) : 맨몸에 그림을 그려 넣는 것.
보디가드bodyguard /[바디가드]　경호원(警護員).
　　▶ 그가 나의 보디가드가 되어 주었다.
　　▶ 그녀는 보디가드의 경호를 받으면서 공항(空港)을 빠져 나왔다.
보디랭귀지body language /바디랭기지　음성(音聲)이 아닌 몸짓·손짓·표정 등으로 의사소통을 하는 행위.
　　▶ 한국말을 못하는데 어떻게 한국에 가려고?
　　▶ 한국말을 못해도 그냥 보디랭귀지로 이야기하면 돼요.
보디^블로body blow [바디블로]　격투(格鬪) 경기(競技)에서, 배와 가슴 부분을 치는 것.
　　▶ 그의 보디블로 한 방은 보는 사람까지 정신이 번쩍 들게 했다.
　　▶ 그는 여러 차례 보디블로를 시도(試圖)했지만 실패했다.
보디^빌딩bodybuilding /[바디빌딩]　몸을 근육질(筋肉質)로 가꾸는 것.
　　▶ 보디빌더가 되려고 해요? 왜 그렇게 운동을 열심히 해요?
　　▶ 맞아요 저 다음 달에 보디빌딩 대회에 나갈 거예요.
　　▷ 보디^빌더(bodybuilder) : 보디빌딩을 전문적으로 하는 사람.
보디^페인팅body painting /[바디페인팅]　몸에 그림을 그리는 것.
　　▶ 그녀는 아이들을 위해 보디페인팅을 준비했다.
　　▶ 사람들은 페이스페인팅(face painting)뿐만 아니라 보디페인팅까지 하고 있었다.
보르도Bordeaux　와인(wine) 생산으로 유명한 프랑스(France) 지방의 하나.
　　▶ 프랑스에 갔다가 보르도산(産) 와인을 하나 샀어요.
　　▶ 보르도산(産) 와인이 정말 맛있다던데 고마워요.
보링boring　구멍을 뚫는 것. 천공(穿孔).
　　▶ 보링을 해야 하는데 잘하는 곳 좀 알려줘.
　　▶ 보링을 전문으로 하는 회사를 소개해 줄게.
　　▷ 보링 머신(boring machine) : 공작(工作) 기계의 하나.
보스boss [보쓰]　어떤 집단의 우두머리, 거물(巨物), 실력자(實力者).
　　▶ 저 분이 내 보스야.
　　▶ 정말 보스답게 생기셨구나.
보스턴^백 Boston bag /[보스턴백]　네모꼴로 생긴 여행용 가방의 통칭.
　　▶ 공항(空港)에서 만난 그녀는 보스턴백을 들고 있었다.
　　▶ 일주일 동안 여행을 하려면 보스턴백은 너무 작을 거야.

***보이스**voice [보이쓰] 목소리.
> ▶ 그는 참 매력적(魅力的)인 보이스를 가졌다.
> ▶ 그들은 보이스 컬러가 매우 아름다운 그룹(group)이다.
> ▶ 요즘에는 항상 보이스피싱을 조심해야 한다.
> ▷ 보이스^컬러(voice color) : 음색(音色).
> ▷ 보이스^피싱(voice fishing) : 전화 사기(詐欺) 수법(手法)의 하나.

보이^스카우트 Boy Scouts /[보이스카웃] 영국에서 창설된 소년단(少年團). 학교 학생들의 활동 단체.
> ▶ 나는 이제 보이 스카우트 대원(隊員)이 되었다.
> ▶ 보이 스카우트와 걸(girl) 스카우트가 함께 야영(野營)을 갑니다.

보이콧boycott 불매동맹(不買同盟). 어떤 일을 공동(公同)으로 배척(排斥)하는 것.
> ▶ 보이콧은 자발적(自發的)인 소비자 운동이다.
> ▶ 그들은 모두 그녀의 보이콧 선언(宣言)에 찬성했다.
> ▶ 의원(議員)들의 보이콧 선언(宣言)으로 회의(會議)는 취소되었다.

보일러boiler 난방(煖房)을 목적으로 물을 가열(加熱)하는 장치(裝置).
> ▶ 겨울이라서 보일러를 24시간 내내 돌려야 해.
> ▶ 그러면 난방비가 많이 나오겠구나.

보크balk, baulk 공을 던지거나 치는 사람이 저지르는 반칙(反則).
> ▶ 보크는 주로 어떤 경기(競技)에서 나오는 거야?
> ▶ 야구나 볼링(bowling)에서 나오는 반칙인데, 규정 논란(論難)도 많아.

보^타이bow tie 나비넥타이(necktie).
> ▶ 보타이를 맨 멋진 신사(紳士)들이 우리를 맞아 주었다.
> ▶ 흰 와이셔츠(white shirts)에 이 보타이가 어울릴까요?

보트boat /[뽀트] 작은 배.
> ▶ 이 강을 건너려면 보트가 필요해요.
> ▶ 여름인데 요트(yacht)는 아니더라도 보트는 한번 타봐야지.
> ▶ 고무보트라도 타러 갈까?

보헤미안Bohemian 규범(規範)을 지키기보다는 자유분방(自由奔放)한 생활을 좋아하는 사람.
> ▶ 저 사람이 입고 있는 옷이 바로 보헤미안 스타일(style)이야.
> ▶ 난 보헤미안 스타일의 자유로운 느낌이 좋아.

복싱boxing /[뽁씽] 권투(拳鬪) 경기(競技).
- ▶ 요즘 복싱 다이어트(diet)가 유행이래.
- ▶ 나도 복싱을 하려고 복싱 신발까지 사 두었어.

***본네트**bonnet 자동차 앞부분 덮개 → 보닛.
- ▶ 본네트를 열고 살펴봤는데 아무런 문제가 없어.
- ▶ 아니야, 본네트가 이렇게 뜨거운 건 차에 문제가 있다는 거야.

본드bond /[뽄드] 접착제(接着劑).
- ▶ 이걸 붙여야 하는데, 혹시 본드 있어요?
- ▶ 여기 초강력(超强力) 본드가 있어요.

볼ball /[뽈] 공.
- ▶ 우리 애는 한번 볼을 잡으면 놓을 줄을 몰라요.
- ▶ 볼 저글링(juggling) 할 줄 알아요?

볼드bold 굵은 글씨체 또는 고딕(Gothic)으로 된 영문(英文) 글씨체의 하나.
- ▶ 제목은 볼드체로 바꾸어 주세요.
- ▶ 의미를 강조하고 싶은 부분도 볼드로 할게요.
- ▷ 볼딕(boldic) : 볼드체의.

볼레로bolero 여성용 옷의 하나, 짧은 재킷(jacket).
- ▶ 날이 쌀쌀한데 볼레로라도 걸치는 게 어때?
- ▶ 볼레로보다는 카디건(cardigan)이 따뜻하지 않을까?

볼륨volume[1] 오디오(audio)나 텔레비전(television)의 소리, 음량(音量).
- ▶ 잘 안 들려요. 볼륨 좀 높여 주세요.
- ▶ 소리가 너무 커요. 볼륨을 줄여 주세요.

볼륨volume[2] 입체적인 느낌.
- ▶ 그녀는 볼륨 있는 몸매를 가졌어요.
- ▶ 무엇보다 차의 볼륨감을 살릴 수 있는 디자인(design)이 필요해요.

볼링bowling 공으로 핀(pin)을 쓰러뜨리는 경기(競技).
- ▶ 오늘 볼링 한판 어때?
- ▶ 좋아. 볼링으로 스트레스(stress)나 풀어야겠다.

볼^베어링ball bearing 마찰(摩擦) 감소(減少)용 볼을 이용한 베어링의 하나.
- ▶ 볼베어링에도 다양한 종류가 있으니 잘 보고 사세요.
- ▶ 볼베어링에 오일(oil)을 사용해도 되나요?

볼셰비즘Bolshevism `Rus`　볼셰비키 사상(思想) ↔ 멘셰비즘.

▶ 볼셰비키의 정치사상을 볼셰비즘이라고 해요.

▶ 볼셰비즘은 정치사상인가 일종의 종교(宗敎)인가?

볼셰비키Bolsheviki `Rus`　레닌(Lenin)을 지지하는 러시아(Russia) 사회민주노동당(社會民主勞動黨)의 좌파(左派), 다수파(多數派) ↔ 멘셰비키.

▶ 볼셰비키는 폭력(暴力)에 의한 혁명(革命)을 주장했다.

▶ 볼셰비키는 소련(蘇聯) 공산당(共産黨)의 대표 세력이라고 할 수 있다.

볼트[1]bolt　나사못.

▶ 볼트와 너트(nut)는 사소(些少)하지만 중요한 부품이다.

▶ 물체를 조이기 위해서 볼트와 너트를 사용한다.

볼트[2]volt　전기에서 전압(電壓)의 단위.

▶ 스웨터(sweater)를 입을 때 발생하는 정전기(正電氣)는 몇 볼트나 될까요?

▶ 이 제품은 110 볼트와 220 볼트 모두 사용할 수 있습니다.

볼펜ball-point pen　필기구(筆記具)의 하나.

▶ 볼펜 좀 빌려 주실래요?

▶ 미안해요, 나도 볼펜이 하나밖에 없어요.

봅슬레이bobsleigh　썰매 경기(競技).

▶ 이번 동계(冬季) 올림픽(Olympic)에서 봅슬레이 경기 봤어?

▶ 우리나라가 봅슬레이 부분에서 메달(medal)을 두 개나 땄다지?

봉봉bonbon `Fra`　초콜릿(chocolate) 속에 위스키(whiskey)나 과즙(果汁) 따위가 들어 있는 사탕 과자.

▶ 초콜릿은 역시 봉봉이 최고야.

▶ 그렇지? 봉봉은 안에 즙이 들어 있어서 먹는 재미가 쏠쏠해.

부기우기boogie-woogie　재즈(jazz) 리듬(rhythm) 스타일(style)의 하나.

▶ 부기우기는 1920년대에 흑인들 사이에서 유행했다.

▶ 흥겨운 부기우기 리듬에 맞춰 다들 춤을 추었다.

부두교voodoo敎　주술적(呪術的) 요소가 강한, 서아프리카(西Africa) 종교의 하나.

▶ 부두교는 아이티(Haïti)를 가난으로 몰고 가는 종교라고 하던데…….

▶ 정말 그럴까? 부두교에 대해 자세히 알고 싶어.

부르주아bourgeois `Fra`　소비 성향(性向)이 지나치게 강한 사람. 자본가(資本家) 계급(階級) ↔ 프롤레타리아(prolétariat).

부메랑

> ▶ 그 사람 돈을 엄청 쓰던데?
> ▶ 그러게 말이야. 자기가 무슨 부르주아라고.
> ▶ 부르주아 계급이 몰락한 이유가 뭘까?

부메랑boomerang¹ 오스트레일리아(Australia) 원주민(原住民)이 사용하는 무기의 하나.
활등처럼 굽은 나무 막대기.

> ▶ 부메랑은 사냥이나 전쟁을 할 때 사용했던 무기야.
> ▶ 그런데 요즘은 아이들의 장난감이 되었잖아.

부메랑boomerang² 다시 돌아오는 것, 부메랑효과(效果).

> ▶ 다른 사람을 욕하면 부메랑이 되어서 항상 나에게 돌아오더라고.
> ▶ 말에도 부메랑 효과가 있나 보다.

부스booth [부쓰] 칸막이로 나눈 공간(空間) 또는 좌석(座席).

> ▶ 전시회(展示會)를 위해서 십여 개에 달하는 부스를 설치했다.
> ▶ 저기 공중전화 부스에서 잠깐 비를 피하는 게 어때요?

부스터booster /부스타 보조(補助) 추진(推進) 장치(裝置), 촉진제(促進劑).

> ▶ 저 차에는 부스터가 달려 있나 봐. 정말 빨리 달린다.
> ▶ 이 약이 일종의 부스터 역할을 해 줄 겁니다.

***부저**buzzer 종, 초인종(招人鐘). 알림 소리 → 버저.

> ▶ 드디어 경기(競技) 시작을 알리는 부저가 울었다.
> ▶ 주문을 하실 때에는 테이블(table) 위에 있는 부저를 눌러 주세요.

부츠boots 목이 긴 구두. 장화(長靴).

> ▶ 겨울을 나려면 부츠 하나 정도는 있어야지.
> ▶ 이왕이면 따뜻한 양털 부츠로 사자.

부케bouquet `Fra` 신부(新婦)가 손에 드는 꽃다발.

> ▶ 내 결혼식에서 부케를 받아 줄래?
> ▶ 부케를 받으면 6개월 안에 결혼을 해야 한다던데…….

***부킹**booking 춤추는 클럽(club)에서 초면(初面)의 남녀가 서로 만나는 것.

> ▶ 이 남자 어때? 부킹으로 만났는데 대화가 잘 통해.
> ▶ 글쎄, 부킹으로 만난 남자는 다들 별로라고 하던데.

부탄butane 천연 가스(gas)의 하나. 가스 연료(燃料).

> ▶ 버너 챙길 때, 부탄가스도 꼭 챙겨.
> ▶ 부탄은 폭발(爆發)사고의 위험이 있으므로 주의해야 한다.

▷ 부탄＾가스(butane gas).

***부페**buffet `Fra` → 뷔페.

부팅booting 컴퓨터(computer)를 시동(始動)하거나 재시동(再始動)하는 것.
> ▶ 제 컴퓨터의 부팅 속도가 너무 느려요
> ▶ 프로그램(program)을 모두 닫고 다시 부팅해 보세요

***북**book 책(册), 도서(圖書).
> ▶ 요즘 들어서 이 근처에도 북카페가 많이 생겼어.
> ▶ 북스토어 안에 북카페가 있는 곳도 많대.
> ▷ 북＾스토어(bookstore) : 서점(書店).
> ▷ 북＾카페(book-café) : 책이 있는 커피(coffee) 전문점(專門店).

***북＾마크**bookmark 책갈피 또는 책에 남기는 표시(標示).
> ▶ 책을 선물할 때에는 북마크도 함께 사주는 게 좋아.
> ▶ 인터넷(internet)으로 책을 볼 때 북마크 기능을 사용하면 편리해.

뷔페buffet /부페 `Fra` 손님이 원하는 대로 다양한 음식을 덜어 먹는 식사 형태, 또는 식당.
> ▶ 오늘 저녁은 뷔페에 가서 먹는 게 어때요?
> ▶ 뷔페에 가는 대신 뷔페식으로 준비할게요

불도그bulldog /불독 영국(英國)이 원산지(原産地)인 개 품종(品種)의 하나.
> ▶ 불도그는 너무 무섭게 생겼어.
> ▶ 불도그? 보통 불독이라고 하지 않아?

불도저bulldozer 트랙터(tractor)의 하나.
> ▶ 불도저가 밀고 지나가자 낡은 건물이 순식간에 사라졌다.
> ▶ 이번 공사에는 불도저를 동원(動員)해야겠어.

불펜bullpen 야구경기(競技)에서, 구원 투수가 등판(登板) 전에 연습하는 장소
> ▶ 더운 여름에는 불펜 투수의 역할이 더욱 중요해요
> ▶ 그는 불펜에서 투구 연습을 하고 있어요

뷰어viewer 어떤 이미지(image)나 문서, 비디오(vidio) 등을 볼 수 있도록 만든 장치 또는 프로그램(program).
> ▶ 그 파일(file)을 보려면 새로운 뷰어 프로그램을 다운(down)받아야 해요
> ▶ 뷰어로는 문서 수정(修訂) 작업을 할 수 없어서 불편해요

***뷰티**beauty 아름다운 것의 통칭(通稱).

브라만

▸ 지난번에 문을 연 피부 관리 숍(shop) 이름이 '뷰티벨'이었나?

▸ 여성뿐만 아니라 남성을 겨냥한 '뷰티' 산업이 각광(脚光)받고 있다.

브라만Brahman　인도(India) 카스트(caste) 제도(制度)에서 최상위(最上位) 계급(階級).

▸ 브라만 다음의 계급이 뭐였지?

▸ 브라만 다음은 크샤트리아(ksatriya)잖아.

브라보bravo　Ita　좋다! 신난다! 잘했다! 등의 뜻으로 외치는 소리.

▸ 이 두 사람의 새로운 출발을 위하여 외칩시다. 브라보!

▸ 브라보! 결혼 축하합니다!

브라스^밴드brass band /[브라쓰빤드]　금관악기(金管樂器)로 구성된 음악대(音樂隊).

▸ 넌 브라스밴드 음악을 유난히 좋아하더라.

▸ 고등학교 때 브라스밴드에서 색소폰(saxophone)을 불었거든.

브라우저browser　인터넷(internet) 검색창(檢索窓), 검색 프로그램(program).

▸ 더 안전하고 빠른 브라우저로 업그레이드(upgrade) 하세요.

▸ 그 회사는 정보 유출(流出)의 위험이 없는 인터넷 브라우저를 선보였다.

*브라운[1]brown　다갈색(茶褐色).

▸ 브라운 색으로 머리를 염색(染色)하려고 하는데요.

▸ 너무 밝은 색보다는 브라운 색이 좋겠어요.

브라운[2]^운동Brown運動　입자(粒子)의 불규칙(不規則)한 운동.

▸ 움직이면 안 돼요. 지금 브라운운동을 관찰하는 중이에요.

▸ 브라운운동은 작은 입자들이 불규칙하게 움직이는 것을 말한다.

브라운[3]^관Braun管　텔레비전(television)을 비유적(比喩的)으로 나타내는 표현.

▸ 언제쯤 그를 다시 브라운관에서 만날 수 있을까요?

▸ 곧 그의 브라운관 복귀(復歸) 소식을 들을 수 있을 거예요.

브래지어brassiere /브라자 /브라　가슴을 감싸는 여성용 속옷.

▸ 브래지어는 사이즈(size)를 어떻게 표시하나요?

▸ 그 회사는 올 봄 유행할 다양한 컬러(color)의 브래지어를 선보였다.

브랜드brand　상표(商標).

▸ 그 신발은 어느 브랜드예요?

▸ 브랜드요? 없어요. 그냥 길거리에서 샀어요.

브랜디brandy　포도주를 증류해서 만든 술.

▸ 브랜디는 양주(洋酒)의 제왕(帝王)이라고 부르지요.

▸ 난 그냥 포도주나 브랜디나 똑같은 것 같은데.

브러시brush[1] /[브러씨] 먼지를 떨어내거나 풀칠하는 데에 쓰는 것, 솔.

▸ 부드러운 페인트(paint) 브러시가 새로 나왔어요.

▸ 메이크업(makeup) 브러시 세트(set)를 구입했어요.

브러시brush[2] /[브러씨] 머리빗.

▸ 엉킨 머리는 물을 뿌리고 브러시로 빗어 주세요.

▸ 아마 큰 브러시가 필요할 거예요.

브레이크brake[1] 운동 기구의 동력(動力)을 멈추게 하는 장치(裝置).

▸ 그렇게 갑자기 브레이크를 밟으면 어떡해요?

▸ 미안해요. 브레이크 패드(pad)를 새로 갈아서 그래요.

브레이크brake[2] 어떤 일을 멈추게 하거나 방해하는 일.

▸ 잘하고 있었는데 그가 브레이크를 거는 바람에 망쳤어.

▸ 시청자들이 막말 방송(放送)에 브레이크를 걸고 나섰다.

브레인brain 어떤 일의 핵심(核心) 수행자(遂行者), 전문가(專門家) 또는 그 집단.

▸ 한 명의 제대로 된 브레인이 회사(會社)를 살릴 수 있다.

▸ 그는 자타공인(自他共認) 우리 회사의 브레인이야.

브레인^스토밍brainstorming 자유 연상으로 창조적인 생각을 이끌어 내는 것.

▸ 무슨 내용을 써야 할지 모르겠어.

▸ 그래? 그럼 함께 브레인스토밍을 해 보자.

*__브로드^밴드__broadband 광대역(廣帶域) 통신(通信).

▸ 브로드밴드는 점점 빠르게 보급되고 있다.

▸ 브로드밴드가 확산되면서 사람들은 더 자주 인터넷(internet)을 이용하게 되었다.

브로마이드bromide paper 배우, 가수(歌手) 등의 연예인(演藝人)이나 스타(star) 운동 선수 등의 포스터(poster), 사진.

▸ 아이스크림(ice cream)을 구입하면 톱스타(top star)의 브로마이드를 드립니다.

▸ 그의 방은 온통 예쁜 연예인들의 브로마이드로 도배되어 있었다.

브로치brooch /[브로찌] 여성 정장(正裝) 앞가슴에 다는 장신구(裝身具).

▸ 그녀의 가슴에 달린 브로치가 반짝였다.

▸ 이 옷에는 어떤 브로치가 어울릴까?

브로커broker 중간 상인, 중개인(仲介人).

▸ 브로커를 통해 성립(成立)된 계약이 무효(無效)가 되었대.

브리지

▸ 뭐라고? 그 브로커가 사기꾼이었어?

*브리지bridge[1] [브릿찌] /브릿지   강에 놓인 다리. 교량(橋梁). 어떤 A와 B를 연결해 주다.

▸ 이곳은 두 지점의 브리지가 되는 중요한 지역이다.

▸ 설계를 할 때에는 브리지를 고려하는 것이 중요하다.

*브리지bridge[2] [브릿찌] /브릿지   머리를 부분(部分) 염색(染色)하는 기법(技法).

▸ 이것 좀 봐. 나 브리지(염색)했어.

▸ 음, 브리지가 아주 잘 나왔네.

브리핑briefing   요점(要點) 중심의 간단한 보고, 설명. 간단(簡單) 보고서(報告書).

▸ 지난 사업 결과에 대한 브리핑이 있겠습니다.

▸ 그는 브리핑을 통해서 지난 한 달간의 업무를 보고했다.

*브릿지bridge   → 브리지.

*브이V/v   영어 알파벳의 스물두 번째 글자.

▸ 알파벳은 에이, 비, 시, 디, 이, 에프, 지, 에이치, 아이, 제이, 케이, 엘, 엠, 엔,
오, 피, 큐, 아르, 에스, 티, 유, 브이, 더블유, 엑스, 와이, 지(제트)이다.

▹ 에이(A/a), 비(B/b), 시([씨]C/c), 디(D/d), 이(E/e), 에프(F/f), 지(G/g), 에이치(H/h),
아이(I/i), 제이(J/j), 케이(K/k), 엘(L/l), 엠(M/m), 엔(N/n), 오(O/o), 피(P/p), 큐(Q/q),
아르([알]R/r), 에스([에쓰]S/s), 티(T/t), 유(U/u), 브이(V/v), 더블유(/[떠블류]W/w),
엑스(X/x), 와이(Y/y), 지(제트Z/z).

브이시아르VCR [브이씨알]   비디오카세트 녹화(錄畵) 재생(再生) 장치(裝置).

▸ 혹시 집에 VCR 있어?

▸ VCR? 비디오카세트 녹화 재생기? 그게 있을 리가 있니.

▹ Video Cassette Recorder.

브이아이피VIP   중요한 인물. 귀빈(貴賓).

▸ 당신을 언제나 우리 백화점(百貨店)의 VIP로 모시겠습니다.

▸ 그는 어디에 가든 VIP 대접(待接)을 받았다.

▹ Very Important Person.

▹ 브이브이아이피(VVIP) : Very Very Important Person

브이에이치에프VHF   초단파(超短波) 주파수(周波數)의 호칭.

▸ VHF는 텔레비전(television)과 라디오(radio) 전파(電波)에 많이 쓰인다.

▸ 우리 집도 VHF 안테나(antenna)를 달았어요.

▹ Very High Frequency.

브이오디VOD 통신망(通信網)에서 실시간으로 제공되는 비디오(video).

　▶ 지난주에 못 본 드라마(drama)를 VOD 서비스(service)로 보았다.

　▶ VOD 서비스가 시청자의 시청 주권을 확립해 주었다.

　▷ Video On Demand.

브이티아르VTR [브이티알] 비디오테이프 녹화(錄畵) 장치(裝置).

　▶ 혹시 집에 VTR 있어?

　▶ VTR? 있기는 있는데, 작동(作動)이 잘될까 모르겠다.

　▷ Video Tape Recorder.

블라우스blouse [블라우씨] 품이 커 보이는 여성용 셔츠(shirts).

　▶ 흰색 블라우스에 까만 치마를 입은 저 분이 누구죠?

　▶ 김 교수(敎授)님은 늘 예쁜 블라우스를 입고 다니세요.

블라인드blind 햇볕을 가리거나 바깥에서 안 보이게 하기 위해 창(窓)을 가리는 물건.

　▶ 눈이 부셔요. 블라인드 좀 쳐 주시겠어요?

　▶ 블라인드를 걷으니 방 안으로 밝은 햇살이 들어왔다.

*블랙black^1 까만색.

　▶ 이 와이셔츠(white shirts)에 블랙 수트(suit)가 어울릴까요?

　▶ 블랙은 어느 색상(色相)이든 잘 어울려요.

블랙black^2 커피(coffee)만 들어간 블랙커피의 준말.

　▶ 커피 한잔 할래?

　▶ 난 블랙으로 부탁해.

블랙^리스트blacklist 요주의(要注意) 인물, 조심해야 할 사람들을 적어 놓은 목록(目錄).

　▶ 그가 왜 블랙리스트에 올랐을까요?

　▶ 매번 불법 복제(複製)를 하는 바람에 블랙리스트에 올랐대요.

블랙^마켓black market 정상적(正常的)인 유통(流通) 경로(經路)가 아닌 시장, 암시장
(暗市場).

　▶ 이것들이 모두 블랙마켓을 통해서 유통된 물건들입니다.

　▶ 블랙마켓에서 파일(file)을 다운로드(download) 받는 것은 불법입니다.

블랙^박스black box 비행(飛行)이나 주행(走行) 자료(資料)의 기록(記錄) 장치(裝置).

　▶ 그 사고의 원인(原因)이 밝혀졌어요?

　▶ 원인을 알기 위해서 지금 블랙박스를 해독(解讀)하고 있대요.

블랙커피black coffee /블랙 설탕, 크림(cream)을 넣지 않은 진한 커피.

블랙^코미디

  ▶ 블랙으로 드릴까요?
  ▶ 저는 블랙커피는 안 마셔요. 설탕과 크림까지 넣어주세요.
블랙^코미디black comedy /블랙코메디   사회 풍자(諷刺) 코미디.
  ▶ 블랙 코미디 뮤지컬을 한다는데 보러 갈래?
  ▶ 난 블랙 코미디는 싫어. 쓴웃음이 나거든.
블랙^홀black hole[1] 우주(宇宙)에 있는 것으로, 모든 것을 빨아들인다고 생각되는 구멍.
  ▶ 어떻게 하면 블랙홀 사진(寫眞)을 찍을 수 있을까?
  ▶ 나사(NASA)가 블랙홀의 가상(假象) 사진을 공개했대.
블랙^홀black hole[2] 어떤 일이나 경기(競技)에서 유독(惟獨) 못하는 사람.
  ▶ 우리 팀(team)에 숨겨진 블랙홀이 있었네.
  ▶ 그러게. 쟤 너무 못한다. 블랙홀 맞네. 이번 게임(game)은 지겠다.
블로그blog   인터넷(internet) 웹(web)에 올리는 개인 기록(記錄) 공간, web-log의 준말.
  ▶ 내가 블로그에 새로 올린 글 봤어?
  ▶ 그 글이 마음에 들어서 내 블로그로 가져왔어.
  ▶ 내 블로그의 방문자(訪問者)가 점점 늘고 있다. 신난다.
블로킹blocking[1] /[블라킹]   주로 농구나 권투 등의 경기(競技)에서, 상대방의 공격을
   막는 일.
  ▶ 그는 블로킹 싸움에서 상대팀(team)을 압도했다.
  ▶ 블로킹 득점(得點)에 성공한 뒤 좋아하는 모습이 카메라(camera)에 잡혔다.
블로킹blocking[2] /[블라킹]   남이 하려는 일을 방해하다.
  ▶ 그는 왜 내가 하는 일마다 사사건건(事事件件) 블로킹을 하는 거지?
  ▶ 그렇게 일마다 블로킹되면 정말 짜증나겠다.
블록block[1] 길에 깔거나 건축에 쓰기 위해서, 나무・돌・콘크리트(concrete) 등으로
   만든 덩어리.
  ▶ 오래된 보도블록 교체 작업을 하느라고 지금 그쪽 거리가 매우 복잡해요.
  ▶ 이 길의 블록 교체(交替) 비용(費用)이 어마어마할 걸.
블록block[2] 도시의 한 구획(區劃). 영역(領域).
  ▶ 여기서 한 블록 더 내려가시면 병원이 있어요.
  ▶ 이 블록에는 유명한 카페(cafe)가 많아요.
블록block[3] 나무나 플라스틱(plastic)으로 만든 장난감.
  ▶ 블록 쌓기는 그만하고 이제 밥 좀 먹자.

　▸ 블록 쌓기를 하느라고 시간 가는 줄 몰랐어요

　▸ 우리 아이는 블록 쌓기 놀이를 가장 좋아한다.

블록block[4]　어떤 영역을 다시 분할(分割)한 것.

　▸ 모니터(monitor)에 보이는 파란색 블록이 예매(豫買)가 가능한 블록이에요

　▸ 이렇게 여러 개의 블록으로 표시해 두니까 알아보기 편하네요

***블론드**blond /블론디　금발머리를 가진 여자.

　▸ 당신은 한국 사람인데도 블론드가 더 잘 어울리는군요.

　▸ 저 끝에 흰색 블라우스(blouse)를 입은 블론드 아가씨가 보여요?

***블루**blue　푸른색, 밝고 좋은 것.

　▸ 넌 얼굴이 하얀 편이라 블루 와이셔츠(white shirts)가 어울려.

　▸ 이 지역은 블루벨트로 정해졌어요

　▸ 블루벨트를 조성하면 환경오염을 막을 수 있을까?

　▸ 블루진 하나 구입해야겠어.

　▸ 지금 입은 블루진도 괜찮아 보이는데?

　▸ 그녀는 드디어 광고계의 블루칩으로 떠올랐다.

　▸ 앞으로 블루칩이 될 만한 시장이 없을까요?

　▸ 블루칼라 노동자들이 흘린 땀으로 우리 경제가 발전한 거야.

　▸ 굳이 화이트칼라(white collar)와 블루칼라를 구분할 필요가 있나요?

　▷ 블루＾벨트(blue belt) : 수자원(水資源) 보호 지역, 청정수역(淸淨水域).

　▷ 블루＾진(blue jeans) : 청바지.

　▷ 블루＾칩(blue chips) : 대형 우량(優良) 주식(株式)의 총칭.

　▷ 블루＾칼라(blue collar) : 현장 노동자(勞動者) ↔ 화이트칼라.

블루스blues [블루쓰]/[부루쓰]　박자(拍子) 또는 4 박자의 느린 춤곡, 음악(音樂).

　▸ 저와 블루스 한번 추실래요?

　▸ 글쎄요, 저는 블루스를 춰 본 적이 없어서요

　▸ 블루스 음악이 나오자 갑자기 실내가 조용해졌다.

***블링블링(하다)**bling-bling　반짝거리다.

　▸ 요즘 패션(fashion)은 블링블링한 아이템(item)이 주(主)를 이루고 있다.

　▸ 블링블링한 화장법은 나이보다 어려 보이게 해줘요

***비**B/b　영어 알파벳의 두 번째 글자.

　▸ 알파벳은 에이, 비, 시, 디, 이, 에프, 지, 에이치, 아이, 제이, 케이, 엘, 엠, 엔,

비너스

　　오, 피, 큐, 아르, 에스, 티, 유, 브이, 더블유, 엑스, 와이, 지(제트)이다.

　　▷ 에이(A/a), 비(B/b), 시([씨]C/c), 디(D/d), 이(E/e), 에프(F/f), 지(G/g), 에이치(H/h), 아이(I/i), 제이(J/j), 케이(K/k), 엘(L/l), 엠(M/m), 엔(N/n), 오(O/o), 피(P/p), 큐(Q/q), 아르([알]R/r), 에스[에쓰]S/s), 티(T/t), 유(U/u), 브이(V/v), 더블유(/[떠블류]W/w), 엑스(X/x), 와이(Y/y), 지(제트Z/z).

비너스Venus[1]　미(美)와 사랑의 여신(女神).

　　▶ 루브르(Louvre) 박물관(博物館)에 전시(展示)된 비너스상(像)을 직접 보고 싶어.

　　▶ 비너스 조각상(彫刻像)에는 왜 팔이 없을까요?

비너스Venus[2]　샛별, 금성(金星).

　　▶ 금성은 샛별 또는 비너스라고 불립니다.

　　▶ ‘샛별 같은 두 눈’이라고는 해도 ‘비너스 같은 두 눈’이라고는 하지 않아요

비닐vinyl　비닐 수지(樹脂)·비닐 섬유로 만든 제품.

　　▶ 비닐^봉지 하나만 주시겠어요?

　　▶ 비닐^봉지를 사용하려면 값을 내서야 해요

　　▶ 할머니는 하루 종일 비닐하우스에 계세요

　　▶ 김밥을 만들 때는 위생(衛生)을 위해서 비닐^장갑을 끼고 해야 해.

　　▷ 비닐^하우스(vinyl+house) : 비닐로 만든 온실(溫室).

비디오video　눈에 보이는 것, 텔레비전(television)에서 화면 부분 ↔ 오디오(audio).

　　▶ 오디오(audio) 사고로 1분이 넘도록 비디오만 내보냈다.

　　▶ 예식(禮式) 중에는 비디오 촬영이 있으니 모두들 조용히 해 주시기 바랍니다.

　　▷ 비디오^게임(video game) : 전자오락(電子娛樂).

　　▷ 비디오^디스크(videodisc) : 화면 재생용 비디오카세트

　　▷ 비디오^테이프(video tape) : 화면 촬영/재생용 테이프

비디오^아트video art　비디오를 이용한 예술(藝術).

　　▶ 비디오아트로 가장 유명한 사람은 백남준이다.

　　▶ 그의 작품 중에서 여러 대의 모니터(monitor)로 만든 ‘다다익선(多多益善)’이라는 비디오아트 작품이 제일 유명하다.

비버beaver　물에 사는 동물의 하나.

　　▶ 너 비버 본 적 있어? 아주 귀엽게 생겼어.

　　▶ 난 늘 비버가 징그럽다고 생각했어.

비브라토vibrato Ita　소리를 낼 때 음을 떠는 기법(技法).

▸ 노래는 비브라토를 사용하는 게 중요하지.

▸ 비브라토를 쓰지 않아도 아름다운 노래를 부를 수 있어요

비비탄BB彈　모형(模型) 총기(銃器)의 플라스틱(plastic) 탄환(彈丸).

▸ 어렸을 때 BB탄으로 총싸움을 많이 했었어.

▸ 장난감용 BB탄도 사람에게 쏘면 위험해.

비슈누Visnu　Lat　힌두교(Hindu敎) 신(神)의 하나.

▸ 비슈누는 힌두교의 3대 신 중에 하나야.

▸ 악(惡)을 제거한다는 비슈누가 힌두교의 중요한 신이었구나.

비스코스^레이온viscose rayon [비스코쓰레이온]　인조(人造) 직물(織物)용 섬유(纖維).

▸ 비스코스레이온은 어떻게 세탁해요?

▸ 이 비스코스레이온 스카프(scarf)는 4계절(季節) 내내 사용할 수 있어요

비스킷biscuit /비스켓 /비스켈　밀가루에 설탕·버터(butter)·우유를 섞어 만든 과자.

▸ 비스킷 한 조각 드실래요?

▸ 싫어요 비스킷은 살이 찌는 음식이잖아요

비시BC [비씨]　기원전(紀元前) ↔ 에이디(AD).

▸ BC와 AD를 가르는 기준이 뭐야?

▸ 예수가 태어나기 전을 BC로 구분해.

▷ Before Christ.

비시지BCG [비씨지]　결핵(結核) 예방(豫防) 백신(vaccine).

▸ BCG 접종(接種)하셨어요?

▸ 그럼요 아이들에게 BCG 주사(注射)는 기본이지요

▷ Bacillus Calmette Guérin.

*비어beer　맥주(麥酒).

▸ 이 근처에도 맥주가 맛있는 '비어가든(garden)'이 있어요

▸ '비어가든'이라면 맥주만 파는 데인가? 난 와인(wine)을 마시고 싶은데.

비엔날레biennale　Ita　2년마다 열리는 국제적(國際的) 미술 전람회(展覽會).

▸ 광주비엔날레는 2년에 한 번씩 열립니다.

▸ 이번 비엔날레는 국제적인 규모(規模)로 개최(開催)될 것입니다.

▸ 광주는 비엔날레를 통해 더욱 유명해진 도시입니다.

비오디BOD　생물학적(生物學的) 산소 요구량(要求量).

▸ BOD 적정량(適正量)이 얼마나 됩니까?

비올라

　▶ 그건 BOD 평가 보고서(報告書)를 봐야 알 수 있어요.
　　▷ Biochemical Oxygen Demand.

비올라viola **Ita** 　바이올린(violin)과 첼로(cello) 중간 크기의 현악기(絃樂器).
　▶ 제 전공(專攻)은 비올라예요.
　▶ 그래요? 난 바이올린을 전공하는 줄 알았어요.

*비이커beaker 　화학(化學) 실험용 유리그릇 → 비커.
　▶ 실험을 하면서 비커를 사용한 후에는 항상 깨끗이 닦아야 한다.
　▶ 씨앗을 비커 안에 넣어두고 3일 동안 관찰(觀察)했다.

비잔틴Byzantine /비잔티움　 옛 동로마(東Rome) 제국(帝國)의 수도(首都) 비잔티움
　(Byzantium)을 중심으로 일어난 건축 양식(樣式). 비잔틴 문화(文化).
　▶ 이 건물은 비잔틴 양식으로 건축되었다.
　▶ 중세(中世) 동로마 제국을 비잔틴^제국이라고도 한다.

비전vision　 앞으로 성취(成就)하기 위해 계획한 것이나 그 미래(未來).
　▶ 그는 비전(vision)이 없어 보여서 싫어.
　▶ 비전이 없는 것처럼 보이지만 그는 큰 꿈이 있는 사람이야.

비즈beads　 액세서리(accessory)를 만드는 장식(裝飾)용 구슬.
　▶ 이번 방학엔 비즈 공예(工藝)를 배워보려고 해.
　▶ 비즈는 배워서 뭐하게?
　▶ 비즈로 귀걸이를 만들어서 친구들에게 선물할 거야.

비즈니스business [비즈니쓰] 　사업, 사무(事務), 업무.
　▶ 취업을 위해서는 비즈니스 공인(公認)된 영어 성적이 필요할 거야.
　▶ 평생 비즈니스맨으로 살던 그가 퇴사(退社) 후 창업(創業)에 성공했다.
　▶ 비즈니스 마케팅(marketing)에 대해 공부하고 싶어요.
　▶ 이 사람이 나의 새로운 비즈니스 파트너(partner)입니다.
　　▷ 비즈니스맨(businessman) : 실업가(實業家), 사업가(事業家).

*비지^하다busy 　바쁘다.
　▶ 너 요즘 왜 그렇게 비지해? 만날 수가 없네.
　▶ 그냥 뭐, 나야 늘 비지하지.

*비치beach 　바닷가, 해안(海岸).
　▶ 이번 여행은 비치로 가자.
　▶ 바닷가로 갈 거면 비치볼도 꼭 챙겨.

▶ 비치파라솔에 누워서 낮잠이나 잤으면 좋겠다.

▶ 해변(海邊)을 가득 채운 비치파라솔을 보니 여름은 여름이구나.

▷ 비치^가운(beach gown /[비치까운]) : 해변이나 풀장에서 입는 가운.

▷ 비치^백(beach bag /[비치빽]) : 해변이나 풀장에서 드는 가방.

▷ 비치^볼(beach ball) : 해변이나 풀장에서 쓰는 놀이용 공.

▷ 비치^파라솔(beach+parasol) : 해수욕장(海水浴場)에서 쓰는 대형 양산(陽傘).

비커beaker /비이커 화학(化學) 실험용 유리그릇.

▶ 실험을 하면서 비커를 사용한 후에는 항상 깨끗이 닦아야 한다.

▶ 씨앗을 비커 안에 넣어두고 3일 동안 관찰(觀察)했다.

비컨beacon 횃불, 표지(標識) 또는 표지등(標識燈).

▶ 저기 비컨이 있는 곳으로 빨리 이동(移動)하자

▶ 비컨? 어디? 아, 저기 있는 저 등불 말이야?

비키니bikini 상하(上下)가 분리(分離)된 여성 수영복(水泳服).

▶ 빨간 비키니에 선글라스(sunglass) 쓴 저 여자는 누구지?

▶ 패션모델(fashion model)이야. 비키니 모델로 유명하대.

비타민vitamin 건강 유지(維持)에 반드시 필요(必要)한 영양소(營養素).

▶ 바쁠수록 비타민을 꼭 챙겨 먹어야 해.

▶ 비타민이 부족하면 피로가 쉽게 온대.

▶ 그동안 비타민 섭취(攝取)를 잘 못해서 피곤했나 보다.

비트[1]beat 박자(拍子), 음악의 빠르기.

▶ 비트에 맞춰서 몸을 움직여 봐.

▶ 그는 비트와 박자가 완벽한 랩(rap)을 선보였다.

▶ 빠른 비트였지만 그는 박자를 놓치지 않고 잘 따라왔다.

비트[2]bit 컴퓨터(computer) 정보량의 최소 기본 단위. 비트 = 바이트(byte).

▶ 비트와 비트의 이미지(image)는 어떤 차이가 있나요?

▶ 비트 이미지가 아무래도 더 정밀(精密)해 보이지.

▶ 비트랑 바이트랑 같은 건가요?

▶ 바이트는 여러 개의 비트를 모아놓은 형태야.

비트맵bitmap 컴퓨터(computer) 그래픽(graphic)의 영상 데이터(data) 저장(貯藏) 방식(方式).

▶ 비트맵이 뭐야? 지도(地圖) 이름이야?

▶ 아니야, 비트맵은 이미지(image) 파일(file)을 저장하는 방식이야.

비트^박스

　　▷ 비트맵 이미지(bitmap image) : 비트맵으로 만든 이미지.
*비트^박스beat-box /[비트빡스]　입으로 박자(拍子)를 맞추는 소리를 내는 것.
　　▶ 그의 비트박스는 정말 환상적(幻想的)이다.
　　▶ 비트박스는 어떻게 배울 수 있나요?
*비퍼beeper　삐삐 또는 '삐~' 소리를 내는 기기.
　　▶ 무선호출기(無線呼出機)를 삐삐라고 부르기도 하고 비퍼라고 부르기도 해요
　　▶ 요즘에는 카페(cafe)에서 음료가 나왔다고 알려줄 때 비퍼를 사용해요
비프^스테이크beefsteak　두껍게 저민 쇠고기를 익힌 음식.
　　▶ 그 식당은 비프스테이크 맛이 어때?
　　▶ 다른 것은 몰라도 비프스테이크는 정말 맛있어.
비프^커틀릿beef cutlet /비프까스　쇠고기에 빵가루를 묻혀 기름에 튀긴 요리.
　　▶ 비프커틀릿에 샐러드(salad)를 곁들여 먹으면 맛있어.
　　▶ 비프커틀릿은 소스(sauce)의 맛이 중요해.
비피에스BPS /[비피에씨]　데이터(data) 전송(電送) 속도를 표시하는 단위.
　　▶ 인터넷(internet) 속도를 얘기할 때 BPS를 써요
　　▶ 제 컴퓨터(computer)는 연산(演算) 속도가 느리니까 BPS가 당연히 느리겠군요
　　▷ Bits Per Second.
*빅big　큰, 대형의.
　　▶ 역시 햄버거(hamburger)도 빅으로 먹어야 제맛이지.
　　▶ 다들 모여 봐, 빅뉴스야 빅뉴스!
　　▶ 무슨 빅뉴스인데?
　　▶ 우리는 경쟁 회사와의 빅딜을 통해 타격(打擊)을 줄일 수 있었다.
　　▶ 그가 먼저 우리 회사에 빅딜을 제안했다.
　　▶ 우주(宇宙) 초기(初期) 대폭발을 빅뱅이라고 한다.
　　▶ 빅뱅으로 우주의 탄생을 설명할 수 있을까?
　　▶ 빅뱅 우주론 말고도 다른 가설들이 많이 있어.
　　▷ 빅^뉴스(big news) : 사회적(社會的)으로 이슈(issue)가 되는 뉴스 놀라운 뉴스
　　▷ 빅^딜(big deal) : 큰 사업 또는 정책(政策)을 서로 교환하는 것.
　　▷ 빅^뱅(big bang) : 우주 생성(生成) 초기(初期)의 대폭발, 대변혁.
빅토리victory　승리 또는 승리를 위하여 외치는 소리, 구호.
　　▶ 빅토리! 빅토리! 우리 팀 잘한다. 파이팅(fighting)!

▶ 우리 팀을 응원하기 위해서 크게 '빅토리'라고 써서 붙여 놓았다.

빈^볼bean ball 야구경기(競技)에서, 투수가 타자를 위협하기 위해서 몸 쪽에 바짝 붙여서 던지는 공.

▶ 그 선수 빈볼 시비(是非)로 마음고생 좀 했을 거야.

▶ 빈볼 동영상(動映像)을 보니까 그럴 만하더라.

빌딩building /[삘딩] 철근 콘크리트로 만든 도시의 상업용 보통 건물.

▶ 서울에는 높은 빌딩이 너무 많아.

▶ 그 중에서도 63빌딩이 가장 높지.

빌라villa 다세대(多世帶) 주택(住宅)이나 연립주택(聯立住宅).

▶ 빌라는 주차(駐車)하기가 조금 불편하지 않나요?

▶ 네, 그래서 빌라를 팔고 아파트(apartment)로 이사를 가려고 해요.

빌립보^서 Philippi書 신약성서(新約聖書) 의 한 편(篇).

▶ 빌립보서는 사도(使徒) 바울(St. Paul)이 빌립보 교인(敎人)들에게 보낸 편지야.

▶ 바울은 빌립보서를 감옥(監獄)에 갇혀서 썼다지?

*****빌지**bill紙 계산서(計算書).

▶ 빌지 어디에 있지? 내가 계산할게.

▶ 아주머니, 여기 빌지 좀 주세요.

빔beam¹ 광선(光線), 방향 지시 전파(電波).

▶ 빔 프로젝트(project)가 설치(設置)되었는지 확인해 주세요

▶ 왜 그렇게 화가 났어? 눈에서 빔이 나오는 것 같다.

빔beam² 건물이나 선박(船舶) 등에 쓰이는 (가로) 들보, 철근 막대.

▶ 이 건물은 H 빔으로 보강(補强)해야 한다.

▶ 빔은 한국어로 '들보'라고 해야 하는데, 이제 잘 안 쓰는 말이 되었어.

빙고bingo¹ '맞았어!', '그래 그거야!'라는 표현.

▶ 뭐 좋은 일 있어? 장학금(獎學金)이라도 탔나? 왜 그렇게 웃어?

▶ 빙고! 이번 학기에 장학금을 받았어요

빙고bingo² 카드(card)의 빈칸을 메우는 놀이. 빙고게임.

▶ 빙고 게임(game) 한판 어때요?

▶ 빙고 좋지요 먼저 완성한 사람이 '빙고'라고 외치는 거예요

*****빠**bar 술파는 코너(corner)가 따로 준비되어 있는 술집 → 바.

▶ 오늘 빠에 가서 한잔 할래?

빠다

    ▶ 테크노(techno)^빠에 갈까 칵테일(cocktail) 빠에 갈까?

*빠다バタ Jap　　버터(butter)의 일본어식 표현 → 버터.

    ▶ '빠다' 먹었어? 왜 그렇게 느끼하게 말해?

    ▶ 안 그래도 학교 다닐 때 내 별명이 '빠다'였어.

*빵꾸パンク Jap　　펑크(puncture)의 일본어식 표현 → 펑크

    ▶ 갑자기 타이어(tire)가 빵꾸가 나는 바람에 늦었어.

    ▶ 타이어에 빵꾸가 나면 당황스럽지.

    ▶ 양말에 빵꾸가 나도 당황스러운 건 마찬가지야.

    ▶ 이렇게 말도 없이 약속을 빵꾸 내는 사람이 어디 있어요!

*빵파레fanfare Fra　　축하, 축전(祝典) 신호를 알리는 트럼펫(trumpet) 음악 → 팡파르

    ▶ 내가 신호를 보내면 빵파레를 터뜨려 줘.

    ▶ 축전의 시작을 알리는 빵파레가 울려 퍼지자 많은 사람들이 모여들었다.

*빽[1]back　믿는 구석, 뒤에서 받쳐 주는 힘 / 뒤, 뒤편 → 백[1]

    ▶ 너 무슨 빽을 믿고 그렇게 함부로 행동하는 거야?

    ▶ 나는 빽도 없으니 열심히 노력하는 수밖에 없지.

*빽[2]bag　손가방, 핸드백(handbag) → 백[2]

    ▶ 어머니 선물은 뭘 샀어?

    ▶ 우리 엄마는 빽을 워낙 좋아하셔서 빽을 샀어.

*뽀샵photoshop /포토샵　영상(映像) 수정 프로그램(program) 또는 그 기법(技法).

    ▶ 이 사진은 뽀샵을 너무 많이 사용한 것 같아.

    ▶ 뽀샵을 하기 전의 원본(原本)을 보여 주세요

삐까삐까하다ぴかぴか Jap　　번쩍번쩍하다.

    ▶ '삐까삐까하다'라는 말도 외래어(外來語)예요?

    ▶ 사전에는 올라 있기는 한데 외래어로 보기에는 조금 그렇죠. '삐까삐까하다'
      는 이제는 없어져 가는 표현으로 보면 돼요.

*삐끼引き Jap　　호객(豪客)꾼.

    ▶ 술집이 모여 있는 곳에는 언제나 삐끼가 있게 마련이다.

    ▶ 삐끼라는 표현은 정말 좋지 않은 표현이다.

*삐라ビラ Jap　　체제(體制) 선동(煽動)용 전단(傳單bill)의 일본어식 표현.

    ▶ 나도 어렸을 때 북한(北韓)에서 날린 삐라를 본 적이 있어.

    ▶ 삐라를 주우면 바로 파출소(派出所)에 가져다 줘야 했지.

> ▶ 요즘에도 삐라가 있나?

삐삐beeper /비퍼　무선호출기(無線呼出機).

> ▶ 삐삐 본 적 있어?

> ▶ 그럼, 나도 어렸을 때 삐삐를 가지고 다녔어.

사디스트

■ 人 ■

사디스트sadist /[싸디스트] /새디스트　사디즘(sadism)의 경향(傾向)이 있는 사람 ↔ 마조키스트(masochist).
　▸ 그는 이번 영화에서 사디스트 역할을 맡았대요.
　▸ 사디스트와 마조히스트(masochist)가 어떻게 다르지요?
　▸ 그는 자기 자신을 사디스트라고 소개했다.

사디즘sadism /[싸디즘] /새디즘　이성(異姓)을 성적(性的)으로 학대(虐待)함으로써 자기의 성욕(性慾)을 만족시키는 변태적(變態的) 성욕, 가학증(加虐症) ↔ 마조히즘(masochism).
　▸ 그는 문학(文學) 작품(作品) 속에 나타난 사디즘의 경향(傾向)을 연구했다.
　▸ 그 영화는 사디즘을 제대로 표현한 영화라는 평가(評價)를 받았다.

사린sarin　독성(毒性)이 강한 신경(神經)가스(gas).
　▸ 사린 테러(terror) 발생 이후에 사람들은 한동안 지하철 타기를 꺼려했다.
　▸ 사린가스(gas) 사건은 예상(豫想)하지 못한 충격(衝擊)적인 사건이었다.

사바나savanna　우계(雨季), 건계(乾季)의 구별이 뚜렷한 열대(熱帶) 기후의 하나.
　▸ 사바나 기후는 열대우림 기후(熱帶雨林氣候)와 종종 비교된다.
　▸ 우리가 여행했던 곳은 사바나 기후로 알려진 곳이었다.

사보타주sabotage `Fra`　고의(故意)로 일을 느리게 하여 작업을 지체(遲滯)시키는 일. 태업(怠業).
　▸ 사보타주를 방지하려면 어떻게 해야 할까요?
　▸ 보이콧(boycott)과 사보타주는 반발(反撥) 문화의 상징(象徵)이기도 하다.

사브르sabre `Fra`　펜싱(fencing) 경기(競技)에 쓰는 검(劍) 또는 그 경기 종목(種目).
　▸ 그녀는 펜싱 여자 사브르 결승전(決勝戰)에서 금메달(medal)을 획득(獲得)했다.
　▸ 사브르는 칼과는 다른 형태(形態)의 무기(武器)이다.

***사시미**さしみ `Jap`　생선(生鮮)을 회(膾)로 떠서 먹는 음식.
　▸ 사시미 칼은 특히 날카롭기 때문에 조심해야 해요.
　▸ 이곳은 사시미 맛이 일품(一品)인, 유명한 일식(日食)집입니다.
　▸ 일본사람들은 옛날부터 사시미를 즐겨 먹었다.
　→ '생선회', '회'로 순화.

164

사우나sauna [싸우나]　핀란드(Finland)식 증기(蒸氣) 목욕. 사우나탕(湯).
- ▶ 몸이 피곤한데 같이 사우나 갈래요?
- ▶ 그래요. 사우나를 하고 나면 몸이 한결 나을 거예요

사우스포southpaw [사우쓰포] /[싸우쓰포]　왼손을 쓰는 선수의 통칭(通稱).
- ▶ 우리 팀(team)에는 사우스포 투수가 필요해.
- ▶ 왼손잡이 투수를 왜 사우스포라고 부르게 되었을까요?
- ▶ 그는 까다로운 사우스포 선수를 제법 잘 상대하는 권투(拳鬪) 선수다.

***사운드**sound [싸운드]　소리, 음악(音樂).
- ▶ 사운드가 좋은데요
- ▶ 이번 촬영(撮影)에서는 사운드에 신경(神經)을 많이 썼어요

사운드^트랙sound track [싸운드트랙]　영화(映畫)나 드라마(drama) 등의 배경(背景) 음악(音樂).
- ▶ 아름다운 사운드 트랙을 모아놓은 연주(演奏) 모음집이 나왔어요
- ▶ OST는 오리지널(original) 사운드 트랙의 준말입니다.
- ▶ 그 영화의 사운드 트랙이 발매(發賣)될 예정(豫定)이다.

사이다cider　탄산(炭酸)이 섞인 청량음료(淸凉飮料). 탄산수(炭酸水(soda pop)).
- ▶ 콜라(cola)로 할래? 사이다로 할래?
- ▶ 난 시원한 사이다로 한 잔 부탁해.

***사이드**side[1] [싸이드]　옆, 측면(側面).
- ▶ 그의 양(兩) 사이드에는 큰 개 두 마리가 서 있었다.
- ▶ 그는 이번 경기(競技)에서 공격수(攻擊手) 한 명을 사이드라인에 배치(配置)하는 전략(戰略)을 시도(試圖)했다.
- ▷ 사이드라인(sideline) : 구기(球技) 종목에서, 경기장이나 코트(court)의 긴 쪽으로 그어진 줄. 터치라인(touch-line).

***사이드**side[2] [싸이드]　부속물(附屬物) 또는 딸림 음식, 주(主)가 아닌 것.
- ▶ 메인(main) 메뉴(menu)는 스파게티(spaghetti)로 하고, 사이드 메뉴는 샐러드(salad)로 하죠
- ▶ 주차(駐車)할 때는 사이드 브레이크(brake)를 채웠는지 꼭 확인하세요

사이드^미러side mirror [싸이드미러]　자동차의 옆 거울.
- ▶ 운전할 때는 사이드 미러를 잘 살펴야 해.
- ▶ 출발하기 전에 사이드 미러의 각도(角度)를 미리 조절하는 것이 좋아요

사이드^카

　　▷ 백미러(back mirror).

사이드^카sidecar [싸이드카]　오토바이 옆에 달린 차량 또는 그런 오토바이. 경찰(警察)용 오토바이.

　　▶ 그 오토바이(auto bicycle) 옆에는 사이드카가 달려 있었다.

　　▶ 사이드카를 몰고 한 무리의 경찰들이 지나갔다.

사이렌siren [싸이렌]　사건(事件), 경고(警告)를 알리기 위한 음향(音響) 장치(裝置).

　　▶ 갑자기 사이렌이 울리며 소방차(消防車)와 경찰차(警察車)가 지나갔다.

　　▶ 사이렌 소리가 나면 재빠르게 대피(待避)하세요.

***사이버**cyber [싸이버]　가상(假象) 세계(世界). 컴퓨터(computer) 통신망(通信網).

　　▶ 그는 내가 사이버 공간(空間)에서 만난 유일(唯一)한 친구입니다.

　　▶ 사이버 공간에도 서로 간에 지켜야 할 예의(禮意)가 있습니다.

　　▷ 사이버 공간(cyber空間) : 컴퓨터에서 만들어 내는 가상공간.

사이보그cyborg /[싸이보그]　인공(人工) 부속(附屬)으로 개조(改造)된 인간.

　　▶ 나는 그를 사이보그에 빗대어 표현할 수밖에 없었다.

　　▶ 그 영화는 사이보그가 펼치는 액션(action)의 세계를 보여줍니다.

　　▷ cybernetic organism.

사이즈size [싸이즈]　크기, 치수.

　　▶ 허리 사이즈가 어떻게 돼요?

　　▶ 저는 24 사이즈로 주세요.

사이코psycho [싸이코]　제 정신이 아닌 사람. 정신(精神) 신경증(神經症) 환자(患者), 괴짜, 기인(奇人).

　　▶ 나는 그가 사이코 기질을 가진 사람이라고 생각했어요.

　　▶ 그는 인터뷰(interview)에서 사이코패스(path)를 연기한 심정을 밝혔습니다.

　　▷ 사이코드라마(psychodrama) : 심리극(心理劇).

사이클cycle[1] [싸이클]　자전거(自轉車).

　　▶ 저녁 식사 후에는 사이클을 타고 운동을 합니다.

　　▶ 그곳에서는 사이클 경기(競技)가 매달 펼쳐진다.

　　▶ 그는 안타깝게도 사이클 종목(種目)에서 금메달(medal)을 놓쳤어요.

사이클cycle[2] [싸이클]　일정한 순환(循環) 주기(週期).

　　▶ 생활 습관(習慣)을 바꾸려고 하는데, 매번 같은 사이클만 반복될 뿐이네요.

　　▶ 이런 안 좋은 '생활 사이클'은 굳은 의지(意志)로 깨뜨려야 해요.

***사이키**psychedelic [싸이키] 황홀하게 반짝거리는 무대(舞臺)용 조명(照明).

　▶ 사이키 조명을 빌릴만한 데가 없을까?

　▶ 갑자기 사이키 조명은 왜?

　▶ 댄스파티(dance party)에는 사이키 조명이 있어야지.

사인sign[1] [싸인] 서류(書類)에 서명(署名)함. 또는 그 서명. 사인하다.

　▶ 이 서류에 사인해 주시면 됩니다.

　▶ 사인 대신 도장(圖章)을 찍어도 될까요?

사인sign[2] [싸인] 몸짓·눈짓 등으로 의사(意思)를 전달하다. 사인을 보내다.

　▶ 내가 대답하지 말라는 사인을 보냈는데 몰랐어?

　▶ 난 빨리 일어서라는 사인으로 알았어.

　▶ 사인이 안 맞으니 같이 일하기가 힘드네.

사인펜sign pen [싸인펜] 수성/유성 잉크(ink)를 넣은 필기(筆記) 도구(道具)의 하나.

　▶ 사인펜 좀 빌려주세요.

　▶ 사인펜 말고 볼펜(ball pen)은 안 되나요?

　▶ 사인펜처럼 굵고 진한 펜(pen)이 필요해요.

사일로silo [싸일로] 원형(圓形)으로 생긴 탑(塔) 모양의 저장(貯藏) 창고(倉庫).

　▶ 그 시멘트(cement) 사일로를 예술(藝術) 작품(作品)으로 바꿀 수 있을까요?

　▶ 이 작품은 원통형의 사일로 모형(模型)을 본떠 만들었어요.

사카린saccharin 단맛이 나는 인공(人工) 감미료(甘味料).

　▶ 옛날에는 비싼 설탕 대신 값싼 사카린을 이용했다.

　▶ 사카린 밀수(密輸)는 불법(不法)입니다.

사탄Satan 절대 선(善)에 대립하는 악(惡), 마귀(魔鬼).

　▶ 사탄이 정말 있을까?

　▶ 이 사고가 난 건 사탄의 저주(詛呪) 때문이래.

사파리safari [싸파리] 자동차를 타고 야생(野生) 동물을 구경하는 일.

　▶ 아프리카(Africa) 사파리 투어(tour)를 신청했어.

　▶ 동물원 입장권(入場券)과 사파리 이용권(利用券)을 함께 끊었다.

사파이어sapphire 보석(寶石)의 하나, 청옥(靑玉).

　▶ 반지를 사려고 하는데 루비(ruby)와 사파이어 중에 뭐가 좋을까요?

　▶ 여름이니까 사파이어가 시원해 보이지 않을까요?

사프란saffraan /샤프란 Net 향기(香氣)가 좋은 붓꽃과의 여러해살이풀.

산스크리트

> ▶ 이 꽃이 바로 사프란이에요

> ▶ 아, 이 꽃이 비싸고 귀하다는 그 사프란이군요

산스크리트Sanskrit 옛 인도(India) · 아리안(Aryan) 말, 산스크리트 어(語). 범어(梵語).

> ▶ 산스크리트 어 문법(文法)을 배우고 싶어요

> ▶ 산스크리트 음악(音樂)은 내용을 알고 들어야 더 감동적(感動的)이다.

산타Santa [싼타] '산타클로스(Santa Claus)'의 준말. 상상(想像)속의 노인.

크리스마스(christmas) 전날 밤에 선물(膳物)을 주고 간다고 믿음.

> ▶ 산타 할아버지는 우는 애들한테는 선물을 안 주신대.

> ▶ 산타 할아버지가 정말 있을까?

산타^마리아 Santa Maria [싼타마리아] 예수의 모친(母親)에 대한 존칭(尊稱). 성모(聖母)

마리아(Maria).

> ▶ 저기 있는 저 배가 산타마리아호입니다.

> ▶ 산타마리아는 성모 마리아라는 뜻인가요?

살라미salami [쌀라미] 날고기에 소금 · 향료 등을 가미(加味)해서 만든 이탈리아

(Italia)식 소시지(sausage).

> ▶ 살라미와 크림치즈(cream cheese)는 어떤 술에도 잘 어울리는 안주야.

> ▶ 살라미는 유럽(Europe)에서 슬로푸드(slow food)로 인기를 얻고 있다.

살롱salon [싸롱] `Fra` 원래 뜻 : 객실(客室), 응접실(應接室), 미술 전람회(展覽會).

한국어에서 : 양장점(洋裝店) · 미장원(美粧院) 또는 고급(高級) 술집.

> ▶ 이곳에서 헤어(hair) 살롱을 운영한 지 5년이 조금 넘었어요.

> ▶ 오늘 저녁 살롱에서 술 한잔 어때?

살모넬라^균salmonella菌 장티푸스(腸typhus)성 질환(疾患) · 위장염(胃腸炎) 및 식중독

(食中毒)을 일으키는 세균(細菌).

> ▶ 살모넬라균에 오염(汚染)된 계란을 먹고 식중독에 걸렸어.

> ▶ 여름철엔 살모넬라균을 조심해야 해.

> ▶ 살모넬라균 감염(感染) 환자(患者)가 급격히 늘었다.

*__새디스트__sadist [쌔디스트] 사디즘(sadism)의 경향(傾向)이 있는 사람 → 사디스트

> ▶ 그는 이번 영화에서 새디스트 역할(役割)을 맡았대요.

> ▶ 새디스트와 마조히스트(masochist)가 어떻게 다르지요?

> ▶ 그는 자기 자신을 새디스트라고 소개했다.

*__새디즘__sadism [쌔디즘] 이성(異姓)을 성적(性的)으로 학대(虐待)함으로써 자기의 성욕

(性慾)을 만족시키는 변태적(變態的) 성욕, 가학증(加虐症) → 사디즘.

▶ 그는 문학 작품 속에 나타난 새디즘의 경향(傾向)을 연구(硏究)했다.

▶ 그 영화는 새디즘을 제대로 표현한 영화라는 평가(評價)를 받았다.

새시sash /새시 /[샷시] 창틀, 틀의 총칭(總稱).

▶ 우리 집 베란다의 새시가 너무 낡아서 빨리 교체해야 하겠어요.

▶ 좋은 새시로 해야 바람을 잘 막을 수 있어요.

색소폰saxophone [쌕소폰] /[쌕쓰폰] 관악기(管樂器)의 하나.

▶ 그의 색소폰 연주(演奏)는 훌륭했어.

▶ 그만큼 색소폰을 잘 연주할 수 있는 사람은 아마 없을 거야.

샌드백sandbag /[쌘드백] 신체 단련(鍛鍊)을 위한 타격(打擊) 연습(練習)용 모래주머니.

▶ 그는 샌드백을 치며 주먹을 단련시켰다.

▶ 저는 화가 날 때면 샌드백을 치는 것으로 스트레스(stress)를 풀어요.

샌드위치sandwich[1] /[쌘드위치] 고기 · 야채 · 치즈(cheese) 등을 식빵에 끼워 먹는 음식.

▶ 오늘 점심은 샌드위치 어때요?

▶ 샌드위치로 식사(食事)가 될까요?

샌드위치sandwich[2] /[쌘드위치] 무엇인가의 사이에 끼어 있는 답답한 상태를 나타내는 표현.

▶ 난 항상 형과 동생 사이에 낀 샌드위치 신세였어.

▶ 형의 편도 들어야 하고 동생의 편도 들어야 하니 늘 샌드위치일 수밖에 없었겠다.

***샌드페이퍼**sandpaper [쌘드페이퍼] 나무를 다듬는 기능성(機能性) 종이. 사포(砂布).

▶ 이제 샌드페이퍼로 마무리만 하면 돼요.

▶ 제가 샌드페이퍼로 문지르는 일을 도울게요.

샌들sandal [쌘들] /[쌘달] 여름철에 바닷가 또는 일상생활(日常生活)에서 신는 간편한 신발.

▶ 한국에서 여름을 나려면 샌들이 필요할 거예요.

▶ 이번 여름에는 어떤 샌들이 유행(流行)을 할까요?

▶ 바다 여행을 갈 때는 샌들과 선글라스(sunglass)가 꼭 필요해요.

샐러드salad /[쌜러드] 채소와 과일 등을 소스(sauce)에 버무려서 먹는 음식.

▶ 요즘 다이어트(diet)를 하느라 샐러드만 먹고 있어.

▶ 샐러드만 먹으면 지겹지 않아?

샐러리

　　▷ 샐러드^유(salad油) : 샐러드용 기름.

　　▷ 샐러드^드레싱(salad dressing) : 샐러드용 소스.

*샐러리celery [쌜러리]　식용 풀의 하나 → 셀러리.

　　▶ 제 샐러드(salad)에는 샐러리를 빼고 주세요.

　　▶ 왜요? 샐러리는 몸에 좋은 채소예요.

샐러리^맨salary^man [쌜러리맨]　일정한 봉급(俸給)을 받는 직장인.

　　▶ 이 시대에 샐러리맨으로 살아가는 건 불행한 일이야.

　　▶ 그래도 샐러리맨은 항상 월급(月給)을 받을 수 있잖아요.

샘플sample [쌤플]　견본(見本). 표본(標本).

　　▶ 새로 나온 화장품 샘플 좀 사용해 볼 수 있을까요?

　　▶ 네, 물론이에요. 샘플을 사용해 본 손님들은 모두 좋다고 하셨어요.

　　▶ 샘플링 작업(作業)이 끝나면 저에게 보고해 주세요.

　　▷ 샘플링(sampling) : 표본 뽑기, 표본 추출(抽出).

*샤도우shadow　그림자, 음영(陰影). 그림자처럼 쫓아다니는 것 → 섀도.

　　▶ 여자들은 눈 화장을 할 때 보통 아이샤도우를 사용해요.

　　▶ 여자들은 다양한 색깔의 아이샤도우를 가지고 있어요.

　　▶ 샤도우를 예쁘게 사용하는 법을 알려줄게.

샤머니즘shamanism　무당(巫堂)에 의한 주술(呪術)·기도를 믿는 신앙(信仰). 무술(巫術).

　　▶ 샤머니즘의 흔적은 아직도 한국 곳곳에 남아 있다.

　　▶ 춤과 노래를 반복하고 주문(呪文)을 외우는 게 샤머니즘의 특징이다.

*샤벳sherbet /샤베트　과일즙(汁)에 물, 우유, 설탕 등을 섞어서 만든 얼음과자 → 셔벗.

　　▶ 나는 아이스크림(ice cream) 중에서 샤벳을 제일 좋아해.

　　▶ 샤벳에는 얼음 알갱이가 들어 있어서 아주 시원해.

*샤시¹chassis　자동차 따위의 차대(車臺). 틀, 프레임(frame) → 섀시.

　　▶ 자동차 샤시 분야(分野)의 연구가 활발하다.

　　▶ 자동차 샤시 부품(部品) 공급(供給)에 문제가 생겼대요.

*샤시²sash /[샷시]　창틀, 틀의 총칭(總稱) → 섀시.

　　▶ 우리 집 베란다의 샤시가 너무 낡아서 빨리 교체해야 하겠어요.

　　▶ 좋은 샤시로 해야 바람을 잘 막을 수 있어요.

*샤쓰shirts　셔츠(shirts)의 옛날식 표현(일본식 발음이 굳어져서 남은 것) → 셔츠

　　▶ 여보, 내 하얀 샤쓰 좀 다려줘요.

> 내일은 그냥 검은 샤쓰를 입으세요

샤워(하다)shower 샤워기를 이용하여 간단하게 하는 목욕.

> ▶ 아침에 보니 샤워기가 고장 나서 물이 잘 안 나오던데요
> ▶ 샤워할 때 물이 튀지 않도록 샤워 부스(booth)나 샤워 커튼(curtain)을 설치하는
> 것이 좋아요
> ▷ 샤워^기(shower^器) : 샤워용 물뿌리개

***샤인**shine 밝게 빛이 나다.

> ▶ '샤인'이 밝게 빛난다는 뜻이어서 그룹 이름을 '샤이니'라고 지은 건가?
> ▶ 맞아요. 화장품도 '샤이닝 세럼(serum)'이라는 게 있어요
> ▷ 샤이니(shiny) / 샤이닝(shining) : 빛이 나는.

샤프sharp[1] 연필심 교체(交替)가 가능한 필기구(筆記具), 샤프펜슬(sharp+pencil).

> ▶ 혹시 샤프 남는 게 있으세요?
> ▶ 아니요. 제가 쓸 것밖에 없는데요
> ▶ 그럼 샤프심이라도 좀 빌려주시겠어요?
> ▷ 샤프심(sharp芯) : 샤프에 넣는 교체용 연필심.

샤프sharp[2] [샵] /샵 악보(樂譜)에서 음(音) 올림을 나타내는 표. [#].

> ▶ 여러분, 악보에서 샤프 표시를 잘 보고 정확(正確)하게 연주해 주세요
> ▶ 음정(音程)이 정확한 사람은 샤프나 플랫(flat) 소리를 명확(明確)하게 구분합니다.
> ▷ 플랫. [b].

***샤프하다**sharp[3] 매력적(魅力的)으로 잘생기다. 똑똑하다.

> ▶ 선생님, 오늘 정말 샤프해 보이세요
> ▶ 나는 당신이 조금 더 샤프한 사람이었으면 좋겠어.

샴페인champagne 기포(氣泡)가 있는 포도주(葡萄酒). 프랑스(France)의 샹파뉴(Champagne) 지방에서 처음 만든 술.

> ▶ 진급(進級)도 축하할 겸 샴페인을 터트리자.
> ▶ 오늘 저녁 가볍게 샴페인 한잔 어때요?
> ▶ 샴페인과 와인(wine) 중 뭐가 더 맛이 좋아요?

샴푸(하다)shampoo 머리 감을 때 쓰는 물비누 또는 머리 감는 일.

> ▶ 머리를 감을 때 샴푸를 너무 많이 사용하지 마세요
> ▶ 샴푸한 후에는 반드시 드라이(dry)로 머리를 말려 주세요

***샵**[1]sharp → 샤프

샵

*샵²shop 가게, 상점의 통칭 → 숍.
　▶ 이번 주에는 '샵'에 좀 다녀와야 하겠어. 머리가 엉망이네.
　▶ '샵'이요? 아! '헤어(hair)숍'을 말하는 거죠?
*샷다shutter¹ 위로 감아올리거나 내릴 수 있게 된, 좁은 철판으로 만든 덧문 → 셔터.
　▶ 문을 잠근 후에 꼭 샷다도 내려주세요
　▶ 이미 샷다까지 내렸으니 문을 다시 열기가 곤란해요
*샷다shutter² 사진을 찍을 때, 카메라(camera) 렌즈(lens) 덮개를 여닫는 장치(裝置).
　▶ 샷다를 열고 난 후에 사진을 찍어야지요
　▶ 아, 카메라 샷다가 닫혀 있었군요
샹들리에chandelier Fra 천장에 달아 놓는 장식(裝飾)용 등.
　▶ 레스토랑(restaurant)에 들어서니 천장에 화려한 샹들리에가 빛나고 있었다.
　▶ 샹들리에 하나로 거실(居室) 분위기(雰圍氣)가 확 달라졌네요
샹송chanson Fra 프랑스(France)의 대중가요(大衆歌謠).
　▶ 그 프랑스 사람은 한국 노래자랑에서 샹송을 불렀어요
　▶ 요즘 프랑스 사람들은 샹송보다 케이팝(K-pop)을 많이 불러요
　▶ 저는 요즘 부드러운 샹송의 매력(魅力)에 푹 빠졌어요
섀도^복싱shadow^boxing /[섀도우뽁씽] 상대(相對)가 앞에 있다고 가정(假定)하고 혼자
서 공격(攻擊)과 수비(守備)를 연습하는 방법.
　▶ 다이어트(diet)에 효과가 좋은 섀도복싱을 해보세요
　▶ 그가 땀을 흘리며 섀도복싱을 하는 장면(場面)에서는 감탄(感歎)이 절로 나왔다.
　▶ 배우들이 섀도복싱을 선보이자 여기저기에서 박수(拍手)가 터져 나왔다.
섀미chamois /세무[쎄무] /세모[쎄모] 영양·염소·사슴 등의 가죽으로 가공한 부드러
운 가죽.
　▶ 그 신발 가죽이에요?
　▶ 네, 섀미가죽이에요
　▶ 섀미는 비 오는 날 신기에 불편해요
　▶ 비 오는 날엔 섀미 대신 고무장화를 신는 게 좋아요
섀시chassis /샤시 자동차 따위의 차대(車臺). 틀, 프레임(frame).
　▶ 자동차 섀시 분야(分野)의 연구가 활발하다.
　▶ 자동차 섀시 부품(部品) 공급에 문제가 생겼대요
서러브레드thoroughbred /[써러브레드] 영국(英國)산 경마(競馬)용 말의 한 품종(品種).

　▶ 장애물(障碍物) 뛰어넘기를 하는 저 말이 서러브레드 품종입니다.

　▶ 요즘에는 경마장에서 서러브레드를 많이 볼 수 있어요.

서머^스쿨summer school /섬머 /썸머　여름학교. 보통 방학(放學) 기간 동안에 운영(運營)하는 학교.

　▶ 다음 달 초부터 서머스쿨이 열립니다.

　▶ 한국어를 배울 수 있는 서머스쿨이 열리면 좋겠어요.

서머^타임summer time /썸머　여름에 시각(時刻)을 한 시간 빠르게 하는 것. 일광(日光) 절약 시간.

　▶ 다음 주부터는 서머타임이 끝나고 다시 원래대로 돌아갑니다.

　▶ 긴 낮 시간을 효과적으로 사용하기 위해 서머타임을 사용합니다.

　▶ 한국에서도 서머타임 제도(制度)를 실시하나요?

서브[1](하다)serve[1] [써브]　테니스(tennis) · 배구 · 탁구 등에서, 상대 코트(court)에 공을 보내는 것.

　▶ 그가 서브할 때면 나는 언제나 긴장(緊張)이 된다.

　▶ 네가 서브를 넣으면 내가 받을게.

서브[1](하다)serve[2] [써브]　서비스(service)를 제공(提供)하다.

　▶ 저쪽 테이블(table)에 빨리 음식 서브해 드려라.

　▶ 다른 테이블 손님이 먼저 오셔서 그쪽부터 서브해 드려야 해요.

서브[2]sub [써브]　하위(下位)의, 부차적(副次的)인. 아래의 ↔ 메인타이틀(main title).

　▶ 그 한국 영화에 혹시 영어 서브타이틀이 있나요?

　▶ 그 음식점은 괜찮은 서브 메뉴(menu)가 많아요.

　▶ 시험에 합격하려면 과목마다 자신만의 서브노트(note)를 만드는 게 좋지요.

　▷ 서브타이틀(subtitle) : 부제(副題). 영화나 드라마의 보조 자막(字幕).

서비스service[1] [써비쓰]　손님을 접대(接待)하는 것. 남을 위해서 베풀어 주는 것.

　▶ 그 식당은 서비스가 정말 최고야.

　▶ 고객님의 성원(聲援)에 최고의 서비스로 보답하겠습니다.

　▶ 고객을 많이 모으려면 서비스 정신이 투철(透徹)해야 해.

　▶ 오늘은 내가 뭐든 서비스할게. 넌 그냥 푹 쉬어.

서비스service[2] [써비쓰]　물건값을 깎아 주거나 덤으로 주는 것.

　▶ 이렇게 많이 샀는데 뭐 서비스 없어요?

　▶ 워낙 가격이 저렴(低廉)해서 더 많이 산 손님에게도 서비스는 못 드렸어요.

서비스

서비스service[3] [써비쓰] 구기(球技) 경기(競技)에서의 서브(serve).
  ▶ 서비스를 할 때는 라인(line)을 밟지 않도록 조심하세요.
서비스^라인service line [써비쓰라인] 테니스(tennis) 경기(競技)에서, 서브(serve)를 넣는 박스(box)의 라인.
  ▶ 서비스라인을 밟고 서브를 하면 반칙 아닌가요?
  ▶ 서비스라인에 가까이 떨어지는 스파이크(spike)는 막을 방법이 없다.
서비스^업service^業 [써비쓰업] 설비(設備), 숙소 대여(貸與) 또는 광고(廣告), 수리(修理) 등의 업종.
  ▶ 저의 아버지께서는 서비스업에 종사하십니다.
  ▶ 모든 서비스업에서 가장 중요한 것은 친절이다.
서비스^에어리어service area[1] [써비쓰 에어리어] 라디오(radio)·텔레비전(television) 등의 시청(視聽)·청취(聽取) 가능 지역.
  ▶ 이곳은 저희 서비스에어리어가 아닙니다.
  ▶ 그럼 어디까지가 서비스에어리어인 거예요?
  → '서비스 구역'으로 순화.
서비스^에어리어service area[2] [써비쓰 에어리어] 테니스(tennis)·배구 경기(競技) 등에서, 서브(serve)를 넣는 구역.
  ▶ 서브를 보낼 때에는 상대편의 서비스에어리어를 주시(注視)해야 해.
  ▶ 공이 네트(net)에 맞고 서비스에어리어에 들어갔어요.
  ▶ 배구 경기에서 서비스에어리어 라인(line)을 밟으면 파울(foul)인가요?
서스펜스suspense [써스펜쓰] 영화나 드라마(drama) 등에서, 긴박감(緊迫感) 또는 박진감(迫進感)이 넘치는 이야기 구조 또는 그 장면.
  ▶ 그 영화는 스릴(thrill)과 서스펜스를 함께 즐길 수 있다.
  ▶ 그 드라마는 서스펜스와 미스터리(mistery)의 조화로 높은 시청률을 냈다.
  ▶ 심장을 조이는 강렬한 서스펜스!
서치라이트searchlight [써치라이트] 경계(警戒) 또는 안전을 위해 비추는 조사용 등. 탐조등(探照燈).
  ▶ 사고 비행기의 파편(破片)을 찾기 위해서 서치라이트를 비추었다.
  ▶ 축제의 시작을 알리는 커다란 서치라이트가 하늘을 가르고 있었다.
서커스circus [써커쓰] 곡예(曲藝)와 마술(魔術), 동물의 묘기(妙技) 등을 보여 주는 공연.
  ▶ 낮에는 승마(乘馬) 체험을 하고 저녁에는 서커스를 보았다.

▶ 서커스를 구경하기 위해 매표소(賣票所) 앞에 줄을 섰다.

▶ 중국에서 가장 유명한 서커스 공연단(公演團)이 한국을 방문했다.

서클circle[1] [써클] 취미가 같거나 직업, 관심사(關心事)가 같은 사람들이 함께 활동하는 모임. 단체(團體). 동아리.

▶ 나 이번에 영화 서클에 가입가려고 하는데 너도 같이 할래?

▶ 아니, 난 태권도 서클에 이미 가입했어.

▶ 멋진 조형일 교수님께서 우리 서클을 지도해 주기로 하셨어.

***서클**circle[2] [써클] 원(圓), 순환(循環), 주기(週期).

▶ 미스터리(mystery) 서클이 뭐야?

▶ 여러 개의 서클을 기하학적(幾何學的)으로 그려 놓은 건가?

***서클^렌즈**circle lenses [써클렌즈] 다양한 색과 모양을 입힌 콘택트렌즈(contact lens).

▶ 서클 렌즈를 끼면 눈에 안 좋은가요?

▶ 서클 렌즈를 착용하면 눈이 예뻐 보여요.

서킷circuit[1] [써킷] 자동차·오토바이(auto bicycle) 등의 경주(競走)용 원형(圓形) 코스(course).

▶ 빨간 스포츠카(sports car)는 레이스(race) 서킷을 돌며 질주(疾走)했다.

▶ 중국 상해 레이스 서킷에서 시승(試乘) 행사가 열렸다.

▶ 그 서킷의 길이는 얼마나 되나요?

서킷circuit[2] [써킷] 전기 회로(電氣回路).

▶ 이쪽 서킷에 문제가 있나 보다. 불이 안 들어오는데.

▶ 그럼 새로운 서킷을 만들어야 하겠네.

서포터supporter [써포터] 후원자(後援者), 지지자(支持者) 또는 지지물, 버팀 물건.

▶ 김 사장님이 이번 행사의 서포터가 되어 주셨다.

▶ 그 운동화는 국민들의 건강 서포터 역할을 했다.

▶ 나는 이번 월드컵(World Cup)의 축구 서포터로 활동할 것이다.

***서프라이즈(하다)**surprise 놀라는, 놀라다. 놀라게 하다.

▶ 어젯밤은 정말 서프라이즈한 밤이었다.

▶ 오늘 저녁에는 그녀를 위한 서프라이즈 파티(party)가 준비되어 있다.

서핑surfing[1] [써핑] 파도타기.

▶ 호주는 서핑을 즐기기 좋은 나라입니다.

▶ 서핑 보드(board)를 대여(貸與)할 수 있나요?

서핑

> ▶ 이번 여름에는 해변에서 서핑을 즐기고 싶어요
> ▶ 파도가 높아야 서핑을 제대로 즐길 수 있어요

서핑surfing[2] [써핑] 인터넷(internet) 사이트(site)를 접속해 둘러보는 것. 웹(web)서핑.

> ▶ 오늘은 하루 종일 웹 서핑을 하며 시간을 보냈어요
> ▶ 인터넷 서핑을 하는데, 속도가 너무 느려서 답답해요

선글라스sunglass [썬글라쓰] /[썬그라쓰] 햇빛이나 빛의 반사(反射)로부터 눈을 보호하기 위해서 쓰는 안경.

> ▶ 유럽(Europe)여행을 가려면 선글라스가 꼭 필요해요
> ▶ 선글라스는 패션(fashion)을 추구하는 사람들의 필수품이에요

선루프sun^roof [썬루프] 자동차 지붕에 달려 있는 유리창. 열리고 닫힐 수 있어야 함.

> ▶ 선루프를 장착한 차를 처음으로 탔어요
> ▶ 날씨가 좋은데 선루프를 열고 달려볼까요?

선크림sun cream [썬크림] 태양의 자외선(紫外線)을 막기 위해서 몸에 바르는 크림(cream).

> ▶ 햇볕이 강하니까 선크림을 듬뿍 바르고 나가세요
> ▶ 어린이용 선크림도 있나요?

선팅sunting [썬팅] /썬팅 해를 가리기 위해서 유리에 얇은 막(膜)을 입히는 것.

> ▶ 새로 차를 사면 선팅은 보통 서비스(service)로 해 준다.
> ▶ 베란다(veranda) 유리창에도 선팅을 해야 하겠어요 햇빛이 너무 강하네요

***섬머^스쿨**summer school [썸머] 여름학교. 보통 방학(放學) 기간에 운영(運營)하는 학교 → 서머스쿨.

> ▶ 다음 달 초부터 섬머스쿨이 열립니다.
> ▶ 한국어를 배울 수 있는 섬머스쿨이 열리면 좋겠어요

세라믹ceramics /[쎄라믹] 도자기·유리·벽돌·시멘트(cement) 등을 만드는 소재(素材).

> ▶ 이 액세서리(accessory)는 세라믹 소재로 만들어졌어요
> ▶ 냄비나 칼도 세라믹으로 만든 제품이 있대요

세레나데serenade /[쎄레나데] 애인의 집 밖에서 연주, 노래하는 가곡(歌曲), 서정적(抒情的)인 현악(絃樂) 합주(合奏).

> ▶ 세레나데에 마음이 흔들린 그녀는 결국 그의 청혼(請婚)을 받아들였다.
> ▶ 그는 10년 동안 함께 살아온 아내에게 감동의 세레나데를 바쳤다.

***세리머니**ceremony /세레머니 /세러머니 /세러모니 격식(格式)을 갖춘 의식(儀式) 또는 행

위(行爲)의 통칭(通稱).
- ▶ 그 선수는 골(goal)을 넣으면 항상 독특하고 재미있는 세리머니를 보여준다.
- ▶ 이번 세리머니는 ○○○ 씨의 사회로 진행되겠습니다.

*세무chamois [쎄무] /세모[쎄모] 영양·염소·사슴 등의 가죽으로 가공한 부드러운 가죽 → 섀미.
- ▶ 그 신발 가죽이에요? 네, 세무 가죽이에요.
- ▶ 세무는 비 오는 날 신기에는 불편해요.
- ▶ 비 오는 날엔 세무 대신 고무장화를 신는 게 좋아요.

*세미semi /[쎄미] 완전하지 않은, 절반(折半)의.
- ▶ 이 옷은 세미 정장 스타일(style)을 연출할 수 있어요.
- ▶ 세미 힙합(hiphop) 스타일로 나온 청바지 있어요?

세미나seminar /[쎄미나] 선생과 학생이 모여서 연구 발표나 토론 등을 하는 것 또는 특정한 과제에 관하여 여는 연수회(硏修會), 강습회(講習會).
- ▶ 이번 학기 세미나는 언제 열리나요?
- ▶ 교수님은 세미나 때문에 어제 지방에 내려가셨어요.

세미콜론semicolon /[쎄미콜론] '즉'의 의미로 쓰는 문장 부호, 구두점의 하나. [;].
- ▶ 콜론(colon)과 세미콜론의 용도(用途)는 어떻게 다른가요?
- ▶ 세미콜론과 콤마(comma)를 혼동(混同)해서 사용할 때가 많아요.
- ▷ 표준 한국어의 문장부호에는 없음.

세미파이널semifinal /[쎄미파이널] 결승전(決勝戰) 바로 전 경기(競技), 준결승전(準決勝戰).
- ▶ 우리 팀은 2등으로 세미파이널에 진출(進出)했다.
- ▶ 세미파이널부터 최종 결승까지가 제일 중요한 경기입니다.

세미프로페셔널semiprofessional /[쎄미프로페쎠널] 본 직업이 따로 있는 선수 또는 준(準)전문가. 세미프로.
- ▶ 그들은 세미프로페셔널 대회에서 나란히 1등과 2등을 차지했다.
- ▶ 이 지역에서 유명한 세미프로 가수들을 초청(招請)합시다.

*세븐seven [쎄븐] 일곱 번째, 일곱째.
- ▶ 난 넘버(number) 세븐도 충분히 만족해요.
- ▶ 준비하시고 세븐, 식스, 파이브, 포, 쓰리, 투, 원, 번지(bungee)!
- ▷ 제로(zero), 원(one), 투(two), 쓰리(three), 포(four), 파이브(five), 식스(six[씩쓰]), 세븐(seven[쎄븐]), 에이트(eight/에잇), 나인(nine), 텐(ten).

세이브

*세이브(하다)save [쎄이브] 컴퓨터(computer) 프로그램(program)으로 작업한 데이터
　　(data)나 상태를 저장하는 것.
　　　▶ 작업을 끝낸 후에는 반드시 파일(file)을 세이브야 합니다.
　　　▶ 세이브하지 않은 파일은 복구(復舊)가 불가능합니다.
　　　→ '저장하다'로 순화.
세이프safe [쎄이프] /[쎄입] 야구에서, 주자(走者)가 베이스(base)까지 안전하게 나가는
　　일. 구기(球技) 경기(競技)에서 공이 경기장 규정선(規定線) 안에 들어가는 것.
　　　▶ 1루 심판은 세이프 판정을 내렸습니다.
　　　▶ 세이프가 될 수 있는 상황을 설명해 주세요
세일(하다)sale [쎄일] 할인(割引) 판매.
　　　▶ 세일이라 싸게 드려요 이 기회에 구입하세요
　　　▶ 세일 기간이 언제까지예요?
　　　▷ 바겐세일(bargain sale).
세일러^복sailor服 /[쎄일러복] 해군(海軍) 군복(軍服) 또는 이를 본떠 만든 어린이 · 여
　　학생용 옷.
　　　▶ 이번 뮤직비디오(music video) 촬영 의상은 세일러복으로 합시다.
　　　▶ 그녀가 오늘은 아주 귀여운 세일러복을 입고 왔어요
*세일즈(하다)sales [쎄일즈] 팔다, 판매(하다).
　　　▶ 그 남자는 세일즈맨으로 산 지가 벌써 10년째라지요?
　　　▶ 세일즈에 성공하려면 고객들을 많이 만나야 합니다.
　　　▷ 세일즈맨(salesman) : 상품을 판매하는 사람. 영업(營業) 사원.
세컨드second[1] /[쎄컨드] /[쎄컨] 부인 외의 애인, 첩(妾).
　　　▶ 저 여자가 김 사장님 세컨드라며?
　　　▶ 글쎄, 세컨드라는 소문이 있는데 확실히는 몰라.
세컨드second[2] /[쎄컨드] /[쎄컨] 권투 경기(競技)에서 선수를 보조해 주는 사람.
　　　▶ 그는 권투장에서 세컨드의 역할을 맡고 있다.
　　　▶ 경기 중에 세컨드가 선수에게 타월(towel)을 건네도 되나요?
*세컨드second[3] /[쎄컨드] /[쎄컨] 두 번째.
　　　▶ 돈이 많은 사람들은 세컨드 하우스(house)로 전원주택을 원해요
　　　▶ 요즘 세컨드 라이프(life)를 즐기려는 사람들이 많아요
세타theta Gre   그리스(Greece) 자모(字母)의 여덟 번째 문자(文字) → 그리스문자.

▷ A/α알파, B/β베타, Γ/γ감마, Δ/δ델타, E/ε엡실론, Z/ζ제타, H/η에타, Θ/θ세타, I/ι요타, K/κ카파, Λ/λ람다, M/μ뮤, N/ν뉴, Ξ/ξ크시/크사이, O/o오미크론, Π/π파이, P/ρ로, Σ/σ시그마, T/τ타우, Y/υ입실론, Φ/φ피, X/χ키, Ψ/ψ프시/프사이, Ω/ω오메가.

세터setter [쎄터] 배구 경기(競技)에서 토스(toss)를 전문적(專門的)으로 하는 선수.

▶ 이번 경기에 참가한 세터는 자신의 장점을 잘 살려냈다.

▶ 그는 공격적인 세터답게 활발한 움직임을 보여주었다.

▶ 세터의 실력이 경기 결과를 좌우(左右)하게 된다.

세트set[1] [쎄트] /[쎗] 한 벌로 된 물건이나 음식.

▶ 커피(coffee)를 좋아하는 그에게 커피세트를 사 주었어요.

▶ 이번 명절(名節)에는 선물세트를 많이 받았어요.

세트set[2] [쎄트] 연극(演劇)이나 영화(映畵) 장면 또는 공연(公演) 무대 장치.

▶ 그 공연은 세트가 정말 훌륭했다.

▶ 촬영 중에 세트가 무너져서 배우가 부상(負傷)을 당했어요.

세트set[3] [쎄트] 테니스(tennis), 탁구처럼 여러 번 이겨야 하는 경기(競技) 중의 한 판.

▶ 그는 마지막 세트에서 점수를 뒤집었다.

▶ 이번 세트를 마지막으로 경기를 끝내겠습니다.

세트^스코어set score [쎄트스코어] /[쎗트스코아] 구기(球技) 경기(競技)에서, 쌍방의 이긴 세트(set)의 수(數).

▶ 상대팀을 세트스코어 3대0으로 이겼습니다.

▶ 그는 세트스코어 2대1로 상대 선수를 꺾고 우승을 했다.

세트^포인트set point [쎄트포인트]/ [쎗포인트] 구기(球技) 경기(競技)에서, 세트(set)의 승부를 결정짓는 중요한 득점(得點).

▶ 그는 세트포인트 기회를 얻어냈다.

▶ 연이은 득점으로 1점차 세트포인트까지 따라잡았다.

▶ 마지막 세트 포인트에서는 그는 비장(秘藏)의 기술을 선보였다.

세트^포지션set position [쎄트포지션] /[쎗포지션] 야구 경기(競技)에서 투수가 주자(走者)를 견제(牽制)할 때 취하는 자세.

▶ 스피드(speed)는 세트포지션 자세에서부터 결정된다.

▶ 투수의 세트포지션 자세에 대해서 설명해 주세요.

▶ 세트포지션에서 동작이 매우 빠른 투수가 훌륭한 선수다.

세팅

세팅(하다)setting[1] [쎄팅] 가구나 물건을 목적에 맞게 배치(配置)하는 것.
> ▶ 냉장고는 부엌 오른쪽으로 세팅해 주세요.
> ▶ 가구 세팅이 모두 끝난 다음에 물건을 옮기는 게 좋습니다.

세팅(하다)setting[2] [쎄팅] 보석(寶石)류의 가공(加工).
> ▶ 가운데는 다이아몬드(diamond)로, 주변은 에메랄드(emerald)로 세팅해 주세요.
> ▶ 보석 세팅을 다시 하려고 하는데 잘하는 곳 좀 추천해 주세요.

세팅(하다)setting[3] [쎄팅] 머리 모양을 만드는 것.
> ▶ 결혼식이 있어서 미장원에 가서 머리를 세팅했어요.
> ▶ 이번에는 세팅 파마(permanent)를 해 볼까 하는데 잘 어울릴까요?

섹스sex [쎅쓰] 남성과 여성, 성적(性的)인 것 또는 그 욕망(慾望)이나 행위(行爲).
> ▶ 여기 '섹스'란에는 남(男)/여(女)를 쓰면 되는 건가요?
> ▶ 에이즈(AIDS)는 섹스로 인해 감염(感染)되는 질병(疾病)인가요?

섹스^어필(하다)sex appeal [쎅쓰어필] 성적(性的) 매력(魅力), 성적 매력이 있음.
> ▶ 그녀는 늘 섹스어필한 옷차림을 선호(選好)한다.
> ▶ 기업들의 섹스어필 마케팅(marketing)이 갈수록 활발해지고 있다.
> ▶ 그는 그녀에게 섹스어필할 수 있는 사람이 아니에요.

섹시하다sexy [쎅씨] 야하다. 성적(性的) 매력(魅力)이 있다.
> ▶ 남자들은 섹시한 여자를 좋아 할까요? 예쁜 여자를 좋아할까요?
> ▶ 남자들은 섹시하면서 예쁜 여자를 좋아해요.

섹터sector[1] [쎅터] 일정한 구역(區域) 또는 단계(段階).
> ▶ 지진(地震)으로 제7 섹터가 위험해졌다.
> ▶ 그렇다면 중요 자료를 모두 제4 섹터로 옮기도록 하지요.

섹터sector[2] [쎅터] 컴퓨터(computer) 디스크(disk)의 기록 영역(領域).
> ▶ 관리를 안 했더니 하드디스크(hard disk)에 베드(bad) 섹터가 많아졌다.
> ▶ 이 빨간색으로 표시된 섹터가 베드섹터인 거죠?

센서sensor [쎈서] 소리, 빛, 온도, 압력 등의 변화를 감지(感知)하는 장치(裝置).
> ▶ 센서의 오작동(誤作動)으로 비상(非常)벨(bell)이 울렸어요.
> ▶ 여기 장착(裝着)된 센서로 온도 변화를 빨리 파악할 수 있습니다.

센서스census [센서쓰] /[쎈서쓰] 국가 인구(人口) 조사. 특정(特定) 목적으로 실시되는 통계(統計) 조사.
> ▶ 다음 주부터 인구주택 센서스를 실시합니다.

▶ 센서스 결과를 통해 향후(向後) 주택시장의 구조와 전망을 알 수 있어요

*센세이션sensation /[쎈세이션] 모두가 놀랄 만한 선풍적(旋風的)인 인기.

▶ 그의 패션(fashion)은 젊은이들에게 센세이션을 불러일으켰다.

▶ 광고계에 센세이션을 일으킬 방법을 고민 중이에요

센스sense[1] [쎈쓰] 어떤 일이나 사건의 미묘(微妙)한 점을 판단하는 능력.

▶ 그는 매사(每事)에 센스가 없기로 유명한 사람이에요

▶ 야, 너 센스 있다. 어떻게 이걸 알아냈어?

센스sense[2] [쎈쓰] 사려(思慮), 분별력(分別力)이 있고 없음을 나타낼 때 쓰는 표현.

▶ 그런 센스로 어떻게 그 일을 해냈는지 몰라.

▶ 그런 자리에서는 좀 센스 있게 행동할 필요도 있지 않나?

센터center [쎈터] /센타 어떤 장소나 위치의 중앙, 중심. 전문적인 연구, 교육을 하는 곳.

▶ 문제가 있을 때는 콜(call) 센터로 연락주세요

▶ 고객 상담 센터로 문의하세요

▶ 문화 센터에서 시민을 위한 무료 강좌(講座)가 열립니다.

▶ 한국어교육센터에서 한국어를 배웠어요

센터링centering [쎈터링] 축구·하키(hockey) 등의 경기(競技)에서 상대편 터치라인 (touchline) 근처에서 중앙으로 공을 패스(pass)하는 것.

▶ 그는 이번 경기에서 기가 막힌 센터링을 보여주었다.

▶ 센터링은 가장 위협적인 공격 방법이 될 수 있다.

*센텐스sentence [쎈텐쓰] /[쎈턴쓰] 문장(文章).

▶ 한 센텐스가 끝나면 온점을 찍어주세요

▶ 같은 센텐스를 반복하여 읽으세요

센트cent [쎈트] 미국의 화폐(貨幣) 단위, 1/100 달러(dollar).

▶ 1센트는 한국 돈으로 얼마지요?

▶ 1센트로 무엇을 살 수 있을까요?

센티centimeter [쎈티] /[쎈치] 센티미터(centimeter)의 준말, 1/100미터(meter).

▶ 키가 몇 센티나 돼요?

▶ 내 키가 5센티만 더 크면 좋겠어.

▷ 센티미터.

센티멘털하다sentimental [쎈티멘털] /[쎈티멘탈] 감정적(感情的)·감상적(感傷的)이다.

▶ 그 애는 원래 좀 센티멘털한 구석이 있어.

센티^미터

> ▶ 가을이 되니까 센티멘털해지는 것 같아.
> ▶ 센티멘털리즘에 빠지면 삶의 의욕(意慾)을 잃을 수도 있지 않을까?
> ▷ 센티멘털리즘(sentimentalism) : 감상주의(感傷主義).
> ▷ 센티하다.

센티^미터centimeter [쎈티미터] /[쎈치미터] 길이의 단위. 1/100미터(meter).

> ▶ 이 구두굽이 몇 센티미터 정도나 될까요?
> ▶ 적어도 5센티미터는 넘을 거예요.
> ▷ 센티.

센티하다sentimental [쎈티하다] /[쎈치하다] 감정적(感情的) · 감상적(感傷的)이다.

> ▶ 센티한 척 좀 그만해.
> ▶ 너 오늘 굉장히 센티해 보인다.
> ▷ 센티멘털하다.

*셀cell¹ [쎌] 작은 방, 교도소(矯導所)의 독방(獨房).

> ▶ 그의 작은 셀이 곧 그의 전부라고 할 수 있다.
> ▶ 그 작은 셀에서 답답하겠지만, 죗값은 치러야지.

*셀cell² [쎌] 세포(細胞).

> ▶ 그는 인간의 셀 연구에 평생을 바쳤다.
> ▶ 피부 재생 셀은 가장 유망한 연구 분야이다.

*셀cell³ [쎌] 전지의 배터리(battery) 구성단위(構成單位).

> ▶ 이 배터리는 8개의 셀로 이루어져 있다.
> ▶ 이 배터리는 단일 셀로 이루어진 배터리보다 가격은 비싸지만 오래간다.

셀러리celery [쎌러리] /샐러리 미나릿과에 속하는 두해살이풀. 식용(食用) 채소.

> ▶ 셀러리는 그냥 먹기엔 향(香)이 너무 강해.
> ▶ 그래서 나는 늘 셀러리에 드레싱(dressing)을 뿌려서 먹어.

*셀러브리티celebrity /[쎌러브리티] 유명인(有名人).

> ▶ 이번 영화제(映畵祭)에는 수많은 셀러브리티가 참석한다고 합니다.
> ▶ '셀러브리티'라는 표현을 많이 쓰기는 하지만 사실 '유명인', '명사(名士)'라고
>   쓰는 것이 더 옳다.

셀로판cellophane /[쎌로판] 포장재(包裝材)로 많이 쓰는, 투명하고 얇은 막(膜).

> ▶ 셀로판으로 형광등을 싸면 조명(照明) 효과를 낼 수 있어요.
> ▶ 빨간 셀로판지로 눈을 가리면 모든 것이 다 빨갛게 보여요.

▷ 셀로판^지(cellophane紙) : 셀로판으로 코팅(coating)되어 있는 종이.

셀로판^테이프cellophane tape 셀로판(cellophane)으로 만든 접착(接着)용 테이프(tape)
→ 스카치테이프
▶ 셀로판테이프 좀 사다 주세요.
▶ 셀로판테이프 대신 양면(兩面)테이프를 쓰면 안 되나요?

***셀카**self+camera [쎌카] → 셀프^카메라.

셀프^서비스self-service [쎌프써비쓰] 고객이 자신에게 직접 서비스(service)를 제공하
는 것.
▶ 저희 식당은 셀프서비스로 운영합니다.
▶ 물과 김치는 셀프서비스입니다.

셀프^카메라self camera [쎌프카메라] /셀카[쎌카] 자기(自己)가 자기를 카메라(camera)로
직접 찍는 것.
▶ 셀프카메라를 찍을 때는 각도가 중요해.
▶ 우리 셀프카메라나 한 장 찍을까?
▶ 난 얼굴이 크게 나와서 셀카는 싫어.

셀프^타이머self-timer [쎌프타이머] 카메라(camera) 셔터(shutter)를 자동으로 작동시키
는 타이머(timer).
▶ 셀프타이머는 10초 정도로 맞춰 주세요.
▶ 카메라가 고장 났는지 셀프타이머 작동이 안 돼요.
▶ 셀프타이머를 맞춰 놓고 단체사진을 찍었다.

셈^어족 Sem語族 /[쎔어족] 북아프리카(北Africa)에서 서남아시아(西南Asia)에 걸쳐 있는
언어.
▶ 셈어족 언어로는 어떤 언어가 있나요?
▶ 히브리 어(Hebrew語)와 아람 어(Aram語)가 셈어족에 속해요.

셔벗sherbet /셔벳 /셔베트 과일즙(汁)에 물, 우유, 설탕 등을 섞어서 만든 얼음과자.
▶ 나는 아이스크림(ice cream) 중에서 셔벗을 제일 좋아해.
▶ 셔벗에는 얼음알갱이가 들어 있어서 아주 시원해.

셔츠shirts /셔쓰 맨몸이나 속옷 바로 위에 입는, 단추가 달려 있는 윗옷.
▶ 추운데 왜 셔츠만 입고 돌아다니니?
▶ 이 검정 셔츠에는 어떤 바지가 어울릴까?
▶ 옷장에 마음에 드는 셔츠가 하나도 없어.

셔터

셔터shutter[1] /[샤터] /샷다 카메라(camera)에서 사진 찍는 것 또는 그 버튼(button).

▶ 셋까지 세고 나서 셔터를 눌러주세요.

▶ 그가 나타나자 기자들은 셔터를 마구 눌러댔다.

셔터shutter[2] /[샤터] /샷다 좁은 철판을 연결하여 만든 보안(保安)용 덧문.

▶ 가게 문을 닫을 때에는 꼭 셔터까지 내려야 해요.

▶ 셔터를 올리고 나서야 문을 열 수 있었다.

셔틀shuttle 왕복(往復)하는 것 또는 순항선(巡航船). 셔틀버스(shuttle bus).

▶ 우주선을 다른 말로 스페이스(space) 셔틀이라고도 한다.

▶ 역에서 예식장(禮式場)까지는 무료 셔틀을 이용하세요.

▶ 셔틀을 타고 정문에서 내리세요.

▶ 셔틀을 이용하면 학교까지 10분 정도 걸려요.

▷ 셔틀버스.

셔틀^버스shuttle bus [셔틀버쓰] /[셔틀뻐쓰] 일정한 구간을 시간에 맞추어 다니는 버스. 순환(循環) 버스.

▶ 셔틀버스를 놓쳐서 늦었어요.

▶ 셔틀버스는 몇 분에 한 대씩 있나요?

▶ 셔틀버스 이용 요금이 얼마지요?

셔틀콕shuttlecock 배드민턴(badminton) 경기(競技)용 깃털 공.

▶ 배드민턴 채와 셔틀콕을 새로 샀어요.

▶ 셔틀콕을 쥐는 법을 알려 주세요.

▶ 셔틀콕이 날아가는 방향을 따라서 라켓(racket)을 움직이세요.

셰르파Sherpa 등산할 때 짐 운반과 길 안내를 해 주는 사람. 히말라야(Himalaya) 등산 시에 안내를 담당하는 그곳 주민.

▶ 셰르파의 도움이 없어도 정상에 오를 수 있을까요?

▶ 돈이 조금 들더라도 길을 잘 아는 셰르파와 함께 가는 것이 좋아요.

▶ 험한 날씨에 산을 오를 때에는 셰르파가 절대적으로 필요하지요.

셰어share /[쉐어] 몫, 배당(配當)된 것. 시장 점유율(占有率).

▶ 이 집이 바로 일본에서 유행하는 셰어 하우스(house)에요.

▶ 사업은 그 이익(利益), 즉 셰어를 나누는 것이 더 중요하다.

▶ 새로운 기업의 등장으로 우리 기업의 셰어가 줄고 있습니다.

*셰이빙^크림shaving cream /[쉐이빙크림] 면도할 때 쓰는 크림(cream).

▶ 셰이빙 크림을 사용해야 자극 없이 면도할 수 있어요

▶ 셰이빙 크림과 면도기 좀 빌려주세요

셰이커shaker /[쉐이커] 칵테일(cocktail)을 만들 때, 재료를 흔들어서 섞는 기구.

▶ 셰이커가 필요 없는 간단한 칵테일은 없나요?

▶ 와인(wine)과 오렌지(orange) 주스(juice)를 셰이커에 넣고 흔들어 주세요

셰퍼드shepherd /[쎄퍼드] /[쎄파드] /[쎄파트] 늑대와 흡사(恰似)하게 생긴 개 품종(品種)의 하나.

▶ 셰퍼드 한 마리가 입구를 지키고 있었다.

▶ 군견(軍犬)으로는 진돗개보다 셰퍼드가 더 적당하다.

소나타sonata /쏘나타 악곡(樂曲)의 한 형식. 독주(獨奏)곡 또는 실내악(室內樂) 곡.

▶ 그의 소나타 연주는 모든 사람에게 감동을 주었다.

▶ 베토벤(Beethoven)의 피아노(piano) 소나타를 연주할 수 있나요?

소네트sonnet /[쏘네트] 14행으로 이루어진, 짧은 시 형식의 서양 시가(詩歌).

▶ 셰익스피어(Shakespeare)의 소네트 시집(詩集)을 읽었어요

▶ 소네트의 종류와 형식을 공부하고 싶어요

소닉^붐sonic boom [쏘닉붐] 고속 운항(運航) 제트기(jet機)의 충격파(衝擊波)로 인한 폭발음.

▶ 요즘 들려오던 그 이상한 소리는 결국 소닉붐으로 밝혀졌다.

▶ 소닉은 '음향(音響), 소리의, 음파(音波)의'라는 뜻으로 쓴다.

소다soda[1] 탄산(炭酸)소다, 수산화(水酸化)나트륨(Natrium).

▶ 소다는 청소할 때 사용하기도 해요

▶ 옛날에는 소다로 설탕과자를 만들어 먹었어요

소다soda[2] 물에 탄산가스(gas)를 넣어 만든 청량음료. 소다^수(soda水).

▶ 과일이 들어간 칵테일(cocktail) 소다 있어요?

▶ 우리 저기서 시원한 소다 한 잔만 마시고 가요.

소비에트Soviet /[쏘비에트] Rus 러시아(Russia) 옛 통치국. '소비에트(Soviet) 사회주의 공화국 연방'.

▶ 소비에트의 붕괴(崩壞) 원인은 무엇인가요?

▶ 스탈린(Stalin)은 소비에트 연방(聯邦)의 지도자였다.

*소세지sausage /[쏘세지] → 소시지.

*소셜social /[쏘셜] 사회적인 것 또는 사람, 사교적(社交的)인 것 또는 사람.

소셜네트워크서비스

▸ 요즘 소셜커머스 사이트(site)가 많이 생겼다.

▸ 소셜미디어는 사람들이 쉽게 이용할 수 있습니다.

▷ 소셜＾커머스(social commerce) : 소셜 미디어(media)와 온라인(on-line) 미디어를 활용하는 전자(電子)상거래(商去來).

▷ 소셜＾미디어(social media) : 정보를 공유하는 개방화된 온라인 미디어.

*소셜네트워크서비스social network service /[쏘셜~써비쓰] 온라인(on-line) 인맥(人脈) 구축 서비스(service). SNS.

▸ 소셜네트워크서비스로 다양한 인간관계를 맺을 수 있다.

▸ 소셜네트워크서비스는 사회적으로 큰 영향력을 끼칩니다.

소시오그램sociogram /[쏘시오그램] 사회 집단에서 개인 사이의 관계를 알아보기 쉽도록 그림으로 정리해 놓은 도표(圖表).

▸ 소시오그램을 작성하는 방법 알아요?

▸ 소시오그램을 분석하는 방법은 알아요.

소시지sausage /[쏘시지] /소세지[쏘세지] 돼지나 소의 창자에 양념된 다진 고기를 채워 넣고, 삶거나 훈제(燻製)해서 만든 음식.

▸ 소시지를 구워서 빵 속에 넣어서 먹었어요.

▸ 소시지는 역시 수제(手製) 소시지가 맛있어요.

▸ 아이들은 소시지 반찬을 좋아해요.

*소울soul [쏘울] 영혼(靈魂), 영혼의. 정신, 마음의.

▸ 그 음악은 사람의 소울을 움직이는 매력을 가지고 있다.

▸ 난 한눈에 그녀가 나의 소울메이트가 될 것을 알았다.

▸ 음악은 역시 소울뮤직이야.

▷ 소울＾메이트(soul mate) : 영혼으로 맺어진 파트너. 천생연분(天生緣分).

▷ 소울＾뮤직(soul music) : 심금(心琴)을 울리는 멜로디를 가진 음악 형식.

소트sort [쏘트] 일정한 조건에 맞추어서 자료를 분류·구분하는 것. 정렬(整列).

▸ 이 자료를 날짜별로 소팅(sorting)해 주세요.

▸ 파일(file)은 유형별로 소트해 놓으면 편리해요.

▸ 그 자료는 소트가 안 돼 있어서 찾는 데 오래 걸렸어요.

▷ 소팅(sorting).

소파sofa /[쏘파] /[쇼파] 푹신한 의자. 안락의자.

▸ 소파에 누워서 TV를 보다가 잠이 들었어요.

▶ 드디어 오래된 소파를 새 가죽 소파로 바꿨어요

소프라노soprano /[쏘프라노] `Ita` 여성이 낼 수 있는 가장 높은 음역(音域). 가수(歌手).

▶ 그는 이번 합창에서 소프라노 파트(part)를 맡았어요

▶ 이번에는 소프라노 2명과 알토(alto) 3명이 필요합니다.

*__소프트(하다)__soft /[쏘프트] 부드러운 것.

▶ 이렇게 딱딱한 것 말고 좀 더 소프트한 음식은 없나요?

▶ 소프트아이스크림은 초콜릿(chocolate) 맛이 가장 맛있어요

▶ 소프트 렌즈(lens)와 하드(hard) 렌즈 중 어떤 것이 더 좋아요?

▷ 소프트아이스크림(soft-ice-cream) : 부드러운 아이스크림.

소프트볼softball /[쏘프트볼] 야구 경기(競技)와 비슷한 경기. 공이 크고 방망이가 다르다.

▶ 한국 여자 소프트볼 대표팀(team)이 이번 경기에서 승리를 거두었다.

▶ 그는 한국 소프트볼을 탈락(脫落) 위기에서 구해냈어요

▶ 운동을 하려고 소프트볼 동아리에 들었어요

소프트웨어software /[쏘프트웨어] 컴퓨터(computer) 구동, 또는 컴퓨터에서 사용되는 프로그램(program) ↔ 하드웨어(hardware).

▶ 소프트웨어는 정품(正品)을 사용하는 것이 좋아요

▶ 하드웨어에는 문제가 없는데 소프트웨어에 문제가 있는 것 같아요

소피스트sophist /[쏘피스트] 이치(理致)에 맞지 않는 말을 하는 사람, 궤변가(詭辯家).

▶ 아리스토텔레스(Aristoteles)는 소피스트인가요?

▶ 사람들은 그를 현대판 소피스트라고 불러요

*__솔로__solo[1] [쏠로] 이성(異性) 친구가 없는 상태.

▶ 걔는 아직도 솔로야?

▶ 응, 앞으로도 결혼하지 않고 솔로로 살고 싶대.

솔로solo[2] [쏠로] 혼자 하는 것, 혼자 이루어낸 것, 혼자 하는 연주(演奏), 독주(獨奏).

▶ 솔로 활동을 시작한 지 일주일 만에 스타가 되었어요

▶ 요즘엔 팀(team)에서 나와 솔로 활동을 하는 가수들이 많아요

▶ 그가 이번 경기(競技)에서 시원한 솔로 홈런을 날렸어요

▶ 이번에 제 솔로앨범(album)이 나올 거예요

▶ 팀 해체 이후 처음으로 낸 솔로앨범이지요?

▷ 솔로 홈런(solo home run) : 야구에서, 주자 없을 때 타자가 혼자 홈런을 치는 것.

솔리드

*솔리드solid [쏠리드] 고체의, 고형의, 단단한, 딱딱한. 섞이지 않은 것의 총칭(總稱).
　▶ 솔리드 타입(type)으로 드릴까요? 리퀴드(liquid) 타입으로 드릴까요?
　▶ 이건 솔리드 타입의 향수(香水)예요.
솔리스트soliste /[쏠리스트] Fra 음악에서 독창(獨唱)이나 독주(獨奏)를 하는 사람.
　▶ 이번 연주회(演奏會)에 솔리스트로 참가해요.
　▶ 그가 바로 서울 합창단(合唱團)의 유명한 솔리스트예요.
　▶ 그는 이태리(Italy)에서 솔리스트로 활동하다가 이번에 한국에 돌아왔어요.
*솔트salt [쏠트] 소금.
　▶ 허브(herb) 맛 솔트를 사용하면 더 좋은 향을 낼 수 있어요.
　▶ 천연 소금으로 만든 솔트 크림(cream)을 발랐어요.
솜브레로sombrero /[쏨브레로] 스페인(Spain)이나 멕시코(Mexico) 등지에서 볕을 가리기
위해서 쓰는 모자.
　▶ 솜브레로는 한국의 밀짚모자를 닮았어요.
　▶ 멕시코 솜브레로 모자를 직접 만들어 보았어요.
쇼show¹ [쑈] 무대에서 하는 춤과 노래 공연, 구경거리.
　▶ 부모님께 디너쇼(dinner show) 티켓(ticket)을 선물해 드렸어.
　▶ 그는 쇼의 황제(皇帝)라고 불릴 만큼 유명한 사람이에요.
　▶ 국제 보트(boat) 쇼를 한다고 하는데 보러 가자.
　▶ 보트 쇼 말고 개그(gag) 쇼를 보러 가자.
쇼show² [쑈] 일부러 어떤 일을 꾸며내는 것.
　▶ 야! 쇼하지 말고 네 진심을 말해 봐.
　▶ 그의 발언은 정치적(政治的)인 쇼일 뿐이야.
*쇼당showdown /[쑈당] 고스톱(go stop) 게임(game)에서, 질 것 같은 상황에서 상대방
과 협상(協商)하는 기법(技法).
　▶ 둘이 치는 '맞고'에는 쇼당이 없습니다.
　▶ 화투판에서는 쇼당을 받은 사람에게 원하는 패를 던져줍니다.
　▷ 고스톱에서만 쓰는 표현. 함부로 쓰면 저급(低級)한 사람으로 취급당할 수 있음.
*쇼부Shōbu(勝負) /[쑈부] Jap 승부(勝負)를 뜻하는 일본어식 표현.
　▶ 난 이번 일에 꼭 쇼부를 봐야 하겠어요!
　▶ '쇼부'가 뭐니. 그럴 때에는 '승부를 보다'라고 말하는 게 좋아.
　▶ 어? 한국 사람들은 '쇼부'라고 잘 쓰던데요?

▶ 아니야. ‘쇼부’ 같은 표현은 되도록 안 쓰는 게 좋아.

쇼맨십showmanship [쑈맨십] /[쑈맨쉽] 쇼(show)에서 볼 수 있는 행동처럼 특이한 말과 행동으로 사람들에게 주목받는 재능(才能) 또는 기질(器質).

▶ 그는 쇼맨십이 넘치는 선수예요.

▶ 과도한 쇼맨십은 자제(自制)해 주세요.

쇼비니즘chauvinism /[쑈비니즘] 광신적(狂信的) 배타적(排他的)인 애국(愛國)주의.

▶ 한국은 스포츠(sports) 쇼비니즘이 심한 것 같아요.

▶ 전통문화를 지나치게 강조하면 자칫 쇼비니즘으로 빠질 위험이 있어요.

쇼^윈도show window /[쑈윈도] /[쑈윈도우] 상점(商店)에서 상품을 진열해 놓는 창. 진열창(陳列窓).

▶ 쇼윈도에 진열된 구두를 보고 매장(賣場)으로 들어갔다.

▶ 쇼윈도에 비친 당신 모습이 예뻐 보이네요.

쇼크shock[1] /[쑈크] /[쑉] 갑작스러운 일 때문에 받는 정신적인 충격(衝擊).

▶ 아이의 사고 소식을 들은 그녀는 쇼크로 쓰러졌다.

▶ 아이가 쇼크가 컸나 봐요. 말을 잘 못하네요.

쇼크shock[2] /[쑈크] /[쑉] 인체가 받는 물리적인 충격.

▶ 주사 쇼크로 인해 호흡곤란이 올 수도 있어요.

▶ 죽음의 원인은 쇼크사로 밝혀졌다.

▷ 쇼크^사(shock死) : 쇼크를 받아서 죽음에 이르는 것. 충격사.

쇼킹하다shocking /[쑈킹] 매우 놀라다.

▶ 아! 이런 쇼킹한 일이 있나!

▶ 어떻게 이런 일이. 참 쇼킹한 세상이에요.

▶ 이보다 쇼킹한 일이 있을 수 있을까요?

**쇼트*short /[쑈트] /[쑛] 짧다, 모자라다, 작다.

▶ 머리를 쇼트커트(cut)로 해 드릴까요?

▶ 쇼트 스커트(skirt)를 구입하려고 하는데 무슨 색이 좋을까요?

쇼트닝shortening /[쑈트닝] 제과(製菓)제빵에 많이 쓰는 반고체(半固體) 상태의 기름.

▶ 이 빵은 쇼트닝을 많이 넣은 빵이에요.

▶ 쇼트닝을 많이 넣은 빵은 건강에 나쁘지 않나요?

쇼트^커트short cut[1] /[쑛컷] /[쑛커트] 짧게 자른 머리.

▶ 더워서 쇼트커트로 잘라 봤어요.

쇼트^커트

　▸ 넌 쇼트커트보다 긴 머리가 어울려.

쇼트^커트short cut[2] /[쑛컷] /[쑛커트]　탁구 경기(競技)에서, 공을 재빨리 깎아 치는 타법(打法).

　▸ 탁구에서 쇼트커트 타법이 뭐예요?

　▸ 쇼트커트는 공을 깎아 치는 기술(技術)이에요.

쇼트^트랙short track /[쑛트트랙] /[쑛트랙]　실내 스피드(speed) 스케이트(skate) 경기(競技).

　▸ 그는 쇼트 트랙 대표선수이다.

　▸ 한국 쇼트 트랙 대표팀(team)이 자랑스럽습니다.

　▸ 쇼트 트랙 결승에 진출할 수 있을까요?

쇼핑(하다)shopping /[쑈핑]　백화점이나 상점에서 물건을 사는 일.

　▸ 쇼핑하러 갈래?

　▸ 이 근처에 쇼핑몰이 새로 생겼어요.

　▸ 쇼핑백에 담아 주세요.

　▸ 쇼핑카트를 사용한 후에는 반드시 제자리에 반납해 주세요.

　▹ 쇼핑^몰(shopping mall) : 식사 휴식공간과 여러 개의 상점이 모여 있는 곳.

　▹ 쇼핑^백(shopping bag) : 산 물건을 넣는 종이봉투, 비닐봉지.

　▹ 쇼핑^센터(shopping center) : 상점들이 모여 있는 곳.

　▹ 쇼핑^카트(shopping-cart) : 쇼핑할 때 쓰는 작은 수레.

숄shawl　장식(裝飾)이나 보온(保溫)용으로 어깨에 두르는 천.

　▸ 내가 두르고 온 숄 봤어?

　▸ 제 코트(coat)에 어울리는 숄을 추천해 주세요.

숄더백shoulder bag /[숄더빽]　어깨에 메는 가방.

　▸ 숄더백과 '백팩(Backpack)' 중 어느 것이 좋을까요?

　▸ 숄더백을 새로 구입했어요.

숍shop /[샵]　가게, 상점(商店)의 통칭(通稱).

　▸ 이번 주에는 '숍'에 좀 다녀와야 하겠어. 머리가 엉망이네.

　▸ '숍'이요? 아! '헤어숍'을 말하는 거죠?

　▹ 헤어^숍(hair shop) : 머리하는 곳.

***수트**suit /[쑤트]　남성용 정장(正裝). 양복(洋服).

　▸ 결혼식에 가기 위해 새 수트를 장만했어요.

　▸ 멋진데요. 이 수트에는 밝은 색 넥타이(necktie)가 어울릴 것 같아요.

▶ 그는 이번 광고(廣告)에서 멋진 수트 스타일(style)을 선보였다.

수프soup /[쑵] /[씁] 식사 때 먼저 먹는, 고기나 야채 등으로 만든 서양 국물 요리.

▶ 오늘은 감자수프와 양송이수프가 있습니다. 무엇으로 드릴까요?

▶ 채소수프는 다이어트(diet)에 좋아요.

***쉐이커**shaker 칵테일(cocktail)을 만들 때, 재료를 흔들어서 섞는 기구(器具) → 셰이커.

▶ 쉐이커가 필요 없는 간단한 칵테일은 없나요?

▶ 와인(wine)과 오렌지(orange) 주스(juice)를 쉐이커에 넣고 흔들어 주세요.

쉬르레알리슴surréalisme /[쉬르레알리즘] Fra 초현실주의(超現實主義).

▶ 쉬르레알리슴은 많은 예술가들을 배출(輩出)하였다.

▶ 쉬르레알리슴 운동은 언제 발생했나요?

***슈가**sugar /슈거 설탕.

▶ 슈가 프리(free) 제품(製品)도 있나요?

▶ 슈가 케이크(cake) 만드는 법을 배웠어요.

슈미즈chemise /[시미즈/쉬미즈] Fra 어깨에 끈이 달려 있는 여성용 속옷.

▶ 여자들은 보온을 위해 슈미즈를 입어요.

▶ 아름다운 디자인(design)의 슈미즈가 나왔어요.

***슈즈**shoes 신발.

▶ 발레(ballet)를 배우려고 발레슈즈를 샀어요.

▶ 하이힐(high heeled shoes)은 신고 다니기 너무 힘들어요. 이제부터 플랫(flat)슈즈를 신어야 하겠어요.

슈^크림chou^cream Fra 얇은 빵 속에 부드럽고 단 크림(cream)이 들어 있는 과자, 달콤한 크림.

▶ 난 슈크림 빵이 제일 좋아요.

▶ 달콤한 슈크림을 많이 먹으면 당연히 살이 찌죠.

슈투름^운트^드랑 Sturm und Drang Ger 18세기 후반에 독일에서 일어난 문학(文學) 운동(運動).

▶ 슈투름운트드랑을 한국어로 하면 뭐가 되나요?

▶ 그건 그냥 '질풍노도(疾風怒濤)'로 번역(飜譯)하면 돼요.

슈팅shooting 구기(球技) 종목 경기(競技)에서, 점수를 얻기 위해서 공을 상대편 골대에 던지거나 차는 것.

▶ 다섯 차례나 슈팅을 시도했지만 모두 실패하고 말았다.

슈퍼마켓

> ▸ 이번이 마지막 슈팅 기회입니다.
> ▸ 그의 완벽한 슈팅으로 드디어 상대편(相對便) 골문이 열렸다.
> ▷ 슛(shoot).

슈퍼마켓supermarket   규모(規模)가 작지 않은 동네 상점. 슈퍼(super).
> ▸ 이 근처에 슈퍼마켓이 있나요?
> ▸ 대형 마트(mart)가 많이 생기는 바람에 슈퍼마켓은 거의 사라졌어요.

슈퍼맨superman   초능력(超能力)을 가진 사람. 초인(超人).
> ▸ 저기 저 사람 슈퍼맨 티(T-shirts)를 입었네요.
> ▸ 이럴 땐 슈퍼맨이 나타났으면 좋겠어.

슈퍼^컴퓨터supercomputer   초고속(超高速) · 초대형(超大型) 컴퓨터(computer).
> ▸ 슈퍼컴퓨터의 등장으로 우주의 기원이 풀릴 수 있을까요?
> ▸ 이것이 전 세계에서 제일 빠른 슈퍼컴퓨터예요.

슈퍼^헤비급super heavy級[1]   어떤 사건이나 사안(事案) 또는 물체의 형상. 일반적인 것보다 중요하거나 크거나 무거울 때 쓰는 표현.
> ▸ 이번 폭풍은 가히 슈퍼^헤비급이라고 할 수 있습니다.
> ▸ 저 선생님은 슈퍼헤비급 몸매를 가졌어.

슈퍼^헤비급super heavy級[2]   레슬링(wrestling) · 역도처럼 체급이 있는 경기(競技)에서, 중량별 체급의 하나.
> ▸ 두 선수는 모두 슈퍼헤비급으로 경기에 출전하였다.
> ▸ 라이트급(light級) 선수가 슈퍼헤비급 선수를 이기기는 힘들죠.

***슈퍼^히어로**superhero   정의를 실현해 주는 초인(超人), 공상과학 이야기 속의 인물, 보통 한 가지 이상의 뛰어난 재능(才能)을 가지고 있다.
> ▸ 슈퍼히어로들이 펼치는 신나는 모험담이 시작됩니다.
> ▸ 나는 당신의 슈퍼히어로가 되고 싶습니다.

슛shoot[1]   슈팅(shooting)의 준말.
> ▸ 그가 날린 슛이 정확하게 골대에 들어갔다.
> ▸ 이번 경기에서는 슛이 많이 터졌어요.

슛shoot[2]   영화나 드라마(drama)에서 촬영(撮影)을 시작할 때 쓰는 표현.
> ▸ 자! 조용히 해 주세요. 이제 슛 들어갑니다.

***스끼다시**突出し **Jap**   일식(日食) 음식점, 횟집 등에서 딸려 나오는 음식 → 스키다시.
> ▸ 회도 맛있고 스끼다시도 잘 나오는 일식집이 어디야?

　▶ 스끼다시를 잔뜩 먹었더니 회를 먹기 전인데 벌써 배가 불러요.

　→ '밑반찬/반찬'으로 순화.

*스낵snack　가볍게 먹는 과자류.

　▶ 한국 사람들에게 가장 인기 있는 스낵이 뭐예요?

　▶ 바삭하고 건강에도 좋은 두부 스낵이에요.

　▶ 스낵 코너(corner)에 가면 가볍게 먹을 수 있는 간식이 있을 거예요.

스낵^바snack bar　음식을 간단히 먹고 마실 수 있는 간이식당(簡易食堂).

　▶ 스낵바에서 따뜻한 우동을 먹었다.

　▶ 스낵바에 들러 간단히 요기(療飢)라도 하고 가자.

스냅snap[1]　공을 던질 때 손목의 힘을 이용하는 것.

　▶ 서브(serve)를 할 때는 손목의 스냅이 중요하다.

　▶ 배드민턴(badminton)은 손목 스냅을 가장 많이 이용하는 운동입니다.

스냅snap[2]　간단하게 대충 찍은 사진.

　▶ 내가 찍은 스냅 사진인데 어때?

　▶ 변화의 순간들을 스냅 사진으로 잘 담아냈네요.

스냅snap[3]　똑딱단추.

　▶ 스냅 단추 하나가 떨어졌네.

　▶ 스냅 단추를 채워서 여미면 바람을 막을 수 있어요.

스냅^숏snapshot /[스냅샷]　계획하지 않고 순간적으로 찍은 사진이나 그 장면(場面).

　▶ 스냅숏으로 만들어진 사진들을 모아서 전시회(展示會)를 열기로 했다.

　▶ 미국에서 찍은 스냅숏 몇 장을 올립니다.

*스노우맨snowman　눈사람.

　▶ 한국에서 눈사람을 스노우맨이라고 해?

　▶ 눈사람이라고 해야 하는데, 가끔 스노우맨으로 쓰기도 해.

스노보드snowboard /스노우^보드　눈 위에서 타는 보드(board) 또는 그 행위(行爲).

　▶ 이번 주말에 스노보드 타러 갈래?

　▶ 난 스노보드보다 스키(ski)를 더 잘 타.

스노^타이어snow tire /스노우타이어　눈길 미끄럼 방지(防止)용 자동차 타이어(tire).

　▶ 눈이 많이 온다고 했으니 스노타이어를 준비하세요.

　▶ 눈이 많이 왔지만 스노타이어 덕분에 안전하게 올 수 있었어요.

스로인throw-in [쓰로인] /[드로잉]　축구나 농구 경기(競技)에서, 상대편 몸에 맞고 나간

스릴

공을 경기장 안에 손으로 던져 넣는 공격법.

  ▶ 스로인으로 얻은 골(goal)은 인정되지 않아요

  ▶ 이번 경기(競技)에서는 그의 스로인이 빛을 발했다.

스릴thrill [쓰릴] /[드릴] 간담(肝膽)을 서늘하게 하는 느낌. 전율(戰慄).

  ▶ 그 영화, 스릴이 넘치던데.

  ▶ 이번 여행은 스릴 만점의 모험(冒險)이었어요

  ▶ 스릴러 영화에 도전하는 건 이번이 처음이에요.

  ▷ 스릴러(thriller) : 스릴이 있는 연극·영화·소설

*스마일smile 미소(微笑).

  ▶ 어떻게 하면 너처럼 항상 스마일한 얼굴을 할 수 있어?

  ▶ 사진을 찍을 때에는 보통 ‘스마일’이라고 하면서 찍지요

스마트하다smart[1] 사람이나 기계가 똑똑하다.

  ▶ 그곳에는 스마트한 학생들이 정말 많아요.

  ▶ 스마트한 기능을 가진 새로운 핸드폰(hand phone)이 나왔어요.

스마트하다smart[2] 모양이 경쾌(輕快)하고 말쑥해 보이다.

  ▶ 스마트한 라인(line)의 재킷(jacket)을 입어 보았다.

  ▶ 우와! 저 차 디자인(design) 좀 봐. 정말 스마트해 보이지 않아?

*스마트폰smart+phone 이동 전화에 컴퓨터(computer) 기능이 탑재(搭載)된 것.

  ▶ 오래된 핸드폰(hand phone)을 스마트폰으로 바꿨어요

  ▶ 스마트폰은 정말 스마트(smart)한 기능들을 갖고 있어요

스매시smash /[스매씨] 테니스(tennis)·탁구·배구 등의 경기(競技)에서, 공을 네트
  (net) 너머로 세게 내려치는 것.

  ▶ 한국팀(team) 대표선수가 강한 스매시를 날리고 있다.

  ▶ 그의 스매싱은 아무도 막지 못할 만큼 강하다.

  ▷ 스매싱하다(smashing-) : 스매시하는 것. [스매씽].

스모그smog 차량(車輛) 배기가스(gas)나 공장 연기 같은 매연이 안개처럼 대기(大氣)
  를 가득 뒤덮은 것.

  ▶ 때아닌 스모그 현상으로 도심(都心)의 하늘이 뿌옇게 흐려졌다.

  ▶ 목이 아픈 것은 스모그 때문일 거야.

  ▶ 심한 대기 오염(汚染)으로 스모그가 발생하였다.

*스시すし /[쓰시] Jap 식초 양념된 한입 크기의 덩어리 밥에 생선 따위를 올린 음

식, 초밥.

▶ 일본에 갔으면 스시를 먹고 와야지요.

▶ 일본에서 가장 유명한 스시집이 어디인가요?

▶ 깔끔하고 맛있는 스시를 먹고 싶어요.

스웨이드suede /세무 /세모   새끼 양 또는 새끼소의 가죽을 보드랍게 보풀린 가죽.

▶ 새로 구입한 스웨이드 부츠(boots)야.

▶ 나도 얼마 전에 스웨이드 구두를 구입했는데.

스웨터sweater /[스웨타]   털실로 만든 윗옷.

▶ 이 바지에는 밝은색 스웨터가 어울리겠다.

▶ 제가 집에서 직접 뜬 스웨터예요.

스위치switch[1]   전기 회로(回路) 연결 장치.

▶ 나가실 때에는 스위치를 꺼 주세요.

▶ 스위치를 켜자 불이 들어왔다.

***스위치(하다)**switch[2]   자리나 사람, 전술(戰術)을 바꾸는 것.

▶ 저 선수들은 스위치를 아주 잘하고 있네요.

▶ 네, 스위치해야 할 시점(時點)을 알고 있는 선수들이죠.

***스위트(하다)**sweet /[스윗하다]   달콤한. 달콤한 것.

▶ 그 사람의 편지는 언제나 스위트했다.

▶ 나는 커피(coffee)를 마실 때 커피용 스위트를 넣어 먹어.

스위트^룸a suite of rooms   호텔(hotel)에서, 모든 것이 다 갖추어진 가장 고급스러운 방. 특별실.

▶ 난 언제쯤이면 스위트룸에서 자 볼 수 있을까?

▶ 스위트룸이 별건가요. 조금 비싼 방일 뿐이죠.

스위퍼sweeper   축구 경기(競技)에서 자유롭게 움직이는 중앙(中央) 수비수.

▶ 그는 3년째 이 팀(team)의 스위퍼로 뛰고 있습니다.

▶ 그는 이번 월드컵(World Cup)에서 최고(最高)의 스위퍼로 선정되었다.

스윙swing[1]   막대기나 주먹 등을 휘두를 때 쓰는 표현.

▶ 골프(golf) 스윙을 연습할 때에는 각도(角度)가 중요합니다.

▶ 오늘은 가벼운 스윙 연습만 합시다.

▶ 스윙에 필요한 기본 동작을 익히느라 힘들었어요.

***스윙**swing[2]   리듬(rhythm)이 강렬한 재즈(jazz) 음악 또는 댄스(dance).

스카시

> ▸ 이번에 선보인 아이돌(idol) 그룹(group)의 스윙 댄스가 인기를 얻고 있다.
> ▸ 스윙 재즈에 맞춰 스윙 댄스를 추었다.

스카시SCSI /[스카씨] 컴퓨터(computer)에서, 주변 장비와 연결하는 직렬(直列) 장치.

> ▸ 이 외장 하드(hard)는 스카시로 연결해야 하나?
> ▸ 아니, 스카시 말고 유에스비(USB)로 연결하면 돼.
> ▷ Small Computer System Interface.

스카우트scout[1] /[스카웃] 우수한 사람을 찾아 데려오는 일.

> ▸ 다른 회사의 스카우트 제의를 받았어요.
> ▸ 회사의 발전을 위해 새로운 전문가들을 스카우트 했어요
> ▸ 스카우터가 찾는 인재는 어떤 사람들인가요?
> ▷ 스카우터(scouter) : 스카우트해 오는 사람.

스카우트scout[2] /[스카웃] '보이(boy) 스카우트 · 걸(girl) 스카우트'의 준말.

> ▸ 스카우트 대원들이 해외 봉사(奉仕) 활동을 떠납니다.
> ▸ 그는 올해 드디어 보이 스카우트의 대원(隊員)이 되었다.

*스카이sky[1] 하늘.

> ▸ 오늘 하늘은 말 그대로 '블루(blue) 스카이'였다.

*스카이SKY[2] 소위 상위권 3개 대학 서울대, 고려대, 연세대를 부르는 말.

> ▸ 좋은 회사에 들어가려면 꼭 스카이 출신이어야 하나요?
> ▸ 스카이 출신이 아니어도 좋은 회사에 들어가는 사람들이 많아요

스카이다이빙skydiving 비행기에서 낙하산을 매고 뛰어내려서 활공(滑空), 착지(着
地)하는 스포츠(sports).

> ▸ 스카이다이빙에 도전해 볼래요?
> ▸ 전문적인 스카이다이버가 당신의 스카이다이빙을 도와줄 거예요
> ▸ 저는 자주 스카이다이빙을 즐겨요
> ▷ 스카이다이버(skydiver) : 스카이다이빙을 하는 사람.

스카이^라운지sky^lounge 고층 빌딩의 맨 위층 휴게실 또는 카페(cafe), 레스토랑
(restaurant).

> ▸ 오늘 저녁식사는 분위기 있게 스카이라운지에서 해요
> ▸ 이 건물 스카이라운지는 음식 맛이 별로예요

스카이라인skyline 지평선. 도시의 건물이나 산 등이 하늘을 배경으로 이루는 모습.

> ▸ 서울 밤의 스카이라인은 남산타워(tower)에서 가장 잘 보인다.

▸ 도시의 스카이라인과 함께한 저녁 식사는 정말 멋졌어요.

스카치^위스키 Scotch whisky 알코올 도수(度數)가 높은 술, 스코틀랜드산(Scotland産) 위스키(whiskey).

▸ 어제 마신 스카치위스키는 너무 강했어요.

▸ 그 술은 스카치위스키 중에서도 아주 강한 종류였어요.

스카치^테이프 Scotch tape [스카치테입] 접착(接着)용 투명/반투명 테이프(tape) → 셀로판테이프

▸ 스카치테이프로 붙이세요.

▸ 스카치테이프는 약해서 금방 떨어질 거예요.

스카프scarf 방한(防寒)용으로 겨울에 목에 두르는 것. 주로 여성용.

▸ 어머니께 스카프를 선물해 드렸어요.

▸ 스카프를 둘러서 멋을 냈구나.

스캔(하다)scan 약속된 정보 또는 일반적인 자료에서 정보를 읽어 내거나 불러들이는 것.

▸ 오늘 찍은 사진은 스캔해서 홈페이지(homepage)에 올릴게요.

▸ 스캔을 하려면 스캐너가 필요해요.

▷ 스캐너(scanner) : 정보를 읽어서 불러들이는 기기.

스캔들scandal 좋지 못한 소문 또는 부정(不正)·부도덕(不道德)한 사건.

▸ 대체 그 사람은 스캔들이 몇 개야?

▸ 스캔들이 끊이지 않는군요.

스커트skirt 치마.

▸ 검은 스커트에 흰 블라우스(blouse)를 입고 오세요.

▸ 저는 바지보다 스커트가 편해요.

스컹크skunk 방귀 냄새가 심한, 족제빗과의 동물.

▸ 스컹크는 정말 지독한 방귀 냄새를 풍겨요.

▸ 스컹크가 멸종(滅種) 위기에 처해 있다.

스케이트skate 겨울 빙판(氷板) 위에서 신고 타는 것. 날이 달려 있는 신발.

▸ 스케이트장에 스케이트를 타러 갑시다.

▸ 스케이트를 탈 때에는 중심을 잘 잡아야 합니다.

▷ 스케이트장(skate場) : 스케이트를 타는 곳, 아이스링크(ice link).

▷ 스케이팅(skating) : 스케이트를 신고 타는 것.

스케이트^보드

스케이트^보드skateboard　스케이트(skate)를 탈 수 있게 만든 판.
> ▸ 이제야 스케이트보드를 배웠어요.
> ▸ 스케이트보드는 연습을 많이 해야 해요. 함부로 타면 위험해요.

스케일scale　일이나 계획, 행동의 크기.
> ▸ 이번 일은 스케일이 커서 신경이 많이 쓰여요.
> ▸ 그는 스케일이 큰 사람이에요.

스케일링scaling　치아(齒牙)에 붙은 치석(齒石)을 제거하는 것.
> ▸ 오랜만에 치과(齒科)에 가서 스케일링을 했다.
> ▸ 스케일링은 주기(週期)적으로 받는 것이 좋습니다.

스케줄schedule　계획표(計劃表). 시간표(時間表). 일정표(日程表).
> ▸ 오늘 스케줄이 어떻게 돼요?
> ▸ 오늘은 특별한 스케줄이 없어요.

스케치sketch　밑그림. 어떤 것을 기획하다.
> ▸ 동생에게 크레파스(kurepasu)와 스케치북을 선물하였다.
> ▸ 옅띤 드라마(drama) 촬영(撮影) 현장을 스케치하였다.
> ▸ 스케치가 완성되면 보여드릴게요.
> ▹ 스케치북(sketchbook) : 그림 그리는 공책.

스코어score /[스코애]　경기(競技) 득점, 점수 또는 득점표(得點表).
> ▸ 지금까지의 스코어가 몇 대 몇인가요?
> ▸ 스코어 차이가 몇 점이나 났어요?
> ▹ 스코어보드(scoreboard) : 득점 게시판. 득점판.

스콜squall　질풍, 돌풍, 소나기.
> ▸ 오늘 서울에 내리는 비는 열대성(熱帶性) 스콜 수준입니다.
> ▸ 스콜이 한바탕 쏟아지고 난 뒤에 날씨가 다시 맑아졌다.

스콜라^철학schola哲學　중세(中世) 8~17세기에 걸쳐서 유럽(Europe)에서 융성(隆盛)했던 기독교(基督敎) 신학(神學) 중심의 철학(哲學).
> ▸ 스콜라철학을 대표하는 인물은 누구인가요?
> ▸ 스콜라철학은 종교 개혁(改革)에 영향을 끼쳤다.

스쿠버^다이빙scuba diving　휴대용 수중(水中) 호흡 기기인 스쿠버(scuba)를 등에 지고 잠수(潛水)하는 스포츠(sports).
> ▸ 제주도에 가서 스쿠버다이빙을 했어요.

　　▸ 저도 가끔 스쿠버다이빙을 즐겨요.

　　▸ 스쿠버다이빙을 하면서 본 바다 속 풍경(風景)은 정말 아름다웠다.

스쿠터scooter　소형(小形) 오토바이(auto+bicycle).

　　▸ 스쿠터를 타고 제주도 일대(一帶)를 돌았어요.

　　▸ 요즘에는 자전거보다 힘이 덜 드는 스쿠터를 많이 타요.

　　▸ 스쿠터를 타고 전국일주(全國一周)를 할 수 있을까요?

***스퀴즈(하다)**squeeze[1]　쥐어짜다.

　　▸ 주스(juice)는 역시 손으로 쥐어짠 스퀴즈 주스가 맛있지요.

　　▸ 스퀴즈해서 먹는 과일 주스가 몸에도 좋겠지요.

스퀴즈(하다)squeeze[2]　야구 경기(競技)에서, 스퀴즈 플레이(play)를 하다.

　　▸ 네, 1번 타자. 아주 갑작스러운 스퀴즈번트(squeeze bunt)를 댔습니다.

　　▸ 이번 스퀴즈 플레이로 분위기가 완전히 바뀌고 말았네요.

스쿨버스school bus [스쿨버쓰] /[스쿨뻐쓰]　학교 셔틀버스(shuttle bus).

　　▸ 스쿨버스는 정확히 8시에 도착해요.

　　▸ 아이를 스쿨버스에 태워 보내고 집에 돌아왔다.

　　▸ 스쿨버스를 놓쳐서 택시(taxi)를 탔어요.

스쿼시squash[1] /[스쿼씨]　과일즙(汁) 음료.

　　▸ 오렌지(orange)는 역시 스쿼시가 맛있어.

　　▸ 시원한 레몬(lemon)스쿼시로 한 잔 주세요.

스쿼시squash[2] /[스쿼씨]　라켓(racket)으로 고무공을 치는 구기(球技) 경기(競技).

　　▸ 스쿼시를 배우려고 라켓을 구입했어요.

　　▸ 스쿼시 동호회(同好會)에 가입하세요.

　　▸ 아시안게임(Asian game) 스쿼시 종목에서 동메달(銅medal)을 땄어요.

***스퀘어**square[1]　정사각형.

　　▸ 스퀘어 타입(type)의 뿔테 안경 있어요?

　　▸ 스퀘어 형태의 안경은 좀 웃기지 않아요?

***스퀘어**square[2]　상점(商店)이 있는 광장(廣場).

　　▸ 뉴욕(New York)의 타임스퀘어(Times Square)는 항상 사람들로 북적거려요.

　　▸ 서울에도 '타임스퀘어'라는 쇼핑몰(shopping mall)이 있어요.

스크래치scratch　긁어서 낸 홈, 홈집. 미술에서 그림을 그리는 기법의 하나, 긁는 기법(技法).

스크랩

　▶ 새로 산 제품(製品)인데도 스크래치가 있네요
　▶ 물건은 역시 스크래치가 안 나는 튼튼한 제품이 좋아요
　▶ 스크래치 기법으로 그린 그림에는 은은한 아름다움이 있어요
스크랩scrap　신문·잡지 등에서 글이나 사진 등을 오려 내서 수집하는 것.
　▶ 관심 분야의 기사를 스크랩하면 좋아요
　▶ 저도 10년간 모은 스크랩북이 있어요
　▷ 스크랩북(scrapbook) : 스크랩해서 모아 두는 책.
스크럼scrum　여럿이 팔을 끼거나 어깨를 두르고 진형(陣形)을 이루는 것.
　▶ 선수들은 스크럼을 짜고 다시 의지(意志)를 다졌다.
　▶ 시위대들은 스크럼 대열(隊列)을 만들어서 폭력(暴力)에 맞서고 있다.
스크롤(하다)scroll　컴퓨터(computer) 모니터(monitor)나 스크린(screen) 화면(畵面)을 상
　하 또는 좌우로 움직이는 일.
　▶ 스크롤해서 페이지(page)를 내려 보면 아래쪽에 그 정보가 있어요
　▶ 마우스(mouse)의 스크롤 기능이 고장 났어요
스크루screw[1]　나사(螺絲)못.
　▶ 스크루로 단단하게 잘 조여야 합니다.
　▶ 스크루를 고정하려면 스크루드라이버가 필요해요
　▷ 스크루드라이버(screw-driver) : 나사돌리개.
스크루screw[2]　나선면 금속 날개 회전체, 배의 프로펠러(propeller) 형 추진기.
　▶ 스크루에 이상이 생겨서 배가 움직이지 않아요
　▶ 스크루를 회전시켜야 배가 다시 움직일 거예요
스크린screen[1]　보통 극장의 화면(畵面)용 영사막(映寫幕).
　▶ 스크린의 자막(字幕)이 다 올라갈 때까지 자리를 뜰 수 없었다.
　▶ 영화는 역시 대형 스크린으로 봐야 더 실감이 나요
　▶ 스크린 골프(golf) 해보셨어요?
스크린screen[2]　영화(映畵).
　▶ 그는 이 영화로 스크린에 처음 얼굴을 비추었다.
　▶ 그 배우는 카리스마(charisma)로 스크린을 점령(占領)하였다.
스크린screen[3]　막다, 가리다.
　▶ 저기 저 스크린을 통과한 후에 다시 안내를 받으세요
　▶ 지하철 스크린 도어는 안전을 위해서 반드시 필요하다.

▷ 스크린^도어(screen door) : 주로 지하철 승강장에 설치되어 있는 승객 보호용 문.

스크린^쿼터screen quota　국산 영화(映畵) 상영(上映) 시간 할당제(割當制).

▶ 배우들은 스크린쿼터를 유지하기 위해 많은 노력을 하였다.

▶ 스크린쿼터를 축소하면 한국 영화가 발전하지 못합니다.

스크린^플레이screen play　구기(球技) 경기(競技)에서, 자기편 공격 선수를 앞에서 막아 주는 공격법.

▶ 그가 스크린플레이를 전개하는 모습에 많은 팬(fan)들이 반했다.

▶ 그의 위력을 느낄 수 있는 스크린플레이였습니다.

▶ 그의 적극적인 스크린플레이로 팀(team)은 다시 힘을 얻었다.

스크립트script　영화(榮華)나 방송극의 대본(臺本)이나 각본(脚本).

▶ 영화 스크립트를 구할 수 있는 사이트(site)가 있나요?

▶ 그는 후속(後續)으로 나올 영화의 스크립트를 완성하였다.

스키ski　눈 위를 미끄러지듯 타는 도구(道具), 행위. 스포츠(sports).

▶ 겨울에는 스키를 즐겨야지요.

▶ 스키장에 많은 사람들이 몰렸어요.

▷ 스키^장(ski^場) : 스키를 탈 수 있는 시설.

***스키다시**突出し /스끼다시　**Jap**　일식(日食) 음식점, 횟집 등에서 딸려 나오는 음식.

▶ 회도 맛있고 스키다시도 잘 나오는 일식집이 어디야?

▶ 스키다시를 잔뜩 먹었더니 회를 먹기도 전인데 벌써 배가 불러요.

→ '밑반찬/반찬'으로 순화.

스키드^마크skid^mark　자동차의 급브레이크(急brake) 타이어(tire) 자국.

▶ 급정거(急停車)를 하는 바람에 도로에 스키드마크가 생겼다.

▶ 달리던 자동차의 속력을 스키드마크로도 알 수 있나요?

***스킨**skin　피부. 겉에 씌우는 막(膜).

▶ 휴대전화 보호 스킨으로는 어떤 게 좋지요?

▶ 원치 않는 스킨십은 단호하게 거절하세요.

▷ 스킨십(skin ship) : 피부 접촉에 의한 애정 교류.

→ '살갗 닿기', '피부 접촉'으로 순화.

스킨^로션skin^lotion　피부 보호를 위해서 바르는 액체(液體) 화장품.

▶ 스킨로션이 다 떨어져서 바를 게 없네.

▶ 피부에 자극을 주지 않는 스킨로션을 구입했다.

스타

스타star[1] 아주 유명한 인기 배우나 가수(歌手) 또는 운동선수. 주변(周邊) 사람들에게 인기 있는 사람.
- ▶ 너도 스타가 되더니 변하는구나.
- ▶ 그가 하루아침에 스타가 된 건 아니에요.
- ▶ 한국 최고의 스타들이 총출동(總出動)하는 프로그램(program)입니다.
- ▶ 한류스타인 그녀가 드디어 우리나라를 방문(訪問)합니다.

스타star[2] 군대(軍隊)의 장성(將星)이나 그 계급(階級).
- ▶ 우리 외삼촌은 올해 원(one)스타가 되었다.
- ▶ 포(four)스타까지 진급하기를 바라고 있다.

*스타star[3] 밤하늘의 별.
- ▶ 별을 보고 싶으면 저희 '스타 동호회(同好會)'에 들어오세요.
- ▶ 영화 '스타워즈(Star Wars)'는 한국어로 '별들의 전쟁'이다.

스타덤stardom 인기 스타(star)의 지위. 또는 그 신분(身分).
- ▶ 이번 드라마(drama)로 그녀는 스타덤에 올랐다.
- ▶ 스타덤에 오른 그와 달리 그녀는 아직 알려지지 않았다.

스타디움stadium Lat 규모(規模)가 큰 운동 경기(競技)장.
- ▶ 아시안컵(Asian Cup)이 열렸던 스타디움에서 세 선수는 나란히 사진을 찍었다.
- ▶ 올림픽(Olympic) 개최를 위한 스타디움이 준공(竣工)을 앞두고 있습니다.

스타일style[1] 겉으로 드러나는 개성(個性).
- ▶ 오늘은 새로운 스타일의 옷을 입고 나타났어요.
- ▶ 이 건물은 고전적(古典的)인 스타일로 지어졌네요.

스타일style[2] 어떤 일정한 행동 양식(樣式)이나 방식(方式).
- ▶ 의장(議長)의 의사(議事) 진행 스타일은 매우 딱딱했다.
- ▶ 그 사람은 늘 새로운 스타일로 글을 쓰려고 노력한다.

스타일리스트stylist[1] 연예인(演藝人)의 스타일(style)을 만들고 관리하는 사람.
- ▶ 이 옷은 제 스타일리스트가 직접 만들었어요.
- ▶ 스타일리스트 자격증(資格證)을 따려고 공부하고 있어요.
- ▶ 디자이너(designer)와 스타일리스트의 의견이 서로 달랐어요.

스타일리스트stylist[2] 스타일을 중요하게 생각하는 사람.
- ▶ 그녀는 스스로를 스타일리스트라고 말했어요.
- ▶ 그는 스타일리스트답지 않게 트레이닝(training)복 바람으로 나왔다.

스타킹stocking[1] 얇은 망사(網紗)로 된 여성용 양말.
- ▶ 어제 새로 산 스타킹이야. 어때?
- ▶ 스타킹의 올이 나가서 당황스러웠어요

스타킹stocking[2] 야구·축구 등 운동을 할 때 신는 경기(競技)용 양말.
- ▶ 축구 스타킹을 구입했는데 너무 커요
- ▶ 기능(機能)성 압박(壓迫) 스타킹이 축구 용품으로 인기를 끌고 있다.

*****스타트(하다)**start   출발, 출발하다. 시작하다
- ▶ 이제 막 목표를 잡고 훈련을 스타트했어요
- ▶ 무슨 일이든지 스타트가 가장 중요하지요.
- ▶ 제가 먼저 스타트를 끊겠습니다.
- ▶ 스타트라인에 서자 그는 긴장(緊張)하기 시작했다.
- ▷ 스타트^라인(start line) : 출발선(出發線).

스타팅^멤버starting member   선수 교대가 가능한 단체 경기(競技)에서, 처음 출전(出戰)하는 선수.
- ▶ 이번에는 스타팅멤버로 선발되었어요.
- ▶ 다음 대표팀(team)에서도 스타팅멤버로 뛰고 싶습니다.

스태그플레이션stagflation   경기(景氣)가 악화(惡化) 중인데도 물가(物價)는 계속 오르는 현상.
- ▶ 우리 경제에 스태그플레이션 조짐(兆朕)이 보입니다.
- ▶ 스태그플레이션에 빠질 수 있다는 우려(憂慮)가 제기(提起)되었다.

스태미나stamina /스태미너   정기(精氣). 정력(精力). 힘.
- ▶ 장어가 스태미나에 좋다는 건 알고 계시죠?
- ▶ 그는 시청자가 뽑은 올해의 스태미나 왕(王)으로 뽑혔다.

스태프staff[1] /스탭 /스텝   간부(幹部).
- ▶ 과장(課長)부터는 회사의 스태프가 된다.
- ▶ 스태프들은 회사 경영에 막중한 책임을 지게 된다.

스태프staff[2] /스탭 /스텝   방송물·연극·영화의 제작에서, 연기자 외에 참여하는 모든 사람. 제작진(製作陣).
- ▶ 모든 출연(出演)진과 스태프가 힘을 모아서 촬영(撮影)을 마쳤습니다.
- ▶ 고생한 모든 스태프들에게 감사합니다.

스탠드stand[1]   탁상용 전등(電燈).

스탠드

> ▶ 책상과 탁상용 스탠드를 새로 샀어요
> ▶ 그는 스탠드 불빛에 의지하여 밤새도록 책을 보았다.

스탠드stand² 경기(競技)장의 관람석(觀覽席).

> ▶ 스탠드를 가득 채운 관중들의 함성(喊聲) 소리가 들렸다.
> ▶ 부모님께서도 스탠드에서 그를 지켜보고 계셨다.

스탠드stand³ 물건을 세우는 받침대.

> ▶ 스피커(speaker)를 설치할 금속 스탠드가 필요해요
> ▶ 이사를 하면서 TV 스탠드를 밝은 색으로 바꾸었어요

스탠드^바stand^bar /[스탠드빠] 춤과 음악을 즐기며 술을 마시는 곳.

> ▶ 스탠드바에서 기분 좋게 한잔 할까요?
> ▶ 호텔(hotel) 지하에는 노래방과 스탠드바가 있습니다.

*스탠딩^콘서트standing concert 관중(觀衆)이 모두 함께 일어서서 즐기는 콘서트의 한 형식.

> ▶ 그들의 무대는 언제나 스탠딩콘서트로 진행된다.
> ▶ 요즘 젊은이들은 앉아서 보는 콘서트보다 스탠딩콘서트를 더 선호한다.

*스탠딩^스타트standing start 육상 경주(競走)에서, 선 자세로 출발하는 방법.

> ▶ 네, 선수들 모두 출발선에 섰습니다. 장거리 경주여서 모두 스탠딩스타트 자세를 취하고 있습니다.
> ▶ 스탠딩스타트 외에 크라우칭스타트(crouching start) 방법도 있습니다.
> ▷ 크라우칭^스타트

스탠바이stand-by 준비(準備), 대기(待機).

> ▶ 자, 모두 스탠바이~ 큐!
> ▶ 저는 아까부터 계속 스탠바이하고 있었어요

스탬프stamp 고무도장.

> ▶ 스탬프 열 개를 찍어 오시면 커피(coffee)를 무료로 드립니다.
> ▶ 스탬프 자국이 선명하게 찍힌 종이를 내밀었다.

*스탭staff /스텝 → 스태프

스턴트stunt 묘기(妙技), 곡예(曲藝).

> ▶ 스턴트의 세계는 위험합니다.
> ▶ 위험한 장면은 스턴트맨이 대역(代役)을 했다.
> ▶ 스턴트맨이 되려면 연기도 잘해야 합니다.

▷ 스턴트＾맨(stunt man) : 영화나 텔레비전(television) 드라마(drama)에서, 주연 배우 대신 위험한 장면을 대신하는 대역 배우.

스테레오stereo 여러 개의 스피커(speaker)로 입체감(立體感)을 낼 수 있게 하는 음향(音響) 방식 또는 그 장치(裝置).
- ▶ 스테레오 헤드폰(headphone)으로 듣는 음악은 더 큰 감동을 준다.
- ▶ 그는 스테레오와 입체음향의 전문가입니다.

스테로이드steroid 면역(免疫)조절(調節) 및 항(抗)염증(炎症) 작용, 피부(皮膚)재생(再生) 기능 등에 기여(寄與)하는 성(性)호르몬(hormone)의 하나.
- ▶ 스테로이드는 중독성(中毒性)이 있어서 자주 사용하면 안 돼요.
- ▶ 그 화장품은 결국 스테로이드 제품인 것으로 밝혀졌다.

***스테이지**stage¹ 연극(演劇)이나 공연(公演) 등의 무대(舞臺).
- ▶ 그의 목소리가 스테이지를 가득 채웠다.
- ▶ 스테이지에 오르기 전에는 항상 긴장(緊張)이 돼요.

***스테이지**stage² 어떤 사건이나 이야기의 단계.
- ▶ 드디어 다음 스테이지로 넘어갑니다.
- ▶ '꿈푸른아이' 인생 4 막(幕)! 다시 새로운 스테이지에 서다.

스테이크steak 고기를 두툼하게 썰어서 구운 것.
- ▶ 스테이크와 와인(wine)으로 근사한 저녁식사를 했어요.
- ▶ 스테이크는 어떻게 해 드릴까요?

스테이플러stapler /[스테플러] 여러 장의 서류를 하나로 묶어주는 도구. 지철기(紙綴器).
- ▶ 이 서류를 2장씩 스테이플러로 찍어 주세요.
- ▶ 스테이플러를 만든 회사가 '호치키스(Hotchkiss)'라는 회사인가요?

스테인드＾글라스stained＾glass /[스태인글라쓰/스태인글래쓰] 색유리 또는 색을 칠해 만든 장식(裝飾)용 판유리.
- ▶ 그 예배당(禮拜堂)의 스테인드글라스 장식은 정말 멋졌어요.
- ▶ 스테인드글라스에 빛이 비치면 정말 아름다워요.

스테인리스＾강stainless＾鋼 /[스뎅] 녹이 잘 슬지 않고 부식(腐蝕)에도 강한 철(鐵). 스테인리스 스틸(steel).
- ▶ 주방기구를 만들 때도 스테인리스강을 사용해요.
- ▶ 이건 국내에서 만든 스테인리스강이에요.

스텐실stencil 구멍을 낸 밑그림에 물감을 뿌리고 롤러(roller)로 눌러서 그림을 만드

스텝

는 기법.
- ▶ 스텐실로 거실 벽면(壁面)을 꾸몄어요
- ▶ 파스텔(pastel) 톤(tone) 물감으로 예쁜 스텐실 식탁보를 만들 수 있어요
- ▶ 다양한 스텐실 페이퍼를 파는 곳이 어디인 줄 아세요?
- ▷ 스텐실^페이퍼(stencil^paper) : 스텐실(등사)용 원래 그림.

*스텝¹staff¹ 간부(幹部) → 스태프
- ▶ 과장(課長)부터는 회사 스텝이 된다.
- ▶ 스텝들은 회사 경영에 막중(莫重)한 책임을 지게 된다.

*스텝¹staff² 방송물·연극·영화의 제작에서, 연기자 외에 참여하는 모든 사람. 제
작진(製作陣).
- ▶ 모든 출연(出演)진과 스텝이 힘을 모아서 촬영(撮影)을 마쳤습니다.
- ▶ 고생한 모든 스텝들에게 감사합니다.

스텝²step 춤의 기본이 되는 몸과 발의 움직임.
- ▶ 춤의 기본은 스텝이지요
- ▶ 스텝 연습만 2주째 하고 있어요
- ▶ 스텝을 밟은 지가 오래되어서 긴장이 되네요

스토리story 이야기. 줄거리.
- ▶ 스토리를 다 알고 있는데 영화(映畫)가 재미있을까?
- ▶ 이 영화는 스토리는 형편없는데 액션(action)은 볼 만하다.

스토브stove 난로(煖爐).
- ▶ 추운 겨울을 나려면 스토브라도 있어야 할 텐데.
- ▶ 겨울 준비를 위해 전기스토브와 전기장판을 샀어요

스토아^철학Stoa哲學 윤리(倫理)를 제일 중요시하게 생각했던, 중세(中世) 철학(哲學)
의 하나.
- ▶ 스토아철학에서 가장 중요하게 생각했던 것은 윤리이다.
- ▶ 스토아철학이 로마(Roma)로 유입되었다.
- ▶ 스토아학파는 금욕(禁慾)을 주장하였다.
- ▷ 스토아^학파(Stoa學派) : 기원전 3세기 초에 발생된, 윤리 중심의 학파.

*스토어store 가게, 상점(商店).
- ▶ 어제 온라인(on-line) 서점(書店)인 '북(book) 스토어'에서 책을 구입했어요
- ▶ 우리 집 앞에는 왜 24시간 스토어가 안 생길까요?

스토킹(하다)stalking 상대방의 거절에도 불구(不拘)하고 좋아하는 일반인 또는 인기 있는 연예인(演藝人)이나 운동선수 등을 따라다니면서 괴롭히는 것.
 ▸ 오랫동안 스토킹에 시달려서 너무 힘들어요.
 ▸ 난 아무리 좋아도 절대 스토킹은 하지 않아.
 ▸ 저를 1년째 쫓아다니는 스토커가 있어요.
 ▹ 스토커(stalker) : 스토킹하는 사람.

스톡^옵션stock option 자기(自己) 회사 주식(株式)을 직원에게 성과급(成果給)으로 제공하는 것.
 ▸ 그는 직원들에게 스톡옵션을 부여하였다.
 ▸ 열심히 일한 직원들은 스톡옵션을 받게 될 것입니다.
 ▸ 미국에서는 옛날부터 스톡옵션 제도를 널리 이용하였다.

***스톱**stop /[스탑/스돕] 멈춤. 또는 멈추라는 명령의 말.
 ▸ 스톱 사인(sign)이 있는 걸 보니 일단 멈춰야겠어요.
 ▸ 그 광고(廣告)는 스톱 모션(motion)으로 촬영했대요.
 ▸ 현재 기자들의 취재(取材)는 올(all) 스톱된 상황입니다.

스톱워치stopwatch 시간을 재는 기구, 초시계(秒時計).
 ▸ 스톱워치로 정확한 시간을 재겠습니다.
 ▸ 이것은 알람(alarm)의 기능까지 있는 다기능(多技能) 스톱워치입니다.
 ▸ 스톱워치의 시작 버튼(button)을 눌러주세요.

스툴stool 등받이와 팔걸이가 없는 단순한 의자.
 ▸ 거실에는 깔끔한 디자인(design)의 스툴을 놓았어.
 ▸ 스툴보다 소파(sofa)가 편하지 않을까?

스튜stew 서양식(西洋式) 국, 탕 요리.
 ▸ 오늘 점심 메뉴(menu)는 비프(beef)스튜입니다.
 ▸ 따끈따끈한 해산물(海産物) 스튜 먹고 싶어.

스튜디오studio 영상(映像)/음악 제작실, 사진관, 녹음(錄音)실 같은 업무 공간.
 ▸ 오전 내내 녹음을 하느라 스튜디오에 있었어요.
 ▸ 스튜디오에서 제대로 사진을 찍는 건 처음이에요.
 ▸ 드레스(dress)를 빌리고 웨딩(wedding) 스튜디오를 예약(豫約)했어요.

스튜어드steward 여객기(旅客機)·여객선(旅客船)의 남자 승무원(乘務員) ↔ 스튜어디스

스튜어디스

> ▶ 제 꿈은 스튜어드가 되는 거예요.
> ▶ 승객들의 안전을 책임지는 스튜어드는 멋진 직업이에요.
> ▷ 잘 쓰지 않는 표현임.
> → '승무원'으로 순화.

스튜어디스stewardess /[스튜어디쓰] /[스튜디어쓰] 여객기(旅客機)·여객선(旅客船)의 여
자 승무원(乘務員) ↔ 스튜어드

> ▶ 스튜어디스가 설명해 주는 비상시(非常時) 대피(待避) 빙법을 잘 들으세요.
> ▶ 스튜어디스의 밝은 미소에 기분이 좋아졌어요.
> ▶ 제 여자 친구는 한국 항공사(航空社)의 스튜어디스입니다.
> → '승무원'으로 순화.

스트라이커striker 축구·배구 같은 경기(競技)에서, 득점(得點)을 가장 잘하는 공격
수(攻擊手).

> ▶ 그는 역시 세계 최고(最高)의 스트라이커야!
> ▶ 그는 올 시즌(season) 스트라이커로 복귀(復歸)한다.
> ▶ 그는 한국을 대표하는 스트라이커입니다.

스트라이크strike[1] /[스트라익] 야구에서, 투수가 던진 공이 스트라이크 존(zone)을 통
과한 것.

> ▶ 투수가 던진 공은 스트라이크로 판정되었다.
> ▶ 스트라이크 존의 위치는 정확히 어디인가요?

스트라이크strike[2] /[스트라익] 야구 외의 경기(競技)에서, 목표물(目標物)에 명중(命中)
했을 때 쓰는 표현.

> ▶ 오늘 볼링(bowling) 시합에서 스트라이크를 세 번이나 했어.
> ▶ 그래? 그럼 스트라이크를 제일 많이 친 선수는 누구야?

스트라이크strike[3] /[스트라익] 사업장(事業場)에서 근로자(勤勞者)가 근로조건 협의(協
議)를 위해서 파업(罷業)을 일으키는 정당한 노동 행위의 하나.

> ▶ 불만에 쌓인 노동자들이 드디어 스트라이크를 일으켰다.
> ▶ 그들은 오늘 새벽부터 스트라이크에 들어갔습니다.

스트레스stress[1] [스트레쓰] 보통 이상의 신경을 쓸 때, 정신적(精神的)으로 힘든 상태.

> ▶ 요즘 과장님 때문에 너무 스트레스를 받는다.
> ▶ 스트레스도 풀 겸 사우나(sauna)에 갈래?
> ▶ 사우나에 간다고 스트레스 해소(解消)가 될까?

*스트레스stress[2] [스트레쓰] 억양(抑揚)이나 발음, 악센트(accent)를 강하게 하는 것.
- ▶ 영어에는 독특(獨特)한 리듬(rhythm)과 스트레스가 있다.
- ▶ 영어는 스트레스의 위치에 따라서 단어의 뜻이 바뀌기도 한다.

스트레이트straight[1] 다른 것이 섞이지 않음. 직접적(直接的)인.
- ▶ 그 독(獨)한 양주(洋酒)를 스트레이트로 마셨어요.
- ▶ 그가 날린 스트레이트 펀치(punch)에 상대 선수는 정신을 잃었다.

스트레이트straight[2] 중간에 방해 받지 않고 곧바로 어떤 행동이나 일이 진행됨.
- ▶ 이번 일은 스트레이트로 진행해야 합니다.
- ▶ 결혼은 주저하지 말고 스트레이트로 밀어붙여야 하는 거다.

스트레칭stretching 건강을 위해서 몸과 팔다리를 쭉 펴는 것.
- ▶ 몸매를 위해 매일 스트레칭을 해요.
- ▶ 가벼운 스트레칭으로 몸을 풉시다.

스트로straw /[스트롱] 빨대.
- ▶ 스트로 하나만 더 주세요.
- ▶ 이 음료수는 스트로 없이도 마실 수 있어요.

스트로크stroke 골프(golf)나 테니스(tennis) 등의 운동 경기(競技)에서 치는 행위.
- ▶ 퍼팅(putting) 스트로크를 향상시키려면 많은 연습이 필요하다.
- ▶ 상대방의 스트로크 기술을 철저히 분석했어요.

*스트리트street 길거리.
- ▶ 이번 스트리트 춤 경연 대회에서 우리 팀(team)이 1등을 차지했다.
- ▶ 유럽(Europe)의 스트리트는 아기자기하고 멋졌어요.

스트립^쇼strip+show /[스트립쑈] 자극적(刺戟的)인 춤을 추면서 옷을 차례로 벗는 저질(低質) 쇼.
- ▶ 나이트클럽(nightclub)에서 벌어진 스트립쇼에 사람들은 열광하였다.
- ▶ 거리에서 벌어진 스트립쇼가 사람들에게 충격을 주었다.
- ▶ 내가 스트리퍼야? 아무 데서나 옷을 벗게.
- ▷ 스트리퍼(stripper) : 스트립쇼를 하는 사람.

스티로폼Styrofoam /[스티로폴] /[스치로폼] 상자 포장(包藏) 시에 충격(衝擊) 방지(防止)를 위해서 사용하는 발포스티렌수지(發泡styrene樹脂).
- ▶ 스티로폼으로 포장해서 보내 드릴게요.
- ▶ 스티로폼 박스(box)도 재활용(再活用)할 수 있나요?

스티커

스티치stitch 바느질의 한 땀. 바늘땀.
> ▶ 새로운 스티치 기법을 배웠다.
> ▶ 이 가방은 스티치를 내서 디자인(design) 했어요.
> ▶ 스티치를 하다 보면 실이 엉킬 수도 있어요.

스티커sticker[1] 접착제(接着劑)가 발라져 있는 광고(廣告)용 또는 캐릭터(character) 그림 종이.
> ▶ 아이들을 위한 스티커 북(book)이에요.
> ▶ 차 유리에 광고 스티커가 덕지덕지 붙어 있었다.

스티커sticker[2] 교통 법규(法規) 위반 시에 받는 딱지나 주차(駐車) 위반(違反) 표.
> ▶ 신호 위반으로 교통경찰(交通警察)에게 스티커를 받았다.
> ▶ 며칠 뒤에 집으로 주차 위반 스티커가 날라 왔다.

스틱stick 막대 모양, 막대기.
> ▶ 드럼(drum)을 치는데 갑자기 스틱이 날아갔어.
> ▶ 가파른 산을 오를 때는 등산용 스틱이 필요해요.
> ▶ 아~. 치즈(cheese)스틱 먹고 싶다.

스틸[1]still 영화(映畵)의 한 장면을 인화(印畵)한 것. 스틸 사진, 스틸 컷(cut).
> ▶ 기획사는 영화 개봉(開封)을 앞두고 먼저 스틸 사진을 공개하였습니다.
> ▶ 영화의 스틸 컷이 공개되자 사람들은 관심을 가졌다.

*스틸[2]steal 훔치는 것. 스틸을 시도(試圖)하다.
> ▶ ○○○ 선수 홈 스틸을 시도합니다.
> ▶ 야구에서의 묘미(妙味)는 무엇보다 저렇게 짜릿한 홈 스틸에 있지요.

스틸[3]steel 강철(鋼鐵).
> ▶ 스틸보다 가벼운 소재는 없나요?
> ▶ 스틸하우스(house)와 목조(木造) 주택(住宅) 중에 무엇으로 할까요?
> ▶ 이 물통은 스틸 재질이라서 튼튼해요.

스팀steam 증기(蒸氣), 김 또는 증기를 이용한 난방(煖房) 기기(器機).
> ▶ 이 와이셔츠(white shirts)는 스팀다리미로 다려야 잘 다려져요.
> ▶ 스팀 청소기로 카펫(carpet)을 청소해 주세요.
> ▶ 스팀 난방기를 구입해야겠어요.

스파게티spaghetti Ita 이탈리아(Italia)식 면(麵) 요리.
> ▶ 스파게티나 파스타(pasta)를 먹어요.

▸ 저는 크림소스(cream sauce) 스파게티와 샐러드(salad)를 먹을게요

스파르타Sparta   용맹(勇猛)한 전사(戰士) 교육에 힘썼던 그리스(Greece)의 옛 도시 국가.

　　▸ 정신 무장(武裝)에는 스파르타식(式) 훈련만큼 좋은 게 없다

　　▸ 요즘 곳곳에 스파르타 교육 방식을 내세운 학원들이 생겼어요.

　　▷ 스파르타(식)교육 : 학습자를 엄격(嚴格)하게 통제(統制)하는 교육 형태.

스파링sparring   실전(實戰)처럼 치르는 연습 경기(競技).

　　▸ 스트레칭(stretching)과 스파링으로 몸을 풀고 있어요

　　▸ 오늘 많은 연습생들이 챔피언(champion)과의 스파링에 도전합니다.

스파이spy   경쟁 국가나 회사의 비밀 정보, 사업/기술 정보를 몰래 수집하는 사람.
간첩(間諜).

　　▸ 그는 스파이로 벌써 10년이 넘게 활동하고 있어.

　　▸ 산업 스파이를 색출(索出)하기 위한 정책이 필요합니다.

　　▸ 그는 산업 스파이 혐의(嫌疑)로 구속되었다.

스파이크spike[1]   미끄럼 방지(防止)를 위해서 신발 밑창에 박는 뾰족한 징이나 못
또는 그것이 박혀 있는 경기(競技)용 신발, 스파이크 슈즈(shoes).

　　▸ 그 경기에는 보통 스파이크 슈즈를 신습니다.

　　▸ 금메달(medal)을 딴 선수가 신었던 스파이크 슈즈가 인기를 얻고 있다.

스파이크spike[2]   구기(球技) 경기에서 공을 상대방 쪽으로 강하게 보내는 것.

　　▸ 그의 연이은 스파이크 공격으로 상대팀(team)은 긴장해 있었다.

　　▸ 배구의 묘미(妙味)는 뭐니뭐니해도 강력(強力)한 스파이크입니다.

스파크spark   불꽃 또는 불꽃처럼 번득이는 생각.

　　▸ 양 팀(team) 간에 스파크 튀는 접전(接戰)이 벌어졌다.

　　▸ 아주 잠깐이었지만 그와 그녀 사이에 찌릿찌릿 스파크가 일었다.

*****스팟**spot   지점(支店), 장소(場所) → 스폿.

　　▸ 요즘 서울에서 가장 유명한 핫(hot)스팟이 어디예요?

　　▸ 신제품(新製品)의 장점(長點)을 알리기 위해 스팟광고를 제작했다.

　　▸ 한파(寒波) 대비(對備)를 알리는 스팟뉴스(news)를 내보냈다.

스패너spanner   너트(nut)·볼트(bolt) 등을 조이거나 풀 때 사용하는 공구(工具).

　　▸ 저기 옆에 있는 스패너 좀 집어주세요.

　　▸ 스패너로 작업을 할 때에는 항상 안전에 주의해야 합니다.

스퍼트spurt   경주(競走) 또는 하는 일에서, 속도를 높이는 것.

스펀지

> ▶ 결승선이 가까워오자 선수들은 막판 스퍼트를 내기 시작했다.

> ▶ 마지막 날이라고 대충하지 말고 다들 스퍼트를 냅시다.

스펀지|sponge /스폰지 목욕용, 쿠션(cushion)용 등으로 쓰는, 기포(氣泡)가 들어 있는 솜.

> ▶ 스펀지가 물을 잘 흡수하네요.

> ▶ 스펀지에 비누 거품을 잔뜩 내서 박박 문질러 주세요.

> ▶ 스펀지를 사용해서 파운데이션(foundation)을 고르게 펴 발랐다.

스펀지^케이크 sponge cake /[스폰지케익] 스펀지처럼 부드러운 빵으로 만든 케이크.

> ▶ 생크림(生cream)케이크보다는 스펀지케이크가 부드러울 것 같네요.

> ▶ 병문안을 가면서 부드러운 스펀지케이크를 사갔다.

스페어|spare /[스페애] 급할 때 쓸 수 있도록 준비해 놓은 예비품(豫備品). 남은 것.

> ▶ 자동차로 장거리(長距離) 여행을 할 때에는 차 트렁크(trunk)에 스페어 타이어
> (tire)가 있는지 꼭 확인하세요.

> ▶ 다행히 저한테 스페어 키(key)가 있어요.

> ▶ 그는 볼링(bowling) 칠 때 스페어 처리를 굉장히 잘해요.

> ▷ 스페어^타이어(spare tire) : 자동차 예비 타이어.

스페이드|spade 심장(心臟) 모양의 나뭇잎 그림.

> ▶ 난 스페이드 카드(card)와 다이아몬드(diamond) 카드(card)가 하나씩 남았어.

> ▶ 후훗, 난 스페이드A가 두 장이나 있지.

> ▶ 내 필통에는 스페이드 무늬가 새겨져 있어.

스페이스|space /[스페이씨] 공간(空間). 여백(餘白).

> ▶ 띄어쓰기를 할 때는 스페이스 바(bar)를 사용하세요.

> ▶ 옷장을 놓기에는 이쪽 방 스페이스가 조금 부족한데.

*스펙|Specification 구직자(求職者)의 능력을 판단할 수 있다고 생각하는 각종 자격
사항.

> ▶ 스펙을 쌓기 위해서 영어 학원에 등록했어요.

> ▶ 요즘에는 모든 대학생들이 스펙을 높이느라고 바빠요.

> ▶ 그 정도 스펙이면 대기업도 충분히 지원할 수 있겠는데.

*스펙터클^하다|spectacle /[스펙타클하다] 거대(巨大)하다. 웅장(雄壯)하다.

> ▶ 이토록 스펙터클한 영화는 처음이야.

> ▶ 오늘은 참 스펙터클한 하루가 될 것 같아.

> ▷ 스펙터클 영화(spectacle映畵) : 제작 규모가 큰 영화. 의상(衣裳), 장치(裝置), 동

원(動員) 인력(人力) 등에서 보통 영화 수준을 뛰어넘는다.

스펙트럼spectrum　빛을 분해하였을 때, 그 파장(波長)에 따라서 배열(配列)되는 성분.

▶ 태양빛의 아름다운 스펙트럼을 감상했다.

▶ 스펙트럼 분석기를 사용할 줄 알아요?

스펠spell　마법(魔法)의 주문(主文).

▶ 그녀가 입으로 스펠을 중얼거리자 상처(傷處)가 감쪽같이 사라졌다.

▶ 마법의 스펠? 에이, 그건 동화(童畵) 속에나 나오는 얘기 아니야?

스펠링spelling　단어의 철자(綴字).

▶ 그 단어 스펠링을 어떻게 쓰지요?

▶ 쓰기 시험에서는 스펠링을 틀리면 감점(減點) 처리됩니다.

스포이트spuit /스포이드　Net　잉크(ink)·물약 등을 옮겨 넣을 때 쓰는 유리관(琉璃管).

▶ 스포이트를 사용하여 요오드(Jod　Ger) 용액(溶液)을 두 방울을 떨어뜨리세요.

▶ 실험을 위해서 비커(beaker)와 스포이트를 준비했습니다.

***스포일러**spoiler /스포　개봉(開封) 영화(映畵)의 주요 사건(事件), 실마리, 내용, 결말 등을 블로그(blog)나 인터넷(internet) 게시판 등을 통해서 아직 안 본 사람들에게 미리 공개해 버리는 몰상식(沒常識)한 인간들 또는 그 행위.

▶ 그 사이트(site)는 아직 개봉되지 않은 영화의 스포일러로 가득합니다.

▶ 스포일러를 차단하는 방법은 없을까?

▶ 그 드라마(drama)의 마지막이 어이없게도 스포일러에 의해서 공개되었다.

스포츠sports　운동, 운동 경기(競技)의 총칭(總稱).

▶ 전 모든 스포츠를 다 즐겨요

▶ 당신이야말로 만능(萬能) 스포츠맨이군요

▶ 우리 동네에 스포츠센터가 새로 생겼어요

▶ 운동을 하겠다는 결심으로 비싼 스포츠웨어를 구입하였다.

▶ 그가 보여준 것은 진정한 스포츠맨십입니다.

▷ 스포츠^맨(sportsman) : 운동선수.

▷ 스포츠맨십(sportsmanship) : 정정당당한 운동 경기 정신.

▷ 스포츠^센터(sports center) : 체육관 또는 경기장.

▷ 스포츠웨어(sportswear) : 운동용 의류.

스포츠^카sports car　스피드(speed)를 즐기기 위해서 만들어진 소형 자동차.

▶ 노란 스포츠카를 타고 온 바람둥이같이 생긴 남자 누구야?

스포트라이트

> ▶ 이번에 새로 나온 국산 신형(新型) 스포츠카 봤어요?

스포트라이트spotlight[1] [스폿라이트] [스팟라이트] 한 곳을 중점적(重點的)으로 비추는 무대(舞臺) 조명(照明).

> ▶ 그 장면에서는 주인공에게 스포트라이트를 비춰 주세요.
> ▶ 스포트라이트가 너무 강렬해 눈이 부셔요.

스포트라이트spotlight[2] [스폿라이트] [스팟라이트] 세상 사람들의 주목(注目)·관심을 받는 것.

> ▶ 그는 그 작품으로 드디어 스포트라이트를 받았다.
> ▶ 화려한 스포트라이트의 유혹을 뒤로 한 채 그는 연예계를 떠났다.

*스포티^하다sporty 일반적인 것보다 경쾌(輕快)하거나 활동적으로 보일 때 쓰는 표현.

> ▶ 너 오늘 굉장히 스포티해 보인다.
> ▶ 그렇게 입으니까 한결 스포티하네요.
> ▶ 스포티한 스타일(style)의 오픈카(open car)를 사는 게 소원이야.

스폰서sponsor /스폰 후원자(後援者). 상업 방송의 광고주(廣告主).

> ▶ 아직도 스폰서를 구하지 못해서 큰일이야.
> ▶ 김 사장님께서 이번 행사의 스폰서가 되어 주셨어요.

*스폰지sponge 목욕용, 쿠션(cushion)용 등으로 쓰는, 기포(氣泡)가 들어 있는 솜 → 스펀지.

> ▶ 스폰지가 물을 잘 흡수하네요.
> ▶ 스폰지에 비누 거품을 잔뜩 내서 박박 문질러주세요.
> ▶ 스폰지를 사용해서 파운데이션(foundation)을 고르게 펴 발랐다.

*스폿spot /스팟 지점(地點), 장소(場所).

> ▶ 요즘 서울에서 가장 유명한 핫(hot)스폿이 어디예요?
> ▶ 신제품의 장점을 알리기 위해 스폿광고를 제작했다.
> ▶ 한파(寒波) 대비(對備)를 알리는 스폿뉴스를 내보냈다.
> ▷ 스폿^광고(spot廣告) : 라디오나 텔레비전 등의 방송 프로그램 사이에 끼워 넣는 짧은 광고
> ▷ 스폿^뉴스(spot news) : 방송 프로그램 중간에 하는 짧고 간단한 뉴스

스푼spoon 숟가락.

> ▶ 커피(coffee)에 설탕은 몇 스푼 넣을까요?
> ▶ 요리를 위해 계량(計量)컵(cup)과 계량용 스푼을 샀어요.

스프레이spray 분무기(噴霧器). 머리 세팅(setting)용 분무식 화장품.

> ▶ 앞머리를 스프레이로 고정했다.

> ▶ 스프레이를 뿌릴 때에는 눈에 들어가지 않도록 조심하세요

스프린터sprinter 단거리(短距離) 선수.

> ▶ 이 시대 최고의 스프린터들의 승부가 펼쳐졌다.

> ▶ 그는 아시안게임(Asian game)에서 2관왕을 차지하며 아시아(Asia) 최고의 스프린터 자리에 우뚝 섰다.

> ▶ 그녀는 스프린터 자질(資質)을 충분히 갖고 있어요.

스프링spring 용수철(龍鬚鐵).

> ▶ 스프링처럼 튀어 오르다.

> ▶ 노트(note)는 역시 스프링 노트가 편리해요.

> ▶ 침대는 매트(mat)에 들어가는 스프링이 중요해요

스프링^캠프spring camp 단체 경기(競技) 선수들이 봄에 합숙(合宿) 훈련을 하는 것.

> ▶ 이번 스프링캠프 장소가 어디지?

> ▶ 저도 스프링캠프에 참여하겠습니다.

> ▶ 우리도 스프링캠프 전용(專用) 훈련장이 있으면 좋겠어요

스프링클러sprinkler /[스프링쿨러] 화재 시에 자동 소화(消火)를 위해서 건물 천장에 설치한 것. 잔디, 나무, 작물 등에 물을 주기 위해서 설치한 것. 자동 살수(撒水) 장치(裝置).

> ▶ 마당에는 스프링클러가 돌아가고 있었다.

> ▶ 잔디에 물을 뿌려주는 스프링클러를 설치하세요

스피드speed 속력(速力). 속도.

> ▶ 좀 더 스피드를 내!

> ▶ 잠깐만 기다려요, 제가 스피드하게 끝낼게요

> ▶ 그 선수는 스피드가 너무 느려.

> ▷ 스피드 건(speed gun) : 속도 측정(測程) 기계.

스피드^스케이팅speed skating 코스(course)의 완주(完走) 시간으로 승부(勝負)를 겨루는 스케이트(skate) 경주(競走).

> ▶ 그는 스피드 스케이팅의 전설(傳說)이 되었다.

> ▶ 잠시 후 스피드 스케이팅 단체 경기(競技)가 열립니다.

스피츠spitz 애완용 개의 한 품종(品種). 흰색 긴 털을 가진 여우 닮은 개.

스피커

> ▸ 포메라니안(Pomeranian)을 데려오고 싶었는데 결국 스피츠를 입양(入養)했어요
> ▸ 스피츠는 굉장히 영리한 품종입니다.
> ▸ 귀여운 스피츠를 분양(分讓)받기 위해 1년이나 기다렸어요

스피커speaker 소리를 출력(出力)해 주는 기기.

> ▸ 음악을 듣기 위해 스피커를 설치했다.
> ▸ 어? 이 컴퓨터(computer) 스피커가 고장인가 봐요. 소리가 안 나와요
> ▸ 스피커의 음질(音質)이 별로 안 좋은데요

스핀spin 회전(回轉)하는 것.

> ▸ 탁구공에 스핀을 줄 때에는 손목을 사용해야 합니다.
> ▸ 피겨스케이터(figure skater) 김연아의 스핀은 정말 우아하다.

스핑크스Sphinx 고대(古代) 오리엔트(Orient) 신화(神話)에 나오는 괴물.

> ▸ 이집트(Egypt)에 가면 피라미드(pyramid)와 스핑크스를 볼 수 있습니다.
> ▸ 스핑크스는 사자의 몸과 인간의 머리를 가지고 있다.

슬라브[1]^족Slav族 유럽(Europe) 동부 및 중부에 사는 아리안계(Aryan系) 민족.

> ▸ 그녀의 눈은 슬라브족답게 푸른색을 띠고 있다.
> ▸ 노르만족(Norman族)인 슬라브족을 정복하고 세운 나라가 뭐죠?

*슬라브[2]slab 바닥이나 벽을 콘크리트(concrete)로 한 장의 판처럼 만든 구조물 →
슬래브

> ▸ 이 지역에 슬라브 공장이 세워졌다.
> ▸ 드디어 지붕에 슬라브를 치는 공사를 시작했다.

슬라이더slider 야구 경기(競技)에서, 투수가 던지는 공의 한 유형. 공이 미끄러지듯
날아감.

> ▸ 그는 직구와 슬라이더에 강한 선수예요
> ▸ 한국에서 슬라이더를 가장 잘 던지는 야구 선수는 누구인가요?

슬라이드slide[1] 이어 보기 위해서 만든 여러 장의 사진.

> ▸ 그는 브리핑(briefing) 자리에서 여러 장의 슬라이드 사진을 보여주었다.
> ▸ 이 슬라이드는 어떤 프로그램(program)으로 만들었나요?

*슬라이드slide[2] 미끄러지다.

> ▸ 야구에서 주자(走者)는 홈(home)으로 슬라이드하면서 들어가는 것이 보통이다.
> ▸ 축구 수비는 슬라이딩 태클(tackle)을 잘할 수 있어야 한다.
> ▹ 슬라이드하다 : 미끄러지다.

▷ 슬라이딩(sliding) : 슬라이드하는 것.

슬라이드^글라스slide glass [슬라이드글라쓰] /[슬라이드글래쓰]　현미경(顯微鏡)을 볼 때 사용하는 투명한 유리.

　▶ 실험을 위해 현미경과 슬라이드글라스를 준비하세요.

　▶ 슬라이드글라스 위에 관찰 대상을 올리고 커버글라스(cover glass)로 덮으세요.

슬라이딩(하다)sliding　미끄러짐.

　▶ 그들은 먹을 것을 발견하자 슬라이딩하며 뛰어들었다.

　▶ 돌진(突進)해 오는 상대 선수를 슬라이딩 태클로 저지했다.

　▷ 슬라이딩 태클(sliding tackle) : 상대편이 가진 공을 빼앗는 축구 기술.

　▷ 슬라이드.

슬래브slab /슬라브　바닥이나 벽을 콘크리트(concrete)로 한 장의 판처럼 만든 구조물.

　▶ 요즘 건물은 시공(施工)이 간편한 슬래브 구조로 많이 짓는다.

　▶ 슬래브를 사용하면 공사 기간을 단축(短縮)할 수 있다.

슬러거slugger　야구 경기(競技)에서 강타자를 나타내는 표현.

　▶ 그는 드디어 올해의 슬러거 상을 받았다.

　▶ 저 사람이 바로 모든 팀(team)에서 탐내는 슬러거라지요?

***슬러시**slush /[슬러씨]　살짝 얼려서 갈아낸 음료.

　▶ 날이 너무 더운데, 우리 슬러시나 사 먹을까요?

　▶ 슬러시를 한 번에 많이 먹었더니 이가 시리고 머리가 아파요.

슬럼프slump　경기(景氣)나 상태가 침체(沈滯)되어 있는 것.

　▶ 요즘 슬럼프에 빠졌나 봐요. 좀처럼 회복이 안 되네요.

　▶ 시험에 떨어지고 나서 좀처럼 슬럼프에서 벗어나지 못하고 있어요.

슬레이트slate[1]　주로 지붕을 덮는 데 쓰는 석판(石板).

　▶ 슬레이트 지붕은 눈이 오면 위험해.

　▶ 오래된 슬레이트 지붕을 고쳐 드립니다.

슬레이트slate[2]　시멘트(cement)와 석면(石綿)을 섞어 센 압력으로 눌러 만든, 물결 모양의 얇은 판.

　▶ 슬레이트 건축물은 석면이 나와서 건강에 좋지 않아요.

　▶ 그래서 요즘에는 슬레이트 건물을 보기 어렵군요.

***슬레이트**slate[3]　영상(映像) 촬영(撮影) 시(時)에 사용하는 장면 구분용 지시 판.

　▶ 방송 촬영을 할 때는 편집을 위해 슬레이트를 친다.

슬로건

> ▸ 이번에는 제가 슬레이트를 쳐도 되나요?

슬로건slogan 주의・주장 등을 간결하게 나타낸 것. 표어(標語).
> ▸ 그 기업은 '변혁(變革)'이라는 슬로건을 내걸고 각오를 다졌다.
> ▸ 우리 회사의 발전을 위한 좋은 슬로건을 만들어 봅시다.

슬로^모션slow motion /[슬로우모션] 정상적인 속도보다 느리게 재생된 영상(映像) 속의 어떤 움직임.
> ▸ 슬로 모션으로 다시 한번 볼 수 있을까요?
> ▸ 이 부분은 슬로 모션으로 편집해 주세요.

슬로^비디오slow video /[슬로우비디오] 정상적인 속도보다 느리게 재생된 영상(映像).
> ▸ 노인들이 걸어 다니는 모습은 마치 슬로비디오를 보는 것 같았다.
> ▸ 슬로비디오로 보니 그가 반칙(反則)을 한 게 분명하네요.

슬로^푸드slow food /[슬로우푸드] 패스트^푸드(fast food)에 반대되는 개념, 전통적 식생활 문화를 되살려서 천천히 조리한 음식과 그 문화.
> ▸ 건강을 위한 슬로푸드 운동이 전 세계적으로 일어나고 있다.
> ▸ 이곳은 다양한 슬로푸드를 즐길 수 있는 뷔페(buffet)입니다.
> ▸ 나도 이제 패스트푸드를 줄이고 슬로푸드를 먹어야겠어.

슬로프slope 스키(ski)를 탈 수 있는 경사진 곳. 눈 쌓인 비탈.
> ▸ 초급자를 위한 슬로프도 있나요?
> ▸ 내가 주로 이용하는 슬로프를 알려줄게.
> ▸ 그곳은 자연이 만들어 준 최상의 슬로프였다.

슬롯slot 개인용 컴퓨터(computer), 스마트폰(smart phone) 같은 기기(器機)에 보조 기기, 카드(card) 등을 끼울 수 있도록 만들어 놓은 것.
> ▸ 이 노트북(notebook)에는 유에스비(USB) 슬롯이 두 개밖에 없어서 불편해.
> ▸ 그래? 그런 슬롯은 적어도 세 개는 있어야 불편하지 않을 텐데.

슬롯^머신slot machine 동전을 넣어 사용하는 카지노(casino) 게임(game) 기기(器機).
> ▸ 슬롯머신은 성인들만 할 수 있는 게임인가요?
> ▸ 슬롯머신으로 돈을 땄으니 내가 한턱 쏠게요.

슬리퍼slipper /[쓰레빠] 실내용 신발.
> ▸ 실내에서는 반드시 슬리퍼를 착용해 주세요.
> ▸ 데이트(date)를 하는데 맨발에 슬리퍼를 끌고 나오다니……

슬리핑^백sleeping bag [슬리핑빽] 솜이나 새의 깃털 등을 넣어 만든 일인용 침낭(寢囊).

▸ 찬 바닥에 슬리핑백만 깔고 하룻밤을 지냈다.

▸ 밖에서 잠을 자야하니까 텐트(tent)와 슬리핑백을 챙겨 가자.

슬립slip 소매 없는 원피스(one-piece) 모양의 여성 속옷.

▸ 이건 외국인 친구가 선물해 준 슬립인데 어때?

▸ 결혼하는 친구에게 슬립 원피스를 선물하려고 해요

슬립^다운slip down /[슬립따운] 권투(拳鬪) 경기(競技)에서 선수가 혼자 살짝 미끄러져 넘어지는 것.

▸ 상대 선수의 강한 공격에 두 번이나 슬립 다운되었다.

▸ 슬립 다운을 당하는 순간까지 그는 최선을 다했어요

***시**c [씨] /ㅆ 영어 알파벳의 세 번째 글자.

▸ 알파벳은 에이, 비, 시, 디, 이, 에프, 지, 에이치, 아이, 제이, 케이, 엘, 엠, 엔, 오, 피, 큐, 아르, 에스, 티, 유, 브이, 더블유, 엑스, 와이, 지(제트)이다.

▹ 에이(A/a), 비(B/b), 시([씨]C/c), 디(D/d), 이(E/e), 에프(F/f), 지(G/g), 에이치(H/h), 아이(I/i), 제이(J/j), 케이(K/k), 엘(L/l), 엠(M/m), 엔(N/n), 오(O/o), 피(P/p), 큐(Q/q), 아르([알]R/r), 에스[에쓰]S/s), 티(T/t), 유(U/u), 브이(V/v), 더블유(/[떠블류]W/w), 엑스(X/x), 와이(Y/y), 지(제트Z/z).

시가cigar /[씨가] 필터(filter)가 없는 담배.

▸ 편의점(便宜店)에서 시가를 찾았는데 안 팔더라.

▸ 파이프(pipe)보다 시가가 건강에 더 좋아?

▸ 좋기는, 담배는 다 해로워.

▹ 시가렛(cigarette [씨가렛]) : 필터가 달린 담배.

시그널signal /[씨그널] /[씨그널] 신호(信號).

▸ 시그널 음악을 바꿔야 할 때가 되었나 봐.

▸ 방송 시작을 알려 주는 시그널 뮤직은 자주 바꿔 줄 필요가 있어.

▹ 시그널 뮤직(signal music) : 방송 프로그램(program)에서 시작 직전이나 끝날 때를 알리기 위해서 연주(演奏)되는 음악.

시그마sigma /[씨그마] Gre 그리스(Greece) 자모(字母)의 열여덟 번째 문자(文字) → 그리스문자.

▹ A/α알파, B/β베타, Γ/γ감마, Δ/δ델타, E/ε엡실론, Z/ζ제타, H/η에타, Θ/Θ세타, I/ι요타, K/κ카파, Λ/λ람다, M/μ뮤, N/ν뉴, Ξ/ξ크시/크사이, O/o오미크론, Π/π파이, P/ρ로, Σ/σ시그마, T/τ타우, Y/υ입실론, Φ/φ피, X/χ키, Ψ/ψ프

시나리오

시/프사이, Ω/ω오메가.

시나리오scenario /[씨나리오] 영화(映畵) 각본(脚本), 대본(臺本) 또는 이것처럼 미리 짜 놓은 계획.
- ▶ 이별을 주제로 시나리오 한 편을 쓰고 있어요
- ▶ 내가 계획한 시나리오대로 일이 안 풀려서 화가 나요
- ▶ 그것 참 최고의 시나리오군요

시나몬cinnamon /[씨나몬] 자극적(刺戟的)인 향신료(香辛料)의 하나. 계피(桂皮).
- ▶ 커피(coffee)에 시나몬을 뿌려 드릴까요?
- ▶ 시나몬 롤(roll)빵이나 시나몬 비스킷(biscuit) 있어요?
- ▶ 저는 시나몬의 독특한 향(香)이 좋아요

시너thinner /[씨너] /신나 휘발성(揮發性), 인화성(引火性)이 강한 화학적 혼합물(混合物)의 하나.
- ▶ 페인트(paint)를 칠할 때에는 시너를 섞어야 된다.
- ▶ 김 모 씨는 건물에 들어가 시너를 뿌리고 불을 질렀습니다.

시네마Cinema /[씨네마] 영화 또는 영화관(映畵館).
- ▶ 이 근처에 시네마 타운(town)이 있다고 들었는데 어디인가요?
- ▶ 우리 시네마에 영화 보러 갈래?

****시니어**senior /[씨니어] 연장자(年長者). 주로 나이 많은 어른을 대접한다는 느낌을 주기 위해서 상업적(商業的)으로 쓰는 표현.
- ▶ 시니어 층은 노후(老後) 대비(對備)에 관심이 많아요
- ▶ 시니어 산업에 대한 관심이 나날이 높아지고 있어요
- ▷ '노인', '어르신'으로 쓰는 것이 좋다.

시니컬하다cynical /[씨니컬] 냉소적(冷笑的)인 태도가 있을 때 쓰는 표현.
- ▶ 그는 항상 시니컬한 태도로 수업을 들었다.
- ▶ 넌 왜 그렇게 매사(每事)에 시니컬해?

시디CD [씨디] 컴퓨터(computer)용 정보(情報) 기록 매체(媒體).
- ▶ CD 굽는 방법 알아요?
- ▶ 그 정도 용량(容量)이면 CD 한 장에 들어갈 수 있겠는데요
- ▷ Compact Disc(콤팩트 디스크).

시디^롬CD-ROM [씨디롬] 시디(CD) 정보를 읽거나 기록하는 장치.
- ▶ 시디롬의 기능이 점차 향상되고 있다.

▶ 시디롬에 문제가 생겼는지 실행이 되지 않아요.

▷ Compact Disc－Read Only Memory.

시리우스(성) Sirius(星) [시리우쓰] /[씨리우쓰]　하늘에서 볼 수 있는 가장 밝은 별.

▶ 북극성이 시리우스보다 밝은가요?

▶ 시리우스성은 지구에서 얼마나 떨어져 있나요?

시리즈series [씨리즈]　책이나 영화, 드라마(drama) 또는 어떤 행동이나 일이 연속적으로 기획된 것 또는 계속되는 것을 나타냄.

▶ 재미있는 유머(humor) 시리즈 아는 거 있어요?

▶ 이번 연휴(連休)에는 특별히 제작된 드라마 시리즈가 방영됩니다.

▶ 요즘 영화는 시리즈물이 대세(大勢)야.

시멘트cement /[씨멘트] /[쎄맨]　석회(石灰)나 석고(石膏) 가루로 만든 토목·건축용 접합제(接合劑).

▶ 시멘트 바닥에 넘어졌으니 무릎에 멍이 들지.

▶ 시멘트 블록(block)을 쌓아 집을 지으려고 해요.

▶ 벽면을 시멘트 콘크리트로 덮어도 될까요?

▷ 시멘트 콘크리트(cement concrete) : 시멘트로 만든 콘크리트

시소러스thesaurus [시소러쓰] /[시쏘러쓰]　사용 상황에 맞게 구성된 분류(分類) 어휘집(語彙集).

▶ 한국어 어휘 교육에 시소러스를 적용해야 한다.

▶ 각 분야별로 우리말 시소러스의 구축(構築)이 필요하다.

시스루see through [시쓰루] /[씨쓰루]　속이 훤히 비치는 패션(fashion).

▶ 여름에는 시스루를 입어야 시원하다.

▶ 그런데 시스루룩은 조심해서 입지 않으면 너무 야해 보인다.

▷ 시스루룩(see through look) : 시스루 패션.

시스템system /[씨스템]　방법, 체계, 조직.

▶ 우리 회사는 관리 시스템이 철저합니다.

▶ 시스템 상의 문제로 홈페이지(homepage)를 운영할 수 없게 되었어요.

▶ 회사의 발전을 위해 새로운 시스템을 들여왔습니다.

시시^티브이CCTV [씨씨티비] /[씨씨티브이]　폐쇄회로(閉鎖回路) 텔레비전(television).

▶ CCTV를 확인해 보니 그가 범인이 확실하네요.

▶ 각 층마다 CCTV를 설치했습니다.

시아^파

▷ Closed Circuit Television.

시아^파 Shiah派　이슬람교(Islam教)의 대종파(大宗派)의 하나.

▸ 이슬람교는 시아파(派) 말고 또 무슨 파가 있어?

▸ 이슬람교 2대 종파는 시아파와 수니파(Sunni派)야.

시에프CF [씨에프]　광고(廣告) 선전(宣傳)용 영상(映像)이나 사진.

▸ 저 사람 CF를 많이 찍더니 돈 좀 벌었나봐.

▸ 어떤 CF를 찍고 싶으세요?

▸ CF에 출연(出演)하고 난 후에 스타(star)가 되었어요.

▷ Commercial Film.

시엠CM [씨엠]　상업(商業)용 광고(廣告) 선전(宣傳) 문구(文句).

▸ 유명한 프로듀서(producer)에게 CM 제작을 부탁했어요.

▸ 우리 프로그램(program)을 위한 CM송 하나 만들어 줄래요?

▷ 시엠^송(CM song[씨엠쏭]) : 광고 선전용 노래.

▷ Commercial Message.

시오니즘Zionism　이스라엘(Israel) 독립운동(獨立運動)을 이끈, 유대주의(Judea主義).

▸ 이스라엘의 시오니즘 운동이 뭐지요?

▸ 그는 유대인이지만 시오니즘에는 반대해요.

시오디COD [씨오디]　화학적(化學的) 산소(酸素) 요구량(要求量).

▸ COD가 정확히 뭐예요?

▸ 물의 오염 정도를 나타내는 기준인데, COD는 ppm(피피엠)으로 표시해요.

▷ Chemical Oxygen Demand.

시온Zion　예루살렘(Jerusalem)의 별칭(別稱).

▸ 시온의 별은 그럼 예루살렘의 별이라는 뜻인가요?

▸ 그렇겠지. 시온이 예루살렘을 뜻하니까.

시추에이션situation [씨추에이션]　극적(劇的)인 장면이나 상황.

▸ 이런 황당(荒唐)한 시추에이션이 있나.

▸ 아니 이게 뭔 시추에이션이야? (이게 무슨 일이야? 믿을 수가 없네.)

***시크(하다)**chic `Fra`　멋있다, 맵시 있다, 세련되다.

▸ 요즘 대세(大勢)는 시크지. 시크한 물건이 아니면 팔기 어려워.

▸ 그녀의 시크한 패션(fashion)은 곧바로 유행되기 시작했다.

***시크릿**secret /[씨크릿]　비밀(秘密).

▶ 시크릿이라는 걸그룹(girl group)이 있던데, 비밀이라는 뜻과 잘 어울려요

▶ 이건 정말 톱 시크릿이에요 아무에게도 말하지 마세요.

▷ 톱^시크릿(top secret) : 일급(一級) 비밀(秘密).

시트[1]sheet /[씨트] 침대나 의자 등에 씌우는 천.

▶ 침대 시트 좀 빨아야 하겠다.

▶ 검정색 소파(sofa)엔 어떤 색깔의 시트가 어울릴까요?

▶ 시트지(紙)로 더러운 벽면(壁面)을 가렸다.

시트[2]seat [씨트] 앉을 자리.

▶ 카시트 좀 앞으로 당겨주시겠어요?

▶ 지압(指壓)시트에 앉아있으면 몸이 좀 풀릴 거야.

▷ 카^시트(car^seat) : 자동차 좌석.

▷ 시트^벨트(seatbelt) : 차나 비행기 좌석에 달린 '안전띠'.

시트콤sitcom /[씨트콤] 코미디(comedy) 형식의 연작(連作) 드라마(drama).

▶ 내가 좋아하는 시트콤 할 시간이네.

▶ 이번 시트콤에서 그 남자 배우는 완전히 떴어요.

▷ situation comedy.

***시티**[1]city /[씨티] 도시(都市).

▶ 서울에 가면 시티 투어(tour)를 하고 싶어요

▶ 시티 투어 버스(bus)를 타면 하루 동안 서울을 다 돌아볼 수 있어요

시티[2]CT [씨티] 컴퓨터(computer)로 인체의 횡단면(橫斷面)을 촬영(撮影)하여 진단하는 의료(醫療)용 기기(器機).

▶ 외상(外傷)은 없지만 CT를 한번 찍어 봐야겠어요.

▶ CT 촬영(撮影)을 하고 나서 다시 의사와 상담을 하세요.

▷ CT 촬영(CT撮影) : 컴퓨터 단층(斷層) 촬영(撮影).

▷ Computed Tomography.

***시푸드**sea food /씨푸드 해산물(海產物)로 만든 요리의 총칭(總稱).

▶ 오늘은 우리 시푸드 뷔페(buffet)에 가는 게 어때요?

▶ 다이어트(diet)를 시작했어요. 오늘부터 시푸드 위주(爲主)로 먹겠어요

시피CP [씨피] 군대(軍隊)의 작전(作戰) 지휘소(指揮所).

▶ 이번 훈련의 목표는 우리 CP를 적군(敵軍)으로부터 보호하는 것이다.

▶ CD가 함락(陷落)되면 작전(作戰)은 완전히 실패다.

시피유

> ▷ Command Post.

시피유CPU [씨피유] 컴퓨터(computer)의 중앙(中央) 처리(處理) 장치(裝置).

> ▶ CPU 내부에는 가장 중요한 일을 하는 코어(core)가 있어요

> ▶ CPU를 교체하면 컴퓨터 기능이 향상되나요?

> ▷ Central Processing Unit.

***식스**six 여섯 번째, 여섯째.

> ▶ 난 넘버(number) 식스도 충분히 만족해요

> ▶ 준비하시고 식스, 파이브, 포, 쓰리, 투, 원, 번지(bungee)!

> ▷ 제로(zero), 원(one), 투(two), 쓰리(three), 포(four), 파이브(five), 식스(six[씩쓰]), 세
> 븐(seven[쎄븐]), 에이트(eight/에잇), 나인(nine), 텐(ten).

신scene [씬] /씬 극(劇) · 영화(映畵)의 장면. 경치(景致).

> ▶ 드디어 우리 영화의 마지막 신을 찍었다.

> ▶ 창문을 열자 정말 아름다운 신이 펼쳐졌다.

***신나**thinner 휘발성(揮發性), 인화성(引火性)이 강한 화학적(化學的) 혼합물(混合物) →
시너.

> ▶ 페인트(paint)를 칠할 때에는 신나를 섞어야 된다.

> ▶ 김 모 씨는 건물에 들어가 신나를 뿌리고 불을 질렀습니다.

신데렐라Cinderella[1] 유럽(Europe) 옛날 동화(童畵) 속의 여주인공.

> ▶ 신데렐라는 모든 여자 아이들이 좋아하는 동화야.

> ▶ 신데렐라는 왕자님과 영원히 행복했을까?

신데렐라Cinderella[2] 혼자 힘이라기보다 주변의 도움을 받아서 빈곤(貧困), 무명(無
名)의 신세에서 하루아침에 부자나 스타(star)가 된 여자를 나타낼 때 쓰는 표현.

> ▶ 많이 사람들이 신데렐라 콤플렉스(complex)에 빠져 있어요

> ▶ 그 여자는 부잣집 아들을 만난 덕에 하루아침에 신데렐라가 되었다.

신드롬syndrome /[씬드롬] 병에 가까운 증상 또는 어떤 것을 병적으로 좋아하는 증상
이 널리 퍼지는 것. 증후군(症候群).

> ▶ 신드롬의 종류가 날로 늘어가고 있군요

> ▶ 그녀는 올 한 해 가요계에 새로운 신드롬을 일으켰다.

> ▶ 아시아(Asia) 전체가 그 드라마(drama) 신드롬에 빠져 있다.

> ▷ 피터^팬^신드롬(Peter Pan Syndrome) : 어른이 되기 싫어하는 정신적 증후군
> (症候群).

실로폰xylophone　타악기(打樂器)의 하나.

　▸ 맑은 실로폰 소리가 들렸다.

　▸ 실로폰과 트라이앵글(triangle) 소리가 조화를 이루었다.

실루엣silhouette /[씰루엣]　Fra　어떤 물체의 흐릿한 윤곽(輪廓) 또는 전체적인 윤곽.

　▸ 이제는 실루엣만 봐도 누구인지 알 수 있어요

　▸ 그녀의 실루엣은 정말 우아(優雅)하다.

실리카^겔silica gel /[씰리카겔]　수분(水分) 탈취(奪取), 건조제(乾燥劑) 등으로 쓰이는 것.

　▸ 실리카 겔은 먹으면 안 되나요?

　▸ 건조제로 쓰이는 실리카 겔을 먹어서 좋을 일이 있나요

실리콘silicone /[씰리콘]　규소(硅素) 유기(有機) 화합물(化合物). 실리콘 수지(樹脂).

　▸ 실리콘으로 틈새를 완전히 막으면 물이 새지 않을 겁니다.

　▸ 그녀는 실리콘을 넣어 콧대를 높이는 수술을 했다.

실린더cylinder /[씰린더]　엔진(engine)의 피스톤(piston)이 왕복하는 원통형(圓筒形) 공간.

　▸ 오토바이(auto bicycle) 엔진은 보통 실린더가 2개인가요?

　▸ 네, 보통 2개이지만 10개 이상의 실린더를 가진 오토바이도 있어요

***실버**silver /[씰버]　은(銀). 노령(老齡)의.

　▸ 이건 실버 제품이어서 별로 비싸지 않아요

　▸ 요즘에는 노후(老後)에 실버타운에 사는 것도 괜찮지 않나요?

　▹ 실버-타운(silver town) : 노후를 편안히 즐기기 위해 선택하는 주거 시설.

실크silk [씰크]　명주실 또는 명주실로 만든 견직물.

　▸ 거실은 분위기 있게 실크 벽지(壁紙)로 하는 게 어때?

　▸ 어머니께 실크 스카프(scarf)를 선물해 드렸어요

　▸ 그녀는 실크 같은 머릿결을 가졌어요

실크^로드 Silk Road [씰크로드]　아시아(Asia)와 서아시아(西Asia), 유럽(Europe)을 이었던 고대(古代) 무역 길. 비단길.

　▸ 옛날에는 실크로드를 통해서 동서양의 무역이 이루어졌다.

　▸ 시간이 되면 실크로드를 따라서 배낭여행을 하고 싶어요

심벌symbol /심볼[씸볼]　상징(象徵) 또는 기호(記號).

　▸ 이번 행사를 위한 심벌과 로고(logo)를 공모(公募)합니다.

　▸ 그래픽(graphic) 심벌은 언제부터 사용했나요?

　▸ 심벌과 슬로건(slogan)을 보고 이 행사에 관심을 갖게 되었습니다.

심벌즈

심벌즈cymbals /[씸벌즈] 쇠붙이로 만든 타악기(打樂器)의 하나.
> ▶ 이번 공연(公演)에서 저는 심벌즈 연주(演奏)를 맡았어요
> ▶ 심벌즈 소리는 너무 시끄러워.

*심볼symbol → 심벌.

심포니symphony /[씸포니] 관현악(管絃樂)을 위해 만든 교향곡(交響曲).
> ▶ 미국에서 가장 유명한 심포니오케스트라의 단원(團員)이 되었어요
> ▶ 호주에서 가장 유명한 심포니오케스트라가 한국에서 공연을 합니다.
> ▷ 심포니^오케스트라(symphony orchestra) : 교향곡을 연주(演奏)하는 악단(樂團).

심포지엄symposium /[씸포지엄] 안건(案件)에 대한 전문가의 설명 후 청중·사회자 등의 질문에 답변하는 토론의 한 형식.
> ▶ 이번 강의는 심포지엄 형식으로 진행합니다.
> ▶ 3일 후 ‘한국어교육의 미래’에 대한 심포지엄이 열립니다.

싱글single [씽글] 한 개, 단일(單一). 독신(獨身).
> ▶ 침대는 싱글로 드릴까요? 더블(double)로 드릴까요?
> ▶ 싱글이세요? 아니면 결혼하셨어요?
> ▶ 다음 달에 드디어 제 싱글 앨범(album)이 나옵니다.
> ▷ 싱글^베드(single bed) : 일인용의 작은 침대 ↔ 더블베드.

*싱어singer [씽어] 가수(歌手).
> ▶ 여자 싱어 두 명과 남자 싱어 두 명이 필요해요
> ▶ 저는 지금 싱어 송 라이터로 왕성한 활동을 하고 있습니다.
> ▷ 싱어^송^라이터(singer song writer) : 자작곡(自作曲)으로 노래하는 가수.

싱크^대sink臺 /[씽크] 설거지용 대(臺). 개수대.
> ▶ 싱크대 위에 있는 쟁반 좀 가져다 주세요
> ▶ 어머니를 위해서 싱크대를 새로 교체해 드렸다.

싱크로나이즈드 스위밍synchronize swimming /[씽크로나이즈] 수중(水中) 발레.
> ▶ 마지막 팀(team)의 싱크로나이즈드 스위밍 공연이 끝나자 모든 사람들이 환호했다.
> ▶ 싱크로나이즈 종목(種目)에서 마침내 우리나라가 금메달(金medal)을 땄다.

*싱크^율sync率 [씽크율] 일치(一致)하는 정도, 동시(同時) 작동(作動)하는 정도
> ▶ 넌 그 여배우와 싱크율 백프로(procent)야. 어쩜 그렇게 닮았니?
> ▶ 그의 성대모사(聲帶模寫)는 싱크율이 완벽하기로 소문났다.

▷ 싱크로^율.

***싱크로^율**synchro率 [씽크로율] 동시(同時) 작동(作動)하는 정도, 일치(一致)하는 정도

▶ 넌 그 여배우와 싱크로율 백프로((procent)야. 어쩜 그렇게 닮았니?

▶ 그의 성대모사(聲帶模寫)는 싱크로율이 완벽하기로 소문났다.

▷ 싱크^율.

***쌤쌤**same same 서로 다르지 않고 같은 처지라는 뜻으로 쓰는 표현.

▶ 이렇게 하면 서로 쌤쌤이니까 그만 싸우지?

▶ 뭐가 쌤쌤이야! 내가 더 손해잖아!

***썬캡**sun-cap 햇빛, 햇볕, 특히 자외선(紫外線)을 가리기 위해서 모자처럼 쓰는 것.

▶ 햇빛이 강하니까 꼭 썬캡을 가져가세요.

▶ 선크림(sun cream)도 발랐고 선글라스(sunglass)에 썬캡까지 썼으니 얼굴이 타지는 않겠지?

***썬팅**sunting 해를 가리기 위해서 유리에 얇은 막(膜)을 입히는 것 → 선팅.

▶ 새로 차를 사면 썬팅은 보통 서비스(service)로 해 준다.

▶ 베란다(veranda) 유리창에도 썬팅을 해야 하겠어요. 햇빛이 너무 강하네요.

***썸머^스쿨**summer school 여름학교. 보통 방학 기간에 운영하는 학교 → 서머스쿨.

▶ 다음 달 초부터 썸머스쿨이 열립니다.

▶ 한국어를 배울 수 있는 썸머스쿨이 열리면 좋겠어요.

***쏘나타**sonata 악곡(樂曲)의 한 형식. 독주(獨奏)곡 또는 실내악(室內樂) 곡 → 소나타.

▶ 그의 쏘나타 연주(演奏)는 모든 사람에게 감동(感動)을 주었다.

▶ 베토벤((Beethoven)의 피아노(piano) 쏘나타를 연주할 수 있나요?

***쏘리**sorry 미안.

▶ 늦어서 미안해요. 쏘리쏘리.

▶ 아이쿠, 이거 쏘리예요. 제가 너무 기다리게 만들었죠?

쓰나미Tsunami /츠나미 /[쯔나미] Jap 기상(氣象) 이변(異變)으로 발생하는 거대 해일(海溢) 또는 그것과 같은.

▶ 쓰나미는 주민들에게 엄청난 재앙(災殃)을 가져왔다.

▶ 그의 연기를 보고 있으니, 감동의 쓰나미가 밀려와서 도저히 눈물을 참을 수 없었다.

***쓰리**three 세 번째, 셋째.

▶ 난 늘 넘버(number)원을 꿈꾸지만 이번에도 넘버 쓰리야.

씨

> ▶ 준비하시고 쓰리, 투, 원, 번지(bungee)!
> ▷ 제로(zero), 원(one), 투(two), 쓰리(three), 포(four), 파이브(five), 식스(six[씩쓰]), 세
> 븐(seven[쎄븐]), 에이트(eight/에잇), 나인(nine), 텐(ten).

*씨C/c /시   영어 알파벳의 세 번째 글자.

> ▶ 알파벳은 에이, 비, 시, 디, 이, 에프, 지, 에이치, 아이, 제이, 케이, 엘, 엠, 엔,
> 오, 피, 큐, 아르, 에스, 티, 유, 브이, 더블유, 엑스, 와이, 지(제트)이다.
> ▷ 에이(A/a), 비(B/b), 시([씨]C/c), 디(D/d), 이(E/e), 에프(F/f), 지(G/g), 에이치(H/h),
> 아이(I/i), 제이(J/j), 케이(K/k), 엘(L/l), 엠(M/m), 엔(N/n), 오(O/o), 피(P/p), 큐(Q/q),
> 아르([알]R/r), 에스([에쓰]S/s), 티(T/t), 유(U/u), 브이(V/v), 더블유(/[떠블류]W/w),
> 엑스(X/x), 와이(Y/y), 지(제트Z/z).

*씨네마Cinema   영화 또는 영화관(映畫館) → 시네마.

> ▶ 이 근처에 씨네마 타운(town)이 있다고 들었는데 어디인가요?
> ▶ 우리 ○○씨네마에 영화 보러 갈래?

*씨이오CEO   기업체의 총수(總帥), 대표(代表).

> ▶ 그분이 드디어 우리 회사의 CEO로 임명(任命)되셨습니다.
> ▶ CEO는 언제나 긴장(緊張)을 늦추지 않아야 한다.
> ▷ Chief Executive Officer.

*씨푸드sea food /시푸드   해산물(海産物)로 만든 요리의 총칭(總稱).

> ▶ 오늘은 우리 씨푸드 뷔페(buffet)에 가는 게 어때요?
> ▶ 다이어트(diet)를 시작했어요. 오늘부터 씨푸드 위주(爲主)로 먹겠어요

*씬scene   극(劇)·영화(映畫)의 장면(場面). 경치(景致) → 신.

> ▶ 드디어 우리 영화의 마지막 씬을 찍었다.
> ▶ 창문을 열자 정말 아름다운 씬이 펼쳐졌다.

아가페agapē **Gre**   희생적(犧牲的)인 사랑.

  ▶ 아가페와 에로스(eros)는 어떻게 다른가요 ?

  ▶ 아가페 사랑을 실천하기 위해서 봉사활동(奉仕活動)을 합니다.

아그레망agrément **Fra**   외교사절(外交使節) 임명(任命) 시에, 상대국의 사전동의(事前同意) 의사표시(意思表示).

  ▶ 이번 외교관 아그레망은 제때 도착했나요?

  ▶ 네, 신임 외교관 아그레망 처리를 모두 끝냈습니다.

*아나고あなご **Jap**   붕장어(회).

  ▶ 아나고는 씹을수록 고소한 맛이 나요

  ▶ 여기 아나고 한 접시 더 주세요

아나운서announcer   방송을 진행하는 사람.

  ▶ 그녀의 꿈은 아나운서가 되는 것이다.

  ▶ 그 아나운서는 10년 동안이나 뉴스(news)를 진행했다.

아나키스트anarchist   무정부주의자(無政府主義者).

  ▶ 그것은 오랫동안 아나키스트 동지(同志)들과 꿈꿔왔던 일이다.

  ▶ 이번 사건은 아나키스트들의 소행(所行)으로 드러났다.

*아나테이너annatainer   예능감이 뛰어난 아나운서(announcer). 아나운서와 엔터테이너(entertainer)의 부분 결합 신조어(新造語).

  ▶ 요즘 스타(star) 못지않은 아나테이터의 활약이 대단합니다.

  ▶ 그는 요즘 뜨고 있는 아나테이터입니다.

  ▷ announce+entertainer.

아날로그analogue /아나로그   디지털(digital)에 상대적으로 쓰이는 표현. 전자 기기의 역할을 최소화한 것.

  ▶ 이 시계는 아날로그와 디지털의 결합으로 만들어졌다.

  ▶ 유행(流行)에는 조금 뒤떨어진 아날로그 상품들이 다시 인기를 끌고 있어요

  ▶ 저는 아직도 디지털시계보다 아날로그시계를 좋아해요

  ▷ 아날로그시계(analogue時計) : 시침(時針), 분침(分針), 초침(秒針)이 있는 시계 ↔

디지털시계.

아네모네anemone [Lat]   관상(觀賞)용 식물의 일종.
- ▶ 아네모네의 꽃말은 '기대(企待)'이다.
- ▶ 유럽(Europe)인들은 장미와 튤립(tulip) 다음으로 아네모네를 좋아해요

아노미anomie [Fra]   사회 공동원(公同員)의 가치, 도덕이 상실(喪失)된 혼돈(混沌) 상태 또는 상실감, 무력감(無力感)으로 인한 불안정(不安定) 상태.
- ▶ 대다수의 언론은 지금 아노미 상태에 빠져있다.
- ▶ 새로운 정책의 시급한 시행으로 전국은 지금 아노미 상황에 빠졌습니다.

아데노바이러스adenovirus [아데노바이러쓰]   유행성 결막염·폐렴 따위를 일으키는 바이러스(virus)의 일종.
- ▶ 아데노바이러스의 유행(流行)으로 많은 사람들이 걱정하고 있다.
- ▶ 아데노바이러스 변종(變種)도 있다던데요

아드레날린adrenaline   혈압을 높이고, 지혈(止血) 작용을 하는 호르몬(hormone)의 일종.
- ▶ 스트레스(stress)를 받으면 아드레날린이 분비된다.
- ▶ 이 운동은 아드레날린이 솟구치는 운동이에요

아라베스크arabesque [Fra]   아라비아(Arabia)식(式) 장식 무늬. 아라비아풍(風).
- ▶ 나는 아라베스크 같은 환상적(幻想的)인 스타일(style)이 좋아.
- ▶ 가까이서 보면 궁전의 아라베스크 문양(文樣)을 볼 수 있어요

아라비아Arabia   아랍(Arab)의. 아라비아 반도(半島). 사우디(Saudi) 아라비아의 준말.
- ▶ 아라비아 사람들은 어떤 특징이 있어요?
- ▶ 아라비아 숫자는 아라비아에서 만들었나요?
- ▷ 아라비아^고무(Arabia^) : 아라비아고무나무 수액(樹液)으로 만든 고무.
- ▷ 아라비아 숫자(Arabia數字) : 0,1,2,3 등의 숫자.

아랍Arab   아라비아(Arabia) 지역, 아랍(Arab)인 또는 아랍어.
- ▶ 그는 아랍인이고 아랍어를 사용합니다.
- ▶ 아랍 남자들은 모두 수염을 길러야 하나요?
- ▷ 아랍어(Arab語) : 아라비아 및 중동 일부 지역과 북아프리카(北Africa)에서 쓰는 언어.
- ▷ 아랍인(Arab人) : 아랍어를 쓰는 민족.

*아로마aroma   방향(芳香), 향기(香氣).
- ▶ 신혼집에 집들이를 갈 때에는 아로마 향(香)초를 선물해 보세요

▶ 아로마 테라피(therapy)는 오일(oil)을 이용해서 심신(心身)을 안정시키는 치료(治療) 요법(療法)입니다.

▷ 아로마^테라피(aromatherapy) : 허브(herb) 오일을 이용한 치료 요법의 하나.

*아르R/r /알 영어 알파벳의 열여덟 번째 글자.

▶ 알파벳은 에이, 비, 시, 디, 이, 에프, 지, 에이치, 아이, 제이, 케이, 엘, 엠, 엔, 오, 피, 큐, 아르, 에스, 티, 유, 브이, 더블유, 엑스, 와이, 지(제트)이다.

▷ 에이(A/a), 비(B/b), 시([씨]C/c), 디(D/d), 이(E/e), 에프(F/f), 지(G/g), 에이치(H/h), 아이(I/i), 제이(J/j), 케이(K/k), 엘(L/l), 엠(M/m), 엔(N/n), 오(O/o), 피(P/p), 큐(Q/q), 아르([알]R/r), 에스([에쓰]S/s), 티(T/t), 유(U/u), 브이(V/v), 더블유(/[떠블류]W/w), 엑스(X/x), 와이(Y/y), 지(제트Z/z).

아르바이트Arbeit /알바 Ger 학생이나 직업인의 부업(副業).

▶ 저는 아르바이트로 학비를 벌고 있습니다.

▶ 경제가 어려워지자 아르바이트를 하는 학생들이 늘고 있다.

▶ 너 이번 방학 때 같이 아르바이트하지 않을래?

아르^앤드^비R&B [알앤비] 음악의 한 형식, 리듬(Rhythm) 앤드(and) 블루스(Blues).

▶ R&B 음악 좋아하나요?

▶ 그는 모든 스타일(style)의 음악을 R&B로 바꾸어 부릅니다.

▷ Rhythm & Blues.

아르에이치^네거티브RH negative [알에이치~] RH-, Rh음성(陰性), 혈액형(血液型)의 한 종류, 아르에이치 음성.

▶ RH 음성 혈액형은 다른 일반 혈액형과 어떤 차이가 있나요?

▶ 제 혈액형은 RH 네거티브 A형이에요.

▷ 아르에이치^마이너스(RH minus).

아르에이치^포지티브RH positive [알에이치~] RH+, Rh양성(陽性), 혈액형의 한 종류, 아르에이치 양성.

▶ 수혈을 받아야 하는데 그나마 저는 RH 양성이어서 다행이에요.

▶ RH 포지티브 혈액을 가진 사람이, RH 네거티브(negative) 혈액을 가진 사람보다 많아요.

▷ 아르에이치^플러스(RH plus).

아르엔에이RNA [알엔에이] 리보오스(ribose)를 함유하는 핵산. 알칼리(alkali)에 분해되기 쉬우며, 단백질 합성에 중요한 역할을 함. 리보(ribose) 핵산(核酸).

> 그는 RNA 분야의 전문가이다.

> 한국에서도 RNA는 그냥 영어로 적는다. '아르엔에이'로 적지 않는다.

▷ Ribo-Nucleic Acid.

아르오티시ROTC [알오티씨] 장교(將校) 육성(育成)을 위한 대학생 군사교육단(軍事教育團). 학군단(學軍團).

> 그는 ROTC 생도(生徒)여서 졸업 후에 장교로 군대(軍隊)를 가요.

> ROTC로 선발(選拔)되기 위해서는 공부도 열심히 해야 한다.

▷ Reserve Officers' Training Corps.

아마ama(teur) → 아마추어(amateur).

아마겟돈Harmagedon 성경(聖經)의 요한(John) 계시록(啓示錄)에 적혀 있는 내용으로, 선(善)과 악(惡)이 최후의 결전(決戰)을 행하게 될 싸움터.

> 아마겟돈의 예언(豫言)을 믿나요?

> 아마겟돈 전쟁은 언제쯤 어디에서 일어날까?

아마추어amateur /아마 어떤 일을 비전문적(非專門的)으로 하는 사람. 일에 능숙(能熟)하지 못한 사람 ↔ 프로페셔널(professional).

> 그는 아마추어이지만 프로(pro) 선수처럼 스포츠(sports)를 즐겼다.

> 그는 꽤 오랫동안 아마추어 연극 동아리에서 활동했다.

아말감amalgam 거울 반사(反射)면이나 치과용 충전재(充塡材)로 사용하는 합금(合金).

> 치아의 썩은 부분은 긁어내고 아말감으로 때워야 합니다.

> 오래된 아말감은 빨리 교체하는 것이 치아에 좋아요.

아메리카America 미국(USA).

> 아메리카대륙은 우리나라의 몇 배나 될까?

> 아메리카 전역(全域)을 여행하고 싶어요.

▷ 아메리카대륙 : 미국 땅.

▷ 아메리카합중국(合衆國) : 미국 국가(國家).

아메리칸^드림 American dream 미국에 가면 행복하게 잘살 수 있으리라는 생각.

> 그도 아메리칸 드림을 안고 미국으로 갔어요.

> 그는 10년간의 고생 끝에 아메리칸 드림을 이루어냈다.

아메바amoeba 단세포(單細胞) 동물.

> 아메바는 가장 단순한 생명체 가운데 하나이다.

> 너 아메바야? 왜 이렇게 생각이 단순해?

아멘amen Heb 기도(祈禱)나 찬미(讚美)의 끝에 하는 표현.
> ▶ 예수님의 이름으로 기도 드립니다. 아멘.
> ▶ 아멘만 외친다고 다 기도냐? 진심을 담아야지.

아몬드almond 식용 견과(堅果)류의 하나.
> ▶ 땅콩보다 아몬드가 더 고소하지 않아요?
> ▶ 아몬드를 빻아서 샐러드(salad)에 뿌려 먹으면 맛있어요

아미노^산amino酸 단백질(蛋白質) 분해 시에 생기는 유기화합물(有機化合物).
> ▶ 아미노산이 피로 회복에 효과적이라는 연구 결과가 나왔다.
> ▶ 아미노산이 많이 들어있는 음식에는 뭐가 있을까요?

아밀라아제amylase 소화(消化) 효소(酵素)의 하나.
> ▶ 무에는 아밀라아제가 들어 있어 소화를 도와줍니다.
> ▶ 오늘은 아밀라아제가 하는 역할에 대해 공부했어요

아방가르드avant-garde Fra 제1차 세계대전(世界大戰) 때를 기점(起點)으로 유럽
(Europe)에서 일어난 예술 운동. 혁신적(革新的) 예술의 총칭(總稱).
> ▶ 그는 프랑스(France)의 아방가르드 영화를 대표하는 감독입니다.
> ▶ 때로는 아방가르드 스타일(style)도 추구해 보세요

아베^마리아Ave Maria Lat 성모 마리아를 축복하는 기도문. 성모송(聖母誦).
> ▶ 그들은 입을 모아 아베마리아를 불렀다.
> ▶ 성당에 고요하게 울려 퍼지는 아베마리아 소리에 감동을 받았다.

아베크^족avec族 주로 어둡고 인적(人跡)이 드문 곳에서 연애를 즐기는 남녀.
> ▶ 이곳은 아베크족들이 즐겨 찾는 장소예요
> ▶ 아베크족이 사회 문제를 일으키는 건 아니잖아요?

*아서author 작가(作家).
> ▶ 아서 코난(Conan) 도일(Doyle) 의 대표작이 뭐예요?
> ▶ 코난 도일은 탐정 추리물을 쓴 작가지요
> ▷ 외국 작가에게만 가끔 쓰는 표현.

아세톤acetone 매니큐어(manicure)를 지울 때 쓰는 휘발성(揮發性) 액체.
> ▶ 매니큐어를 지워야 하는데 아세톤이 없네.
> ▶ 이 지독한 냄새는 뭐지? 아세톤 냄새인가?

아셈ASEM [아쎔] 아시아(Asia)와 유럽(Europe)간의 정상(頂上) 회의. 한국 · 중국 · 일본,
아세안(ASEAN) 회원국과 이유(EU)가 참여한다.

아스키^코드

> 올해 아셈 개최(開催)국은 어느 나라인가요?
> 국민들은 좋은 성과(成果)를 기대하며 아셈 회의를 응원했다.
▷ ASia Europe Meeting.

아스키^코드ASCII code 미국이 제시한 컴퓨터(computer)의 표준 정보 교환(交換)용 코드(code). 컴퓨터 문자(文字) 체계.
> 아스키코드를 이용해서 할 수 있는 게 뭐예요?
> 아스키코드는 256가지 경우의 수로 문자코드를 나타낼 때 써요.
▷ American Standard Code for Information Interchange.

아스파라거스asparagus [아스파라거쓰] 식용(食用) 식물의 하나.
> 아스파라거스에는 단백질과 비타민(vitamin)이 풍부하게 들어있다.
> 아스파라거스로 할 수 있는 다양한 요리를 배웠어요.

아스파라긴asparagine 건강에 좋은 아미노산(amino酸)의 하나.
> 아스파라거스(asparagus)는 콩나물보다 아스파라긴 함유량(含有量)이 높다.
> 아스파라긴은 피로회복제의 원료로 쓰입니다.

아스팔트asphalt 도로포장·건축 재료·전기 절연(絶緣) 등에 이용되는 석유 추출(抽出)물.
> 그 도로는 아스팔트 포장(鋪裝) 공사가 한창이다.
> 아스팔트에서 올라오는 열기로 한낮 서울의 공기는 뜨거웠다.
> 아스팔트를 달리던 차량(車輛)이 빗길에 미끄러졌습니다.
▷ 아스팔트 콘크리트(asphalt concrete) : 아스팔트와 자갈 등을 섞은 도로 포장용 콘크리트

아스피린aspirin 해열(解熱), 진통제(鎭痛劑)로 쓰이는 약 또는 그 성분.
> 아스피린을 먹으면 두통(頭痛)이 나을 거예요.
> 여행을 떠날 때는 비상용(非常用) 아스피린을 꼭 준비하세요.

아시아Asia 세계 6대주(大洲)의 하나.
> 그녀는 걸어서 아시아 전역(全域)을 여행하였다.
> 지금 아시아에서 그녀를 모르는 사람은 아마 없을 거야.

아우토반Autobahn `Ger` 독일에 있는 자동차 전용 무제한(無制限) 고속도로(高速道路).
> 독일 출장을 갔을 때 아우토반을 달려봤어요.
> 그들은 마치 아우토반을 달리듯 거리낌 없이 질주(疾走)했다.

아우트라인outline /아웃라인 윤곽(輪廓), 스케치(sketch). 대강(大綱)의 줄거리.

▶ 이번 주말까지 대강의 아우트라인을 그려 오세요.

▶ 글을 쓰기에 앞서서 먼저 아우트라인을 잡는 것이 중요합니다.

*아울렛outlet /아웃렛 유행(流行) 지난 명품(名品)을 할인판매(割引販賣)하는 할인쇼핑 몰(shopping mall).

▶ 지난 주말에는 아울렛에 가서 좋은 물건을 많이 건졌어.

▶ 시간이 있으니까 명품 아울렛 좀 둘러보고 갈까요?

아웃out[1] 경기(競技) 중에 공격권(攻擊權)을 잃은 것. 선수를 빼다.

▶ 야구는 9회 말 투(two)아웃부터가 진짜라지요?

▶ 그는 별다른 활약을 보이지 못한 채 후반전(後半戰)에 아웃되었다.

▶ 그는 경기(競技)에서 당한 부상(負傷)으로 아웃되었다.

아웃out[2] 어떤 일이나 조직에서 제외(除外)되다.

▶ 그는 업무처리(業務處理) 미숙(未熟)으로 이번 프로젝트(project)에서 아웃되었어.

▶ 그렇게 자신만을 생각하다가는 팀(team)에서 영원히 아웃될지도 몰라.

*아웃라인outline → 아우트라인.

*아웃렛outlet → 아울렛.

아웃사이더outsider 주류(主流)에 들지 못하는 사람. 비주류(非主流).

▶ 너 오늘 왜 그렇게 아웃사이더처럼 굴어?

▶ 그는 어디에서나 늘 아웃사이더이다.

아웃소싱outsourcing 어떤 일의 한 부분을 제3자에게 위탁(委託)하여 처리하는 것.

▶ 홍보 업무는 아웃소싱하기로 했어요.

▶ 그런 일은 아웃소싱 전문 업체(業體)에 맡기는 게 나아요.

*아이 I/i 영어 알파벳의 아홉 번째 글자.

▶ 알파벳은 에이, 비, 시, 디, 이, 에프, 지, 에이치, 아이, 제이, 케이, 엘, 엠, 엔, 오, 피, 큐, 아르, 에스, 티, 유, 브이, 더블유, 엑스, 와이, 지(제트)이다.

▷ 에이(A/a), 비(B/b), 시([씨]C/c), 디(D/d), 이(E/e), 에프(F/f), 지(G/g), 에이치(H/h), 아이(I/i), 제이(J/j), 케이(K/k), 엘(L/l), 엠(M/m), 엔(N/n), 오(O/o), 피(P/p), 큐(Q/q), 아르([알]R/r), 에스([에쓰]S/s), 티(T/t), 유(U/u), 브이(V/v), 더블유(/[떠블류]W/w), 엑스(X/x), 와이(Y/y), 지(제트Z/z).

아이누^어Ainu語 일본 홋카이도(北海道) 및 사할린(Sakhalin) · 쿠릴(Kuril) 열도에 살고 있는 종족(種族)이 썼던 일본 고어(古語).

▶ 아이누어가 뭐예요?

아이돌

　　▶ 아이누어는 오래 전에 일본 북부 지방에서 썼던 말이래요

*아이돌idol　널리 인기 있는, 보통 어린 스타(star) 연예인, 운동선수 → 돌²

　　▶ 아이돌 가수들이 모든 TV프로그램(program)을 휩쓸고 있어요

　　▶ 아이돌 출신의 그녀는 성숙(成熟)한 숙녀가 되어 다시 나타났다.

아이디ID　개인 증명(證明) 명칭(名稱) 또는 증명서.

　　▶ 아이디를 잘못 입력하셨습니다.

　　▶ 아이디와 비밀번호를 잊어버렸어요

　　▷ IDentification.

아이디어idea　참신(斬新)한 생각, 구상(構想).

　　▶ 그것 참 기발(奇拔)한 아이디어다.

　　▶ 그의 머리는 늘 좋은 아이디어로 가득해요

　　▶ 뭐 좋은 아이디어 없을까?

아이디^카드ID card　개인 신분 증명 카드

　　▶ 그 건물에 들어가려면 아이디카드가 있어야 해요

　　▶ 그녀는 목에 아이디카드를 걸고 있었다.

　　▷ IDentification card.

아이^라인eye line　눈가에 칠하는 화장 선(線).

　　▶ 아이라인을 그리면 눈이 더 커 보여요

　　▶ 아이라이너를 사려고 하는데 검정색이 좋을까 갈색이 좋을까?

　　▷ 아이라이너(eye liner) : 아이라인을 만드는 데에 쓰는 화장품.

아이러니irony /아이로니　풍자(諷刺). 비꼼. / 예상하지 못한 결과, 모순(矛盾).

　　▶ 그의 글은 아이러니한 비판들로 가득하다.

　　▶ 이 시는 아이러니한 표현으로 세상을 비판한 작품입니다.

　　▶ 이런 아이러니한 상황이 있나….

　　▶ 인생은 참 아이러니한 일들로 가득해.

*아이로니컬^하다ironical /[아이러니컬]　아이러니(irony)한 것. 모순적(矛盾的), 역설적
　　(逆說的)이다.

　　▶ 주인과 하인이 뒤바뀌다니 정말 아이로니컬하다.

　　▶ 패션(fashion) 디자이너(designer)가 촌스러운 옷만 입고 다닌다니 참 아이로니
　　　컬해.

아이론iron /[아이롱]　다리미, 인두.

▶ 엄마, 아이론이 뭐예요?

▶ 응? 아이론은 다리미, 헤어(hair) 세팅(setting)기의 옛날식 표현이야.

▷ '다리미', '머리 인두'로 순화.

아이보리ivory 상아색(象牙色).

▶ 아이보리 색 재킷(jacket)을 새로 구입했어요.

▶ 흰색보다 아이보리 색이 좋겠어요.

아이비^리그ivy league 미국 동북부에 위치한 여덟 개의 명문 대학 다트머스(Dartmouth), 브라운(Brown), 예일(yale), 컬럼비아(Columbia), 코넬(cornell), 펜실베이니아(Pennsylvania), 프린스턴(Princeton), 하버드(harvard)).

▶ 그는 아이비리그 진학을 목표로 공부하고 있다.

▶ 그는 아이비리그 출신이다.

아이섀도eye shadow /아이섀도우 눈가에 바르는 색조(色調) 화장품. 섀도

▶ 오늘 아이섀도 색깔이 화려하네요.

▶ 펄(pearl)이 들어간 아이섀도로 기분을 냈어요.

아이^쇼핑eye^shopping /[아이쑈핑] 구입하지 않고 눈으로 보기만 하는 쇼핑, 눈으로 즐기는 쇼핑.

▶ 오후엔 커피(coffee) 한잔 하고 아이쇼핑 어때?

▶ 난 아이쇼핑엔 취미가 없어.

아이스^댄싱ice dancing /[아이스땐씽] 남녀 한 쌍이 출전하는 피겨스케이팅((figure skating)의 한 종목.

▶ 아이스댄싱에서 그 커플(couple)은 환상의 조합을 보여주었다.

▶ 겨울올림픽((Olympic)) 이후 아이스댄싱 종목에 대한 관심이 높아지고 있다.

아이스^링크ice rink /[아이쓰링크] 스케이트장(skate場). 빙상장(氷上場).

▶ 아이스링크로 스케이트 타러 가자.

▶ 우리나라에서 가장 좋은 아이스링크는 어디인가요?

아이스박스icebox /[아이쓰빡쓰] 휴대(携帶)용 얼음 보관 상자.

▶ 바닷가에 갈 때에는 아이스박스를 꼭 챙기세요.

▶ 아이스박스에 온갖 과일과 음료를 챙겨 넣었다.

아이스^쇼ice show /[아이스쑈] 얼음판 위에서 스케이트(skate)를 신고 보여 주는 쇼

▶ 이번 아이스쇼에는 어떤 선수들이 나오나요?

▶ 환상(幻想)의 아이스쇼를 관람(觀覽)하고 왔어요.

아이스^커피

아이스^커피ice^coffee /[아이쓰커피] 냉커피(冷coffee).
> ▸ 뜨거운 커피로 드릴까요? 아이스커피로 드릴까요?
> ▸ 여름엔 아이스커피가 최고지요.

아이스크림ice cream /[아이쓰크림] 얼음과자의 총칭(總稱).
> ▸ 아이스크림 케이크(cake) 있어요?
> ▸ 우리 애는 온종일 아이스크림을 입에 달고 있어요.

아이스티ice tea /[아이쓰티] 차갑게 만들어 마시는 차의 총칭(總稱).
> ▸ 아이스티 한잔 할래요?
> ▸ 저는 복숭아 아이스티로 주세요.

아이스^하키ice hockey /[아이쓰하키] 빙판에서 양팀(team)으로 나뉜 선수들이 스케이트(skate)를 신고, 스틱(stick)과 퍽(puck)으로 골(goal)을 넣기 위해서 겨루는 경기(競技).
> ▸ 동계 올림픽(Olympic)을 위한 한국 아이스하키 팀이 결성되었다.
> ▸ 그는 아이스하키 부에 들어간 후 3년 동안 빙판(氷板)에서 생활하였다.

아이시[1] IC [아이씨] 각종 기기(器機)에 쓰이는 집적 회로(集積回路).
> ▸ IC 회로의 장점(長點)이 뭘까?
> ▸ IC 회로는 작은 기판 위에 많은 회로를 모아두는 것을 말한다.
> ▷ Integrated Circuit.

아이시[2] IC [아이씨] 도로의 인터체인지.
> ▸ 현재 수원 IC 근처는 정체(停滯)가 심(甚)합니다.
> ▸ 경주 IC를 통과한 후에 다시 전화를 주세요.
> ▷ InterChange.

아이언[1]iron 철, 강철(鋼鐵). 골프(golf) 클럽(club).
> ▸ '아이언맨(man)'을 한국어로 하면 '강철인간'이 되나?
> ▸ 어? 난 골프(golf) 아이언을 생각해서 '골프선수'로 알았어요.

아이언[2]iron 골프(golf)채 1번에서 9번. 아이언 클럽(club).
> ▸ 아이언과 아이언 커버(cover)를 새로 구입했어요.
> ▸ 중급자용 아이언으로는 어떤 것이 좋을까요?

아이에스비엔ISBN [아이에쓰비엔] 국제(國際) 표준(標準) 도서(圖書) 번호
> ▸ 원하는 도서의 ISBN을 입력하면 쉽게 찾아드릴 수 있어요.
> ▸ 잠깐만요. 그 책 ISBN이 어떻게 되더라?

▷ International Standard Book Number.

아이엠에프IMF   국제통화기금(國際通貨基金).

　▶ 한국은 1997년에 IMF 위기를 겪었어요.

　▶ 당시 그 나라는 IMF 원조(援助)를 받아야 할 만큼 어려웠어요.

　▷ International Monetary Fund.

아이오시 IOC /[아이오씨]   국제 올림픽(Olympic) 위원회(委員會).

　▶ IOC 위원장이 한국을 방문하였습니다.

　▶ IOC 집행위원회는 올림픽 장소를 결정하는 단체(團體)입니다.

　▷ International Olympic Committee.

아이젠Eisen [Ger]   겨울 산을 등산할 때에 등산화(登山靴) 밑에 덧대는 장비(裝備).

　▶ 겨울에 설악산에 오르려면 반드시 아이젠을 착용(着用)해야 합니다.

　▶ 아이젠을 챙겨가지 않아서 엄청 고생을 했어요.

아이콘icon   대표, 상징(象徵)하는 것 또는 어떤 기능을 작동(作動)시키기 위해서 만들어 놓은 그림이나 문양(文樣) 따위.

　▶ 그는 이 시대의 10대 문화를 상징하는 아이콘이다.

　▶ 그녀는 섹시(sexy) 아이콘으로 방송에 돌아왔다.

　▶ 컴퓨터(computer) 바탕화면에 아이콘이 뜨지 않아요.

아이큐IQ   생명체(生命體)의 지능을 수치(數値)로 나타낸 것.

　▶ 넌 IQ가 몇이나 되니?

　▶ 요즘엔 IQ보다 EQ(Emotional Quotient)를 더 중요시해요.

　▷ Intelligence Quotient.

*아이템item   종목(種目), 항목(項目). 아이디어(idea).

　▶ 요즘 가장 인기 있는 패션(fashion) 아이템은 뭐죠?

　▶ 창업(創業)을 하고 싶은데 어떤 아이템이 좋을지 고민이야.

아이피IP   정보(情報) 제공자 또는 기업.

　▶ 악성 댓글을 작성한 사람의 IP 추적(追跡)을 부탁했어요.

　▶ IP 추적은 함부로 할 수 없습니다.

　▷ Information Provider.

아이피^주소IP住所   인터넷(internet)에 연결되는 홈페이지(homepage), 컴퓨터(computer) 서버(server) 또는 단말기(端末機)의 주소(住所).

　▶ 다음 단계로 가려면 IP주소를 입력하셔야 합니다.

아카데미

> ▸ IP주소를 찾을 수가 없네요
>
> ▷ Internet Protocol address.

아카데미academy   대학·연구소(研究所) 등의 총칭(總稱).
> ▸ 우리 대학은 시민들을 위한 인문학 아카데미를 운영합니다.
> ▸ 이번 토론회는 참으로 아카데믹했어요
> ▷ 아카데믹^하다(academic) : 학구적, 학문적(이다).

아카데미^상academy賞   미국의 '영화 예술 과학 아카데미'에서 매해 수여(授與)하는 상.
> ▸ 그의 영화는 아카데미상 후보작(候補作)으로 올랐다.
> ▸ 아카데미상 수상식(授賞式)이 생중계되었다.

아카시아acacia   아까시나무의 통칭(通稱).
> ▸ 아카시아 향기(香氣)가 가득한 길을 걷고 싶어요
> ▸ 아카시아 나무가 많은 길을 알고 있어요

아카펠라a cappella `Ita`   무반주(無伴奏) 합창곡(合唱曲).
> ▸ 아카펠라 그룹(group)의 아름다운 하모니(harmony)에 모두가 감동하였다.
> ▸ 그는 혼성(混成) 아카펠라 그룹에서 활동하고 있다.

아케이드arcade   지붕이 있는 상점가(商店街).
> ▸ 홍콩(Hong Kong)의 그 유명하다는 쇼핑(shopping) 아케이드 가봤어?
> ▸ 우리나라 아케이드와는 조금 다르더라.

아코디언accordion   주름상자로 소리를 만들어 내는 건반악기. 손풍금(風琴).
> ▸ 그의 아코디언 연주(演奏)는 청중(聽衆)들에게 깊은 감동을 주었다.
> ▸ 아코디언을 연주하는 그의 모습이 행복해 보입니다.

아크로폴리스Acropolis [아크로폴리쓰]   사람들의 모임 이루어지는 대학 또는 어떤 도시의 언덕 공간.
> ▸ 아테네(Athenae)의 아크로폴리스는 아름다웠다.
> ▸ 파르테논(Parthenon) 신전이 있는 아크로폴리스로 발걸음을 옮겼다.

아크릴acrylic   합성(合成) 섬유 또는 그 액(液).
> ▸ 아크릴 소재의 목도리를 찾고 있어요
> ▸ 이 옷은 울(wool)과 아크릴 소재를 섞어 만든 것이라서 따뜻해요

아킬레스^건 Achilles腱[1] [아킬레쓰건]   치명(致命)적인 약점(弱點).
> ▸ 싸우더라도 그의 아킬레스건은 건드리지 말았어야지.
> ▸ 이것이 그의 아킬레스건이지요

▶ 우리 경제 성장의 아킬레스건은 무엇일까?

아킬레스^건 Achilles腱[2] [아킬레쓰건] 발뒤꿈치에 위치한 힘줄.

▶ 그는 아킬레스건 부상(負傷)으로 경기(競技)에 나가지 못했다.

▶ 아킬레스건 부위에 염증(炎症)이 생겼대요.

아테나Athena 그리스(Greece) 신화(神話)에 나오는 지혜의 여신(女神).

▶ 아테나는 그리스의 여신입니다.

▶ 헤라클레스(Heracles)는 아테나의 도움을 많이 받았다고 해요.

아톰atom[1] 분자(分子)를 구성하는 아주 작은 성분. 원자(原子), 극소량(極少量).

▶ 분자를 구성하는 원자(原子)를 아톰이라고 한다.

▶ 아톰은 아토믹밤(atomic bomb) 즉, 원자폭탄을 말할 때 주로 쓴다.

*****아톰**atom[2] 유명한 만화(漫畵) 주인공, 소년 로봇.

▶ 어린 시절 봤던 아톰이라는 만화 생각나?

▶ 그럼요. 아톰의 주제가(主題歌)도 기억나요.

*****아트**art 미술(美術), 예술 또는 그 작품의 총칭(總稱). 예술적으로 뛰어난 것.

▶ 전 어렸을 때부터 아트와 디자인(design)에 관심이 많았어요.

▶ 그녀의 음식 솜씨는 거의 '아트' 수준이야.

아틀라스Atlas [아틀라쓰] 그리스(Greece) 신화에 나오는 거인, 힘의 상징.

▶ 여기 적힌 아틀라스는 그리스 신화(神話) 속 거인(巨人)의 이름이다.

▶ 아틀라스는 보통 '힘이 좋다'는 것을 나타낼 때 쓴다.

아틀란티스Atlantis [아틀란티쓰] 그리스(Greece) 전설(傳說)속의 한 섬, 이상향(理想鄕)의 상징(象徵).

▶ 아틀란티스는 실제로 존재했었나요?

▶ 이번 탐사(探査)에서 아틀란티스를 찾을 수 있을까요?

아틀리에atelier /아뜰리에 /[아뜨리에] `Fra` 화가(畵家), 조각가의 작업실 또는 사진관의 촬영실. 스튜디오(studio).

▶ 그 공간은 아티스트(artist) 다섯 명이 모여 만든 아틀리에입니다.

▶ 청담동에 새로운 아틀리에를 열었어요.

아티스트artist 미술가(美術家). 예술가(藝術家). 뛰어난 제작자(製作者)의 통칭(通稱).

▶ 뛰어난 아티스트들이 모인 거리에서 공연(公演)은 진행되었다.

▶ 난 메이크업(makeup) 아티스트로 이름을 날릴 거야.

아파르트헤이트apartheid `Net` 남아프리카(南Africa) 공화국(共和國)의 인종(人種) 격

리(隔離) 정책.

  ▶ 아파르트헤이트는 소수의 백인이 토착민(土着民)을 차별하던 정책을 말한다.

  ▶ 아파르트헤이트 전시관(展示館)에 가면 남아공의 슬픈 역사를 엿볼 수 있다.

아파치^족 Apache族　아메리칸(American) 인디언(Indian) 부족(部族) 중에 하나.

  ▶ 아파치족은 대부분 보호지(保護地)에서 살고 있어요.

  ▶ 아파치족은 매우 강인(强靭)하고 끈질긴 사람들이었어요.

아파트apartment　5층 이상의 주거(住居)용 건물.

  ▶ 아파트야말로 요즘 한국의 현대 주거(住居) 문화라고 할 수 있다.

  ▶ 요즘 우리나라에는 고층 아파트가 너무 많아.

아포리즘aphorism　좋은 말, 인생에 지침(指針)이 되는 말. 금언(金言)·격언(格言)·잠언(箴言) 등.

  ▶ 니체(Nietzsche)의 철학(哲學)은 아포리즘의 철학이다.

  ▶ 그는 인생의 깨달음을 유쾌한 아포리즘으로 그려냈다.

  ▶ 자신만의 아포리즘을 찾아라.

아폴로Apollo[1]　로마(Roma) 신화(神話)에 나오는 신의 하나.

  ▶ 우주선 아폴로 13호는 신화 속 신의 이름을 본뜬 것이다.

  ▶ 아폴로는 그리스(Greece) 신화 속의 '아폴론(Apollon)'과 같은 뜻이다.

****아폴로**Apollo[2]　한국에서 유행(流行)하던 과자류의 하나.

  ▶ 어렸을 때 먹던 아폴로 생각나요?

  ▶ 아폴로? 그거 불량식품(不良食品) 아니에요?

아폴로^눈병apollo[3]　급성(急性)출혈성(出血性)결막염(結膜炎).

  ▶ 그는 아폴로눈병에 걸려 오늘 수업에 결석했다.

  ▶ 아폴로눈병도 전염(傳染)이 되나요?

아프로디테Aphrodite　그리스(Greece) 신화(神話)에 나오는 미(美)와 사랑의 여신(女神).

  ▶ '거울을 보는 아프로디테'라는 그림 봤어?

  ▶ 그는 내가 입은 옷이 여신 같다면서, 아프로디테라고 불러줬어요.

아프리카Africa　6대주(大洲)의 하나. 세계 제2의 대륙(大陸).

  ▶ 그는 올 여름 아프리카(Africa) 기행(紀行)을 준비하고 있어요.

  ▶ 아프리카 북부(北部)에는 말리(Mali)라는 나라가 있어요.

아플리케appliqué `Fra`　레이스(lace), 가죽 등으로 만드는 수예(手藝)의 하나.

  ▶ 그가 우리 아이 옷에 동물 그림을 아플리케 해 주었어요.

▶ 토끼 아플리케가 되어 있는 티셔츠(T-shirts)를 샀어.

아후라^마즈다 Ahura-Mazda 고대(古代) 페르시아(Persia)의 신(神). 조로아스터교(Zoroaster 敎)의 신.

▶ 우리가 아후라마즈다까지 알아야 할 필요가 있나?

▶ 아후라마즈다도 신이니까, 알면 좋은 거 아닌가?

***악세사리**accessory 의상(衣裳)이나 각종 물건에 부가적(附加的)으로 붙이는 장식(裝 飾)용 물품(物品)의 총칭(總稱) → 액세서리.

▶ 티셔츠(T-shirts)가 너무 밋밋해 보이니까 악세사리라도 하나 달면 어떨까?

▶ 그녀는 악세사리로 화려하게 멋을 내고 나왔다.

▶ 그는 자동차 악세사리 쇼핑몰(shopping mall)을 열었다.

악센트accent /액센트 강세(强勢), 강조(强調)를 두다.

▶ 이 부분은 악센트를 줘서 불러야 해요

▶ 그 나라 말은 악센트가 너무 강해서 마치 화난 것 같이 들려.

***악셀**accelerator 자동차와 같은 기기(器機) 장치(裝置)의 속도를 증가시키는 페달 (pedal) → 액셀러레이터.

▶ 브레이크(brake)를 밟아야 하는데 실수로 악셀을 밟았어요.

▶ 악셀을 아무리 밟아도 속도가 나지 않아요.

안단테andante `Ita` 천천히 느린 속도로.

▶ 악보(樂譜)에 안단테 표시가 있으면 천천히 연주(演奏)하면 돼요

▶ 2악장의 안단테 부분을 봅시다.

안테나antenna 전파(電波)를 송(送)·수신(受信)하기 위한 장치(裝置) 또는 그 아이콘 (icon).

▶ 핸드폰(hand phone)에 안테나가 몇 개 안 떴다.

▶ 여기가 지하(地下)라서 안테나 연결이 잘 안되네요

***안티**anti 반대론자(反對論者), 반대 의견, 반대의.

▶ 그 사람은 팬(fan)보다 안티(anti)가 더 많아.

▶ 제가 말실수를 하는 바람에 안티가 급증(急增)했어요

***알**R/r /아르 영어 알파벳의 열여덟 번째 글자.

▶ 알파벳은 에이, 비, 시, 디, 이, 에프 지, 에이치, 아이, 제이, 케이, 엘, 엠, 엔, 오, 피, 큐, 아르, 에스 티, 유, 브이, 더블유, 엑스, 와이, 지(제트)이다.

▷ 에이(A/a), 비(B/b), 시([씨]C/c), 디(D/d), 이(E/e), 에프(F/f), 지(G/g), 에이치(H/h),

알고리듬

아이(I/i), 제이(J/j), 케이(K/k), 엘(L/l), 엠(M/m), 엔(N/n), 오(O/o), 피(P/p), 큐(Q/q), 아르([알]R/r), 에스[에쓰]S/s), 티(T/t), 유(U/u), 브이(V/v), 더블유(/[떠블류]W/w), 엑스(X/x), 와이(Y/y), 지(제트Z/z).

알고리듬algorithm /알고리즘 컴퓨터(computer)에서, 데이터(data) 연산(演算) 규칙(規則).
- ▸ 하나의 문제를 해결하는 데에는 여러 개의 알고리듬이 있을 수 있어요
- ▸ 컴퓨터 프로그램(program)은 정교한 알고리듬의 집합이라고 할 수 있다.
- ▸ 그는 C 언어(言語)와 알고리듬에 대해서 연구하고 있어요

알데히드aldehyde 자극성(刺戟性) 냄새가 있는 화합물(化合物)의 하나.
- ▸ 알데히드는 주로 마취제(痲醉劑)로 써요
- ▸ 아! 포름알데히드가 바로 그거군요
- ▷ 포름알데히드(formaldehyde) : 가장 간단한 알데히드

알라Allah 이슬람교(Islam敎)에서 믿는 절대(絶對) 신(神).
- ▸ '알라'의 이름으로 기도했습니다.
- ▸ 우리 모슬렘은 '알라' 신을 유일(唯一)한 신으로 믿습니다.

*알러지allergy → 알레르기.

알레고리allegory 비유(比喩). 풍자적(諷刺的) 비유.
- ▸ 상징(象徵)과 알레고리는 어떻게 만들 수 있나요?
- ▸ 그 책은 작가(作家)가 숨겨놓은 알레고리를 찾아가는 재미가 있다.

알레르기Allergie /알러지 Ger 섭취(攝取)나 접촉(接觸)에 의한 과민(過敏) 반응(反應). 거부(拒否) 반응.
- ▸ 저는 밀가루 음식에 알레르기가 있어요
- ▸ 그 사람은 지금 환절기(換節期) 알레르기로 고생을 하고 있어요

알렐루야alleluia Lat 기독교(基督敎)의 찬미(讚美) 표현 → 할렐루야.
- ▸ 알렐루야! 주님을 찬양합니다.
- ▸ '알렐루야 성가대'가 찬양 노래를 불렀다.

알로에aloe Lat 약용(藥用)·관상(觀賞)용 열대(熱帶) 식물.
- ▸ 알로에 즙(汁)은 피부에 좋대요
- ▸ 저는 알로에 즙도 마시고 알로에 화장품도 써요

*알로하aloha 하와이안(Hawaiian) 인사.
- ▸ 하와이(Hawaii)의 전통 축전인 알로하 페스티벌(festival)이 열립니다.
- ▸ 하와이에 가면 '알로하'라고 인사하시면 돼요

알루미늄aluminium /알미늄 가볍고 연한 금속(金屬)의 하나.
- ▸ 프로(pro) 야구 선수들은 알루미늄 배트(bat)를 사용하지 않는다.
- ▸ 철과 알루미늄 중 어떤 소재를 원하세요?

알루미늄^포일aluminium foil /알루미늄호일 알루미늄으로 만든 얇은 판. 알루미늄^박(aluminium箔).
- ▸ 고기를 구울 때 알루미늄 포일을 쓰면 편리해요
- ▸ 남은 음식은 랩(wrap)이나 알루미늄 포일로 덮어두세요

알리바이alibi[1] 범죄(犯罪)사건(事件) 현장에 있지 않았다는 현장 부재(不在) 증명.
- ▸ 그는 자신의 죄를 숨기기 위해 알리바이를 조작했다.
- ▸ 억울하면 알리바이를 증명(證明)해 보세요
- ▸ 사건 당시 자신의 방에 있었다는 그의 알리바이는 거짓이었다.

알리바이alibi[2] 어떤 문제에 대한 변명(辨明)을 대다.
- ▸ 열애설(熱愛說)이 터지자 그는 갖가지 알리바이를 댔다.
- ▸ 그건 언론(言論)을 장악(掌握)하기 위한 알리바이에 불과해요

***알바**Arbeit `Ger` 학생이나 직업인(職業人)의 부업(副業) → 아르바이트
- ▸ 저는 알바로 학비(學費)를 벌고 있습니다.
- ▸ 경제가 어려워지자 알바를 하는 학생들이 늘고 있다.
- ▸ 너 이번 방학 때 나랑 같이 알바하지 않을래?

***알바트로스**albatross [알바트로쓰] 골프(golf)에서, 각 홀(hole) 제한 타수(打數)보다 4 타수 적은 스코어(score) → 앨버트로스
- ▸ 파(par) 4 홀에서 한 번에 들어가도 알바트로스에 해당하나요?
- ▸ 그는 이번 경기(競技)에서 값진 알바트로스를 기록(記錄)했다.

알칼리alkali /알카리 물에 녹는 염기(塩/鹽基)의 총칭(總稱).
- ▸ 알칼리 이온(ion) 수(水)는 숙취(宿醉) 해소(解消)에 좋다.
- ▸ 선수들은 고열량(高熱量) 음식 대신에 알칼리 음식을 섭취(攝取)한다.
- ▹ 알칼리^성(alkali性) : 염기성(鹽基性)을 가지는 성질(性質).

알코올alcohol[1] /알콜 알코올 계 화합물(化合物)의 총칭(總稱). 메틸(methyl)알코올 · 에틸(ethyl)알코올 · 글리세롤(glycerol) 등.
- ▸ 실험실에 알코올이 떨어졌어요
- ▸ 자 이제 알코올램프에 불을 붙여주세요
- ▹ 알코올^램프(alcohol lamp) : 알코올을 연료로 쓰는 램프

알코올

알코올alcohol[2] /알콜 술의 통칭(通稱).
  ▶ 넌 어떻게 하루도 알코올 없이는 못 사니?
  ▶ 그 사람은 알코올 중독이라 술 없이는 못 살아요
  ▷ 알코올^중독(alcohol中毒) : 술이 아니면 살기 힘든 증상. 중독자(中毒者).

알코올alcohol[3] /알콜 소독약(消毒藥).
  ▶ 알코올로 소독한 후에 연고(軟膏)를 바르세요
  ▶ 감염(感染)을 방지(防止)하기 위해서 상처(傷處)를 알코올로 닦아냈어요

알타이^어족 Altai語族 알타이 산맥(山脈)을 중심으로 하는 언어 군(群).
  ▶ 한국어도 알타이어족에 속하나요?
  ▶ 알타이어족에 해당하는 언어(言語)에는 어떤 것이 있나요?

알토alto Ita   여성 가수(歌手)의 가장 낮은 음역(音域) 또는 그 음역대의 관악기(管樂器).
  ▶ 네 목소리는 소프라노(soprano)보다 알토가 어울려.
  ▶ 이쪽 분들은 알토 파트(part)를 맡아주세요

알파A/α Gre   그리스(Greece) 자모(字母)의 첫 번째 문자(文字) → 그리스문자.
  ▶ 오늘 방송에서는 비만(肥滿)의 알파와 오메가를 샅샅이 파헤칩니다.
  ▶ 웃음은 행복한 삶의 알파이자 오메가이다.
  ▷ 알파와 오메가(omega) : 전부, 통틀어서, 모두.
  ▷ A/α알파, B/β베타, Γ/γ감마, Δ/δ델타, E/ε엡실론, Z/ζ제타, H/η에타, Θ/Θ세타, I/ι요타, K/κ카파, Λ/λ람다, M/μ뮤, N/ν뉴, Ξ/ξ크시/크사이, O/o오미크론, Π/π파이, P/ρ로, Σ/σ시그마, T/τ타우, Y/υ입실론, Φ/φ피, X/χ키, Ψ/ψ프시/프사이, Ω/ω오메가.

알파벳alphabet 로마자(Roma字) 문자(文字)의 총칭(總稱).
  ▶ 이름을 알파벳순으로 나열(羅列)하세요
  ▶ 알파벳도 모르는데 어떻게 영어로 이야기를 나눠요?
  ▷ 알파벳^순(alphabet順) : 로마자의 ABC순.

알파인^종목 Alpine種目 스키(ski) 경기(競技)의 한 종목.
  ▶ 동계 올림픽(Olympic) 대회의 알파인 종목으로는 활강과 회전, 비회전이 있다.
  ▶ 그는 이번 올림픽에서 알파인 종목에 출전하였다.

알파카alpaca 낙타과의 짐승 또는 그 털로 만든 실이나 직물(織物).
  ▶ 이 코트(coat)는 알파카 소재라 따뜻해요

▶ 알파카는 낙타와 비슷하게 생겼어요.

알피니스트alpinist 등산(登山)을 전문으로 하는 사람, 등산가(登山家).

▶ 그는 한국을 대표하는 알피니스트이다.

▶ 그는 정상에서 10여 명의 유명한 알피니스트들을 만났다.

암^달러暗^dollar /[암딸러] 암시장(暗市場)에서 몰래 거래되는 달러.

▶ 그는 암달러 전문가(專門家)야.

▶ 거기서 암달러 장사를 한 지 얼마나 됐어요?

암모나이트ammonite 고생대(古生代)~백악기에(白堊紀) 출현했던 두족류(頭足類) 조개 화석(化石).

▶ 2층에는 암모나이트가 전시(展示)되어 있었다.

▶ 암모나이트도 공룡처럼 멸종(滅種)되었어요.

암모니아ammonia 악취(惡臭)가 나는 무색(無色)의 화합물(化合物).

▶ 암모니아 냄새가 참 고약하네.

▶ 암모니아 가스(gas) 때문에 머리가 아파요.

암모니아^수ammonia水 알칼리성(alkali性)이 강한 무색(無色)의 암모니아 수용액(水溶液). 공업용(工業用) 또는 의료(醫療)용으로 쓰임.

▶ 묽은 암모니아수 냄새가 지독한 이유는 뭐지요?

▶ 벌에 쏘였을 때 암모니아수를 바르면 좋아요.

암페어ampere 전류(電流)의 세기.

▶ 암페어는 어떻게 측정(測定)하지요?

▶ 이건 암페어가 너무 약해서 못 쓰겠다.

앙가주망engagement `Fra` 지식인(知識人)의 책무(責務)로서, 정치, 사회 운영 등에 참여하는 것.

▶ 앙가주망은 사르트르(Sartre)의 신념(信念)이었다.

▶ 앙가주망 문학(文學)의 대표적인 작품은 무엇인가요?

앙고라Angora 앙고라염소나 앙고라토끼의 털로 짠 직물(織物) 또는 의복(衣服)류.

▶ 할머니께 앙고라 니트(knit)를 선물해야겠어요.

▶ 이 카디건(cardigan)은 앙고라 소재라서 아주 따뜻해요.

***앙꼬**あんこ `Jap` 찹쌀떡이나 단팥빵의 팥소

▶ 앙꼬가 많이 들어있는 빵으로 주세요.

▶ 네가 없으면 난 앙꼬 없는 찐빵이다.

앙시앵^레짐

　　　→ ‘단팥’으로 순화.

앙시앵^레짐ancien^régime /앙시앙레짐　Fra　절대(絕對) 군주(君主) 체제, 지금은 맞지 않는 개혁(改革) 이전(以前)의 낡은 정치 제도(制度).
　　▶ 다음 대통령은 구태의연(舊態依然)한 앙시앵레짐에 맞설 수 있어야 한다.
　　▶ 앙시앵레짐에서 벗어나지 못하는 정당(政黨)부터 바뀌어야 하지 않나?

앙케트enquête /앙케이트　Fra　의견, 설문 조사 방법.
　　▶ 고객들의 선호도(選好度)를 알아보기 위해 앙케트를 하였다.
　　▶ 앙케트 조사 결과 많은 학생들이 조 박사의 수업에 만족하는 것으로 밝혀졌다.

앙코르encore /[앙콜]/앙콜　Fra　음악 · 연극(演劇) · 영화(映畵) 등에서 다시 출연(出演)하거나 공연(公演), 방송(放送)하는 것.
　　▶ 박수 소리가 그치지 않자 그는 앙코르 공연을 이어갔다.
　　▶ 그의 앙코르 콘서트(concert)에 많이 관객(觀客)들이 찾아왔다.

*앙팡enfant　Fra　아이, 유아(幼兒).
　　▶ 앙팡이라는 말이 들어간 제품은 유아용인가요?
　　▶ 앙팡테리블이라고 하더니 요즘 아이들이 무섭기는 하죠?
　　▷ 앙팡^테리블(enfant terrible　Fra) : 무서운 아이들.

*애니ani　→ 애니메이션.

애니멀리즘animalism　야수(野獸)주의, 인간은 영혼이 없는 동물이라는 주의.
　　▶ 애니멀리즘을 반영한 그의 주장에 동의(同意)할 수 없습니다.
　　▶ 이번 가을 패션(fashion) 트렌드(trend)는 애니멀리즘입니다.

애니메이션animation /애니　만화(漫畵) 영화.
　　▶ 그건 요즘 애들이 가장 좋아하는 애니메이션이야.
　　▶ 재미있는 애니메이션 하나 추천해 주세요

애니미즘animism　모든 사물에는 영혼이 있다고 믿는 원시(原始) 종교 형태.
　　▶ 모든 종교에는 애니미즘 사상(思想)이 깔려 있다.
　　▶ 한국의 애니미즘은 어떤 형태였어요?
　　▶ 애니미즘과 토테미즘(totemism)은 어떻게 달라요?

애드리브ad+lib /애드립　즉흥적(卽興的)으로 하는 대사(臺詞)나 연주(演奏).
　　▶ 그는 애드리브에 능(能)한 사람이에요
　　▶ 적절한 타이밍(timing)에 애드리브를 치고 들어와야 훌륭한 배우죠

애드벌룬ad^balloon /애드밸룬　광고(廣告) · 선전(宣傳)용 풍선, 기구(氣球).

▶ 애드벌룬까지 띄워 대대적(大大的)으로 광고를 했다.

▶ 하늘 높이 떠다니는 애드벌룬처럼 어디론가 가고 싶다.

애버리지average 평균(平均) 점수.

▶ 그 반은 이번 중간고사(中間考査) 애버리지가 얼마나 됩니까?

▶ 애버리지를 높이기 위해서 어쩔 수 없이 선수를 교체(交替)했어요

애프터^서비스after+service [에프터써비쓰] 판매, 서비스(service) 제공 후 사후관리(事後管理).

▶ 그 회사는 애프터서비스가 확실합니다.

▶ 컴퓨터(computer)를 사자마자 애프터서비스를 받을 줄이야.

▷ 에이에스(AS).

*__애플__application /어플 스마트폰(smart phone)이나 컴퓨터(computer)에 내려 받아서 사용하는 프로그램(program)의 통칭(通稱) → 앱.

▶ 이 프로그램을 사용하려면 애플을 다운(down)받아서 설치하셔야 합니다.

▶ 모르는 길을 찾아주는 애플도 있나요?

▶ 그는 다양한 애플을 개발해서 부자가 되었다.

*__애플리케이션__application /어플리케이션 /앱 응용(應用), 적용(適用) 또는 그것을 위해 사용하는 프로그램(program).

▶ 전국의 여행지(旅行地)를 검색(檢索)할 수 있는 애플리케이션을 받았어.

▶ 한국어 공부에 도움이 되는 애플리케이션은 없을까?

애플릿applet 적은 용량(容量)으로 만든 특정 작업용 컴퓨터(computer) 프로그램(program).

▶ 애플릿에서 오디오(audio) 구현(具現) 방법을 알려 주세요.

▶ 이번에 개발된 애플릿 사용 방법은 의외로 간단합니다.

애피타이저appetizer 본 식사 전에 식욕(食慾)을 돋우기 위해 먹는 음식.

▶ 그렇게 먹다가는 애피타이저로 배를 채우겠어요

▶ 애피타이저로 나온 그 요리는 정말 맛있었어.

애플^파이apple^pie 설탕으로 조려낸 사과를 넣어서 만든 파이.

▶ 애플파이랑 아이스커피(ice coffee) 한 잔 주세요

▶ 애플파이와 시리얼(cereal)로 아침을 먹었다.

*__액기스__extract /엑기스 주로, 식용(食用) 재료의 핵심(核心) 성분(成分)을 추출(抽出)해서 농축(濃縮)한 진액(津液). 알짜 → 엑스트랙트

액세스

> ▸ 건강을 위해서 아침마다 홍삼(紅蔘) 액기스를 먹어요.
> ▸ 액기스는 다 빠져나간 맹물을 먹으라고 주면 어떻게 해요.
> ▸ 한국 사람들은 '엑스트랙트'보다 '액기스'라고 더 많이 쓴다.
> ▹ extract의 일본식 발음이 변형(變形)된 것.

액세스access /[억쎄쓰] 접근(接近) 포인트(point) 또는 접근하다.

> ▸ 네트워크(network) 액세스 보호 기능(機能)을 사용하세요.
> ▸ 이 프로그램(program)은 액세스 속도가 너무 늦네요.

액세서리accessory /악세사리 의상(衣裳)이나 각종 물건에 부가적(附加的)으로 붙이는 장식(裝飾)용 물품의 총칭(總稱).

> ▸ 티셔츠(T-shirts)가 너무 밋밋한데 액세서리라도 하나 달면 어때?
> ▸ 그녀는 액세서리로 화려하게 멋을 내고 나왔다.
> ▸ 그는 자동차 액세서리 쇼핑몰(shopping mall)을 열었다.

***액센트**accent 강세(强勢), 강조(强調)를 두다 → 악센트

> ▸ 이 부분은 액센트를 줘서 불러야 해요.
> ▸ 그 나라 말은 액센트가 너무 강해서 마치 화난 것 같이 들려요.

액셀러레이터accelerator → 액셀.

액셀accelerator /악셀 자동차 같은 기기(器機) 장치(裝置)의 속도를 증가(增加)시키는 페달(pedal).

> ▸ 브레이크(brake)를 밟는다는 것이 실수로 액셀을 밟았어요.
> ▸ 차가 이상해요. 액셀을 아무리 밟아도 속도가 나지 않아요.
> ▹ 액셀러레이터.

액션action 동작(動作), 배우의 연기(演技), 거친 몸동작 연기.

> ▸ 그는 거친 액션 연기도 대역(代役) 없이 가뜬히 소화(消化)하였다.
> ▸ 그녀는 이번 영화에서 파격적(破格的)인 액션 연기를 선보였다.
> ▸ 야, 넌 오버(over) 액션 좀 하지 마.

***앤젤**angel /엔젤 천사(天使), 수호신(守護神).

> ▸ 순수하고 아름다운 그녀는 우리의 앤젤이다.
> ▸ 그는 앤젤처럼 언제나 우리 곁을 지켜 주었다.

***앤티크**antique /앤틱 고풍(古風)스러운 가구(家具) 따위, 골동품(骨董品).

> ▸ 저는 앤티크한 스타일(style)의 장식장을 갖고 싶어요.
> ▸ 이 카페(cafe)는 분위기(雰圍氣)가 굉장히 앤티크하네요.

앨버트로스albatross /알바트로스 골프(golf)에서, 각 홀(hole) 제한 타수(打數)보다 4 타수 적은 스코어(score).
> ▶ 파 4 홀에서 한 번에 들어가도 앨버트로스에 해당하나요?
> ▶ 그는 이번 경기(競技)에서 값진 앨버트로스를 기록했다.
> ▷ 보기(bogey), 파(par), 언더파(under-par), 버디(birdie), 이글(eagle).

앨범album[1] 사진첩(寫眞帖).
> ▶ 어릴 때 앨범을 보니 감회(感懷)가 새롭다.
> ▶ 간만에 졸업 앨범을 보며 추억에 잠겼다.

앨범album[2] 가수(歌手)의 음반(音盤).
> ▶ 그는 이번에 4집 앨범을 내면서 화려하게 컴백(comeback)했다.
> ▶ 그룹(group) 활동을 하던 그녀가 처음으로 솔로(solo) 앨범을 제작했다.

앰뷸런스ambulance /[앰블란쓰] 응급(應急) 환자(患者) 수송(輸送)용 구급차(救急車).
> ▶ 급한 환자가 있으니 빨리 앰뷸런스를 불러 주세요.
> ▶ 앰뷸런스가 요란한 사이렌(siren)을 울리며 달렸다.

*****앰블럼**emblem /엠블램 상징(象徵), 표상(表象).
> ▶ 자동차 앰블럼 중에는 멋진 것들이 많다.
> ▶ 나는 그 회사 앰블럼이 멋있다고 생각하지 않는다.

앰풀ampoule /앰플 1회 분의 주사약(注射藥) 또는 화장품 등이 담긴 유리 용기(容器).
> ▶ 앰풀이 깨져서 약을 못 쓰게 되었어요.
> ▶ 이거 비싼 앰풀인데 너 써봐.
> ▶ 각종 영양(營養) 성분을 농축(濃縮)한 고급 앰풀 제품이 새로 나왔습니다.

앰프amplifier 주로 오디오(audio)의 음향(音響) 증폭기(增幅器). 앰플리파이어.
> ▶ 앰프에 전원(電源)을 켜 주세요.
> ▶ 공연(公演) 중에 앰프가 고장 나자, 멤버(member)들은 당황했다.

*****앰플**ampoule → 앰풀.

*****앱**application 스마트폰(smart phone)이나 컴퓨터(computer)에 내려 받아서 사용하는 프로그램(program)의 통칭(通稱).
> ▶ 이 프로그램을 사용하려면 앱을 다운(down)받아서 설치하셔야 합니다.
> ▶ 길을 찾아주는 앱도 있나요?
> ▶ 그는 다양한 앱을 개발하였다.
> ▷ 앱스토어(app^store) : 애플리케이션 프로그램을 구입할 수 있는 곳.

앵글

　　▷ 애플리케이션.

앵글angle[1]　보는 각도(角度), 관점(觀點).

　　▶ 사진을 찍을 때에는 앵글을 잘 맞추는 게 중요해요

　　▶ 사진에 생동감(生動感)을 불어넣어 주는 앵글을 가르쳐 줄게.

앵글angle[2]　주로 수납(受納)용 장을 만들 때 쓰는 'ㄱ'자 모양의 철재 바(bar).

　　▶ 거실에 앵글 선반(懸盤)을 하나 놓으면 좋겠는데.

　　▶ 앵글을 짜려고 하는데 비용(費用)이 많이 들어요.

*앵글부츠ankle boots → 앵클부츠

앵글로^색슨Anglo Saxon　영국으로 넘어간 게르만(German)민족의 하나.

　　▶ 우리는 지금 앵글로색슨족(族)의 역사(歷史)를 공부하고 있어요.

　　▶ 그는 앵글로색슨 방식의 금융(金融) 모델(model)을 비판했다.

앵커anchor[1]　방송 뉴스(news) 진행자(進行者).

　　▶ 그녀는 앵커 시험에 붙기 위해서 매일 발음 연습을 하였다.

　　▶ 앵커의 교체(交替)로 뉴스 분위기(雰圍氣)가 확 바뀌었다.

앵커anchor[2]　배의 정박(碇泊)용 닻. 기초(基礎)가 되는 것.

　　▶ 저 배는 너무 커서 앵커가 4개나 필요하다.

　　▶ 기계를 설치할 때에는 앵커를 잘 박아 두어야 기계가 움직이지 않는다.

앵클^부츠ankle boots /앵글부츠　발목까지 덮는 구두.

　　▶ 앵클부츠와 롱부츠(long boots) 중 어느 것을 살까?

　　▶ 그는 앵클부츠와 가죽 재킷(jacket)으로 한껏 멋을 부리고 나타났다.

야누스Janus [야누쓰]　두 얼굴persona을 가진 사람을 비유적(比喩的)으로 이르는 말.
로마(Roma) 고대(古代) 종교(宗教)의 신(神).

　　▶ 너 그렇게 말하니까 꼭 야누스 같다

　　▶ 과학은 때로 야누스 같은 두 얼굴을 보여준다.

　　▶ 그녀는 이번 촬영(撮影)에서 야누스적(的)인 매력(魅力)을 보여주었다.

야드yard　길이 단위(單位). 1 야드 = 3 피트(feet).

　　▶ 그의 30 야드 골(goal)은 골인(goal in)은 아니었지만 멋졌어.

　　▶ 골프장(golf場)에서는 거리를 미터(meter)가 아닌 야드로 이야기해요

야크yak　티베트(Tibet) 같은 고원(高原) 지방에 사는, 야생(野生) 소의 한 종류.

　　▶ 티베트인들은 야크 육포(肉包)를 비상식량(非常食糧)으로 먹는다.

　　▶ 티베트에서의 마지막 식사로 야크 스테이크(steak)를 먹었다.

야호yo-ho   주로 등산(登山)할 때 외치는 감탄(感歎)의 소리.
좋은 일이 생겼을 때 신이 나서 외치는 감탄의 소리.
  ▶ 정상(頂上)에 올라왔으니 야호를 외치고 내려가자.
  ▶ 야호, 신난다!

야훼Yahweh `Heb`   구약성서(舊約聖書)에 나오는 가톨릭교(Catholic教)의 유일신(唯一神), '하느님'의 다른 이름.
  ▶ 하느님을 야훼라고도 부른다.
  ▶ 야훼는 여호와라고도 한다.
  ▷ 여호와(Jehovah).

어드레스address [어드레쓰]   인터넷(internet) 주소(住所).
  ▶ 이메일(email) 어드레스를 알려주세요.
  ▶ 보통 홈페이지(homepage) 어드레스는 쉽게 바꿀 수 있어요.

***어드밴티지**advantage[1]   혜택(惠澤)을 주는 것.
  ▶ 이곳에 가입(加入)하면 여러 어드밴티지가 있어요.
  ▶ 홈(home) 어드밴티지가 있었기에 그녀는 안정된 경기(競技)를 펼칠 수 있었다.
  ▷ 홈^어드밴티지(home advantage) : 홈구장(球場)의 이점(利點)을 갖는 것.

어드밴티지advantage[2]   테니스(tennis) · 탁구 같은 경기에서, 마지막 동점(듀스deuce) 이후에 먼저 1점을 얻는 일.
  ▶ 어드밴티지를 얻어 극적(劇的)인 승리(勝利)를 거두었다.
  ▶ 듀스 후에 얻는 점수(點數)를 어드밴티지라고 합니다.

어시스트(하다)assist[1] [어씨스트]   상대방을 도와주다.
  ▶ 이번 출장(出張)에서는 제가 사장님을 어시스트하게 되었어요.
  ▶ 제가 이번 행사(行事) 기간 내내 당신을 어시스트하겠어요.

어시스트(하다)assist[2] [어씨스트]   축구 · 농구 · 아이스하키(ice hockey)등의 경기(競技)에서, 득점(得點)할 수 있도록 패스(pass)를 하는 것.
  ▶ 그는 이번 경기에서 최다(最多) 어시스트를 기록했다.
  ▶ 그가 후반전 39분에 동점골(goal)을 어시스트했다.

***어얼리^어답터**early^adapter /얼리어댑터   최신 상품을 바로바로 구입하여 사용하는 사람을 이르는 말.
  ▶ 알고 보니 그는 영화(映畵)계의 어얼리어답터였다.
  ▶ 어얼리어답터로 유명한 그는 이번에도 신제품(新製品)을 바로 구입했다.

어택

*어택attack　공격(攻擊).

> ▶ 네, 김철수 선수(選手) 백어택! 깔끔하게 성공합니다.

> ▶ 서든(sudden) 어택이 무슨 뜻이지?

> ▷ 백어택(back attack) : 주로 배구 경기(競技)에서, 뒷줄 선수의 공격 형태.

어패럴apparel　의복(衣服), 의상(衣裳) 제작(製作) 업체(業體).

> ▶ 디자인(design)을 공부해서 유명한 어패럴에 입사(入社)하고 싶어요.

> ▶ 스포츠(sports) 어패럴 시장 조사를 했다는데, 결과가 궁금하네요.

어프로치approach /[어프로우치]　접근(接近)하다. 접근시키다.

> ▶ 골프(golf)를 배울 때는 주변 상황(狀況)을 고려한 다양한 어프로치 기술을 배워야 해요.

> ▶ 내가 지금부터 간결하고 정확한 어프로치샷을 치는 법을 가르쳐 줄게.

> ▷ 어프로치＾샷(approach shot) : 골프에서, 홀(hole)에 공을 붙이는 기술.

언더그라운드underground /언더　주류(主流)가 아닌 비주류(非主流)를 일컫는 말.

> ▶ 그는 오랫동안 언더그라운드 활동(活動)을 하다가 가수로 데뷔(début)했다.

> ▶ 그는 요즘 언더그라운드 영화(映畵)에 흠뻑 빠져 있다.

언더＾스로under+throw /[언더쓰로]　야구 경기(競技)에서, 공을 던지는 유형(類型)의 하나. 언더핸드(hand)스로.

> ▶ 그는 언더스로 투수이지만 늘 빠른 직구로 상대 타자(打者)를 제압(制壓)한다.

> ▶ 그는 한국 언더스로 투수의 살아있는 전설(傳說)이다.

언더＾웨어underwear　속옷.

> ▶ 언더웨어를 고를 때에는 디자인(design)보다 기능(機能)을 봐야해.

> ▶ 그는 언더웨어 화보(畵報)에서 탄탄한 복근(腹筋)을 자랑했다.

언더＾파under par　골프(golf) 경기(競技)에서, 기준(基準) 타수(打數) 이하로 공을 치는 것.

> ▶ 우리는 그녀가 최소 5언더파 이상으로 우승할 것이라고 확신하고 있었다.

> ▶ 그가 드디어 10 언더파의 기록을 깼다.

> ▶ 골프를 처음 배우는 사람이 언더파를 치는 것은 정말 어렵습니다.

언더핸드＾패스underhand pass [언더핸드패쓰]　농구 경기(競技)에서, 허리 아래쪽으로 보내는 패스.

> ▶ 언더핸드패스의 기본자세를 설명해 줄게.

> ▶ 언더핸드패스는 배구에서 가장 기본적인 기술입니다.

언밸런스하다unbalance [언밸런쓰] /언발란스　균형(均衡)이 잡히지 않다.

> ▶ 저 작품의 특징은 언밸런스하다는 데에 있다.
> ▶ 몸의 균형이 언밸런스해지면 아프기 쉽다.

언커트uncut /언컷　검열(檢閱)하기 전의 인쇄물(印刷物), 영화(映畵) 필름(film).

> ▶ 이 영화의 언커트 필름을 구합니다.
> ▶ 언커트 된 DVD를 구할 수 있나요?

***얼리^어댑터**early^adapter /어얼리어답터　최신(最新) 상품을 바로바로 구입하여 사용하는 사람을 이르는 말.

> ▶ 알고 보니 그는 영화계의 얼리어댑터였다.
> ▶ 오래전부터 얼리어댑터로 유명한 그는 이번에도 신제품(新製品)을 바로 구입했다.

***업**up　한 단계 수준을 높이다, 높아지다, 좋아지다.

> ▶ 그의 실력은 불과 한 주 만에 몰라보게 업되어 있었다.
> ▶ 기분을 업시키고 싶은데 뭘 먹으면 좋을까?
> ▶ 이 프로그램(program)은 업그레이드가 필요할 것 같아요.
> ▷ 업그레이드(upgrade) : 제품의 성능(性能)을 높이는 것.

업데이트update /업뎃　프로그램(program)의 성능을 '업'시키거나, 정보를 새로 갱신(更新)하는 것.

> ▶ 홈페이지(homepage) 업데이트는 주기적(週期的)으로 해야 합니다.
> ▶ 이 프로그램은 정기적으로 업데이트를 해 줘야 합니다.

업라이트^피아노upright piano　현(絃)을 세로로 만든 직립(直立)형 피아노

> ▶ 업라이트 피아노를 본 적 있어요?
> ▶ 업라이트 피아노는 일반 피아노와 소리가 다른가요?

***업로드(하다)**upload　파일(file)이나 데이터(data)를 특정 게시판이나 서버(server)로 올리는 것.

> ▶ 과제물은 사이버(cyber) 캠퍼스(campus) 게시판에 업로드하였습니다.
> ▶ '낯책(face book)'에 오늘 찍은 사진을 업로드해야지.

***업^사이드**upside　위쪽 면(面).

> ▶ 이쪽 면이 업사이드라고 하지 않았나?
> ▶ 그러네? 그쪽이 업사이드네. 큰일이네. 지금까지 거꾸로 들었어.

업^스타일up+style　머리를 치켜 올려서 목덜미를 드러낸 여자 머리 모양의 하나.

> ▶ 오늘은 시원하게 업스타일로 할래.

에고

> ▶ 넌 업스타일보다 찰랑찰랑하게 풀어놓는 머리가 잘 어울려.

에고ego `Lat` 자신, 자아(自我). 개성(個性).

> ▶ 개는 에고가 참 강한 편이야.
> ▶ 나는 에고이스트가 되고 싶지 않았는데.
> ▶ 내 안에 숨어있는 지독한 에고이즘을 발견했다.
> ▷ 에고이스트(egoist) : 이기주의자(利己主義者).
> ▷ 에고이즘(egoism) : 이기주의.

에나멜enamel 윤(潤)이 나는 유리 질(質)의 도료. 법랑(琺瑯).

> ▶ 어제 신고 온 에나멜 소재의 반짝이는 구두가 아주 예뻤어.
> ▶ 에나멜 지갑을 잘 관리하려면 어떻게 해야 해요?

에너지energy 힘, 원기(元氣), 정력(精力). 동력(動力).

> ▶ 오늘은 에너지 소모(消耗)가 너무 큰 날이었어.
> ▶ 전 지금 에너지가 충만(充滿)해요. 뭐든 할 수 있어요
> ▶ 에너지 바(bar)를 먹고 나니 그래도 조금 기운이 났다.

에덴Eden 성경(聖經)에 나오는 최초의 동산, 아담(Adam)과 이브(Eve)의 낙원(樂園).

> ▶ 에덴은 지금의 어느 나라에 있을까?
> ▶ 에덴동산에 살았던 아담과 이브는 행복했을 거야.

에델바이스Edelweiss [에델바이쓰] `Ger` 국화과(菊花科)에 속하는 고산(高山) 식물.

> ▶ 에델바이스의 전설(傳說)을 알아?
> ▶ 에델바이스 향기(香氣)를 따라서 길을 걸었다.

에러error /[에래] 실책(失策), 잘못. 컴퓨터(computer) 프로그램(program)의 착오(錯誤), 오류(誤謬).

> ▶ 컴퓨터 사용 중에 에러가 나서 작업하던 파일(file)을 모두 날렸어요.
> ▶ 컴퓨터를 하다가 에러 창이 뜨면 당황스러워요

에로erotic 성적(性的)인 자극(刺戟)이 있는 것. 선정적(煽情的)인 것.

> ▶ 그녀는 여러 편의 에로 영화(映畵)를 찍은 유명한 에로 배우입니다.
> ▶ 최근(最近) 들어서 우울증(憂鬱症)과 에로티시즘을 다룬 영화(映畵)가 많이 나왔다.
> ▷ 에로티시즘(eroticism) : 성적(性的) 흥분(興奮)을 중심에 두는 주의(主義).

에로스eros [에로쓰] 약간은 육체적(肉體的)인 탐닉(耽溺)을 지향(志向)하는, 사랑.

> ▶ 그가 하는 사랑은 에로스인가 아가페(agape)인가.

▶ 그는 늘 에로스적(的)인 사랑을 꿈꿔왔다.

에로틱(하다)erotic   선정적(煽情的)인, 야릇한 느낌을 주는 느낌.

▶ 그녀는 에로틱한 역할(役割)이 잘 어울려.

▶ 그는 몽환적(夢幻的)이고 에로틱한 이미지(image)의 초상화(肖像畵)를 잘 그렸다.

에멀션emulsion /이멀젼   화장품의 하나.

▶ 스킨(skin)을 바른 후에 에멀션을 바르세요

▶ 이 제품은 주름 개선(改善) 기능이 있는 에멀션입니다.

에메랄드emerald /[에머랄드]   녹색 광택(光澤)이 나는 보석(寶石).

▶ 에메랄드 빛 바다가 눈부시게 아름답다.

▶ 그는 내게 에메랄드 보석이 박힌 반지를 선물했어요

에뮬레이션emulation   컴퓨터(computer) 간의 대리(代理) 실행을 말하는 전문 용어.

▶ 에뮬레이션 기능이 있으니 걱정 말고 구입하세요

▶ 에뮬레이션 서비스(service)를 이용할 수 있나요?

에세이essay [에쎄이]   문학(文學)의 한 형식, 수필(隨筆). 특수(特殊)한 주제에 관해 작성(作成)한 글의 통칭(通稱).

▶ 그녀가 낸 에세이는 순식간에 베스트셀러(best seller)가 되었다.

▶ 여행을 다녀와서 포토(photo) 에세이를 내고 싶어요

에센스essence [에쎈쓰]   핵심(核心)이 되는 것. 본질(本質), 정수(精髓).

▶ 시간이 없으니 에센스만 뽑아서 말씀드리겠습니다.

▶ 얼굴이 건조(乾燥)해서 수분(水分) 에센스를 발랐어요

***에스**S/s [에쓰]   영어 알파벳의 열아홉 번째 글자.

▶ 알파벳은 에이, 비, 시, 디, 이, 에프, 지, 에이치, 아이, 제이, 케이, 엘, 엠, 엔, 오, 피, 큐, 아르, 에스, 티, 유, 브이, 더블유, 엑스, 와이, 지(제트)이다.

▷ 에이(A/a), 비(B/b), 시([씨]C/c), 디(D/d), 이(E/e), 에프(F/f), 지(G/g), 에이치(H/h), 아이(I/i), 제이(J/j), 케이(K/k), 엘(L/l), 엠(M/m), 엔(N/n), 오(O/o), 피(P/p), 큐(Q/q), 아르([알]R/r), 에스([에쓰]S/s), 티(T/t), 유(U/u), 브이(V/v), 더블유(/[떠블류]W/w), 엑스(X/x), 와이(Y/y), 지(제트Z/z).

에스^사이즈S^size [에쓰싸이즈]   옷이나 모자 등의 치수·크기가 작은 것.

▶ 이거 에스사이즈도 있나요?

▶ 저한테는 에스사이즈가 조금 작을 것 같아요

에스에프SF [에쓰에프]   공상과학(空想科學) 소설(小說).

에스오에스

> ▸ 난 SF 장르(genre `Fra`)는 별로야.
> ▸ SF가 얼마나 재미있는데.
> ▷ Science Fiction.

에스오에스SOS [에쓰오에쓰]　국제(國際) 무선(無線) 조난(遭難) 신호. 위험 신호.
　▸ 그들은 위험한 상황에서 무전기(無電機)로 SOS를 요청했다.
　▸ 무슨 일이 생기면 지체(遲滯) 없이 SOS 신호를 보내세요.

에스카르고escargot /[에쓰카르고] /[에쓰까르고] `Fra`　프랑스(France) 요리용 식용(食用) 달팽이.
　▸ 말로만 듣던 에스카르고를 드디어 먹어보네.
　▸ 에스카르고와 어울리는 음식은 뭐가 있을까요?

에스컬레이터escalator /[에쓰컬/칼레이터]　자동(自動) 계단(階段).
　▸ 다리도 아픈데 우리 에스컬레이터를 타고 가요.
　▸ 에스컬레이터를 탈 때에는 손잡이를 꽉 잡아야 해요.

에스코트escort /[에쓰코트]　데이트(date) 후에 집까지 데려다 주는 것. 호위(護衛)·호송(護送) 서비스(service) 또는 그 일을 하는 안내원.
　▸ 이 분을 집까지 에스코트 해주세요.
　▸ 덩치 좋은 남자들의 에스코트를 받으며 돌아왔다.
　▸ 그의 친절한 에스코트에 감동했어요.

에스키모Eskimo　북극해(北極海) 연안(沿岸)·그린란드(Greenland) 등지(等地)에 사는 인종(人種).
　▸ 에스키모 인들은 무엇을 먹고 살까?
　▸ 추운 겨울엔 따뜻한 에스키모 룩(look)이 최고야.
　▷ '이누이트/이누잇(Inuit/Innuit) 원주민'으로 순화.

에스트로겐estrogen /[에스트로젠]　스테로이드(steroid) 화합물(化合物)의 일종인 여성 호르몬(hormone)의 하나.
　▸ 40대가 되면 에스트로겐이 많이 함유(含有)된 음식을 먹는 게 좋습니다.
　▸ 에스트로겐은 피부를 좋게 만들어 줍니다.

에스페란토Esperanto　1887년에 폴란드(Poland))의 자멘호프(Zamenhof)가 창안(創案)한 인공(人工)언어(言語).
　▸ 나 요즘 에스페란토 어(語) 배우러 다녀.
　▸ 에스페란토는 많이 안 쓰는데, 차라리 영어나 배우지 그래?

에스프레소espresso /[에쓰프레쏘] **Ita**　진한 스팀(steam) 커피(coffee).

> ▶ 에스프레소 한잔 하고 가자.

> ▶ 집에 에스프레소 머신(machine)을 들여놨어요

에스프리esprit /[에스쁘리] **Fra**　정신(情神). 재치(才致) 있는 슬기.

> ▶ 이 책은 그들의 에스프리가 담겨 있는 책이다.

> ▶ 난 에스프리라는 아이디(ID)를 쓰고 있어요.

에어로빅스aerobics /에어로빅　유산소(有酸素) 운동법의 하나.

> ▶ 전국 에어로빅스 대회가 열립니다.

> ▶ 신나게 에어로빅댄스를 하고 나면 스트레스(stress)가 풀려.

> ▷ 에어로빅^댄스(aerobic dance) : 에어로빅스를 활용한 체조.

에어로졸aerosol　가스식(gas式) 액체(液體) 분사(噴射) 방식(方式) 또는 그 기기(器機).

> ▶ 모기약도 에어로졸이 편리해서 좋아.

> ▶ 여름 산행(山行)에는 에어로졸을 챙겨 가는 게 좋아요

에어^백air bag /[에어빽]　자동차 충돌(衝突) 사고 시, 탑승자(搭乘者)를 보호(保護)해 주는 공기주머니.

> ▶ 사고가 났는데 에어백이 있어서 많이 다치지는 않았대요

> ▶ 차에는 생명을 보호(保護)하는 에어백이 반드시 있어야 해요

에어^브러시air brush /[에어브러씨]　분무식(噴霧式) 색칠 기기(器機).

> ▶ 작은 그림은 에어브러시로 색칠하기가 어렵다.

> ▶ 그의 에어브러시 색칠 기술은 최상급(最上級)이라고 할 수 있다.

에어^쇼air+show [에어쏘]　곡예비행(曲藝飛行) 또는 비행기의 신기종(新機種) 전시회(展示會).

> ▶ 오늘 에어쇼는 정말 멋졌어요

> ▶ 푸른 가을 하늘은 에어쇼를 하기에 최고였어요

> ▶ 회사 설립 100주년을 기념하는 대규모 에어쇼를 개최(開催)했다.

에어컨air conditioner /에어콘　여름 냉방(冷房)용 가전(家電). 에어컨디셔너.

> ▶ 여름에는 에어컨 때문에 전기세가 너무 많이 나와요

> ▶ 에어컨 온도를 조절하면 전기세를 절약할 수 있어요

에어^컴프레서air compressor /[에어컴프레써] /[콤프레써]　공기 압축기(空氣壓縮機).

> ▶ 에어컴프레서가 없으면 페인트(paint)칠을 하기 어렵다.

> ▶ 저 기계는 에어컴프레서로 돌아가는 기계다.

에어^펌프

에어^펌프air pump 공기 펌프
　▸ 이 제품은 초강력(超强力) 에어 펌프입니다.
　▸ 물고기를 키우는 어항(魚缸)에는 에어 펌프가 필요해요.
*에이A/a 영어 알파벳의 첫 글자.
　▸ 알파벳은 에이, 비, 시, 디, 이, 에프, 지, 에이치, 아이, 제이, 케이, 엘, 엠, 엔,
　　오, 피, 큐, 아르, 에스, 티, 유, 브이, 더블유, 엑스, 와이, 지(제트)이다.
　▹ 에이(A/a), 비(B/b), 시([씨]C/c), 디(D/d), 이(E/e), 에프(F/f), 지(G/g), 에이치(H/h),
　　아이(I/i), 제이(J/j), 케이(K/k), 엘(L/l), 엠(M/m), 엔(N/n), 오(O/o), 피(P/p), 큐(Q/q),
　　아르([알]R/r), 에스[에쓰]S/s), 티(T/t), 유(U/u), 브이(V/v), 더블유(/[떠블류]W/w),
　　엑스(X/x), 와이(Y/y), 지(제트Z/z).
에이^급A級 [에이끕] 최상급(最上級).
　▸ 노래할 때 네 목소리는 에이급이야.
　▸ 그 정도 실력이면 에이급이라고 할 수 있지 않을까?
　▸ 우리 회사는 에이급 제품을 만들기 위해 항상 노력합니다.
에이드ade 과일즙(汁)으로 만든 음료의 총칭(總稱).
　▸ 오렌지(orange)에이드 만들어 줄게.
　▸ 시원한 에이드를 마시며 휴식(休息)을 취했다.
에이디AD 양력(陽曆)을 세는 단위(單位).
　▸ AD는 기원후(紀元後)라고 이야기하기도 해요.
　▸ 우리는 지금 AD 시대를 살고 있습니다.
　▹ Anno Domini.
에이비시ABC [에이비씨] 초보(初步)의, 입문(入門) 과정.
　▸ 이 과정에서는 커피(coffee) 만들기의 ABC를 배울 수 있습니다.
　▸ 야! 너는 연애(戀愛)의 ABC도 모르면서 어디서 충고(忠告)냐!
에이비에스ABS [에이비에쓰] 차량(車輛) 제동(制動) 방법, 제동 장치(裝置).
　▸ 이 차는 최신식(最新式) ABS를 장착(裝着)하고 있습니다.
　▸ ABS가 없으면 차의 제동거리가 더 길어집니다.
　▹ Anti-lock Brake System.
에이비오^식ABO式 /[에이삐오식] 인간 혈액형(血液型)의 네 가지 유형(類型).
　▸ ABO식 혈액형으로 사람의 성격을 알 수 있을까?
　▸ 혈액형에는 ABO식 혈액형과 RH식 혈액형이 있다.

   ▷ 에이형(A형)・비형(B형)・에이비형(AB형)・오형(O형).

에이스ace¹ [에이쓰] 일인자(一人者). 최고(最高) 선수.

   ▶ 그가 바로 우리 팀의 에이스이다.

   ▶ 그 사람 사기 치는 실력은 완전 에이스예요!

에이스ace² [에이쓰] 트럼프(trump) 카드(card)의 A.

   ▶ 나는 에이스 카드가 필요해.

   ▶ 에이스가 네 개면 '아포카(에이스 포 카드ace four cards)'라고 하지.

에이아이¹AI 컴퓨터(computer) 기반(基盤) 인공(人工) 지능(知能).

   ▶ 우리나라의 AI 기반 기술은 세계적(世界的)인 수준(水準)이다.

   ▶ 앞으로는 AI 기술이 우리를 더 자유롭게 해 줄 것이다.

   ▷ Artificial Intelligence.

에이아이²AI 조류(鳥類)독감(毒感), 조류 인플루엔자(influenza).

   ▶ 구제역(口蹄疫)에 AI까지 퍼지는 바람에 가축 키우기가 너무 힘들어요.

   ▶ 요즘 AI가 번져서 방역(防疫)을 하느라고 여기저기 난리(亂離)야.

   ▷ pathogenic Avian Influenza.

에이에스AS /[에이에쓰] 사후(事後) 보증(保證) 관리 → 애프터서비스.

   ▶ 이거 AS 보증 기간이 얼마나 되지요?

   ▶ 휴대폰(phone)이 고장 나서 AS를 맡겼어.

에이엠¹AM, am 오전(午前) ↔ 피엠(PM, pm).

   ▶ 축하 행사(行事)는 AM 10시부터 시작됩니다.

   ▶ 낮 12시는 am인가요 pm인가요?

   ▷ Ante Meridiem `Lat`

에이엠²(방송)AM 라디오(radio) 방송, 전파(電波) 송신(送信) 방식의 하나 ↔ 에프엠
(FM).

   ▶ 그 방송이 AM이었나?

   ▶ AM에 놓고 주파수(周波數)를 맞추다 보면 들을 수 있어요.

   ▷ Amplitude Modulation.

에이전시agency [에이전씨] 대행업자(代行業者), 대행업체, 대리점(代理店).

   ▶ 오후에는 에이전시 방문 계획이 있습니다.

   ▶ 저는 웹(web) 에이전시에서 근무(勤務)하고 있어요.

에이즈AIDS 후천성 면역 결핍증(後天性免疫缺乏症).

에이치

> 에이즈에 걸린 불쌍한 아이들이 많이 있다.

> 에이즈에 걸리면 면역력(免疫力)이 없어진다지요?

▷ Acquired Immune Deficiency Syndrome.

*에이치H/h 영어 알파벳의 여덟 번째 글자.

> 알파벳은 에이, 비, 시, 디, 이, 에프, 지, 에이치, 아이, 제이, 케이, 엘, 엠, 엔, 오, 피, 큐, 아르, 에스, 티, 유, 브이, 더블유, 엑스, 와이, 지(제트)이다.

▷ 에이(A/a), 비(B/b), 시([씨]C/c), 디(D/d), 이(E/e), 에프(F/f), 지(G/g), 에이치(H/h), 아이(I/i), 제이(J/j), 케이(K/k), 엘(L/l), 엠(M/m), 엔(N/n), 오(O/o), 피(P/p), 큐(Q/q), 아르([알]R/r), 에스([에쓰]S/s), 티(T/t), 유(U/u), 브이(V/v), 더블유(/[떠블류]W/w), 엑스(X/x), 와이(Y/y), 지(제트Z/z).

에이치디HD 화면(畵面) 선명도(鮮明度)가 아주 좋은 것.

> 요즘에는 한국 TV방송은 모두 HD로 촬영되나 보죠?

> 모두는 아니어도 대부분의 프로그램(program)이 HD로 촬영된다고 해요.

▷ Hi Definition.

에이치비HB 중간(中間) 강도(强度)의 연필심 표시 기호.

> HB 연필로 꾹꾹 눌러쓴 편지를 그에게 주었다.

> 4B 연필은 너무 진하니까 HB 연필이 좋을 것 같아요.

▷ Hard Black.

에이치아르HR [에이치알] 초·중등학교 학급(學級) 내 학생 자치(自治) 활동.

> 오늘은 HR이 끝난 후 바로 귀가(歸家)하세요.

> HR 시간에 우리 반은 모두 함께 연극(演劇)을 보러 갔다.

▷ 홈룸(homeroom).

에이치티엠엘HTML 하이퍼링크(hyperlink)를 사용하기 위한 컴퓨터(computer) 표기(表記) 규약(規約).

> 인터넷(internet)에서 HTML은 아주 중요한 규약이라고 할 수 있다.

> 이 블로그(blog)에서는 HTML로 설정해 놓고 텍스트(text)를 작성해야 해요.

▷ Hyper Text Markup Language.

에이커acre 면적(面積)의 단위(單位).

> 겨우 몇 에이커의 땅을 얻겠다고 그 고생을 하다니.

> 그래서 그가 얻은 땅이 몇 에이커나 된대요?

▷ 1에이커 = 4,047㎡.

*에이트eight /[에잇] 여덟 번째, 여덟째.

   ▶ 난 넘버(number) 에이트도 충분히 만족해요.

   ▶ 텐, 나인, 에이트, 세븐, 식스, 파이브, 포, 쓰리, 투, 원, 번지(bungee)!

   ▷ 제로(zero), 원(one), 투(two), 쓰리(three), 포(four), 파이브(five), 식스(six[씩쓰]), 세븐(seven[쎄븐]), 에이트(eight/에잇), 나인(nine), 텐(ten).

*에이포(판)A4판(判) 210X297mm의 종이 규격(規格).

   ▶ 과제(課題) 분량은 A4용지로 3매 이상입니다.

   ▶ A4는 너무 큰 것 같으니까 A5로 제본(製本)을 합시다.

   ▷ 에이파이브(A5) : 148×210mm의 종이 규격.

   ▷ 에이식스(A6) : 105×148mm의 문고판(文庫版) 종이 규격.

에이프런apron /에이프론 앞치마.

   ▶ 그는 요리를 하겠다며 에이프런을 둘렀다.

   ▶ 에이프런에 잔뜩 고춧가루를 묻혀가면서 김치를 담갔어요.

   ▷ '앞치마'로 순화.

에칭etching 동판(銅版)을 이용한 요판凹版 시술(施術).

   ▶ 이건 에칭 기법(技法)을 사용한 작품입니다.

   ▶ 에칭으로 섬세(纖細)하게 표현을 했네요.

에코[1]echo 메아리. 반향(反響).

   ▶ 에코가 너무 강하네요. 마이크(mike) 볼륨(volume)을 좀 낮춰 주세요.

   ▶ 노래를 부를 때에는 역시 에코를 좀 넣어 줘야 해.

*에코[2]eco- 경제적(經濟的)인. 환경, 생태(生態)(학)의.

   ▶ 이번 신차(新車)에는 에코드라이빙(driving) 기능(機能)이 추가되었다.

   ▶ 요즘 다들 '에코', '에코' 하는데, 그게 무슨 뜻인 거야?

   ▶ 에코는 환경 친화(親和)적인 기술 앞에 붙이는 말이야.

에타eta `Gre` 그리스(Greece) 자모(字母)의 일곱 번째 문자(文字) → 그리스문자.

   ▷ A/α알파, B/β베타, Γ/γ감마, Δ/δ델타, E/ε엡실론, Z/ζ제타, H/η에타, Θ/θ세타, I/ι요타, K/κ카파, Λ/λ람다, M/μ뮤, N/ν뉴, Ξ/ξ크시/크사이, O/ο오미크론, Π/π파이, P/ρ로, Σ/σ시그마, T/τ타우, Y/υ입실론, Φ/φ피, X/χ키, Ψ/ψ프시/프사이, Ω/ω오메가.

에탄ethane `Fra` 천연가스(gas), 석탄 가스 중에 함유(含有)되어 있는 무색무취(無色無臭)의 기체(氣體).

에탄올

　▸ 에탄 가스 부족으로 앞으로의 실험에 어려움을 겪고 있다.

　▸ 에탄이 몸에 해로운가요?

에탄올ethanol　휘발성(揮發性) 합성(合成) 원료, 알코올(alcohol)음료의 주성분.

　▸ 소독용 에탄올을 미리 구입해 두었다.

　▸ 친환경 에탄올을 생산하기 위해 노력했다.

　▸ 공업용 에탄올은 음식을 만드는 데에는 절대로 사용할 수 없다.

　▷ 에틸알코올.

에테르Äther ; ether　Ger　산소와 탄화수소 결합(結合) 유기(有機) 화합물(化合物)의 총칭(總稱). 에틸(ethyl)에테르.

　▸ 에테르는 알코올(alcohol)과 비슷해 보여요

　▸ 에테르는 무색(無色)의 액체(液體)이다.

에튀드etude /에뛰드　Fra　기악(器樂)의 연습용 악곡(樂曲), 연습곡. 습작(習作).

　▸ 이것이 쇼팽(Chopin) 에튀드입니다.

　▸ 내가 늘 들었던 그 음악이 하이든(Haydn)의 에튀드라는 걸 알았어요

에티켓etiquette　Fra　예의(禮儀), 예법(禮法).

　▸ 그렇게 끼어들지 말고 에티켓을 지키세요

　▸ 네티즌(netizen)들도 사이버(cyber) 공간에서 지켜야 할 에티켓이 있다.

에틸ethyl /[에칠]　유기화합물(有機化合物)의 하나.

　▸ 의료용 에틸을 미리 구입(購入)해 두었다.

　▸ 공업용(工業用)으로 쓰이는 에틸은 음식을 만드는 데에 사용할 수 없다.

에틸^알코올ethyl alcohol /[에틸알콜] /[에칠알콜]　휘발성(揮發性) 합성(合成) 원료(原料), 알코올(alcohol)음료의 주성분.

　▸ 소독(消毒)용 에틸알코올을 미리 구입해 두었다.

　▸ 우리 회사는 친환경 에틸알코올을 생산하기 위해 노력하고 있다.

　▷ 에탄올.

에페epee /에뻬　Fra　펜싱(fencing) 검(劍) 또는 그 종목(種目)의 하나.

　▸ 우리나라가 남자 에페 단체전에서 금메달(金medal)을 획득(獲得)했다.

　▸ 펜싱 종목의 하나인 에페는 서로 다른 종류의 칼을 사용합니다.

*에프F/f[1]　영어 알파벳의 여섯 번째 글자.

　▸ 알파벳은 에이, 비, 시, 디, 이, 에프, 지, 에이치, 아이, 제이, 케이, 엘, 엠, 엔, 오, 피, 큐, 아르, 에스, 티, 유, 브이, 더블유, 엑스, 와이, 지(제트)이다.

*에프F² 낙제(落第) 점수.

 ▶ 너 이번에 F 학점(學點) 받은 거 있어?

 ▶ 다행히 F는 없어. 장학금도 없지…….

 ▷ 에이(A/a), 비(B/b), 시([씨]C/c), 디(D/d), 이(E/e), 에프(F/f), 지(G/g), 에이치(H/h), 아이(I/i), 제이(J/j), 케이(K/k), 엘(L/l), 엠(M/m), 엔(N/n), 오(O/o), 피(P/p), 큐(Q/q), 아르([알]R/r), 에스([에쓰]S/s), 티(T/t), 유(U/u), 브이(V/v), 더블유(/[떠블류]W/w), 엑스(X/x), 와이(Y/y), 지(제트Z/z).

에프비아이FBI 미국 연방(聯邦) 수사국(搜査局).

 ▶ FBI에 수사를 의뢰(依賴)했다.

 ▶ FBI의 철저한 수사에도 불구하고 범인은 좀처럼 잡히지 않았다.

 ▷ Federal Bureau of Investigation.

에프엠FM¹ 라디오(radio) 주파수(周波數) 전송(電送) 방식의 하나. FM 라디오.

 ▶ FM 라디오 프로그램(program) 중에 어떤 게 가장 재미있어요?

 ▶ 저는 출근할 때에는 늘 FM 라디오를 들어요.

 ▷ Frequency Modulation.

에프엠FM² 정해진 규정(規定) 그대로 따름.

 ▶ 어떤 일이든 FM대로 하는 것이 중요하다.

 ▶ 그는 언제나 FM으로 일처리를 해서 가끔은 답답해.

 ▷ Field Manual.

*에프터서비스 [에프터써비쓰] 판매(販賣), 서비스 제공(提供) 후 사후(事後) 관리. 사후 봉사(奉仕). after-service AS(에이에스) → 애프터서비스

 ▶ 그 회사는 에프터서비스가 확실합니다.

 ▶ 컴퓨터(computer)를 사자마자 에프터서비스를 받을 줄이야.

에피소드episode 일화(逸話). 짧은 이야기.

 ▶ 신혼여행 때 있었던 에피소드를 말해 줄게.

 ▶ 그 영화는 몇 개의 에피소드가 연결되는 구성이었다.

*에피큐리언epicurean 쾌락주의자(快樂主義者), 향락주의자(享樂主義者).

 ▶ 그는 가난하지만 향락(享樂)에 빠져 사는 에피큐리언이다.

 ▶ 나는 진정한 에피큐리언이 되고 싶다.

에필로그epilogue 종결부(終結部) ↔ 프롤로그.

 ▶ 에필로그를 쓰기 위해 여행을 갔다.

엑기스

　▶ 프롤로그(prologue)로 시작하여 에필로그를 쓰기까지 많은 시간이 흘렀다.

*엑기스extract /액기스　주로, 식용(食用) 재료의 핵심(核心) 성분을 추출(抽出)해서 농축(濃縮)한 진액(津液). 알짜 → 엑스트랙트

　▶ 건강을 위해 아침마다 홍삼(紅蔘) 엑기스를 먹어요.

　▶ 엑기스는 다 빠져나갔네.

　▶ 한국 사람들은 엑스트랙트보다 엑기스라고 더 많이 쓴다.

　▷ extract의 일본식 발음이 변형(變形)된 것.

*엑스X/x¹　영어 알파벳의 스물네 번째 글자.

　▶ 알파벳은 에이, 비, 시, 디, 이, 에프, 지, 에이치, 아이, 제이, 케이, 엘, 엠, 엔, 오, 피, 큐, 아르, 에스, 티, 유, 브이, 더블유, 엑스, 와이, 지(제트)이다.

　▷ 에이(A/a), 비(B/b), 시([씨]C/c), 디(D/d), 이(E/e), 에프(F/f), 지(G/g), 에이치(H/h), 아이(I/i), 제이(J/j), 케이(K/k), 엘(L/l), 엠(M/m), 엔(N/n), 오(O/o), 피(P/p), 큐(Q/q), 아르([알]R/r), 에스[에쓰]S/s), 티(T/t), 유(U/u), 브이(V/v), 더블유(/[떠블류]W/w), 엑스(X/x), 와이(Y/y), 지(제트Z/z).

*엑스X/x²　미지(未知)의 수. X 좌표.

　▶ 이 문제에서 X값은 얼마일까요?

　▶ X와 Y의 값을 각각 구하세요.

*엑스X/x³　상대하기도 싫은 사람, 틀린 것, 안 좋은 것.

　▶ 야! 이 X야!

　▶ 이런 X 같은 일이 다 있나.

　▶ 시험지에 온통 X뿐이구나.

　▶ 저 물건은 완전히 X예요. 저질 물건이에요.

엑스^레이X-ray　눈에 보이지 않는 것을 보이게 하는 광선(光線). 엑스선 또는 그 사진.

　▶ X레이를 찍어보니, 뼈에 금이 간 게 보이네요.

　▶ 외상(外傷)은 없지만 X레이를 한번 찍어 보래요.

엑스^세대X世代　자기주장(自己主張)이 뚜렷한 신세대(新世代).

　▶ X 세대는 간섭(干涉) 받는 것을 싫어한다.

　▶ 요즘 세대와 X 세대와의 세대 차이도 심하죠.

엑스^선X線　눈에 보이지 않는 것을 보이게 하는 광선(光線).

　▶ 병원에서는 X선 검사를 해보자고 하네요.

　▶ X선 사진을 확인해 보니 별 이상이 없었어요.

   ▸ 이건 X선 요법으로 간단하게 치료(治療)할 수 있으니 걱정 마세요

   ▹ 엑스선 검사(X線檢査) : X선으로 인체의 질병 상태를 진단하는 것.

   ▹ 엑스선 사진(X線寫眞) : X선으로 찍은 사진. 뢴트겐(Röntgen) 사진, X레이.

   ▹ 엑스선 요법(X線療法) : X선으로 병을 치료하는 방법. 뢴트겐 요법(療法).

엑스^염색체X染色體　남성, 여성을 결정하는 성염색체(性染色體).

   ▸ 그 질병(疾病)은 X염색체에 이상이 생겨서 발생하는 병입니다.

   ▸ 성염색체에는 X염색체와 Y염색체가 있습니다.

엑스^축X軸　좌표(座標)의 가로 축.

   ▸ X축과 Y축을 보세요

   ▸ X축에는 어떤 항목(項目)들이 들어가지요?

엑스터시ecstasy[1]　무아지경(無我之境). 황홀(恍惚)의 정점(頂點).

   ▸ 살면서 엑스터시를 경험해 본 적 있어?

   ▸ 그건 일시적(一時的)인 감정(感情)의 엑스터시일 뿐이야.

엑스터시ecstasy[2]　마약(痲藥)류의 하나.

   ▸ 그녀는 과거에 엑스터시를 복용(服用)했던 사실을 털어놓았다.

   ▸ 엑스터시를 한국으로 들여오는 건 당연히 불법(不法)이다.

엑스트라extra[1]　단역(端役) 배우.

   ▸ 이번 영화에는 천 명이 넘는 엑스트라가 출연했대요

   ▸ 엑스트라로 보낸 세월이 3년을 넘었어요

엑스트라extra[2]　특별한, 여분(餘分)의, 임시(臨時)의.

   ▸ 이 호텔(hotel) 방에는 엑스트라 베드(bed)가 있나요?

엑스트랙트extract /엑기스 /액기스　주로, 식용(食用) 재료의 핵심(核心) 성분을 추출(抽出)해서 농축(濃縮)한 진액(津液). 알짜.

   ▸ 건강을 위해 아침마다 홍삼(紅蔘) 엑스트랙트를 먹어요

   ▸ 엑스트랙트는 다 빠져나갔네.

   ▸ 한국 사람들은 '엑스트랙트'보다 '엑기스' 또는 '액기스'라고 더 많이 쓴다.

엑스포EXPO　만국(萬國) 박람회(博覽會).

   ▸ 엑스포를 관람하기 위해 많은 사람들이 모였다.

   ▸ 세계 에너지(energy) 절약 엑스포가 성황리(盛況裡)에 막(幕)을 내렸다.

   ▹ **EXPO**sition.

*엔[1]N/n　영어 알파벳의 열네 번째 글자.

엔

> ▶ 알파벳은 에이, 비, 시, 디, 이, 에프, 지, 에이치, 아이, 제이, 케이, 엘, 엠, 엔,
> 오, 피, 큐, 아르, 에스, 티, 유, 브이, 더블유, 엑스, 와이, 지(제트)이다.
> ▷ 에이(A/a), 비(B/b), 시([씨]C/c), 디(D/d), 이(E/e), 에프(F/f), 지(G/g), 에이치(H/h),
> 아이(I/i), 제이(J/j), 케이(K/k), 엘(L/l), 엠(M/m), 엔(N/n), 오(O/o), 피(P/p), 큐(Q/q),
> 아르([알]R/r), 에스([에쓰]S/s), 티(T/t), 유(U/u), 브이(V/v), 더블유/([떠블류]W/w),
> 엑스(X/x), 와이(Y/y), 지(제트Z/z).

엔² えん[円] [Jap]   일본의 화폐(貨幣) 단위, [¥].
> ▶ 백 엔으로 무엇을 살 수 있지?
> ▶ 요즘 엔 환율(換率)이 얼마나 되지요?

엔도르핀endorphin /엔돌핀   뇌(腦)에서 생성(生成)되는 물질의 하나.
> ▶ 웃으면 몸에 엔도르핀이 생성된다.
> ▶ 그와 이야기하면 엔도르핀이 팍팍 솟는 것 같아.
> ▶ 음식을 씹을 때도 엔도르핀이 나오나요?

*엔드end   끝, 마지막.
> ▶ 자 이제 오늘로 시험은 디(the) 엔드!
> ▶ 사이드라인(sideline)이나 엔드라인에서 경기(競技)가 시작되는 경우도 있습니다.
> ▷ 엔드^라인(end line) : 배구·농구 등의 경기(競技) 코트(court)의 마지막 선.

*엔딩ending   영화(映畫), 드라마(drama), 공연(公演) 등에서, 마지막 장면 또는 음악 따위.
> ▶ 그 영화의 엔딩 장면은 정말 멋졌다.
> ▶ 엔딩 음악이 흐르자 모두가 일어서서 박수(拍手)를 보냈다.
> ▶ 그들 사랑의 결말은 역시 해피(happy)엔딩이었다.

*엔젤angel /앤젤   천사(天使), 수호신(守護神).
> ▶ 순수하고 아름다운 그녀는 우리의 엔젤이다.
> ▶ 그는 엔젤처럼 언제나 우리 곁을 지켜 주었다.

엔지NG   영화(映畫), 드라마(drama) 촬영(撮影) 중에 잘못된 것 또는 그 필름(film).
> ▶ 그는 웃음을 참지 못하고 계속 NG를 냈다.
> ▶ NG를 많이 내긴 했지만 무사히 촬영(撮影)을 마쳤다.
> ▷ No Good.

엔지니어engineer   기술자(技術者).
> ▶ 그는 뛰어난 음향(音響) 엔지니어이다.
> ▶ 엔지니어 팀(team)과 촬영 팀이 모두 모였으니 이제 시작합시다.

엔지니어링engineering 공학(工學)의 총칭(總稱).

▶ 요즘에는 엔지니어링 산업의 중요성(重要性)이 강조되고 있다.

▶ 엔지니어링이 작년에 이어 올해에도 가장 높은 수익(收益)을 냈다.

엔지오NGO 민간단체 중심의 비정부(非政府) 국제(國際) 조직(組織).

▶ 한국에는 어떤 NGO가 있나요?

▶ NGO 단체에서 활동하던 그녀는 보다 전문적인 지식을 쌓기 위해 유학(留學)

길에 올랐다.

▷ NonGovernmental Organization.

엔진engine 동력(動力)을 일으키는 기관(機關).

▶ 엔진이 과열(過熱)되는 바람에 큰일 날 뻔했어.

▶ 내리막길에서는 브레이크(brake)를 밟는 것보다는 엔진브레이크를 쓰는 것이

좋다.

▷ 엔진＾브레이크(engine brake) : 엔진 감속(減速)을 이용하여 제동(制動)하는 방법.

엔트로피entropy 정보 전달의 불확실성(不確實性), 예측(豫測) 불가능성(不可能性).

▶ '엔트로피 증가(增加)의 법칙(法則)'이라는 물리학(物理學) 법칙이 있다.

▶ 무질서(無秩序)한 현상일수록 엔트로피는 높게 나온다.

엔트리entry 참가자(參加者), 참여(參與) 항목(項目).

▶ 이것이 지난주에 결정된 이 목록(目錄)의 최종 엔트리입니다.

▶ 그는 열심히 했지만 결국 월드컵(World Cup) 엔트리에서 탈락(脫落)했다.

***엘**ㄴ/l 영어 알파벳의 열두 번째 글자.

▶ 알파벳은 에이, 비, 시, 디, 이, 에프, 지, 에이치, 아이, 제이, 케이, 엘, 엠, 엔,

오, 피, 큐, 아르, 에스, 티, 유, 브이, 더블유, 엑스, 와이, 지(제트)이다.

▷ 에이(A/a), 비(B/b), 시([씨]C/c), 디(D/d), 이(E/e), 에프(F/f), 지(G/g), 에이치(H/h),

아이(I/i), 제이(J/j), 케이(K/k), 엘(L/l), 엠(M/m), 엔(N/n), 오(O/o), 피(P/p), 큐(Q/q),

아르([알]R/r), 에스([에쓰]S/s), 티(T/t), 유(U/u), 브이(V/v), 더블유(/[떠블류]W/w),

엑스(X/x), 와이(Y/y), 지(제트Z/z).

엘니뇨el Niño ⟨Esp⟩ 적도(赤道) 부근 해류(海流)의 온도(溫度) 상승(上昇) 현상.

▶ 올여름에는 엘니뇨 때문에 기온이 더 높아질 것 같아요.

▶ 정말 엘니뇨는 기상(氣象) 재앙(災殃)의 주범(主犯)이네요.

엘레지elegie ⟨Fra⟩ 슬픈 내용을 담은 대중가요(大衆歌謠).

▶ 한국 최고(最高)의 가수(歌手) 이미자 씨는 과연 '엘레지의 여왕(女王)'이라고

할 만하다. 그녀는 노래를 정말 슬프게 잘 부른다.

▶ 할머니께서는 엘레지라면 어떤 노래든 좋아하신다.

엘렉트라^콤플렉스 Electra complex 무의식적(無意識的)으로 어머니를 배척(排斥)하고 아버지를 그리는 딸의 성향(性向)을 말하는 정신분석학(精神分析學) 용어 ↔ 오이디푸스 콤플렉스

▶ 엄마에게 반항(反抗)하는 딸아이의 행동도 엘렉트라 콤플렉스일까요?

▶ 엄마가 싫어지는 걸 보니 저도 엘렉트라 콤플렉스가 있나 봐요.

엘리베이터elevator /[엘레베타] 승강기(昇降機).

▶ 엘리베이터를 타고 4층에서 내리세요.

▶ 이 엘리베이터는 언제 안전(安全) 점검(點檢)을 했나요?

엘리트 elite `Fra` 뛰어난 능력으로 사회 지도층(指導層)을 이루는 사람.

▶ 그는 물론 그의 사촌들까지 모두 엘리트예요.

▶ 그 모임에는 엘리트 출신들만 모인대요.

엘^사이즈L-size [엘싸이즈] 의류 규격(規格)의 하나, 표준보다 큰 것.

▶ 저에게는 L사이즈가 클 것 같아요. M사이즈로 주세요.

▶ 남은 게 L사이즈밖에 없네요. 죄송해요.

엘시디LCD [엘씨디] 액정(液晶) 방식의 모니터(monitor).

▶ 저 오래된 모니터는 버리고 LCD 모니터로 바꿉시다.

▶ 드라마(drama)를 좋아하시는 할머니를 위해 LCD TV를 사드렸어요.

엘엔지LNG 액화(液化) 천연(天然) 가스(gas).

▶ 이 동네는 LNG 써요 아니면 LPG 써요?

▶ 우리도 이제 LNG 가스로 바꿨어요. 간단한 부품만 바꾸면 돼요.

▷ Liquefied Natural Gas.

엘피^가스LP gas [엘피가쓰] /[엘피까쓰] 액화(液化) 석유(石油) 가스

▶ 이 근처에 LP 가스 충전소(充塡所)가 있어요?

▶ 우리는 LP 가스를 쓰기 때문에 겨울에 연료비(燃料費)가 적게 들어요.

▷ 엘피지.

▷ Liquefied Petroleum Gas.

***엘피판**LP盤 연주(演奏)용 레코드(record) 판 → 엘피^반.

▶ 요즘에는 LP판을 듣는 사람이 거의 없어요.

▶ 음악은 LP판으로 들어야 제맛이 나죠.

> LP판을 수집하는 취미를 가진 사람도 있어요.

> LP판은 원래 'LP반'이 맞지만 한국 사람들은 거의 모두 LP판이라고 써요.

▷ Long Playing record.

엘피지LPG   액화(液化) 석유(石油) 가스(gas).

> 이 근처에 엘피지 충전소(充塡所)가 있어요?

> 우리는 엘피지를 쓰기 때문에 겨울에 연료비(燃料費)가 적게 들어요.

▷ 엘피 가스.

▷ Liquefied Petroleum Gas.

***엠**M/m   영어 알파벳의 열세 번째 글자.

> 알파벳은 에이, 비, 시, 디, 이, 에프, 지, 에이치, 아이, 제이, 케이, 엘, 엠, 엔,
오, 피, 큐, 아르, 에스, 티, 유, 브이, 더블유, 엑스, 와이, 지(제트)이다.

▷ 에이(A/a), 비(B/b), 시([씨]C/c), 디(D/d), 이(E/e), 에프(F/f), 지(G/g), 에이치(H/h),
아이(I/i), 제이(J/j), 케이(K/k), 엘(L/l), 엠(M/m), 엔(N/n), 오(O/o), 피(P/p), 큐(Q/q),
아르([알]R/r), 에스([에쓰]S/s), 티(T/t), 유(U/u), 브이(V/v), 더블유(/[떠블류]W/w),
엑스(X/x), 와이(Y/y), 지(제트Z/z).

***엠바고**embargo   사건 해결이나 국익(國益)을 위해서 언론의 뉴스(news) 발표 시간을
제한하는 것.

> 정부는 해적(海賊)에게 납치(拉致)된 선원들의 안전한 구조(救助)를 위해서
언론사에 엠바고를 요청(要請)했다.

> 엠바고를 지키지 않고 기사를 보도한 그 언론매체(言論媒體)는 많은 비난(非難)
을 받았다.

엠보싱embossing [엠보씽]   오돌토돌하게 가공(加工)하는 것.

> 화장지는 엠보싱이 보송보송하고 쓰기 좋지.

> 녹음(錄音)실에 방음(防音)을 위해서 엠보싱 작업(作業)을 하려고 해요.

엠브이피MVP   최우수(最優秀) 선수(選手).

> 오늘 대회의 MVP를 발표하겠습니다.

> 그는 이번 대회의 MVP가 되었다.

▷ Most Valuable Player.

***엠블럼**emblem /앰블럼   상징(象徵), 표상(表象).

> 자동차 엠블럼 중에는 멋진 것들이 많다.

> 나는 그 회사 엠블럼이 멋있다고 생각하지 않는다.

엠^사이즈

엠^사이즈M-size [엠싸이즈] 의류(衣類)의 중간(中間) 사이즈.
- ▶ 이 티셔츠(T-shirts)는 스몰(small) 말고 M-사이즈도 있나요?
- ▶ 그 옷은 M-사이즈인데도 작아 보여요.

엠시MC [엠씨] 쇼(show), 공연(公演)의 사회자(司會者).
- ▶ 제가 오늘 공연의 MC를 맡게 되었습니다.
- ▶ MC의 능수능란(能手能爛)한 진행으로 분위기(雰圍氣)가 한껏 달아올랐다.
- ▷ Master of Ceremonies.

엠에스^도스MS-DOS [엠에쓰도쓰] 미국 마이크로소프트(microsoft)사社의 컴퓨터 (computer) 운영(運營) 체제(體制) 이름.
- ▶ MS-DOS를 사용했을 때에는 불편한 게 많았어요.
- ▶ MS-DOS를 버리고 윈도우(window)를 쓰게 되었다.
- ▷ MicroSoft Disk Operating System.

*엠엠오알피지MMORPG 대규모 다중(多重) 사용자가 접속(接續)하는 온라인(online) 롤플레잉(role playing) 게임(game).
- ▶ 이번에 우리 회사에서 만든 MMORPG게임이 선풍적(旋風的)인 인기(人氣)를 얻고 있다.
- ▶ 밤새도록 MMORPG 게임을 했더니 머리가 너무 아프다.
- ▷ Massive Multi-player Online Role Playing Game.

엠티MT 친목(親睦) 도모(圖謀)와 화합(和合)을 위한 수련회(修鍊會).
- ▶ 다음 주말에 MT가 있으니까 다른 약속은 잡지 마.
- ▶ 이번 MT 장소가 어디야?
- ▶ MT하면 강촌 아니겠어?
- ▷ Membership Training.

엠피MP 군(軍)의 경찰(警察), 헌병(憲兵).
- ▶ 저 군인은 MP라고 쓰인 완장(腕章)을 차고 있네요.
- ▶ 응, MP는 군대의 경찰을 뜻하는 표현이란다.
- ▷ Military Police.

엡실론epsilon Gre 그리스(Greece) 자모(字母)의 다섯 번째 문자(文字) → 그리스문자.
- ▷ A/α알파, B/β베타, Γ/γ감마, Δ/δ델타, E/ε엡실론, Z/ζ제타, H/η에타, Θ/θ세타, I/ι요타, K/κ카파, Λ/λ람다, M/μ뮤, N/ν뉴, Ξ/ξ크시/크사이, O/o오미크론, Π/π파이, P/ρ로, Σ/σ시그마, T/τ타우, Y/υ입실론, Φ/φ피, X/χ키, Ψ/ψ프

시/프사이, Ω/ω오메가.

***엣지**edgy   세련(洗練)된, 날렵한, 뚜렷한. 가장자리.

  ▶ 야, 너 오늘 스타일(style) '엣지' 있는데!

  ▶ 그녀는 강남의 '엣지녀'로 불린다.

엥겔^계수 Engel係數   생활비(生活費) 중 식비(食費)의 비율(比率).

  ▶ 저소득층(低所得層)의 엥겔 계수가 3년 만에 최고(最高)치를 기록했다.

  ▶ 식재료 값의 인상(引上)으로 엥겔 계수가 갈수록 높아지고 있다.

  ▷ 엥겔 법칙(Engel法則) : '소득(所得)이 낮은 가족일수록 총지출(總支出) 중에 식
    비(食費) 지출이 많다.'는 법칙.

***엥꼬**えんこ   바닥이 들어나다. 모두 쓰고 없음 ↔ *이빠이.

  ▶ 어라? 차에 기름이 없네. 엥꼬 불이 들어왔어..

  ▶ 아이고, 엥꼬가 뭐예요. 그냥 기름이 없다고 하면 되죠.

***영하다**young–   젊다. 젊어 보이다.

  ▶ 저 사람은 참 '영한' 스타일(style)이야.

  ▶ 스타일만 '영한' 것이 아니라 마음도 젊어요.

예루살렘Jerusalem   이스라엘(Israel)의 수도(首都).

  ▶ 부모님께서 예루살렘으로 성지순례(聖地巡禮) 여행을 떠나셨다.

  ▶ 예루살렘은 순례 여행을 온 사람들로 가득했다.

옐로^카드a yellow card   경고(警告) 카드.

  ▶ 반칙(反則)을 한 것도 아닌데 억울하게 옐로카드를 받았어.

  ▶ 너도 옐로카드를 받을 수 있으니까 조심해.

옐로^페이퍼yellow paper   저속(低俗)하고 선정적(煽情的)인 기사를 주로 다루는 저질
(低質) 신문(新聞), 황색(黃色) 신문.

  ▶ 많은 사람들이 스포츠(sports) 신문을 옐로페이퍼로 여긴다.

  ▶ 옐로 저널리즘의 경향(傾向)을 띠는 신문을 옐로 페이퍼라고 부른다.

  ▷ 옐로 저널리즘(yellow journalism) : 독자의 흥미를 끌기 위해 선정적인 내용을
    주로 보도하는 신문. 그런 논조(論調).

***오**O/o   영어 알파벳의 열다섯 번째 글자.

  ▶ 알파벳은 에이, 비, 시, 디, 이, 에프, 지, 에이치, 아이, 제이, 케이, 엘, 엠, 엔,
    오, 피, 큐, 아르, 에스, 티, 유, 브이, 더블유, 엑스, 와이, 지(제트)이다.

  ▷ 에이(A/a), 비(B/b), 시([씨]C/c), 디(D/d), 이(E/e), 에프(F/f), 지(G/g), 에이치(H/h),

오너

아이(I/i), 제이(J/j), 케이(K/k), 엘(L/l), 엠(M/m), 엔(N/n), 오(O/o), 피(P/p), 큐(Q/q), 아르[알]R/r), 에스[에쓰]S/s), 티(T/t), 유(U/u), 브이(V/v), 더블유(/[떠블류]W/w), 엑스(X/x), 와이(Y/y), 지(제트Z/z).

*오너owner   소유자(所有者).
　　▶ 우리 회사 오너가 곧 바뀔 것 같아.
　　▶ 이 차는 여성 오너드라이버가 몰기에 좋아요
　　▷ 오너^드라이버(owner driver) : 자가운전자(自家運轉者).

오너먼트ornament   꾸밈, 장식(裝飾).
　　▶ 새로 수입(收入)된 오너먼트를 이용해 크리스마스트리(Christmas tree)를 장식했어요.
　　▶ 이번 전시회(展示會)에서는 예술가(藝術家)들의 단 하나뿐인 오너먼트를 감상(鑑賞)할 수 있습니다.

*오뎅おでん   일본식(日本式) 꼬치 어묵.
　　▶ 추운데 오뎅 꼬치 하나만 먹고 가자.
　　▶ 뜨거운 오뎅 국물을 먹으니까 속이 다 시원하다.

오디션audition   실기 테스트(test).
　　▶ 저 내일 가수(歌手) 오디션 보러 가요
　　▶ 저도 가수(歌手)가 되기 전에 오디션에서 열 번도 넘게 떨어졌어요.

오디오audio   화면(畵面)이 아닌 음성(音聲) 부분 ↔ 비디오video.
　　▶ 오늘 방송 중에 오디오 사고가 있었어요
　　▶ 오디오 기기(器機)를 확실하게 점검(點檢)하도록 해요
　　▷ 오디오^기기(audio機器) : 음향 재생(再生) 기기(器機).
　　▷ 오디오미터(audiometer) : 청력계(聽力計).

오렌지orange   서양(西洋) 감귤.
　　▶ 오렌지가 아주 싱싱하네요
　　▶ 갈아서 오렌지 주스(juice)를 만들어 먹자.
　　▷ 네이블 오렌지(navel orange) : 오렌지의 변종(變種)의 하나. 달고 씨가 없음.

오로라aurora   지구(地球) 극지방(極地方)에서 주로 나타나는 아름다운 빛의 현상.
　　▶ 환상적(幻想的)인 오로라의 모습이 촬영(撮影)되었다.
　　▶ 오로라가 일어나는 이유가 궁금해.

오르가슴orgasm /오르가즘   육체적(肉體的) 쾌감(快感)의 절정(絶頂).

▶ 성적(性的)으로 강렬(剛烈)한 감정적(感情的) 쾌감(快感)을 느끼는 것을 오르가슴이라고 해.

▶ 그는 오르가슴을 과학적(科學的)으로 연구하고자 했다.

오르간organ 페달(pedal)을 밟는 건반악기(鍵盤樂器), 풍금(風琴).

▶ 성당에 울려 퍼지는 아름다운 오르간 소리에 마음이 평안해졌다.

▶ 그녀는 귀국(歸國) 기념으로 파이프오르간 독주회(獨奏會)를 열었다.

▷ 파이프＾오르간(pipe organ) : 주로 성당의 벽에 설치된, 파이프로 소리를 내는 오르간.

오르골orgel **Net** 태엽(胎葉)이나 전지(電池)의 힘으로 연주(演奏)되는 음악상자(音樂箱子).

▶ 모양도 예쁘고 소리도 아름다운 오르골을 선물 받았어.

▶ 오르골의 슬픈 멜로디(melody)에 빠져서 계속 태엽을 감을 수밖에 없었어요.

오르되브르hors-d'oeuvre **Fra** 서양(西洋) 식전(食前) 요리. 가벼운 술안주 요리. 전채(前菜).

▶ '오르되브르'로 입맛을 충분히 돋우고 식사를 시작했다.

▶ 형식을 제대로 갖춘 식사에서는 오르되브르가 중요하다.

오리엔탈리즘orientalism 동양(東洋)의 정신(精神), 동양학(東洋學).

▶ 오리엔탈리즘에 관심을 갖는 서양인(西洋人)들이 부쩍 늘었어요

▶ 그는 오리엔탈리즘의 역사(歷史)를 오래 전부터 연구해 왔다.

오리엔테이션orientation 진로(進路) 지도(指導)를 위한 신입생(新入生) 모임.

▶ 오리엔테이션이 끝난 후에 수강(受講) 신청을 합니다.

▶ 신입생들은 오리엔테이션에서 선배(先輩)들과 많은 이야기를 나누었다.

오리엔트Orient 동양(東洋). 동방(東方).

▶ 오리엔트 문명(文明)이 오늘날 어떤 영향을 끼쳤나요?

▶ 그 사람은 고대(古代) 오리엔트에 대해 많이 알고 있어요

오리온Orion **Gre** 그리스(Greece) 신화(神話) 속 인물. 별자리의 하나인 '오리온자리'의 준말.

▶ 대기권(大氣圈) 밖에서 찍은 화려한 오리온성운의 모습이 공개되었다.

▶ 하늘을 보세요 오리온자리가 보여요

▷ 오리온＾성운(Orion星雲) : 오리온자리에 둥글게 퍼져 있는 대성운.

▷ 오리온＾자리(Orion-) : 적도 양측에 걸쳐 있는 별자리.

오리저널

오리지널original /오리지날 원작(原作), 원본(原本).
> ▸ 이 음악은 편곡(編曲)하지 않은 오리지널 버전(version)이에요.
> ▸ 우리 가게는 오리지널만 팝니다.

오믈렛omelet /오믈릿 볶음밥 요리의 하나.
> ▸ 오늘 점심 메뉴(menu)는 참치 오믈렛입니다.
> ▸ 오믈렛은 바쁜 아침에 먹을 수 있는 영양(營養) 만점(滿點)의 메뉴예요.

오메가omega Gre   그리스(Greece) 자모(字母)의 스물네 번째 문자(文字) → 그리스문자.
> ▷ A/α알파, B/β베타, Γ/γ감마, Δ/δ델타, E/ε엡실론, Z/ζ제타, H/η에타, Θ/Θ세
> 타, I/ι요타, K/κ카파, Λ/λ람다, M/μ뮤, N/ν뉴, Ξ/ξ크시/크사이, O/o오미크
> 론, Π/π파이, P/ρ로, Σ/σ시그마, T/τ타우, Y/υ입실론, Φ/φ피, X/χ키, Ψ/ψ프
> 시/프사이, Ω/ω오메가.

오미크론omicron Gre   그리스(Greece) 자모(字母)의 열다섯 번째 문자(文字) → 그리
스문자.
> ▷ A/α알파, B/β베타, Γ/γ감마, Δ/δ델타, E/ε엡실론, Z/ζ제타, H/η에타, Θ/Θ세
> 타, I/ι요타, K/κ카파, Λ/λ람다, M/μ뮤, N/ν뉴, Ξ/ξ크시/크사이, O/o오미크
> 론, Π/π파이, P/ρ로, Σ/σ시그마, T/τ타우, Y/υ입실론, Φ/φ피, X/χ키, Ψ/ψ프
> 시/프사이, Ω/ω오메가.

*__오버__over[1] /[오버] 초과(超過), 초과하다.
> ▸ 그는 안타깝게도 오버런으로 아웃(out)되었어요.
> ▸ 넌 항상 그 오버센스가 문제야.
> ▸ 저러다 오버타임에 걸리겠어.
> ▸ 야, 오버 좀 하지 마.
> ▷ 오버런(overrun) : 야구에서, 주자가 가속도 때문에 베이스(base)를 지나치는 일.
> ▷ 오버＾론(over loan) : 초과 대부(貸付).
> ▷ 오버＾센스(over+sense) : 신경 과민.
> ▷ 오버타임(overtime) : 규정(規定) 시간 이외의 시간.
> ▷ 오버＾페이스(over pace) : 능력을 초과하는 것.
> ▷ 오버히트(overheat) : 과열(過熱).

오버over[2] /[오버] 무선통신(無線通信) 완료(完了) 표현.
> ▸ 지금 출발한다, 오버.
> ▸ 알았다, 오버.

오버랩overlap 영화(映畵)나 드라마(drama), 뮤직비디오(music video) 화면 기법(技法)의 하나. 겹치기 전환(轉換).
- ▶ 그를 보자 생각이 오버랩되면서 아픈 기억이 되살아났다.
- ▶ 이 부분은 오버랩핑 되도록 처리하는 게 좋겠어요
- ▷ 오버랩핑(overlapping) : 오버랩되는 것.

오버코트overcoat /[오바코트] 두툼한 겉옷, 외투.
- ▶ 밖이 꽤 추우니 오버코트를 입고 나가세요
- ▶ 오늘 같은 날에 오버코트는 안 어울릴 것 같은데요

오벨리스크obelisk 기념탑(記念塔). 거대한 돌기둥.
- ▶ 광장(廣場)의 중심에는 오벨리스크가 세워져 있었다.
- ▶ 옛날 사람들은 오벨리스크를 어떻게 세웠을까?

오보에oboe **Ita** 목관 악기(木管樂器)의 하나.
- ▶ 아름다운 오보에의 선율(旋律)을 감상(鑑賞)하느라고 눈을 감았다.
- ▶ 오보에 소리가 이런 거였군요

오븐oven 가마, 화덕, 요리 기구(器具).
- ▶ 오븐에 빵을 올린 지 몇 분이나 지났지요?
- ▶ 치즈(cheese)를 얹은 후에 3분 동안 오븐에서 익히세요

오비OB 졸업(卒業) 또는 은퇴한 팀(team)원.
- ▶ OB팀과의 경주(競走)에서 지다니 이건 말도 안 된다.
- ▶ 오늘 OB팀의 활약이 대단한데요
- ▷ 올드^보이(Old Boy).

오세아니아Oceania 대양주(大洋州) 지역(地域)의 총칭(總稱).
- ▶ 오세아니아 대륙(大陸)에는 어떤 나라가 있어요?
- ▶ 뉴질랜드(New Zealand)와 호주가 오세아니아에 있어요

*오션ocean 바다, 대양(大洋).
- ▶ 호텔(hotel)방이 오션뷰라 경치(景致)가 좋아요
- ▶ 퍼시픽(pacific) 오션을 태평양(太平洋)이라고 불러요
- ▷ 오션^뷰(ocean view) : 바다 경치가 보이는 곳.

오스람osram /[오슬람] 합금(合金)의 하나.
- ▶ 오스람으로 만든 전구는 비싸기는 해도 품질(品質)이 좋아요
- ▶ 오스람 전구를 써 봤어요?

오스카^상

　　▷ 오스람 전구(osram電球) : 오스람 필라멘트(filament)로 만든 전구.
오스카^상Oscar賞　미국 영화제(映畵祭)의 상, 아카데미(academy)^상.
　　▶ 이번 영화제에서 오스카상을 수상(受賞)한 사람이 누구죠?
　　▶ 오스카상은 아무나 받을 수 있는 상이 아니야.
오스트랄로피테쿠스Australopithecus [오스트랄로피테쿠쓰]　최고(最古)의 직립(直立) 보
　　행(步行) 화석(化石) 인류(人類).
　　▶ 오스트랄로피테쿠스는 인간보다는 원숭이를 닮은 것 같아요.
　　▶ 무슨 소리야. 오스트랄로피테쿠스가 원숭이보다는 훨씬 잘생겼지.
오스트리아Austria　비엔나(Vienna)가 수도(首都)인 서부유럽(Europe) 국가(國家)의 하나.
　　▶ 오스트리아와 오스트레일리아(Australia)는 같은 나라야 다른 나라야?
　　▶ 오스트리아는 유럽에 있는 나라야. 호주(濠洲)라고 부르는 '오스트레일리아'
　　　와는 전혀 다른 나라지.
오스트레일리아Australia /[오스트랄리아]　호주(濠洲).
　　▶ 오스트레일리아에 가기 위해 워킹(working) 비자(visa)를 받으려고 해요.
　　▶ 오스트레일리아에서는 주로 양털 깎는 일을 하나요?
오아시스oasis [오아시쓰] /[오아씨쓰]　사막(沙漠)의 호수 또는 갈증(渴症)을 해결해 주는 것.
　　▶ 그녀는 나의 오아시스야.
　　▶ 사막에서 오아시스를 만난 것처럼 기뻐요.
오에스OS [오에쓰]　컴퓨터(computer) 운영(運營) 체제(體制).
　　▶ 제 노트북(notebook)에 새 OS 프로그램(program)을 깔아 줄 수 있어요?
　　▶ OS를 설치하려면 정품(正品) CD가 필요해요.
　　▷ Operating System.
오에이OA　사무자동화(事務自動化).
　　▶ OA 사무기기(事務器機)가 필요한데 사는 것이 좋을까 빌리는 것이 좋을까?
　　▶ 이 근처에는 OA 사무기기를 임대(賃貸)할 수 있는 곳이 많이 있어요.
　　▷ Office Automation.
오엑스^문제OX問題　맞는 곳에 'O' 표, 틀린 곳에 'X' 표로 답을 작성하는 문제.
　　▶ 첫 번째 퀴즈는 OX 문제입니다.
　　▶ 이렇게 쉬운 OX 문제도 못 맞추다니.
오엠아르OMR [오엠알]　광학(光學) 마크(mark) 판독(判讀)기.
　　▶ OMR 카드(card)를 작성(作成)할 때는 번호가 밀리지 않도록 조심하세요.

▸ OMR 카드와 판독기가 있으면 성적 처리가 쉽지요

▷ Optical Mark Reader.

오이디푸스^콤플렉스 Oedipus complex [오이디푸쓰콤플렉씨] /외디푸스 아들이 어머니를 병적(病的)으로 좋아하는 경향(傾向). 정신분석학(精神分析學) 용어 ↔ 엘렉트라 콤플렉스

▸ 오이디푸스 콤플렉스는 성장기에 겪는 정상적인 과정이래요

▸ '오이디푸스 콤플렉스'라는 말은 아버지를 죽이고 어머니와 결혼했던 신화 속 오이디푸스 이야기에서 따온 거예요

오이엠OEM 주문자(注文者) 상표(商標) 부착(附着) 생산 방식(方式).

▸ 이건 OEM 제품이라 별로 안 좋은 것 같아.

▸ 난 OEM 제품이나 정품(正品)이나 똑같은 것 같은데.

▷ Original Equipment Manufacturer.

오일oil 석유(石油). 기름.

▸ 선탠(suntan)을 할 때에는 오일을 고르게 바르는 게 중요해.

▸ 오일 쇼크가 터지면 기름값이 올라서 곤란해요

▷ 오일 쇼크(oil shock) : 유류(油類)값 폭등으로 인한 경제적 파동(波動).

오일^달러oil dollar /[오일딸러] 석유(石油) 수출로 벌어들인 달러. 중동(中東) 지역의 이득(利得)이 많은 것을 나타내는 표현.

▸ 오일달러로 부자가 된 사람들이 부러워요

▸ 한국은 석유가 나지 않으니 오일달러를 벌어들일 수는 없겠군요

오카리나ocarina /[오까리나] 작은 피리의 하나.

▸ 그의 오카리나 연주(演奏)에 모두가 귀를 기울였다.

▸ 오카리나 소리를 들으면 마음이 편해져요

오케스트라orchestra 관현악(管絃樂) 또는 관현악단(管絃樂團).

▸ 유럽(Europe)에서만 활동하던 오케스트라가 드디어 한국에 온대.

▸ 오케스트라의 연주(演奏)가 끝나자 기립(起立)박수(拍手)가 터져 나왔다.

오케이OK 좋다. 통과(通過). 완료(完了).

▸ 그럼 이걸로 결정(決定)할까? OK?

▸ OK! 그렇게 하자.

＊오토auto /[어토] 자동(自動). 오토매틱(automatic).

▸ 레이싱(racing) 자동차에도 오토 차가 있나요?

오토^바이

> ▶ 오토피아노는 소리의 깊이가 부족한 것 같아.
> ▷ 오토메이션(automation) : 전자장치(電子裝置)를 이용한 자동 조작(操作) 방식.
> ▷ 오토^피아노(auto+piano) : 자동 피아노

오토^바이auto+bicycle 모터사이클(motorcycle).
> ▶ 오토바이를 탈 때는 꼭 헬멧(helmet)을 쓰도록 해.
> ▶ 오토바이를 타고 질주(疾走)하는 모습이 너무 위험해 보여요

오토^캠핑auto camping 자동차 캠핑.
> ▶ 이번 여름엔 오토캠핑을 떠날 거야.
> ▶ 오토캠핑을 계획하고 캠핑카(camping car)를 샀어요

오트밀oatmeal 귀리가루로 만든 음식.
> ▶ 저는 다이어트(diet)를 하느라고 밥 대신에 오트밀을 먹어요
> ▶ 오트밀로 만든 쿠키(cookie)도 맛있던데요

오팔opal 반투명(半透明) 보석(寶石)의 하나.
> ▶ 오팔은 시월의 탄생석(誕生石)이야.
> ▶ 나는 다른 것보다 오팔 귀걸이를 제일 좋아한다.

오퍼offer /[오패] 수출업자(輸出業者)의 판매(販賣) 신청(申請). 물품 주문(注文).
> ▶ 그는 오퍼 매니저(manager)로 오랫동안 일해 왔다.
> ▶ 이번 분기(分期)에도 오퍼가 늦어지면 곤란합니다.
> ▷ 오퍼^상(offer商) : 오퍼 업무 전문 수출업자.

오퍼레이션operation 작동(作動), 조작(造作). 실시(實施), 시행(施行). 운영(運營), 경영(經營).
> ▶ 오퍼레이팅 시스템에 문제라도 있나요?
> ▶ 마케팅(marketing) 및 오퍼레이션을 담당할 직원을 모집합니다.
> ▷ 오퍼레이터(operator) : 작동 조작자.
> ▷ 오퍼레이팅 시스템(operating system) : 컴퓨터 운영 체제.

오페라opera 음악(音樂), 무용(舞踊)이 가미(加味)된 연극(演劇), 종합 무대(舞臺) 예술.
> ▶ 좋아하는 오페라가 있어요?
> ▶ 전 오페라보다 뮤지컬(musical)을 더 좋아해요
> ▷ 오페라 하우스(opera house) : 오페라 전용 극장.

오펙OPEC 석유(石油) 수출국(輸出國) 기구(機構).
> ▶ OPEC 회원국(會員國)과 석유(石油)수출(輸出)전문가(專門家)들의 의견을 들어 봄

시다.

▶ 이번 OPEC의 정기(定期) 회의에서 결정된 사항을 따릅시다.

▷ Organization of Petroleum Exporting Countries.

***오프**off (전깃불을) 끄다, 끝내다, 멈추다. 쉬다.

▶ 저쪽 불(형광등)만 오프하고 이쪽은 놔두세요.

▶ 지금부터 모든 가전제품(家電製品) 스위치(switch)를 오프로 한다. 실시(實施)!

▶ 오늘 김 닥터(doctor)는 오프인가?

오프닝opening 개업(開業), 개점(開店). 방송(放送) 프로그램(program)이나 공연(公演)의 시작.

▶ 이번 공연의 오프닝에는 누가 나올까요?

▶ 멋진 오프닝으로 사람들의 관심을 끌어보자.

오프^더^레코드off the record 비공식적(非公式的)인 정보(情報) 제공(提供) ↔ 온(on) 더 레코드.

▶ 그는 오프 더 레코드를 요구했지만 받아들여지지 않았다.

▶ 오프 더 레코드라고 했는데도 기사(記事)가 났어요.

오프^라인off-line 온라인(online)이 아닌 모임, (통신) 라인(line)이 연결되지 않은 상태.

▶ 오프라인 모임을 해야 진정한 친구가 될 수 있어요.

▶ 모니터(monitor)에 계속 오프라인으로 뜨는 걸 보니까 인터넷(internet) 연결 라인에 문제가 있는 것 같아.

오프^사이드offside /[업싸이드] 축구, 럭비(Rugby) 등의 경기(競技)에서, 공 없이 상대편보다 상대편 공간에 깊이 들어가 있는 것, 반칙(反則).

▶ 그는 오프사이드 반칙으로 경고(警告)를 받았다.

▶ 오프사이드 규정(規定)에 대해 확실하게 알려 주세요.

오프셋^인쇄offset印刷 /옵셋 정밀한 판을 빠르게 인쇄하는 기법(技法)의 하나.

▶ 대량(大量)의 컬러(color) 인쇄는 오프셋인쇄가 나아요.

▶ 오프셋인쇄는 거친 종이에도 선명(鮮明)하게 나와서 좋아요.

***오픈**open 열다. 시작하다. 개점(開店)하다.

▶ 백화점(百貨店)을 짓고 있던데 언제 오픈하는지 알아요?

▶ 이런 날씨에는 오픈카를 타고 어디든지 가고 싶어.

▶ 이 커피숍(coffee shop)은 몇 시부터 오픈해요?

▷ 오픈^게임(open+game) : 연습 경기(競技), 비공식(非公式) 경기(競技).

오픈^세트

　▷ 오픈^블로우(open blow) : 권투 경기에서, 손바닥 쪽으로 상대편을 치는 반칙(反則).

　▷ 오픈^카(open car) : 지붕이 없거나 열리는 자동차.

　▷ 오픈^코스(open course) : 경기 코스에 규제(規制)가 없는 것.

　▷ 오픈^토너먼트(open tournament) : 참가 자격에 제한(制限)이 없는 토너먼트 경기.

오픈^세트open set [오픈쎄트]　영화(映畫), 드라마(drama) 등에서 사용하는 촬영(撮影)용 세트.

　▶ 촬영 전에 오픈 세트 점검부터 하지요.

　▶ 오늘 촬영은 대부분 오픈 세트에서 합니다.

오피OP　군(軍)의 관측소(觀測所).

　▶ '도라산' OP에 가본 적 있어요?

　▶ 그는 최전방(最前方) OP를 방문하여 군인들을 격려(激勵)했다.

　▷ Observation Post.

오피스^텔office-tel　주거(住居)가 가능한 사무실(事務室)용 건물.

　▶ 항상 퇴근이 늦으니까 회사 근처에 오피스텔을 구해야겠어.

　▶ 서울에는 살만한 오피스텔이 많이 있을 거야.

　▷ office+hotel.

옥타브octave　음악(音樂)에서의 8도 음정(音程).

　▶ 한 옥타브만 높여서 불러봐.

　▶ 이것도 높은데 어떻게 옥타브를 더 높여?

옥탄octane　무색(無色) 액체(液體) 탄화수소.

　▶ 옥탄은 상온(常溫)에서 무색의 액체 상태이다.

　▶ 옥탄 부스터(booster)를 차에 달면 연비(燃費)가 좋아지려나?

　▷ 옥탄^가(octane價) : 가솔린(gasoline) 연료의 균질(均質)한 폭발력(爆發力)을 결정하는 값. 옥탄값.

온^더^레코드on the record　기록(記錄), 보도(報道)가 가능한 정보 ↔ 오프 더 레코드

　▶ 새로운 정책(政策)에 대해 온 더 레코드로 발표를 할 예정이다.

　▶ 온 더 레코드가 발표되자 기자들은 기사(記事) 내용을 재빠르게 정리했다.

온^더^마크on the mark　경주(競走)에서의 출발 신호.

　▶ 온 더 마크를 외치자 모든 선수들이 출발선(出發線)에 섰다.

▶ 너무 긴장(緊張)한 탓인지 온 더 마크를 외치는 소리도 듣지 못했다.

▷ 온 유어 마크

온라인on-line [올라인] /[온나인] 통신(通信)이 연결된 상태. 작동(作動) 상태.

▶ 그 사람은 온라인에서 만났을 뿐 실제로 본 적은 없어요.

▶ 온라인 뱅킹을 이용하면 주말에도 수수료(手數料) 없이 송금(送金)을 할 수 있어.

▷ 온라인 뱅킹 시스템(on-line banking system) : 온라인상에서 은행 거래 업무를 볼 수 있게 한 시스템.

온스ounce [온쓰] 중량(重量) 단위의 하나.

▶ 중량이 온스로 표기(表記)되어 있어서 잘 모르겠어요.

▶ 1온스는 약 28.4 그램이에요.

*올드(하다)old 낡은, 늙은, 오래 된 것.

▶ 너 오늘 스타일(style)이 왜 이렇게 올드하냐?

▶ 난 올드한 스타일이 편하고 좋아.

▶ 그래서 올드미스만 좋아하는 건가?

▶ 올드미스라니! 이젠 골드미스(gold+miss)로 불러 주셔.

▷ 올드^미스(old+miss) : 혼기(婚期)를 놓친 처녀.

올라운드^플레이어all-round player 어떤 영역(領域)이든지 모두 다 잘하는 사람.

▶ 올라운드 플레이어가 되겠다는 건 욕심이야.

▶ 그래도 난 올라운드 플레이어가 되고 싶은 걸.

*올레ole Esp 잘한다! 스페인(Spain) 투우사(鬪牛士)의 감탄사(感歎詞).

▶ '올레'가 무슨 뜻인데 다들 '올레'를 외치고 다니지요?

▶ '올레'는 '잘한다!'라는 뜻인데, 한국 사람들은 신나고 좋은 일이 있을 때 이 말을 사용하기도 해요.

올리브olive 물푸레나뭇과의 나무 또는 그 열매.

▶ 올리브의 맛은 참 매력적(魅力的)이야.

▶ 식용유보다는 올리브유가 건강에 좋아요.

▷ 올리브^유(olive油) : 올리브 열매에서 채취(採取)한 식용 기름.

올림피아드Olympiad 주기적(週期的)으로 열리는 각종(各種) 대회. 올림픽(Olympic) 경기(競技).

▶ 저는 어렸을 때 수학 올림피아드에서 금상(金賞)을 받았어요.

▶ 국제 올림피아드에서 선수들의 성적이 저조(低調)했던 이유가 뭘까요?

올림픽

올림픽Olympic 4년 주기(週期)로 열리는 세계 운동 경기(競技) 축전(祝典).
- ▶ 올림픽의 꽃은 마라톤(marathon)이지요.
- ▶ 2018년에 있을 평창 동계(冬季)올림픽이 기대돼요.
- ▷ 올림픽^선수촌(Olympic選手村) : 올림픽 대회 참가 선수와 임원들을 위한 숙소(宿所).

올스타all star 어떤 종목(種目)의 분야별(分野別) 우수(優秀) 선수.
- ▶ 올스타 선발전(選拔戰)이 열린다고 하는데, 이번엔 누가 올스타가 될까?
- ▶ 그는 작년에 이어서 올해에도 올스타로 뽑혔어요.

옴니버스omnibus [옴니버쓰] 서로 다른 여러 개를 한 주제(主題) 안에 모은 것. 이야기.
- ▶ 이 소설(小說)은 옴니버스식(式) 구성(構成)을 취하고 있다.
- ▶ 그가 이번에 선보인 영화(映畵)는 옴니버스 영화입니다.

옵션option 자유(自由) 선택(選擇) 사항(事項).
- ▶ 부모님께 자동차를 선물하려고 하는데 어떤 옵션이 좋을까요?
- ▶ 이번 여행에서 수목원(樹木園) 방문은 옵션입니다.

옵티미즘optimism 낙천주의(樂天主義). 낙관론(樂觀論).
- ▶ 넌 마치 옵티미즘 정신으로 똘똘 무장한 사람 같아.
- ▶ 나도 원래부터 옵티미스트는 아니었어.
- ▷ 옵티미스트(optimist) : 낙천주의자. 낙관주의자.

*옵티컬optical /옵티칼 광학(光學)의
- ▶ 이번에 최신형(最新型) '옵티컬' 마우스(mouse)로 바꿨어요.
- ▶ 요즘 들어 '옵티컬' 디자인(design)이 인기(人氣)가 좋네요.

옹스트롬angstrom 길이 단위의 하나. [Å].
- ▶ 옹스트롬 단위는 언제 사용해?
- ▶ 빛의 파장(波長)이나, 원자(原子) 사이의 거리를 재는 데 사용해.

와사비わさび [Jap] 고추냉이.
- ▶ 간장에 와사비를 적당히 넣으면 맛있는 소스(sauce)가 돼요.
- ▶ 와사비를 너무 많이 넣었나 봐요. 매워서 눈물이 나요.

와이Y/y 영어 알파벳의 스물다섯 번째 글자.
- ▶ 알파벳은 에이, 비, 시, 디, 이, 에프, 지, 에이치, 아이, 제이, 케이, 엘, 엠, 엔, 오, 피, 큐, 아르, 에스, 티, 유, 브이, 더블유, 엑스, 와이, 지(제트)이다.
- ▷ 에이(A/a), 비(B/b), 시([씨]C/c), 디(D/d), 이(E/e), 에프(F/f), 지(G/g), 에이치(H/h),

아이(I/i), 제이(J/j), 케이(K/k), 엘(L/l), 엠(M/m), 엔(N/n), 오(O/o), 피(P/p), 큐(Q/q), 아르[[알]R/r], 에스[[에쓰]S/s], 티(T/t), 유(U/u), 브이(V/v), 더블유(/[떠블류]W/w), 엑스(X/x), 와이(Y/y), 지(제트Z/z).

와이더블유시에이YWCA [와이더블유씨에이] 기독교(基督敎) 여성회(女性會).
- ▶ YWCA에서 하는 일이 뭐야?
- ▶ 사회를 위한 봉사활동(奉仕活動)도 하고, 여성을 위한 행사도 많이 해요.
- ▷ Young Women's Christian Association.

와이드^스크린wide screen 보통 크기보다 큰 대형(大型) 스크린.
- ▶ 와이드 스크린을 설치해야겠어요.
- ▶ 항상 영화를 보는 것도 아닌데 와이드 스크린이 왜 필요해?

와이셔츠white+shirts /[와이샤쓰] 남성용 드레스(dress) 셔츠(shirts).
- ▶ 와이셔츠와 넥타이(necktie)의 색깔이 참 잘 어울린다.
- ▶ 너무 늦게 일어나는 바람에 와이셔츠를 다려 입지 못했어요.

와이어wire /[와이애] 철사(鐵絲), 전선(電線). 줄.
- ▶ 와이어가 끊어지지 않도록 잘 연결해 주세요.
- ▶ 와이어에 매달리는 액션(action) 연기(演技)는 연습을 많이 해야 할 수 있어.

와이어^로프wire rope 쇠줄.
- ▶ 와이어로프로 연결된 부분이 위험해 보이네요.
- ▶ 와이어(로프)는 쉽게 끊어지지 않아요.

와이엠시에이YMCA [와이엠씨에이] 기독교(基督敎) 청년회(靑年會).
- ▶ YMCA회관이 어디에 있나요?
- ▶ YMCA에서 자전거로 국토(國土)를 순례(巡禮)하는 행사를 열었다.
- ▷ Young Men's Christian Association.

와이^염색체Y染色體 남성 성염색체(性染色體).
- ▶ X염색체는 여성의 성염색체이고 Y염색체는 남성의 성염색체이다.
- ▶ Y염색체는 아버지에게서 아들에게 유전된다.

와이^축Y軸 좌표(座標)의 세로 축 ↔ 엑스축(X軸).
- ▶ 좌표에 X축과 Y축을 그리세요.
- ▶ 이 좌표에서 Y축은 무엇을 나타내나요?
- ▷ 와이^좌표(Y座標).

***와이파이**Wi-fi 무선(無線) 인터넷(internet) 접속(接續) 방식의 하나.

와이퍼

> ▶ 여기에서도 와이파이에 접속할 수 있나요?
> ▶ 아니요, 여기는 와이파이존(zone)이 아니라서 안 될 거예요

와이퍼wiper　자동차 앞 유리를 닦는 장치(裝置).
> ▶ 와이퍼가 갑자기 작동(作動)이 안 돼요
> ▶ 비 올 때 차량(車輛)의 와이퍼가 고장 나면 큰일이지요

*와이프wife　아내. 처(妻).
> ▶ 이 사람이 제 와이프입니다.
> ▶ 와이프가 기다려서 일찍 가야 해요

와인wine　포도주(葡萄酒).
> ▶ 와인 한잔 하시겠어요?
> ▶ 와인에는 어떤 안주가 어울리지요?
> ▷ 와인글라스(wineglass) : 포도주 술잔.

와인드업windup　야구 경기(競技)에서, 투수의 투구(投球) 예비(豫備) 동작(動作).
> ▶ 올바른 와인드업 자세를 알려주세요
> ▶ 제가 편한 대로 와인드업 자세를 취해도 되나요?

*와일드(하다)wild　야생(野生)의, 거칠다, 사납다.
> ▶ 그 사람 얌전한 줄 알았는데 생각보다 와일드하네요
> ▶ 와일드한 성격이 그 사람 매력(魅力)이에요

와일드^카드wild card　컴퓨터(computer)에서 임의(任意)로 사용 가능한 특수 문자 '만능패(萬能霸)', 성적에 관계없이 주최자(主催者)의 권한(權限)으로 경기(競技)에 참가하는 팀(team).
> ▶ 파일(file)의 이름을 정확히 모를 때에는 와일드카드를 쓰면 쉽게 찾을 수 있어요
> ▶ 그는 두 번이나 와일드카드로 살아남았다.
> ▶ 와일드카드를 써서라도 이 팀(team)을 본선에 나가게 해야 해요

와트watt　전력(電力)의 단위. [W].
> ▶ 모든 전자제품에는 와트가 표시되어 있어요
> ▶ '와트'라는 명칭(名稱)은 증기기관(蒸氣機關)의 발명자 '와트(Watt)'에서 따왔다.

와플waffle　밀가루로 만든 케이크(cake)의 하나.
> ▶ 출출한데 와플 파는 곳 없나?
> ▶ 제 와플에는 생크림(生cream)을 듬뿍 발라 주세요

왁스wax   밀랍(蜜蠟), 윤기(潤氣)를 내는 약(藥).

▶ 스키(ski)에 바르는 왁스 있어?

▶ 아니, 난 머리에 바르는 왁스밖에 없는데.

▷ 왁싱(waxing) : 머리에 왁스를 바르는 것.

***왁싱**waxing   제모(際毛)하는 것.

▶ 여름이 되니 많은 여자들이 '왁싱'에 관심을 가졌다.

▶ '왁싱'을 잘할 수 있는 방법을 아세요?

왈츠waltz   경쾌한 춤곡(曲)의 하나.

▶ 경쾌한 왈츠 음악에 맞추어 춤을 추었다.

▶ 난 왈츠보다 신나는 디스코(disco)가 좋아.

요가yoga   인도(India)에서 유래(由來)된 심신(心身) 단련법.

▶ 요가를 좋아하는 이유가 뭐야?

▶ 요가를 하면 살을 뺄 수 있거든.

요구르트yoghurt /요거트 /[야쿠르트] 동물의 젖을 발효(醱酵)시켜 만든 제품(製品)의 하나.

▶ 요구르트 아이스크림(ice cream) 먹을래?

▶ 아침마다 요구르트를 배달해 주세요.

요들yodel   스위스(Swiss)·오스트리아(Austria)의 산악(山岳) 지방의 민요(民謠) 또는 그 창법(唱法).

▶ 요들송을 진짜 잘 부르는 사람을 봤어요.

▶ 스위스에서 온 사람이라고 요들송을 다 잘 부르는 건 아니야.

▷ 요들송(yodel^song) : 요들 노래.

요오드iodine   물감·소독(消毒)·의약(醫藥) 제품(製品)으로 쓰이는 할로겐족(Halogen 族) 원소(元素)의 하나.

▶ 요오드가 많이 함유(含有)된 음식을 드세요.

▶ 방사선(放射線) 때문에 사람들이 요오드가 들어간 음식을 찾고 있어요.

요요yoyo[1]   던지면 되돌아오는 장난감의 하나.

▶ 저는 어릴 때 하루 종일 요요를 가지고 놀았어요.

요요yoyo[2]   다이어트(diet) 성공 후에 다시 살이 찌는 현상.

▶ 요요현상이 없는 다이어트 방법을 알고 싶어요.

***요지**ようじ   Jap   이쑤시개.

요타

　▶ 포크(fork)가 없으면 요지로 찍어 먹을게요

　▶ 요지를 너무 많이 사용하면 잇몸에 좋지 않대요

*요타theta /이요타　**Gre**　그리스(Greece) 자모(字母)의 아홉 번째 문자(文字) → 그리스

문자.

　▷ A/α알파, B/β베타, Γ/γ감마, Δ/δ델타, E/ε엡실론, Z/ζ제타, H/η에타, Θ/θ세

타, I/ι요타, K/κ카파, Λ/λ람다, M/μ뮤, N/ν뉴, Ξ/ξ크시/크사이, O/o오미크

론, Π/π파이, P/ρ로, Σ/σ시그마, T/τ타우, Y/υ입실론, Φ/φ피, X/χ키, Ψ/ψ프

시/프사이, Ω/ω오메가.

요트yacht　뱃놀이 · 경주(競走)용 서양식(西洋式)의 범선(帆船).

　▶ 이번 휴가 때에는 요트 여행을 떠나자.

　▶ 침실이 갖추어진 비싼 요트였으면 좋겠다.

요크셔(종)Yorkshire(種)　애완견(愛玩犬) 개 또는 돼지의 한 품종(品種).

　▶ 우리 개는 요크셔종이야.

　▶ 털을 깎아 놓으니 요크셔처럼 안 보여요.

우동うどん　**Jap**　일본식(日本式) 가락국수.

　▶ 춥고 배고픈데 저기서 우동이라도 먹고 가죠?

　▶ 이 우동은 국물 맛이 정말 끝내주네요

*우드wood　나무 재료. 제품(製品)에 쓰인 나무.

　▶ 우드 재질(材質)의 책장(冊欌)을 들여 놓았어요

　▶ 우드 재질은 싫증이 나지 않아서 좋아요

우라늄uranium　원자력(原子力)의 발생에 이용되는 방사성(放射性) 원소(元素)의 하나.

　▶ 1톤(ton)의 우라늄이 매장(埋藏)되어 있다는 곳이 어디야?

　▶ 우라늄은 땅과 물을 오염(汚染)시켜요

우랄알타이^어족Ural-Altai語族　우랄, 알타이 산맥(山脈) 지역의 언어(言語) 족(族). 세

계 어족의 하나.

　▶ 한국어도 우랄알타이어족에 속하나요?

　▶ 한국어는 언어 유형(類型)으로는 우랄알타이어족에 속하는 것으로 보기도 해요

우레탄urethane　접착제(接着劑) · 방음재(防音材)로 주로 사용하는 인조(人造) 고무의

일종. 우레탄 수지(樹脂).

　▶ 바닥에 우레탄을 깔아서 푹신푹신해.

　▶ 우레탄도 방수(防水)가 되나요?

*우먼woman   여자, 여성.

　▶ 요즘에는 어디서나 우먼파워가 대단해요

　▶ 그녀는 스턴트^우먼으로 이름을 날렸다.

　▷ 우먼^파워(womanpower) : 여성의 힘.

　▷ 스턴트우먼(stunt woman) : 여성 스턴트 연기자.

우쿨렐레ukulele /[우크렐레] /[우쿠렐레]   음색(音色)이 경쾌(輕快)한 하와이안(Hawaiian) 기타(guitar).

　▶ 이 악기는 이름이 뭐야?

　▶ 이게 바로 하와이안 기타 '우쿨렐레'야.

우파니샤드Upanisad [Lat]   힌두교(Hindu敎)의 성전(聖典).

　▶ 우파니샤드는 내용이 매우 많고 어렵대요.

　▶ 우파니샤드를 쉽게 풀어서 설명한 책도 있어요.

울wool   양, 산양(山羊), 알파카(alpaca) 등에서 얻은 털.

　▶ 이 옷은 울 소재라 아주 부드러워요

　▶ 여기 품질을 보증(保證)하는 울마크도 붙어 있네요.

　▷ 울^마크(wool mark) : 울 품질 보증 마크.

움라우트Umlaut [Ger]   모음(母音)변이(變異), 변모음(變母音). 예를 들어서 독일어(獨逸語) /a/의 움라우트인 경우 /ä/로 표시함.

　▶ 움라우트는 독일어에서 많이 쓰이는 기호(記號)야.

　▶ 그는 오래 전부터 움라우트 현상에 대해서 연구하고 있어요

*워war   전쟁(戰爭). 싸움.

　▶ 영화 '워'는 전쟁을 다룬 영화(映畵)인가요?

　▶ 제목이 '워'인 걸 보니 전쟁을 다룬 것 같은데요

워드word   단어(單語), 낱말. 컴퓨터(computer)용 문서 작성(作成) 프로그램(program).

　▶ 단어를 빨리 외우기 위해 워드게임(game)을 하는 것도 좋아.

　▶ 워드 프로그램을 사용할 줄 알아요?

　▷ 워드 프로세서(word processor).

워밍업warming-up   운동 경기(競技) 전에 하는 준비운동(準備運動).

　▶ 워밍업부터 하고 시작합시다.

　▶ 아직 워밍업 단계(段階)일 뿐이에요.

워커walker   군용(軍用) 전투화(戰鬪靴). 보행자(步行者).

워크숍

> ▸ 워커를 신은 군인(軍人)들이 지나갔다.

> ▸ 그가 신은 워커는 반짝반짝 빛이 날 정도로 깨끗했다.

워크숍workshop 연구회(研究會) 또는 세미나(seminar).

> ▸ 이번 워크숍에서 그동안 써 왔던 논문(論文)을 발표하려고 해요.

> ▸ 다음 워크숍에 교수님은 모두 몇 분이나 참석(參席)하실까요?

워크스테이션workstation 다기능(多技能) 컴퓨터(computer).

> ▸ 워크스테이션은 개인이 사용하는 컴퓨터와 뭐가 달라요?

> ▸ 워크스테이션은 일반적인 PC보다 고성능이에요.

워크^아웃work out 개인 파산(破産) 또는 그룹(group) 내의 기업 퇴출(退出). 동맹파업
　(同盟罷業).

> ▸ 빚이 많아서 워크아웃을 신청하려고 해요.

> ▸ 그는 방만(放漫)한 경영(經營)으로 결국 회사를 워크아웃에 이르게 했다.

> ▸ 우리 직원들도 어쩔 수 없이 결국 워크아웃을 하기에 이르렀다.

워키토키walkie-talkie 휴대(携帶)용 소형(小形) 무선(無線) 송수신기.

> ▸ 워키토키로 통화(通話)할 수 있는 거리가 더욱 길어졌어요.

> ▸ 스마트폰(smart phone) 어플(application) 중에는 워키토키 어플도 있어.

워킹^홀리데이working holiday 해외여행(海外旅行) 중에 아르바이트(Arbeit)를 하는 것.

> ▸ 그는 워킹 홀리데이로 호주(濠洲)에 갔어요.

> ▸ 워킹 홀리데이는 나이에 제한(制限)이 있으니 서두르세요.

*****워터**water 물.

> ▸ 워터파크(park)로 물놀이 가자.

> ▸ 비타민(vitamin) 워터에는 비타민이 얼마나 들어 있을까?

*****워터^프루프**waterproof 방수(防水).

> ▸ 수영장에 갈 때는 워터프루프 시계로 바꿔 차야지.

> ▸ 이 화장품은 워터프루프 기능(機能)이 있어요.

*****원**one 첫 번째, 첫째, 하나.

> ▸ 마이크(mike) 테스트(test) 중입니다. 원 투(two) 쓰리(three).

> ▸ 마트(mart)에서는 '원 플러스 원' 제품이 인기지요.

> ▷ 원^플러스^원(one plus one) : 하나를 사면 하나를 덤으로 주는 것.

> ▷ 제로(zero), 원(one), 투(two), 쓰리(three), 포(four), 파이브(five), 식스(six[씩쓰]), 세
　　븐(seven[쎄븐]), 에이트(eight/에잇), 나인(nine), 텐(ten).

***원더^보이**wonder^boy 경기(競技)력이 아주 훌륭한 선수의 별칭(別稱).
  ▶ 이번 경기(競技)는 그가 한국의 원더보이임을 증명(證明)해 주었다.
  ▶ 그는 원더보이라는 찬사(讚辭)를 받았다.
***원더우먼**wonder woman 초능력(超能力)을 가진 여자. 만화(漫畫) 캐릭터(character)의
  하나.
  ▶ 아이도 키우고 일도 하다니 넌 정말 원더우먼이야.
  ▶ 모든 엄마는 다 원더우먼인 것 같아요.
***원더풀**wonderful 훌륭한, 좋은.
  ▶ 이번 프로젝트(project) 기획안(企劃案)은 아주 원더풀이야!
  ▶ 제품명(製品名)이 '원더풀'이라니까 한번 사보게 되더라고요.
원룸one-room 방 하나짜리 거주(居住) 공간(空間).
  ▶ 혼자 살기 좋은 원룸이네요.
  ▶ 이사(移徙)를 하려는데 원룸이 좋을까요? 오피스텔(office hotel)이 좋을까요?
원맨^쇼one-man show /[원맨쑈] 혼자 진행(進行)하는 쇼.
  ▶ 그의 원맨쇼는 첫 회부터 인기(人氣)를 얻었다.
  ▶ 그녀는 코믹(comic)연기에서부터 눈물연기까지 원맨쇼를 펼치며 사람들에게
    즐거움을 선사(膳賜)했다.
원사이드^게임one-sided game /[원싸이드 께임] 실력 차이로 인해 한쪽이 일방적(一方
  的)으로 승리(勝利)하는 게임.
  ▶ 원사이드 게임으로 지지 않은 것만 해도 다행이에요.
  ▶ 시간이 지나도 원사이드 게임으로 진 아픔은 쉽게 가시지 않는다.
***원샷**one shot 나누지 않고 한 번에.
  ▶ 술을 원샷으로 마시면 건강에 안 좋을 거예요.
  ▶ 난 한 번에 한 사람만 만나. 원샷원킬이라고나 할까?
  ▷ 원^샷 원^킬(one shot one kill) : 한 번에 하나씩만 한다는 의미.
원피스one-piece [원피쓰] 상의(上衣)와 하의(下衣)가 나누어지지 않은 여성용 드레스
  (dress).
  ▶ 하늘색 원피스를 입은 그녀가 나타났다.
  ▶ 여름에는 역시 원피스를 입어야 시원해요.
***월드**world 세계(世界), 세계적인.
  ▶ 그는 이제 월드스타(star)가 되었다.

▶ 그는 월드스타를 꿈꾸는 많은 어린이들에게 희망(希望)을 주었다.

▷ 월드스타(world^star) : 세계적인 스타.

월드^와이드^웹 World Wide Web 인터넷(internet) 정보(情報) 검색(檢索) 서비스(service).

▶ 월드와이드웹은 세계 최초의 웹브라우저야.

▶ 국제(國際) 월드와이드웹 회의(會議)가 올해에는 어느 나라에서 열리죠?

▷ 웹 브라우저(web browser) : 웹 서비스 이용 프로그램(program).

▷ 웹(web), www.

월드컵World Cup 4년마다 열리는 국가(國家) 대항(對抗) 축구 대회, 국제 선수권(選手權).

▶ 이번 월드컵에서는 어느 나라가 우승(優勝)할 것 같아요?

▶ 이 선수들이 2018년 ○○월드컵에 나갈 대표선수들입니다.

월리스^선 Wallace線 아시아(Asia) 주(州)와 오스트레일리아(Australia) 주를 구분하는 동물 분포학상(分包學上)의 경계선(境界線).

▶ 그 섬은 월리스선이 통과하는 곳에 위치해 있어요.

▶ 월리스선을 경계로 해서 동쪽에 있는 섬들은 어떤 특징이 있나요?

*__월풀__whirlpool 거품목욕 또는 그 욕조(浴槽).

▶ 이 펜션(pension)은 테라스(terrace)에 월풀도 마련되어 있어요.

▶ 아! 피곤하다. 월풀에서 거품목욕을 하고 싶어.

*__웨딩__wedding 결혼, 결혼식(結婚式).

▶ 네가 웨딩드레스 입은 모습을 빨리 보고 싶어.

▶ 이번 웨딩을 맡게 된 웨딩플래너입니다. 반갑습니다.

▶ 웨딩마치가 울리는 순간 신부의 아버지의 눈가에 눈물이 맺혔다.

▷ 웨딩^드레스(wedding dress) : 신부의 결혼 드레스.

▷ 웨딩^플래너(wedding planner) : 결혼식을 준비하고 진행(進行)해 주는 사람.

▷ 웨딩^마치(wedding march) : 결혼식에서 울려 퍼지는 노래.

*__웨스턴__western 서쪽의, 서양(西洋)의.

▶ 웨스턴 스타일(style)의 부츠(boots)를 샀어.

▶ 웨스턴에 위치한 도시(都市)들을 먼저 가자.

웨스턴^그립western grip 테니스(tennis)나 배드민턴(badminton) 경기(競技)에서 라켓(racket)을 쥐는 방법의 하나.

▶ 레슨(lesson)을 받고 나서 웨스턴그립을 제대로 사용하게 되었어요.

▶ 이스턴(eastern)그립과 웨스턴그립의 차이가 뭐야?

웨이브wave[1] 물결처럼 굽어져 있는 상태(狀態) 또는 몸을 물결치듯 움직이는 것, 춤의 한 동작.
  ▶ 머리에 자연스럽게 웨이브를 넣으려고 하는데 어떤 파마(permanent)가 좋을까?
  ▶ 오늘 무대에서 웨이브 한번 보여 주세요.
  ▶ 저는 뻣뻣해서 웨이브는 안 돼요.

웨이브wave[2] 물결 또는 전파(電波)의 파동(波動).
  ▶ 환자의 심장(心臟) 박동(搏動) 곡선이 갑자기 웨이브 파동으로 바뀌었다.
  ▶ 전자레인지(電子range)는 미세(微細)한 파동을 이용해서 조리하는 기계를 말해. 그래서 마이크로^웨이브라고 하는 거야.
  ▷ 마이크로웨이브(microwave) : 전자파를 이용한 조리(調理) 기구의 하나. 전자레인지.

웨이스트waist 사람, 의복(衣服)의 허리 부분 또는 물건의 중앙(中央)부.
  ▶ 허리선이 높아진 하이웨이스트 스커트(skirt)가 유행(流行)이에요.
  ▶ 저 건물의 웨이스트라인(line)은 정말 멋지지 않니?
  ▷ 하이^웨이스트(high waist) : 허리선이 높게 위치한 스커트의 한 형식.

웨이터waiter /[웨이타] 호텔(hotel) · 식당 등에서 주문(注文)을 받는 남자 종업원(從業員).
  ▶ 웨이터, 여기 주문 좀 받아요.
  ▶ 그 웨이터는 친절해서 팁(tip)을 많이 받는대요.

웨이트리스waitress [웨이트리쓰] 호텔(hotel) · 식당 · 술집에서 주문(注文)을 받는 여자 종업원(從業員).
  ▶ 제가 일하는 호텔에서 웨이터(waiter)와 웨이트리스를 구해요.
  ▶ 여기서 웨이트리스로 일한 지 3년이나 되었어요.

웨이트^트레이닝weight training 근육(筋肉) 강화(强化) 운동.
  ▶ 유산소 운동보다 웨이트트레이닝을 해봐.
  ▶ 웨이트트레이닝은 전문 트레이너(trainer)의 지도를 받는 게 좋아.

웨이퍼wafer /웨하스 크림(cream)이나 초콜릿(chocolate)을 넣은 과자의 일종.
  ▶ 웨하스가 웨이퍼야?
  ▶ 맞아. 원래는 웨이퍼가 맞는데 일본식 발음이 아직 남아서 '웨하스'라고 흔히 말하는 거야.

***웨지^힐**wedge^heel [웻찌힐] 브이(V)자 모양의 여성(女性)용 통굽 신발.
  ▶ 웨지힐은 하이힐(high heel)보다 발이 편한가요?

웰터^급

> ▸ 웨지힐은 통굽이라서 하이힐보다는 편해요.

***웨하스**wafer [웨하쓰] → 웨이퍼.

***웰빙**well-being 질 높은 삶을 추구하는 것. 참살이.

> ▸ 요즘은 먹는 것 입는 것 모두 다 웰빙이 대세(大勢)예요.
>
> ▸ 웰빙은 건강하고 행복하게 살기 위한 노력이라고 할 수 있지요.

웰터^급welter級 권투(拳鬪), 레슬링(wrestling) 등의 경기(競技)에서 쓰는 체중의 등급 (等級).

> ▸ 그는 웰터급 최고의 파이터(fighter)로 이름을 떨쳤다.
>
> ▸ 이번에 웰터급 챔피언(champion)으로 등극한 사람이 누구죠?

웹web 인터넷(internet) 정보(情報) 검색(檢索) 서비스(service). www → 월드와이드웹.

> ▸ 웹 브라우저에서 파일(file)이 안 열려요.
>
> ▸ 웹 서버를 구축(構築)하려고 하는데 도와줄 수 있어?
>
> ▹ 웹 브라우저(web browser) : 웹 서비스(service) 이용 프로그램(program).
>
> ▹ 웹 서버(web server) : 웹 서비스 환경 구축용 소프트웨어(software).

위구르Uigur 투르크(Turk) 몽골(Mongolia)계 유목민족(遊牧民族).

> ▸ 위구르인들이 남긴 유물(遺物)을 보고 싶어.
>
> ▸ 그는 위구르의 역사(歷史)를 한국어로 번역(飜譯)하는 일을 하고 있어요.
>
> ▹ 위구르 문자(Uighur文字) : 9세기경부터 위구르 족이 사용했던 문자.

위스키whisky 알코올(alcohol) 함유(含有)량이 높은 술의 일종.

> ▸ 잠이 안 와서 위스키를 한잔 했어.
>
> ▸ 비싼 위스키라도 보관을 잘해야 맛이 좋아요.

***위키리크스**WikiLeaks [위키리크쓰] /위키리스크 익명(匿名)의 정보(情報) 제공자(提供者) 를 통하거나 자체(自體) 수집(收集)된 비밀(秘密) 정보를 공개하는 국제적(國際的) 인 비영리(非營利)기관(機關).

> ▸ 위키리크스를 통해서 밝혀졌다는 정보가 뭐야?
>
> ▸ 위키리크스에서는 어떤 사람들이 일할까요?

***위키^백과**Wiki百科 전 세계 여러 언어로 만들어 나가는 자유(自由) 백과사전(百科辭 典). 위키피디아(wikipedia).

> ▸ 이거 정확한 정보야?
>
> ▸ 글쎄, 나도 위키백과에서 본 거야.

위트wit 재치(才致), 유머(humor).

▶ 그 사람의 위트 있는 입담에 시간가는 줄을 몰랐어요.

▶ 위트 있는 사람이 되려면 책을 많이 봐야 해.

***윈**win 승리(勝利). 이기다.

▶ 네가 이겼다. 유^윈(you win)!

▶ 요즘에는 자신만의 '윈'을 추구(追求)해서는 성공할 수 없어요.

▶ '윈윈' 전략(戰略)에 대해 말하고 싶은 거죠?

▷ 윈^윈(win win) : 경쟁자(競爭者)들이 모두 만족하는 결과를 얻는 것.

***윈도**window[1] /윈도우 창문(窓門).

▶ 아무래도 내 차 윈도가 고장 난 것 같아.

▶ 저쪽 윈도 앞에 앉은 사람 보여?

***윈도우**window[2] /윈도 컴퓨터(computer) 프로그램(program)의 화면(畵面). 창(窓).

▶ 컴퓨터를 켜도 윈도우 화면이 뜨지 않아요.

▶ 윈도우 프로그램은 간혹 그렇게 말썽을 부릴 때가 있어요.

윈도^쇼핑window-shopping /[윈도쑈핑] /윈도우쇼핑 물건을 사지 않고 눈으로만 구경하는 것. 아이(eye)쇼핑.

▶ 심심한데 아이쇼핑이나 할까?

▶ 아이쇼핑이 뭐냐? 영어로는 윈도쇼핑이라고 하는 거야.

▶ 한국에서는 모두 아이쇼핑이라고 하거든!

▷ 아이^쇼핑(eye-shopping).

윈드^서핑windsurfing [윈드써핑] 돛을 단 판(板)으로 파도를 타는 수상(水上) 스포츠(sports).

▶ 윈드서핑하러 갈래?

▶ 난 윈드서핑은 무서워. 그냥 바나나(banana)보트(boat)나 타자.

***윈윈**win-win 경쟁자(競爭者)들이 모두 만족하는 결과를 얻음.

▶ 이번 프로젝트(project)에서는 다행히 모두가 윈윈할 수 있었어요.

▶ 윈윈 전략(戰略)을 추구(追求)하니까 일이 더 잘되는 것 같아.

윈치winch 밧줄이나 쇠사슬로 무거운 물건을 움직이는 기계의 총칭(總稱).

▶ 수동식 윈치로 쌀 한 가마니를 들어 올릴 수 있을까?

▶ 윈치를 구입하려고 해도 값이 너무 비싸서 망설여져요.

윌리윌리willy-willy 태풍(颱風), 허리케인(hurricane)과 같은 열대성(熱帶性) 저기압(低氣壓).

▶ 윌리윌리는 태풍이나 허리케인보다는 발생 횟수가 적은 편이야.

윙

 ▸ 윌리윌리는 보통 오스트레일리아(Australia)에서 발생해서 남서쪽으로 진행한다.

*윙wing¹ 닭 날개 요리.

 ▸ 치킨(chicken)을 시키려고 하는데, 윙으로 주문할까?

 ▸ 난 윙보다는 '닭가슴살'이 더 좋은데.

윙wing² 날개처럼 생긴 것들의 통칭.

 ▸ 그는 국가대표 축구팀(team)의 레프트윙으로 이름을 날렸다.

 ▸ 저 건물의 처마는 마치 윙을 달고 있는 것 같아.

 ▷ 레프트윙(left wing) : 축구에서, 좌측 공격 수.

윙크wink 한쪽 눈만 깜빡거리는 눈짓.

 ▸ 너 지금 누구한테 윙크한 거야?

 ▸ 윙크는 무슨, 눈에 뭐가 들어가서 그런 거야.

*유U/u 영어 알파벳의 스물한 번째 글자.

 ▸ 알파벳은 에이, 비, 시, 디, 이, 에프, 지, 에이치, 아이, 제이, 케이, 엘, 엠, 엔, 오, 피, 큐, 아르, 에스, 티, 유, 브이, 더블유, 엑스, 와이, 지(제트)이다.

 ▷ 에이(A/a), 비(B/b), 시([씨]C/c), 디(D/d), 이(E/e), 에프(F/f), 지(G/g), 에이치(H/h), 아이(I/i), 제이(J/j), 케이(K/k), 엘(L/l), 엠(M/m), 엔(N/n), 오(O/o), 피(P/p), 큐(Q/q), 아르([알]R/r), 에스[에쓰]S/s), 티(T/t), 유(U/u), 브이(V/v), 더블유(/[떠블류]W/w), 엑스(X/x), 와이(Y/y), 지(제트Z/z).

유네스코UNESCO 국제(國際) 연합(聯合) 교육(敎育) 과학(科學) 문화(文化) 기구(機構).

 ▸ 안동 하회마을이 유네스코에서 지정한 세계문화유산이라는 거 알았어?

 ▸ 아니. 나도 이제 우리나라 유네스코 문화유산에 대해 공부해야겠어.

 ▷ United Nations Educational, Scientific and Cultural Organization.

*유니버스universe [유니버쓰] /[유니벌쓰] 우주(宇宙), 만물(萬物).

 ▸ 올해는 미스(miss) 유니버스 대회가 어디에서 열리지?

 ▸ 우주, 만물의 의미인 유니버스라는 말은 언제 사용할까요?

유니버시아드Universiade 2년마다 열리는, 국제(國際) 학생(學生) 경기(競技) 대회(大會).

 ▸ 유니버시아드는 유니버시티(university)와 올림피아드(Olympiad)를 합친 말이야.

 ▸ 유니버시아드에 출전(出戰)하기 위해서 열심히 준비하고 있어요

 ▷ Unibersity+Olympiad.

*유니버시티university [유니버씨티] 종합대학교(綜合大學校).

 ▸ 유니버시티와 콜리지(collage)는 어떻게 달라요?

▶ 유니버시티는 종합대학을, 콜리지는 단과대학(單科大學)을 말해요.

유니세프UNICEF [유니쎄프] 국제(國際) 연합(聯合) 아동(兒童) 기금(基金).

▶ 나도 이제 유니세프를 통해서 기부(寄附)를 좀 하고 싶어.

▶ 유니세프 한국위원회(委員會)에 전화를 하면 방법을 알려줄 거야.

▷ United Nations International Children's Emergency Fund.

유니섹스unisex [유니쎅스] 남성 여성의 구분이 없는 패션(fashion) 스타일(style).

▶ 이 셔츠(shirts)는 유니섹스인가요?

▶ 아뇨 손님 이 상품(商品)이 유니섹스 상품입니다.

***유니언**union /유니온 결합(結合), 조합(組合), 동맹(同盟).

▶ 브로드웨이(Broadway)의 뮤지컬(musical) 배우 유니언은 규모가 엄청 크대.

▶ 유니언^숍(union shop) 제도(制度)가 뭐야?

▶ 유니언숍 제도란 입사(入社)하는 사람이 노조(勞組)에 가입하도록 하는 제도야.

유니언^잭 Union Jack 영국(英國)의 국기(國旗) 또는 별칭(別稱).

▶ 유니언잭이 프린트(print)된 티셔츠(T-shirts)네.

▶ 영국에 갔다가 기념으로 사 왔어. 근데 영국인들은 '유니온잭'으로 발음하던데.

***유니크(하다)**unique 매우 독특(獨特)한. 유일(唯一)한.

▶ 어떻게 하면 너처럼 유니크한 발상(發想)을 할 수 있어?

▶ 좀 더 유니크한 디자인(design)은 없을까?

유니폼uniform 운동복, 제복(制服).

▶ 넌 유니폼이 정말 잘 어울려.

▶ 야구 유니폼까지 샀으니 오늘은 꼭 경기(競技)를 보러 갈 거야.

***유닛**unit 계획(計劃)된 단위(單位).

▶ 오늘은 이 책의 유닛 10까지 공부하기로 하겠어요.

▶ 이렇게 만들면 이 유닛에 저 부품(部品)을 끼울 수가 없을 걸요?

유대^교 Judea敎 유대 민족(民族)의 종교(宗敎).

▶ 유대교와 기독교(基督敎) 간의 갈등(葛藤)은 언제쯤 끝이 날까?

▶ 나는 유대교들의 교육(敎育) 방식(方式)으로 아이를 키우고 싶어.

▷ 유대^인(Judea人) : 유태인. 이스라엘(Israel)인.

유디티UDT 해군(海軍) 특수부대(特殊部隊)의 하나. 수중파괴반(水中破壞班).

▶ UDT의 훈련 모습이 영상(映像)으로 공개되었다.

▶ 해병대(海兵隊)에 가야만 UDT 대원(隊員)이 될 수 있나요?

유라시아

   ▷ Underwater Demolition Team.

유라시아Eurasia　유럽(Europe)과 아시아(Asia)의 총칭(總稱).
>▸ 이번에는 유라시아 대륙(大陸)을 횡단(橫斷)하고 책을 쓸 거야.
>▸ 자동차로 유라시아 대륙을 건널 수 있을까?

유러^달러 Eurodollar　유럽(Europe)의 은행에 예치(預置)되어 있는 달러 자금(資金).
>▸ 유러달러가 급등(急騰)했다는 기사(記事) 봤어?
>▸ 유럽의 모든 은행들이 유러달러를 취급(取扱)하는 건 아니야.

유러^코뮤니즘 Euro-communism　서유럽(西Europe)의 독자적(獨自的)인 공산주의(共産主義) 노선(路線).
>▸ 유럽의 공산주의에 대해서 알고 싶으면 유러코뮤니즘을 공부해 봐.
>▸ 유로코뮤니즘을 주도(主導)했던 사람들은 누구야?

유럽Europe　세계 6 대주(大洲)의 하나. 유럽 주(洲).
>▸ 내 평생의 소원(所願)은 유럽의 모든 나라를 여행하는 거야.
>▸ 나도 유럽으로 배낭여행을 가고 싶어.
>▷ 유럽 연합(Europe聯合) : 유럽 국가(國家) 공동체(共同體). 이유(EU).

유로^화 Euro貨　유럽(Europe) 연합(聯合)의 화폐(貨幣).
>▸ 유럽 여행을 가려면 유로화로 환전(換錢)을 하세요.
>▸ 유럽이라면 달러(dollar)보다는 유로화가 낫지 않겠어요?

유머humor　농담(弄談). 해학(諧謔).
>▸ 난 유머가 있는 사람이 좋아.
>▸ 난 유머러스한 사람은 왠지 바람둥이 같아서 싫어.
>▷ 유머러스하다(humorous) : 익살스럽다. 재치(才致)가 있다.

유머레스크humoresque　경쾌(輕快)하고 유머러스(humorous)한 기악곡(器樂曲).
>▸ 유머레스크를 들으면 웃음이 나올까?
>▸ 드보르작(Dvorak)의 유머레스크가 유명하니까 직접 한번 들어 봐.

유^보트U-boat　세계대전(世界大戰) 때 사용했던 독일(獨逸)의 잠수함(潛水艦).
>▸ 유보트에 대해서 다룬 영화(映畵)가 있다던데 제목이 뭔지 알아?
>▸ '특전(特戰) 유보트'라는 영화가 있었지. 그건가?

유스타키오^관 Eustachio管　귀와 구강(口腔)을 연결하는 관(管).
>▸ 하품을 할 때에도 유스타키오관이 열린대.
>▸ 유스타키오관이 손상(損傷)되면 소리가 안 들릴 수도 있어요.

유스^호스텔youth hostel [유쓰호스텔] 청소년 여행자를 위한 비영리(非營利) 국제(國際) 숙박(宿泊) 시설.

▶ 여행을 할 때 유스호스텔을 이용하면 여비(旅費)를 많이 절약할 수 있어.

▶ 유스호스텔은 여행자들의 정보(情報) 교환(交換)이 이루어지는 곳이기도 해요.

유아르엘URL [유아렐] 인터넷(internet) 홈페이지(homepage) 주소 ‘http://~’.

▶ 주소창에 URL을 직접 입력해 보세요.

▶ 우리 회사 URL이 어떻게 되죠?

▷ Uniform Resource Locator.

유에스에이USA [유에쓰에이] 아메리카(America) 합중국(合衆國). 미국(美國). 유에스(US).

▶ 미국에서 산 물건인데, ‘메이드 인(made in) 유에스에이’가 아니라 ‘메이드 인 코리아(Korea)’로 되어 있어.

▶ 이번 ‘미스터 유에스에이’는 누가 됐을까?

▷ 미스터^유에스에이(Mr. USA) : 남성미를 겨루는 미국 남성 헬스(health) 선수 권 대회.

▷ United States of America.

유에프오UFO 미확인(未確認) 비행(飛行) 물체(物體).

▶ 그 사람이 정말 UFO를 봤대?

▶ 정말이라니까, UFO가 날아가는 사진도 찍었대.

▷ Unidentified Flying Object.

유엔UN 국제(國際) 연합(聯合).

▶ 지금 유엔의 사무총장(事務總長)이 한국인이라면서요?

▶ 그 일은 유엔이 적극적으로 나서서 해결해야 해요.

▷ 유엔 경찰군(UN警察軍) : 국제 연합 경찰군.

▷ 유엔^군(UN軍) : 국제 연합군.

▷ 유엔^기(UN旗) : 국제 연합 상징 깃발.

▷ 유엔 총회(UN總會) : 국제 연합 총회.

▷ United Nations.

*****유저**user 주로 컴퓨터(computer)로 제공되는 프로그램(program)의 사용자(使用者).

▶ 유저의 연령대(年齡代)를 조사해보니 청소년들이 많았어요.

▶ 해킹(hacking)의 위협 때문에 유저의 권한(權限)을 침해(侵害)해서는 안 돼요.

유전스^(빌)usance (bill) 지급(支給) 유예(猶豫) 기한부(期限附) 어음.

유즈넷

> ▶ 유전스빌은 무역(貿易) 대금(代金) 결제(決濟)에 많이 사용돼요.
> ▶ 업체(業體)들이 수입(收入) 유전스 문제로 고민하고 있어요.

유즈넷Usenet   시간대별 뉴스(news)를 싣거나 또는 토론 따위를 벌이는 주제화된
네트워크(network).

> ▶ 유즈넷을 이용하면 최신정보를 얻을 수 있어.
> ▶ 유즈넷은 주제에 따라 많은 뉴스그룹(group)으로 이루어져 있다.

유^턴U-turn   유(U) 자형(字形) 선회(旋回).

> ▶ 불법(不法) 유턴이 되지 않도록 반드시 신호를 받고 유턴하세요.
> ▶ 농사를 짓겠다고 고향으로 유턴하는 사람이 늘고 있습니다.

유토피아utopia   이상향(理想鄕). 이상국(理想國).

> ▶ 내가 꿈꾸는 유토피아는 슬픔이 없는 곳이야.
> ▶ 누구나 유토피아를 꿈꾸며 살지요.

*유틸리티utility[1]   실용적(實用的)인 것.

> ▶ 이젠 차도 유틸리티 차량(車輛)을 타는 게 대세(大勢)지.
> ▶ SUV를 '스포츠(sport) 유틸리티(utility) 비히클(vehicle)'로 읽으면 되나요?

*유틸리티utility[2]   컴퓨터(computer) 사용에 유용(有用)한 프로그램(program).

> ▶ 컴퓨터 프로그램은 '유틸리티' 폴더(folder)를 만들어서 보관하세요.
> ▶ 갈수록 유용한 유틸리티가 많이 나와서 좋다.

율리우스^력Julius曆 [율리우쓰력]   현재 사용하고 있는 태양력(太陽曆). 1582년 로마
(Roma) 교황은 율리우스력을 고쳐 그레고리력(Gregory曆)을 만들었다.

> ▶ 한국은 율리우스력을 사용하나요?
> ▶ 아뇨, 한국은 율리우스력 대신 그레고리력을 사용해요.

*이E/e   영어 알파벳의 다섯 번째 글자.

> ▶ 알파벳은 에이, 비, 시, 디, 이, 에프, 지, 에이치, 아이, 제이, 케이, 엘, 엠, 엔,
> 오, 피, 큐, 아르, 에스, 티, 유, 브이, 더블유, 엑스, 와이, 지(제트)이다.
> ▷ 에이(A/a), 비(B/b), 시([씨]C/c), 디(D/d), 이(E/e), 에프(F/f), 지(G/g), 에이치(H/h),
> 아이(I/i), 제이(J/j), 케이(K/k), 엘(L/l), 엠(M/m), 엔(N/n), 오(O/o), 피(P/p), 큐(Q/q),
> 아르([알]R/r), 에스([에쓰]S/s), 티(T/t), 유(U/u), 브이(V/v), 더블유(/[떠블류]W/w),
> 엑스(X/x), 와이(Y/y), 지(제트Z/z).

이글eagle   골프(golf) 경기(競技)에서, 기준 타수(打數)보다 2타 적은 타수를 치는 것.

> ▶ 마지막 홀(hole)에서 이글 한방으로 체면(體面)을 살렸군.

▶ 그는 이번 경기(競技)에서 이글을 네 번이나 기록했어요.

이글루igloo 북극(北極) 이누잇(Inuit) 족의 거주(居住) 형태 또는 그 형태의 건물.

▶ 말로만 듣던 이글루를 실제로 볼 줄이야.

▶ 이글루에서 자면 춥지 않을까?

이노베이션innovation 혁신(革新).

▶ 지금이 바로 이노베이션의 시대가 아닐까?

▶ 경영(經營) 혁신(革新)! 즉, 이노베이션이 필요한 때입니다.

이니셜initial 알파벳(alphabet) 머리글자.

▶ 누구랑 사귀는데? 이니셜이라도 밝혀봐.

▶ 내 이니셜이 새겨진 목걸이를 선물 받았어.

이닝inning 야구 경기(競技)의 한 회(回).

▶ 그는 매 이닝이 끝날 때마다 선수들과 작전(作戰) 회의(會議)를 했다.

▶ 선발 투수는 적어도 5 이닝 정도는 버텨 줘야 한다.

이데아idea `Gre` 관념(觀念), 이념(理念). 사상(思想).

▶ 플라톤(Platon)의 이데아는 아무리 공부를 해도 잘 모르겠어.

▶ 이데아에 대해 쉽게 설명해 놓은 책을 알려줄게.

이데올로기Ideologie `Ger` 어떤 사회(社會) 집단(集團)의 공통된 관념(觀念)이나 믿음의 체계(體系).

▶ 이데올로기를 바꾼다는 것은 정말 어려운 일이지.

▶ 그런 구시대(舊時代)적인 이데올로기에서 벗어나 보자.

이드id `Lat` 쾌락(快樂)을 중시(重視)하는 인간의 본능적(本能的) 에너지(energy).

▶ 프로이트(Freud)가 말한 이드에 대해서 알아요?

▶ 에고(ego)와 이드가 어떻게 다른지 모르겠어요.

이리듐iridium 백금족(白金族) 은백색 금속(金屬) 원소(元素).

▶ 이번에 큰맘 먹고 플러그(plug)를 이리듐 플러그로 바꿨어.

▶ 1억 원짜리 사파이어(sapphire)-이리듐 면도기가 있다는데 들어 봤어요?

이모티콘emoticon 감정(感情)을 표현하는 그림문자.

▶ 요즈음에는 문자메시지(message)를 보낼 때 이모티콘을 쓰지 않으면 어색해요.

▶ 하지만 이모티콘을 너무 자주 쓰는 것도 좋지 않아요.

▷ emotion+icon.

이메일email 인터넷(internet)을 이용하는 전자우편(電子郵便).

이미지

> ▶ 자세한 내용은 이메일로 보내 드릴게요

> ▶ 이메일을 확인하는 대로 답장을 보내겠습니다.

이미지image 모습, 모양 / 인상(印象), 느낌, 심상(心像).

> ▶ 그 사람은 조용한 이미지였는데 생각보다 시끄럽네요

> ▶ 좋은 배우가 되고 싶으면 이미지 관리를 잘해야 한다.

> ▷ 이미지즘(imagism) : 영상미(映像美)를 강조하는 시풍(詩風) 운동.

이미테이션imitation 모조품(模造品), 모방(模倣).

> ▶ 그 목걸이는 이미테이션이야? 진품(眞品)이야?

> ▶ 이거? 이미테이션이야.

이벤트event 각종 행사(行事).

> ▶ 경품(景品) 이벤트에 당첨되어서 냉장고를 받았어요

> ▶ 그의 청혼(請婚) 이벤트에 마음이 흔들려서 결혼을 승낙(承諾)하고 말았어요

이브Eve 성경(聖經) 속에 등장하는 최초의 여자, '하와(Hawwāh)'의 영어식(英語式) 명칭(名稱).

> ▶ 이브가 죄를 짓지 않았다면 좋았을 텐데.

> ▶ 내가 이브였어도 선악과(善惡果)를 따 먹었을 거야.

*이브닝evening 저녁의, 밤의.

> ▶ 우리 집에서 하는 이브닝 파티(party)에 와 줄래?

> ▶ 웨딩드레스(wedding dress)와 함께 이브닝드레스도 준비했어요

> ▷ 이브닝^드레스(evening dress) : 저녁 파티 참석용 여성 복장(服裝).

*이빠이いっぱい /잇빠이 /입빠이 [Jap] 가득.

> ▶ 차에 기름이 없네요. 이빠이 넣어야 하겠어요

> ▶ 아이고, '이빠이'가 뭐예요 그냥 '가득'이라고 하면 되죠

> ▷ 앞으로 영원히 안 쓰게 될 말 중에 하나.

이소프렌isoprene 인조(人造) 고무의 원료가 되는, 천연고무 분해(分解) 액(液).

> ▶ 이소프렌을 이용해서 뭘 할 수 있을까요?

> ▶ 그는 이소프렌 화합물(化合物)을 연구하는 데 집중(集中)하고 있어요

이슈issue [이쓔] /[잇쓔] 사회적(社會的)으로 주목받거나 논점(論點)이 되는 문제(問題).

> ▶ 그의 옷차림이 사회적(社會的)인 이슈가 될 줄은 몰랐어.

> ▶ 그 사람은 하도 문제를 일으켜서 연예계(演藝界)의 이슈메이커(maker)로 불려요.

*이스턴eastern 동양(東洋)의.

  ▶ 이스턴의 역사(歷史)에 대해서도 새로운 접근(接近)이 필요합니다.

  ▶ 한국에 다녀온 후로 이스턴의 음식 문화에 관심을 갖게 되었어요.

이스턴^그립eastern grip 테니스(tennis) 라켓(racket)을 쥐는 방법 중에 하나.

  ▶ 그는 이스턴그립을 잡는 대표적인 선수이다.

  ▶ 그림을 보고 이스턴그립을 다시 잡아 보세요.

이스트yeast 효모(酵母).

  ▶ 빵을 만들려고 하는데 이스트가 없네.

  ▶ 이스트가 없으면 반죽이 부풀지 않아요.

이슬람Islam 이슬람 종교(宗敎), 이슬람 세계(世界).

  ▶ 이슬람 국가를 방문할 때에는 치마를 입어야 하나요?

  ▶ 이슬람교도들이 모이는 모스크(mosque)를 방문(訪問)했다.

  ▷ 이슬람^교(Islam敎) : 유일신(唯一神)으로 알라(Allah)를 믿는 종교. 회교(回敎).

  ▷ 이슬람^교도(Islam敎徒) : 이슬람교를 믿는 사람.

이어폰earphone 라디오(radio), 휴대전화의 개인용 수신기(受信機).

  ▶ 이어폰을 꽂고 음악을 들으면서 한 시간이 넘도록 달렸다.

  ▶ 너 그 이어폰 좀 빼고 공부할 수 없니?

이오니아^식Ionia式 그리스(Greece) 고전(古典) 건축(建築) 양식(樣式)의 하나.

  ▶ 이오니아식 건축물은 기둥이 가늘고 높아.

  ▶ 영국의 대영박물관도 이오니아식 건축 양식으로 지어졌어요.

이온ion 양(陽+), 음(陰-)의 전기를 갖는 원자(原子).

  ▶ 이 공기청정기(空氣淸淨器)는 양이온을 없애고 음이온을 만들어 내요.

  ▶ 인간의 신체에도 양이온과 음이온이 존재해요.

  ▷ 이온^화(ion化) : 원자·분자(分子)가 이온으로 변하는 현상.

이요타theta /요타 Gre 그리스(Greece) 자모(字母)의 아홉 번째 문자(文字) → 그리스문자.

  ▷ A/α알파, B/β베타, Γ/γ감마, Δ/δ델타, E/ε엡실론, Z/ζ제타, H/η에타, Θ/θ세타, I/ι요타, K/κ카파, Λ/λ람다, M/μ뮤, N/ν뉴, Ξ/ξ크시/크사이, O/o오미크론, Π/π파이, P/ρ로, Σ/σ시그마, T/τ타우, Y/υ입실론, Φ/φ피, X/χ키, Ψ/ψ프시/프사이, Ω/ω오메가.

*이젝션ejection 배출(排出), 분출(噴出).

  ▶ 비상시(非常時) 탈출을 위해서 비행기 조종석에는 이젝션시트가 필요하지요.

이젤

> ▶ 최후의 순간에는 이젝션 버튼(butten)을 눌러 탈출을 해야 합니다.
> ▷ 이젝션^시트(ejection seat) : 비행기 조종사(操縱士)의 자동 탈출 장치.

이젤easel   화판(畵板)을 받치는 삼각 틀.

> ▶ 온종일 이젤 앞에 붙어 그림만 그리다니 지겹지도 않니?
> ▶ 난 이젤 위에 놓인 하얀 도화지를 볼 때가 제일 행복해.

*이지easy   쉬운, 느긋한.

> ▶ 저는 영어 공부가 처음이라서 이지클래스(class)에 들어가려고요.
> ▶ '이지^쿠킹(cooking)'에서 쉬운 요리법(料理法)을 알려 드립니다.

*이지메イジメ, いじめ [Jap]   괴롭힘, 집단 따돌림.

> ▶ 학교 폭력보다 이지메가 더 무섭다는 학생들의 설문 조사가 나왔어요.
> ▶ 이지메는 절대로 일어나서는 안 된다고 생각합니다.

*이코노미economy   경제(經濟). 비행기의 좌석 등급(等級, 이코노미클래스).

> ▶ '그린(green)이코노미'라는 말 들어 봤어요?
> ▶ 환경을 생각하는 경제란 뜻이지요?
> ▶ 이코노미클래스로 10 시간 동안 비행했더니 몸이 너무 피곤해요.
> ▶ 그래서 '이코노미클래스 증후군(症候群)'이라는 말도 있대요.
> ▷ 이코노미^클래스(economy class) : 비행기에서 가장 낮은 좌석(坐席) 등급.

이퀄equal /[이꼴]   동일(同一)함, 같음.

> ▶ 이퀄을 수학(數學)에서는 '등호(等號)'라고 하지요.
> ▶ '사랑' 이퀄 '희생(犧牲)'이라는 거 알아요? (사랑=희생).

이퀄라이저equalizer   평형(平衡) 장치(裝置) / 오디오(audio) 음향(音響) 조정(調整) 장치.

> ▶ 이퀄라이저로 음질(音質)을 바꿔 보려고 해요.
> ▶ 이퀄라이저를 어떻게 사용하는지 알고 하는 거야?

이탈리아Italia /이태리   유럽(Europe) 국가(國家)의 하나.

> ▶ 이탈리아에서 먹었던 피자(pizza) 맛을 잊을 수가 없어.
> ▶ 난 이탈리아에 가면 꼭 '젤라토(gelato)'를 사 먹을 거야.

이탤릭(체)italic體   약간 오른쪽으로 기울어진 글자체.

> ▶ 영문(英文) 도서(圖書)의 이름은 이탤릭체로 표기해 주세요.
> ▶ 이탤릭체로 표기된 부분을 잘 보셔야 합니다.

이펙트effect   효과(效果). 음향(音響) 효과.

> ▶ 이 약의 사이드^이펙트가 살이 빠지는 거래요.

▸ 싸우는 소리가 필요한데, 이 장면(場面)의 이펙트를 어떻게 처리하면 좋을까?

▷ 사이드^이펙트(side effect) : 주로 약물(藥物)의, 부작용(副作用).

***익스팬더**expander [익쓰펜더] 용수철(龍鬚鐵). 체조 용구(用具)의 하나.

▸ 난 왜 익스팬더를 하면 머리가 어지럽지?

▸ 익스팬더로 운동하는 방법을 제대로 배우세요.

***익스프레스**express [익쓰프레쓰] 고속(高速)의 / 주로 이사 또는 배달(配達) 업체에서 많이 씀.

▸ 저희 ○○익스프레스는 신속(迅速) 배달을 원칙(原則)으로 하고 있습니다.

▸ 이번에 이사를 하려고 하는데, 어느 익스프레스가 좋을까?

인덱스index 색인(索引), 지시하는 것.

▸ 책 뒤쪽에 보면 인덱스가 있을 거야.

▸ 인덱스로 단어를 찾으면 빠르겠구나.

인도게르만^어족 Indo-German語族 인도유럽(Europe) 어족(語族)의 하나.

▸ 인도게르만 어족의 뿌리는 인도인가요?

▸ 인도게르만 어족은 인도에서 유럽에 걸쳐 널리 퍼져 있었다.

인도유럽^어족 Indo-Europe語族 중앙아시아(Asia)와 인도 유럽(Europe) 등지(等地)에서 대부분 쓰이는 언어의 총칭(總稱).

▸ 인도유럽 어족(語族) 중에서 가장 오래된 언어는 뭘까?

▸ 인도유럽 어족은 인도게르만(Indo-German) 어족(語族)이라고 부르기도 해요.

인도차이나^어족 Indo-China語族 티베트(Tibet)와 중국(中國) 등지(等地)에서 쓰이는 언어.

▸ 인도차이나 어족(語族)으로 분류(分類)되는 언어는 뭐가 있어?

▸ 중국어나 티베트어가 인도차이나 어족에 속해.

인디고indigo 검푸른 색.

▸ 이건 천연(天然) 인디고 염색(染色)으로 만든 소중한 옷이야.

▸ 인디고 핫팬츠(hot pants) 정말 예쁘지 않니?

인디언Indian /인디안 미국(美國) 원주민(原住民).

▸ 인디언들이 살고 있는 마을에 가보고 싶어.

▸ 인디언 보호구역(保護區域)으로 지정(指定)된 곳이 어디야?

인라인in-line [인나인] 스케이트(skate)의 하나.

▸ 롤러스케이트(roller skate)보다 인라인스케이트가 더 재밌어.

인라인^안테나

　　▶ 오랜만에 인라인 타러 한강이나 같이 가는 게 어때?
　　▷ in-line skate.
인라인^안테나in-line antenna [인나이난테나]　근거리(近距離) 전용(專用) 텔레비전(television) 안테나.
　　▶ 예전에는 옥상에 설치된 인라인 안테나를 많이 볼 수 있었어.
　　▶ 요즘에는 인라인 안테나를 잘 사용하지 않나요?
인사이드inside [인싸이드]　구기(球技) 종목(種目) 경기(競技)에서, 공이 경계선(境界線) 안으로 떨어지는 것.
　　▶ 인사이드에 떨어지지 않았어요? 아웃(out) 아니에요.
　　▶ 아웃 맞습니다. 인사이드에 떨어지지 않았어요.
인사이드^킥inside kick [인싸이드킥]　축구 경기(競技)에서, 공을 발 안쪽으로 차는 것.
　　▶ 인사이드킥은 속도가 안 나서 쉽게 막혀요.
　　▶ 네가 제대로 된 인사이드킥의 위력을 몰라서 그래.
인슐린insulin　췌장(膵臟)에서 분비(分泌)되는 혈당(血糖) 감소(減少) 호르몬(hormone)의 하나.
　　▶ 1형 당뇨병(糖尿病)은 인슐린 주사를 꼭 맞아야 한대.
　　▶ 인슐린이 많은 당뇨병 환자(患者)들을 구해냈지.
인스턴트instant　즉석(卽席)의 / 깊이 없는.
　　▶ 인스턴트 식품은 건강에 좋지 않아.
　　▶ 인스턴트 사랑이 아닌 진정한 사랑을 하고 싶어.
인스텝^킥instep kick　축구 경기(競技)에서, 발등으로 공을 차는 것.
　　▶ 인스텝 킥은 슈팅(shooting)이나 롱(long) 패스(pass)에 사용된다.
　　▶ 인스텝 킥은 축구에서 가장 강력한 킥 기술이지.
인코스in+course [인코쓰]　안쪽 코스(course).
　　▶ 인코스를 공략(攻略)하는 건 프로(pro)들도 힘들어 해요.
　　▶ 스피드스케이팅(speed skating)에서는 인코스가 유리한가요?
인큐베이터incubator　부화기(孵化器), 배양기(培養基), 보육기(保育器).
　　▶ 인큐베이터에 들어간 계란이 모두 부화되는 건 아니야.
　　▶ 미숙아(未熟兒)로 태어나면 인큐베이터에 들어가야 한대.
인클라인incline　경사(傾斜). 기울이다.
　　▶ 다리 근육(筋肉)을 키우려면 인클라인으로 러닝머신(running machine)을 하세요.

▸ 인클라인 철도는 레일(rail) 위의 차량(車輛)을 밧줄로 끌어서 운영(運營)하는 철도이다.

인터넷Internet 컴퓨터(computer) 네트워크(network) 통신망(通信網).

▸ 인터넷이 안 되는 곳에서는 하루도 살 수 없을 것 같아.

▸ 너도 인터넷 중독 아니야?

▷ 인터넷 방송(internet放送) : 인터넷을 이용한 방송(放送). 인터캐스트(intercast).

▷ 인터넷 전화(internet電話) : 인터넷을 이용한 국제(國際) 전화.

▷ 인터넷 포털 서비스(internet portal service) : 인터넷을 이용한 정보(情報) 제공(提供) 서비스

인터럽트interrupt 가로막다, 저지하다 / 방해(妨害), 차단(遮斷), 정지(停止).

▸ 프로그램(program) 구동(驅動) 시에 발생하는 인터럽트 현상은 자연스러운 현상입니다.

▸ 인터럽트는 한국말로 '개입(介入) 중단(中斷)'이라고 합니다.

인터벌interval /[인터벌] 간격(間隔), 거리(距離) / 휴식(休息).

▸ 살이 쭉쭉 빠진다는 인터벌 트레이닝(training)이 어떤 거야?

▸ 높은 강도(強度)의 운동과 가벼운 운동을 인터벌을 두고 병행(並行)하는 거라고 들었어.

인터뷰interview 면접(面接), 회견(會見).

▸ 오후 3시에 인터뷰가 있을 예정입니다.

▸ 그는 인터뷰를 진행하는 내내 땀을 흘렸다.

인터셉트(하다)intercept [인터쎕트] 중간에 가로채는 것.

▸ 그의 인터셉트가 아니었으면 경기(競技)에서 이길 수 없었을 거야.

▸ 너 이미 애인(愛人) 있는 여자를 인터셉트했다는 게 사실이야?

인터체인지interchange 입체(立體) 교차로(交叉路).

▸ 양재 인터체인지에서 한남대교 방향으로 오세요

▸ 겨우 인터체인지에 들어섰는데 아직도 차가 많이 막혀요

▷ 아이시(IC).

*__인터^캐스트__inter-cast 인터넷(internet)을 이용한 방송(放送).

▸ 인터캐스트를 이용하면 TV를 보면서 인터넷 정보(情報)도 찾아볼 수 있어요

▸ 인터캐스트를 수신(受信)하려면 어떻게 해야 하지요?

▷ internet＋broad-cast.

인터컷

인터컷intercut 영화(映畵), TV프로그램(program) 등에서 대조적(對照的)인 화면(畵面)을 삽입(插入)하는 기법(技法).
　▶ 영화를 찍을 때 인터컷은 왜 사용하나요?
　▶ 인터컷을 사용하면 인물의 심리(心理)를 표현할 수도 있고 장면에 속도감(速度感)을 더할 수도 있어.

인터페론interferon B형 간염(肝炎)이나 암(癌)의 예방(豫防)·치료(治療)에 이용되는 당(糖) 단백질의 총칭(總稱).
　▶ 인터페론으로 조류(鳥類) 독감(毒感)도 예방할 수 있대.
　▶ 인터페론 치료의 부작용(副作用)으로 감기 증상(症狀)이 나타나기도 해요

인터페이스interface [인터페이쓰] 대상(對象)과 대상의 접촉면(接觸面), 접촉 장치(裝置).
　▶ 키보드(keyboard), 마우스(mouse) 등을 컴퓨터(computer)의 인터페이스라고 할 수 있지.
　▶ 홈페이지(homepage)를 만들 때에는 사용자가 시용하기 쉽도록 인터페이스를 잘 만들어야 해요.

인터폰interphone 구내(構內) 연락용 유선전화(有線電話).
　▶ 윗집이 너무 늦은 시간까지 피아노를 쳐서 잠을 못 자겠어.
　▶ 인터폰으로 연락을 해보는 게 어때?

인터폴Interpol 국제(國際) 형사경찰(刑事警察) 기구(機構).
　▶ 인터폴이 나선 걸 보니 심각한 사건인가 봐요.
　▶ 인터폴은 액션(action)영화에서나 볼 수 있었는데 말이야.
　▷ International Criminal Police Organization.
　▷ ICPO.

인턴intern 전문가(專門家)나 정식(正式) 직원(職員) 바로 전(前) 단계, 수련(修鍊) 단계.
　▶ 저 사람이 의사야?
　▶ 아니 저분은 인턴이야.
　▶ 인턴강사(講師)를 채용(採用)한다는 공고(公告)가 났는데 지원해 볼래?

인테리어interior 실내 장식. 실내 장식용품(裝飾用品).
　▶ 인테리어를 바꿨더니 새 집에 이사 온 기분이야.
　▶ 이번 인테리어는 유명한 디자이너(designer)의 작품이에요.

인텔리intelligentsia `Rus` 지식 계층(階層). 정신노동자(精神勞動者).
　▶ 그 사람은 인텔리로서 이번 일에 대해 책임져야 해.

▶ 인텔리의 중요성을 안 그는 직원(職員)들의 학비(學費)를 지원해 주었다.

인텔리전트intelligent 지적(知的)인 / 정보처리(情報處理)기능(機能)이 있는 기기(器機).

▶ 이 카메라(camera)에는 인텔리전트 줌(zoom) 기능이 있어요

▶ 그는 매우 인텔리전트한 사람이었다.

▷ 인텔리전트 빌딩(intelligent building) : 중앙 컴퓨터(computer)로 제어(制御)되는 정보화(情報化) 빌딩.

▷ 인텔리전트 터미널(intelligent terminal) : 복합(複合) 연산(演算) 처리(處理)가 가능한 단말기(端末機).

인트라넷intranet 기업(企業) 내부용 컴퓨터(computer) 통신망(通信網).

▶ 인트라넷은 아이디(ID)와 비밀번호를 입력해야 이용할 수 있어.

▶ 우리 회사는 아직도 인트라넷을 구축(構築)하지 못했어.

인파이팅infighting 접근(接近) 전(戰).

▶ 두 선수 모두 인파이팅을 선호(選好)하는 사람들이었다.

▶ 그의 화끈한 인파이팅을 보니 속이 다 시원해졌다.

▷ 인파이터(infighter) : 상대방에게 바짝 달라붙어서 공격(攻擊)하는 사람.

인프라infrastructure 생산(生産), 생활 기반(基盤)이 되는 중요 시설(施設).

▶ 인프라가 구축(構築)되지 않은 상황에서는 아무것도 할 수 없어요

▶ 지금부터라도 인프라를 정비(整備)하면 좋은 결과를 얻을 수 있을 겁니다.

인플레이션inflation /인플레 통화(通貨) 수요량(需要量)보다 통화량(通貨量)이 증가(增加)해서 화폐(貨幣) 가치(價値)가 떨어지는 경제(經濟) 현상 ↔ 디플레이션.

▶ 인플레이션으로 인해서 국가(國家) 경제(經濟)가 갈수록 어려워지고 있다.

▶ 요즘에는 학력(學歷) 인플레이션 현상도 심각(深刻)하다지요?

인플레이어in player 플레이(play)를 하는 선수, 사람.

▶ 테니스(tennis)에서 서브(serve)를 넣는 쪽의 선수를 인플레이어라고 해요

▶ 그럼 인플레이어의 반대말은 뭐예요? '아웃(out)플레이어'인가요?

인플루엔자influenza 유행성(流行性) 감기(感氣). 독감(毒感).

▶ 할머니를 모시고 가서 인플루엔자 예방(禮房) 접종(接種)을 해 드렸어요

▶ 인플루엔자를 예방하기 위해서는 손을 잘 씻어야 해요

▷ 플루(flue).

인필드^플라이infield fly 야구 경기(競技)에서, 내야수(內野手)가 쉽게 잡을 수 있는 타구(打球)를 잡기도 전에 미리 아웃(out)으로 선언(宣言)하는 것.

   ▶ 인필드 플라이는 심판(審判)이 선언을 해야 성립(成立)된다.

   ▶ 경기가 끝난 후에도 인필드 플라이 아웃에 대한 많은 논란(論難)이 오갔다.

일러스트레이션illustration   내용 전달을 위해서 디자인(design)된 삽화(插畵), 사진, 도안(圖案) /일러스트 등의 총칭(總稱).

   ▶ 그의 글에 일러스트를 그린 사람이 누구야?

   ▶ 이건 한국의 사계절(四季節)을 가장 잘 표현한 일러스트야.

입실론upsilon /윕실론 Gre 그리스(Greece) 자모(字母)의 스무 번째 문자(文字) → 그리스문자.

   ▷ A/α알파, B/β베타, Γ/γ감마, Δ/δ델타, E/ε엡실론, Z/ζ제타, H/η에타, Θ/Θ세타, I/ι요타, K/κ카파, Λ/λ람다, M/μ뮤, N/ν뉴, Ξ/ξ크시/크사이, O/o오미크론, Π/π파이, P/ρ로, Σ/σ시그마, T/τ타우, Y/υ입실론, Φ/φ피, X/χ키, Ψ/ψ프시/프사이, Ω/ω오메가.

잉글랜드England   영국(英國).

   ▶ 그는 프로(pro) 축구 잉글랜드 무대(舞臺)에 진출하기 위해 준비하고 있다.

   ▶ 드디어 잉글랜드 프리미어리그(Premier League)에서 그의 유니폼(uniform) 판매량(販賣量)이 1위를 차지했다.

잉글리시English   영어(英語), 영국인(英國人), 영국의.

   ▶ 요즘은 잉글리시가 안 되면 할 수 있는 게 없다니까.

   ▶ 잉글리시는 무슨! 한국어만 잘해도 할 수 있는 게 많다고.

잉크ink   필기(筆記)·인쇄(印刷)용 액체(液體).

   ▶ 펜(pen)이 안 나오네. 잉크가 다 떨어졌나봐.

   ▶ 어제 프린터(printer) 잉크를 새로 갈았어요

   ▷ 잉크^병(ink甁) : 잉크를 담는 병.

잉크젯^프린터ink-jet printer   잉크로 인쇄(印刷)하는 프린터.

   ▶ 많은 양을 인쇄하려면 잉크젯 프린터보다는 레이저(laser) 프린터가 좋아요

   ▶ 그러나 잉크젯이 더 선명하지 않나요?

ᄌ

*자스민jasmine /쟈스민　재스민 꽃 또는 그것에서 얻은 향유(香油) → 재스민.
- ▶ 이 차는 향이 정말 좋다.
- ▶ 자스민을 우려낸 차야.

자이로스코프gyroscope　제한된 공간에서 자유 회전이 가능한 장치. 회전의(回轉儀).
- ▶ 자이로스코프가 인류(人類)에게 얼마나 큰 영향을 미쳤는지 알아?
- ▶ 자전거 바퀴의 회전 운동도 자이로스코프의 원리를 이용한 거야.
- ▶ 스마트폰(smart phone)에도 자이로센서(sensor) 기능이 있어요.
- ▷ 자이로스태빌라이저(gyrostabilizer) : 자이로스코프를 응용한 평형(平衡) 유지(維持) 장치.
- ▷ 자이로컴퍼스(gyrocompass) : 방위(方位) 측정(測定)용 나침반(羅針盤)의 하나.

*자이언트giant　거인(巨人). 거대(巨大)한 것.
- ▶ 그 사람은 별명(別名)이 왜 자이언트 베이비(baby)야?
- ▶ 키가 워낙 커서 붙은 별명이에요. 그냥 ‘자이언트’라고 하면 이상하잖아.

자일Seil [Ger]　등산용 밧줄.
- ▶ 산에 오르는 사람들은 자일을 목숨보다 귀하게 여겨요.
- ▶ 자일의 매듭을 만드는 방법을 드디어 배웠어요.

*자꾸チャック /[자크] [Jap]　옷이나 가방 등을 여미는 것. 지퍼.
- ▶ 야! 자꾸 열렸다.
- ▶ ‘자꾸’가 뭐냐? ‘지퍼’라고 해야지.
- ▷ 지퍼(zipper).

자키jockey　경마(競馬) 기수(騎手) / 디제이(DJ).
- ▶ 경마가 번성(蕃盛)하면서 기수들의 모임인 자키 클럽(club)도 만들어졌다.
- ▶ 비디오(video) 자키에 이어 트윗(twit) 자키의 시대(時代)가 열렸다지요?

*자켓jacket[1]　겉옷으로 입는 짧은 상의(上衣)의 총칭(總稱) → 재킷.
- ▶ 너무 추워 보인다. 자켓이라도 하나 걸쳐.
- ▶ 자켓? 재킷이라고 해야 하는 거 아니야?

*자켓jacket[2]　음반(音盤)의 커버(cover).

잠바

　▸ 이번 앨범(album) 자켓에는 그의 친필(親筆) 사인(sign)이 들어가요.

　▸ 그래요? 그럼 자켓이 멋있어지겠네.

잠바jumper　겉옷으로 입는, 품이 넉넉한 짧은 상의(上衣)의 총칭(總稱).

　▸ 더 추워지기 전에 오리털 잠바를 사야겠어.

　▸ 잠바보다는 무릎까지 내려오는 코트(coat)가 더 따뜻할 것 같아.

　▷ 점퍼(jumper).

***잡**job　직업(職業), 일.

　▸ 이번에 새로운 잡을 제의(提議) 받았다면서요?

　▸ 직장을 옮기기 위해서 인터넷(internet) 잡 사이트(site)를 샅샅이 뒤지고 있어요.

장르genre　Fra　어떤 한 종류(種類)나 형식(型式).

　▸ 이 영화는 대체 장르가 뭐야?

　▸ 글쓰기를 할 때에는 먼저 글의 장르를 파악해야 해요.

장티푸스腸typhus　급성(急性) 전염병(傳染病)의 하나.

　▸ 장티푸스로 죽은 사람이 몇 명이나 될까?

　▸ 장티푸스가 유행(流行)할 당시에는 정말 많은 사람이 죽었어요.

재블린javelin　투척(投擲)용의 창, 투창(投槍).

　▸ 재블린은 뭘로 만들었을까?

　▸ 재블린은 나무로 만들지만, 끝에 날카로운 쇠붙이가 달려 있대.

재스민jasmine /자스민 /쟈스민　재스민 꽃 또는 그것에서 얻은 향유(香油).

　▸ 나는 재스민 차를 마시면 기분이 좋더라.

　▸ 재스민은 향은 좋지만 맛은 별로야.

재즈jazz /째즈　흑인 민속(民俗)음악(音樂)을 바탕으로 하는, 즉흥(卽興) 연주(演奏), 경쾌(輕快)한 리듬의 대중음악(大衆音樂).

　▸ 한국인인 그녀가 흑인 음악인 재즈를 전공(專攻)한 이유가 뭘까?

　▸ 그건 재즈의 매력(魅力)에 흠뻑 빠져 본 사람만이 알 수 있지요.

　▷ 재즈＾곡(jazz曲) : 재즈 악곡(樂曲).

　▷ 재즈＾밴드(jazz band) : 재즈 연주 악단(樂團).

재킷jacket[1] /자켓　겉옷으로 입는 짧은 상의(上衣)의 총칭(總稱).

　▸ 추워 보인다. 재킷이라도 하나 걸쳐.

　▸ 재킷? 다른 사람들은 자켓이라고 말하던데?

　▸ 재킷이 올바른 표현이야.

재킷jacket² /자켓 음반(音盤)의 커버(cover).

▸ 이번 앨범(album) 재킷에는 그의 친필(親筆) 사인(sign)이 들어가요

▸ 그래요? 그럼 재킷이 멋있어지겠네.

잭jack¹ /[쨱] 트럼프(trump) 카드(card)의 하나.

▸ 트럼프에서 잭(J)은 11이다.

잭jack² /[쨱] 무거운 것을 드는 기기(器機). 기중기(起重機).

▸ 타이어(tire)를 갈려면 잭이 필요해요

잭jack³ /[쨱] 플러그(plug)를 꽂는 것.

▸ 스피커(speaker) 잭이 맞지 않아서 연결할 수가 없어요

잭나이프jackknife /[쨱나이프] 휴대(携帶)용 접칼.

▸ 그는 늘 호신용(護身用) 잭나이프를 가지고 다녀요

▸ 등산갈 때 잭나이프를 챙겨 가면 쓸모가 많아요

잼jam /쨈 과일과 설탕으로 만든 음식.

▸ 버터(butter) 바른 빵을 좋아해요?

▸ 버터는 싫어요. 치즈(cheese)나 잼을 발라 주세요

잼버리jamboree /잼보리 국제적(國際的) 보이스카우트(boy scout) 대회(大會), 연회(年會).

▸ 잼버리에 참가해 본 적 있어요?

▸ 보이스카우트 대원(隊員)이었지만 잼버리에 참가(參加)할 기회는 없었어요

잼^콘서트jam concert /[쨈콘서트] 여러 그룹(group), 가수가 모여서 연주(演奏)하는 콘서트(concert).

▸ 실력파(實力派) 뮤지션(musician)들이 모여서 잼콘서트를 엽니다.

▸ 잼콘서트를 마지막으로 페스티발(festival)은 막(幕)을 내렸다.

잼^세션jam session /[잼쎄썬] /[쨈쎄썬] 즉흥적(卽興的)으로 연주(演奏)하는 것.

▸ 재즈(jazz) 연주자들이 클럽(club)에 모여 잼 세션을 열었다.

▸ 마지막 곡은 잼 세션으로 연주합니다.

잽jab /[쨉] 가볍게 치는 공격(攻擊)법.

▸ (권투에서) 이번에는 가볍게 잽으로 가자.

▸ 그는 경쟁자(競爭者)를 향해 예상(豫想)하지 못한 잽을 날렸다.

저널journal 정기(定期) 발행(發行) 잡지(雜誌)나 신문(新聞).

▸ 저 사람은 저널리스트라는데 하는 일이 없어 보여요

▸ 아니야, 저널에 글도 쓰고 책도 쓰고, 하는 일이 많은 사람이야.

   ▷ 저널리스트(journalist) : 기자.

   ▷ 저널리즘(journalism) : 저널 활동을 하는 것.

전자레인지電子range /[전자렌지]　고주파(高周波)로 가열(加熱)하는 조리(調理) 기구(器具).

  ▶ 전자레인지가 없는 집은 없을 거야.

  ▶ 전자레인지 겸용 오븐(oven)을 사고 싶어.

점보jumbo　대형(大型) / 점보제트기.

  ▶ 공중(公衆) 화장실에서 쓰는 점보롤(roll) 화장지가 그렇게 잘 팔린다면서?

  ▶ 제트기는 점보 747 정도는 되어야지요

  ▷ 점보^제트기(jumbo jet機) : 승객을 400명 이상 태울 수 있는 초대형 제트 여객기.

점퍼[1]jumper /잠바　겉옷으로 입는 품이 넉넉한 짧은 상의(上衣)의 총칭(總稱).

  ▶ 더 추워지기 전에 오리털 점퍼를 사야겠어.

  ▶ 점퍼보다는 무릎까지 내려오는 코트(coat)가 더 따뜻할 것 같아.

*****점퍼**[2]jumper /[쩜퍼]　회로(回路)와 회로를 잇는 짧은 전선(電線), 차량(車輛) 배터리 (battery) 연결 케이블(cable).

  ▶ 배터리가 방전(放電)돼서 시동(始動)이 안 걸려요

  ▶ 점퍼 케이블을 다른 차와 연결해 전원을 빌려 오면 돼요

  ▶ 점퍼를 연결할 줄 모르는데 좀 도와줄래요?

점프jump /[쩜프] /[짬프]　뛰다. 뛰어넘다.

  ▶ 그는 비록 키는 작지만 높이 점프할 수 있어요

  ▶ 이 영화(映畵)에서 이 장면은 지루하니까 점프하고 다음 장면부터 보자.

*****정크**junk　쓰레기 / 덩어리.

  ▶ 버려진 물건을 활용한 정크아트(art) 전시회(展示會)가 열린다.

  ▶ 정크도 예술(藝術) 재료(材料)가 될 수 있구나.

정크^선junk船　연해(沿海)나 하천(河川)에서 승객(乘客)·화물(貨物)을 운송(運送)하는, 밑이 평평한 범선(帆船).

  ▶ 정크선 뒤로 펼쳐지는 고층 빌딩(building) 숲을 보는 게 홍콩(Hong Kong) 여행의 매력이지요

  ▶ 정크선을 통해서 이루어지는 밀수(密輸)를 철저히 조사해야 합니다.

정크^푸드junk food　칼로리(calorie)는 높고 영양가(營養價)는 떨어지는 식품.

  ▶ 정크푸드의 대명사(代名詞)는 햄버거(hamburger)라고 알고들 있지요

> 하지만 모든 햄버거가 정크푸드는 아니에요.

제네바^협약 Geneva協約 1949년 제네바에서 채택된 네 가지 국제(國際) 조약(條約).

> 제네바 협약이 체결(締結)된 지 얼마 지나지 않아서 한국전쟁(韓國戰爭)이 발발(勃發)했다.
> 제네바협약은 무력(武力)충돌(衝突)에서 빚어지는 야만적(野蠻的)인 행동을 억제(抑制)하는 데에 초점(焦點)을 두었다.

제라늄geranium 향수(香水)나 비누, 연고(軟膏)제 등을 만드는 데 쓰이는, 식물의 하나.

> 3월이 되니 아름답게 핀 제라늄을 볼 수 있어 좋아요.
> 제라늄은 유럽(Europe)의 건물 창가를 장식(裝飾)하는 꽃으로도 유명해요.

제로zero 영(零/0), 아무것도 없음.

> 매너(manner)라고는 제로인 남자를 만나다니…….
> 스트레스(stress)를 제로로 만드는 방법이 없을까?

제로^게임zero game [제로께임] 득점(得點) 없이 패함, 전패(全敗)한 시합.

> 제로게임의 굴욕(屈辱)을 당할 줄이야.
> 비록 제로게임으로 끝났지만 그들은 결코 좌절(挫折)하지 않았다.

제로섬zero-sum /[제로썸] 한 쪽의 이득(利得)은 곧 다른 쪽의 손실(損失)이라는 게임(game) 이론.

> 그건 아랫돌을 빼서 윗돌을 괴는 제로섬 방식(方式)에 불과해요.
> 제로섬 게임에서 참가자(參加者)의 이득과 손실의 총합(總合)은 항상 제로가 되지요.

제록스Xerox 전자(電子)복사기(複寫機) 상표(商標) 또는 그것으로 복사(複寫)한 것.

> 제록스 정품(正品)으로 복사한 건데 복사 상태가 괜찮은가요?
> 앞으로 제록스 복사기를 대여(貸與)해서 쓰려고 해요.

제미니Gemini 미국의 2인승 인공위성(人工衛星) 비행(飛行)체.

> 1965년 제미니 5호는 8일간의 우주여행(宇宙旅行)을 완수(完遂)했다.
> 제미니는 라틴어(Latin語)로 쌍둥이라는 뜻이래.
> 2인승이라서 제미니라는 이름으로 지은 걸까?

제스처gesture 몸짓 / 형식적인 태도(態度).

> 그는 다가오지 말라는 제스처를 취했다.
> 그런 제스처에는 믿음이 안 가요.

제우스Zeus [제우쓰] 그리스(Greece) 신화(神話)에 나오는 신의 하나.

제이

　▶ 제우스는 그리스 신화에 나오는 최고(最高)의 신이야.

　▶ 제우스의 무기(武器)는 벼락이었어요.

*제이J/j　영어 알파벳의 열 번째 글자.

　▶ 알파벳은 에이, 비, 시, 디, 이, 에프, 지, 에이치, 아이, 제이, 케이, 엘, 엠, 엔,
　　오, 피, 큐, 아르, 에스, 티, 유, 브이, 더블유, 엑스, 와이, 지(제트)이다.

　▷ 에이(A/a), 비(B/b), 시([씨]C/c), 디(D/d), 이(E/e), 에프(F/f), 지(G/g), 에이치(H/h),
　　아이(I/i), 제이(J/j), 케이(K/k), 엘(L/l), 엠(M/m), 엔(N/n), 오(O/o), 피(P/p), 큐(Q/q),
　　아르([알]R/r), 에스([에쓰]S/s), 티(T/t), 유(U/u), 브이(V/v), 더블유(/[떠블류]W/w),
　　엑스(X/x), 와이(Y/y), 지(제트Z/z).

제타zeta　Gre　그리스(Greece) 자모(字母)의 여섯 번째 문자(文字) → 그리스문자.

　▷ A/α알파, B/β베타, Γ/ɣ감마, Δ/δ델타, E/ε엡실론, Z/ʒ제타, H/η에타, Θ/Θ세
　　타, I/ι요타, K/κ카파, Λ/λ람다, M/μ뮤, N/ν뉴, Ξ/ʃ크시/크사이, O/o오미크
　　론, Π/π파이, P/ρ로, Σ/σ시그마, T/τ타우, Y/υ입실론, Φ/φ피, X/χ키, Ψ/ψ프
　　시/프사이, Ω/ω오메가.

*제트¹Z/z /지　영어 알파벳의 스물여섯 번째 글자.

　▶ 알파벳은 에이, 비, 시, 디, 이, 에프, 지, 에이치, 아이, 제이, 케이, 엘, 엠, 엔,
　　오, 피, 큐, 아르, 에스, 티, 유, 브이, 더블유, 엑스, 와이, 지(제트)이다.

　▷ 에이(A/a), 비(B/b), 시([씨]C/c), 디(D/d), 이(E/e), 에프(F/f), 지(G/g), 에이치(H/h),
　　아이(I/i), 제이(J/j), 케이(K/k), 엘(L/l), 엠(M/m), 엔(N/n), 오(O/o), 피(P/p), 큐(Q/q),
　　아르([알]R/r), 에스([에쓰]S/s), 티(T/t), 유(U/u), 브이(V/v), 더블유(/[떠블류]W/w),
　　엑스(X/x), 와이(Y/y), 지(제트Z/z).

제트²jet　가스(gas), 증기(蒸氣) 등의 연속적(連續的)인 고속(高速) 분출(噴出).

　▶ 저는 어렸을 때부터 제트기를 타보는 게 소원이었어요.

　▶ 그렇게 제트기를 타고 싶으면 공군(空軍)에 지원(志願)해 봐요.

　▷ 제트＾기(jet機) : 제트 엔진으로 추진(推進)하는 비행기.

　▷ 제트＾기류(jet氣流):공기의 세찬 흐름.

　▷ 제트＾엔진(jet engine) : 제트＾기관.

　▷ 제트＾연료(jet燃料) : 제트＾기관용 연료(燃料).

*젤gel　젤리(jelly) 모양의 응고(凝固) 형태 / 머리 세팅(setting)용 젤 → 겔.

　▶ 젤 형태의 파스(Pasta)가 있나요?

　▶ 머리가 엉망이네. 젤이라도 좀 발라라.

***젤라틴**gelatine 동물의 가죽·뼈·힘줄 등을 가열(加熱)해서 만든 단백질.

▶ 디저트(dessert)로 먹을 젤리(jelly)를 만들 건데 젤라틴이 필요해.

▶ 젤라틴만 있으면 쫀득쫀득한 젤리를 먹을 수 있는 거야?

젤리jelly /[쩨리] /[쩰리] 어육(魚肉), 과실 등의 재료를 가공(加功)하여 젤라틴(gelatine)으로 응고(凝固)시킨 것. 과일의 즙(汁)에 설탕을 넣고 끓여서 만든 과자.

▶ 난 사탕보다 쫄깃쫄깃한 젤리가 좋아.

▶ 강화도에 갔다가 인삼(人蔘) 젤리를 사 왔어요.

조깅jogging 건강을 위해서 달리는 것.

▶ 아침마다 한 시간씩 조깅을 하고 있어요.

▶ 저도 조깅을 꾸준히 해 보려고 조깅화(靴)도 샀어요.

조로아스터^교 Zoroaster敎 페르시아(Persia)의 고대(古代) 종교(宗敎).

▶ 조로아스터교는 페르시아의 예언자(豫言者)인 조로아스터가 창시(創始)했다.

▶ 조로아스터교는 불을 다른 무엇보다 신성(神聖)하게 여겼다.

***조리**ぞうり /[쪼리] Jap 발가락이 다 드러나는, 일본식(日本式) 샌들(sandal).

▶ 여름엔 발가락이 시원한 조리가 최고야.

▶ 바닷가에 가서 신으려고 조리를 샀어요.

조이^스틱joy stick 컴퓨터(computer) 화면(畵面) 조종(操縱)용 기구(器具)의 하나.

▶ 조이스틱은 게임(game) 할 때나 필요한 거 아니야?

▶ 아니야, 그래픽(graphic)을 입력(入力)할 때도 조이스틱을 사용해.

조인트joint [쪼인트] 이어 주는 것. 잇는 것.

▶ 조인트 부위가 헐겁네요.

▶ 어떤 물건이든 조인트를 잘 맞추어야 튼튼해요.

▶ 그는 이번 조인트 리사이틀에 참여(參與)하기로 했어요.

▷ 조인트 리사이틀(joint recital) : 합동(合同) 연주회(演奏會).

조커joker /[쪼커] 트럼프(trump) 패의 하나. 만능(萬能) 패.

▶ 조커만 있으면 다이아몬드(diamond)나 하트(heart)는 필요 없어.

▶ 나한테는 왜 조커가 오지 않는 걸까?

조크joke /[쪼크] 웃자고 하는 가벼운 이야기, 농담(弄談), 우스개.

▶ 그건 그냥 조크였는데 기분이 상했다면 미안해.

▶ 조크로 하는 얘기야. 신경 쓰지 마.

***존**zone 일정한 지역(地域), 구역(區域).

주

> 스쿨존에서는 차를 천천히 몰아야 해요.

> 여기가 세이프티＾존인가요?

▷ 스쿨＾존(school zone) : 학교 주변 학생 보호 구역.

▷ 세이프티＾존(safety zone) : 안전 구역.

*주zoo　동물원(動物園).

> 'Zoo coffee'라는 카페(cafe)에 가면 실제로 동물들을 볼 수 있어요

> 동물의 왕국(王國)이라고도 불리는 발리(Bali)의 주(zoo)에 다녀왔어요.

*주니어junior　연소자(年少者) / 소형(小型)의, 소규모(小規模)의.

> 주니어 복싱(boxing) 대회에 나가서 동메달(銅medal)을 땄어요

> 한국에서 제일 유명한 주니어 의류(衣類) 브랜드(brand)는 뭐야?

주스juice [주쓰]　과실(果實), 채소에서 짜낸 즙(汁).

> 주스는 당분(糖分)이 많아서 좋아하지 않아요

> 저는 아침마다 당근 주스를 마셔요

주피터Jupiter　로마(Roma) 신화(神話)에 나오는 신의 하나.

> 주피터는 제우스(Zeus)와 마찬가지로 하늘을 다스리는 신이었다.

> 주피터는 '유피테르'라고도 발음할 수 있어요

줄joule　에너지(energy)의 절대(絶對) 단위, [J].

> 에너지의 단위인 '줄'은 줄(Joule)이라는 물리학자의 이름을 따서 지어졌어요

> 1N(뉴턴)의 힘이 1m의 거리 동안 작용하는 것이 1 줄이다.

▷ 줄의 법칙(Joule＾法則) : 일정 시간 내 정상 전류(電流)가 발생시키는 줄의 양
　은 열전류(熱電流) 강도(強度)의 제곱과 도선(導線)의 저항(抵抗)에 비례(比例)한
　다는 법칙.

줌zoom　피사체(被寫體)를 확대(擴大)시키는 것.

> 줌으로 출연자(出演者)의 얼굴을 크게 잡아 주세요

> 산 지 며칠 안 된 카메라의 줌 기능(機能)이 벌써 고장 났어요

▷ 줌＾렌즈(zoom lens) : 줌 기능이 가능한 카메라의 렌즈

▷ 줌＾인(zoom in) : 줌으로 피사체를 확대시키다.

▷ 줌＾아웃(zoom out) : 확대시켰던 피사체를 원상태(原狀態)로 되돌리다.

*쥬얼리jewelry /[주얼리]　보석(寶石), 보석 장신구(裝身具).

> 그녀는 쥬얼리 디자인(design)을 공부하고 있어요

> 그녀의 보석함(寶石函)은 수많은 쥬얼리로 가득 차 있었다.

지[1]G/g[1]　영어 알파벳의 일곱 번째 글자.

　▶ 알파벳은 에이, 비, 시, 디, 이, 에프, 지, 에이치, 아이, 제이, 케이, 엘, 엠, 엔, 오, 피, 큐, 아르, 에스, 티, 유, 브이, 더블유, 엑스, 와이, 지(제트)이다.

　▷ 에이(A/a), 비(B/b), 시([씨]C/c), 디(D/d), 이(E/e), 에프(F/f), 지(G/g), 에이치(H/h), 아이(I/i), 제이(J/j), 케이(K/k), 엘(L/l), 엠(M/m), 엔(N/n), 오(O/o), 피(P/p), 큐(Q/q), 아르([알]R/r), 에스[에쓰]S/s), 티(T/t), 유(U/u), 브이(V/v), 더블유(/[떠블류]W/w), 엑스(X/x), 와이(Y/y), 지(제트Z/z).

지[1]G/g[2]　지구(地球) 중력(重力) 가속도(加速度)의 단위.

　▶ 전투기(戰鬪機) 조종사들은 9지(G) 정도도 견뎌내야 한대.

　▶ 그렇구나, 그런데 9G가 어느 정도인지는 잘 모르겠어.

*__지__[2]Z/z　영어 알파벳의 스물여섯 번째 글자.

　▶ 알파벳은 에이, 비, 시, 디, 이, 에프, 지, 에이치, 아이, 제이, 케이, 엘, 엠, 엔, 오, 피, 큐, 아르, 에스, 티, 유, 브이, 더블유, 엑스, 와이, 지(제트)이다.

　▷ 에이(A/a), 비(B/b), 시([씨]C/c), 디(D/d), 이(E/e), 에프(F/f), 지(G/g), 에이치(H/h), 아이(I/i), 제이(J/j), 케이(K/k), 엘(L/l), 엠(M/m), 엔(N/n), 오(O/o), 피(P/p), 큐(Q/q), 아르([알]R/r), 에스[에쓰]S/s), 티(T/t), 유(U/u), 브이(V/v), 더블유(/[떠블류]W/w), 엑스(X/x), 와이(Y/y), 지(제트Z/z).

지그jig　부품(部品) 가공(加工) 시, 부품 고정(固定)용 공작(工作) 기구(器具).

　▶ 지그를 제작(製作)해야 하는데 가격이 얼마나 들까요?

　▶ 지그의 종류(種類)에 따라서 가격은 천차만별(千差萬別)로 달라요

지그재그zigzag　꾸불꾸불한, 갈지자(之)형.

　▶ 오르막길을 오를 때 지그재그 방향으로 올라가면 힘이 덜 든대요

　▶ 저 사람 좀 봐. 술에 취해서 지그재그로 걷고 있어.

지디피GDP　국내총생산(國內總生産).

　▶ 한국의 올해 GDP는 얼마나 될까?

　▶ GDP로 국가(國家)의 경제(經濟) 수준(水準)을 알 수 있어요

　▷ Gross Domestic Product.

지르코늄zirconium　은백색의 희귀 금속(金屬) 원소(元素)의 하나.

　▶ 지르코늄은 어디에 써요?

　▶ 지르코늄은 원자로(原子爐)를 만드는 데 주로 쓰여요

　▷ 지르콘(zircon) : 지르코늄의 규산염(硅酸塩) 광물(鑛物).

지엔피

지엔피GNP　국민총생산(國民總生産).
> ▶ GDP와 GNP는 어떻게 달라?
> ▶ GDP는 국내총생산(國內總生産)량을 말하고, GNP는 국민총생산량을 말하지.
> ▷ Gross National Product.

지엠티GMT　그리니치(Greenwich) 표준시(標準時).
> ▶ GMT는 국제(國際)표준시(標準時)의 약자(略字)이다.
> ▶ 제 시계에는 GMT 계산 기능(機能)이 있어서 다른 나라의 시간도 알 수 있어요
> ▷ Greenwich Mean Time.

지퍼zipper /자꾸　의류(衣類)나 가방의 여닫이용 물건.
> ▶ 가방 지퍼가 열렸는데 내가 닫아 줄까?
> ▶ 물기 있는 간식을 포장할 때에 지퍼백을 이용하면 좋아요
> ▷ 지퍼＾백(zipper-bag) : 밀폐형 비닐(vinyl) 백.

지프jeep /[찝]　사륜(四輪) 구동(驅動) 자동차의 통칭(通稱).
> ▶ 험한 길을 갈 때에는 지프 차량(車輛)을 이용하는 게 좋아요
> ▶ 앞서 가던 지프가 갑자기 멈추었다.

지피에스GPS [지피에쓰]　위성(衛星)을 이용한 지리(地理) 정보(情報) 제공(提供) 장치(裝置).
> ▶ GPS가 고장 나서 길을 찾기가 너무 힘들었어.
> ▶ GPS가 있으니까 잘 찾아갈 수 있을 거야.
> ▷ Global Positioning System.

직소＾퍼즐jigsaw＾puzzle　조각 그림 맞추기.
> ▶ 직소퍼즐 맞추기에 도전했다가 포기하고 말았어요
> ▶ 휴대폰(phone)으로 찍은 사진을 직소퍼즐로 만들어 주는 프로그램(program)도 있대요

진[1]gin　옥수수 · 보리 · 호밀을 원료(原料)로 한, 양주(洋酒)의 하나.
> ▶ 럼주(rum酒)와 진, 보드카(vodka)까지 모든 주류(酒類)를 판매합니다.
> ▶ 진은 처음에는 술이 아니라 약(藥)으로 사용했대요
> ▷ 진＾피즈(gin fizz) : 진으로 만든 칵테일(cocktail)의 하나.

진[2]jean　청바지.
> ▶ 여름에도 역시 진이 시원해 보이고 좋지.
> ▶ 나는 계절 구분 없이 입을 수 있는 평범한 진이 좋아.

진저ginger　생강(生薑) 또는 생강가루.

▸ 내가 직접 만든 진저 브레드(bread)야.

▸ 레몬(lemon)진저 차(茶)를 마실래요? 향(香)이 아주 좋아요.

진저^에일ginger ale   생강(生薑)이 들어간 청량음료(淸凉飮料)의 하나.

▸ 진제에일 마셔본 적 있어?

▸ 상큼하고 톡 쏘는 생강 아이스^티(ice tea)를 말하는 거지?

***집^코드**zip-code   우편번호(郵便番號).

▸ 집 코드를 쓰셔야 우편물이 빠르게 배달됩니다.

▸ 집 코드를 모르면 인터넷(internet)으로 찾아보세요.

징고이즘jingoism   광신적(狂信的), 호전적(好戰的)인 애국주의(愛國主義).

▸ 징고이즘은 극단적(極端的)인 외교정책(外交政策)을 만들어낸다는 비판(批判)을 받는다.

▸ 이곳에서 징고이즘에 빠진 단체(團體)들의 극렬한 시위(示威)가 일어났다.

징크스jinx   불운(不運), 재수 없는 일이나 물건, 상황(狀況) 따위.

▸ 보통 시험 전에 머리를 감으면 시험을 망친다는 징크스가 있어요.

▸ 그는 징크스 때문에 경기(競技) 전에는 절대로 커피(coffee)를 먹지 않는대요.

***쨈**jam   과일과 설탕으로 만든 음식 → 잼.

▸ 버터(butter) 바른 빵을 좋아해요?

▸ 버터는 싫어요. 치즈(cheese)나 쨈을 발라 주세요.

***찌라시**散らし **Jap**   길거리에 뿌리는 광고(廣告) 전단지(全段紙).

▸ 요즘에는 음란한 내용의 찌라시가 많아서 걱정이에요.

▸ 증권가(證券街)의 찌라시는 도저히 믿지 못하겠어요.

ᐧᐧᐧᐧ ㅊ ᐧᐧᐧᐧ

차도르chador [Hin] 북부(北部) 인도(India) · 이란(Iran) 등지(等地)의 여성들이 외출(外出)시에 얼굴을 가리기 위해서 쓰는 것.

▶ 차도르를 쓴 걸 보니 인도에서 온 여자인가 봐.

▶ 이슬람(Islam) 여성들은 코란(Koran)의 가르침에 따라 차도르를 쓰고 다닌다.

차이나타운Chinatown 중국(中國) 외(外)의 지역(地域)에 만든 중국인의 생활 도시(都市). 중국식 거리.

▶ 인천에 있는 차이나타운에 가서 중국 요리를 먹었어요

▶ 차이나타운에 가니까 마치 중국에 온 것 같아서 좋았어요

*__차지(하다)__charge[1] 축구 경기(競技)에서 선수(選手)끼리 하는 몸싸움. 차징(charging).

▶ 축구 경기에서는 차지하는 요령(要領)을 잘 모르면 바로 반칙(反則)이 되기 쉬어요

*__차지(하다)__charge[2] 대금(代金)을 지불(支拂)하다.

▶ 이 물건을 사고 싶은데 차지는 어떻게 하면 되나요?

*__차지(하다)__charge[3] 배터리를 충전하다.

▶ 배터리를 차지하는 데에 시간이 많이 걸린다.

차징charging 축구 · 농구에서, 공을 몰고 있는 상대방을 몸으로 부딪치는 일.

▶ 그와 차징을 붙기에는 네 몸이 너무 작아.

▶ 차징을 제대로 붙으려면 요령(要領)을 알아야 해요

▷ 차지(charge).

차트chart 도면(圖面) / 일람표(一覽表).

▶ 차트를 보면서 설명을 드릴게요

▶ 이 차트는 수치(數値)가 잘못된 것 같아요

*__찬스__chance [찬쓰] /[챈쓰] 기회(機會), 호기(好機).

▶ 이건 정말 좋은 찬스예요 놓치지 마세요

▶ 이런 찬스를 잡다니, 그는 정말 행운아(幸運兒)야.

채팅chatting 컴퓨터(computer)나 휴대(携帶)용 기기(器機)의 네트워크(network)를 통해서 나누는 대화.

322

▶ 근무(勤務) 시간에는 채팅을 하지 마세요.

▶ 그 친구는 채팅으로만 사람들을 만나서 걱정이에요.

챔피언champion /챔피온 /[참피언] /참피온 우승자(優勝者), 선수권(選手權) 보유자(保有者).

▶ 그는 올림픽(Olympic)에서 금메달(金medal)을 2번이나 딴 챔피언이에요.

▶ 그녀는 챔피언의 자리에 오르기 위해서 단 하루도 쉬지 않았다.

*챕터chapter 단원(單元).

▶ 오늘 공부할 곳은 챕터 투(two)입니다.

▶ 선생님, 이 책은 챕터가 너무 많아요. 다른 책으로 공부하면 안 될까요?

체스chess [체쓰] 서양식(西洋式) 장기(將棋).

▶ 심심한데 체스나 한판 할래?

▶ 체스는 잘 못하니까 장기나 한판 두자.

▷ 체스보드(chessboard) : 체스 판.

*체어chair 의자.

▶ 소파(sofa)와 체어와 테이블(table)을 모두 새로 구입했어요.

▶ 기능성 체어를 사려고 하는데 전문점(專門店)이 어디에 있는지 아세요?

*체어맨chairman 회의의 의장.

▶ 여성 의장도 있을 수 있는데 왜 체어맨이라는 말을 쓸까요?

▶ 예전에는 주로 남성 의장이 많았으니 체어맨이라는 말을 썼겠지요.

체인chain 사슬, 연쇄(連鎖), 계열(系列).

▶ 겨울에는 폭설(暴雪)에 대비(對備)해서 항상 차에 체인을 싣고 다녀야 해요.

▶ 혼자서 하는 장사는 잘 안 되네요. 이제는 체인점을 내볼까 해요.

▷ 체인점(chain店) : 공동관리(共同管理) 판매(販賣) 방식(方式)의 소매점(小賣店). 연쇄점(連鎖店).

*체인지change 바꾸다, 교환(交換)하다 / 변하다.

▶ 이 신발이 그렇게 갖고 싶으면 네 모자와 체인지하는 게 어때?

▶ 그의 인생은 그 후로 완전히 체인지되었다.

▷ 체인지업(change-up) : 야구에서, 투수가 타자의 타이밍(timing)을 뺏기 위해서 던지는 투구법(投球法)의 하나.

체크(하다)check /[첵] 표시(標示)하다, 확인(하다) / 격자(格子)무늬.

▶ 제 이름이 있는지 체크하셨어요?

▶ 그 체크무늬 남방 참 예쁘다.

체크^리스트

체크^리스트checklist   어떤 일의 자가(自家) 점검표(點檢表), 대조표(對照表).
  ▶ 출발하기 전에 빼놓은 물건이 없는지 반드시 체크리스트를 확인하세요
  ▶ 아직 체크리스트도 작성하지 못했는데 어쩌지요?
체크^아웃check-out   숙박료(宿泊料) 계산 후 호텔(hotel) 방을 비워 주는 것 ↔ 체크인.
  ▶ 숙박료는 체크아웃할 때 지불해 주세요
  ▶ 보통 호텔에서의 체크아웃 시간은 몇 시쯤인가요?
체크^인check-in   호텔(hotel) 투숙(投宿), 항공권(航空券) 탑승(搭乘) 확인, 회의 참석(參
  席) 확인 등의 행위 ↔ 체크아웃.
  ▶ 체크인 먼저 하고 가방을 두고 나갑시다.
  ▶ 체크인을 하기 위해서는 공항(空港)에 조금 일찍 도착하셔야 합니다.
체크^카드check card   개인 신용(信用) 카드의 하나.
  ▶ 요즘에는 신용카드보다 체크카드를 많이 사용해요
  ▶ 체크카드를 사용하면 과소비(過消費)를 줄이는 데 도움이 돼요
첼로cello   바이올린(violin) 모양으로 생긴 현악기(絃樂器)의 하나.
  ▶ 그의 전공(專攻)은 첼로이지만 그는 바이올린 연주(演奏)도 잘해요
  ▶ 넌 여전히 첼리스트가 되고 싶니?
  ▷ 첼리스트(cellist) : 첼로 연주자.
*초이스(하다)choice [초이쓰]   선택(하다).
  ▶ 어떤 초이스든 난 상관없어요
  ▶ 현명한 초이스를 하기 위해서 그는 오랜 시간 동안 고심(苦心)했다.
초콜릿chocolate /초콜렛 /[쪼꼬렛]   초콜릿 과자.
  ▶ 넌 그렇게 초콜릿을 하루 종일 먹어도 괜찮니?
  ▶ 몰라. 아무래도 달콤한 초콜릿 맛에 중독(中毒)된 것 같아.
초크 chalk   분필(粉筆) / 당구(撞球) 큐(cue) 끝에 바르는 것.
  ▶ 초크는 옷을 만들 때 사용해요
  ▶ 당구를 칠 때에는 초크를 발라서 큐(cue)가 미끄러지지 않도록 해야 해.
*추로스Churros [추로쓰] /츄러스 /추러스 Esp   스페인(Spain) 전통 음식의 하나. 긴 막대
  모양의 달콤한 과자류.
  ▶ 놀이공원에서는 역시 추로스를 먹어 줘야 해.
  ▶ 근데 저는 추로스는 너무 달아서 많이 못 먹겠어요
추리닝training /츄리닝   운동복의 잘못된 발음.

▸ 추리닝 차림으로 어디가?

▸ 동네 슈퍼(supermarket)에 가는데 추리닝 차림이면 어때?

▷ 트레이닝복(training服).

*츠나미Tsunami `Jap` 기상(氣象) 이변(異變)으로 발생하는 거대(巨大) 해일(海溢) 또는 그것과 같은 → 쓰나미.

▸ 츠나미는 그곳 주민들에게 엄청난 재앙(災殃)을 가져왔다.

▸ 그의 연기를 보고 있으니, 감동의 츠나미가 밀려와서 도저히 눈물을 참을 수 없었다.

치즈cheese 소젖, 양젖 등으로 만든 발효식품(醱酵食品)의 하나.

▸ 이건 치즈가 듬뿍 들어간 맛있는 샌드위치(sandwich)야.

▸ 치즈와 베이컨(bacon)만 있으면 맛있는 아침 식사를 만들 수 있어요

치킨chicken 튀김 닭, 통닭, 프라이드^치킨(fried-chicken).

▸ 치킨을 먹을까 삼계탕(蔘鷄湯)을 먹을까?

▸ 더워도 역시 국물이 있는 삼계탕이 몸에 좋지.

치킨^커틀릿chicken+cutlet /치킨까스 닭고기에 빵가루를 입혀서 기름에 튀긴 음식.

▸ 오늘 점심에는 치킨커틀릿을 먹을 거야.

▸ 그래 넌 치킨커틀릿을 먹어. 난 그냥 김밥을 먹을게.

치타cheetah 고양잇과에 속하는 표범의 일종.

▸ 치타가 빠를까 사자가 빠를까?

▸ 치타가 더 빠를 것 같아.

침팬지chimpanzee [침팬치]/[침빼찌] 유인원(類人猿) 과(科)의 원숭이.

▸ 침팬지가 하는 짓을 보면 마치 사람 같아.

▸ 침팬지는 사람과 가장 유사한 동물이라잖아.

칩chip 잘게 썬 것 또는 작은 조각. 노름판에서 돈으로 사용하는 것.

▸ 나는 과자 중에서는 포테이토(potato)칩을 제일 좋아한다.

▸ 이번 판에는 돈을 더 걸고 싶은데 칩이 부족하네요

▸ 휴대전화에 들어가는 칩이 하나 고장 났다고 하네요

•••• ㅋ ••••

카나리아canaria   종달새와 비슷하게 생긴 관상(觀賞)용 새.
- ▶ 카나리아가 우는 소리 들어봤어요?
- ▶ 카나리아는 특히 수컷의 목소리가 아름다워요.

카나페canapé /[까나페] Fra   구운 식빵에 생선, 고기 등을 얹어서 만든 음식.
- ▶ 오늘 점심은 카나페로 간단하게 먹었어.
- ▶ 집에 있는 재료로 간단하게 카나페를 만들어 먹을 수 있어요.

카네이션carnation   어버이날에 부모님께 선물하는 관상(觀賞)용 꽃의 하나.
- ▶ 부모님께 달아드릴 카네이션을 샀어요.
- ▶ 선물 없이 카네이션만 드리면 서운해 하실 거야.

카논canon [캐논]   악곡(樂曲)의 한 형식.
- ▶ 오늘은 저녁 내내 카논 연주곡을 들었어요.
- ▶ 카논 연주(演奏)곡을 야외에서 들으니 느낌이 다르네요.

카농^포cannon砲   원거리(遠距離) 사격(射擊)용 대포(大砲) → 캐넌포
- ▶ 카농포를 연구해 보니까 정말 종류가 다양하더라고요.
- ▶ 카농포의 위력(威力)이 어느 정도인지 궁금해요.

카누canoe   나무껍질과 짐승 가죽, 갈대 등으로 만든 작은 배.
- ▶ 여기서는 늘 카누를 타고 이동해야 해서 여간 불편한 게 아니에요.
- ▶ 카누를 탈 때에는 중심을 어떻게 잡지요?

카니발carnival   연극(演劇)과 놀이를 하면서 즐기는 큰 축전(祝典).
- ▶ 카니발의 유래(由來)에 대해 알아요?
- ▶ 잘 모르겠어. 카니발은 나라와 지역에 따라서 서로 다른 풍습(風習)을 갖고 있거든.

*****카달로그**catalogue   상품 안내 책자(冊子) → 카탈로그.
- ▶ 카달로그를 보시고 마음에 드는 디자인(design)을 말씀해 주세요.
- ▶ 차는 비싸서 못 사고 그냥 카달로그만 가지고 나왔어요.

카덴차cadenza /[카덴자] Ita   연주회(演奏會)나 공연(公演)에서 독주(獨奏)자 또는 독창(獨唱)자가 기교(技巧)를 부리는 부분.

▶ 그는 1악장 카덴차에서 아름다운 바이올린 선율(旋律)을 들려주었다.

▶ 그가 직접 작곡(作曲)하고 연주하는 카덴차를 기대해 보세요.

카드card[1] 신용카드.

▶ 계산은 카드로 할게요.

▶ 이번 달엔 카드를 너무 많이 쓴 것 같아서 걱정이야.

카드card[2] 카드놀이의 패.

▶ 조커(joker) 카드는 누구에게 갔을까?

▶ 내게 온 카드는 온통 다이아몬드(diamond) 카드뿐이야.

카드card[3] 간단한 메모(memo)용 작은 용지.

▶ 그에게 감사 인사의 카드라도 써야겠어요.

▶ 생일 축하 카드를 써서 선물 속에 넣었다.

카드card[4] 자료 정리용 표.

▶ 그의 신상(身上) 기록 카드를 확인할 수 있을까요?

▶ 우리 아이의 성장(成長) 기록 카드를 보여 드릴게요.

카드card[5] 방법 또는 수단(手段).

▶ 그는 드디어 비장(秘藏)의 카드를 내놓았다.

▶ 그가 그렇게 나온다니 저도 마지막 카드를 꺼낼 수밖에 없군요.

카드card[6] 전자기계의 회로(回路) 판.

▶ 모니터(monitor)와 그래픽(graphic) 카드를 연결하는 케이블(cable)을 점검해 보세요.

▶ 음악을 들으려면 사운드(sound) 카드를 설치하세요.

카드뮴cadmium 아연(亞鉛)과 유사(類似)한 청백색(靑白色) 금속(金屬) 원소(元素).

▶ 카드뮴 중독(中毒)을 치료할 수 있는 방법이 나왔대.

▶ 카드뮴 중독의 대표적인 병이 바로 일본의 '이타이이타이병(itai itai病)'이야.

카드^섹션card section /[카드쎅썬] 카드를 이용한 응원(應援) 방법.

▶ 그들이 준비한 카드 섹션은 정말 환상적(幻想的)이었다.

▶ 응원이 시작되자 각 나라의 국기(國旗)가 카드 섹션으로 펼쳐졌다.

카디건cardigan /가디건 단추가 달린 털 스웨터(sweater).

▶ 빨간 카디건을 입은 저 여자 누구야?

▶ 그녀가 입고 있는 카디건은 정말 따뜻해 보이네요.

*__카라멜__caramel 구운 설탕 → 캐러멜.

카라반

　　▶ 어린 아이들에게 카라멜을 너무 많이 주지 마세요.
　　▶ 비가 오니까 따뜻한 카라멜 마키아토(macchiato)가 너무 먹고 싶어요.
카라반caravane `Fra`　사막(沙漠) 지역(地域)의 상인(商人).
　　▶ 그를 보면 사막의 카라반이 생각나.
　　▶ 카라반은 낙타나 말에 짐을 싣고 다니며 물건을 팔았어요.
카라비너Karabiner `Ger`　암벽(岩壁) 등반(登攀) 시에, 암벽에 박은 하켄(Haken)과 등산 밧줄을 연결하는 강철(鋼鐵) 고리.
　　▶ 등반을 하기 전에 카라비너를 잘 연결하는 방법을 배워 두려고 해요.
　　▶ 튼튼한 등반용 카라비너부터 새로 구입하세요.
카레curry /[커리]　인도산(産) 향신료(香辛料)의 하나 또는 그것으로 만든 요리. 카레라이스
　　▶ 이 근처에 인도(India) 카레를 전문으로 하는 식당이 있어요.
　　▶ 카레라이스에 김치를 얹어서 밥 한 그릇을 순식간에 비웠다.
　　▷ 카레^라이스(curried rice) : 인도 요리의 하나.
***카렌다**calendar /[칼렌다]　달력 → 캘린더.
　　▶ 내년 카렌다가 벌써 나왔어요?
　　▶ 멋진 카렌다를 선물로 받으면 기분이 좋아져요.
카로틴carotin　섭취(攝取) 시 비타민(vitamin) A로 바뀌는, 당근이나 고추 등에 많이 들어 있는 탄수화물의 하나.
　　▶ 카로틴이 많이 들어있는 음식이 뭐야?
　　▶ 카로틴은 당근이나 고추에 많이 들어있대.
카르스트^지형 Karst地形　석회암(石灰巖) 대지(臺地)에 발달한 특유(特有)한 지형(地形)의 하나.
　　▶ 이게 바로 말로만 듣던 카르스트 지형이구나.
　　▶ 카르스트 지형은 석회암 지역에서 잘 나타나지요.
카르텔Kartell `Ger`　독점(獨占) 형태의 기업 연합(聯合).
　　▶ 카르텔은 한국말로 ‘기업연합’이라고도 해요.
　　▶ 한국 시장을 노리고 있는 국제 카르텔에 대한 기사가 났네요.
카리스마charisma　절대적인 권위(權威), 위엄(威嚴)이 있는 것.
　　▶ 리더(leader)는 카리스마가 있어야지.
　　▶ 그의 카리스마에 눌려서 아무 말도 할 수가 없었어.

카메라camera 사진기 또는 비디오(video) 촬영(撮影)용 기기(器機).
- ▶ 여행을 가려고 하는데 카메라가 고장 났어.
- ▶ 내 디지털(digital) 카메라를 빌려 줄게.

카메오cameo /까메오 [Lat] 유명(有名)인이 어떤 극중에서 단역(端役)으로 잠깐 등장(登場)하는 것.
- ▶ 영화 주인공의 실제 부인이 카메오로 출연한다면서요?
- ▶ 그녀의 카메오 출연에 모든 관객이 깜짝 놀랐다.

카멜레온chameleon /[까멜레온] 주변 환경에 따라서 피부색이 변하는, 도마뱀 모양의 파충류(爬蟲類).
- ▶ 카멜레온이 피부색이 변하는 걸 실제로 봤어요
- ▶ 그의 카멜레온 같은 매력(魅力)에 푹 빠졌어.

***카바(하다)**cover 어떤 것의 덮개, 싸개, 표지, 가리개 / 대신 막아 주다. 엄호(掩護)하다 → 커버.
- ▶ 침대 카바가 더러워졌어요. 빨리 빨아야 하겠어요
- ▶ 이 문제는 내가 카바해 줄 테니 넌 일이나 열심히 해.

카바레cabaret [Fra] 공연(公演) 무대와 댄스홀(dance hall)이 있는 술집.
- ▶ 넌 아직 어린데도 벌써부터 카바레에 다니니?
- ▶ 저는 춤을 잘 못 춰서 카바레에 가는 게 걱정돼요

카바이드carbide 탄화(炭火) 칼슘(calcium)의 상품명(商品名).
- ▶ 포장마차(布帳馬車)의 카바이드 불빛 아래 마주 앉았다.
- ▶ 덜 익은 과일은 카바이드로 익힌다는데 괜찮은가요?

***카보이**cowboy 미국(美國) 서부(西部) 지역(地域)에서 말을 타고 소를 모는 일을 하는 남자. 목동(牧童) → 카우보이.
- ▶ 카보이처럼 보이는 저 사람은 누구야?
- ▶ 저 사람은 미국(美國)의 목장에서 온 진짜 카보이에요

카본carbon 탄소(炭素).
- ▶ 카본은 자연에 4번째로 많이 존재하는 비금속(非金屬) 원소(元素)이지요
- ▶ 그 회사는 카본을 수입(輸入)해서 가공(加功)하는 회사야.

카뷰레터carburetor /카부레타 자동차의 기화기(氣化器).
- ▶ 제 차가 이상해요. 아마 카뷰레터가 고장인가 봐요
- ▶ 카뷰레터는 액체(液體) 연료를 기체(氣體)로 만들어 주는 장치입니다.

카빈^총

카빈^총carbine銃 /칼빈   육군(陸軍)이 사용하던 옛날 소총(小銃)의 한 종류.
  ▶ 은행 강도(强盜)들은 카빈총으로 사람들을 위협(威脅)했다.
  ▶ 경찰들은 카빈총을 들고 달아난 범인(犯人)을 찾고 있다.

카세인casein /카제인   우유 속에 함유(含有)된 단백질의 하나.
  ▶ 우유 속에 들어있다는 카세인이 하는 일이 뭐예요?
  ▶ 카세인은 우리 몸속에 아미노산(amino酸)을 꾸준히 공급(供給)해 줍니다.

카세트cassette /[카쎄트]   카세트테이프(tape) 또는 카세트테이프리코더(recorder).
  ▶ 할머니는 오래된 카세트를 아직도 가지고 계세요.
  ▶ 이번 기회에 카세트를 버리고 오디오(audio) 세트(set)를 사자.

카^센터car+center /카쎈타   자동차 수리(修理), 정비(整備) 업소.
  ▶ 카센터에 들러서 자동차 엔진(engine) 오일(oil)을 갈아야 하겠어요.
  ▶ 주변에 카센터가 없으면 긴급(緊急)출동(出動) 서비스(service)를 이용하세요.

***카스타드**custard   크림(cream)이 들어 있는 빵 같은 과자의 일종 → 커스터드.
  ▶ 카스타드를 너무 많이 먹었나봐. 속이 느끼해.
  ▶ 카스타드를 한꺼번에 다섯 개나 먹으니까 그렇지.

카^스테레오car+stereo   자동차 오디오(audio) 장치(裝置).
  ▶ 새로 산 카스테레오의 음질(音質)이 좋지 않은 것 같아.
  ▶ 카오디오 전문점(專門店)에 가서 에이에스(After Service)를 받아봐.

카스텔라castella `Por` /[카스테라]   빵의 일종. 스펀지(sponge)처럼 부드러운 빵.
  ▶ 부드러운 카스텔라가 입에서 사르르 녹았다.
  ▶ 너무 바빠서 카스텔라와 우유밖에 못 먹었어.

카스트caste   인도(India)의 신분제도(身分制度).
  ▶ 계급으로 신분을 나누는 카스트 제도는 불평등(不平等)한 제도(制度)야.
  ▶ 인도 사람들은 왜 카스트 제도에 반발(反撥)하지 않았을까?
  ▷ 브라만(Brahman), 크샤트리아(Kshatrya), 바이샤(Vaisya), 수드라(Sudra).

카시오페이아^자리 Cassiopeia^ /카시오페아   북쪽 하늘의 별자리의 하나.
  ▶ 카시오페이아자리는 어떤 모양이야?
  ▶ 카시오페이아자리는 'w'자 모양이야. 북두칠성의 맞은편에 있어.

카약kayak   이누잇(Inuit)족(에스키모(Eskimo)인)의 가죽 배. 카누(canoe) 경기(競技)의
  하나.
  ▶ 이 근처에 카약을 타기에 좋은 곳이 있을까요?

▶ 저는 여름이면 더위를 식히기 위해서 카약을 타요.

카오스chaos [카오쓰] 혼돈(混沌)과 무질서(無秩序) 상태 ↔ 코스모스cosmos.

▶ 우주가 발생하기 이전(以前)의 상태를 카오스라고 해요.

▶ 카오스 상태는 정말 상상하기가 어렵네요.

카우보이cowboy /카보이 미국(美國) 서부(西部) 지역(地域)에서 말을 타고 소를 모는 일을 하는 남자. 목동(牧童).

▶ 너 오늘 차림새가 카우보이 같아.

▶ 영화에서나 보던 카우보이를 실제로 보니 어땠어?

카운슬러counselor /[카운쓸러] /[카운쎌러] 상담(相談) 전문가(專門家), 상담자.

▶ 그는 미국에서 카운슬러로 일하고 있어요.

▶ 카운슬러가 되기 위해서 다시 공부를 시작하려고 해요.

▷ 카운슬링(counseling) : 조언(助言), 상담해 주는 것.

카운터counter 가게, 상점(商店)의 계산(計算)대 또는 계산하는 사람.

▶ 하루 종일 카운터에 서 있었더니 다리가 부었어.

▶ 계산은 카운터에서 해 드릴게요.

카운터블로counterblow 상대편에게 치명적(致命的)인 강력(强力)한 펀치. 카운터펀치.

▶ 카운터블로를 맞은 그는 정신을 잃고 쓰러졌다.

▶ 이번 게임에서는 카운터블로로 승부(勝負)를 걸 거야.

카운터펀치counterpunch 상대편에게 치명적인 강력한 펀치(punch). 카운터블로(blow).

▶ 그는 상대를 향해서 카운터펀치를 날렸다.

▶ 그가 날린 카운터펀치에 상대가 쓰러졌다.

카운트(하다)count 수(數)를 세다. 계산(計算)하다.

▶ 이곳에 온 사람이 몇 명인지 카운트해 주세요.

▶ 공연(公演)을 10초 앞두고 드디어 카운트다운에 들어갔다.

▷ 카운트다운(countdown) : 마지막 점검. 시작하는 순간까지 거꾸로 수를 세는 것.

카이저^수염 Kaiser鬚髯 양 끝이 위로 말려 올라간 콧수염 모양.

▶ 나도 카이저수염을 한번 길러보고 싶어.

▶ 카이저수염은 아무한테나 어울리는 게 아니야.

*카제인casein 우유 속에 함유(含有)된 단백질의 하나 → 카세인.

▶ 우유 속에 들어있다는 카제인이 하는 일이 뭐예요?

▶ 카제인은 우리 몸속에 아미노산(amino酸)을 꾸준히 공급해 줍니다.

카지노

카지노casino `Ita` 아주 큰 규모(規模)의 유흥(遊興) 시설을 갖춘 도박장(賭博場).
> ▶ 그는 틈만 나면 카지노에 드나들었다.
> ▶ 그 사건은 카지노 업계(業界)에도 악영향(惡影響)을 끼쳤다.

카카오cacao `Esp` 코코아(cocoa)의 원재료(原材料)가 되는 카카오 열매 또는 그 나무.
> ▶ 초콜릿(chocolate)은 무엇으로 만들기에 이렇게 맛있을까?
> ▶ 초콜릿은 카카오 열매로 만드는 거야.

***카타**cutter 자르는 사람 또는 기기(器機), 커터(cutter) 칼 → 커터.
> ▶ 색연필을 깎아야 하는데 카타 칼 있어?
> ▶ 카타라면 아마 내 필통 안에 있을 거야.

카타르시스catharsis [카타르시쓰] /[카타르씨쓰] `Gre` 극적(劇的)인 감정(感情) 해소(解消) 또는 마음의 정화(淨化).
> ▶ 마지막 장면에서 난 진정한 카타르시스를 느꼈어.
> ▶ 이 시를 읽는다면 너도 카타르시스를 경험할 수 있을 거야.

카타스트로프catastrophe `Fra` 재앙(災殃), 대변동(大變動), 파국(破局).
> ▶ 이렇게 빨리 카타스트로프가 닥친 이유가 뭘까?
> ▶ 그 소설은 카타스트로프를 잘 묘사(描寫)한 수작(秀作)이다.

카타콤catacomb 기독교(基督教)의 옛 지하(地下) 묘지(墓地).
> ▶ 이탈리아 성지순례(聖地巡禮)를 갔을 때 카타콤도 방문했어요?
> ▶ 카타콤은 은신처(隱身處)로 이용되기도 했다.

카탈로그catalogue /[카달로그] 상품(商品) 안내 책자(冊子).
> ▶ 카탈로그를 보시고 마음에 드는 디자인(design)을 말씀해 주세요
> ▶ 차는 비싸서 못 사고 카탈로그만 가지고 나왔어요

카테고리category 분류(分類) 범주(範疇).
> ▶ 카테고리별(別)로 묶어놓지 않아서 이 자료는 보기가 너무 힘드네요
> ▶ 제가 카테고리별로 묶어서 다시 정리할게요

***카톨릭**catholic 가톨릭 종교 → 가톨릭.
> ▶ 카톨릭 대학교에는 카톨릭 신자(信者)들만 들어갈 수 있나요?
> ▶ 아니에요 그렇지 않아요 카톨릭 대학교는 타종교(他宗教)도 존중(尊重)해요

카투사KATUSA [카츄사] 주한(駐韓) 미군(美軍) 소속 한국 군인(軍人).
> ▶ 영어를 잘하시네요
> ▶ 제가 카투사 출신(出身)이거든요

▷ Korean Augmentation Troops to United States Army.

카툰cartoon　정치(政治), 사회 등의 시사(時事)를 풍자(諷刺)한 짧은 만화(漫畫).

　▶ 그는 5년째 같은 신문에 카툰을 연재(連載)하고 있어요.

　▶ 그의 카툰은 깊은 의미를 담고 있어요.

카트cart　작은 손수레 또는 골프(golf)용 수레 차(車).

　▶ 저는 마트(mart)에 갈 때마다 카트를 가득 채울 만큼 많은 물건을 사요.

　▶ 저기 가서 카트 좀 끌고 와요.

카파kappa　Gre　그리스(Greece) 자모(字母)의 열 번째 문자(文字) → 그리스문자.

　▷ Α/α알파, Β/β베타, Γ/γ감마, Δ/δ델타, Ε/ε엡실론, Ζ/ζ제타, Η/η에타, Θ/θ세타, Ι/ι요타, Κ/κ카파, Λ/λ람다, Μ/μ뮤, Ν/ν뉴, Ξ/ξ크시/크사이, Ο/ο오미크론, Π/π파이, Ρ/ρ로, Σ/σ시그마, Τ/τ타우, Υ/υ입실론, Φ/φ피, Χ/χ키, Ψ/ψ프시/프사이, Ω/ω오메가.

카퍼레이드car parade　자동차 행진(行進).

　▶ 카퍼레이드의 행렬(行列)에 모든 사람들이 박수를 보냈다.

　▶ 그의 승리(勝利)를 기념(記念)하기 위해서 카퍼레이드를 하면 어떨까?

카페café /까페　Fra　여러 종류의 커피(coffee), 차, 간단한 케이크(cake) 등을 파는 가게.

　▶ 그는 퇴근길에 늘 카페에 들러서 커피를 산다.

　▶ 여자들은 왜 그렇게 카페에 가는 걸 좋아해요?

카페인caffeine　커피(coffee) 또는 카카오(cacao), 차 등에 함유(含有)되어 있는 중독성(中毒性) 성분.

　▶ 카페인을 너무 많이 섭취(攝取)했나봐. 잠이 안 와.

　▶ 커피뿐만 아니라 녹차나 홍차에도 카페인이 들어있대.

카페테리아cafeteria /까페테리아　Esp　간이식당(簡易食堂).

　▶ 점심은 카페테리아에서 간단하게 해결합시다.

　▶ 이 근처에도 카페테리아가 있나요?

카펫carpet /[카페트]　양탄자, 융단(絨緞).

　▶ 카펫을 새로 깔고 손님 맞을 준비를 했다.

　▶ 새로 산 비싼 카펫에 커피(coffee)를 쏟고 말았어.

카폰car phone　자동차 안에 설치(設置)된 전화.

　▶ 휴대폰이 있는데 카폰은 왜 필요해?

　▶ 휴대폰이 없던 시절에 그는 카폰의 도움을 많이 받았어요.

카^풀(하다)car pool 출퇴근(出退勤) 시에 승용차를 함께 타는 것. 함께 타기.
- ▶ 저랑 카풀하실래요?
- ▶ 카풀제의 실시로 교통난이 조금은 완화(緩和)되었다고 해요
- ▷ 카풀^제(car pool制) : 카풀을 하는 제도

카프KAPF 조선(朝鮮)프롤레타리아(prolétariat) 예술가(藝術家) 동맹(同盟).
- ▶ 저는 카프 작가들의 작품(作品)에 관심이 많아요
- ▶ 저도 대학교에 다닐 때에 카프 소속 작가들의 작품을 많이 읽었어요
- ▷ Korea Artista Proleta Federatio.

카피(하다)copy[1] 복제(複製)(하다), 복사(複寫)(하다).
- ▶ 네 프린트(print) 좀 카피해도 될까?
- ▶ 모든 자료를 카피해서 가져 오세요

카피(하다)copy[2] 광고(廣告) 문안(文案).
- ▶ 그는 지금 좋은 카피가 떠오르지 않아서 스트레스(stress)를 받고 있어요
- ▶ 요즘 광고에는 기발(奇拔)한 카피가 참 많아요
- ▷ 카피^라이터(copywriter) : 광고 문안 작성자(作成者).

칵테일cocktail 양주(洋酒)에 이것저것 섞어 만드는 혼합(混合) 술.
- ▶ 부장님의 승진(昇進)도 기념할 겸 칵테일파티를 여는 게 어때요?
- ▶ 칵테일 한 잔에 그렇게 취하다니.
- ▷ 칵테일^파티(cocktail party) : 칵테일을 마시면서 즐기는 연회(宴會).

칸델라kandelaar /[칸데라] Net 휴대(携帶)용 석유등(石油燈).
- ▶ 어두운 밤길을 칸델라 불빛에 의지(依支)해서 겨우 걸음을 옮겼다.
- ▶ 그는 칸델라를 들고 늦은 시간까지 당신을 기다렸어요

칸초네canzone /[깐쪼네] Ita 쉽고 경쾌(輕快)한 이탈리아(Italia) 대중(大衆) 가곡(歌曲).
- ▶ 비 오는 날에 듣는 칸초네는 또 다른 매력(魅力)이 있지요
- ▶ 여름은 나폴리(Napoli) 칸초네를 듣기에 정말 좋은 계절(季節)이에요.

칸타타cantata Ita 짧은 성악곡(聲樂曲)의 하나.
- ▶ 그는 이번 공연(公演)에서 바흐(Bach)의 칸타타를 연주(演奏)한다.
- ▶ 성탄(聖誕)을 위한 칸타타를 준비하느라고 다들 분주(奔走)해요

칸트Kant 임마누엘(Immanuel ~), 독일(獨逸)의 철학자(哲學者).
- ▶ 칸트의 삶에 대한 책을 읽고 그를 존경(尊敬)하게 되었어요
- ▶ 칸트는 많은 사람들에게 영향을 끼친 철학자예요

칼라collar /[카라] 옷깃.

　▶ 그 옷을 칼라를 세워서 입어야 예쁘다.

　▶ 와이셔츠는 특히 칼라 부분을 잘 다려 주세요.

칼럼column /[컬럼] 짧은 평론(評論), 짧은 기사(記事), 짧은 글.

　▶ 그는 건강에 관한 칼럼을 쓰고 있다.

　▶ 칼럼니스트가 아니라도 누구나 칼럼을 쓸 수 있습니다.

　▷ 칼럼니스트(columnist) : 칼럼을 쓰는 사람.

칼로리calorie 음식의 에너지(energy) 즉, 열량(熱量).

　▶ 다이어트(diet)를 하려면 칼로리 계산을 잘해야 해.

　▶ 피자(pizza)와 치킨(chicken) 중에 뭐가 더 칼로리가 높을까?

*칼빈(총)carbine(銃) 육군(陸軍)이 사용하던 옛날 소총(小銃) → 카빈^총.

　▶ 그는 칼빈총 하나만 있어도 충분히 이길 수 있다고 했다.

　▶ 한국전쟁에서 칼빈의 위력은 대단했다고 한다.

칼슘calcium /[칼슘] 동물 뼈의 주성분. 주 영양소(營養素)의 하나.

　▶ 칼슘을 섭취(攝取)해야 뼈가 튼튼해져요.

　▶ 저도 칼슘을 섭취하기 위해서 멸치 반찬을 많이 먹어요.

*캥가루kangaroo 오스트레일리아(Australia)에 서식(棲息)하는 초식(草食) 동물 → 캥
거루.

　▶ 오스트레일리아에 가면 꼭 캥가루를 보고 싶어요.

　▶ 저 아이 좀 봐. 캥가루처럼 펄쩍펄쩍 잘도 뛴다.

캐나다Canada 북아메리카(北America) 국가(國家).

　▶ 캐나다에 살았던 시간들이 그리워.

　▶ 캐나다에 가면 록키(Rocky) 산맥(山脈)을 꼭 구경하세요.

　▷ 캐나디언(Canadian) : 캐나다의, 캐나다 사람.

캐넌^포cannon砲 원거리(遠距離) 사격(射擊)용 대포(大砲) → 카농포.

　▶ 캐넌포를 연구해 보니까 정말 종류가 다양하더라고요.

　▶ 캐넌포의 위력(威力)이 어느 정도인지 궁금해요.

캐드CAD 컴퓨터(computer)를 이용한 제품(製品)설계(設計)방법(方法).

　▶ 캐드를 배우려고 하는데 시간이 없어서 걱정이야.

　▶ 시간이 없는 사람들을 위한 인터넷(internet) 캐드 강의도 많다고 들었어요.

　▷ Computer-Aided Design.

캐디

캐디caddie 골프(golf) 도우미.
- ▶ 그녀가 캐디를 시작한 건 돈을 벌기 위해서였다.
- ▶ 캐디를 모집(募集)하는 광고(廣告)가 났던데 한번 지원해 보세요

캐러멜caramel /카라멜 /캬라멜 구운 설탕.
- ▶ 달콤한 캐러멜이 먹고 싶어.
- ▶ 캐러멜 대신 사탕은 어때?

캐럴carol /캐롤 성탄절(聖誕節)에 주로 부르는 노래.
- ▶ 캐럴을 들으니 크리스마스(christmas) 기분이 나네요.
- ▶ 이건 내가 제일 좋아하는 캐럴이야.

캐럿carat 보석(寶石)의 무게 단위.
- ▶ 그 다이아몬드(diamond)는 몇 캐럿이야?
- ▶ 선물 받은 거라 몇 캐럿인지 나도 몰라.

*캐리어carrier 운반(運搬)용 도구(道具), 여행 가방.
- ▶ 이제 겨울이니까 스키(ski) 캐리어가 필요하겠지.
- ▶ 공항(空港)까지 내가 캐리어를 들어다 줄게.

캐리커처caricature 우스꽝스럽게 풍자(諷刺)한 인물, 상황(狀況) 그림 또는 그 표현법.
- ▶ 그는 사람들에게 캐리커처를 그려서 선물로 주곤 했다.
- ▶ 그의 캐리커처는 언제나 사람들을 즐겁게 만들어 준다.

캐릭터character[1] 작품(作品) 속에 등장(登場)하는 인물의 성격.
- ▶ 넌 이번에도 악(惡)한 캐릭터를 맡았니?
- ▶ 아니요, 이번에는 바보 캐릭터를 맡았어요.

캐릭터character[2] 상품화(商品化)된 디자인(design)의 총칭(總稱).
- ▶ 티셔츠(T-shirts)에 그려진 미키마우스(Mickey Mouse) 캐릭터가 정말 귀여워요
- ▶ 이 브랜드(brand)에는 모두 이 캐릭터 그림이 있어요.

캐비닛cabinet /캐비넷 사무(事務)용 장롱(欌籠).
- ▶ 캐비닛을 모두 뒤졌지만 아직도 서류를 못 찾았어요
- ▶ 캐비닛을 벽 쪽으로 옮겨 주세요.

캐비아caviar [캐비어] 철갑(鐵甲)상어의 알로 만든 음식.
- ▶ 오늘 저녁은 특식(特食)으로 캐비아를 먹으러 가요
- ▶ 바다의 맛을 그대로 담아놓았다는 그 캐비아 말이지요?

*캐셔cashier 물품 계산(計算)원.

> ▶ 그녀는 밤에 편의점 캐셔 알바를 하면서 학업을 이어나갔다.

> ▶ 이번 저희 마트에서 캐셔 직원을 모집합니다.

캐스터caster 뉴스(news)나 기상(氣象), 스포츠(sports), 교통 방송 등의 진행자.

> ▶ 캐스터가 전하는 소식을 듣고 차의 방향을 돌렸어.

> ▶ 기상 캐스터는 비옷을 입고 장맛비 소식을 전했다.

캐스터네츠castanets 조개 모양의 타악기(打樂器).

> ▶ 어렸을 때 함께 연주(演奏)했던 캐스터네츠 생각나?

> ▶ 그럼, 난 탬버린(tambourine)과 트라이앵글(triangle)과 캐스터네츠를 늘 가지고 다녔어.

캐스트cast 극(劇) 작품의 배역(配役).

> ▶ 전 길을 가다가 우연히 캐스팅되었어요

> ▶ 그녀를 캐스팅하기 위한 경쟁(競爭)이 꽤 심하다지요?

> ▷ 캐스팅(casting) : 배역을 정하는 것. 캐스팅하다/캐스팅되다.

캐스팅^보트casting vote /[캐스팅보드] 비슷하거나 동일한 세력(勢力) 간의 의견(意見) 충돌 시에 결정권(決定權)을 행사하는 것, 그 투표권(投票權).

> ▶ 캐스팅 보트를 쥔 그들이 결정권을 갖게 되었다.

> ▶ 캐스팅 보트를 쥔 그들의 선택이 매우 중요해요

*__캐시__[1]cache [캐씨] 프로그램(program) 실행 속도를 높여 주는 컴퓨터(computer) 기억 장치(裝置). 캐시 메모리(memory).

> ▶ 캐시 메모리가 하는 역할이 뭐야?

> ▶ 캐시 메모리는 프로그램의 실행 속도를 높여 주는 역할을 해.

*__캐시__[2]cash [캐씨] 돈, 현금.

> ▶ 난 부동산(不動産)보다 현금이 좋아. 역시 캐시가 제일이야.

> ▶ 아르바이트(Arbeit)로 방학 내내 캐셔 일을 했어요

> ▷ 캐셔(cashier) : 출납원(出納員), 계산원(計算員).

캐시미어cashmere /[캐씨미어] 양털 직물(織物).

> ▶ 캐시미어 머플러를 선물로 받았어.

> ▶ 캐시미어라 그런지 정말 따뜻해 보인다.

캐시밀론Cashmilon /[캐씨밀론] 캐시미어(cashmere) 비슷한 합성(合成) 섬유(纖維).

> ▶ 어머니께서 캐시밀론 니트(knit)를 아주 좋아하시던데요

> ▶ 캐시밀론 소재는 느낌이 부드럽거든요

캐시백

　　▷ 상표명.

*캐시백cash back /[캐씨백]　사용한 금액(金額)의 일정 부분을 현금으로 돌려주는 제도
　　▶ 캐시백으로 이번 달에 2만 원 정도를 받았어요
　　▶ 이 카드(card)의 캐시백으로도 영화(映畵)를 볼 수 있나요?

캐주얼casual　간편한 옷차림. 평상복(平常服).
　　▶ 저는 회사에 갈 때에도 캐주얼을 입어요
　　▶ 정장(正裝)만 입다가 오랜만에 캐주얼을 입었어요
　　▷ 캐주얼＾웨어(casual wear) : 간편한 평상복.

캐처catcher　야구 경기(競技)의 포수(捕手).
　　▶ 야구 경기(競技)의 포수를 캐처라고 불러요
　　▶ 경기(競技)가 시작되자 캐처가 나와 캐처스라인(catcher's line) 앞에 섰다.

*캐치(하다)catch　잡다, 알아채다.
　　▶ 그 사람의 감정을 미처 캐치하지 못 했어요
　　▶ 캐치콜 서비스(service)를 이용하면 중요한 전화를 놓치지 않을 수 있어요
　　▷ 캐치＾콜(catchcall) : 전화가 꺼진 상태에서 걸려온 전화번호를 제공해 주는
　　　서비스
　　▷ 캐치＾볼(catch+ball) : 공을 주고받는 것.

캐치프레이즈catch^phrase　광고(廣告), 선전(宣傳) 문구(文句) 또는 표어(標語).
　　▶ 캐치프레이즈는 상품의 인상(引上)을 결정하는 중요한 역할을 해요
　　▶ 환경부에서 이번에 오존(ozone) 관련 캐치프레이즈 공모전(公募展)을 연대요

캐터필러caterpillar　무한궤도(無限軌道).
　　▶ 탱크(tank)나 불도저(bulldozer)는 캐터필러 차량(車輛)에 속한다.
　　▶ 캐터필러 트랙터(tractor)는 출력이 커서 토목공사(土木工事)에 많이 쓰여요

캔can　음료나 고기 등을 담는 금속(金屬)용기(容器), 깡통.
　　▶ 참치 캔을 열 때 손을 다치지 않게 조심하세요
　　▶ 빈 캔은 분리수거함(分離收去函)에 버리세요

캔디candy　사탕 과자.
　　▶ 우와, 캔디다!
　　▶ 이게 왜 캔디야? 이건 '초콜릿(chocolate)'이지. 캔디는 '사탕'을 말하는 거야.
　　▶ 한국에서는 초콜릿을 캔디라고 하면 안 되는구나.
　　▷ 초콜릿은 '초콜릿'이라고 함. '캔디'라고 하지 않음.

캔버스canvas [캔버쓰]　유화(油畵) 그릴 때 쓰는 천.
> ▶ 유화를 배우기 위해 캔버스와 유화 물감을 샀어.
> ▶ 캔버스에 그림을 그릴 생각을 하니까 행복해요.

캘린더calendar /카렌다　달력.
> ▶ 책상 앞에 놓을 탁상용 캘린더가 필요해.
> ▶ 캘린더를 넘기던 그는 누나의 생일이 지난 것을 알고 깜짝 놀랐다.

캠CAM　컴퓨터(computer)를 이용한 제조(製造)방식(方式).
> ▶ 대체 CAM이 뭐야?
> ▶ CAM은 생산 준비와 생산 과정과 생산 관리 모두에 컴퓨터를 활용하는 제조 방식을 말해.
> ▷ Computer-Aided Manufacturing.

캠^코더camcorder　비디오카메라(video camera).
> ▶ 결혼식의 모든 장면을 캠코더에 담았어요.
> ▶ 저는 이번 캠프(camp)에서 캠코더 촬영(撮影)을 맡았어요.

캠퍼스campus [캠퍼쓰]　학교, 대학의 교정(校庭).
> ▶ 캠퍼스에서 보냈던 시간이 내 인생에서 가장 행복한 시간이었어.
> ▶ 난 이제 캠퍼스를 좀 벗어나고 싶은데?

캠페인campaign　사회적(社會的)·정치적(政治的) 목적을 이루기 위한 홍보(弘報) 운동.
> ▶ 이제 우리는 에너지(energy) 절약 캠페인에 발 벗고 나서야 해.
> ▶ 그는 전국을 돌아다니며 자연보호 캠페인을 벌였다.

캠프camp　산이나 들에서 야영(野營)을 하는 것 또는 그 장소
> ▶ 캠프를 갈 때에는 텐트(tent)가 필요해요.
> ▶ 캠프에서 캠프파이어가 빠질 수는 없지요
> ▷ 캠프파이어(campfire) : 캠프에서 모닥불을 피우고 노는 것.
> ▷ 캠핑(camping) : 캠프에서 지내는 것. 캠핑하다, 캠핑가다.

캡[1]cap[1]　모자의 일종.
> ▶ 그는 하얀 캡에 검정 선글라스(sunglass)를 쓰고 나타났다.
> ▶ 야구모자보다는 캡이 햇빛을 더 잘 가려 줘요

캡[1]cap[2]　뚜껑.
> ▶ 펜(pen)을 쓴 후 에는 꼭 캡을 닫아 두세요
> ▶ 캡이 열리지 않아서 힘을 주다가 결국 병을 깨고야 말았다.

캡

*캡²(이다)cap(tain이다) 제일 좋다. 최고(最高)다.

　▶ 역시 네가 캡이야.

　▶ 이런 것도 할 줄 알고, 너 정말 캡이다!

캡션caption 그림이나 사진 아래에 짧게 달린 설명 글.

　▶ 이 텔레비전(television)은 캡션 기능(機能)이 없나요?

　▶ 워드프로세서(word processor)에서 캡션을 다는 방법을 모르겠어요.

캡슐capsule 용기(容器).

　▶ 이 약은 캡슐에 담겨 있어 쓰지 않아요.

　▶ 나는 그와 함께 산에 올라서 타임(time)캡슐을 묻었다.

　▶ 요즘에는 캡슐로 만들어진 휴게실(休憩室)도 있다.

*캡처(하다)capture /[캡쳐] /[캡취] 동영상(動映像)이나 사진 자료에서 원하는 장면을 이 미지(image)로 복사(複寫)하는 것.

　▶ 이 사진은 캡처가 잘 되었어.

　▶ 스타(star)의 굴욕적(屈辱的)인 모습을 캡처한 사진이 인터넷(internet)을 통해서 돌고 있어요.

*캡틴captain 팀(team)의 주장(主將), 대표(代表).

　▶ 당신은 나의 영원한 캡틴입니다.

　▶ 우리 팀의 캡틴은 왜 아직도 안 보이지요?

캥거루kangaroo /캉가루 오스트레일리아(Australia)에 서식(棲息)하는 초식(草食) 동물.

　▶ 오스트레일리아에 가면 꼭 캥거루를 보고 싶어요.

　▶ 저 아이 좀 봐. 캥거루처럼 펄쩍펄쩍 잘도 뛴다.

*캬라멜caramel 구운 설탕 → 캐러멜.

　▶ 나는 아메리카노(americano) 먹을 건데, 넌 어떤 커피(coffee) 마실래?

　▶ 저는 캬라멜 마키아토(macchiato) 먹을래요.

커닝(하다)cunning /컨닝 시험 볼 때 부정행위(不正行爲)를 하는 것.

　▶ 절대로 커닝하지 마세요.

　▶ 커닝을 하는 사람은 점수를 영점으로 처리(處理)합니다.

　▷ 커닝페이퍼(cunning paper) : 훔쳐보기 위해서 만든 요점(要點) 정리 쪽지.

*커리어career 업무(業務) 경력(經歷).

　▶ 다들 커리어를 쌓기 위해 노력하는데 너는 뭐하고 있어?

　▶ 커리어를 쌓을 기회가 없었어요.

▷ 커리어^우먼(career woman) : 경제활동(經濟活動)을 하는 여성의 통칭(通稱).

커리큘럼curriculum   교육과정(教育課程), 교수요목(教授要目).

　▶ 다음 학기(學期) 커리큘럼이 나왔나요?

　▶ 어쩌죠? 아직 커리큘럼이 나오지 않았어요

커뮤니케이션communication   의사소통(意思疏通).

　▶ 저 사람과는 도저히 커뮤니케이션이 안 돼요

　▶ 일을 잘하기 위해서는 커뮤니케이션 능력이 필요해요

커뮤니티community   지역이나 사회 또는 같은 관심사(關心事)를 가진 사람들의 공동체(共同體).

　▶ 나도 이제 제대로 봉사(奉仕)를 해보려고 봉사활동 커뮤니티에 가입했어.

　▶ 그 사람은 오랫동안 그 커뮤니티에서 활동했어요

커미션commission /[커미쎤]   수수료(手數料) / 뇌물(賂物).

　▶ 이 일은 별도(別途)의 커미션을 내셔야 합니다.

　▶ 그는 커미션을 받은 일이 없다고 했어요

커버(하다)cover[1] /카바   표지(表紙) / 덮개.

　▶ 책 커버가 다 낡았네요

　▶ 책을 하도 많이 봤더니 커버가 다 찢어졌어요

　▷ 커버^스토리(cover story) : 가장 중심이 되는 이야기, 표지에 실리는 이야기.

커버(하다)cover[2] /카바   엄호(掩護)하다, 보호하다.

　▶ 내가 언제까지 널 커버해 줄 수 있을까?

　▶ 네가 없어도 난 스스로를 보호할 수 있어. 그만 커버해 줘도 돼.

커버(하다)cover[3] /카바   손해(損害)가 난 부분을 대신 채워 주다.

　▶ 오늘 알바(아르바이트Arbeit) 못 온다고? 괜찮아 내가 커버해 줄게.

　▶ 이번 사고로 일어난 손해는 보험사(保險社)에서 전부 커버해 줄 거야.

커브curve   곡선(曲線).

　▶ 커브를 돌면 바로 약국(藥局)이 보일 거예요

　▶ 커브를 돌 때는 항상 주위를 잘 살펴야 해.

커서cursor   컴퓨터(computer) 마우스(mouse) 화살표 또는 프로그램(program) 구동(驅動) 시에 깜빡이는 입출력(入出力) 위치 표시 신호

　▶ 커서를 표 밖으로 꺼내세요

　▶ 갑자기 커서가 움직이지 않아요.

커스터드custard /카스타드　크림(cream)이 들어 있는 빵 같은 과자의 일종.

> ▶ 커스터드를 좋아해서 다섯 개나 먹었어.

> ▶ 커스터드를 만드는 방법을 알려 줄까?

커터cutter /카타　자르는 사람 또는 기기(器機), 커터 칼.

> ▶ 손이 왜 그래?

> ▶ 연필을 깎다가 커터 칼에 베었어요

*커텐curtain → 커튼.

커트(하다)cut /컷트 /컷　자르다, 잘라내다 / 막다, 거절하다.

> ▶ 머리는 어느 정도 길이로 커트해 드릴까요?

> ▶ 아주 짧은 커트 머리를 하고 싶어요

> ▶ 내가 그렇게 간절히 부탁했는데 그 사람은 단번에 커트해 버렸어.

커트^라인cut+line　어떤 시험의 최저(最低) 합격선(合格線).

> ▶ 제발 커트라인만 넘었으면 좋겠어요

> ▶ 그는 다행히도 이번 시험에서 커트라인을 간신히 넘었다.

커튼curtain /커텐　창문을 가리기 위해서 치는 천.

> ▶ 일어나자마자 커튼을 걷고 스트레칭(stretching)을 했어요

> ▶ 커튼 색깔을 바꾸니까 거실(居室)의 분위기(雰圍氣)가 달라졌어요

커틀릿cutlet /커틀렛 /까스[까쓰]　고기에 빵가루를 묻혀서 기름에 튀겨낸 음식.

> ▶ 치킨(chicken)커틀릿을 만들었어.

> ▶ 샐러드(salad)와 함께 먹으면 맛있겠다.

커프스cuffs　와이셔츠(white shirts)의 소매 부분. 보통 '커프스단추'를 말함.

> ▶ 아버지께 넥타이(necktie)와 커프스를 선물해 드렸다.

> ▶ 커프스단추 하나를 잃어버렸어요

> ▷ 커프스^단추(cuffs단추) : 커프스에 채우는 장식(裝飾)용 단추.

커플couple　사귀고 있는 남녀 한, 잘 어울리는 한 쌍의 사람 또는 물건.

> ▶ 저 커플은 왜 저렇게 시무룩하게 앉아있지?

> ▶ 누구? 커플룩까지 입고 온 쟤들?

> ▷ 커플룩(couple look) : 커플임을 나타내는 치장(治粧).

> ▷ 커플링(coupling) : 커플이 사귀는 증명으로 끼는 반지.

> ▷ 커플티(couple T-shirt) : 커플이 입는 옷.

커피coffee　커피(coffee)콩, 가루 또는 그 음료.

▶ 하루에 커피를 몇 잔이나 마셔요?

▶ 적어도 세 잔은 마시는 것 같아.

▷ 커피^머신(coffee machine) : 커피 끓이는 기계.

▷ 커피^숍(coffee shop) : 커피 마시는 가게.

▷ 커피^포트(coffeepot) : 커피를 끓이는 주전자.

*컨닝(하다)cunning   시험 볼 때 부정행위(不正行爲)를 하는 것 → 커닝(하다).

▶ 절대로 컨닝하지 마세요.

▶ 컨닝하는 사람은 점수를 영점 처리(處理)합니다.

컨디션condition   몸의 건강 상태 또는 주위 상황의 정도.

▶ 오늘 컨디션이 너무 안 좋아 보여요.

▶ 요즘 일을 많이 했더니 컨디션이 영 꽝이네요.

컨버터블convertible   지붕이 열리는 자동차. 오픈카(open car).

▶ 내 남자친구는 컨버터블을 가진 사람이었으면 좋겠어.

▶ 컨버터블을 무개차(無蓋車)라고도 한다.

컨베이어conveyor   전동(電動) 띠를 이용한 운반(運搬) 장치(裝置).

▶ 그 공장도 컨베이어 시스템(system)을 사용하고 있어요.

▶ 컨베이어 벨트(belt)에 올린 물건들은 자동으로 포장(包裝)이 된다.

컨벤션(산업)convention(産業)   대규모(大規模) 국제회의(國際會議), 전시회(展示會) 유치(誘致).

▶ 이번 행사는 컨벤션 센터(center)에서 열립니다.

▶ 컨벤션 산업의 파급효과(波及效果)가 꽤 크다고 하지요?

컨설팅consulting   전문(專門) 상담(相談).

▶ 그는 이번 투자(投資) 건의 컨설팅을 담당하고 있어요.

▶ 컨설턴트라는 직업이 많은 인기를 얻고 있어요.

▷ 컨설턴트(consultant) : 전문 상담가.

컨테이너container /콘테이너   화물(貨物) 운송(運送)용 대형 철제(鐵製) 용기(容器).

▶ 짐을 실은 컨테이너가 항구(港口)로 옮겨졌다.

▶ 공사 현장 근처에 컨테이너로 작은 임시(臨時) 사무실을 만들었다.

▷ 컨테이너^선(container船) : 컨테이너 전문 운반선(運搬船).

컨트롤(하다)control /콘트롤   관리(管理), 조절(調節)하다.

▶ 내 감정을 마음대로 컨트롤할 수가 없어.

컨트리^클럽

▶ 프로(pro)는 항상 마인드(mind) 컨트롤을 할 수 있어야 해.

컨트리^클럽country club 골프(golf), 테니스(tennis) 등을 즐길 수 있는 교외(郊外)의 오락(娛樂) 휴양시설(休養施設).

▶ 이렇게 폭우(暴雨)가 쏟아지는데 컨트리클럽에 갈 수 있을까요?

▶ 사이판(Saipan)에 있는 유명한 컨트리클럽을 알려 주세요.

***컨펌(하다)**confirm 확인, 확정하다.

▶ 서류 작성(作成)은 끝났고, 이제 컨펌만 받으면 됩니다.

▶ 사전(事前)에 예약(豫約)하고 24시간 전에 컨펌하세요.

컬curl 곱슬머리 또는 털의 곱슬곱슬한 상태.

▶ 파마(permanent)머리는 컬을 살리는 게 중요해요.

▶ 파마한 지 오래 되어서 컬이 다 죽어 버렸어요. 머리가 안 예뻐요.

컬러color /칼라 색(色), 색깔 / 개성(個性).

▶ 이 옷은 컬러가 별로 맘에 안 들어요.

▶ 이 서류는 반드시 컬러 프린터(printer)로 뽑아야 해요.

▷ 컬러^복사기(color複寫機) : 원본(原本)의 색(色)을 그대로 복사(複寫)하는 기계.

▷ 컬러 사진(color寫眞) : 천연색(天然色) 사진.

***컬러링**color-ring /[칼라링] 전화 발신음(發信音)을 다양한 음악으로 바꿔주는 것.

▶ 컬러링이 바뀌었네요.

▶ 지난번 컬러링이 너무 우울하다고 해서 신나는 걸로 바꿨어요.

컬렉션collection[1] /콜렉션 수집품(收集品).

▶ 이건 우리 누나가 10년 동안 모은 우표 컬렉션이야.

▶ 와! 대단한 컬렉션이네. 정말 많이도 모았구나.

컬렉션collection[2] /콜렉션 수집품이나 새로운 디자인(design)의 전시(展示) 발표회(發表會).

▶ 벌써 가을 컬렉션이 열린다고?

▶ 이번 컬렉션에서는 올가을에 유행할 패션(fashion)을 미리 선보일 거래요.

컴^맹computer盲 컴퓨터(computer)를 잘 다루지 못하는 사람.

▶ 이것도 못하다니 너 컴맹 아냐?

▶ 한국에는 컴맹이 상대적으로 적다. 많은 사람들이 컴퓨터를 잘 다룬다.

컴백(하다)comeback 예전에 활동하던 곳으로 다시 돌아오다.

▶ 김 과장님이 다시 우리 부서(部署)로 컴백한대요.

▶ 그의 컴백 무대에 많은 팬(fan)들이 찾아왔다.

컴퍼스compass[1] [컴퍼쓰] /콤파스[콤파쓰]   원(圓)을 그리는 제도(製圖)용 기구(器具).

▶ 컴퍼스와 자만 이용해서 그리세요.

▶ 컴퍼스로 커다란 원을 그려 보세요.

컴퍼스compass[2] [컴퍼쓰] /콤파스[콤파쓰]   나침반(羅針盤).

▶ 컴퍼스 바늘이 잘 움직이지 않아요.

▶ 컴퍼스가 고장 났나봐. 어떡하지? 방향을 모르는데…….

컴퓨터computer   정보 처리, 프로그램(program) 구동(驅動)용 전자계산기(電子計算器).

▶ 컴퓨터를 사려고 하는데 노트북(notebook)이 좋을까 넷북(netbook)이 좋을까?

▶ 노트북보다 전자(電子) 패드(pad)를 사는 게 어때요?

컴프레서compressor [컴프레써] /[콤프레써]   공기 압축기(壓縮機).

▶ 냉장고가 고장 났는데 컴프레서에 문제가 있대요.

▶ 컴프레서는 냉장고의 심장이라고 할 수 있지.

컵cup[1]   잔(盞) / 잔 모양의 우승(優勝)컵.

▶ 물 마실 컵이 없어요.

▶ 그는 이제까지 받은 우승컵을 하나도 빠짐없이 진열해 놓았어요.

컵cup[2]   여성용 속옷의 사이즈(size).

▶ 여성용 속옷을 사려면 컵 사이즈도 알아야 해요.

▶ 선물하려고 하는데, 당신은 컵이 얼마나 돼요?

컷cut[1] /커트   만화(漫畫)나 영화(映畫), 사진 등의 그림, 이미지(image), 영상(映像)을 일
컫는 단위.

▶ 이 컷은 다시 찍어야 할 것 같아.

▶ 전 괜찮은데, 이 컷이 맘에 안 드세요?

컷cut[2]   영화나 드라마 촬영 시에, 촬영 중지를 알리는 소리.

▶ 컷! NG!

▶ 컷! 다시 찍을게요.

***컷트(하다)**cut[3] /컷   자르다. 거절하다 / 막아내다 → 커트(하다).

▶ 내 말 아직 안 끝났어. 자꾸 컷트하지 좀 말아 줄래?

▶ 오늘은 네 머리 컷트 좀 해야겠다.

케도KEDO   한반도(韓半島) 에너지(energy) 개발(開發) 기구(機構).

▶ 북핵 문제와 관련한 케도 회의가 다음 주 월요일에 개최됩니다.

▶ 케도는 한국과 미국, 일본이 함께 창립(創立)하였다.

케미컬

▷ Korean Peninsula Energy Development Organization.

케미컬chemical /케미칼 화학(化學)의, 화학적으로 가공(加工)된 것.

　▶ 요즘 피부 관리를 위해 필링(peeling)을 많이 한다면서요?

　▶ 저도 관심이 있어서 케미컬 필링에 대한 책을 봤어요.

*케어care 돌보다.

　▶ 아이들을 케어하다 보면 하루가 금방 지나가요.

　▶ 아이를 케어해 줄 사람이 없어서 직장을 그만 두었어요.

케이K/k 영어 알파벳의 열한 번째 글자.

　▶ 알파벳은 에이, 비, 시, 디, 이, 에프, 지, 에이치, 아이, 제이, 케이, 엘, 엠, 엔,
오, 피, 큐, 아르, 에스, 티, 유, 브이, 더블유, 엑스, 와이, 지(제트)이다.

　▷ 에이(A/a), 비(B/b), 시([씨]C/c), 디(D/d), 이(E/e), 에프(F/f), 지(G/g), 에이치(H/h),
아이(I/i), 제이(J/j), 케이(K/k), 엘(L/l), 엠(M/m), 엔(N/n), 오(O/o), 피(P/p), 큐(Q/q),
아르([알]R/r), 에스[에쓰]S/s), 티(T/t), 유(U/u), 브이(V/v), 더블유(/[떠블류]W/w),
엑스(X/x), 와이(Y/y), 지(제트Z/z).

케이블cable 쇠사슬, 전깃줄 등, 줄의 총칭(總稱).

　▶ 갑자기 인터넷(internet) 접속(接續)이 안 돼요.

　▶ 케이블을 먼저 점검해 보세요.

케이블^카cable car 케이블로 움직이는 공중(空中) 운반(運搬) 장치(裝置).

　▶ 남산에 가서 케이블카를 탔어요.

　▶ 비록 케이블카를 타고 올라왔지만 정상(頂上)에 서니까 기분이 좋아요.

케이블^티브이cable TV /케이블티비 방송(放送)용 케이블을 이용한 유선(有線) 방송
시스템(system).

　▶ 비싼 돈 내고 케이블 TV를 신청하는 이유를 모르겠어.

　▶ 케이블 TV에서 재미있는 프로그램(program)을 많이 하거든.

케이스case¹ [케이쓰] 상자(箱子), 보호 커버(cover).

　▶ 렌즈(lens) 케이스를 잃어버렸어.

　▶ 선물할 건데 케이스에 담아서 포장(包裝)해 주세요.

케이스case² [케이쓰] 사건(事件), 실례(實例).

　▶ 이런 케이스는 처음이라 어떻게 해야 할지 모르겠네요.

　▶ 함부로 행동했다가는 시범케이스로 봉변을 당할지도 몰라요.

　▷ 시범^케이스(示範case) : 시범이 되는 것, 형식.

▷ 케이스^바이^케이스(case by case) : 하나하나의 사건마다 다르다는 뜻.

케이에스KS [케이에쓰] 한국 산업(産業) 규격(規格).

▶ 이 물건에는 KS마크가 붙어 있으니까 괜찮은 제품(製品)이겠지?

▶ KS마크가 붙었으니까 믿고 사도 될 거야.

▷ 케이에스 마크(KS mark) : 한국 산업 규격. ⑯ 표.

▷ Korean Industrial Standards.

케이오KO 의식(意識) 없이 쓰러지다.

▶ 그는 상대 선수(選手)를 제압(制壓)하고 케이오 승(勝)을 거두었다.

▶ 케이오 패(敗)를 당한 그는 억울해서 잠을 이루지 못했다.

▷ 케이오 승(KO勝) : 격투기(格鬪技)에서 상대 선수를 완전히 쓰러뜨리는 것.

▷ Knock Out.

케이오시KOC [케이오씨] 한국 올림픽(olympic) 위원회(委員會).

▶ KOC에서 하는 일이 뭐야?

▶ 올림픽에 한국 대표(代表) 선수(選手)를 내보내고 관리(管理)하는 일을 해.

▷ Korean Olympic Committee.

***케이지**cage 새장. 가두는 곳 / 감방.

▶ 케이지를 열어서 저 새들을 자유롭게 놓아 주세요.

▶ 죄수들이 케이지를 탈출하려고 해요.

케이크cake /케익 /케잌 결혼식이나 생일 축하용 빵.

▶ 케이크에 촛불을 켜고 생일 축하 노래를 불렀다.

▶ 초코(choco) 케이크를 살까 생크림(生cream) 케이크를 살까?

케일kale 비타민(vitamin)·미네랄(mineral)이 많은 양배추의 일종.

▶ 케일이 몸에 좋아요?

▶ 그럼이요. 저는 아침마다 케일을 갈아 마셔요.

케첩ketchup /케찹 토마토(tomato)로 만든 소스(sauce)의 하나.

▶ 오므라이스(omelet rice)를 만들었는데 케첩이 없어요.

▶ 오므라이스는 케첩을 뿌려 먹어야 맛있는데.

켄트^지 Kent紙 화학 펄프(pulp)로 만든 그림, 제도용 종이.

▶ 빨간색 켄트지 2장 주세요.

▶ 4절지 크기의 켄트지도 있나요?

코냑cognac /꼬냑 **Fra** 프랑스(France) 산 술, 고급 브랜디(brandy)의 일종.

코너

　▸ 프랑스에 갔다가 코냑을 한 병 사 왔어요
　▸ 이런 고급 코냑을 선물해 주다니, 고마워요
코너corner¹　휘어진 곳, 모퉁이, 구석 / 곤란(困難)한 상태.
　▸ 코너를 돌아서 계속 직진(直進)하면 병원이 보일 거야.
　▸ 코너에 몰린 그는 돌아서서 경찰을 위협(威脅)하였다.
코너corner²　상점(商店)의 매장(每場).
　▸ 생선(生鮮) 코너는 어느 쪽에 있지요?
　▸ 육류(肉類) 코너 바로 옆에 있어요.
코드¹chord　화음(和音).
　▸ 기타(guitar) 코드를 많이 아네요. 기타 잘 치나 봐요?
　▸ 잘은 못 쳐요. 겨우 기본 코드를 잡는 정도예요.
코드²code¹　기호(記號), 암호(暗號).
　▸ 문을 열려면 비밀 코드(code)를 입력하세요.
　▸ 인터넷(internet) 뱅킹(banking)을 할 때에는 코드 표가 필요합니다.
코드³code²　성향(性向), 경향(傾向) / 사회 규약(規約).
　▸ 난 걔랑은 대화 코드가 안 맞아.
　▸ 우리나라의 문화 코드와 한국 문화 코드는 많이 달라요.
코드²cord　전깃줄. 전기(電氣) 제품(製品)의 전기 코드.
　▸ 컴퓨터(computer)를 쓰고 나서는 코드를 빼 놓으세요.
　▸ 220볼트 코드 꽂는 곳이 어디야?
*코디(하다)coordination　조화롭게 만들다. 의상(衣裳), 액세서리(accessory) 등을 꾸며
주는 복장(服裝) 전문가(專門家). 코디네이터(cordinator).
　▸ 결혼식 들러리 복장으로 코디하려고 하는데 어떤 스타일(style)이 좋을까?
　▸ 그의 코디는 촬영장(撮影場)에서 늘 그와 함께 다녀요.
*코디네이터coordinator /코디　어떤 사업의 진행자를 이르는 통칭(統稱). 책임자.
　▸ 남주혜 선생님이 이번에 코디로 오신다면서요?
　▸ 코디네이터는 줄여서 '코디'라고도 부릅니다.
코란Koran /꾸란　이슬람교(Islam敎)의 경전(經典).
　▸ 그곳 아이들은 모두 코란을 배워요.
　▸ 코란의 가르침을 따르는 그들은 참 대단해요.
코러스chorus [코러씨]　노래에 화음(和音)을 넣어 주는 것 / 대중가요(大衆歌謠)에서 반

복되는 부분. 합창(合唱).

▶ 코러스가 너무 커서 가수(歌手)의 목소리가 안 들려요.

▶ 이번에 특별 코러스 단원(團員)을 모집(募集)한다는데 지원해 볼래?

코르덴corduroy /골덴 골이 있는 직물(織物).

▶ 소개팅을 했는데 남자가 입고 온 코르덴바지가 너무 별로였어.

▶ 코르덴바지에는 어떤 티셔츠(T-shirts)가 어울릴까?

▷ corded velveteen.

코르사주corsage /코사지[코싸지] Fra 여성용 옷 장식(裝飾)의 하나.

▶ 앞부분에 코르사주를 달아 장식하면 어떨까?

▶ 이 코르사주는 색깔이 너무 촌스러워.

코르셋corset 여성용 보정(補正) 속옷.

▶ 여자들은 답답한 코르셋을 왜 입어요?

▶ 코르셋을 입으면 자세가 좋아지고 자태(姿態)가 당당해지거든요.

코르크cork /[콜크] 코르크나무로 만든 재료 / 와인(wine) 병마개.

▶ 코르크 마개가 열리자마자 샴페인(champagne) 거품이 터져 나왔다.

▶ 이쪽 벽에는 코르크 메모(memo)판을 걸어 놓자.

코리아Korea 대한민국(大韓民國).

▶ 제 아내는 미스(miss)코리아 출신이에요.

▶ 그래요? 한국을 대표하는 미인을 부인으로 두셨네요.

***코리안**Korean /[코리언] 한국의, 한국인. 한국어.

▶ 코리안 푸드(food)를 찾는 외국인들이 많아지고 있다.

▶ 한국에 왔으니 코리안 스타일(style)로 생활해 보는 게 어때?

▶ 해외에 나가면 누구나 자랑스러운 코리안이 된다.

▶ 한국어를 우리는 코리안이라고 해요.

***코먼^센스**common sense [커먼쎈쓰] 일반 상식(常識).

▶ 와! 너 그런 것도 알아? 대단하다.

▶ 이런 것 정도야 코먼 센스지.

코멘트comment 의견, 논평(論評).

▶ 교수님의 코멘트를 듣고 용기를 얻었어요.

▶ 기자들의 질문에 그는 항상 "노(no)코멘트"로 답했다.

코뮤니즘communism 공산주의(共産主義).

코미디

> ▶ 그는 코뮤니즘을 실현하려는 노력을 그쳐서는 안 된다고 말했다.
> ▶ 그가 갑자기 코뮤니스트가 된 이유가 뭘까요?
> ▷ 코뮤니스트(communist) : 공산주의자.

코미디comedy /코메디   희극(喜劇).

> ▶ 저런 우울한 드라마(drama)를 보느니 차라리 코미디를 보는 게 낫겠어.
> ▶ 요즘 재미있는 코미디 프로그램(program)이 뭐가 있을까?
> ▷ 코미디언(comedian) : 희극배우(喜劇俳優).

코믹(하다)comic   재미있다.

> ▶ 그 영화 어땠어? 코믹 영화라면서?
> ▶ 감동은 별로 없었지만 코믹해서 좋았어.
> ▷ 코믹^북(comic book) : 만화(漫畵)책.
> ▷ 코믹^송(comic song) : 익살스러운 노래.

코발트^색cobalt色   하늘빛 같은 맑은 청색.

> ▶ 저기 저 코발트색 물빛을 봐. 정말 예쁘지 않니?
> ▶ 코발트색 남해바다를 보고 싶어요.

코브라cobra   독사(毒蛇)의 하나.

> ▶ 피리를 부니까 코브라가 바구니에서 꼬물꼬물 기어 나왔다.
> ▶ 코브라에게 물리면 죽나요?

코스닥KOSDAQ   장외(場外)주식거래(株式去來)시장(市場).

> ▶ 주식도 안 하면서 코스닥 지수(指數)는 왜 날마다 확인해요?
> ▶ 그는 요즘 코스닥에 상장(上場)된 종목(種目)에 관심이 많아졌다.
> ▷ Korea Securities Dealers Automated Quotations.

*코스메틱cosmetic /코즈메틱   화장품의 총칭(總稱).

> ▶ 이 립스틱(lipstick)은 코스메틱 쇼핑몰(shopping mall)에서 샀어.
> ▶ 그녀는 코스메틱 회사에서 일해요.

코스모스cosmos [코쓰모쓰]   국화과(菊花科)의 한해살이풀 / 조화로운 우주(宇宙) 또는
그 세계 ↔ 카오스(chaos).

> ▶ 코스모스가 핀 걸 보니 이제 가을이 오나 보다.
> ▶ '코스모스'를 꽃 말고 우주라고 해석해도 되나요?
> ▶ 네, 천체물리학(天體物理學)에서 코스모스는 조화로운 세계 우주를 뜻해요.

*코스모폴리탄cosmopolitan → 코즈모폴리턴.

코스튬costume 특별하거나 특이(特異)한 복장(服裝), 의상(衣裳).
>▶ 난 평소에도 코스튬에 관심이 많았어.
>▶ 나이가 든 사람 중에서 코스튬 플레이(play)를 즐기는 사람은 많지 않아요.

*코스트cost 비용(費用), 경비(經費), 생산가(生產價).
>▶ 코스트를 절감(節減)할 수 있는 방법을 고민해 보자.
>▶ 코스트보다는 제품의 질(質)에 신경을 썼으면 좋겠어요.

코알라koala 오스트레일리아(Australia)의 특산(特產) 동물.
>▶ 저건 진짜 코알라인지 인형(人形)인지 구별할 수가 없네.
>▶ 코알라가 이렇게 귀여운 동물인지 몰랐어.

코어core /[코애] 핵(核), 핵심(核心).
>▶ 그 부분이야 말로 이 제품의 코어가 된다고 할 수 있다.
>▶ 코어 마케팅((marketing)으로 우수 고객의 마음을 잡아야 합니다.

코요테coyote 알래스카(Alaska), 중앙아메리카((中央America) 등지(等地)의 초원(草原)지대(地帶)에 사는 갯과의 동물.
>▶ 코요테와 늑대는 얼마나 어떻게 다른가요?
>▶ 늑대보다는 조금 작지요.

*코인coin 동전(銅錢).
>▶ 코인을 넣어야 게임(game)을 계속할 수 있어요.
>▶ 지폐밖에 없는데 코인을 어디서 바꾸지요?

코일coil 원형(圓形)으로 여러 번 감은 도선(導線).
>▶ 트레일러((trailer)에서 대형 코일이 떨어지는 사고가 있었어요.
>▶ 아무래도 코일이 낡아서 문제가 생긴 것 같아요.

*코즈메틱cosmetic /[코스메틱] 화장품의 총칭(總稱).
>▶ 이 립스틱(lipstick)은 코즈메틱 쇼핑몰(shopping mall)에서 샀어.
>▶ 그녀는 코즈메틱 회사에서 일해요.

코즈모폴리턴cosmopolitan /코스모폴리탄 세계주의자(世界主義者).
>▶ 그는 이 시대의 진정한 코즈모폴리턴이에요.
>▶ 그는 미국 최초(最初)의 코즈모폴리턴 대통령으로 불립니다.
>▷ 코즈모폴리터니즘(cosmopolitanism) : 세계주의.

코치(하다)coach 지도자(指導者), 감독(監督) / 지도하다.
>▶ 그 선수는 코치가 왜 자꾸 바뀌지요?

　▶ 코치와 선수는 호흡이 잘 맞아야 하거든요.

　▷ 코칭＾스태프(coaching staff)：코치진(coach陣).

코카인cocaine　국소(局所) 마취약(痲醉藥)으로 쓰는 화학(化學)물의 하나. 마약(痲藥).

　▶ 그 사람이 마약을 했다고?

　▶ 마약을 한 건 아니고 코카인을 밀수(密輸)하다가 잡혔대요.

코코넛coconut　야자나무 열매.

　▶ 그는 나무에 올라가서 큼직한 코코넛 하나를 제게 따 주었어요.

　▶ 나도 필리핀((Philippines)에 갔을 때 코코넛을 먹어 봤어.

코코아cocoa　카카오(cacao) 열매 가루 또는 그 음료.

　▶ 아이들에게는 커피(coffee) 대신 코코아를 주세요.

　▶ 코코아 한 잔에 언 몸이 모두 녹는 기분이야.

*코크cock → 콕.

코트¹coat　겉옷 위에 입는 옷. 외투(外套).

　▶ 빨간 코트가 너한테 참 잘 어울린다.

　▶ 날이 추우니까 두꺼운 코트를 입어야 할 거야.

코트²court　테니스(tennis), 농구, 배구, 탁구 등의 경기(競技)장(競技場).

　▶ 운동장에 테니스 코트가 생겨서 좋아요.

　▶ 난 테니스 코트보다 농구 코트가 생겼으면 좋겠어.

코트라KOTRA　대한(大韓)무역(貿易)투자(投資)진흥(振興)공사(公社).

　▶ 다음 달부터 코트라에서 인턴((intern)으로 일하게 되었어요.

　▶ 무역에 관심이 많더니 잘 되었네요. 그런데 코트라는 어디에 있어요?

　▷ KOrea TRade Investment Promotion Agency.

코튼cotton　무명, 목화솜 등으로 만든 실 또는 천.

　▶ 이건 소재(素材)가 뭐지?

　▶ 코튼 100%라고 쓰여 있어요.

코팅(하다)coating　물체의 표면(表面)을 얇은 막(膜)으로 덧씌우는 것.

　▶ 상장(賞狀)을 오랫동안 보관하려면 코팅을 해 두세요.

　▶ 코팅을 할 때에는 기계의 온도(溫度)를 잘 조절해야 해요.

코펠Kocher　Ger　야외(野外)용 취사(炊事)도구 일체(一切).

　▶ 코펠 챙겼어?

　▶ 코펠은 있는데, 휴대용 가스레인지((gas range)가 없어. 어떡하지?

콕cock /코크 수도, 가스(gas) 등의 밸브((valve) 꼭지.
- ▶ 가스레인지가 고장 났나 봐.
- ▶ 그럴 리가. 가스 밸브의 콕을 열었는지 확인해 봐.

콘cone 원뿔 모양.
- ▶ 어떤 아이스크림(ice cream) 먹을래? 하드(hard)? 콘?
- ▶ 나는 콘을 먹을래.

콘덴서condenser /컨덴서 축전기(蓄電器), 응축기(凝縮機).
- ▶ 콘덴서가 터졌어요
- ▶ 이런, 콘덴서를 교체할 땐 전문가(專門家)를 부르세요

콘도condo 여행 숙박(宿泊)용 분양(分讓) 주택.
- ▶ 여름휴가를 가려고 콘도를 예약(豫約)했어요
- ▶ 콘도 회원권(會員券)이 있으세요?
- ▷ 콘도미니엄(condominium).

콘도르condor /콘돌 **Esp** 안데스(Andes) 산맥(山脈) 등지(等地)에 사는, 매처럼 생긴 큰 새.
- ▶ 콘도르가 멸종(滅種) 위기에 있대요
- ▶ 콘도르를 보호(保護)해야겠군요

콘돔condom 피임(避妊)용 기구(器具)의 하나.
- ▶ 성교육 시간에 콘돔에 대해서도 말해 주나요?
- ▶ 청소년들도 이제 콘돔의 중요성에 대해서 알아야 합니다.

콘사이스concise /콘싸이즈 휴대(携帶)용 소형 사전(辭典).
- ▶ 콘사이스가 편할까 전자사전이 편할까?
- ▶ 콘사이스 한국어 사전도 애플리케이션(application)으로 다운(down)받을 수 있나요?

콘서트concert /콘써트 공연(公演), 음악회(音樂會), 연주회(演奏會).
- ▶ 그는 콘서트를 통해 팬(fan)들을 만날 때 가장 행복하다고 했다.
- ▶ 그는 지금 전국 투어(tour) 콘서트를 준비하고 있어요
- ▷ 콘서트^홀(concert hall) : 공연장. 연주회장.

콘센트concentric plug /콘쎈트 전기(電氣)가 통하는 전기 코드(code)의 접속(接續) 부분.
- ▶ 젖은 손으로 콘센트를 만지면 위험해요
- ▶ 코드를 꽂으려고 콘센트를 찾고 있어요

콘솔

콘솔console /[콘쏠] 상자(箱子) 또는 상자 모양의 제어장치(制御裝置).
> ▶ 이 콘솔은 안방에 놓을까요? 거실에 놓을까요?
> ▶ 콘솔 위에 액자를 두려고 해요

콘크리트concrete 시멘트(cement), 모래, 자갈을 섞어서 만든 토목(土木)·건축용 재료.
> ▶ 무너진 부분에 콘크리트를 새로 발랐어요
> ▶ 이 벽은 콘크리트 벽이라서 일반 못 박히지 않아요

콘택트^렌즈contact lens 눈에 끼는 안경 대용(代用) 렌즈.
> ▶ 오랫동안 콘택트렌즈를 끼었더니 눈이 건조(乾燥)해졌어요
> ▶ 저는 콘택트렌즈가 불편해서 라식((LASIK) 수술을 받았어요
> ▷ 콘택트(contact) : '콘택트렌즈'의 준말.

콘테스트contest /컨테스트 선발(選拔)대회(大會).
> ▶ 요리(料理)왕(王) 콘테스트가 열린다는데 나도 한번 나가봐야겠어.
> ▶ 너는 무슨 콘테스트만 있으면 다 나간다고 하더라.

콘트라베이스contrabass [콘트라베이쓰] 저음(低音)을 내는 현악기(絃樂器)의 하나. 더블(double)베이스.
> ▶ 콘트라베이스의 저음은 참 매력(魅力)이 있어요
> ▶ 그래요? 콘트라베이스 연주(演奏)를 들어보고 싶네요

***콘트라스트**contrast 대조, 대비(對比).
> ▶ 그는 강렬한 콘트라스트의 흑백사진을 보여 주었다.
> ▶ 강렬함과 세련미(洗練味)를 강조하는 콘트라스트 룩(look)이 인기예요.

콘티continuity 촬영용(撮影用) 대본(臺本).
> ▶ 콘티를 보면 작품의 수준(水準)을 알 수 있어.
> ▶ 콘티도 안 나왔는데 촬영을 시작하겠다고요?

콘^플레이크cornflakes /[콘프레이크] 간단하게 아침 식사나 간식(間食) 등으로 먹는 옥수수 가루 가공식품(加工食品).
> ▶ 아침엔 바빠서 밥 대신 콘플레이크를 먹어요
> ▶ 난 콘플레이크를 밥보다 좋아해.

***콜**call[1] 전화 호출(呼出).
> ▶ 드디어 엄마에게 콜이 왔다.

***콜**call[2] 동의(同意)할 때 외치는 소리.
> ▶ 오늘 저녁에 치킨(chicken)에 맥주나 한잔 할까?

　　　▶ 콜! 좋지!

콜^걸call girl　매춘부(賣春婦).

　　　▶ 그 사건에 콜걸이 개입(介入)되었다는 소문이 있던데?

　　　▶ 콜걸로 일하는 여자들에 대해서 편견(偏見)을 가져서는 안 되는 걸까요?

콜^금리call金利　단기자금(短期資金)의 금리(金利).

　　　▶ 이자율(利子率)은 콜 금리를 기준으로 책정(策定)됩니다.

　　　▶ 이번 달 들어서 콜 금리가 상승(上昇)됐다고 하네요.

*__콜드__cold　차다, 춥다.

　　　▶ 콜드? 핫(hot)? 어떤 게 좋아?

　　　▶ 난 차가운 것으로 할래.

콜드^게임called game [콜드께임]　야구(野球)에서 큰 점수 차이로 이기는 것.

　　　▶ 그들은 상대팀을 콜드게임으로 누르고 결승전(決勝戰)에 진출했다.

　　　▶ 이번 경기(競技)에서는 콜드게임으로 승리(勝利)를 따냈어요.

콜드^크림cold cream　주로 얼굴을 닦아내는데 쓰는 화장품.

　　　▶ 화장을 지워야 하는데, 콜드크림 있어?

　　　▶ 콜드크림은 없는데 클렌징(cleansing)폼(foam)이라도 줄까?

콜라cola　청량음료(淸凉飮料)의 하나.

　　　▶ 피자(pizza)를 시키면 콜라는 서비스(service)로 와요.

　　　▶ 정말이죠? 전 콜라가 없으면 피자를 못 먹어요.

콜라겐collagen　뼈와 피부에 있는 단백질(蛋白質)의 하나.

　　　▶ 요즘에 여자들 사이에서 콜라겐 마스크(mask)팩(pack)이 유행(流行)이래요.

　　　▶ 콜라겐이 피부에 좋다고 하더라고요.

콜라주collage `Fra`　그림, 사진 등을 오려 붙여서 만드는 근대(近代) 미술 방법의 하나.

　　　▶ 이 광고(廣告)는 콜라주 기법(技法)을 활용한 거예요.

　　　▶ 콜라주 작업은 아이들도 아주 좋아해요.

콜레라cholera　급성전염병(急性傳染病)의 하나.

　　　▶ 콜레라균에 감염(感染)되지 않도록 손을 깨끗이 씻으세요.

　　　▶ 콜레라가 돌고 있다고 하니 조심해.

　　　▷ 콜레라^균(cholera菌) : 콜레라 병원균(病原菌).

콜레스테롤cholesterol　동물의 뇌(腦), 신경(神經), 혈액(血液) 등에 들어 있는 물질의

콜로니

하나.

　▶ 콜레스테롤이 높으면 위험해요.

　▶ 콜레스테롤이 많이 함유(含有)된 음식은 피하세요.

콜로니colony　식민지(植民地) / 종합(綜合)복지시설(福祉施設).

　▶ 콜로니는 원래 식민지를 뜻하는데, 요즘에는 장애인의 종합 복지 시설을 말해요.

　▶ 그래요? 하지만 게임(game)에서는 콜로니를 아직도 식민지의 의미로 쓰는데요.

콜로세움Colosseum /[콜로쎄움]　로마(Roma) 시대에 세워진 거대(巨大) 원형(圓形)극장(劇場).

　▶ 콜로세움은 로마의 상징(象徵)이지요.

　▶ 로마를 관광하는 사람들은 거의 모두가 콜로세움에 가죠.

콜론colon　문장 부호(符號)의 하나. [:].

　▶ 이 부분에는 콜론을 붙일까요?

　▶ 콜론 말고 그냥 반점(半點)을 찍으세요.

콜리collie　영국 스코틀랜드(Scotland)산(産) 개의 품종(品種).

　▶ 영국산 개인 '콜리'를 키우는 사람이 많아요?

　▶ 저도 콜리를 한 마리 키우고 있어요.

***콜센터**call center /콜센타　전화로 서비스(service) 안내(案內) 또는 응대(應待)를 하는 곳.

　▶ 냉장고가 고장 났어요. 콜센터 번호가 어떻게 되는지 아세요?

　▶ 기업은 서비스가 생명이다. 따라서 콜센터를 잘 운영하는 기업이 성공한다.

콜^택시call taxi　전화로 불러서 타는 택시.

　▶ 늦은 시간에는 콜택시를 부르는 게 좋아요.

　▶ 콜택시는 요금을 더 내야 하나요?

콤마comma[1]　문장 부호(符號)의 하나. 반점. [,].

　▶ 숫자를 적을 때 세 자리마다 콤마를 찍으면 알아보기 쉬워요.

콤마comma[2]　소수점(小數點).

　▶ 수학에서의 '콤마'는 소수점을 나타내는 표현이에요.

콤바인combine　곡식(穀食) 수확(收穫), 탈곡(脫穀)용 농업 기계.

　▶ 콤바인을 이용하기 전에는 곡식을 거두기가 정말 힘들었어요.

　▶ 콤바인을 이용하면 반나절이면 끝나요.

콤비combination[1]　단짝 / 조합(組合).

▶ 그들은 환상(幻像)의 콤비를 이루었다.

▶ 우리가 만나면 최고(最高)의 콤비가 될 수 있을 거야.

콤비combination[2] 위아래 일체(一體)형 속옷.

▶ 속옷 선물을 받았는데 내가 좋아하는 콤비세트(set)야.

▶ 이건 슬립(slip)과 팬티(panties)가 결합된 콤비 속옷이에요

콤비combination[3] 위와 아래가 다른 양복(洋服).

▶ 양복은 콤비 스타일(style)로 입는 게 좋겠어요

▶ 콤비 재킷((jacket)을 사고 싶은데요 좀 보여 주실래요?

▷ 콤비네이션(combination).

***콤파스**compass[1] [콤파쓰] /[컴퍼쓰] 원(圓)을 그리는 제도(製圖)용 기구(器具) → 컴퍼스

▶ 이제부터는 콤파스와 자만 이용해서 그려 보세요

▶ 콤파스로 커다란 원을 그려 보세요

***콤파스**compass[2] [콤파쓰] /[컴퍼쓰] 나침반(羅針盤).

▶ 콤파스 바늘이 잘 움직이지 않아요

▶ 콤파스가 고장났나봐.

콤팩트(하다)compact[1] /[컴팩트] 거울이 달린 휴대(携帶)용 화장 도구(道具).

▶ 콤팩트를 떨어뜨려서 거울이 깨졌어요

▶ 여자들은 핸드백(handbag)에 늘 콤팩트를 가지고 다녀요

***콤팩트**(하다)compact[2] /[컴팩트] 작고 아담하다.

▶ 콤팩트한 스타일(style)로 보여 드릴까요?

▶ 이 휴대폰이 가장 콤팩트한 모델(model)이에요

콤팩트^디스크compact disk(CD) /[컴팩트디스크] 광(光)신호(信號) 기록(記錄)매체(媒體) 또는 그 재생(再生)기기(器機).

▶ 콤팩트디스크 한 장에는 얼마나 많은 정보가 들어갈 수 있어요?

▶ 콤팩트디스크는 반드시 케이스(case)에 넣어서 들고 다니세요

콤플렉스complex /[컴플렉쓰] 열등감(劣等感), 강박(強拍).

▶ 우리학교 1등인 너에게도 콤플렉스가 있어?

▶ 콤플렉스 없는 사람이 어디 있냐?

콩쿠르concours /콩쿨 **Fra** 순위(順位)를 정하는 경연(競演) 대회.

▶ 이번 대회는 국제(國際) 콩쿠르라서 준비를 많이 했어요

▶ 그는 여러 번의 도전 끝에 드디어 콩쿠르에서 입상(入賞)했다.

콩테

콩테conté /[꽁테] Fra 목탄(木炭)보다 단단한 연필 모양 크레용(crayon)의 하나.
　▶ 목탄과 콩테만을 이용해서 그림을 그리세요.
　▶ 콩테만으로 어떻게 이렇게 아름다운 그림을 그릴 수 있죠?

콩트conte /꽁트 Fra 유머(humor)와 풍자(諷刺)가 있는 짧은 단편 소설 또는 극(劇).
　▶ 3분짜리 콩트를 짜는 데 30시간이 걸렸어요.
　▶ 그 사람이 나오는 콩트는 다 웃기더라.

콰이어choir /콰이아 교회의 성가대(聖歌隊). 관현악단 무리.
　▶ 넌 노래도 못하는데 어떻게 콰이어에 들어갔어?
　▶ 우리나라 대표 콰이어의 연주(演奏)에 모두들 박수를 보냈다.

쾨헬Köchel Ger 모차르트(Mozart) 곡의 연대순(年代順) 정리 번호.
　▶ 세레나데(serenade)는 쾨헬 몇 번이야?
　▶ 아마 쾨헬 101번일 걸?

***쿠사리**くさり Jap 구박(驅迫)하는 것.
　▶ 왜 괜히 쿠사리를 주고 그래?
　▶ 만날 쿠사리를 먹으면서 걔랑 왜 같이 다니니?
　▶ '쿠사리'가 뭐냐 구박이라고 하면 될 것을. '쿠사리'는 저질 표현이니까 앞으
　　로는 쓰지 마.

쿠데타coup d' Etat /[쿠테타] Fra 한 나라의 정권을 무력(武力)으로 강탈(强奪)하는
것. / 하극상(下剋上)
　▶ 그 사건을 쿠데타로 봐야 할까? 아니면 정당한 개혁(改革)으로 봐야 할까?
　▶ 이번에 쿠데타를 일으킨 자들이 누구야?

쿠션cushion [쿠쎤] 푹신푹신한 것.
　▶ 그녀는 피곤했는지 쿠션에 기대어서 잠이 들었다.
　▶ 난 쿠션에 기대앉아서 TV를 보는 시간이 가장 행복해.

쿠키cookie[1] 비스킷(biscuit)의 일종.
　▶ 내가 직접 구운 쿠키야.
　▶ 맛있는 쿠키와 도넛(doughnut)을 잔뜩 사 왔어요.

쿠키cookie[2] 인터넷(internet) 사용 흔적(痕迹)을 기록하는 것.
　▶ 인터넷 속도가 너무 느려요.
　▶ 그럴 땐 인터넷 쿠키를 삭제해 보세요.

쿠페coupé Fra 뒷좌석 공간이 협소(狹小)한 자동차 형태의 하나.

▶ 그는 빨간색의 2인승 쿠페를 타고 나타났다.

▶ 세련된 스포츠(sports) 형 쿠페를 사고 싶어요.

쿠폰coupon 보너스(bonus), 할인 또는 선불 이용권 등의 총칭(總稱).

▶ 할인해 드리는 대신 쿠폰을 드릴게요.

▶ 쿠폰을 이용하시면 싸게 구입하실 수 있어요.

***쿡**cook 요리, 요리하는 것.

▶ 쿡이 요리를 뜻하는군요. 그래서 요리교실을 쿠킹클래스라고 하나 보죠?

▶ 이 요리를 하려면 특별한 쿠커가 필요해요.

▷ 쿠킹^클래스(cooking class) : 요리 교실.

▷ 쿠커(cooker) : 요리 기기.

***쿠킹호일**cooking foil 요리용 알루미늄(aluminium). 은박지(銀箔紙).

▶ 김밥은 그냥 쿠킹호일에 싸는 게 편리해요.

▶ 쿠킹호일은 절대로 전자레인지(電子range)에 넣으면 안 돼요.

쿨링^다운cooling down 경기(競技) 후 정리 운동 ↔ 워밍업.

▶ 워밍업(warming-up)은 하지만 쿨링 다운은 귀찮아서 잘 안 해요.

▶ 어떤 운동을 하든지 워밍업과 쿨링 다운은 필수야.

쿵후kung fu, 功夫 /쿵푸 Chi 중국(中國) 전통 권법(拳法).

▶ 쿵후를 배워 보지 않을래요?

▶ 쿵후를 한국에서도 배울 수 있어요?

***쿼츠**quartz 장치(裝置)에 따라 분류(分類)한 시계 종류의 하나.

▶ 저기 벽시계에 쓰여 있는 '쿼츠'가 무슨 뜻이야?

▶ 수정(水晶) 조각을 이용해서 만든, 정밀도(精密度)가 높은 시계를 쿼츠라고 해.

쿼터quota 일정한 수(數)나 양(量)을 제한(制限)하는 것.

▶ 그 대회에서는 국가(國家)별 쿼터가 적용(適用)됩니다.

▶ 그는 스크린(screen) 쿼터제를 반대 했어요.

쿼터백quarterback 미식축구(美式蹴球) 경기(競技)에서, 선수(選手) 포지션(position)의 하나.

▶ 그는 쿼터백이 되기 위해서 아침저녁으로 노력했다.

▶ 그 팀(team)은 쿼터백 중심으로 단결이 잘 되는 팀이다.

퀴즈quiz 간단한 질문.

▶ 내가 퀴즈 하나 낼게.

퀵

　　▶ 이번 퀴즈쇼의 우승자(優勝者)는 누구 될까요?
　　▷ 퀴즈^쇼(quiz show) : 참여자가 묻고 답하는 방송 프로그램(program).
*퀵quick　개인 맞춤형 배달(配達) 서비스(service).
　　▶ 급히 전달해야 해서 퀵서비스로 보냈어요.
　　▶ 퀵은 일반 택배보다 가격이 비싸요.
　　▷ 퀵서비스(quick-service).
*퀸queen　여왕(女王), 왕비(王妃) / 카드(card) 패의 하나.
　　▶ 우리 회사의 댄싱(dancing) 퀸은 누구일까요?
　　▶ 내가 가진 카드는 '퀸'뿐이야.
퀼트quilt　무늬를 도드라지게 새기는 수예(手藝) 기법(技法).
　　▶ 그녀는 하루 종일 퀼트에 빠져 있어.
　　▶ 눈도 안 좋은 애가 무슨 퀼트를 한다고 그러니?
큐^{1}cue^1　방송(放送) 시작 지시(指示) 신호(信號).
　　▶ 큐 신호가 떨어지자 그는 대본(臺本)을 읽기 시작했다.
　　▶ 큐 사인(sign)도 없는데 왜 시작을 합니까?
큐^{1}cue^2　당구(撞球) 게임(game)에서, 공을 치는 막대기.
　　▶ 한 큐에 일을 끝냈어.
　　▶ '한 큐에?' 당구 친 거야?
　　▶ 아니, 당구 용어인데 어떤 일을 한 번에 잘 끝냈을 때 쓰기도 해.
큐^{2}Q/q　영어 알파벳의 열일곱 번째 글자.
　　▶ 알파벳은 에이, 비, 시, 디, 이, 에프, 지, 에이치, 아이, 제이, 케이, 엘, 엠, 엔,
　　　오, 피, 큐, 아르, 에스, 티, 유, 브이, 더블유, 엑스, 와이, 지(제트)이다.
　　▷ 에이(A/a), 비(B/b), 시([씨]C/c), 디(D/d), 이(E/e), 에프(F/f), 지(G/g), 에이치(H/h),
　　　아이(I/i), 제이(J/j), 케이(K/k), 엘(L/l), 엠(M/m), 엔(N/n), 오(O/o), 피(P/p), 큐(Q/q),
　　　아르([알]R/r), 에스([에쓰]S/s), 티(T/t), 유(U/u), 브이(V/v), 더블유(/[떠블류]W/w),
　　　엑스(X/x), 와이(Y/y), 지(제트Z/z).
큐^마크Q mark　섬유(纖維) 제품(製品)의 품질보증(品質保證) 표지(標識).
　　▶ 큐 마크가 있는지 확인해 보세요.
　　▶ 큐 마크가 있어요. 안심하고 사세요.
큐브cube　주사위 같은 정육면체(正六面體) 또는 그렇게 생긴 놀이 기구.
　　▶ 3분 안에 이 큐브를 맞추면 내가 아이스크림(ice cream) 살게.

▶ 3분 안에 이 복잡한 걸 어떻게 맞춰?

큐비즘cubism　입체적(立體的) 상태를 하나의 평면(平面)으로 재구성(再構成)하는 것. 입체파(立體派).

　▶ 난 피카소(Picasso)의 큐비즘을 도저히 이해할 수가 없어.

　▶ 큐비즘 기법으로 초상화(肖像畵)를 그리면 재미있을 것 같아요.

큐피드Cupid　/[큐핏] /[큐피트]　로마(Roma) 신화(神話) 속에 나오는 사랑의 신.

　▶ 큐피드의 화살에 맞으면 사랑에 빠지게 된대요.

　▶ 휴~, 난 언제쯤 큐피드의 화살을 받아볼 수 있을까?

크라우칭^스타트crouching start　단거리(短距離) 경주(競走) 출발 방법의 하나 ↔ 스탠딩^스타트(standing start).

　▶ 단거리 달리기에서는 크라우칭 스타트로 출발합니다.

　▶ 고등학교 체육시간에 크라우칭 스타트로 출발하는 방법을 배웠어요.

크라운crown　왕관(王冠).

　▶ 저 빛나는 크라운은 누가 썼던 걸까?

　▶ 미스코리아(Miss Korea)가 되면 너도 크라운을 쓸 수 있어.

　▶ 그래? 그런데 미스코리아가 쓰는 건 '티아라(tiara)'라고 하지 않아?

크라이시스crisis　[크라이시쓰]　위기(危機), 경제적인 공황(恐慌) 상태.

　▶ 그 기업은 지금 심각(深刻)한 크라이시스 상태에 빠졌다.

　▶ 우리에게는 크라이시스를 해결해야 하는 과제(課題)가 남아 있어요.

크래커cracker　/[크래캐]　비스킷(biscuit)의 일종.

　▶ 크래커에 치즈(cheese)와 과일을 올려 먹으면 맛있어요.

　▶ 저는 산에 갈 때에는 늘 크래커를 챙겨 가요.

크랭크crank　영화(映畵) 촬영기(撮影機) 핸들(handle), 영화를 촬영하는 일.

　▶ 그의 영화가 지난 달 말에 크랭크 업을 하였다.

　▶ 그녀의 영화도 크랭크 인을 앞두고 있어요.

　▷ 크랭크 업(crank up) : 영화 촬영 완료(完了).

　▷ 크랭크 인(crank in) : 영화 촬영 개시(開始).

크러셔crusher　/[크러쎄]　큰 물질을 잘게 부수는 기계, 쇄석기(碎石機), 분쇄기(粉碎機).

　▶ 크러셔 업계에서 가장 잘 나가는 기계가 뭔가요?

　▶ 빙수를 만들어 먹으려고 아이스(ice) 크러셔를 샀어요.

　→ '쇄석기'로 순화.

크러스트

크러스트crust 빵의 바삭한 겉껍질.
> ▶ 이건 식빵 가장자리로 만든 식빵 크러스트야.
> ▶ 피자(pizza)는 치즈(cheese) 크러스트가 맛있어요.
*크런치crunch 깨물어 먹을 때 소리가 나는 음식의 통칭(通稱).
> ▶ 우리 아이는 크런치 초콜릿만 먹어요.
> ▶ 우리 아이도 크런치로 된 과자를 그렇게 좋아하네요.
크레디트^카드credit card 신용 카드.
> ▶ 해외에서도 사용할 수 있는 크레디트 카드가 있으세요?
> ▶ 혜택이 많은 크레디트 카드를 신청해야겠어요.
크레용crayon Fra 콩테(conté), 파스텔(pastel)류(類)의 색칠용 재료.
> ▶ 벽이 왜 이렇게 지저분해요?
> ▶ 우리 애가 크레용으로 온통 그림을 그려 놨어요.
크레이프crepe /크레페 밀가루에 계란, 설탕, 우유, 버터(butter)를 넣고 얇게 구운 것.
> ▶ 보드라운 크레이프야. 맛 좀 볼래?
> ▶ 난 참치가 들어간 크레이프는 싫어해.
크레인crane 기중기(起重機).
> ▶ 크레인으로 석재(石材)를 운반하다가 사고가 났어요.
> ▶ 크레인을 운전하려면 자격증(資格證)이 필요해요.
크레파스crayon+pas [크레파쓰] 크레용(crayon)과 파스텔(pastel)의 특성을 섞어 만든 것.
> ▶ 크레파스는 옷에 잘 묻으니까 조심해서 색칠하세요.
> ▶ 너는 왜 항상 파란색 크레파스만 사용해서 그림을 그리니?
크렘린Kremlin /[크레믈린] 모스크바(Moskva)의 궁전(宮殿).
> ▶ 크렘린 근처(近處)에서 시위(示威)가 벌어졌다던데?
> ▶ 크렘린에 들어서는 관광객(觀光客)들의 표정이 밝아졌다.
크로마뇽^인Cro-Magnon人 프랑스(France)의 크로마뇽 동굴에서 발견된 구석기(舊石器) 시대 인류.
> ▶ 크로마뇽인 뇌(腦)의 크기는 얼마나 될까요?
> ▶ 책에 그려진 크로마뇽인의 얼굴은 무척이나 강인(強忍)해 보여요.
크로마^키Chroma key 두 개의 영상(映像)을 합성하는 기술(技術), 기법(技法).
> ▶ 한국의 크로마키 기술에 세계가 감탄(感歎)했어요.
> ▶ 이 부분은 크로마키 촬영(撮影)으로 처리합시다.

*크로스(하다)cross [크로쓰] 십자(十字)형. 교차(하다), 접목(接木)시키다.

  ▶ 숄더백(shoulder bag)보다는 크로스백(cross bag)이 낫겠어요

  ▶ 전통문화와 현대문화를 크로스하려는 시도(試圖)가 이루어지고 있다.

크로스^바cross-bar [크로쓰배] 축구나 핸드볼(handball)의 골(goal)대 또는 장애물(障碍物)의 가로대.

  ▶ 아쉽게도 골은 크로스바를 맞고 튕겨 나왔다.

  ▶ 공으로 크로스바를 맞추면 경기(競技)에서 진다는 징크스(jinx)가 있어요

크로스^컨트리cross-country [크로쓰컨트리] 근대(近代) 5종 경기(競技)의 하나.

  ▶ 크로스컨트리 경기(競技)에는 어떤 종목(種目)이 있어요?

  ▶ 크로스컨트리에는 육상, 사이클(cycle), 경마, 스키(ski) 등이 포함되어 있어요

크로켓croquette /고로케 /[고로께] Fra   다진 고기를 볶아서 빵가루를 묻혀서 기름에 튀겨낸 음식의 총칭(總稱).

  ▶ 아, 크로켓 먹고 싶다.

  ▶ 이 밤중에 크로켓처럼 기름에 튀긴 음식은 몸에 안 좋아.

크로키croquis Fra   스케치(sketch), 밑그림.

  ▶ 그는 순식간에 크로키 한 장을 그려 냈다.

  ▶ 그의 크로키에서는 살아있는 생동감(生動感)이 느껴져요

크루즈cruise 항해(航海) / 호화(豪華)유람선(遊覽船).

  ▶ 엄마, 제가 돈 많이 벌어서 크루즈 여행 보내 드릴게요

  ▶ 그들은 한 달 간의 크루즈 여행을 마치고 이제 돌아왔다.

  ▷ 크루즈^미사일(cruise missile) : 순항(巡航) 미사일.

크루통croûton Fra   주사위 모양으로 썰어서 기름에 튀기거나 오븐(oven)에 구운 빵 조각. 주로 수프(soup)나 샐러드(salad)에 뿌려서 함께 먹는다.

  ▶ 늘 먹으면서도 이걸 크루통이라고 하는지 처음 알았어요

  ▶ 시저(Caesar)샐러드에 크루통이 빠지면 이상하지요

크리스마스Christmas [크리쓰마쓰] 성탄절(聖誕節), 12월 25일.

  ▶ 우리 이번 크리스마스에는 뭘 할까?

  ▶ 크리스마스에 눈이 내리면 좋겠다.

  ▷ 크리스마스^실(Christmas seal) : 결핵(結核) 퇴치(退治) 기금(基金) 마련 증표(證票).

  ▷ 크리스마스^이브(Christmas Eve) : 크리스마스 전야(前夜).

크리스천Christian /크리스찬 기독교(基督敎) 신자(信者).

크리스털

　　▸ 그 사람은 독실(篤實)한 크리스천인가요?
　　▸ 이 단체(團體)는 크리스천들이 모여서 만들었어요.

크리스털crystal /크리스탈　수정(水晶).
　　▸ 크리스털로 만든 장식품(裝飾品)을 선물 받았어요.
　　▸ 이 사진은 귀한 거라서 크리스털 액자(額子)에 끼워 두었어요.

크리스트^교christ敎　기독교(基督敎).
　　▸ 한국에는 크리스트교를 믿는 사람들이 많이 있나요?
　　▸ 교회(敎會)가 많으니까 당연히 크리스트교를 믿는 사람들도 많겠죠

크릴krill　작은 새우 비슷한 플랑크톤(plankton).
　　▸ 이건 낚시할 때에 미끼로 사용하는 크릴이야.
　　▸ 이번에 일본에서 수입한 크릴은 전부 사료(飼料)로 쓸 거예요.

크림cream¹　우유(牛乳)의 지방(脂肪)으로 만든 식품.
　　▸ 크림이 가득 들어간 빵이 먹고 싶어.
　　▸ 크림을 많이 먹으면 살쪄서 안 돼.
　　▸ 생크림 케이크(cake) 있어요?
　　▸ 생크림 케이크는 다 팔렸어요. 모카(mocha) 크림은 어떠세요?
　　▹ 생크림(生^cream) : 과자나 케이크를 만들 때 쓰는 크림.

크림cream²　화장품의 하나.
　　▸ 얼굴이 거칠어서 크림을 좀 발라야겠어.
　　▸ 난 크림을 바르면 얼굴이 번들거려서 싫어.

크샤트리아ksatriya　Lat　인도(India) 사회의 네 계급(階級) 중에서 두 번째 계급. 왕족(王族)과 무사(武士) 계급.
　　▸ 카스트(caste) 제도에서 크샤트리아는 몇 번째 계급이지?
　　▸ 왕족과 무사로 이루어진 크샤트리아는 두 번째 계급이에요

크시xi　Gre　그리스(Greece) 자모(字母)의 열네 번째 문자(文字) → 그리스문자.
　　▹ Α/α알파, Β/β베타, Γ/γ감마, Δ/δ델타, Ε/ε엡실론, Ζ/ζ제타, Η/η에타, Θ/θ세타, Ι/ι요타, Κ/κ카파, Λ/λ람다, Μ/μ뮤, Ν/ν뉴, Ξ/ξ크시/크사이, Ο/ο오미크론, Π/π파이, Ρ/ρ로, Σ/σ시그마, Τ/τ타우, Υ/υ입실론, Φ/φ피, Χ/χ키, Ψ/ψ프시/프사이, Ω/ω오메가.

클라리넷clarinet　목관악기(木管樂器)의 하나.
　　▸ 클라리넷 연주회(演奏會)에 다녀왔어요. 정말 좋았어요.

▶ 저도 클라리넷 레슨(lesson)을 받은 지 이제 1년쯤 되었어요.

*클라스class [클라쓰] → 클래스.

클라이맥스climax /[클라이막쓰] 흥분(興奮), 긴장(緊張), 극적(劇的) 최고조(最高潮) 상태.

▶ 이 부분이 이 영화의 클라이맥스야.

▶ 영화는 반전(反轉)과 클라이맥스가 중요해요.

클라이밍climbing 등반(登攀).

▶ 그는 청소년 스포츠(sports) 클라이밍 대회에 출전(出戰)했다.

▶ 클라이밍을 하려면 어떤 장비(裝備)가 필요해요?

클라이언트client 의뢰인(依賴人), 요청자(要請者), 사용자.

▶ 제가 직접 클라이언트를 만나 볼게요.

▶ 많은 업체들이 클라이언트 서비스(service)를 제공하고 있어요.

클래식classic 서양(西洋) 고전음악(古典音樂).

▶ 너 요즘 클래식의 매력(魅力)에 완전히 빠져들었구나.

▶ 클래식은 아무리 들어도 질리지 않아요.

*클래스class [클래쓰] /클라스 계급(階級), 등급(等級). 학급(學級).

▶ 우리 클래스에는 어울리지 않는 학생이 있어요.

▶ 누구나 살면서 하이클래스한 생활을 누려볼 권리가 있지 않은가?

▷ 하이＾클래스(high class) : 수준(水準) 높은 등급.

클랙슨klaxon /[클락쓴] /[크락션] 자동차 경적(警笛).

▶ 누가 이렇게 클랙슨을 울려 대는 거야?

▶ 클랙슨 소리에 깜짝 놀랐어요.

▷ 혼(horn).

클러치clutch /[크라찌] 자동차의 변속(變速) 페달(pedal).

▶ 요즘 클러치를 밟을 때 이상한 소리가 나요.

▶ 클러치가 또 고장 났어요. 아무래도 자동차를 바꿔야 할까 봐요.

클럽club¹ 모임 단체(團體). 또는 장소(場所).

▶ 금요일 밤마다 클럽에 가는 거야?

▶ 이번 주 금요일엔 북(book)클럽 모임에 가야해.

클럽club² 골프(golf) 채.

▶ 골프를 시작하려고 클럽을 구입했어요.

▶ 클럽을 함부로 휘두르지 마세요.

클레이^사격

클레이^사격clay射擊 클레이 피전을 산탄총(霰彈銃)으로 맞히는 스포츠(sports).
  ▶ 드디어 그렇게 원하던 클레이 사격(射擊) 동호회(同好會)에 들었어요.
  ▶ 클레이 사격이 재미있어요? 난 무섭던데요.
  ▷ 클레이 피전(clay pigeon) : 클레이 사격용 표적(標的).
***클레이애니메이션**clay animation /클레이메이션 점토(粘土)로 만든 사물을 움직여서
  촬영(撮影)한 영화(映畵).
  ▶ 그는 클레이애니메이션을 만드는 전문가(專門家)예요.
  ▶ 클레이애니메이션을 만드는 사람은 정말 세심(細心)해야 할 것 같아요.
클레임claim 손해(損害)에 대한 이의신청(異議申請).
  ▶ 점원이 너무 불친절해서 클레임을 걸었어.
  ▶ 클레임을 한 지 한 달이나 지났는데도 아직 업체에서 아무 연락이 없어요.
***클렌징(하다)**cleansing /클렌싱 /클린싱 화장을 닦아내다.
  ▶ 화장을 한 날에는 클렌징을 꼼꼼하게 해야 해요.
  ▶ 난 화장하는 건 재밌는데 클렌징이 너무 귀찮아.
  ▷ 클렌징^크림(cleansing cream) : 얼굴을 닦는 데 쓰는 크림.
클로렐라chlorella /크로렐라 민물에서 나는 녹조(綠藻).
  ▶ 건강을 위해서 클로렐라를 먹는 사람들이 많아졌어요.
  ▶ 클로렐라가 몸속의 독소(毒素)를 배출(排出)해 준다는데 정말일까?
클로버clover[1] /클로바 /[크로배] 토끼풀.
  ▶ 거기서 뭐해? 클로버 찾는 거야?
  ▶ 응, 행운을 뜻한다는 네잎클로버를 찾고 있어.
클로버clover[2] /[클럽] 잎 모양이 그려진 카드(card).
  ▶ 너 클로버 있어? 내가 얼핏 클로버 모양을 본 것 같은데.
  ▶ 클로버는 없다니까.
클로즈업(하다)close-up 사물을 당겨서 찍는 것 / 집중하여 크게 다루는 것.
  ▶ 그녀가 눈물을 흘리는 장면(場面)이 클로즈업 되었다.
  ▶ 화장을 안 했으니까 클로즈업 하지 말고 찍어 주세요.
클리닉clinic /크리닉 진료소(診療所).
  ▶ 저는 요즘 비만(肥滿) 클리닉에 다녀요.
  ▶ 비만 클리닉에 다니면 정말 살이 빠질까요?
클리닝cleaning /크리닝 세탁(洗濯).

> ▶ 한국에는 운동화 클리닝만 전문적(專門的)으로 하는 곳이 있어요.
> ▶ 세탁소에 드라이클리닝을 맡겼어요.
> ▷ 드라이클리닝(dry cleaning).

*클리어(하다)clear /[클레어] 해결(하다), 문제가 없음.
> ▶ 이건 어려운 일이 아니니까 빨리 클리어합시다.
> ▶ 이 문제에 대해서는 모두 클리어하게 이해한 줄 알았는데요.

클리어^파일clear-file /[클레어] 문서 정리용 파일.
> ▶ 그 서류들은 제가 클리어 파일에 깔끔하게 정리해 두었어요.
> ▶ 문구점에 가면 클리어 파일 좀 사다 줘.

클릭(하다)click 컴퓨터(computer) 마우스(mouse) 버튼(button)을 '딸깍' 누르는 것.
관심 있는 웹(web)페이지(page)의 하이퍼링크(hyperlink)를 선택하는 것.
> ▶ 아무리 클릭을 해도 화면이 이동을 안 해요.
> ▶ 전체 지정(指定)을 하려면 더블(doble) 클릭을 해 보세요.

*클린clean /크린 깨끗한.
> ▶ 아예 클린룸을 만들어서 작업을 하는 게 어때?
> ▶ 그는 요즘 클린산업에 관심이 많아요.
> ▷ 클린^룸(clean room) : 깨끗한 작업실.
> ▷ 클린^산업(clean産業) : 정화(淨化) 장치 관련 산업.
> ▷ 클린^히트(clean hit) : 깨끗한 타격.

*클린싱(하다)cleansing /클렌징 화장을 닦아내다.
> ▶ 화장을 한 날에는 클린싱을 꼼꼼하게 해야 해요.
> ▶ 난 화장하는 건 재밌는데 클린싱하는 게 너무 귀찮아.

클린치(하다)clinch /[크린치] 권투(拳鬪) 경기(競技) 중에 상대방을 껴안는 것.
> ▶ 너는 클린치가 너무 약해.
> ▶ 클린치를 기술로 보기도 하지만 저는 반칙(反則)이라고 생각해요.

클립clip 종이를 철(綴)하는 사무용품.
> ▶ 서류가 분리되지 않도록 클립을 꽂아 주세요.
> ▶ 여기 있던 클립이 없어졌어. 누구냐!

클립아트clip-art 문서 작성(作成)용 삽화(揷畵) 모음집.
> ▶ 클립아트를 사용하면 훨씬 예쁘게 편집할 수 있을 거야.
> ▶ 클립아트에는 내 마음에 드는 그림이 없었어.

ㅋ

키

키¹key¹ 열쇠 / 실마리, 단서.
  ▸ 차 키를 놓고 왔어.
  ▸ 어제는 집 키를 놓고 오더니, 정신 좀 차려.
키¹key² 목소리의 높낮이.
  ▸ 이 노래는 한 키 더 올려서 불러야 할 것 같다.
  ▸ 이 키가 제 한계(限界)예요. 더 이상은 못 올리겠어요.
키¹key³ 타자기(打字機), 키보드(keyboard)의 글자판.
  ▸ 이 노트북(notebook)은 시프트^키(shift key)가 너무 작아서 불편해요.
  ▸ 비밀 번호를 입력하고 엔터^키(enter key)를 누르세요.
키²chi Gre 그리스(Greece) 자모(字母)의 스물두 번째 문자(文字) → 그리스문자.
  ▹ A/α알파, B/β베타, Γ/γ감마, Δ/δ델타, E/ε엡실론, Z/ζ제타, H/η에타, Θ/Θ세
    타, I/ι요타, K/κ카파, Λ/λ람다, M/μ뮤, N/ν뉴, Ξ/ξ크시/크사이, O/o오미크
    론, Π/π파이, P/ρ로, Σ/σ시그마, T/τ타우, Y/υ입실론, Φ/φ피, X/χ키, Ψ/ψ프
    시/프사이, Ω/ω오메가.
키^노트keynote 연설 따위의 요지(要旨) / 어떤 조(調)의 중심이 되는 주음(主音).
  ▸ 작곡을 할 때에는 먼저 키노트를 정해 놓는 것이 좋습니다.
  ▸ 제가 오늘 연설하실 내용의 키노트를 미리 준비해 두었습니다.
키보드keyboard 건반(鍵盤), 자판(字板).
  ▸ 네가 키보드를 연주해. 내가 기타(guitar)를 칠게.
  ▸ 모니터(monitor)는 있는데 키보드가 없으니 어쩌죠?
키스kiss [키쓰] 입맞춤.
  ▸ 넌 언제 첫 키스를 했어?
  ▸ 내 첫 키스는 영원히 비밀(秘密)이야.
키^워드key word 핵심(核心) 어휘, 중심 단어.
  ▸ 내용이 너무 많으니까 그냥 키워드만 기억하세요.
  ▸ 키워드를 입력하면 많은 자료들을 검색할 수 있을 거야.
키위kiwi 과실(果實), 양다래.
  ▸ 키위를 갈아서 주스(juice)를 만들었어.
  ▸ 난 그냥 키위보다 골드(gold) 키위가 더 맛있더라.
*키즈kids 아이. 어린이.
  ▸ 요즈음에는 키즈 산업이 유망한 사업으로 평가되고 있다.

▶ 아이들은 지금 키즈 카페에 있어요.

▷ 키즈^카페(kids cafe) : 어린이들을 위한 여러 시설이 설치된 찻집.

*키친kitchen 부엌. 주방.

▶ 이사한 후에 키친 인테리어(interior)를 바꿨는데 어때요?

▶ 물기가 남아 있으면 키친타월로 닦으세요.

▷ 키친^타월(kitchen towel) : 주방용 종이 타월.

*키트kit /킷 재료 세트(set).

▶ 우리 애는 과학에 관심이 많으니까 과학(科學)상자(箱子) 키트를 사줘야겠어요.

▶ 효율적인 여행용 키트를 사은품(謝恩品)으로 받았어.

키^포인트key+point 중점(中點), 핵심(核心), 요점(要點).

▶ 시간이 없으니 키포인트만 알려 드릴게요.

▶ 이 사건의 키포인트가 뭡니까?

키^홀더key holder 열쇠 고리.

▶ 새 차를 뽑은 그에게 키홀더를 선물했어요.

▶ 내 키홀더 못 봤어? 여기에 둔 것 같은데.

킥kick 발로 차는 것. 발길질.

▶ 그에게 킥을 날리고 싶었지만 꾹 참았어요.

▶ 그 선수의 킥을 주목(注目)해서 보세요.

킥^복싱kick-boxing [킥복씽] 태국(泰國) 무예(武藝)의 하나.

▶ 언제부터 킥복싱을 했어요?

▶ 살을 빼려고 킥복싱을 하는 사람도 많아요.

킥오프(하다)kick-off 축구 경기(競技)의 시작을 알리는 것.

▶ 그는 킥오프 휘슬(whistle)을 불었다.

▶ 얼마 남지 않은 킥오프를 기다리고 있어요.

*킬러killer 살인자(殺人者) / 절대적(絶對的) 우위(優位)에 있는 것.

▶ 이 영화(映畵)는 킬러가 주인공(主人公)이에요.

▶ 네가 여자 킬러라는 소문(所聞)이 있던데?

킬로kilo /[키로] 킬로그램, 킬로와트, 킬로미터 등의 약칭(略稱).

▶ 운동을 하고 나서 몇 킬로나 빠졌어요?

▶ 여기서 몇 킬로나 더 가야 호수가 나와요?

▷ 킬로그램(kilogram) : 질량[kg].

킵

   ▷ 킬로리터(kiloliter) : 부피[kl].

   ▷ 킬로미터(kiloliter) : 길이[km].

   ▷ 킬로바이트(kilobyte) : 컴퓨터 데이터의 양[KB].

   ▷ 킬로볼트(kilovolt) : 전압[kV].

   ▷ 킬로와트(kilowatt) : 전력[kW].

   ▷ 킬로칼로리(kilocalorie) : 열량[kcal].

*킵(하다)keep 주로 술 따위를 맡겨 두는 것.

   ▶ 우리가 마시던 술도 킵이 되죠?

   ▶ 네, 그럼요. 언제든지 오세요. 잘 킵해 두겠습니다.

*킷kit → 키트

*킹king 왕(王), 제일 좋은 것, 제일 큰 것.

   ▶ 햄버거(hamburger)는 역시 '벅어킹'이야. 이름값을 한다니까.

   ▶ 무슨 소리야? 햄버거는 '맥돈알드'가 킹이지.

   ▷ 킹＾사이즈(king-size) : 표준보다 아주 큰 사이즈. 특대(特大).

   ▷ 킹콩(KING-KONG) : 설화 속에 나오는 거대한 고릴라((gorilla).

   ▷ 킹＾펭귄(king penguin) : 황제펭귄.

●●●● E ●●●●

타블로이드^판tabloid判 신문 절반 크기의 잡지(雜誌)나 신문(新聞).
- ▶ 타블로이드판은 흥미 위주(爲主)의 기사가 많지요.
- ▶ 타블로이드판 신문을 무료로 배포(配布)하고 있어요.

타우tau `Gre` 그리스(Greece) 자모(字母)의 열아홉 번째 문자(文字) → 그리스문자.
- ▷ A/α알파, B/β베타, Γ/γ감마, Δ/δ델타, E/ε엡실론, Z/ζ제타, H/η에타, Θ/Θ세타, I/ι요타, K/κ카파, Λ/λ람다, M/μ뮤, N/ν뉴, Ξ/ξ크시/크사이, O/o오미크론, Π/π파이, P/ρ로, Σ/σ시그마, T/τ타우, Y/υ입실론, Φ/φ피, X/χ키, Ψ/ψ프시/프사이, Ω/ω오메가.

***타운**town 소도시, 도시의 구역(區域). 같은 업종(業種)끼리 모여 있는 건물이나 구역.
- ▶ 순대는 순대타운, 떡볶이는 떡볶이 타운에 가서 먹어야 맛있지.
- ▶ 신(新)도시를 뉴(new)타운이라고도 부릅니다.
- ▷ 다운타운(downtown) : 도심(都心) 중심부.
- ▷ 베드-타운(bed town) : 업무 중심의 도시가 아닌 주거(住居) 도시.
- ▷ 실버-타운(silver town) : 고령자(高齡者) 주거, 생활 시설.
- ▷ 차이나타운(Chinatown) : 한국 내 중국인 밀집 거주 지역.

타워tower 탑(塔).
- ▶ 서울의 야경(夜景)을 보려면 남산의 서울N타워에 가면 돼요.
- ▶ 일본의 도쿄 타워를 보면 프랑스(France)의 에펠탑(Eiffel塔)이 생각나요.

타월towel /타올 수건.
- ▶ 이 타월은 젖어서 못 쓰겠어요.
- ▶ 욕실 안에 마른 타월이 많이 있어요.

타이tie[1] 넥(neck)타이.
- ▶ 오늘 타이 색깔이 화려하네요.
- ▶ 봄 분위기(雰圍氣)를 내 보려고 꽃무늬 타이를 샀어요.

타이tie[2] 점수를 내는 경기(競技)에서, 동점(同點)인 상황.
- ▶ 실수만 안 했어도 타이로 끝낼 수 있었는데.
- ▶ 너무 아쉬워하지 마. 타이면 좋았겠지만, 겨우 1점 차이로 진 거잖아.

타이머

타이머timer　시간을 재는 기기(器機).
> ▶ 부엌에서 사용할 타이머가 필요해요.
> ▶ 이 타이머에는 여러 가지 기능이 있어요.

타이밍timing　어떤 일이 일어나기에 가장 적절한 시기(時期).
> ▶ 미안하다고 했어야 하는데, 그만 타이밍을 놓쳤어.
> ▶ 역시 인생은 타이밍이 중요해.

타이어tire /[타이애]　자동차나 자전거 등의 바퀴에 두르는 고무.
> ▶ 타이어가 펑크(puncture) 났어요.
> ▶ 차 트렁크(trunk)에 스페어타이어가 있는지 확인해 보세요.
> ▷ 스페어타이어(spare tire) : 비상(非常)용 타이어.

타이츠tights /[타이즈]　발레(ballet), 체조 또는 방한(防寒)용으로 신는, 몸에 달라붙는 바지.
> ▶ 추운 겨울에 타이츠를 입으면 정말 따뜻해요.
> ▶ 여기에 발레리노(ballerino Ita)용 타이츠도 있나요?

타이탄Titan　그리스(Greece) 신화(神話) 속 인물, 거인(巨人).
> ▶ 타이탄 족은 우라노스(Ouranos)와 가이아(Gaea) 사이에서 태어났다.
> ▶ 타이탄은 몸집이 얼마나 컸을까요?

타이트하다tight　꽉 끼다 / 여유가 없다.
> ▶ 이 치마는 너무 타이트하지 않을까?
> ▶ 전 타이트한 스타일(style)을 좋아하지 않아요.
> ▷ 타이트^스커트(tight skirt) : 몸에 꼭 맞는 치마.

타이틀title[1]　제목(題目).
> ▶ 이번 학기 강좌(講座)의 타이틀을 아직 못 정했어요.
> ▶ 이번 학술대회(學術大會)의 타이틀이 뭐예요?

타이틀title[2]　우승 자격(資格)을 부여하는 선수권(選手權).
> ▶ 그는 생애(生涯) 첫 타이틀에 도전한다.
> ▶ 그는 이번 경기(競技)에서 세계 1위의 타이틀을 되찾았다.
> ▷ 타이틀^매치(title match) : 선수권이 걸린 시합. 타이틀전(戰).

타이틀title[3]　영화(映畵) 제작(製作)진 소개 자막(字幕).
> ▶ 영화가 끝나고 타이틀이 올라가는 순간까지 자리를 뜰 수 없었어요.
> ▶ 타이틀이 올라가는데 네 이름도 보이더라.

타이틀^뮤직title music　방송(放送) 프로그램(program)이나 영화(映畵) 등의 첫 시작에서 나오는 배경음악(背景音樂).

  ▶ 그 영화에 타이틀뮤직으로 나왔던 음악이 뭐였지?

  ▶ 큰일이에요 아직까지도 타이틀뮤직을 정하지 못했어요

타이프type 활자(活字) 또는 활자를 입력(入力)하는 것.

  ▶ 하루 종일 타이프를 쳤더니 팔목이 아파.

  ▶ 타이핑하는 게 쉬운 일이 아니거든요

  ▷ 타이프라이터(typewriter) : 타자기(打字機).

  ▷ 타이핑하다(typing) : 타자를 치다.

타일tile 벽·바닥에 붙이는 작은 판, 조각.

  ▶ 화장실 바닥은 미끄럽지 않은 타일로 해 주세요

  ▶ 타일 장식으로 부엌 분위기를 바꿔 봤어.

타임time[1] 시간.

  ▶ 휴식이 몹시도 필요한 타임이야.

  ▶ 커피숍(coffee shop)에서 파트(part)타임으로 근무했어요

  ▷ 타임^캡슐(time capsule) : 시대를 대표하는 물건을 땅속에 묻는 용기(容器).

타임time[2] 경기(競技) 중 휴식 시간을 요청하는 것. 타임아웃(time-out).

  ▶ 타임을 불러야 할 순간이야.

  ▶ 타임아웃은 흐트러진 팀(team)의 분위기를 추스를 수 있는 시간이기도 해요

  ▶ 타임! 지금부터 우리 조금만 쉽시다.

  ▷ 타임^업(time^up) : 규정한 시간이 다 됨.

타입type 모양, 유형(類型).

  ▶ 타입은 좋은데 색깔이 마음에 안 들어요

  ▶ 그 사람은 내 타입이 아니었어.

  ▶ 넌 어떤 타입을 원하는데?

  ▷ [타이프]로 발음하지 않는다.

***탈렌트**talent 방송(放送) 출연(出演) 연기자(演技者), 예능인(藝能人)의 총칭(總稱) → 탤런트

  ▶ 저 사람은 뭐하는 사람이야?

  ▶ 신인(新人) 탈렌트래요

탈무드Talmud Heb 유대인(Judea人)의 지혜를 담은 책.

  ▶ 어렸을 때 탈무드는 지겹도록 읽었어.

> ▶ 탈무드를 읽으면 똑똑해진다던데 정말 그래?

*탑top[1] /[톱] 꼭대기, 최고(最高) → 톱.

> ▶ 열심히 노력하더니 드디어 탑이 되었구나.

> ▶ 탑의 자리는 오르는 것보다 지키는 게 더 어려워요.

*탑top[2] 여성용 속옷 상의(上衣).

> ▶ 여름엔 역시 탑을 입는 게 시원하지요.

> ▶ 이 티셔츠(T-shirts) 속에 입을 만한 탑을 사려고 해요.

태그tag[1] 야구 경기(競技)에서, 터치(touch) 아웃(out)시키는 것.

> ▶ 열심히 뛰었지만 3루에서 태그아웃 당했어요.

> ▶ 1루 주자가 태그아웃 상황에 놓이게 되었어.

태그tag[2] 프로 레슬링(professional wrestling) 같은 경기에서, 두 선수가 편을 짜서 교대로 겨루는 것. 태그^매치(tag match).

> ▶ 그들은 훌륭한 태그매치를 보여 주었다.

> ▶ 이번 경기(競技)는 싱글(single)매치인가요 태그매치인가요?

태그tag[3] /택 옷에 붙은 상표(商標), 가격표(價格票) / 꼬리표.

> ▶ 새 옷 입은 거 티내는구나. 태그도 안 떼고.

> ▶ 앗, 어제 산 옷인데, 태그를 안 떼었구나.

태그tag[4] /택 일정 지역(地域)의 출입(出入)・주차(駐車)허가증(許可證).

> ▶ 태그가 없으면 이곳에 주차할 수 없어요.

> ▶ 주차 태그는 어디에서 발급(發給)받을 수 있나요?

태클tackle 상대편의 행동이나 말을 저지(沮止)하는 것.

> ▶ 왜 자꾸 태클을 거는 거야?

> ▶ 너는 내가 말만 하면 태클이라고 하더라.

*택스tax /텍스 세금(稅金).

> ▶ 이 가격은 택스가 포함된 가격인가요?

> ▶ 택스가 붙으면 가격이 좀 더 올라갈 거야.

택시taxi 영업(營業)용 승용차.

> ▶ 늦어서 택시를 타야겠어요.

> ▶ 이곳에서는 택시를 잡기가 힘들어요.

> ▷ 택시미터기(taximeter機) : 택시 요금 표시기.

탤런트talent /탈렌트 방송(放送) 출연(出演) 연기자(演技者), 예능인(藝能人)의 총칭(總稱).

▸ 저 사람은 뭐하는 사람이야?

▸ 신인(新人) 탤런트래요.

탬버린tambourine 손에 들고 흔들거나 쳐서 소리를 내는 타악기(打樂器)의 하나.

▸ 탬버린은 내려놓고 이제 노래 좀 해 봐.

▸ 탬버린이 없으면 흥(興)이 안 나잖아.

탭[1]tab[1] 색인(索引)표, 꼬리표.

▸ 서류에 탭을 달아서 이름을 구분해 놓을게요.

▸ 저 책은 탭이 없어서 단어를 찾기가 불편해요.

탭[1]tab[2] 타이프라이터(typewriter)에서 글자 사이를 넓게 띄우는 기능.

▸ 글자 사이에 간격을 두고 싶은데 어떻게 해야 해요?

▸ 그때는 탭 기능을 사용하세요.

탭[2]tap 가볍게 두드리다.

▸ 너 요즘 탭댄스 배운다며?

▸ 응, 탭댄스 출 때 구두가 바닥을 치는 경쾌한 소리가 좋거든.

▹ 탭^댄스(tap dance) : 구두로 바닥을 두드리면서 추는 춤.

탱고tango 사교(社交)춤의 하나.

▸ 다른 춤도 많은데 왜 하필 탱고를 배워?

▸ 그건 네가 탱고의 매력(魅力)을 몰라서 하는 소리야.

탱커tanker 연료 용기(容器)를 담고 움직이는 것 / 유조선(油槽船).

▸ 탱커가 폭발하는 장면은 정말 멋졌어.

▸ 그게 뭐가 멋져? 난 탱커에 불이 붙는 장면이 너무 끔찍했어.

탱크tank[1] 물체를 수용(收容), 저장하는 큰 통.

▸ 오늘은 아파트(apartment)의 물탱크를 청소하는 날입니다.

▸ 물탱크를 청소하면 당장 물을 쓸 수 없나요?

탱크tank[2] 전투(戰鬪)용 전차(戰車).

▸ 차 소리가 너무 커서 탱크가 지나가는 줄 알았어요.

▸ 탱크? 군인(軍人)도 타고 있었어?

***터닝**turning 전환하다, (몸을) 돌리다.

▸ 한 번 들어서면 터닝하기가 쉽지 않으니 잘 생각해.

▸ 그 일은 제 인생의 터닝 포인트가 되었어요.

▹ 터닝 슛(turning shoot) : 구기(球技) 경기(競技)에서 몸을 돌리면서 슛을 하는 것.

터미널

　　▷ 터닝 포인트(turning point) : 어떤 일의 전환점(轉換點).

터미널terminal[1] /터미날　버스(bus), 열차, 비행기 등 교통 노선을 이용하는 곳. 종점(終點).

　　▶ 터미널에서 기다릴게요.

　　▶ 동서울 터미널에서 2시에 만나요.

터미널terminal[2] /터미날　컴퓨터(computer) 단말기(端末機).

　　▶ 비상용(非常用) 터미널을 통해 컴퓨터 시스템(system)을 점검해 봐요.

　　▶ 저는 개인용 터미널로 컴퓨터를 사용하고 있어요.

터번turban　머리에 둘둘 감는 수건.

　　▶ 저 남자는 머리에 터번을 두른 걸 보니 인도(India)에서 왔나 봐요.

　　▶ 세수할 때 사용할 터번이 필요해요.

터보turbo　터보제트 엔진(turbo-jet engine).

　　▶ 항공기(航空機)에 쓰일 초소형(初小型) 터보 개발(開發) 연구(研究)를 진행하고
　　　있어요.

　　▶ 이제야 터보의 중요성을 깨달은 모양이군요.

　　▶ 일반 엔진보다는 터보 엔진을 단 차가 힘이 좋지요.

터부taboo /타부　관습적(慣習的)으로 금기(禁忌)시하는 것.

　　▶ 문지방을 밟지 못하게 하는 것도 일종의 터부인가요?

　　▶ 이런 터부는 빨리 없어져야 해요.

터빈turbine　고압증기(高壓蒸氣)분출식(噴出式)원동기(原動機).

　　▶ 풍력(風力) 터빈 발전기(發電機)를 사용해 본 적 있어요?

　　▶ 우리는 가스(gas) 터빈을 사용해요. 터빈 보호 시스템(system)도 갖추었어요.

터치(하다)touch /[타치]　손을 대는 것. 건드리는 것.

　　▶ 그의 붓 터치 실력은 타(他)의 추종(追從)을 불허(不許)해요.

　　▶ 터치＾폰은 터치 감(感)이 좋은 걸 골라야 해요.

　　▶ 레슬링(wrestling)에서는 터치하지 않으면 선수(選手) 교대(交代)를 할 수 없어요.

　　▷ 터치＾폰(touch phone) : 화면을 건드려서 조정하는 휴대전화(스마트smart 폰).

터키＾탕 Turkey湯　증기(蒸氣)를 이용한 목욕탕. 증기탕.

　　▶ 터키탕이 뭐야? 터키에 있는 목욕탕이야?

　　▶ 증기를 이용해서 목욕을 하는 곳이야. 터키욕은 주로 한 방에서 다른 방으로
　　　옮겨 다니면서 하는 게 특징이야.

터틀＾넥turtleneck　거북목처럼 생긴 셔츠(shirts), 스웨터(sweater).

▶ 예쁜 터틀넥을 입었네.

▶ 날이 쌀쌀해지는 것 같아서 터틀넥 셔츠를 샀어요.

***터프(하다)tough** 남자답다, 거칠다.

▶ 그 친구는 보기보다 터프해요.

▶ 남자 형제들과 자라서 그런지 터프하다는 소리를 자주 들어요.

▷ 터프^가이(tough guy) : 남성미(男性美)가 넘치는 남자.

턱시도tuxedo 남자의 파티(party)용 정장(正裝), 예복(禮服).

▶ 턱시도를 차려 입으니 달라 보이는구나.

▶ 역시 한국 남자에게는 턱시도보다 한복이 더 잘 어울리는 것 같아.

턴turn 회전(回轉), 방향 바꿈.

▶ 어디쯤에서 턴을 해야 하는지 모르겠어요.

▶ 쭉 가다가 사거리가 나오면 신호를 받고 턴을 하세요.

턴테이블turntable 레코드플레이어(record player). 음반(音盤) 재생기.

▶ 요즘에는 턴테이블을 쉽게 볼 수 없는 것 같아.

▶ 아직도 우리 동네에는 턴테이블로 음악을 틀어주는 카페(cafe)가 있어요.

텀블러tumbler 휴대(携帶)용 음료수(飲料水) 통.

▶ 텀블러를 가져가면 커피값을 할인(割引)해 준대요.

▶ 텀블러 안에 든 게 물이야 커피야?

텀블링tumbling /[덤블링] 공중(空中)제비.

▶ 너 맨땅에서 텀블링할 수 있어?

▶ 당연하지. 연속 텀블링도 할 수 있어.

텅스텐tungsten 강한 성질(性質)을 가진 금속(金屬) 원소(元素)의 하나.

▶ 텅스텐은 중국(中國)에서 많이 나온대요.

▶ 텅스텐은 주로 전구(電球)의 필라멘트(filament)를 만드는 데 써요.

▷ 텅스텐^강(tungsten鋼) : 텅스텐을 섞어서 만든 강철(鋼鐵).

테너tenor 남자 가수(歌手)의 가장 높은 음역(音域).

▶ 그는 이태리(이탈리아Italy)에서 주목 받고 있는 한국인 테너예요.

▶ 그는 테너를 하기에 아주 적합(適合)한 목소리를 갖고 있어요.

테니스tennis [테니쓰] 라켓(racket)으로 공을 치는 운동 경기(競技)의 하나.

▶ 테니스 클럽(club)에 등록해서 테니스를 치기 시작했어요.

▶ 나도 테니스를 배우고 싶은데 우리 동네 근처에는 테니스장이 없어.

테라바이트

▷ 테니스^장(tennis場) : 테니스 경기(競技)를 하는 곳.

테라바이트Terabyte　컴퓨터(computer) 메모리(memory) 정보(情報)량(量)의 단위.

　　▶ 1테라바이트면 얼마나 되지?

　　▶ 1024기가바이트(gigabyte) 아닌가?

테라스terrace [테라쓰]　실내 바깥에 돌출(突出)된 공간.

　　▶ 나도 테라스가 있는 집에서 살고 싶어.

　　▶ 테라스에서 여유롭게 같이 커피(coffee) 마시면 좋겠다.

*테라피therapy　치료(治療), 요법(療法).

　　▶ 요즘은 테라피도 종류가 엄청 많더라.

　　▶ 난 스트레스(stress) 때문에 아로마(aroma) 테라피를 받고 있어.

*테레비television　방송(放送) 수신 재생 장치. 티브이(TV) → 텔레비전.

　　▶ 주말에는 하루 종일 테레비만 봤어.

　　▶ 아들! 테레비 좀 그만 보고 이제 공부 좀 하지.

테리어terrier　영국산(産) 개 품종(品種)의 하나.

　　▶ 테리어는 사납지만 영리(怜悧)해요.

　　▶ 얼마 전에 흰색 테리어를 분양(分讓) 받았어요.

테마Thema　Ger　주제(主劑).

　　▶ 이번 영화(映畵)의 테마는 사랑입니다.

　　▶ 이 테마송을 부른 가수(歌手)가 누구야?

　　▷ 테마^파크(Thema park) : 테마 공원(公園). 특정 주제별로 만들어 놓은 놀이
　　　공간.

　　▷ 테마^뮤직(Thema+music) : 주제 음악.

　　▷ 테마^송(Thema+song) : 주제가 되는 노래. 주제가(歌).

*테스터tester　테스트(test)를 하는 기계 또는 사람.

　　▶ 화장품 회사에서 신제품(新製品)을 테스트할 테스터를 모집한대요

　　▶ 테스터를 먼저 사용해 보시고 구입하세요

테스트(하다)test　시험(試驗). 검사(檢査).

　　▶ 제 영어 실력이 어느 정도인지 테스트를 받고 싶어요

　　▶ 그 사람을 테스트해 봤는데 정말 성품(性品)이 좋은 사람이었어요

테이블table　탁자, 식탁.

　　▶ 오랜만에 모든 가족이 테이블에 둘러앉았다.

▸ 테이블 매너는 어렸을 때부터 가르쳐야 해요.

▷ 테이블 매너(table manner) : 식사 예절(禮節).

*테이크아웃takeout   음식을 포장(包裝)해 가는 것.

▸ 드시고 가실 건가요?

▸ 아니요, 테이크아웃 할게요.

테이프tape /[테입] 가늘고 길게 만든 것, 종이 또는 헝겊이나 녹음 녹화용 필름(film), 접착용 테이프 등.

▸ 드디어 개관식(開館式) 테이프를 끊는 날이 다가왔다.

▸ 테이프를 갈고 조금 쉬었다가 촬영(撮影)하겠습니다.

▸ 이건 일반 테이프로는 힘들겠어. 양면(兩面)테이프가 필요해.

테이핑taping   운동선수(運動選手) 신체 부위(部位)에 부상(負傷) 예방(豫防)과 치료(治療)를 위해서 테이프를 감는 것.

▸ 부상을 당했다더니 온 몸에 테이핑을 하고 출전(出戰)을 했네요.

▸ 테이핑을 하고 투혼(鬪魂)을 벌이는 그에게 모두가 박수를 보냈다.

테제These /떼제 Ger   정치적(政治的), 사회적(社會的) 측면(側面)에서 규정(規定)된 운동 기본 강령(綱領) ↔ 안티테제(Antithese).

▸ 테제는 레닌(Lenin)의 '4월 테제'가 대표적이지요.

▸ 그의 강력한 테제는 사회에 많은 영향(影響)을 끼쳤다.

*테크노techno-   기술(技術), 공예(工藝), 응용(應用)의.

▸ 테크노 산업의 발달로 테크노 단지(團地)가 조성(造成)되었다.

▸ 테크노댄스(dance)는 자기의 느낌을 잘 살려서 춰야 제맛이 난다.

테크닉technique   기교(技巧). 전문 기술(技術).

▸ 테크닉보다 중요한 건 기본(基本) 원리(原理)야.

▸ 노래를 할 때 필요한 테크닉을 배우고 싶어요.

테플론Teflon /테프론 전기 절연(絕緣) 또는 흡착(吸着)용 테이프(tape).

▸ 수도가 새는 것 같아서 우선 테플론 테이프를 감아 놓았어요.

▸ 테플론 테이프로 가스(gas)가 유출되는 것도 막을 수 있나요?

*텍스tax   세금(稅金) → 택스

▸ 이 가격은 텍스가 포함된 가격인가요?

▸ 텍스가 붙으면 가격이 좀 더 올라갈 거야.

텍스트text   언어(言語)로 인쇄(印刷)된 모든 것. 글로 적은 것.

텐

▶ 이 텍스트는 외국인이 보기에 너무 어려워요.

▶ 문제를 풀기 전에 제시된 텍스트를 먼저 꼼꼼히 읽어 보세요.

*텐ten   열 번째, 열째.

▶ 난 넘버(number) 텐도 충분히 만족해요.

▶ 텐, 나인, 에이트, 세븐, 식스, 파이브, 포, 쓰리, 투, 원, 번지(bungee)!

▷ 제로(zero), 원(one), 투(two), 쓰리(three), 포(four), 파이브(five), 식스(six[씩쓰]), 세
  븐(seven[쎄븐]), 에이트(eight/에잇), 나인(nine), 텐(ten).

*텐스tense[1] [텐쓰]   긴장(緊張)감.

▶ 일을 할 때에는 어느 정도의 텐스는 필요하지 않나요?

▶ 맞아요. 텐스를 적당히 유지해야 사고가 나지 않아요.

*텐스tense[2] [텐쓰]   시제(時制).

▶ 이 문장은 텐스가 뭘까요?

▶ ‘-았-’이 쓰인 걸 보니 과거(過去)인 것 같아요.

텐트tent   야외(野外) 취침(就寢)용 천막(天幕).

▶ 캠프(camp)에 참여하려고 텐트 치는 법을 배웠어요.

▶ 텐트에서 자본 적 있어?

텔레마케팅tele-marketing   전화나 컴퓨터(computer) 등을 이용한 상품(商品) 판매(販
賣) 및 서비스(service) 방법.

▶ 누구한테 온 전화야?

▶ 텔레마케팅이야. 인터넷(internet) 통신사(通信社)를 바꾸라고 하네.

텔레파시telepathy /[텔레파씨]   정신(精神), 영적(靈的)으로 소통(疏通)하는 것. 교감(交感).

▶ 나도 너한테 전화하려고 했는데 우리 텔레파시가 통했나봐.

▶ 내가 그만 나가자고 그렇게 텔레파시를 보냈는데 못 느꼈어?

텔레비전television /[텔레비]/[테레비]/티비   방송(放送) 프로그램(program) 수신(受信)재생
(再生)장치(裝置). 티브이(TV).

▶ 하루 종일 텔레비전만 봤어.

▶ 딸! 텔레비전 그만 보고 이제 공부 좀 하지?

*텝스TEPS   서울대에서 만든 공인(公認) 영어 시험의 하나.

▶ 서울대 대학원에 진학하려면 텝스 성적을 제출해야 합니다.

▶ 텝스는 영어 시험 중에서도 어렵기로 소문난 시험입니다.

▷ Test of English Proficiency developed by Seoul National University.

템포tempo 진행(進行) 속도. 박자(拍子).
- ▶ 걸음이 왜 그렇게 느려? 템포 좀 맞춰봐.
- ▶ 다른 사람이 먼저 왔어요? 어휴! 이번에도 제가 한 템포 늦었네요.

토너toner 복사기(複寫機)나 레이저(laser) 프린터(printer)용 잉크(ink).
- ▶ 토너가 다 되었나 봐요.
- ▶ 토너가 아니라 프린트 자체에 문제가 있는 것 같아요

토너먼트tournament 승자(勝者)가 진출(進出)하는 경기(競技) 방식.
- ▶ 이번 경기(競技)는 토너먼트 방식으로 진행합니다.
- ▶ 토너먼트의 최후(最後) 승자는 누가 될 것인가?

토네이도tornado 미국(美國) 중남부(中南部) 지역(地域)에서 발생하는 거대한 회오리 바람.
- ▶ 토네이도가 휩쓸고 지나간 후 거리는 엉망이 되었다.
- ▶ 토네이도는 보통 회오리바람보다 훨씬 강해요

토닉tonic¹ 진(gin), 위스키(whiskey) 등의 술에 섞어 마시는 탄산음료(炭酸飲料).
- ▶ 취향에 따라 적절히 토닉을 섞어 드세요
- ▶ 진 토닉은 많이 알려진 술이에요

토닉tonic² 강장제(強壯劑).
- ▶ 토닉은 강장제 역할을 하기도 해요
- ▶ 강장제를 나타내는 '토닉'이라는 말은 라틴어(Latin語)에서 왔어요

토르소torso **Ita** 몸통 조각상(彫刻像).
- ▶ 몸통만 덩그러니 놓여 있네. 이건 작품이 아닌가봐.
- ▶ 무슨 소리야? 이건 몸통을 조각한 토르소라고

토마토tomato /[도마토] /[도마도] 건강을 위해서 즐겨먹는 식용 작물(作物).
- ▶ 토마토는 살짝 익혀 먹어야 건강에 좋대.
- ▶ 토마토를 익히면 시원한 맛이 없잖아.

토^슈즈toe^shoes 발레(ballet)에서 여성 무용수(舞踊手)가 신는 구두.
- ▶ 토슈즈를 벗은 그녀의 발은 상처투성이였다.
- ▶ 넌 초보라서 아직 토슈즈를 신을 수 없어.

토스toss [토쓰] 가볍게 던지는 것.
- ▶ 배구를 배우러 왔는데 토스 연습만 한 시간째 하고 있어.
- ▶ 토스를 잘해야 다른 것도 잘 할 수 있는 거야.

토스트

토스트toast 식빵을 살짝 구운 것.

> 오늘도 토스트로 아침밥을 대신했어요?

> 저는 밥 대신 늘 우유와 토스트를 먹어요.

▷ 토스터(toaster) : 토스트를 굽는 기계.

*토이toy 장난감의 통칭(通稱).

> 우리 아이는 영화(映畵) '토이스토리'를 그렇게 좋아해요.

> '토이스토리'면 장난감들의 이야기로군요.

▷ 토이^스토리(toy story) : 장난감이 주인공(主人公)인 만화영화(漫畵映畵)의 하나.

토익TOEIC 영어(英語) 시험의 하나.

> 이번엔 꼭 토익 900점을 넘어야 해.

> 내가 지원(支援)하는 회사는 800점만 넘어도 된다고 하던데.

▷ Test Of English for International Communication.

토치카totschka [Rus] 군사적(軍事的) 방어(防禦) 진지(陣地).

> 위험한 상황이 발생하면 토치카에 몸을 숨겨.

> 토치카에는 5명 정도가 들어갈 수 있을 것 같아요.

토크¹torque 회전(回轉)시키는 힘. 자동차 엔진(engine) 회전수(數).

> 자동차를 움직이는 실질적인 힘은 토크야.

> 토크를 높이기 위해서 모든 개발진(開發陣)이 노력하고 있습니다.

*토크²talk 대담(對談), 이야기.

> 토크 소재(素材)가 떨어지지 않도록 준비를 많이 하세요.

> 그가 토크쇼에 출연(出演)할 줄은 몰랐어요.

▷ 토크^쇼(talk show) : 인터뷰, 대담(對談) 중심의 방송 프로그램(program).

토큰token 현금처럼 사용하는, 특정(特定)한 주화(鑄貨).

> 저도 어렸을 때 토큰을 사용했던 기억이 나요.

> 지금은 카드(card)가 있어서 토큰을 사용하지 않아요.

토^킥toe kick 발끝으로 공을 차는 것.

> 축구화도 안 신었는데 토킥으로 공을 차면 발이 아프겠죠?

> 그는 토킥으로 가볍게 공을 몰아가기 시작했다.

*토털(하다)total /토탈 종합(綜合)의, 총합(總合).

> 지금까지 쓴 돈이 토털 몇이나 되지요?

> 글쎄요. 토털하면 한 20만 원 정도 되겠네요.

토템totem   영적(靈的)인 존재(存在)라고 믿는 사물.

　▶ 옛날 사람들은 나무를 토템으로 여기고 숭배(崇拜)했어요

　▶ 지금도 세계 곳곳에는 토테미즘이 남아 있어요

　▷ 토테미즘(totemism) : 토템을 숭배하는 것.

토파즈topaz   보석(寶石)의 하나, 황옥(黃玉).

　▶ 너 귀고리 예쁘다. 토파즈인가?

　▶ 응, 남자 친구한테 받은 토파즈 귀고리야. 내 별자리에 맞는 보석이래.

토플TOEFL   영어(英語) 시험의 하나.

　▶ 유학을 가려고 토플 공부를 하고 있어요

　▶ 토플은 토익(TOEIC)보다 어렵다던데 열심히 해야겠어요

　▷ Test Of English as a Foreign Language.

토플리스topless [토플리쎄]   상의(上衣)를 입지 않은 여성 옷차림.

　▶ 그녀는 파격적(破格的)인 토플리스 화보를 찍었다.

　▶ 그곳 해변(海邊)에는 토플리스 차림의 여성들이 많대요

토픽topic   화제(話題), 논제(論題).

　▶ 오늘은 '여행'이라는 토픽으로 발표를 할 거예요

　▶ 그녀의 결혼 소식은 해외(海外) 토픽이 될 만하지요

*토픽TOPIK   한국어(韓國語) 능력(能力) 시험(試驗).

　▶ 토픽을 준비하는 외국인들이 많아졌어요

　▶ 토픽 6급을 따려면 한국어를 얼마 동안이나 배워야 해요?

　▷ Test Of Proficiency In Korean.

톤¹ton   무게의 단위. 1t = 1,000kg.

　▶ 짐이 많아서 1.5톤 트럭(truck)도 모자랄 것 같아요

　▶ 저 정도면 무게가 1톤은 될 것 같아요

톤²tone   소리, 음색(音色) / 색조(色調).

　▶ 안 좋은 일 있어요? 목소리 톤이 가라앉았어요

　▶ 커튼(curtain) 색깔을 좀 더 밝은 톤으로 바꾸고 싶어요

톨게이트tollgate /톨   고속도로(高速道路) 유료(有料) 도로에서 통행료(通行料)를 징수

(徵收)하는 곳.

　▶ 톨게이트가 나오기 전에 잔돈을 준비해 줘.

　▶ 하이패스(hipass)가 있으면 톨비를 손으로 안 내고 바로 통과할 수 있어요

톱

　　▷ 톨^비(toll費) : 톨게이트 통행료.

톱top /탑　꼭대기, 최고, 제일 중요한.

　　▶ 넌 어려서부터 톱스타가 꿈이었어?

　　▶ 가창력은 톱 수준이지만 그는 가수가 되기 싫대요.

　　▷ 톱^뉴스(top+news) : 가장 중요한 소식.

　　▷ 톱^스타(top+star) : 가장 인기(人氣) 있는 사람.

****투**two　두 번째, 둘째.

　　▶ 열심히 운동 합시다. 원(one), 투, 쓰리(three), 포(four).

　　▶ 이번에 공부할 곳은 챕터(chapter) 투입니다.

　　▶ 열심히 돈을 벌어야 해서 저는 늘 투잡을 뛰고 있어요.

　　▷ 투^잡(two job) : 직업(職業)으로 두 가지 일을 갖는 것.

　　▷ 제로(zero), 원(one), 투(two), 쓰리(three), 포(four), 파이브(five), 식스(six[씩쓰]), 세
　　　 븐(seven[쎄븐]), 에이트(eight/에잇), 나인(nine), 텐(ten).

투피스two-piece [투피쓰]　윗도리와 스커트(skirt)가 한 세트(set)로 된 여성복(女性服).

　　▶ 투피스는 왠지 촌스러워 보인다. 원피스(one-piece)를 사는 게 어때?

　　▶ 저기 투피스 정장(正裝)을 입은 여자 보여요?

****튜나**tuna　참치

　　▶ 오늘 점심은 튜나 샐러드(salad)로 할까?

　　▶ 네, 그리고 튜나 샌드위치(sandwich)도 함께 만들어 먹어요.

튜너tuner　라디오(radio) 주파수(周波數) 변환기기(變換機器).

　　▶ 잡음(雜音)이 들리지 않게 튜너를 잘 조정해 보세요.

　　▶ 새로 산 오디오(audio) 튜너를 사용하는 방법을 도저히 모르겠어요.

튜닝tuning　전파(電波)조정(調整), 세부(細部) 조정 / 새롭게 고치는 것.

　　▶ 라디오(radio) 튜닝 좀 잘해 봐. 음악이 안 나오잖니.

　　▶ 평범한 차도 튜닝을 해서 스포츠카(sports car)처럼 만들 수 있어요.

튜바tuba　나팔 모양 금관악기(金管樂器)의 하나.

　　▶ 그는 세계에서 가장 뛰어난 튜바 연주자(演奏者)야.

　　▶ 우리 오케스트라(orchestra)에서 튜바 단원(團員)을 모집(募集)해요.

튜브tube[1]　수영 보조(補助) 용품(用品)). 일종의 '바람풍선'.

　　▶ 넌 수영도 못하잖아? 이번에도 튜브 타고 헤엄치게?

　　▶ 왜 이래! 튜브만 있으면 나도 박태환이야!

튜브tube[2] 관(管), 고무관, 용기(容器).

▶ 치약 튜브를 꾹꾹 눌러 봐. 더 나올 거야.

▶ 호흡(呼吸) 곤란 환자(患者)에게는 튜브를 삽관(挿管)해야 합니다.

튤립tulip 백합(百合)과에 속하는 꽃의 하나.

▶ 튤립 축전(祝典)에 다녀왔어요.

▶ 빨갛게 핀 튤립 한 송이가 정말 아름답구나!

***트라이하다**try 노력(하다), 경험해 보다.

▶ 못할 것 같아도 한 번만 트라이해 보세요.

▶ 아무리 트라이해도 안 되는 걸요.

트라이앵글triangle 정삼각형(正三角形) 모양 타악기(打樂器)의 하나.

▶ 트라이앵글로 여러 가지 소리를 낼 수 있을까?

▶ 그럼, 트라이앵글을 잘 연주(演奏)하는 사람은 여러 가지 소리를 낼 수 있어.

트래버스traverse [트래버쓰] 등산(登山), 스키(ski)로 산허리나 암벽(岩壁)을 따라 가는 것.

▶ 트래버스를 하려면 요령(要領)이 필요해요.

▶ 이번 휴가 때 북한산 트래버스를 하고 싶은데 노하우(knowhow) 좀 알려주세요.

트래킹trekking /트레킹 등산(登山)과 산책(散策) 중간 형태의 레저(leisure)스포츠(sports).

▶ 주말에는 트래킹을 갈 거야.

▶ 그럼 내가 트래킹을 하기에 좋은 코스(course)를 알려 줄게.

트래핑trapping 구기(球技) 경기(競技)에서, 패스(pass)된 공을 받아내는 기술(技術).

▶ 나도 대표(代表) 선수(選手)들처럼 트래핑을 잘하고 싶어.

▶ 유명한 선수(選手)들의 트래핑을 따라해 보세요.

트랙track 정해진 구간(區間).

▶ 경기(競技) 도중(途中)에 트랙을 벗어나면 반칙입니다.

▶ 그의 음반(音盤)이 나오기도 전에 트랙 리스트(list)가 공개되었다.

트랙^볼track ball 컴퓨터(computer) 마우스(mouse)의 한 종류(種類).

▶ 트랙 볼은 그래픽(graphic) 정보(情報)를 입력할 때 주로 사용해요.

▶ 트랙 볼은 요즘에는 보기 어려워요.

트랙터tractor 힘이 좋은 견인(牽引)용 자동차. 농사(農事)용 차량(車輛).

▶ 트랙터를 타고 전국(全國)을 일주(逸走)한 사람도 있다면서요?

▶ 새 것은 너무 비싸서 중고(中古) 트랙터를 샀어요.

트랜스(포머)transformer [트랜쓰] /도란스[도란쓰] 변화시키는 것, 변압기(變壓器).

트랜스미션

- ▶ 이걸 연결하려면 트랜스가 필요하겠는데요.
- ▶ 한국에서 110볼트 기기(器機)를 사용하려면 트랜스가 있어야 합니다.

트랜스미션transmission [트랜쓰미썬] /밋션   엔진(engine) 변속기(變速器).

- ▶ 트랜스미션은 자동차의 핵심부품(核心部品)이에요.
- ▶ 트랜스미션은 정말 복잡한 기계(機械) 장치(裝置)예요.

***트랜스젠더**trans^gender [트랜쓰젠더]   성(性) 전환자(轉換者).

- ▶ 넌 트랜스젠더에 대해 어떻게 생각해?
- ▶ 글쎄, 난 한 번도 트랜스젠더를 본 적이 없어서 잘 모르겠어.

***트랜스^팻**trans fat [트랜쓰팻]   지방(脂肪)의 한 종류(種類).

- ▶ 트랜스팻이 많이 함유된 음식이 뭐죠?
- ▶ 다이어트(diet)에 성공하고 싶으면 트랜스팻이 많은 음식을 피하세요.

트랜지스터transistor   반도체소자(半導體素子)의 하나 / 트랜지스터라디오.

- ▶ 이건 70년대에 만들어진 트랜지스터라디오야.
- ▶ 나도 어렸을 때 휴대(携帶)용 트랜지스터가 있었어.
- ▷ 트랜지스터^라디오(transistor radio) : 트랜지스터를 사용해서 만든 라디오 수신기.

트램펄린trampoline /[트램플린]   운동, 놀이용 탄력(彈力) 매트(mat).

- ▶ 트램펄린은 놀이기구야 운동(運動) 기구(機具)야?
- ▶ 트램펄린은 올림픽(olympic) 종목(種目)에도 있으니까 운동기구겠지.

트랩trap   선박(船舶), 비행기 등의 승차(乘車)용 사다리.

- ▶ 비행기의 트랩을 오르고 나서야 떠나는 걸 실감(實感)할 수 있었어요.
- ▶ 오래 전에 배가 항구(港口)에 닿았는데 아직도 트랩이 내려오지 않네요.

***트러블**trouble   말썽, 문제.

- ▶ 무슨 트러블이 생겼기에 표정이 그렇게 심각(深刻)해요?
- ▶ 그러니까 사람들이 널 트러블메이커라고 부르는 거야.
- ▷ 트러블^메이커(trouble maker) : 문제를 자주 일으키는 사람.

트럭truck   화물(貨物) 운송(運送)용 자동차.

- ▶ 짐을 가득 실은 트럭이 속력을 내고 있었다.
- ▶ 1종 면허(免許)가 있으면 트럭을 몰 수 있나요?

트럼펫trumpet   금관악기(金管樂器)의 하나.

- ▶ 초보(初步)자는 트럼펫을 불어도 소리가 안 나는 건가요?.

> 트럼펫은 아무나 부는 게 아니야. 더 세게 불어봐.

트럼프trump　서양식(西洋式) 놀이용 카드(card).

> 기차를 타고 가는 동안에는 트럼프로 시간을 때웠어요

> 난 돈을 걸고 하는 트럼프는 안 해.

트렁크trunk¹　여행 가방 또는 자동차 짐칸.

> 트렁크에 뭘 넣었기에 이렇게 무거워요?

> 큰 짐은 차 트렁크에 실으세요

트렁크trunk²　남성 운동용 반바지 또는 그 모양의 속옷.

> 비치(beach)에서 입을 트렁크 바지를 놓고 왔어.

> 트렁크는 바지야 속옷이야?

트레이닝training /추리닝　훈련(訓練), 단련(鍛鍊), 연습(演習).

> 한 달 동안 혹독(酷毒)한 트레이닝을 받았어요

> 보컬(vocal) 트레이닝을 받으면 나도 노래를 잘할 수 있을까?

▷ 트레이너(trainer) : 조련사(調練師).

▷ 트레이닝^복(training服) : 운동복 *추리닝.

트레이드(하다)trade　무역(貿易), 맞교환.

> 어제는 트레이드 센터(center)를 찾느라고 힘들었어요.

> 그 팀(team)은 선수를 잘못 트레이드했어. 이번 대회의 우승은 어려울 거야.

트레일러trailer　물건, 사람 등을 실어 나르는 대형(大型) 자동차.

> 트레일러는 특수(特殊) 면허증(免許證)이 있어야 운전할 수 있어요

> 트레일러 사고에서 살아난 그 남자는 '기적(奇蹟)의 사나이'로 불려요

***트레킹**trekking　등산(登山)과 산책(散策) 중간 형태의 레저(leisure)스포츠(sports) → 트래킹.

> 주말에는 트레킹을 갈 거야.

> 그럼 내가 트레킹을 하기에 좋은 코스(course)를 알려 줄게.

트렌치^코트trench coat /프렌치코트　외투(外套)의 일종(一種).

> 트렌치코트로 멋을 좀 내 봤는데 어때?

> 가을엔 역시 트렌치코트가 최고(最高)야.

트로이카troika　`Rus`　3인 중심의 체제(體制).

> 한국에서 여배우(女俳優) 트로이카로 불리는 세 명이 모두 출연한대.

> 그들은 한국 프로(pro)야구를 대표하는 투수 트로이카다.

트로키|troche   입안에서 녹여서 먹는 알약.
> ▶ 녹여 먹은 트로키가 효과(效果)가 있나 봐요
> ▶ 트로키를 먹고 나서야 목이 좀 괜찮아졌어요

트로트|trot   우리나라 대중가요(大衆歌謠)의 하나 → 트롯.
> ▶ 트로트 가수(歌手)로 뜬 그녀는 엄청난 돈을 벌었다.
> ▶ 요즘엔 젊은 사람들도 트로트를 좋아해요

트로피|trophy   우승컵(cup), 우승배(優勝杯).
> ▶ 와! 저 많은 트로피가 다 네 거야?
> ▶ 트로피와 상금을 받았을 때 정말 기분이 좋았어요

트롤^선|trawl船   저인망(底引網) 어선(漁船).
> ▶ 10대의 트롤선으로 잡아 올린 오징어가 모두 얼마나 돼요?
> ▶ 불법(不法) 조업(操業)을 하는 트롤선 단속(團束)이 시작되었다.

트롬본|trombone   금관악기(金管樂器)의 하나.
> ▶ 이 곡은 트롬본 연주(演奏)를 위해 만들어진 것 같아요
> ▶ 그는 트롬본 연주자로 명성(名聲)을 날렸다.

트롯|trot[1]   우리나라 대중가요(大衆歌謠)의 하나 → 트로트
> ▶ 트롯 가수(歌手)로 뜬 그녀는 엄청난 돈을 벌었다.
> ▶ 요즘엔 젊은 사람들도 트롯을 좋아해요

트롯|trot[2]   사교댄스(dance)의 하나. 폭스트롯(fox-trot).
> ▶ 저 커플(couple)이 트롯 부문의 우승자(優勝者)예요.
> ▶ 저는 트롯 댄스(dance)를 보면 가슴이 떨려요

트리밍|trimming   불필요한 부분을 제거(除去)하고 정리하는 것.
> ▶ 오래된 가죽을 트리밍해서 의상(衣裳)을 만들었어요
> ▶ 이 사진은 트리밍 작업(作業)을 한 건가요?

트리오|trio   삼인조(三人組), 3중주(重奏).
> ▶ 우리 셋이 피아노(piano) 트리오를 결성(結成)해 볼까?
> ▶ 유럽(Europe)에서 활약(活躍)하는 OO트리오가 드디어 한국에서 첫 공연(公演)을 갖습니다.

*****트리트먼트**|treatment   모발(毛髮)보호제(保護製).
> ▶ 머리가 많이 상해서 트리트먼트를 샀어요
> ▶ 트리트먼트를 했더니 머리가 부드러워졌어요

트위스트twist 춤의 한 형식.

> ▶ 트위스트를 추던 시대는 이미 지났지요.

> ▶ 그래서 추억(追憶)의 트위스트라고 하는군요.

***트위터**twitter 소셜(social) 네트워크(network) 서비스(survice)의 하나. 트윗(twit).

> ▶ 그쪽도 트위터를 하세요? 우리 서로 팔로잉(following)할까요?

> ▶ 요즘에는 트위터에 시간을 너무 많이 빼앗기고 있어요.

***티^1**T/t 영어 알파벳의 스무 번째 글자.

> ▶ 알파벳은 에이, 비, 시, 디, 이, 에프, 지, 에이치, 아이, 제이, 케이, 엘, 엠, 엔,
> 오, 피, 큐, 아르, 에스, 티, 유, 브이, 더블유, 엑스, 와이, 지(제트)이다.

> ▷ 에이(A/a), 비(B/b), 시([씨]C/c), 디(D/d), 이(E/e), 에프(F/f), 지(G/g), 에이치(H/h),
> 아이(I/i), 제이(J/j), 케이(K/k), 엘(L/l), 엠(M/m), 엔(N/n), 오(O/o), 피(P/p), 큐(Q/q),
> 아르([알]R/r), 에스([에쓰]S/s), 티(T/t), 유(U/u), 브이(V/v), 더블유(/[떠블류]W/w),
> 엑스(X/x), 와이(Y/y), 지(제트Z/z).

티^{2}T(-shirts) T자(字) 모양의 셔츠(shirts).

> ▶ 그는 워낙 잘생겨서 청바지에 티 한 장만 걸쳐도 멋져 보여요.

> ▶ 흰 티는 때가 잘 타니까 검은 색 티로 사자.

티^{3}tea 차(茶).

> ▶ 티스푼으로 잘 저어서 드세요.

> ▶ 우리 오랜만에 함께 티타임을 가져 볼까?

> ▷ 티백(tea bag) : 소량의 차를 넣은 봉지.

> ▷ 티스푼(teaspoon) : 찻숟가락.

> ▷ 티타임(teatime) : 차 마시며 쉬는 시간.

티^{4}tee → 티샷.

티^브이TV /테레비 텔레비전(television).

> ▶ TV를 보다 깜빡 잠이 들었어.

> ▶ 이제 TV 좀 끄고 제발 공부 좀 해라.

티샷tee shot 골프(golf)에서, 첫 번째로 공을 치는 것.

> ▶ 오늘따라 경쾌한 티샷을 날렸어요.

> ▶ 티샷을 칠 때에는 꼭 지켜야 할 매너(manner)가 있어요.

티슈tissue^1 [티쓔] 얇은 화장지.

> ▶ 내 가방에서 티슈 좀 꺼내줘.

티슈

> ▸ 그냥 티슈는 없고 클렌징(cleansing) 티슈만 있어요.

티슈tissue[2] [티쓔] 세포(細胞) 조직(組織).

> ▸ 티슈 엔지니어링(engineering)으로 세포를 복원(復原)할 수 있대요.
>
> ▸ 근육(筋肉) 티슈의 자기(自己)치유력(治癒力)을 이용하는 방법인가요?

티엔티TNT 폭약(爆藥).

> ▸ 태풍(颱風)으로 탄약고(彈藥庫)가 무너져서 TNT 190kg이 매몰(埋沒)되었다.
>
> ▸ TNT가 폭발(爆發)하는 대형사고(大型事故)가 발생했다.

티오TO 정원(定員).

> ▸ 이번에는 TO가 나야 할 텐데.
>
> ▸ TO가 언제 날지 모르니까 다른 곳에도 지원해 보세요.
>
> ▹ Table of Organization.

티케이오TKO 격투(激鬪) 경기(競技)에서 현격(懸隔)한 기량(技倆) 차이로, 시합 도중에 승패(勝敗)가 결정되는 것.

> ▸ 챔피언(champion)인 그가 TKO 패를 당했다고?
>
> ▸ TKO 승을 차지한 도전자(挑戰者)는 당당하게 링(ring)에서 내려왔다.
>
> ▹ Technical KnockOut.

티켓ticket 승차권(乘車券) / 입장권(入場券) / 진출권(進出券).

> ▸ 모바일(mobile) 티켓을 발급(發給) 받았어요.
>
> ▸ 티켓을 보여 줘야 입장(入場)할 수 있어요.
>
> ▸ 올림픽(olympic) 우승(優勝) 티켓을 거머쥔 그들은 환호성(歡呼聲)을 질렀다.

티타늄titanium `Lat` 은백색銀(白色)의 단단한 금속(金屬)의 하나.

> ▸ 티타늄 커플링(couple ring)을 맞췄어요.
>
> ▸ 금반지보다 예쁘네요.

***틴트**tint 여성용 입술연지(臙脂)의 하나.

> ▸ 틴트를 덧바르면 입술이 더욱 돋보일 수 있어요.
>
> ▸ 너에게는 오렌지(orange)색 틴트가 어울릴 것 같아.

***틸트**tilt 기울기, 경사(傾斜).

> ▸ '러닝머신((running machine)'에 '틸트' 기능이 있는 거 알아?
>
> ▸ 그게 뭔데?
>
> ▸ 발판 경사를 조절하는 거야. 조금 올리면 운동 효과(效果)가 더 커지지.

팀team 같은 편.

　▶ 팀을 구성해서 프로젝트(project)를 완성하세요.

　▶ 우리는 워낙 팀워크(teamwork)가 좋아서 잘할 수 있을 거예요.

팀파니timpani 〔Ita〕　타악기(打樂器)의 하나.

　▶ 갑자기 세게 울리는 팀파니 소리에 놀랐어요.

　▶ 팀파니는 북처럼 생겼지만 페달(pedal)이 달려 있어요.

팀플레이team play /팀플　팀이 함께 협력(協力)하는 것.

　▶ 이번 한국 축구팀의 팀플레이는 세계 최강(最强)이라고 할 만하다.

　▶ 팀플레이에 방해(妨害)가 되는 사람은 선수(選手) 자격(資格)이 없다.

팁tip[1]　음식점, 호텔(hotel) 등에서 손님이 종업원(從業員)에게 감사의 표시로 주는 봉사료(奉仕料).

　▶ 팁을 주고 싶었지만 현금이 없었어요.

　▶ 한국에서는 보통 팁을 주지 않아요.

팁tip[2]　정보(情報)를 알려주다.

　▶ 시험을 잘 볼 수 있도록 팁을 알려 줄게.

　▶ 내가 문제를 풀 수 있는 팁을 하나 알려 줄까?

팁tip[3]　어떤 것의 끝.

　▶ 드럼(drum) 스틱(stick)을 고를 때에는 팁 부분을 잘 살펴봐야 해요.

　▶ 스틱의 팁이 둥글수록 맑은 음이 난대요.

E

파

●●●● **ㅍ** ●●●●

파par 골프(golf) 경기(競技)에서, 기준(基準)이 되는 타수(打手).
- ▶ 골프에는 '파'라고 불리는 기준 타수가 있습니다.
- ▶ 이번 홀(hole)에서 반드시 파 이상의 기록을 내야 해요.
- ▷ 언더파(under^par) : 기준 타수보다 적게 치는 것.
- ▷ 오버파(over^par) : 기준 타수보다 많이 치는 것.

파노라마panorama 경치(景致), 화면(畵面) 또는 이야기, 감동(感動) 등이 펼쳐진 것.
- ▶ 이 사진은 태국(泰國)을 여행하면서 찍은 파노라마 사진이에요.
- ▶ 그의 삶을 파노라마식으로 담아낸 영상(映像)을 봤어요.

파라다이스paradise [파라다이쓰] 이상향(理想鄕), 낙원(樂園).
- ▶ 이곳이 바로 내가 꿈꾸던 파라다이스야.
- ▶ 여기가 지상(地上)의 파라다이스라고 불린다고?

파라솔parasol Fra 대형 양산(陽傘).
- ▶ 바닷가에는 파라솔이 줄지어서 서 있었다.
- ▶ 파라솔이 있어도 햇빛을 모두 가릴 수는 없어요.
- ▷ 비치^파라솔(beach+parasol) : 해수욕장용 대형 양산.

파라핀paraffin 연료(燃料), 절연(絶緣)용 재료로 쓰이는, 석유(石油) 부산물(副産物)의 하나.
- ▶ 파라핀이 피부(皮膚) 미용(美容)에도 사용된다면서요?
- ▶ 맞아요. 파라핀 테라피(therapy)도 있잖아요.

파리Paris /빠리 Fra 프랑스(France)의 수도(首都).
- ▶ 파리에 가면 에펠탑(Eiffel塔) 앞에서 꼭 사진을 찍을 거야.
- ▶ 파리에 가려면 불어(佛語)를 먼저 열심히 공부해야지.
- ▷ 파리지앵(Parisien Fra) : 파리 남자.
- ▷ 파리지엔(Parisienne Fra) : 파리 여자.

파마(하다)permanent /[퍼머] /[펌] 머리를 곱슬곱슬하게 만드는 것.
- ▶ 생머리가 싫증나서 파마를 했어요.
- ▶ 파마머리가 정말 잘 어울리네요.

392

파스Pasta [파쓰] Ger 진통(鎭痛), 소염(消炎)을 위해 붙이거나 바르는 의약품(醫藥品)의 하나.

▶ 발목을 살짝 삔 것 같아요. 파스 있나요?

▶ 붙이는 파스보다 바르는 물파스가 낫겠지?

파스칼pascal 압력(壓力)의 단위. [Pa].

▶ 파스칼은 사람 이름 아닌가요?

▶ 맞아요. 하지만 파스칼은 압력을 나타내는 단위이기도 해요.

파스텔pastel 막대 모양의 크레용(crayon)의 일종.

▶ 크레파스(kurepasu/crayon pastel)는 너무 진할 것 같은데 파스텔을 쓰는 게 어때?

▶ 파스텔의 고운 빛깔이 정말 아름답네요.

▷ 파스텔＾화(pastel畵) : 파스텔로 그린 그림.

파스파＾문자 Phags-pa文字 중국(中國) 원나라 때 파스파('Phags-pa)가 만든 몽골(Mongolia) 글자.

▶ 한글의 기원(紀元)을 '파스파 문자'로 보는 사람도 있다면서?

▶ 파스파 문자와 한글의 형태가 유사(類似)한 부분이 있기는 해요.

파슬리parsley 미나릿과의 식용(食用) 식물.

▶ 요리가 완성되면 파슬리 가루를 살짝 뿌려 주세요.

▶ 파슬리와 버터(butter)를 발라서 바게트(baguette)를 구웠어요.

파시즘fascism [파씨즘] 제1차 세계대전(世界大戰) 후에 이탈리아(Italia)에서 발생한 독재주의(獨裁主義).

▶ 넌 파시즘이나 독재(獨裁)를 무조건 비판하는 것 같아.

▶ 파시즘을 신봉(信奉)하는 사람들을 파시스트라고 해요.

▷ 파시스트(fascist) : 파시즘 신봉자.

파우더powder /파우다 가루, 분말(粉末).

▶ 오븐(oven)에서 꺼낸 쿠키(cookie)에 초콜릿(chocolate) 파우더를 뿌리세요.

▶ 새로 산 파우더는 너무 밝은 색이어서 네 피부에는 안 어울려.

파운데이션foundation 여성용 기초화장품의 하나.

▶ 파운데이션이 다 떨어졌네.

▶ 요새는 파운데이션 대신 비비크림(BB cream)을 발라요.

파운드pound¹ 무게의 단위. 1파운드 = 0.4536kg. [lb].

▶ 저 사람은 몸무게가 몇 파운드나 나갈까요?

파운드

> ▶ 글쎄요, 한국은 킬로그램(kilogram)을 써서 파운드는 잘 모르겠어요

파운드pound² 영국(英國)의 화폐(貨幣) 단위. [£, L].

> ▶ 영국에서는 파운드만 사용할 수 있나요?
>
> ▶ 파운드는 물론, 달러(dollar)도 사용할 수 있지 않을까?

파운드케이크poundcake [파운드케잌] 달걀, 버터(butter), 설탕, 밀가루를 1:1로 섞어 만든 카스텔라(castella) 빵.

> ▶ 너 이 '파운드케이크'가 왜 '파운드케이크'인지 알아?
>
> ▶ 아니, 몰라. 왜 '파운드케이크'인 거야?
>
> ▶ 달걀, 버터, 설탕, 밀가루를 각각 1파운드씩 써서 만들었기 때문이래.

파울foul 규칙(規則) 위반(違反), 반칙(反則).

> ▶ 저게 왜 파울이야?
>
> ▶ 몰라, 심판(審判)이 잘못 보고 파울을 준 것 같아.

파워power 힘, 에너지(energy) /권리(權利), 능력(能力), 권력(權力).

> ▶ 우리 학교에서는 그 선생님이 파워가 제일 세요.
>
> ▶ 슬프지만 우리는 파워가 없으니까 상사(上司)의 말을 들을 수밖에 없어요.

파이¹pie 밀가루와 버터(butter) 반죽에 과일, 견과(堅果)류, 고기 등을 넣고 구워서 만든 과자.

> ▶ 애플(apple)파이 먹을래?
>
> ▶ 저는 애플파이는 못 먹는데요. 혹시 고구마파이는 없나요?

파이²phi `Gre` 그리스(Greece) 자모(字母)의 열여섯 번째 문자(文字) → 그리스문자.

> ▷ A/α알파, B/β베타, Γ/γ감마, Δ/δ델타, E/ε엡실론, Z/ζ제타, H/η에타, Θ/Θ세타, I/ι요타, K/κ카파, Λ/λ람다, M/μ뮤, N/ν뉴, Ξ/ξ크시/크사이, O/o오미크론, Π/π파이, P/ρ로, Σ/σ시그마, T/τ타우, Y/υ입실론, Φ/φ피, X/χ키, Ψ/ψ프시/프사이, Ω/ω오메가.

파이³π 원주율(圓周率), 원둘레의 비율(比率).

> ▶ 수학(數學) 시간에 배웠던 파이 기억나?
>
> ▶ 파이? 3.141592……. 그거?

***파이널**final /[파이널] 마지막, 최종(最終).

> ▶ 그의 파이널 무대(舞臺)가 정말 기대돼요.
>
> ▶ 시험이 이제 얼마 남지 않았다. 우리는 파이널 정리(整理)에 들어갔다.

파이버fiber¹ [화이버] /하이바 섬유(纖維). 섬유질.

▶ 파이버가 함유(含有)된 음료수를 마시면 정말 몸이 가벼워질까?

▶ 파이버를 섭취(攝取)한다고 몸이 가벼워지는 건 아니야.

파이버fiber[2] [화이버] /하이바 전투(戰鬪)용 방탄(防彈) 헬멧(helmet).

▶ 파이버도 안 쓰고 공사장(工事場)에 들어가려고?

▶ 파이버 없이 위험한 곳에 들어갔다가는 큰일 나요.

***파이브**five 다섯 번째, 다섯째.

▶ 난 넘버(number) 파이브도 충분히 만족해요.

▶ 준비하시고 파이브, 포, 쓰리, 투, 원, 번지(bungee)!

▷ 제로(zero), 원(one), 투(two), 쓰리(three), 포(four), 파이브(five), 식스(six[씩쓰]), 세
  븐(seven[쎄븐]), 에이트(eight/에잇), 나인(nine), 텐(ten).

파이트^머니fight money 격투(激鬪) 시합 후에 받는 보수(報酬). 대전료(對戰料).

▶ 복서(boxer)들의 파이트머니는 얼마나 될까?

▶ 그는 5연승(連勝)으로 파이트머니 8천만 원을 받았다.

▷ 파이트(fight) : 싸움, 경쟁(競爭) / 투지(鬪志).

파이팅fighting /화이팅 /홧팅 /화링 잘하라는 응원(應援)의 말.

▶ 내일 시험이라며? 파이팅이야!

▶ 나는 긴장(緊張)을 한 그에게 파이팅을 외쳐 주었다.

파이프pipe[1] 물체 수송(輸送)용 관(管).

▶ 파이프에 녹이 슬었어요.

▶ 파이프를 교체(交替)해야겠네요.

▷ 파이프^라인(pipeline) : 길게 이어진 파이프 송유관(送油管).

▷ 파이프^렌치(pipe wrench) : 파이프 설치용 공구(工具).

▷ 파이프^오르간(pipe organ) : 여러 개의 파이프로 만든 건반악기(鍵盤樂器).

파이프pipe[2] 담뱃대, 담배 파이프.

▶ 그 사람은 입에 파이프를 비스듬히 물고 있었어요.

▶ 파이프 담배는 그냥 담배와 맛이 다른가?

파인더finder[1] 사진기 구도(構圖) 측정(測定)용 렌즈(lens).

▶ 파인더는 사진을 찍는 사람의 시선(視線)을 넓혀 줘요.

▶ 큰 파인더를 사용하면 좀 더 쉽게 사진을 찍을 수 있을까요?

파인더finder[2] 무언가를 찾는 도구(道具).

▶ 도시(都市)를 여행할 때에는 시티(city)파인더 앱(application)을 다운(down) 받는

파인애플

　　게 좋아.

　　▶ 웹사이트(web site)를 찾아준다는 파인더를 한번 사용해 봐야겠어.

파인애플pineapple　 열대지방(熱帶地方)에서 생산되는 과일의 하나.

　　▶ 오늘은 왠지 파인애플을 먹고 싶다.

　　▶ 파인애플은 없는데 파인주스라도 마실래?

　　▷ 파인^주스(pine juice) : 파인애플로 만든 주스

파인트pint　 액체량(液體量)을 세는 단위. 1파인트 = 1갤런(gallon)의 1/8. 약 0.5L.

　　▶ 난 맥주를 1 파인트 정도 마시면 취해.

　　▶ 1 파인트가 어느 정도인데?

　　▶ 1 파인트는 맥주 500cc보다 조금 많은 양이라고 보면 돼.

파일file /화일　 서류철(綴) / 컴퓨터(computer)의 파일.

　　▶ 영수증(領收證) 파일 좀 보여 줄래요?

　　▶ 컴퓨터가 갑자기 꺼지는 바람에 파일이 전부 날아갔어요

파일럿pilot[1]　 비행기, 선박(船舶) 등의 조종사(操縱士).

　　▶ 넌 왜 파일럿이 되고 싶어?

　　▶ 하늘을 날 수 있으니까.

파일럿pilot[2]　 알려 주는 것 / 예비(豫備)의.

　　▶ 실험에 들어가기 전에 파일럿테스트를 했나요?

　　▶ 이건 파일럿프로그램이고 곧 정식(正式) 프로그램이 나올 거야.

　　▷ 파일럿^램프(pilot lamp) : 장치(裝置) 사용 표시등(表示燈).

　　▷ 파일럿^테스트(pilot test) : 예비 시험, 실험.

　　▷ 파일럿^프로그램(pilot program) : 정식 공개(公開) 전(前) 테스트 프로그램.

파자마pajamas　 취침(就寢)용 옷, 잠옷.

　　▶ 파자마 차림으로 어딜 나가?

　　▶ 깜깜한데 파자마 차림이면 어때?

파카parka[1] [파커]　 후드(hood)가 달린 방한(防寒)용 겉옷.

　　▶ 스키(ski)장에 가려고 오리털 파카를 샀어.

　　▶ 오리털 파카는 드라이클리닝(dry cleaning)을 맡겨야 해요.

파카parka[2] [파커]　 내구성(耐久性)이 강한 유리 제품

　　▶ 이건 파카 유리로 된 물병이라서 아주 튼튼해.

　　▶ 이게 그 유명한 파카글라스(glass)로군.

파킨슨^병 Parkinson病 중추신경계(中樞神經系)의 퇴행성(退行性) 질환(疾患)의 하나.
- ▶ 파킨슨병을 앓고 있는 환자들에게 좋은 소식이 있어요
- ▶ 파킨슨병은 유전(遺傳)인가요?
- ▷ parkinsonism.

***파킹**parking 주차(駐車).
- ▶ 이 지역에는 아무데나 파킹해도 되나요?
- ▶ 여기는 일반인(一般人) 파킹 금지(禁止) 구역(區域)이에요.

파트part 어떤 것의 한 부분.
- ▶ 그는 합창단(合唱團)에서 소프라노(soprano) 파트를 맡고 있어요
- ▶ 학비(學費)를 벌기 위해서 파트타임으로 일하고 있어요
- ▷ 파트^타임(part time) : 시간제 근무(勤務).

파트너partner 상대, 짝, 동반자.
- ▶ 파트너도 없이 혼자 왔어요?
- ▶ 그는 파티(party)에 함께 갈 파트너를 찾고 있었다.

파티party 친목(親睦) 또는 기념하기 위해서 여럿이 모여서 즐기는 것.
- ▶ 우리 야외(野外)에 나가서 삼겹살 파티나 할까?
- ▶ 와인(wine)도 많으니 와인 파티를 해도 되겠어요

파파라치paparazzi `Ita` 유명인의 사진을 찍어서 생계(生計)를 잇는 '자유 계약 사진사'.
- ▶ 그는 평생을 파파라치로 먹고 살았어요
- ▶ 인기(人氣)는 없지만 그 덕분에 파파라치에게 사진 찍힐 일이 없어서 좋아요

파파야papaya 열대지방(熱帶地方) 과실(果實)의 하나.
- ▶ 이건 파파야가 들어간 파파야 샐러드(salad)야.
- ▶ 한국에서도 파파야 나무를 키울 수 있나요?

파프리카paprika 고추의 일종.
- ▶ 노란색 파프리카와 빨간색 파프리카를 넣으니까 샐러드(salad)가 정말 먹음직스러워요
- ▶ 피망과 파프리카는 뭐가 다른 거죠?

파피루스papy [파피루쓰] `Rus` 파피루스 식물로 만든 종이 또는 그 문서(文書).
- ▶ 박물관(博物館)에 가면 파피루스를 볼 수 있을까?
- ▶ 이집트(Egypt)에서는 파피루스 종이로 만든 기념품(紀念品)을 팔기도 한대요

판게아

판게아Pangaea   대륙(大陸) 분열(分裂) 이전(以前) 단일 대륙 명칭(名稱).
  ▶ 세계화 시대를 판게아에 빗대어 이야기하기도 해요
  ▶ 판게아 대륙이 갈라진 게 언제쯤이죠?
판다panda /팬더   곰의 일종.
  ▶ 동물원에 가서 판다도 봤어?
  ▶ 판다를 실제로 봤는데 우리 집에 있는 판다 인형이랑 똑같이 생겼어요
판도라Pandora   판도라^상자(箱子) : 그리스(Greece) 신화(神話)에 나오는 상자.
  ▶ 판도라의 상자에는 아직도 희망(希望)이 남아있을까?
  ▶ 판도라의 상자를 열지 않았다면 모든 인간이 행복했을까요?
판초poncho   한 장의 방수(防水)천으로 만든 비옷. 판초 우의(雨衣).
  ▶ 간만에 등산(登山)을 가려고 하는데 비가 오는군요
  ▶ 비가 오면 어때요. 판초를 챙겨서 갑시다.
판타지fantasy /환타지   환상(幻想)적인 것.
  ▶ 판타지 소설 좀 그만 읽어.
  ▶ 판타지가 얼마나 재미있는 줄 알아?
판타지아fantasia /환타지아 Ita   환상곡(幻想曲).
  ▶ 판타지아를 들으면 새로운 세계에 빨려 들어가는 기분이 들어.
  ▶ 판타지아는 보통 작곡가의 상상력(想像力)에 의존(依存)해서 만들어지는 곡이
    지요.
판탈롱pantalon /판타롱 Fra   여성용 나팔 모양 바지.
  ▶ 그녀는 판탈롱 차림으로 우리 앞에 나타났다.
  ▶ 그녀는 한국에 최초로 판탈롱과 미니스커트(miniskirt)를 소개한 사람이에요
판테온Pantheon   로마(Roma) 시대의 신전(神殿).
  ▶ 우리는 떨리는 마음으로 판테온에 들어섰다.
  ▶ 마지막 여행지는 이탈리아(Italia) 로마에 있는 판테온이었어요
*판토마임pantomime   무언극(無言劇) → 팬터마임.
  ▶ 판토마임 공연(公演) 보러 갈래?
  ▶ 이건 사랑이라는 주제의 판토마임입니다.
팜^유palm油   야자열매로 만든 기름.
  ▶ 팜유는 말레이시아(Malaysia)에서 많이 생산된다.
  ▶ 팜유는 마가린(margarine)의 원료로 사용된다.

*팜플렛pamphlet   선전(宣傳) 책자(冊子) → 팸플릿.

　　▸ 우리 회사를 알리려면 팜플렛을 돌리는 게 좋겠어요.

　　▸ 팜플렛을 돌리는 저 사람들은 누구야?

팝pop   대중적(大衆的)인 음악.

　　▸ 팝을 좋아해요? 클래식(classic)을 좋아해요?

　　▸ 저는 클래식보다 팝음악을 많이 들어요.

　　▷ 팝＾뮤직(pop music) : 클래식이 아닌 현대적 음악의 총칭(總稱).

　　▷ 팝＾송(pop song) : 미국-유럽(Europe)의 대중가요(大衆歌謠).

*팝업＾창pop–up窓   컴퓨터(computer)의 프로그램(program) 창, 화면(畵面).

　　▸ 팝업창이 왜 안 뜰까?

　　▸ 팝업창이 뜨는데 시간이 너무 오래 걸려요.

　　▷ 팝업＾메뉴(pop-up menu) : 컴퓨터의 선택 메뉴.

팝콘popcorn   옥수수를 튀겨낸 것.

　　▸ 난 영화 볼 때 팝콘은 절대로 안 먹어.

　　▸ 팝콘하고 콜라(cola) 없이 무슨 재미로 영화를 보냐?

팡파르fanfare /팡파레 /빵빠레 [Fra]   축하(祝賀), 축전(祝典) 신호를 알리는 트럼펫 (trumpet) 음악.

　　▸ 내가 신호를 보내면 팡파르를 터뜨려 줘.

　　▸ 축제의 시작을 알리는 팡파르가 울려 퍼지자 많은 사람들이 모여들었다.

패딩padding   솜이나 털을 넣어서 누빈 천.

　　▸ 무릎까지 내려오는 패딩코트(coat)를 입었더니 추운 줄 모르겠어요.

　　▸ 겨울에는 오리털이나 패딩으로 만든 코트가 좋지요.

패러글라이딩paragliding   낙하산 활공(滑空) 스포츠(sports).

　　▸ 이번 여름에는 패러글라이딩에 도전할 겁니다.

　　▸ 패러글라이딩 동호회(同好會)에 드는 건 어때?

패러다임paradigm   동시대 사람들이 공감(共感)하는 사고(思考), 인식(認識)의 이론적 인 틀 또는 체계(體系).

　　▸ 지금은 패러다임의 전환(轉換)이 필요한 시기입니다.

　　▸ 패러다임은 사람들의 사고에 큰 영향을 끼칩니다.

패러독스paradox   역설(逆說).

　　▸ 경제는 성장했는데 국민소득(國民所得)은 줄다니. 이거야 말로 패러독스네요.

패러디

▶ 그 책은 우리 사회를 비판(批判)하는 패러독스로 가득하다.

패러디parody 익살스러운 풍자적(諷刺的) 모방(模倣).

▶ 그들의 뮤직비디오(music video)를 패러디한 동영상(動映像)이 사이버(cyber) 공간에 떠다니고 있어요.

▶ 그는 다른 작가의 작품을 패러디하는 것으로 유명하다.

패러프레이즈paraphrase 바꿔 쓰기 / 새로운 해석.

▶ 그의 말을 패러프레이즈해 보면 다음과 같습니다.

▶ 그는 연주회(演奏會)를 위해 '리골레토(Rigoletto)'를 패러프레이즈하였다.

***패밀리**family /훼미리 가족(家族).

▶ 패밀리를 위한 패키지(package) 여행(旅行) 상품(商品)이 있나요?

▶ 오랜만에 패밀리 레스토랑(restaurant)에 가서 외식(外食)을 했다.

패션fashion [패썬] 새로운 디자인(design) 형식, 유행(流行).

▶ 그는 패션에 관심이 많아요.

▶ 저는 항상 새로운 패션을 추구(追求)합니다.

▷ 패션＾모델(fashion model) : 최신(最新) 유행 의상(衣裳)을 소개하는 모델.

▷ 패션＾쇼(fashion show) : 최신 유행 소개 행사(行事).

패스pass[1] [패쓰] 시험에 통과, 합격(合格)하는 것.

▶ 시험 잘 봤어?

▶ 이번에는 패스할 수 있을 것 같아요.

패스pass[2] [패쓰] 승차권(乘車券) / 여권(旅券).

▶ 패스를 보여주서야 승차하실 수 있습니다.

▶ 패스를 잃어버리지 않도록 조심하세요.

패스pass[3] [패쓰] 공 따위를 상대에게 건네는 것.

▶ 내가 저쪽으로 가면 나한테 패스해.

▶ 공을 빼앗길 것 같으면 바로 패스를 해야지.

패스pass[4] [패쓰] 암호(暗號). 패스워드(word).

▶ 아이디(ID)는 아는데 패스를 모르겠어요.

▶ 패스는 주기적(週期的)으로 바꿔야 안전합니다.

패스워드password [패쓰워드] /패스 암호(暗號).

▶ 패스워드가 기억이 안 나는데 어쩌지요?

▶ 개인 정보와 관련된 숫자로 패스워드를 만드는 것은 좋지 않다.

패스트^푸드fast food   즉석(卽席) 조리(調理) 식품.
> ▶ 혼자 사니 패스트푸드만 먹게 돼요.
> ▶ 패스트푸드는 건강에 좋지 않아요.

패스포트passport [패쓰포트] /[패쓰포드]   여권(旅券), 통행권(通行券).
> ▶ 여행을 하는 동안 패스포트를 잃어버리지 않도록 조심하세요.
> ▶ 임시(臨時) 패스포트라도 발급(發給)받을 수 있어서 다행이에요.

패치patch   천, 테이프(tape) 또는 금속(金屬) 따위의 작은 조각.
> ▶ 그 패치는 뭐야? 다쳤어?
> ▶ 아니야, 금연(禁煙) 패치야. 담배를 끊으려고 붙였어.

패킹packing[1]   포장(包裝)하기.
> ▶ 멀리 보낼 물건은 패킹을 단단히 해야 한다.
> ▶ 내일 떠나는 여행 가방 패킹을 이제야 끝냈다.

패킹packing[2] /[빠킹]   물체 사이를 연결해 주는 것.
> ▶ 물이 새는 것 같아서 고무 패킹을 갈았어요.
> ▶ 오래된 패킹은 빨리 바꿔 주어야 해요.

패키지package   여러 개를 하나의 세트(set)로 묶어 놓은 것.
> ▶ 그 물건은 패키지 상품(商品)이라서 싸게 구입했어요.
> ▶ 여행을 준비할 시간이 없어서 패키지여행으로 가려고 해요.
> ▷ 패키지^여행(package旅行) : 여행사가 주관(主管)하는 단체 여행.
> ▷ 패키지 프로그램(package program) : 프로그램 묶음.

패턴pattern   일정한 양식(樣式), 형태(形態).
> ▶ 이런 패턴으로 공부하다가는 시험에서 떨어질지도 몰라요.
> ▶ 옷감은 부드러운데 패턴이 마음에 안 들어요.

팩pack[1]   작은 상자(箱子).
> ▶ 짐이 많으니까 음료는 팩에 든 것으로 준비해 줘.
> ▶ 우유팩은 씻어서 분리수거함(分離收去函)에 넣어 주세요.

팩pack[2]   미용용 반죽.
> ▶ 알로에(aloe) 팩이 여드름에 그렇게 좋대.
> ▶ 밤사이에 수면(睡眠) 팩을 하고 잤더니 피부가 부드러워졌어요.

팩스fax   원거리(遠距離) 문서전송기기(文書電送器機).
> ▶ 영수증은 팩스로 보내 드릴까요?

팩트

▶ 네, 팩스 번호를 알려 드릴게요.

*팩트fact 사실, 실제.

▶ 이런 신문 기사는 실제 일어난 사실을 전달해야 하기 때문에 팩트가 중요하다.

▶ 상상해서 글을 쓰면 안 됩니다. '팩트'에 근거해서 글을 써야 합니다.

팬¹fan¹ 회전(回傳) 날개.

▶ 공기가 너무 탁한 것 같지 않아?

▶ 팬을 돌려서 환기(換氣)를 좀 해야겠어요.

팬¹fan² 누군가를 광적(狂的)으로 좋아하는 사람.

▶ 그는 전국의 아줌마 팬들에게 엄청난 인기(人氣)를 얻고 있다.

▶ 좋아하는 연예인한테 팬레터 보내본 적 있어?

▷ 팬^레터(fan letter) : 팬이 보내는 편지.

▷ 팬^미팅(fan meeting) : 팬과 만나서 즐기는 시간을 갖는 것.

팬²pan 자루가 달린 프라이팬(frypan)용 냄비.

▶ 달걀프라이(fry)가 먹고 싶은데 프라이팬 있어요?

▶ 저기 작은 팬을 쓰면 돼요.

*팬덤fandom 특정(特定) 인물, 분야(分野)를 적극적(積極的)으로 좋아하는 현상.

▶ 요새 팬(fan)들은 적극적으로 자신들의 관심사를 표현한다. 이런 팬덤 현상은 부정적(否定的)으로 작용을 할 수도 있다.

▶ 과도(過度)한 팬덤 현상은 오히려 스타(star)를 위축(萎縮)시킬 수도 있지요.

▷ fanatic+dom.

*팬더panda 곰의 일종 → 판다.

▶ 동물원(動物園)에 가서 팬더도 봤어?

▶ 팬더를 실제로 봤는데 우리 집에 있는 팬더 인형(人形)이랑 똑같이 생겼어요.

팬시fancy [팬씨] 장식(裝飾)용 잡화(雜貨)나 문구(文具)의 통칭(通稱).

▶ 여긴 팬시용품(用品)을 파는 가게예요.

▶ 여기보다 큰 팬시점은 없나요?

▷ 팬시^점(fancy店) : 팬시용품을 파는 곳.

팬지pansy 제비꽃과의 관상(觀賞)용 식물.

▶ 팬지가 정말 예쁘게 피었어요.

▶ 봄을 알리는 팬지가 활짝 피어났다.

팬츠pants 짧은 바지.

▶ 아무리 핫(hot)팬츠가 유행(流行)이라지만 네가 입은 건 너무 짧다.

▶ 팬츠를 입을지 스커트(skirt)를 입을지 고민이야.

팬케이크pancake /[팬케익] 프라이팬(frypan)에 구운 핫케이크(hot cake).

▶ 팬케이크에 메이플(maple) 시럽(syrup)을 발라 먹으면 정말 맛있어요

▶ 팬케이크는 내가 가장 좋아하는 아침 메뉴(menu)야.

팬터마임pantomime /판토마임 무언극(無言劇).

▶ 팬터마임 공연(公演) 보러 갈래?

▶ 이건 사랑이라는 주제의 팬터마임입니다.

***팬텀**phantom /팬톰 유령(幽靈). 도깨비.

▶ 저 전투기는 유령처럼 침투(浸透)한다고 해서 팬텀이라고 불러요

▶ 오늘 오페라(opera)를 봤는데 주인공 팬텀 역을 맡은 사람이 정말 잘했어요

팬티panties [빤쓰] 속옷 하의(下衣).

▶ 저 아이는 팬티만 입고 밖에 나왔네.

▶ 팬티 바람으로 나온 걸 엄마가 못 봤나 봐요.

▷ 팬티^스타킹(panty stocking) : 팬티처럼 입는 스타킹.

팸플릿pamphlet /팜플렛 선전(宣傳)용 책자(冊子).

▶ 우리 회사를 알리려면 팸플릿을 돌리는 게 좋겠어요

▶ 팸플릿을 돌리는 저 사람들은 누구야?

***팻**pet /펫 애완(愛玩)동물, 반려(伴侶) 동물.

▶ 요즘은 팻 관련 사업이 번창(繁昌)한다면서요?

▶ 애완동물을 팻이라고 많이들 부르지요. 마트(mart)에도 팻 코너(corner)가 따로 있어요.

퍼레이드parade 축전(祝典) · 축하(祝賀) 행사의 행렬(行列).

▶ 그의 승리(勝利)를 기념(記念)하는 퍼레이드가 펼쳐졌다.

▶ 카(car)퍼레이드의 긴 행렬을 구경하느라고 시간이 가는 줄도 몰랐어요

***퍼블릭**public 대중적(大衆的)인.

▶ 퍼블릭 골프(golf)장이 있는 곳이 어디야?

▶ 그 신문(新聞)은 한국에서 가장 퍼블릭한 신문이라고 할 수 있다.

퍼센트percent /프로² 백분율(百分率). [%].

▶ 한국에 살고 있는 외국인의 비율(比率)은 몇 퍼센트나 될까요?

▶ 이 떡은 백 퍼센트 우리 쌀로 만들었습니다.

퍼스널

▷ 퍼센티지(percentage).

*퍼스널personal [퍼스널] 개인적(個人的)인, 개인용.

▶ 운동을 시작할 때에는 퍼스널 헬스(health)트레이너(trainer)의 도움을 받는 게 좋아요.

▶ 제가 따로 사용할 수 있는 퍼스널 컴퓨터가 있나요?

▷ 퍼스널^컴퓨터(personal computer) : 개인용 컴퓨터. PC.

▷ 퍼스널^파울(personal foul) : 운동 경기(競技)에서의 반칙(反則).

*퍼스트first 처음의, 일등(一等)의.

▶ 여자를 배려(配慮)해야지. 넌 '레이디(lady) 퍼스트'도 모르냐?

▶ 비행기는 자주 타봤지만 퍼스트 클래스(class)는 처음이야.

▷ 퍼스트^레이디(first lady) : 대통령(大統領)의 부인.

퍼즐puzzle 퀴즈(quiz)식 놀이의 하나.

▶ 너를 왜 퍼즐의 달인(達人)이라고 하는지 알겠다.

▶ 퍼즐을 가지고 놀면 아이들 머리가 좋아진대요.

퍼지fuzzy 불확정(不確定)된 것에서 원리(原理)를 분석(分析)하여 이용하는 것.

▶ 퍼지를 왜 '정도(程度)의 학문(學文)'이라고 해요?

▶ 퍼지는 사실의 정도를 다루기 때문이지 않을까?

퍼터putter 골프(golf) 채의 하나.

▶ 좋은 퍼터를 고르는 방법이 있어요.

▶ 골프 경기(競技)에서 우승(優勝)은 결국 퍼터가 좌우하는 법이야.

퍼펙트(하다)perfect 완벽한 것.

▶ 저 사람은 정말 퍼펙트한 것 같아.

▶ 이번 게임(game)은 퍼펙트게임으로 완벽하게 끝냈어.

▷ 퍼펙트^게임(perfect game) : 완전히 이기는 것.

*퍼프puff 화장(化粧)용 분(粉)을 묻혀서 바를 때 쓰는 것. 분첩(粉貼).

▶ 파운데이션을 바를 때에는 퍼프가 필요하다.

▶ 퍼프는 화장품 가게에서 살 수 있어요.

퍽puck 아이스하키(ice hockey) 경기(競技)에서 쓰는 원반(原盤) 형태의 고무공.

▶ 아이스하키에서 쓰는 퍽은 무게가 얼마나 나가요?

▶ 그가 때린 퍽이 골인(goal in)되는 순간 모두 환호성(歡呼聲)을 질렀다.

펀드fund 기금(基金) / 신탁(信託) 재산.

▶ 이제 노후(老後)를 위해서 펀드 상품(商品)에 들어야 하겠어요

▶ 펀드는 조금 불안하지 않나? 난 안전한 적금만 들어.

▶ 그는 펀드매니저로서 오래 동안 정상(頂上)을 지켰다.

▷ 펀드＾매니저(fund manager) : 자산(資産) 운용(運用) 전문가(專門家).

펀치punch[1] 주먹.

▶ 네가 말리지 않았다면 펀치를 날리고 말았을 거야.

▶ 펀치 한 방에 그는 정신을 잃었다.

▷ 펀칭(punching) : 손으로 쳐 내는 것.

펀치punch[2] 종이에 구멍을 뚫는 기구. 펀치기(器).

▶ 서류 정리를 하는데, 펀치가 안 보여요

▶ 여기 제 펀치를 쓰세요

▷ 펀치＾기(punch器) : 종이를 철하기 위해서 구멍을 뚫는 기구.

펀치punch[3] 칵테일(cocktail) 음료의 하나.

▶ 칵테일 한잔 할래요? 펀치 어때요?

▶ 전 '하와이안(Hawaiian) 펀치'를 좋아해요

***펄**pearl 진주, 진줏빛 / 진주 가루가 들어 있는 것.

▶ 너 오늘 눈이 예뻐 보인다. 펄이 반짝반짝하는데?

▶ 새로 산 펄 섀도(shadow)를 발랐어.

펄스pulse [펄쓰] 맥박(脈搏), 파동(波動), 진동(振動).

▶ 향수(香水) 이름이 왜 '펄스'일까?

▶ 글쎄, 심장이 두근거릴 만큼 향이 좋다는 뜻인가?

펄프pulp 과육(果肉), 종이 원료가 되는 섬유질(纖維質).

▶ 국제(國際) 유가(油價) 하락(下落)으로 펄프 가격도 하락되었다던데요

▶ 이 화장지는 부드러운 천연 펄프를 사용해서 만들었어요

펌프pump 흡수(吸收)기, 압출(壓出)기.

▶ 우리 집 수도 펌프가 고장 났나 봐요 물이 안 나와요

▶ 전기 펌프를 사용할 때에는 항상 조심해야 한다.

펑크puncture /빵꾸 구멍이 나는 것의 통칭(通稱). 약속을 못 지켰을 때도 씀.

▶ 갑자기 타이어(tire)가 펑크가 나는 바람에 늦었어.

▶ 타이어에 펑크가 나면 당황스럽지.

▶ 양말에 펑크가 나도 당황스러운 건 마찬가지야.

▶ 이렇게 말도 없이 약속을 펑크 내는 사람이 어디 있어요!

페가수스Pegasus [페가수쓰] 그리스(Greece) 신화(神話)에 나오는 날개 달린 말.

▶ 페가수스의 전설(傳說)을 알아요?

▶ 너희 나라에는 페가수스를 닮은 두루미가 있다며?

페넌트^레이스pennant race [페넌트레이쓰] 운동 경기(競技)에서, 장기(長期間)간에 걸쳐 경기를 치르는 것.

▶ 곧 페넌트레이스를 치르게 될 겁니다.

▶ 이번 페넌트레이스의 MVP는 누가 될까?

페널티penalty 규칙(規則) 위반(違反), 반칙(反則)에 대한 대가(代價)를 치르는 것.

▶ 보통 운동 경기(競技)에서는 반칙을 하면 페널티를 받게 된다.

▶ 지각(遲刻)을 하면 어떤 페널티가 있나요?

페니penny 영국(英國)의 화폐(貨幣) 단위. 1페니 = 1/100 파운드(pound).

▶ 1페니로 뭘 살 수 있지?

▶ 1페니로 살 수 있는 건 거의 없어요.

페니실린penicillin 항생(抗生) 물질의 하나.

▶ 페니실린은 최초(最初)의 항생제(抗生劑)야.

▶ 병원에 가서 페니실린 주사를 맞았어.

▷ 페니실린^쇼크(penicillin shock) : 페니실린 주사로 인한 충격(衝擊).

▷ 페니실린^알레르기(penicillin allergie) : 페니실린 과민증(過敏症).

페니히Pfennig **Ger** 독일(獨逸)의 화폐(貨幣) 단위. 1페니히 = 100분의 1마르크(Mark).

▶ 동전을 수집(蒐輯)하는데 독일 화폐인 페니히만 아직 못 구했어요.

▶ 독일 여행을 가는 사람에게 부탁해 보세요.

페달pedal 발판, 발걸이.

▶ 쉬지 않고 페달을 돌렸더니 근육(筋肉)이 뭉쳤어요.

▶ 피아노(piano)를 칠 때 왜 페달을 밟아야 해요?

페더^급feather級 /[페더끕] 운동 경기(競技) 체중 등급(等級)의 하나.

▶ 저 선수는 체급(體級)이 어떻게 돼요?

▶ 페더급 선수래요.

페디큐어pedicure 발, 발톱을 다듬는 것.

▶ 여자들은 페디큐어로 여름을 준비해요.

▶ 페디큐어를 하지 않고 샌들(sandal)을 신는 여자들도 있어요.

페레스트로이카perestroika Rus   재건(再建), 개혁(改革) 정책(政策) 노선(路線).
- ▶ 페레스트로이카는 고르바초프(Gorbachev)의 개혁 정책입니다.
- ▶ 페레스트로이카에 반대한 사람들은 누구였나요?

페로몬pheromone   이성(異性)을 꾀어내는 호르몬(hormone).
- ▶ 페르몬은 정말 이성의 행동에 영향을 미칠까요?
- ▶ 페로몬 향수(香水)를 쓰는 사람들도 있어요

페르미^상 Fermi賞   원자(原子) 과학의 공로자(功勞者)에게 주는 상.
- ▶ 페르미상은 누가 받을 수 있는 거야?
- ▶ 페르미상을 받으려면 원자 과학 분야(分野)에서 아주 뛰어나야 해요

페르소나persona Lat   외적(外的) 인격(人格), 가면(假面).
- ▶ 페르소나에 집착(執着)하면 원래의 모습을 잃을 수도 있어요
- ▶ 페르소나를 벗고 자신을 찾으세요

페리ferry boat   여객선(旅客船).
- ▶ 밴쿠버(Vancouver)에서 페리를 타고 빅토리아(Victoria) 섬에 갔어요
- ▶ 페리를 타면 저렴(低廉)하게 해외여행을 갈 수 있어.
- ▷ 카-페리(car ferry).

페미니즘feminism   여권신장주의(女權伸張主義).
- ▶ 그녀는 페미니즘 소설을 쓰지만 페미니스트는 아니에요
- ▶ 그는 페미니즘의 한계(限界)를 지적하였다.
- ▷ 페미니스트(feminist) : 여권 신장론자(伸張論者).

페소peso Esp   에스파냐(España)의 금은화(金銀貨)/ 아르헨티나(Argentina), 쿠바(Cuba) 등지의 화폐(貨幣) 단위.
- ▶ 페소를 환전(換錢)하려고 하는데 오늘 환율(換率)이 어떻게 되나요?
- ▶ 필리핀(Philippines)에 가려면 꼭 페소로 환전해 가세요.

페스트pest   급성전염병(急性傳染病), 흑사병(黑死病).
- ▶ 페스트로 죽은 사람이 얼마나 될까요?
- ▶ 페스트는 중세(中世) 시대 최악(最惡)의 병이었다.

페스티벌festival /페스티발   축하(祝賀) 행사, 축전((祝典), 잔치.
- ▶ 록(rock)페스티벌이 열린다는데 같이 가자.
- ▶ 록은 싫은데, 다른 페스티벌은 없어?

*페어pair   한 쌍을 이루는 것.

페어^플레이

▶ 페어스케이팅에서도 그녀는 우리를 실망시키지 않았어요
▶ 그는 페어 경기(競技)에서 더욱 돋보였다.
▷ 페어^스케이팅(pair skating) : 남녀 한 쌍이 함께 타는 피겨(figure) 스케이팅.

페어^플레이fair play 정정당당(正正堂堂)히 승부(勝負)를 겨루는 것.
▶ 페어플레이를 하는 게 이기는 것보다 중요해요
▶ 두 팀(team)이 페어플레이를 해 주어서 정말 멋졌어.

페이드^아웃fade-out 화면(畫面) 밝기, 효과음(效果音) 등이 점점 줄어드는 것.
▶ 이 부분에서는 페이드아웃이 필요하겠네요
▶ 페이드아웃 부분에는 슬픈 음악을 배경으로 틀어야겠어.

페이드^인fade-in 화면(畫面) 밝기, 효과음(效果音) 등이 점점 커지는 것.
▶ 이 부분에서는 페이드인이 필요하겠어요
▶ 페이드인 부분에는 어떤 음악이 어울릴까요?

***페이스**[1]face [페이쓰] 얼굴. 면(面).
▶ 페이스북에서 옛날 친구를 찾았어.
▶ 그녀는 페이스 라인(line) 관리에 유난히 관심이 많아요
▷ 페이스^북(face book) : 소셜(social) 네트워크(network) 프로그램(program)의 하나.

페이스[2]pace [페이쓰] 속도(速度), 리듬(rhythm).
▶ 장거리(長距離)를 달리려면 자기 페이스를 잘 유지해야 해요
▶ 페이스 조절(調節)에 실패하면 끝까지 달릴 수 없어요

페이지page 책, 노트(note) 등의 한 면(面), 쪽.
▶ 다음 페이지를 보세요
▶ 이 책은 총 몇 페이지야?
▷ 페이지^뷰(page view) : 인터넷(internet) 페이지의 사용률.

페이퍼^백paper-back 책표지가 화려하지 않은 문고판(文庫版) 도서(圖書).
▶ 난 페이퍼백 문고판이 가벼워서 좋아.
▶ 페이퍼백이 실용적(實用的)이기는 하지만 하드커버(hard-cover)가 소장(所藏) 가
  치가 높지.

페인트[1]feint 상대편을 속이기 위한 행동.
▶ 그의 허섭스레기 같은 페인트에 속아 넘어가다니.
▶ 그 선수의 페인트모션에 안 넘어가는 선수가 없다.
▷ 페인트^모션(feint motion) : 속임 동작.

페인트[2]paint　물체에 바르는 도료(塗料).

▶ 페인트칠이 다 마르려면 3~4일은 걸릴 거야.

▶ 하루 종일 페인트 냄새를 맡았더니 머리가 아파요.

▷ 페인트^칠(paint漆) : 페인트를 바르는 것.

▷ 페인팅(painting) : 페인트칠을 하는 것.

페치카pechka /[빼치카] Rus　벽난로.

▶ 페치카도 있고 분위기(雰圍氣)가 참 좋아요.

▶ 추운 겨울을 위해 페치카를 만들었어요.

**페티시*fetishism /[페티씨]　이상(異常) 성욕(性慾).

▶ 페티시는 변태(變態) 성욕인가요?

▶ 페티시는 이상 성욕을 말하니까 아마 그렇겠지요.

페티코트petticoat　여자 속옷의 하나.

▶ 드레스(dress)를 입으려면 페티코트가 필요할 것 같아요.

▶ 전 코르셋(corset)도 페티코트도 좋아하지 않아요.

페퍼민트peppermint　박하(薄荷).

▶ 난 페퍼민트 향(香)이 좋아.

▶ 페퍼민트 차를 좋아하세요?

펜pen　글씨를 쓰는 도구(道具).

▶ 펜 하나만 빌려 주세요.

▶ 빨간색 펜밖에 없는데 이거라도 줄까?

펜^나이프pen knife　작은 주머니칼.

▶ 펜나이프는 왜 가져왔어?

▶ 용의자(容疑者)로 지목(指目)된 그의 주머니에서 펜나이프가 발견되었다.

펜더fender /[휀더]　자동차 바퀴 윗부분.

▶ 살짝 부딪혔는데도 펜더가 찌그러졌다.

▶ 자동차 외장(外裝) 중에서 펜더는 비교적 교체가 용이(容易)한 부품이다.

펜던트pendant　보석(寶石) 장식(裝飾)이 된 목걸이.

▶ 이 하트(heart) 펜던트 어때?

▶ 네 펜던트 정말 예쁘다. 선물 받았어?

펜션pension　민박과 호텔(hotel) 중간 형태인 고급 숙박(宿泊) 시설.

▶ 이번 가을에는 꼭 펜션을 빌려서 엠티(MT/membership training)를 갈 거야.

펜스

▶ 바다가 보이는 펜션이었으면 좋겠다.

펜스fence [펜쓰] 울타리.

▶ 이곳은 어린이 보호구역(保護區域)이라서 도로마다 펜스가 있어요

▶ 그가 친 야구공은 펜스를 넘어서 야구장 밖으로 날아갔다.

펜스pence [펜쓰] 영국(英國)의 화폐(貨幣) 단위.

▶ '달과 6펜스'라는 소설 봤어?

▶ '펜스'라고 하는 걸 보니까 영국 소설인가 보네?

펜싱 fencing /[펜씽] 서양식(西洋式) 검술(劍術) 경기(競技).

▶ 한국의 첫 금메달(金medal)은 펜싱에서 나올 것 같아요

▶ 펜싱은 알수록 재미있는 경기(競技)인 것 같아.

펜치pincher /[뺀찌] 집게처럼 생긴 연장.

▶ 공구함(工具函)에서 펜치 좀 찾아 줄래요?

▶ 두꺼운 철사(鐵絲)를 끊으려면 펜치가 필요해요

펜^클럽PEN club 국제적(國際的)인 문인(文人) 클럽.

▶ 펜클럽의 본부(本部)는 영국(英國)에 있어요

▶ 한국도 1955년에 펜클럽에 가입했어요

▷ Poets, Play-wrights, Editors, Essayists and Novelists.

펜타곤Pentagon 오각형(五角形), 미국(美國) 국방성(國防省) 청사(廳舍).

▶ 오각형 모양으로 생긴 저 건물은 뭐야?

▶ 저건 세계 최대(最大)의 국방성인 펜타곤이야.

펜팔pen pal 친교(親交) 목적으로 편지를 주고받는 것.

▶ 요즘에도 펜팔을 하는 사람이 있어요?

▶ 군대(軍隊)에 간 남자들은 펜팔 친구를 만들기도 해요

펠리컨pelican /[펠리칸] 부리에 주머니가 있는 새. 사다새.

▶ 펠리컨은 보통 무리를 지어 다닌대.

▶ 그래? 내가 본 펠리컨은 혼자 있었는데?

펠트felt 양모(羊毛) 따위의 짐승 털로 만든 천.

▶ 이게 내가 펠트로 직접 만든 필통이야.

▶ 너 요즘 정말로 펠트에 푹 빠졌구나.

***펫**pet /[팻] 애완(愛玩)동물, 반려(伴侶) 동물.

▶ 요즘은 펫 관련 사업이 번창(繁昌)한다면서요?

▶ 애완동물을 펫이라고 많이들 부르지요. 마트(mart)에도 펫 코너(corner)가 따로 있어요.

펭귄penguin 남극(南極)에 사는 바닷새의 하나.

▶ 남극에 가면 펭귄을 볼 수 있을까요?

▶ 펭귄은 텔레비전(television)에도 많이 나와요.

***포**four 네 번째, 넷째.

▶ 난 넘버(number) 포도 충분히 만족해요.

▶ 준비하시고 파이브, 포, 쓰리, 투, 원, 번지(bungee)!

▷ 제로(zero), 원(one), 투(two), 쓰리(three), 포(four), 파이브(five), 식스(six[씩쓰]), 세븐(seven[쎄븐]), 에이트(eight/에잇), 나인(nine), 텐(ten).

포니pony 체구(體軀)가 작은 말. 조랑말.

▶ 포니는 작지만 힘이 좋은 동물이에요.

▶ 너는 얼굴이 작아서 포니테일 스타일(style)이 잘 어울린다.

▷ 포니테일(ponytail) : 말꼬리 모양의 머리 형태.

***포닥**po-doc 박사(博士) 후(後) 과정(課程).

▶ 포닥을 준비하고 있는데 조언(助言)을 듣고 싶어요.

▶ 포닥을 하기 위해서 유럽(Europe)에 가요.

▷ post doctorial course.

포르노porno /[뽀르노] 외설(猥褻)물. 포르노그래피.

▶ 포르노를 예술이라고 할 수 있을까?

▶ 그의 작품은 포르노 취급을 받았어요.

▷ 포르노그래피(pornography) : 성적 행위를 적나라(赤裸裸)하게 보여주는 영상, 사진 따위.

포르말린formalin 살균(殺菌), 소독(消毒), 방부제(防腐劑)로 쓰이는 약품의 하나.

▶ 포르말린이 암을 유발(誘發)할 수도 있대요.

▶ 포르말린이 첨가(添加)된 사료(飼料)가 문제를 일으켰다.

포르테forte `Ita` 강(強)하게.

▶ 여기 포르테 표시 안 보여요?

▶ 포르테 표시에서는 강하게 연주(演奏)를 해야지요.

포마드pomade 남성용 머리 고정(固定製)제의 일종. 머릿기름.

▶ 포마드를 발랐더니 머리에 윤기(潤氣)가 흘러요.

포마토

▶ 그는 머리에 포마드 기름을 잔뜩 바르고 나타났다.

포마토pomato 감자와 토마토(tomato)의 잡종(雜種) 식물.

▶ 포마토가 뭐야?

▶ 포테이토(potato)와 토마토가 합쳐진 말이야.

포맷format 기존 자료를 모두 삭제(削除)하는 것.

▶ 컴퓨터(computer)에 문제가 생긴 것 같아요.

▶ 포맷하고 모든 프로그램(program)을 다시 까는 게 어때?

***포뮬러^원**formular 1 고속(高速) 자동차 경주. F1.

▶ 이번에 우리 팀이 포뮬러원 경주(競走)에 참가하게 되었어요.

▶ 포뮬러원 레이서(racer)들은 거침없이 질주(疾走)했다.

***포스**force [포쓰] 힘 또는 기세(氣勢), 기품(氣品).

▶ 그 사람 포스가 장난이 아니야.

▶ 설마 이번에도 그 사람 포스에 눌려서 아무 말도 못한 거야?

포스터poster /[포스타] 광고(廣告), 선전(宣傳)용 전단(傳單) 또는 도안(圖案).

▶ 영화 포스터가 너무 촌스러워요.

▶ 벽에 붙은 포스터를 함부로 떼지 마세요.

▷ 포스터^컬러(poster color) : 포스터용 그림물감.

포워드forward 앞쪽, 앞쪽에 있는 것.

▶ 그는 이번 경기(競技)에서 포워드를 맡아서 줄기차게 공격을 이어갔다.

▶ 포워드 포지션(position)을 차지하려면 어떻게 해야 해요?

포인세티아poinsettia /[포인쎄티아] 관상(觀賞)용, 주로 크리스마스(christmas) 장식(裝飾)에 쓰는 식물.

▶ 포인세티아를 보니 크리스마스 기분이 나요.

▶ 나의 사랑을 포인세티아로 그에게 전달할 거야.

***포인터**pointer 사물을 가리키는 것.

▶ 혹시 레이저(laser) 포인터 있어요?

▶ 멀티미디어를 이용한 수업을 하려면 무선(無線) 포인터가 필요해요.

포인트point[1] 득점(得點).

▶ 너 혼자서 모든 포인트를 쌓은 거야?

▶ 그가 최고의 포인트를 기록했어요.

포인트point[2] 요점(要點).

▶ 시간이 없으니 포인트만 간단하게 말씀드릴게요

▶ 네가 하고 싶은 말의 포인트가 뭐야?

포인트point[3] 글자 크기.

▶ 제목은 몇 포인트로 할까요?

▶ 제목은 좀 커야하니까 20포인트로 합시다.

포즈pose 자세(姿勢), 태도(態度).

▶ 너는 카메라(camera)만 들이대면 섹시(sexy)한 포즈를 취하더라.

▶ 좀 더 자연스러운 포즈를 취해봐.

포지션position 지위(地位), 위치(位置).

▶ 이번 프로젝트(project)에서 네 포지션은 뭐야?

▶ 움직이지 말고 자기 포지션을 지키세요.

***포지티브**positive 긍정적(肯定的)인 것. 양성(陽性) ↔ 네거티브(negative).

▶ 넌 정말 포지티브한 사람인 것 같아.

▶ 네거티브한 것보다는 포지티브한 게 좋잖아요

포커poker /[포카] 트럼프(trump) 놀이.

▶ 심심한데 포커 한판 할까?

▶ 난 도박(賭博)에는 흥미가 없어서, 포커도 할 줄 몰라.

***포켓**pocket 주머니.

▶ 포켓이 달린 라운드(round) 티셔츠(T-shirts)를 입는 게 어때?

▶ 키가 작고 귀여운 그녀는 포켓걸(girl)이라고 불려요

포크[1]fork 식사용 도구의 하나.

▶ 젓가락이 불편하면 포크를 줄까?

▶ 저녁 만찬(晩餐)이 곧 시작될 거예요. 포크와 나이프(knife)를 세팅(setting)해 주
세요.

***포크**[2]pork 돼지고기.

▶ '웰빙포크닷컴(wellbeingpork.com)'은 돼지고기를 파는 사이트(site)인가?

▶ '포크'라고 했으니까 당연히 돼지고기를 팔겠지.

포크^댄스folk dance /[포크댄쓰] 전통 민속(民俗) 무용(舞踊).

▶ 이 음악을 들으니까 어렸을 때 추던 포크댄스가 기억나요

▶ 포크댄스는 포크송에 맞춰 추는 서양(西洋) 춤의 하나입니다.

▷ 포크^송(folk song) : 민요(民謠).

포크^볼

포크^볼fork ball 야구 경기(競技)에서, 투수가 던지는 변화구(變化球)의 일종.
- ▶ 필살(必殺)의 포크볼을 던졌지만 홈런(home run)을 맞고 말았어요.
- ▶ 포크볼은 공을 쥐는 법이 중요해요.

포클레인Poclain /[포크레인] 굴착기(掘鑿機).
- ▶ 웬 포클레인? 어디 공사하나?
- ▶ 이 돌을 옮기려면 포클레인이 필요해요.

*포털portal /포탈 문(門), 인터넷(internet) 종합 정보(情報) 검색(檢索) 제공자(提供者).
- ▶ 요즘 아이들은 포털 사이트(site)에서 과제를 쉽게 해결해요.
- ▶ 그의 글은 유명 포털 사이트에 기재(記載)되었다.

*포토photo 사진.
- ▶ 사진 촬영(撮影)은 이곳 포토존에서만 가능합니다.
- ▶ 아기 돌 사진을 제일 잘 찍는 포토그래퍼가 누군지 아세요?
- ▷ 포토^존(photo zone) : 사진을 찍도록 만든 구역(區域).
- ▷ 포토그래퍼(photographer) : 사진사.

*포토샵photoshop /뽀샵 영상(映像) 수정(修訂) 프로그램(program) 또는 그 기법(技法).
- ▶ 이 사진은 포토샵을 너무 많이 사용한 것 같아.
- ▶ 포토샵을 하기 전(前)의 원본(原本)을 보여 주세요.

포트폴리오portfolio 개인 작품 모음집, 자신의 능력과 경력(經歷)을 보여주는 것.
- ▶ 그는 오랜 시간 준비한 포트폴리오를 공개하였다.
- ▶ 그의 포트폴리오는 좋은 평가를 받았어요.

포플러poplar 미루나무.
- ▶ 너와 함께 포플러 숲을 걷고 싶어.
- ▶ 마당에 포플러 나무 한 그루를 심었어요.

*포퓰리즘populism /포퓰리즘 대중(大衆)의 인기(人氣)를 얻기 위한 정책(政策)만을 제
안(提案)하는 것. 대중영합주의(迎合主義).
- ▶ 저는 포퓰리즘에 반대합니다.
- ▶ 포퓰리즘이 결국 국가 재정(財政)의 위기를 가져왔다.

폭스^트롯fox trot 사교댄스(dance) 춤곡의 하나.
- ▶ 그는 무대에서 처음으로 폭스트롯을 보여 주었다.
- ▶ 폭스트롯은 1914년 이후에 유럽(Europe)과 미국에서 유행(流行)하였다.

*폰[1]pawn 체스(chess) 게임(game)의 졸(卒).

▶ 체스 게임의 '폰'은 상대방 진영(陣營) 끝까지 가면 '퀸(Queen)'으로 변해요

▶ 체스 게임은 폰을 옮기면서 시작된다.

*폰²phon   전화.

▶ 휴대폰의 진화는 어디까지일까?

▶ 갈수록 폰카의 성능이 좋아져서 앞으로는 디지털 카메라(digital camera)가 없어질 것 같아.

▷ 폰^뱅킹(phone banking) : 전화를 이용한 은행 업무(業務) 처리 서비스(service).

▷ 폰카(phone+camera) : 휴대전화에 달린 카메라.

폴pole   장대.

▶ 높이뛰기에서는 폴을 잘 사용하는 것이 중요하다.

▶ 이때 장대를 찍는 폴 박스(box) 안에 폴이 정확하게 찍혀야 한다.

폴더folder   서류를 한 곳에 넣는 것 또는 컴퓨터(computer)에서의 파일(file)함(函).

▶ 파일이 어느 폴더에 저장되었는지 모르겠어요

▶ 이 파일은 새로운 폴더를 만들어서 보관하세요

*폴라pola   목이 긴 스웨터(sweater)의 통칭(通稱).

▶ 오늘은 날이 추워서 목 폴라를 입고 왔어요

▶ 아! 터틀넥을 입고 왔군요 한국에서는 목 폴라를 보통 폴라티 또는 터틀넥이라고 많이 써요

▷ 폴라^티(pola-T) : 목이 긴 모양의 티셔츠(T-shirts).

▷ 폴로^넥(polo-neck) : 목이 긴 폴로(polo) 스타일(style)의 옷.

▷ 터틀넥(turtleneck) : 거북이 목처럼 목이 긴 스웨터.

폴라로이드Polaroid   즉석에서 사진이 출력되는 카메라(camera) 또는 그 사진.

▶ 신혼여행을 갈 때는 폴라로이드 카메라를 가져가는 게 좋아.

▶ 폴라로이드 카메라는 편리하지만 필름(film)이 너무 비싸요

▷ 폴라로이드 카메라(Polaroid camera).

폴라리스Polaris [폴라리쓰] **Lat**   북극성(北極星).

▶ 한국에서도 폴라리스가 보여요?

▶ 폴라리스는 밝은 별인데 우리나라에서는 왜 안 보일까?

폴로polo   말을 타고 벌이는 스틱(stick) 경기(競技).

▶ 영국(英國)의 왕자(王子)는 자선(慈善) 폴로 경기(競技)를 열었다.

▶ 폴로 경기(競技)를 모르는 사람들도 폴로셔츠는 좋아해요

폴리스

▷ 폴로＾셔츠(polo shirts) : 폴로 경기(競技)를 할 때 입는 셔츠

*폴리스police [폴리쓰] 경찰(警察).

▶ 경찰은 도로 한복판에 폴리스 라인(line)을 쳤다.

▶ 경찰대학에서 청소년들을 위해 폴리스 아카데미(academy)를 연대요.

폴카polka 경쾌한 춤곡.

▶ 어린이를 위한 폴카 교실이 열립니다.

▶ 그들이 연주(演奏)한 곡은 크리스마스(christmas) 폴카예요

폴트fault 구기(球技) 경기(競技)에서 서브(serve)를 실패하는 것 / 잘못된 값.

▶ 서브 폴트와 풋(foot)폴트는 뭐가 다르지요?

▶ 서브 폴트가 계속되면 어떻게 되는 거야?

폼form 형식, 형태 / 자세(姿勢).

▶ 이력서(履歷書)는 그 폼 말고 다른 폼에 작성해야 해요

▶ 그 남자는 여자들 앞에서 엄청나게 폼을 잡아요

*폼＾클렌징form cleansing /폼클린싱 화장을 닦아내는 제품의 총칭.

▶ 화장은 세안(洗眼)만으로는 잘 안 닦여요 반드시 폼클렌징을 써야 해요

▶ 생일 선물로 받은 폼클렌징은 화장이 정말 잘 닦여서 좋아요

푄Föhn /[푀엔] Ger 바람의 한 형태.

▶ 한라산에 푄 바람이 불어왔다.

▶ 올해에는 푄현상 때문에 기온이 더 높아졌어요

푸들poodle 애완견(愛玩犬)의 한 종류.

▶ 저 하얀 푸들은 정말 귀엽지 않아요?

▶ 예쁘네요 그런데 전 검은색 푸들이 더 예쁜 것 같아요

푸딩pudding 서양식(西洋式) 생과자(生菓子)의 하나.

▶ 디저트(dessert)로 푸딩 먹으러 갈래?

▶ 난 망고(mango)로 만든 푸딩을 좋아해.

푸코＾진자Foucault振子 지구(地球)의 자전(自轉) 관측(觀測)용 기구(器具).

▶ 푸코진자는 프랑스(France)의 과학자 푸코(Foucault)가 만들었어요

▶ 푸코의 진자 실험은 지구가 자전한다는 사실을 증명해 줍니다.

*풀¹full 가득 차 있는 상태.

▶ 차에 기름은 항상 풀로 채워 주세요

▶ 너무 많이 먹었나 봐요 저는 이제 풀이에요 더 못 먹어요

풀²pool¹ 수영장.
- ▶ 오늘은 너무 더우니까 하루 종일 풀에서 놀까 봐요
- ▶ 여름에는 역시 풀장에서 수영하는 게 최고지요.

풀²pool² 연합(聯合).
- ▶ 사람이 필요하면 시(市)에서 운영하는 인력(人力) 풀에 연락해 보세요
- ▶ 기업들은 풀을 만들어서 이번 사업에 참여(參與)하고 있다.

풋볼football 축구 / 미식축구(美式蹴球).
- ▶ 난 풋볼에 그렇게 열광(熱狂)하는 사람들을 이해할 수 없어.
- ▶ 이곳에서는 일요일 오전마다 풋볼 경기(競技)가 열립니다.

풋워크footwork 발 기술, 발재간.
- ▶ 골프(golf)에서도 풋워크는 아주 중요해요
- ▶ 얼마나 연습해야 풋워크를 잘할 수 있을까?

퓌레puré e /퓨레 **Fra** 고기, 야채 등을 익힌 후 으깨서 만든 식품.
- ▶ 내가 만든 고구마완두콩 퓌레야.
- ▶ 내가 퓌레 좋아하는 거 어떻게 알았어?

퓨마puma 고양이처럼 생긴 짐승의 하나.
- ▶ 퓨마는 나무에 잘 기어올라요
- ▶ 전 퓨마를 한 번도 본 적이 없어요

퓨전fusion 서로 다른 두 종류 이상의 것이 섞여서 새로워지는 것.
- ▶ 그녀는 오랜 외국생활 덕분에 퓨전 요리의 일인자가 되었다.
- ▶ 나는 새로운 형식을 만들기 위해서 퓨전 음악을 시도(試圖)하는 중이다.

퓨즈fuse /[휴즈] 전기(電氣) 회로(回路) 차단(遮斷)용 금속(金屬).
- ▶ 퓨즈가 끊어졌나 봐요 전기가 안 들어와요
- ▶ 퓨즈를 새 걸로 바꿔보세요

퓰리처^상Pulitzer賞 미국(美國)의 언론상(言論賞), 문학상(文學賞).
- ▶ 그녀는 미국의 퓰리처상을 수상(受賞)하였다.
- ▶ 이 사진은 퓰리처상을 수상한 작품이에요

프라이fry /[후라이] 튀김 음식.
- ▶ 달걀 프라이 먹으래?
- ▶ 방금 프라이드치킨과 콜라(cola)를 시켰어요
- ▷ 프라이드^치킨(fried chicken) : 닭튀김.

프라이드

　　▷ 프라이팬(frypan) : 프라이를 할 때 쓰는 넓은 냄비.

프라이드pride　자존심(自尊心), 긍지(矜持).

　　▶ 그 사람은 자기 직업에 대한 프라이드가 굉장히 강해요.

　　▶ 너도 우리 학교의 학생이라는 프라이드를 가져야 해.

프라이버시privacy　개인 사생활(私生活).

　　▶ 아무리 연예인이라도 프라이버시는 보호해 줄 필요가 있다.

　　▶ 그녀는 프라이버시를 보호해달라며 화를 냈어요

***프라임**prime　첫째의, 가장 좋은.

　　▶ 우리 프로그램(program)이 프라임 타임(time)에 편성(編成)되었어요.

　　▶ 저는 제일 좋다는 '프라임' 영어(英語) 사전(辭典)을 써요.

프라푸치노frappuccino `Ita`　얼음을 갈아 넣은 음료.

　　▶ 원래 프라푸치노는 커피에 얼음을 갈아 넣은 음료를 말하지 않아?

　　▶ 요즘에는 다양한 얼음 음료들도 프라푸치노라고 하던데?

프락치fraktsiya /[쁘락찌] `Rus`　내부인(內部人)으로 가장한 염탐(廉探)꾼. 일종의 스파이(spy).

　　▶ 그 사람 뭔가 수상해 보여. 혹시 프락치가 아닐까?

　　▶ 그 일은 결국 프락치의 방해 때문에 실패한 건가요?

프랑franc `Fra`　프랑스(France), 스위스(Suisse) 등의 화폐(貨幣) 단위.

　　▶ 올 겨울에는 스위스 프랑의 환율(換率)이 치솟고 있다.

　　▶ 1 프랑은 한국 돈으로 얼마나 되나요?

프랑스france [프랑쓰]　유럽(Europe) 연합(聯合) 국가(國家)의 하나.

　　▶ 프랑스 어를 할 줄 알아요?

　　▶ 불어를 전공한 그는 프랑스에 유학(留學)을 갔다.

　　▷ 프랑스^어(france語) : 프랑스에서 쓰는 언어, 불어(佛語).

***프랑크 소시지**frank sausage [프랑크쏘시지] /[프랑크쏘세지] /후랑크　핫도그(hot dog)용 소시지.

　　▶ 노릇노릇하게 구워진 프랑크 소시지를 보니 갑자기 배가 고파진다.

　　▶ 프랑크 소시지가 들어간 핫도그예요

프래그머티즘pragmatism　실용주의(實用主義).

　　▶ 프래그머티즘이 정말 미국(美國)의 역사를 바꾸었나요?

　　▶ 프래그머티즘의 미국에 많은 영향을 끼친 건 사실이에요

프랜차이즈franchise   체인점(chain店).

▸ 저는 프랜차이즈 사업에 관심이 많아요.

▸ 요즘에는 프랜차이즈로 성공하는 사람들이 많지요

프러포즈propose /프로포즈   청혼(請婚) / 제의(提議).

▸ 프러포즈 받았을 때 기분이 어땠어요?

▸ 제가 먼저 그에게 프러포즈를 했어요

프런트front /[프론트]   호텔(hotel), 숙박(宿泊)시설(施設)의 계산(計算)대 또는 경기(競技)나 대회의 운영진(運營陣)이 있는 곳.

▸ 프런트에 키(key)를 반납(返納)해 주세요.

▸ 저쪽 프런트에 가서서 안내를 받으세요

프레스press[1] [프레쓰]   신문(新聞), 언론(言論) / 인쇄(印刷), 출판(出版).

▸ 스타디움(stadium) 안에 프레스센터(center)가 구축(構築)된 건 처음이에요

▸ 프레스센터에서 기자(記者) 회견(會見)이 열렸다.

프레스press[2] [프레쓰]   압축(壓縮) 성형(成形).

▸ 금속(金屬)으로 가공(加工)물을 만들 때에는 프레스 성형(成形)이 필요해요

▸ 이건 프레스를 이용하여 진공(眞空) 압축한 겁니다.

▷ 프레싱(pressing) : 주름을 펴는 것. 압축하여 누르는 것.

프레스코fresco　Ita　 벽화(壁畵) 그리는 기법(技法)의 하나.

▸ 이 프레스코 벽화는 언제 복원(復原)된 건가요?

▸ 그녀의 프레스코 개인전(個人展)이 열립니다.

프레스토presto　Ita　 빠르게, 급하게.

▸ 이 부분은 프레스토로 연주(演奏)해 주세요

▸ 거긴 프레스토 부분이 아니에요

***프레시(하다)**fresh /[프레씨] /후레시   신선한, 새롭다.

▸ 우리 가족의 건강을 위해서 어머니께서는 언제나 프레시한 채소를 준비하신다.

▸ 이제 저희 회사의 신제품 '프레시 밀크(milk)'로 건강을 지키세요

프레온^가스 Freon gas [프레온까쓰]   냉장고나 에어컨(air conditioner) 등의 냉매(冷媒)로 쓰이는 가스(gas).

▸ 프레온가스는 오존(ozone)층을 파괴한다는데 냉장고를 쓰지 말아야 하나?

▸ 프레온가스가 없는 냉장고는 없을까?

프레^올림픽 Pre-Olympic   올림픽 개최(開催) 전(前)에 치르는 시범경기(競技)(示範競技)

대회(大會).

▶ 경기(競技)장을 짓고 나면 프레올림픽이 열릴 거예요.

▶ 그의 능력은 프레올림픽에서도 나타났다.

프레임frame 뼈대, 틀.

▶ 먼저 프레임을 좀 짜보는 게 어때?

▶ 프레임이 완성되고 나면 그 후에 자세한 이야기를 합시다.

***프렌치**French /후렌치 프랑스식(France式).

▶ 아침은 프렌치토스트와 커피(coffee) 한 잔으로 해결했어요.

▶ 가을에는 역시 프렌치 코트(coat)를 입어 줘야 분위기가 나죠.

▶ '프렌치 코트'가 아니라 '트렌치(trench) 코트'예요.

▷ 프렌치^드레싱(French dressing) : 프랑스식 샐러드(salad) 소스(sauce).

▷ 프렌치^토스트(French toast) : 프랑스식 식빵 요리.

***프렌치^코트**trench coat 외투(外套)의 일종 → 트렌치코트

▶ 프렌치코트로 멋을 좀 냈는데 어때?

▶ 가을엔 역시 프렌치코트가 최고야.

프로[1]pro[1] 방송(放送) 프로그램(program).

▶ 저는 예능 프로를 즐겨 봐요.

▶ 저는 예능 프로보다는 다큐(documentary) 프로를 더 좋아해요.

프로[1]pro[2] 전문가(專門家). 프로페셔널(professional).

▶ 그 사람은 언제나 프로다운 모습을 보여줬다.

▶ 프로가 되려면 꾸준히 노력해야 해요.

프로[1]pro[3] 영화(映畵) 예능 사업소 프로덕션(production).

▶ 이 영화는 ○○프로에서 제작한 작품이다.

▶ 프로덕션 연합(聯合)인 '코리안(Korean)프로'에서 제작하는 영화가 기대된다.

프로[1]pro[4] 노동자(勞動者) 계급(階級). 프롤레타리아(prolétariat).

▶ 그는 프로 계급에게 다가갈 수 있는 문학을 추구했다.

▶ 프로 문학을 좋지 않은 시선으로 바라보는 사람들도 있다.

프로[2]percent 퍼센트 [%].

▶ 난 이 일에 백 프로 최선을 다했어.

▶ 라면에는 나트륨(Natrium)이 몇 프로나 포함되어 있어요?

프로그램program[1] 진행(進行) 계획, 계획표(計劃表).

▶ 여름캠프(camp) 프로그램을 짜고 있어요.

▶ 이번 학회(學會) 프로그램은 누가 담당(擔當)할 건가요?

프로그램program[2] 컴퓨터(computer) 프로그램.

▶ 그가 개발한 컴퓨터 프로그램은 전 세계에 팔렸다.

▶ 프로그래머는 프로그램을 만드는 사람을 말한다.

▷ 프로그래머(programmer) : 프로그램 기획자(企劃者), 개발자(開發者).

▷ 프로그래밍(programming) : 프로그램 작성(作成) 또는 그 과정(過程).

프로덕션production[1] 생산품(生産品), 작품.

▶ 이 기업의 주된 프로덕션이 뭡니까?

▶ 이 작품은 제가 오랜 시간 공들여서 만든 비디오(video) 프로덕션입니다.

프로덕션production[2] 영화(映畫), 예능(藝能) 사업소(事業所).

▶ 이 드라마(drama)를 제작(製作)한 프로덕션이 어디야?

▶ 영상 제작을 잘하는 프로덕션을 소개해 주세요.

프로덕트product 생산품(生産品), 작품.

▶ 이 작품은 제가 오랜 시간 공들여서 만든 프로덕트입니다.

▶ 이것이 그 회사의 주력 프로덕트라고 할 수 있다.

프로듀서producer 제작자(製作者), 무대(舞臺) 감독(監督), 연출(演出)자.

▶ 출연자들은 모두 프로듀서의 의견에 따르기로 했다.

▶ 그 사람은 프로듀서가 될 자질(資質)을 충분히 가지고 있어요.

▷ 피디(PD).

프로모터promoter 후원자(後援者), 흥행(興行) 주관자(主管者), 촉진자(促進者).

▶ 저 사람이 이 공연(公演)의 프로모터예요.

▶ 선상(船上)에서 열릴 한여름 쌍쌍 파티(party)의 프로모터를 구합니다.

프로세스process /프로세쓰 /[프로쎄씨] 일의 처리 경로(經路) 또는 과정(過程).

▶ 일이 너무 더디게 진행되네요. 프로세스를 확인해 봐야 하겠어요.

▶ 이 문제를 해결하려면 몇 단계의 프로세스가 더 필요할까요?

▷ 프로세서(processor) : 컴퓨터의 데이터 처리 장치(裝置).

프로젝트project 연구(研究), 사업 등의 계획(計劃).

▶ 그동안 중요한 프로젝트를 진행하느라고 무척 바빴어요.

▶ 이번 프로젝트는 기한(期限) 내에 반드시 성공해야 합니다.

프로테스탄트Protestant 종교 형태의 하나. 개신교(改新敎).

프로텍터

> ▶ 프로테스탄트의 역사는 언제부터 시작되었어요?
> ▶ 16세기에 일어난 종교 개혁이 프로테스탄트의 시작이지요.

프로텍터protector   보호(保護) 장구(裝具).
> ▶ 야구에서 포수를 맡게 된 아들에게 포수용 프로텍터를 선물했어요.
> ▶ 여름에는 선(sun) 프로텍터를 반드시 바르고 나가야 해요.

프로토콜protocol   컴퓨터(computer)에서 데이터(data) 표기(表記) 규약(規約).
> ▶ 인터넷(internet) 프로토콜은 줄여서 IP라고 불러요.
> ▶ 자꾸 인터넷 접속 에러(error)가 나는데, 이게 프로토콜 문제래요.

프로파간다propaganda [프로파갠더]   선전(宣傳) 활동, 주의(主義)나 주장(主張) 또는 신념(信念)이 되는 것.
> ▶ 그들의 주장은 실속 없는 프로파간다로 취급(取扱)받고 있어요.
> ▶ 프로파간다는 정치(政治)에 어떤 영향을 미쳤나요?

프로판^가스propane gas [프로판까쓰]   연료로 쓰이는 가연성(可燃性) 기체(氣體). 엘피지(LPG).
> ▶ 제 차는 프로판 가스를 써요.
> ▶ 야외(野外)에서 프로판 가스를 쓰는 것이 불법인가요?

프로페셔널professional [프로페써널] /프로$^{1-2}$ 전문가(專門家). 직업 선수. 열심히 하는 사람.
> ▶ 그는 아마추어(amateur)로 골프(golf)를 시작했지만 결국 프로페셔널이 되었어요.
> ▶ 매사(每事)에 프로페셔널한 사람이 성공하는 법이지요.

프로펠러propeller [프로펠라]   동력 발생용 회전 날개.
> ▶ 헬리콥터(helicopter)의 프로펠러가 움직이자 아이들은 박수를 쳤다.
> ▶ 프로펠러가 달린 경비행기를 타보고 싶어.

***프로포즈**propose   청혼(請婚) / 제의(提議) → 프러포즈
> ▶ 프로포즈 받았을 때 기분이 어땠어요?
> ▶ 제가 먼저 그에게 프로포즈를 했어요.

프로필profile /[프로파일]   인물의 이력(履歷), 소개.
> ▶ 그녀의 사진과 프로필을 봤어요.
> ▶ 그는 자랑할 만한 프로필을 갖고 있었다.

***프록시^서버**proxy Server [프록씨써버]   사용자가 다른 네트워크(network) 서비스(service)에 접속하게 해 주는 컴퓨터(computer) 또는 응용(應用) 프로그램(program).
> ▶ 저는 프록시서버를 사용해서 인터넷(internet)에 접속(接續)했어요.

▶ 문제를 해결하려면 프록시서버를 설치하세요.

프롤레타리아prole′ tariat `Fra` 노동자(勞動者) 계급(階級). 임금(賃金) 노동자 ↔ 부르주아.

▶ 프롤레타리아의 삶은 여전히 힘들어요.

▶ 부르주아(bourgeois)를 꿈꾸는 프롤레타리아가 얼마나 많았을까요?

프롤로그prologue 서막(序幕), 사물의 시작, 발단(發端) ↔ 에필로그

▶ 대부분의 작가(作家)들은 프롤로그에 많은 것을 담으려고 노력한다.

▶ 소설의 프롤로그만 읽었을 뿐인데도 벌써 감동이 와요.

프롬프터prompter 대사(臺詞), 대본(臺本)을 알려주는 기기(器機) 또는 사람.

▶ 아나운서(announcer)가 말을 잘 할 수 있는 건 모두 프롬프터 덕분이야.

▶ 이번 연극(演劇)에서 프롬프터를 맡았으니까 당연히 연습에도 참여해야 해요.

프루트^펀치fruit punch /후르츠펀치 과일 혼합(混合) 음료.

▶ 시원한 프루트펀치 한 잔 주세요.

▶ 프루트펀치는 얼음을 넣어서 시원하게 마셔야 제 맛이에요.

***프리(하다)**free /[후리] 자유롭다. 제약(制約)이 없다.

▶ 오늘은 프리하니까 아무 때나 만나자.

▶ 그는 프리랜서로 일하고 있어요.

▷ 프리랜서(freelancer) : 자유로운 전문직(專門職) 직업인(職業人).

▷ 프리웨어(freeware) : 무료로 배포(配布)되는 소프트웨어(software).

프리마^돈나prima donna `Ita` 오페라(opera)의 주인공(主人公) 여자 가수(歌手).

▶ 한국의 프리마돈나로 불리는 사람이 누구지요?

▶ 그녀의 꿈은 세계 최고의 프리마돈나가 되는 것이다.

프리미엄premium[1] 초과액(超過額), 수수료(手數料) / 추가(追加)되는 가치.

▶ 프리미엄이 붙는 바람에 집값이 더 올랐어요.

▶ 이번 프리미엄은 반드시 현금으로 줘야 한대요.

프리미엄premium[2] 우수한, 고가(高價)의.

▶ 저희 회사의 프리미엄 고객으로 선정(選定)되셨어요.

▶ 건강에 좋은 프리미엄 올리브유(olive油)를 먹어 보세요.

프리뷰preview 개시(開始)하기 전(前)에 미리 보는 것.

▶ 프리뷰 공연(公演)은 어땠어요?

▶ 이 영화(映畫)의 프리뷰 기사를 봤는데 재미있을 것 같아요.

프리지어

프리즘prism 빛을 굴절(屈折), 분산(分散)시키는 유리.
  ▶ 프리즘을 통해 아름다운 빛깔을 보았어요
  ▶ 프리즘을 통과한 빛은 마치 무지개 색깔 같았어.
프리지어freesia /[후리지아] 붓꽃과의 꽃의 하나.
  ▶ 노란색 프리지어가 정말 예뻐요
  ▶ 봄 분위기를 내려고 거실에 프리지어를 꽂아 놓았어요
  ▶ 우리 어머님은 프리지어를 제일 좋아하신다.
*프린스prince [프린쓰] 왕자(王子). 무리 중에 최고(最高)로 뛰어난 남자.
  ▶ 그 사람은 우리 학교의 프린스였어.
  ▶ 요즘 같은 세상에 진짜 프린스를 만날 수 있는 사람이 몇이나 될까?
*프린세스princess [프린세쓰] 공주(公主). 무리 중에 최고(最高)로 뛰어난 여자.
  ▶ 오! 나의 프린세스여! 나와 결혼해 주오.
  ▶ 우리 아이는 정말 프린세스처럼 귀하게 키웠어요.
프린터printer 인쇄(印刷) 출력(出力) 기계.
  ▶ 프린터는 있는데 잉크(ink)가 없네.
  ▶ 회사원들은 프린터에 종이가 걸릴 때에도 스트레스(stress)를 받는다.
프린트(하다)print 인쇄(印刷)된 것 또는 인쇄하다.
  ▶ 자! 모두 프린트 물(物) 25쪽을 펴세요
  ▶ 이 옷에 프린트 된 꽃무늬는 정말 예쁘지 않나요?
  ▶ 발표 자료를 프린트해야 하는데 프린터(printer)가 고장 났어요. 어떡하죠?
프릴frill 물결 모양의 주름 장식(裝飾).
  ▶ 저 여자가 입은 프릴 스커트(skirt) 정말 예쁘다.
  ▶ 졸업식에서 입을 옷으로 프릴 장식이 들어간 블라우스(blouse)를 사고 싶어요
*프림Frim 커피(coffee)에 우유 대신 넣는 가루.
  ▶ 저는 프림을 빼고 주세요
  ▶ 프림을 먹으면 살이 찐대요
프시psi Gre 그리스(Greece) 자모(字母)의 스물다섯 번째 문자(文字) → 그리스문자.
  ▷ A/α알파, B/β베타, Γ/γ감마, Δ/δ델타, E/ε엡실론, Z/ζ제타, H/η에타, Θ/Θ세
    타, I/ι요타, K/κ카파, Λ/λ람다, M/μ뮤, N/ν뉴, Ξ/ξ크시/크사이, O/o오미크
    론, Π/π파이, P/ρ로, Σ/σ시그마, T/τ타우, Y/υ입실론, Φ/φ피, X/χ키, Ψ/ψ프
    시/프사이, Ω/ω오메가.

프시케|Psyche   그리스(Greece) 신화(神話)에 나오는 신의 하나. 사랑의 신.
- ▶ 프시케와 큐피드(Cupid)의 사랑 이야기를 알아요?
- ▶ 프시케가 얼마나 아름다웠으면 큐피드가 화살을 쏘지 못했을까요?

***프티**|petit /[쁘띠] Fra   작은, 사소(些少)한.
- ▶ 프티부르주아는 부르주아도 아니고 프롤레타리아(prolétariat)도 아니죠
- ▶ 그는 프티부르주아로 불리는 것을 싫어해요
- ▷ 프티^부르주아(petit bourgeois) : 소시민(小市民), 중산층(中產層).

***플라그**|plaque   치아(齒牙)에 생기는 얇은 세균막(細菌膜). 치태(齒苔) → 플라크
- ▶ 플라그가 많이 쌓이기 전(前)에 미리미리 치과(齒科)에 가세요.
- ▶ 플라그를 제거(除去)하기 위해서 치아 스케일링(scaling)을 받았어요

플라나리아|planaria   단세포(單細胞) 동물의 하나.
- ▶ 플라나리아를 자르면 두 개의 플라나리아가 된대.
- ▶ 플라나리아는 빛을 싫어한다죠?

플라멩코|flamenco [플라멩고] Esp   스페인(Spain) 집시(Gypsy)의 전통 춤.
- ▶ 세비아(Sevilla)는 플라멩코의 고장이다.
- ▶ 스페인의 플라멩코 발레(ballet)단이 한국에서 공연(公演)을 합니다.

플라밍고|flamingo   홍학(紅鶴)과의 새.
- ▶ 플라밍고는 가는 목과 큰 날개를 가졌어요
- ▶ 플라밍고는 여러 마리가 떼를 이루어 함께 살아요

플라스크|flask   화학(化學)실험(實驗)용 병.
- ▶ 실험실에서 사용하던 플라스크 봤어?
- ▶ 내 책상 위에 삼각 플라스크가 놓여 있었어.
- ▶ 실험실에서 삼각플라스크에 들어있는 이상한 물질을 발견했다.
- ▷ 삼각^플라스크(三角flask) : 플라스크로 이동원뿔 모양의 실험용 플라스크

플라스틱|plastic /[플래스틱]   천연(天然) 또는 인공합성(人工合成) 수지(樹脂).
- ▶ 플라스틱 접시 말고 유리 접시는 없나요?
- ▶ 플라스틱은 재활용품(再活用品)으로 분리수거(分離收去)해 주세요

***플라워**|flower   꽃.
- ▶ 해바라기를 선(sun)플라워라고 하지요?
- ▶ 요즘에는 화원(花園) 또는 꽃가게를 플라워 숍(shop)이라고도 해요

***플라이**|fly   하늘 높이 뜬 것 또는 날다.

플라이^급

▶ ‘플라이 투(to) 더(the) 스카이(sky)’라는 가수 그룹(group) 알아요?

▶ 야구에서 높이 뜬 공을 ‘플라이 볼(ball)’이라고 합니다.

플라이^급fly級 권투 경기(競技) 체급(體級)의 하나.

▶ 그는 이번 경기(競技)에 플라이급으로 출전(出戰)했어요

▶ 플라이급으로 출전하다니 몸무게를 많이 줄였나 보네요

플라크plaque /플라그 치아(齒牙)에 생기는 얇은 세균막(細菌膜). 치태(齒苔).

▶ 플라크가 많이 쌓이기 전에 치과(齒科)에 가세요

▶ 플라크를 제거(除去)하기 위해 치아 스케일링(scaling)을 받았어요

플라타너스platanus [플라타너씨] 가로수, 관상(觀賞)용으로 쓰이는 버즘나무의 총칭(總稱).

▶ 플라타너스가 줄지어 있는 아름다운 길을 걸었어요

▶ 나도 플라타너스 숲을 거닐고 싶다.

플라토닉^러브platonic love 정신적 사랑, 플라톤(Platon)적인 사랑.

▶ 플라토닉러브에 대해 생각해 본 적 있어요?

▶ 플라토닉러브는 그저 환상(幻想)일 뿐이에요

플란넬flannel 털이 보풀보풀한, 부드러운 모직물(毛織物).

▶ 플란넬 셔츠(shirts)의 촉감(觸感)이 정말 좋아요

▶ 선수들은 모두 흰색 플란넬 셔츠를 입고 있었다.

플랑크톤plankton 수중(水中) 부유(浮游) 미생물(微生物).

▶ 이곳은 플랑크톤이 풍부해서 고기가 많이 잡혀요

▶ 플랑크톤을 채집(採集)하여 현미경(顯微鏡)으로 관찰하였다.

*플래너planner 계획(計劃)을 적는 것 또는 계획하는 사람.

▶ 이제 플래너를 써야 할까 봐. 약속을 자꾸 잊어버리네.

▶ 파티 플래너나 웨딩 플래너는 성격이 활발한 사람에게 맞습니다.

▷ 웨딩^플래너(wedding planner) : 결혼 전반에 걸친 모든 준비를 대신해 주는 사람.

▷ 파티^플래너(party palnner) : 파티를 기획(企劃)하고 운영(運營)하는 책임자(責任者).

플래시flash¹ [플래씨] /[후라쉬] /[후레시] 섬광(閃光), 사진기에 달린 섬광용 전구.

▶ 공항에 도착한 그는 플래시 세례(洗禮)를 피할 수 없었다.

▶ 사진 촬영(撮影)은 할 수 있지만 플래시는 터트리지 마세요

플래시flash² [플래씨] /[후라쉬] /[후레시] 손전등.

▶ 야간(夜間) 산행(山行)에는 플래시가 꼭 필요해요

▶ 그럴 줄 알고 플래시를 챙겨 왔어요

플래시백flashback　장면을 순간적으로 전환(轉換), 반복(反復)하는 영상(映像) 기법(技法).
　▶ 이 장면은 플래시백을 사용하면 좋겠네요.
　▶ 플래시백을 통해서 과거의 장면이 지나갔다.

플래카드placard /[플랜카드] /[플랭카드]　선전(宣傳)용 현수막(懸垂幕).
　▶ 그의 합격을 축하하기 위해서 학교 입구에 플래카드를 달았어요.
　▶ 팬(fan)들은 직접 만든 플래카드를 들고 그녀를 응원(應援)하였다.

*플랜 plan　계획(計劃), 설계(設計).
　▶ 대강(大綱)의 플랜이 나오면 일을 바로 시작합시다.
　▶ 플랜을 짜기 전에 이 프로젝트(project)를 하는 이유를 말씀 드릴게요.

플랜테이션plantation　대형 재배(栽培) 방식(方式)의 농업(農業).
　▶ 옥수수는 쓰임이 많아서 플랜테이션으로 재배되고 있어요.
　▶ 그는 플랜테이션 사업을 적극적(積極的)으로 추진(推進)했다.

플랜트plant　제조(製造) 공업(工業) 설비(設備) 시스템(system).
　▶ 플랜트 설계 회사에 취업(就業)을 했어요.
　▶ 이번 전시회(展示會)에서는 새로운 플랜트 모형을 공개합니다.

플랫flat¹　악보(樂譜)에서의 음 내림표. [b].
　▶ 여기는 플랫이 붙었으니 반음(半音)을 내려서 불러야지.
　▶ 플랫 표시를 못 봤어요.

플랫flat²　초(秒) 단위(單位)로 계산된 경기(競技) 기록.
　▶ 난 100미터(meter)를 10초 플랫으로 뛴다. 넌?
　▶ 난 플랫까지는 못 뛰고 10초 5 정도밖에 안 돼.

*플랫flat³　평평(平平)한.
　▶ 난 불편한 하이힐(high heeled shoes)보다 편안한 플랫슈즈가 좋아.
　▶ 넌 키가 커서 플랫슈즈를 신어도 예뻐.
　▷ 플랫슈즈(flat-shoes) : 바닥이 평평한 신발.

플랫폼platform /[플랫홈][플랜톰]　교통 승강장(昇降場).
　▶ 플랫폼으로 열차가 들어오고 있었다.
　▶ 위험한 플랫폼에 스크린(screen) 도어(door)가 설치되었다니 다행이에요.

플러그plug　전기 콘센트(concentric plug)에 꽂는 부분.
　▶ 이 방에는 플러그가 모두 몇 개 있어요?
　▶ 컴퓨터(computer)를 사용한 후에는 플러그에서 콘센트를 빼 놓으세요.

플레어

플러스(하다)plus [플러쓰] 추가(追加)된 것, 더하다, 이득, 덧셈. 양성(+).
> ▶ 자석의 플러스극과 마이너스극을 어떻게 구분하지요?
> ▶ 그는 월급 외에 플러스알파로 보너스(bonus)까지 받았다.
> ▷ 플러스^극(plus極) : 양극(陽極).
> ▷ 플러스^알파(plus+alpha) : 기준량(基準量)에 더해지는 것.

플레어flare¹ 여성용 스커트(skirt)의 하나.
> ▶ 꽃무늬 플레어스커트가 참 잘 어울려요
> ▶ 그래요? 플레어스커트만 입고 다녀야겠어요
> ▷ 플레어^스커트(flared skirt) : 나팔꽃 모양의 스커트

플레어flare² 조명탄(照明彈).
> ▶ 항공기(航空機)의 착륙(着陸)을 유도하기 위해 플레어를 터트리기도 해요
> ▶ 플레어 불빛은 너무 밝아서 눈이 부셔요

플레이play 운동 경기(競技) / 무언가를 시작하는 것의 총칭(總稱).
> ▶ 오늘은 누가 가장 멋진 플레이를 펼칠까?
> ▶ 내 MP3의 플레이 버튼(button) 좀 눌러줘.
> ▷ 플레이^볼(play ball) : 구기(球技) 경기(競技)에서 심판(審判)의 시합 개시(開始) 소리.

플레이보이playboy 사랑에 진실함이 없는 바람둥이.
> ▶ 그는 우리 학교에서 소문난 플레이보이야.
> ▶ 착하게 생겼는데 플레이보이라니 의외네요

플레이트plate 판(板)의 총칭(總稱).
> ▶ 내 차의 번호판 플레이트를 바꾸고 싶어.
> ▶ 빨간색 플레이트 지붕이 눈에 띄었다.

플로^시트flow sheet [플로씨트] 생산 공정(工程) 일람표(一覽表).
> ▶ 플로시트를 보면 쉽게 이해가 될 거야.
> ▶ 이번 공정(工程)은 플로시트가 너무 복잡해요

플로어floor 무대(舞臺).
> ▶ 플로어를 가득 채우는 그의 목소리에 반했어.
> ▶ 그는 플로어에 선 순간이 가장 행복하다고 했어요

플로^차트flow chart 업무(業務) 일람표(一覽表).
> ▶ 플로차트에 기록된 내용을 확인해 주세요
> ▶ 그는 문제의 해결을 위한 플로차트를 작성했다.

플로피^디스크floppy disk   컴퓨터(computer) 데이터(data) 기록 장치(裝置)의 하나.

　▶ 요즘도 플로피 디스크를 쓰나?

　▶ 지금 누가 그런 걸 쓰냐? CD나 USB를 쓰지.

플롯plot   이야기의 구성(構成) 방식(方式), 줄거리.

　▶ 시나리오(scenario)를 봤는데 플롯이 괜찮은 것 같아요

　▶ 제 생각에는 플롯이 너무 단순한 것 같은데요

플뢰레fleuret **Fra**   펜싱(fencing) 경기(競技) 종목(種目)의 하나.

　▶ 여자 플뢰레 단체전(團體戰)에서 우리나라가 우승(優勝)을 차지하였다.

　▶ 이번 펜싱 경기(競技)에서는 최초(最初)로 전기(電氣) 플뢰레가 사용되었다.

***플루**flue   유행성(流行性) 독감(毒感).

　▶ 몇 년 전에 신종 플루가 유행할 때에는 정말 무서웠어요

　▶ 매년(每年) 플루 때문에 사망하는 사람이 늘고 있다.

　▷ 인플루엔자(influenza).

플루크fluke [후루꾸/후룩] /[뽀로꾸/뽀록]   실수(失手)가 좋은 결과를 가져오는 것. 당구(撞球) 용어.

　▶ 플루크로 행운의 점수를 따냈다.

　▶ 플루크는 어떻게 보면 당구의 활력소(活力素)라고 할 수 있지요

플루토늄plutonium   우라늄(uranium) 원소(元素)의 하나.

　▶ 보통 사람들은 플루토늄의 위험성(危險性)을 잘 알지 못해요

　▶ 플루토늄이 검출(檢出)되었다는 곳이 어디야?

플루트flute /플룻   금관악기(金管樂器)의 하나.

　▶ 플루트를 배운 지 몇 년이나 되었어요?

　▶ 저는 초등학교에 들어갈 때부터 플루트를 배웠어요

***플룸^라이드**flume ride /후룸^라이드   보트(boat)를 타고 물위를 미끄러지는 놀이 기구의 통칭(通稱). 급류(急流) 타기.

　▶ 지난번 놀이동산에서 탄 놀이기구 중에서 플룸라이드가 제일 재미있었다.

　▶ 플룸라이드 줄이 제일 기네요 우리 다른 놀이기구 탈까요?

***피**[1]P/p   영어 알파벳의 열여섯 번째 글자.

　▶ 알파벳은 에이, 비, 시, 디, 이, 에프, 지, 에이치, 아이, 제이, 케이, 엘, 엠, 엔, 오, 피, 큐, 아르, 에스, 티, 유, 브이, 더블유, 엑스, 와이, 지(제트)이다.

　▷ 에이(A/a), 비(B/b), 시([씨]C/c), 디(D/d), 이(E/e), 에프(F/f), 지(G/g), 에이치(H/h),

피

아이(I/i), 제이(J/j), 케이(K/k), 엘(L/l), 엠(M/m), 엔(N/n), 오(O/o), 피(P/p), 큐(Q/q), 아르([알]R/r), 에스[에쓰]S/s), 티(T/t), 유(U/u), 브이(V/v), 더블유/([떠블류]W/w), 엑스(X/x), 와이(Y/y), 지(제트Z/z).

피²phi Gre 그리스(Greece) 자모(字母)의 스물한 번째 문자(文字) → 그리스문자.

▷ A/α알파, B/β베타, Γ/ɣ감마, Δ/δ델타, E/ε엡실론, Z/ζ제타, H/ŋ에타, Θ/Θ세타, I/ι요타, K/κ카파, Λ/λ람다, M/μ뮤, N/ν뉴, Ξ/ξ크시/크사이, O/o오미크론, Π/π파이, P/ρ로, Σ/σ시그마, T/τ타우, Y/υ입실론, Φ/ϕ피, X/χ키, Ψ/ψ프시/프사이, Ω/ω오메가.

피겨figure¹ 피겨 스케이팅(skating).

▶ 피겨 여왕(女王) 김연아가 자랑스러워요.

▶ 한국 피겨에 대한 관심이 높아져서 다행이에요.

피겨figure² 캐릭터(character) 인형(人形) / 모형(模型).

▶ 그는 피겨 인형을 모으는 취미가 있어요.

▶ 항공기(航空機) 피겨 모형을 조립하는 데에만 일주일이 걸렸어.

피닉스phoenix 이집트(Egypt) 신화(神話)에 나오는 불사조(不死鳥).

▶ 피닉스를 본 적 있어?

▶ 피닉스를 어떻게 보냐? 그건 전설(傳說)에 나오는 새일 뿐이야.

피드백feedback 결과에 대한 검토(檢討), 평가(評價).

▶ 과제(課題)에 대한 피드백을 받았어요.

▶ 발표를 듣고 나서 피드백을 해 주었다.

피디PD 프로듀서(producer).

▶ 프로그램(program)의 피디가 갑자기 바뀌었다.

▶ 예능 프로(pro) 피디들은 연예인 같은 인기(人氣)를 얻고 있어요.

피라미드pyramid /피라밋 이집트(Egypt)의 건축물(建築物) 유적(遺蹟).

▶ 피라미드를 직접 봤는데 생각했던 것보다 아주 컸어요.

▶ 나도 이집트에 가서 피라미드와 스핑크스(Sphinx)를 보고 싶어.

피리어드period¹ 마침표. 온점(點). [.].

▶ 나도 빨리 피리어드를 찍고 끝내고 싶다.

▶ 피리어드에는 온점뿐만 아니라 고리점도 있어요.

*피리어드period² 일부 운동 경기(競技)에서의 경기(競技) 시간.

▶ 첫 피리어드에 두 골(goal)이나 넣었어.

▶ 농구는 몇 피리어드까지 하지?

피브이시PVC [피브이씨] /[피비씨]　폴리(poly) 염화(塩化) 비닐(vinyl).

　▶ PVC는 태울 때 다이옥신(dioxine)이 나와서 환경을 오염(汚染)시켜요.

　▶ 바닥재는 PVC로 만들었어요.

　▷ Poly-Vinyl Chloride.

피망piment Fra　요리, 향신료(香辛料)에 쓰는 채소의 일종.

　▶ 노란색 피망과 빨간색 피망을 넣으니까 샐러드(salad)가 정말 먹음직스러워요

　▶ 피망과 파프리카는 뭐가 다른 거죠?

피스톤piston　왕복(往復) 운동 기관의 실린더(cylinder) / 펌프(pump) 장치(裝置).

　▶ 피스톤은 실린더 안에서 왕복 운동을 하는 원통형의 부품이야.

　▶ 피스톤 운동의 원리를 알고 싶어요

***피스톨**pistol　권총(拳銃).

　▶ 그의 손에 들려있는 피스톨이 눈에 띄었다.

　▶ 이 근처에 피스톨 사격장(射擊場)이 있어요

피시PC [피씨]　개인용 컴퓨터.

　▶ 도서관에는 PC를 사용할 수 있는 공간이 따로 있어요

　▶ PC를 구입하려고 하는데 어느 회사 제품(製品)이 좋을까요?

　▷ Personal Computer.

피시에스PCS [피씨에쓰]　개인 휴대(携帶) 통신(通信) 서비스(service).

　▶ 지금은 PCS폰을 사용하는 사람이 없지요?

　▶ 삐삐나 PCS폰을 사용하던 때가 있었지요.

　▷ Personal Communication Service.

피아노piano　건반악기(鍵盤樂器)의 하나.

　▶ 피아노를 칠 줄 알아요?

　▶ 어렸을 때 피아노 학원에 다녔어요.

　▷ 피아니스트(pianist) : 피아노 연주자(演奏者).

피아르PR [피알]　광고(廣告), 선전(宣傳).

　▶ 아무리 자기 PR시대라지만 넌 너무 잘난 척이 심한 것 같아.

　▶ 신제품(新製品)을 PR하기 위해 시음회(試飲會)를 열었어요

　▷ Public Relation.

피에로pierrot /삐에로 Fra　어릿광대.

피에스

> ▸ 피에로를 보면 언제나 웃음이 나요
> ▸ 전 피에로를 볼 때마다 조금 무서운 걸요

피에스PS [피에쓰] 편지 말미(末尾)에 붙이는 추신(追伸).

> ▸ PS에 제 주소를 남겼어요
> ▸ 그는 PS로 편지지 한 장을 더 채웠다.
> ▷ Post-Script.

피에이치pH, PH 수소(水素) 이온(ion) 지수(指數).

> ▸ 어항의 PH를 조절하려면 어떻게 해야 하지요?
> ▸ 먼저 어항의 PH가 얼마인지 측정(測定)해 보세요

피엑스PX 군대(軍隊)에서 운영(運營)하는 매점(賣店).

> ▸ PX는 군대 생활의 유일한 낙(樂)이었어요
> ▸ PX에서 간식(間食)을 사 먹으려고 돈을 모아 두었어요
> ▷ Post eXchange.

***피엠**PM 프로젝트 진행, 관리자.

> ▸ 이번 프로젝트의 PM은 김 대리가 맡게 되었습니다.
> ▸ PM은 프로젝트 전반을 모두 관리하는 아주 중요한 직책이다.

피엠pm 오후.

> ▸ 이번 원고의 마감은 월요일 pm 6시까지입니다.
> ▸ 한국에서 pm은 그냥 '오후'로 읽으면 된다.
> ▷ post meridiem. `Lat`

***피엠피**PMP 휴대(携帶)용 멀티미디어(multimedia) 재생(再生)기기(器機).

> ▸ 오랫동안 쓰던 PMP를 이제 바꿔야 할 때가 됐다.
> ▸ PMP를 이용해서 영화(映畵)도 보고 외국어 공부도 합니다.
> ▷ Portable Media Player.

피자pizza 이탈리안식(italian式) 파이(pie).

> ▸ 밥 대신에 피자와 콜라(cola)를 먹었어.
> ▸ 베니스(Venice)에서 먹던 그 가게의 피자 맛을 잊을 수가 없어요

***피전**pigeon /[피존] 새의 하나, 비둘기 / 클레이(clay) 사격용(射擊用) 표적(標的).

> ▸ 클레이 피전은 점토(粘土)를 접시 모양으로 만든 거야.
> ▸ 클레이 사격으로 피전을 맞추었을 때의 기분을 네가 알까?

피처pitcher[1] 야구 경기(競技)에서 공을 던지는 사람, 투수(投手).

▶ 그는 최고의 피처가 될 수 있을 거야.

▶ 피처의 실수로 경기(競技)는 힘을 잃었다.

피처pitcher[2] 생맥주(生麥酒) 주전자의 하나.

▶ 여기 맥주 피처로 하나 주세요.

▶ 500cc 두 잔을 주문할까 피처를 시킬까?

*피처링featuring 어떤 가수(歌手)의 노래에 보조(補助) 가수로 참여(參與)하는 것.

▶ 이 노래를 피처링한 가수가 누구죠?

▶ 피처링에 참여한 모든 가수들이 모였다.

피치pitch 높낮이 또는 그 거리, 횟수(回數).

▶ 결승점(決勝點)이 보이자 그는 마지막 피치를 올렸다.

▶ 그가 화가 나자 목소리의 피치가 높아졌다.

피켓picket 주장하는 말 또는 광고(廣告) 등을 써 붙인 판.

▶ 국회의사당(國會議事堂) 앞에 피켓을 들고 1인 시위(示威)를 하는 사람이 있어요.

▶ 그들은 피켓을 들고 거리를 행진했다.

▷ 피케팅(picketing) : 정당한 노동쟁의(勞動爭議)의 하나.

피콜로piccolo 관악기(管樂器)의 하나.

▶ 피콜로는 어떻게 생긴 악기야?

▶ 피콜로는 작은 플루트(flute)처럼 생겼어.

피크[1]peak 정점(頂點), 절정(絶頂).

▶ 그의 노래 실력은 지금 피크에 올랐어요.

▶ 휴가철은 지금 피크를 맞이하고 있다.

*피크[2]pick 기타(guitar) 칠 때 쓰는 도구(道具) → 픽.

▶ 긴장(緊張)을 한 탓에 피크를 놓치고 말았어요.

▶ 그는 기타를 치기 전에 항상 피크를 입에 무는 버릇이 있어요.

피클pickle 절임 채소.

▶ 난 피클이 없으면 피자(pizza)를 못 먹겠어.

▶ 집에서 피클을 담글 수 있는 방법을 알려 줄게.

피톤치드fitontsid `Rus` 숲에서 나오는 좋은 성분.

▶ 피톤치드가 우리 몸에 그렇게 좋다면서요?

▶ 저도 피톤치드 때문에 등산(登山)을 해요.

피트feet 길이의 단위. 1피트 = 12인치(inch), 30.48cm.

피트니스^센터

> ▸ 미국에서는 길이의 단위로 피트를 많이 사용해요.
> ▸ 한국에서는 피트 대신 미터(meter)를 사용하지요.

*피트니스^센터fitness center /휘트니스센터   체력(體力) 증진(增進), 건강관리(健康管理)를 위해서 전문적(專門的)으로 운동을 하는 곳.

> ▸ 이번 달에는 정말 열심히 피트니스센터를 다녀야 하겠어요.
> ▸ 피트니스센터에는 다양한 운동기구가 있어서 참 좋다.

피파[1]FIFA   Fra   국제축구연맹(國際蹴球聯盟).

> ▸ 피파는 세계 축구의 중심이 되는 기구(機構)야.
> ▸ 이 영상(映像)이 바로 피파가 선정한 '최고(最高)의 골(goal)'을 담은 영상이에요.
>   ▷ Fédération Internationale de Football Association.

피^파[2]P波   지진파(地震波)의 하나 ↔ 에스파(S波).

> ▸ P파와 S파의 차이를 알아요?
> ▸ 학교 다닐 때 배운 것 같은데 기억이 안 나요.

피피엠ppm   농도(濃度) 또는 미세(微細) 함유(含有)량을 나타내는 단위. 1ppm = 10-6.

> ▸ ppm은 농도를 나타내는 단위에요.
> ▸ 어제 서울의 일산화탄소(一酸化炭素) 농도는 0.5ppm이었어요.
>   ▷ parts per million.

픽pick [피크]   기타(guitar) 칠 때 쓰는 도구(道具).

> ▸ 픽이 없는데 기타를 연주(演奏)할 수 있겠어요?
> ▸ 그는 픽 없이도 기타를 잘 쳐요.

픽션fiction   가공(架空)된 이야기, 허구(虛構).

> ▸ 픽션이 아니고 실제 이야기라고요?
> ▸ 픽션이냐 논(non)픽션이냐가 중요한 게 아니야.

픽업^트럭pickup truck   소형 트럭.

> ▸ 픽업트럭은 한국보다 미국에서 많이 볼 수 있어요.
> ▸ 픽업트럭은 캠핑(camping)을 갈 때 좋을 것 같아요.

핀pin[1]   고정용 바늘.

> ▸ 핀으로 천을 고정시킨 다음에 바느질을 하세요.
> ▸ 옷을 만들 때에는 시침 핀이 많이 필요해요.

핀pin[2]   머리핀.

> ▸ 앞머리가 자꾸 내려와서 핀을 꽂았어.

▶ 꽃모양 머리핀을 꽂으니 소녀 같아요

핀pin³ 볼링(bowling) 표적(標的).

▶ 분명히 핀의 중앙으로 던졌는데 왜 공이 옆으로 샐까요?

▶ 남은 핀은 충분히 스페어(spare)로 처리할 수 있어.

핀셋pincette Fra 집게.

▶ 핀셋을 사용하기 전에는 반드시 소독(消毒)을 해야 해요.

▶ 지난번에 약통(藥桶)에 넣어둔 핀셋이 어디로 갔지?

핀트ピント Jap 초점(焦點), 요점(要點).

▶ 너는 왜 핀트에서 벗어난 말을 하니?

▶ 핀트가 어긋났으니 이번 발표는 완전히 망친 것 같아요.

▷ brandpunt Net

***필**feel /[삘] 감정(感情), 느낌.

▶ 필을 받았을 때 글을 써야 해.

▶ 오늘은 필이 충만(充滿)한 게, 좋은 아이디어(idea)가 떠오를 것 같아.

▷ 필링(feeling).

필드field 구장(球場) / 현장(現場) / 공간(空間).

▶ 그는 필드에 남고 싶었지만 건강이 나빠져서 은퇴(隱退)를 선언(宣言)했다.

▶ 너는 필드를 누비고 있을 때가 가장 멋져.

▶ 이쪽 필드를 채워 넣어서 문서(文書)를 마무리하도록 하세요.

필라멘트filament /[휠라멘트] 전구 안의 발광(發光) 물질.

▶ 전구의 필라멘트는 무엇으로 만들어요?

▶ 필라멘트의 소재는 텅스텐(tungsten)이에요.

필래프pilaf /필라프 볶음밥.

▶ 나는 새우필래프를 먹을래. 넌?

▶ 여긴 필래프 전문점(專門店)이니까 나도 필래프를 먹는 게 좋겠다.

필로폰Philopon 마약(痲藥)류의 하나, 히로뽕.

▶ 그의 인생은 필로폰 때문에 망가졌어요.

▶ 필로폰을 한 혐의(嫌疑)로 구속된 연예인(演藝人)이 누구야?

필름film¹ /[필림] 구형(舊形) 사진기의 사진 재료.

▶ 디지털카메라(digital camera)는 필름을 사지 않아도 되어서 좋아요.

▶ 지금도 일부러 필름 카메라를 쓰는 사람이 있어요.

필름

필름film[2] /[필림] 영화(映畵).
- ▶ 이 필름은 어디서 제작(製作)한 거죠?
- ▶ 꽤 유명한 필름 제작사였는데 잘 기억이 안 나요

필름film[3] /[필림] 얇은 막(膜)의 총칭(總稱).
- ▶ 휴대전화 액정에 투명 필름을 왜 안 붙였어요?
- ▶ 필름을 안 붙였다고 이렇게 흠이 많이 날 줄 몰랐어요

*필링peeling 피부미용법(皮膚美容法)의 하나.
- ▶ 너 피부가 많이 좋아졌다. 혹시 필링했어?
- ▶ 피부가 너무 안 좋아서 지난주에 필링을 받았어. 괜찮아 보여?

필터filter /[휠터] /[휠태] 여과기(濾過器).
- ▶ 정수기의 필터는 언제쯤 교체해야 하는 걸까?
- ▶ 필터를 통과한 깨끗한 물을 마시려면 자주 갈아야 하지 않을까?

필하모니Philharmonie Ger 교향악단(交響樂團).
- ▶ 꿈에 그리던 필하모니 오케스트라(orchestra)의 공연(公演)을 보게 되었다.
- ▶ 이번에 한국에 초청(招請)된 필하모니 단원이 모두 몇 명이죠?

핑거^페인팅finger painting 손가락으로 그림을 그리는 것.
- ▶ 이건 핑거 페인팅으로 그린 그림이야.
- ▶ 아이들은 핑거 페인팅을 정말 좋아해요

핑크pink 분홍색(粉紅色) / 야(冶)한 것.
- ▶ 왜 여자애들은 모두 핑크를 좋아한다고 생각하는 걸까?
- ▶ 걔네들끼리 핑크 무드(mood)가 조성(造成)되는 것 같아서 난 먼저 나와 버렸어.

핑킹^가위pinking 지그재그(zigzag) 모양으로 자를 수 있는 가위.
- ▶ 핑킹가위로 잘랐더니 훨씬 예쁘다.
- ▶ 핑킹가위에도 다양한 종류가 있어요

핑퐁ping-pong 탁구(卓球) / 밀고 당기는 상황.
- ▶ 체육관에 핑퐁테이블(table)이 있으면 좋겠어요
- ▶ 지금과 같은 핑퐁 외교(外交)가 지속(持續)될 수 있을까요?

●●●● ㅎ ●●●●

*하드¹(하다)hard¹ 강(强)한, 딱딱한, 두꺼운, 힘에 겨운.
- ▶ 경기(競技) 날짜가 다가오자 하드 트레이닝에 들어갔다.
- ▶ 하드커버는 무거운 게 단점(短點)이야.
- ▷ 하드론(hadron) : 강입자(强粒子).
- ▷ 하드보드(hardboard) : 펄프(pulp)로 만든 단단한 널빤지.
- ▷ 하드보일드(hard-boiled) : 비정(非情)한 내용을 담는 문학 문체(文體).
- ▷ 하드^웨어(hardware) : 컴퓨터(computer)의 기계 장치(裝置)의 총칭(總稱).
- ▷ 하드커버(hard-cover) : 책의 두꺼운 표지(表紙).
- ▷ 하드 트레이닝(hard training) : 맹훈련(猛訓練), 맹연습(猛練習).

하드¹hard² 바(bar) 모양 아이스크림(ice cream)의 통칭(通稱).
- ▶ 더운데 하드라도 하나씩 먹고 하자.
- ▶ 할머니는 이가 안 좋으셔서 딱딱한 하드는 잘 못 드세요

하드²hard-disk 컴퓨터(computer)의 정보(情報) 기록(記錄) 장치(裝置). 하드 디스크(hard disk).
- ▶ 컴퓨터의 하드를 교체하셔야 합니다.
- ▶ 하드에는 문제가 없으니까 프로그램(program)을 다시 설치해 보세요

하모니harmony 조화(調和).
- ▶ 두 목소리가 만나서 아름다운 하모니를 이루었다.
- ▶ 그들이 만들어 낸 하모니를 오래도록 잊지 못할 거야.

하모니카harmonica 입으로 불어서 연주(演奏)하는 작은 악기(樂器).
- ▶ 한 달 전부터 하모니카 부는 법을 배우고 있어요
- ▶ 그는 하모니카와 기타(guitar)를 동시에 연주(演奏)하였다.

하바네라habanera 쿠바(Cuba)와 에스파냐(Esp aña) 등지(等地)의 민속(民俗)무곡(舞曲), 무용.
- ▶ 하바네라는 쿠바에서 생겨났는데 지금은 많이 연주(演奏)되지 않아요
- ▶ 하바네라의 박자(拍子)는 탱고(tango)와 비슷해요

하와Hawwāh Gre 성경(聖經)에 나오는 인류 최초(最初)의 여자. 이브(Eve).

437

하와이안^기타

  ▶ 하나님은 아담(Adam)을 위해 하와를 만드셨다.

  ▶ 하와가 죄를 짓지 않았다면 어떻게 되었을까요?

하와이안^기타Hawaiian guitar 하와이(Hawaii) 음악의 중심이 되는 기타(guitar) 악기
(樂器).

  ▶ 20곡 모두를 하와이안 기타로 연주(演奏)했어요.

  ▶ 하와이안 기타는 크기가 작아서 코드(chord) 잡기가 쉬울 것 같아요.

*하우스house¹ [하우쓰] 채소(菜蔬), 화초(花草) 등을 재배(栽培)하기 위해서 외벽을 비
닐(vinyl)로 만든 간이(簡易) 온실(溫室).

  ▶ 하우스에서 재배한 딸기인데 정말 맛이 좋아요.

  ▶ 비가 많이 오는 바람에 하우스가 무너졌다.

*하우스house² [하우쓰] 불법 도박장(賭博場).

  ▶ 하우스 도박장이 점점 늘어나고 있다.

  ▶ 그들은 하우스에서 불법 도박을 하다가 붙잡혔다.

하우징housing 주택 산업의 총칭(總稱).

  ▶ 오래된 주택을 수리하는 '두꺼비' 하우징이 추진(推進)되고 있다.

  ▶ 하우징 패어 전시장(展示場)에서 우연히 그를 만났어요.

  ▷ 하우징^패어(housing fair) : 주택 산업 박람회(博覽會).

*하이(하다)high 수준이 높다.

  ▶ 그는 하이패션으로 시대를 앞서가고 있다.

  ▶ 아무도 그의 하이 유머를 이해하지 못했다.

  ▷ 하이^유머(high humor) : 이해하기 쉽지 않은, 고품격(高品格) 농담(弄談).

  ▷ 하이^칼라(high+collar) : 멋쟁이.

  ▷ 하이^테크(high+tech) : 첨단(尖端) 과학기술(科學技術).

  ▷ 하이^틴(high^teen) : 10대 연령(年齡)의 젊은이.

  ▷ 하이^패션(high fashion) : 최첨단 유행(流行).

하이델베르크^인Heidelberg人 35만 년 전 구석기(舊石器) 전기(前期)의 인류(人類).

  ▶ 하이델베르크인은 어느 시대에 살았던 사람인가요?

  ▶ 35만 년 전쯤으로 추정(推定)할 수 있어요.

하이라이트highlight /[하일라이트] 가장 밝은 또는 흥미로운 장면이나 부분.

  ▶ 전화가 오는 바람에 하이라이트 장면(場面)을 놓쳤어.

  ▶ 경기(競技)의 하이라이트 장면을 다시 보여드립니다.

*하이바fiber 전투(戰鬪)용 방탄(防彈) 헬멧(helmet) → 파이버.
 ▶ 하이바도 안 쓰고 공사장(工事場)에 들어가려고?
 ▶ 하이바 없이 위험한 곳에 들어갔다가는 큰일 나요

하이볼highball 위스키(whiskey)에 소다수(soda水)나 물을 탄 음료.
 ▶ 하이볼은 집에서도 간단하게 만들어 먹을 수 있어요
 ▶ 난 맥주보다 하이볼을 즐겨 마셔.

*하이브리드hybrid 두 종(種) 간의 혼종(混種). 이종(異種) 교배(交配), 결합.
 ▶ 하이브리드 차량(車輛)을 타는 사람이 많아졌어요
 ▶ 전기자동차나 하이브리드 자동차를 타면 환경오염(環境汚染)을 줄일 수 있다.
 ▷ 하이브리드^카(hybrid car) : 전기 모터(motor)와 엔진(engine)으로 주행(走行)하
   는 저공해(低公害) 자동차.
 ▷ 하이브리드^컴퓨터(hybrid computer) : 디지털(digital) 컴퓨터와 아날로그(analog)
   컴퓨터를 서로 결합시킨 컴퓨터 시스템(system).

하이에나hyena 개와 비슷한 야생(野生) 동물.
 ▶ 사자와 하이에나가 싸우면 누가 이길까?
 ▶ 하이에나는 초원(草原)의 사냥꾼이라고 불려요

*하이웨이highway 고속도로(高速道路).
 ▶ 하이웨이를 걸어서 여행해 보고 싶어요. 할 수 있을까요?
 ▶ 하이웨이는 차들이 고속으로 달리는 곳이어서 위험하죠
 ▶ 하이웨이가 뚫린 이후로 이곳을 찾는 사람들이 많아졌다.

하이킹hiking 자연 공간을 걷거나 자전거를 타고 여행하는 것.
 ▶ 서울에도 하이킹을 갈 만한 장소가 있나요?
 ▶ 그럼요, 멀리 가지 않아도 하이킹을 즐길 수 있어요

하이파이hi-fi 원음(原音)에 가까운 음성(音聲) 재생(再生) 방식(方式).
 ▶ 하이파이 오디오의 음질(音質)이 어때요?
 ▶ 역시 하이파이라 음질이 굉장히 좋네요.
 ▷ 하이파이 오디오(hi-fi audio) : 원음에 가깝게 소리를 재생하는 오디오
 ▷ high fidelity.

*하이^파이브high five 축하할 때 손을 들어서 서로 손바닥을 마주치는 행동.
 ▶ 그들을 승리 후 하이파이브를 나눴다.
 ▶ 잘했어! 모두 하이파이브!

하이퍼론

하이퍼론hyperon   질량(質量)이 핵입자(核粒子)보다 큰 소립자(素粒子).
  ▶ 하이퍼론이라는 물리학(物理學) 용어가 있어요?
  ▶ 네, 하이퍼론은 중핵자(中核子)라고도 하는데 일반 사람들은 잘 모르는 말이
    에요.

*하이퍼hyper   초과(超過), 과도(過渡)의
  ▶ 일반 슈퍼마켓(supermarket)보다 큰 초대형 슈퍼마켓을 하이퍼마켓(market)이라
    고도 부릅니다.
  ▶ 이 페이지는 하이퍼링크가 걸려 있어서 쉽게 찾을 수 있었어요.
  ▷ 하이퍼^링크(hyper link) : 컴퓨터(computer) 프로그램(program)에서, 클릭(click)
    으로 다른 페이지(page)로 옮겨 가는 방식.

하이픈hyphen /[하이폰] 붙임표 [-].
  ▶ 문장이 조금 어색(語塞)한데 문장의 앞뒤에 하이픈을 붙일까요?
  ▶ 하이픈보다는 괄호를 붙이는 게 좋겠어요.

하이^힐high heeled shoes   굽이 높은 여성용 구두.
  ▶ 하이힐을 신고 오래 걸었더니 발이 부었어요.
  ▶ 그래서 내가 하이힐 말고 플랫슈즈(flat shoes)를 신으라고 했잖아.

하켄Haken Ger   등산(登山)할 때 암벽(岩壁)이나 빙벽(氷壁)에 박는 금속(金屬) 못.
마우어하켄.
  ▶ 암벽 등반을 위해 하켄과 해머(hammer)를 챙겼어요.
  ▶ 하켄을 바위에 박는 방법을 알아요?

하키hockey   필드(field)하키 또는 아이스(ice)하키 경기(競技).
  ▶ 하키를 봤는데 내가 응원하는 팀(team)이 졌어.
  ▶ 저 사람은 미국(美國)에서 유명한 하키 선수(選手)야.

하트heart   마음, 심장 / 카드(card) 패의 하나.
  ▶ 하트를 아무리 날려도 그녀의 마음은 움직이지 않을 거예요.
  ▶ 빨간 하트가 잔뜩 그려진 편지를 받았어요.
  ▶ 나는 이번 판에 하트 플러시(flush)를 만들었어요.

*하프¹half   절반 / 중앙(中央).
  ▶ 그의 볼(ball)은 순식간에 하프라인을 넘어갔다.
  ▶ 하프타임을 이용해 작전(作戰) 회의를 했다.
  ▷ 하프^라인(half line) : 축구, 풋볼(football) 같은 구기(球技) 경기장(競技場)의 중

앙선.

▷ 하프^타임(half time) : 축구·농구 등의 경기에서, 경기 사이사이에 쉬는 시간.

하프²harp   현악기(絃樂器)의 하나.

▶ 하프 소리는 마음을 편안하게 해줘요

▶ 그녀는 아름다운 드레스(dress)를 입고 하프를 연주(演奏)했다.

할렐루야Hallelujah /알렐루야 **Heb** '하나님을 찬양(讚揚)한다.'라는 의미, 기독교(基督敎)에서 기쁨 또는 감사를 나타낼 때 쓰는 말.

▶ 우리 교회에는 '할렐루야 성가대'와 '호산나(hosanna)성가대'가 있어요

▶ 그 소식을 들은 성도(聖徒)들은 모두 할렐루야를 외쳤다.

할로겐Halogen   할로겐족(族) 원소(元素).

▶ 집들이 선물로 할로겐램프(lamp)를 받았어요

▶ 할로겐 등(燈)을 놓았더니 거실 분위기(雰圍氣)가 달라진 것 같아.

▷ 할로겐^등(Halogen燈) : 할로겐을 이용해서 만든 전등.

▷ 할로겐^라이트(Halogen light) : 할로겐을 이용해서 만든 아주 밝은 등.

할로윈Halloween /[헬러윈]   미국(美國)에서 즐기는, 모든 성인(聖人)의 날 전야(前夜).

▶ 요즘 한국에서도 할로윈 파티(party)를 즐기는 사람들이 늘고 있다.

▶ 할로윈 용품이 날개 돋친 듯 팔린다고 한다.

***핫(하다)**hot   야(冶)하다, 섹시(sexy)하다 / 새롭다 / 뜨겁다.

▶ 그녀의 옷차림은 여성들에게 핫이슈(issue)가 되었다.

▶ 방금 들어온 핫뉴스를 전해드리겠습니다.

▷ 핫^뉴스(hot news) : 최신(最新) 소식.

▷ 핫^라인(hot line) : 긴급(緊急) 비상용(非常用) 직통(直通) 전화.

▷ 핫^머니(hot money) : 국제(國際) 금융시장(金融市場)의 투기적(投機的)단기(短期) 자금(資金).

▷ 핫^팬츠(hot pants) : 엉덩이가 보일 정도로 짧은 여성용 바지.

핫도그hotdog /[핫독]   길쭉한 빵 속에 소시지(sausage)를 넣어 만든 음식.

▶ 핫도그와 함께 먹을 과일샐러드(salad)를 만들었어.

▶ 핫도그에 머스터드(mustard)소스(sauce)를 잔뜩 뿌려 먹었다.

핫^케이크hot cake /[핫케익]   서양식(西洋式) 밀전병(—煎餅).

▶ 핫케이크 위에 뿌린 게 뭐야?

▶ 핫케이크에는 역시 메이플(maple) 시럽(syrup)을 뿌려서 먹어야 제맛이지.

해머hammer /[햄매] 조금 큰 망치.
▶ 버스(bus)에는 비상시(非常時)에 이용할 수 있는 해머가 있어요
▶ 그는 사고가 나자 해머로 유리창을 깨고 탈출했다.

해먹hammock 기둥과 기둥 사이 휴식(休息)용으로 매달아 놓은 그물.
▶ 나무 사이에 매달린 해먹에 누워 잠이 들었다.
▶ 지친 손님들을 위해서 누구나 쉴 수 있도록 해먹을 달아 놓았어요

해커hacker 컴퓨터(computer) 프로그램(program)을 해킹하는 사람.
▶ 해커를 잡기 위해 사이버(cyber) 수사대가 나섰다.
▶ 이번 달에만 해킹을 당한 게 벌써 세 번째라고!
▷ 해킹(hacking) : 소유자(所有者)의 동의(同意) 없이 불법적으로 프로그램 보안(保安)을 해제(解除)하는 것.

해트^트릭hat trick /[헤드트릭] 축구나 하키(hockey) 등의 경기(競技)에서, 한 선수가 한 번에 3골(goal) 이상을 넣는 것.
▶ 해트트릭을 기록한 그는 관중(觀衆)들의 큰 박수(博受)를 받았다.
▶ 마지막 골만 성공하면 해트트릭을 할 수 있어요

해프닝happening 예상(豫想) 밖의 허무(虛無)한 결과, 우발적(偶發的)인 일.
▶ 폭발물(爆發物) 소동(騷動)은 결국 해프닝으로 끝났다.
▶ 기억에 남는 해프닝이 있어요?

해피^엔드happy end 행복한 결말. 해피^엔딩(happy ending).
▶ 많은 사람들이 드라마(drama)가 해피엔드로 끝나기를 바라고 있어요
▶ 결국은 이 드라마도 해피엔딩이 되겠네요

***핸드**hand 손.
▶ 핸드크림 좀 빌려줄래?
▶ 거울을 보는 사이 그녀의 핸드백이 없어졌다.
▷ 핸드^드릴(hand drill) : 손으로 톱니를 돌려서 사용하는 드릴.
▷ 핸드^메이드(hand made) : 손으로 직접 만든 것. 수제(手製).
▷ 핸드^백(handbag) : 손가방.
▷ 핸드^브레이크(hand brake) : 손으로 제어(制御)하는, 차량(車輛) 제동(制動) 장치(裝置).
▷ 핸드^크림(hand cream) : 피부 보호를 위해서 손에 바르는 크림.
▷ 핸드^볼(handball) : 구기(球技) 경기(競技)의 하나.

▷ 핸드^북(handbook) : 안내, 참고 사항 등을 수록(收錄)한 책자(冊子).

핸드^폰hand+phone　휴대(携帶)용 전화기. 휴대전화.

▶ 핸드폰을 잃어버렸어요.

▶ 공연(公演)이 시작되기 전에 핸드폰을 꺼 주셔야 해요.

▷ 휴대폰(携帶phone).

핸들링handling[1] /핸드링/　축구 경기(競技)에서, 공을 손으로 만지는 반칙(反則).

▶ 공이 손에 닿은 것 같은데 핸들링 아닌가요?

▶ 그는 핸들링 반칙을 했어요.

핸들링handling[2] /핸드링/　핸들을 조종(操縱)하는 기술.

▶ 이 차는 핸들링이 참 부드럽네요.

▶ 운전 베테랑(vétéran)인 그의 핸들링은 기가 막혀요.

▷ 핸들(handle) : 기계(機械), 기구(機具) 작동(作動)용 조종 손잡이.

핸디캡handicap /핸디　남보다 불리한 조건.

▶ 그 사람은 다 좋은데 한 가지 핸디캡이 있어.

▶ 그는 키가 너무 큰 게 유일한 핸디캡이에요.

***핸섬(하다)**handsome [핸썸]　잘생기다, 멋있다.

▶ 저 남자 정말 핸섬하게 생겼다.

▶ 사람이 생긴 것만 핸섬하면 뭐해? 성격이 좋아야지.

핼리^혜성 Halley彗星　명왕성(冥王星) 근처에 있는 긴 꼬리 혜성.

▶ 핼리 혜성은 75~76년을 주기(週期)로 지구(地球)에 접근해요.

▶ 핼리 혜성이 지구와 충돌(衝突)할 수도 있나요?

햄[1]ham　고기를 소금에 절여 훈제(燻製) 가공(加工)한 식품의 총칭(總稱).

▶ 김밥에는 햄이 들어가야 맛이 있어.

▶ 난 햄도 싫고 돼지고기도 싫어.

▷ 햄^샐러드(ham+salad) : 샐러드에 햄을 넣어 만든 요리.

▷ 햄^에그(ham egg) : 햄에 반숙(半熟) 달걀을 씌운 음식.

햄[2]HAM (radio)　아마추어(amateur) 무선(無線) 또는 무선사(無線士).

▶ 저는 아마추어 햄 자격증(資格證)을 가지고 있어요.

▶ 햄 장비(裝備)를 구경해도 돼요?

햄릿^형 Hamlet type　실행(實行) 결단력(決斷力)이 부족한 인간(人間)형 ↔ 돈키호테^형(Don Quixote型).

햄버거

▶ 넌 햄릿형 인간이야 돈키호테형 인간이야?

▶ 사람들은 저를 햄릿형 인간이라고 하던데요.

햄버거hambur [Ger] 빵 사이에 햄버그스테이크를 넣은 음식.

▶ 아침과 점심을 모두 햄버거로 먹었어요.

▶ 바쁠 땐 보통 햄버거로 끼니를 때워요.

▷ 햄버그^스테이크(hamburg steak) : 다진 고기 요리.

*햄스터hamster 애완용(愛玩用), 의학(醫學) 실험용 쥐의 하나.

▶ 저는 햄스터 두 마리를 기르고 있어요.

▶ 햄스터는 정말 귀엽지요?

햄프셔^종Hampshire種 돼지의 한 품종(品種).

▶ 저 돼지는 햄프셔종이라 얼굴이 길어요.

▶ 햄프셔종 돼지의 원산지(原産地)는 미국(美國)입니다.

*행거hanger 옷걸이.

▶ 옷을 걸 곳이 부족해서 행거를 하나 더 샀어.

▶ 방은 작은데 행거가 두 개나 있구나.

행글라이더hang glider 매달려서 하늘을 나는 공중 스포츠(sports) 기구(器具).

▶ 이번에 드디어 행글라이더에 도전해 보기로 했어.

▶ 난 고소공포증(高所恐怖症)이 있어서 행글라이더는 못 타요.

*행커치프handkerchief [행커칩] 손수건.

▶ 그는 여름철에는 항상 행커치프를 가지고 다닌다.

▶ 어른들 선물로 멋진 행커치프는 어때요?

허들hurdle 육상(陸上) 경기(競技)의 하나. 장애물(障碍物) 경주(競走) 또는 그 장애물.

▶ 그는 가뿐히 허들을 뛰어넘었다.

▶ 제가 허들 경기에 대표(代表)선수(選手)로 출전(出戰)하게 되었어요.

허리케인hurricane 열대성(熱帶性) 폭풍우(暴風雨).

▶ 허리케인이 불어와서 마을에 엄청난 피해를 끼쳤다.

▶ 허리케인의 위력(威力)은 정말 대단했어요.

허브¹herb 식용(食用), 약용(藥用), 향료(香料) 등으로 쓰이는 식물의 통칭(通稱).

▶ 책상 위에 허브를 놓으니까 좋은 향이 나네요.

▶ 저는 건강을 위해서 매일 아침마다 허브차를 마셔요.

허브²hub 중심, 중추(中樞) / 컴퓨터(computer) 접속(接續) 장치(裝置).

▶ 컴퓨터에 USB 꽂을 곳이 부족하면 USB 허브를 연결해 보세요

▶ 허브의 문제가 아니라 컴퓨터 문제네요. 컴퓨터가 이상해요

허스키husky 쉰 목소리 같은 저음(低音) 목소리 또는 그런 목소리를 가진 사람.

▶ 그녀의 목소리는 허스키한 매력(魅力)이 있어요

▶ 원래 목소리는 맑은데 감기(感氣)에 걸려서 허스키해졌어요

***허슬**hustle [허쓸] 격렬(激烈)하고 복잡한 디스코(disco) 춤.

▶ 아이돌(idol) 그룹(group)이 디스코와 허슬을 다시 선보였다.

▶ 그들의 허슬 춤은 언제나 사람들의 눈길을 끌었다.

***헝그리^정신**hungry精神 굶주림으로 뭐든 이겨내려는 극기(克己)의 정신.

▶ 요즘 젊은 사람들은 헝그리정신을 몰라.

▶ 그는 헝그리정신으로 무장(武裝)한 덕분에 어려운 시간을 이겨낼 수 있었다.

헤게모니Hegemony 주도권(主導權). 주도적 지위(地位).

▶ 그는 중국(中國)과 미국(美國)의 헤게모니에 대해서 관심이 많아요

▶ 문화적(文化的) 헤게모니에 대한 토론(討論)이 이어졌다.

***헤드**head[1] 머리. 두부(頭部).

▶ 이 기기는 헤드 부분의 마모(磨耗)가 가장 심할 거예요.

▶ 헤드폰(headphone)은 머리에 쓰는 이어폰(earphone)을 말해요

▷ 헤드기어(headgear) : 격투(激鬪) 경기(競技)에서 머리 부분을 보호하기 위하여 쓰는 것.

▷ 헤드라이트(headlight) : 전조등(前照燈) ↔ 테일라이트(taillight).

▷ 헤드라인(headline) : 뉴스(news)의 표제(表題).

▷ 헤드셋(headset) : 마이크(mike)가 달려 있는 헤드폰.

▷ 헤드폰(headphone) : 머리에 착용하는 소형 스피커(speaker).

▷ 헤딩(heading) : 머리로 받는 일.

▷ 헤딩^슛(heading shoot) : 축구에서, 머리로 골(goal)을 넣는 것.

헤드head[2] 컴퓨터(computer) 하드디스크(hard disk) 자료를 읽고 쓰는 부분.

▶ 컴퓨터 CD 드라이브의 헤드를 교체해야 할 것 같아요

▶ 자료를 읽는 헤드에 무슨 문제라도 생겼나 보군요

헤라Hera 그리스(Greece) 신화(神話)에 나오는 여신(女神)의 하나.

▶ 헤라는 그리스 신화에 나오는 제우스(Zeus) 신의 아내야.

▶ 질투가 많은 그 여신이 헤라였군요

헤라클레스

헤라클레스Hercules [헤라클레쓰] 그리스(Greece) 신화에 나오는 영웅(英雄)의 하나.
　▶ 헤라클레스는 어떻게 최고의 영웅이 되었을까요?
　▶ 헤라클레스는 막강(莫强)한 힘과 용기를 가지고 있었어.
헤로인[1]heroin 모르핀(morphine)으로 만든 마약(痲藥).
　▶ 헤로인도 마약인가요?
　▶ 그럼요, 헤로인은 함부로 사거나 팔 수 없어요.
*헤로인[2]heroine /히로인 여자 주인공(主人公).
　▶ 이 영화의 헤로인은 당연히 전도연이지.
　▶ 그녀는 이 드라마(drama)의 헤로인이 되었다.
헤르츠Hertz 진동수(振動數)의 단위. [Hz].
　▶ 우리 라디오(radio) 방송(放送)은 102.3헤르츠입니다.
　▶ 헤르츠를 간단히 말하면, 1초간 n회의 진동을 n헤르츠라고 해요.
헤모글로빈hemoglobin 적혈구(赤血球) 내의 한 성분.
　▶ 헤모글로빈이 부족하면 빈혈(貧血)에 걸려요.
　▶ 헤모글로빈이 부족해서 자꾸 어지러운가봐.
헤브라이즘Hebraism 헤브루(Hebrew) 민족의 사상(思想). 기독교(基督敎)가 계승(繼承)
　한 사조(思潮).
　▶ 서양사(西洋史)를 이해하려면 헤브라이즘을 알아야 해요.
　▶ 기독교(基督敎) 정신은 헤브라이즘에서 출발한다.
*헤비(하다)heavy 무겁다, 육중(肉重)하다 / 생각보다 많다.
　▶ 헤비급 선수로 출발한 그가 이제는 라이트급(light級)으로 내려왔다.
　▶ 왜 그는 헤비메탈만 고집하는 걸까?
　▷ 헤비^급(heavy級) : 격투(激鬪) 경기(競技) 체급의 하나. 조금 육중한 체급(體級).
　▷ 헤비^메탈(heavy^metal) : 록(rock) 음악의 한 종류.
*헤어hair 머리, 머리카락.
　▶ 그녀는 강남의 유명한 헤어숍에서 헤어디자이너(designer)로 일해요.
　▶ 헤어스타일이 바뀌었네요.
　▷ 헤어^네트(hair net) : 머리카락이 흐트러지지 않게 쓰는 그물.
　▷ 헤어^드라이어(hair dryer) : 머리 건조기(乾燥機).
　▷ 헤어^숍(hair shop) : 파마(permanent), 커트(cut), 화장, 그 밖의 미용술(美容術)을
　　전문적(專門的)으로 시술(施術)하는 곳.

▷ 헤어＾스타일(hair style) : 머리 모양.

▷ 헤어＾토닉(hair tonic) : 두발(頭髮) 관리(管理) 용품의 하나.

▷ 헤어＾핀(hairpin) : 머리용 핀.

*헤지^펀드hedge fund /[헷지펀드] 국제(國際) 증권(證券) 및 외환시장(外換市場)에서, 단기(短期) 수익(收益) 목적(目的)의 민간투자(民間投資) 기금(基金).

▶ 헤지펀드는 위기(危機) 때 더욱 강한 힘을 발휘(發揮)하지요.

▶ 이미 오래 전부터 헤지펀드에 투자(投資)해 왔어요.

헥타르hectare 미터법(meter法)의 토지(土地) 면적(面積) 단위. [ha].

▶ 헥타르는 땅의 넓이를 재는 데 쓰여요.

▶ 미국(美國) 땅의 넓이는 몇 헥타르나 될까요?

*헥토hecto- 백(百)의, 다수(多數)의.

▶ '헥토'는 '100'이라는 수를 의미해요.

▶ 그럼 1헥토그램은 1그램(gram)의 100배니까 100그램이 되겠군요.

▷ 헥토＾그램(hectogram) : 100그램.

▷ 헥토＾리터(hectoliter) : 100리터.

▷ 헥토＾미터(hectometer) : 100미터.

▷ 헥토＾파스칼(hectopascal) : 기상(氣象)에서 쓰는 압력(壓力) 단위 100파스칼.

헬레네Helene 그리스(Greece) 신화(神話)에 나오는 신의 하나. 미녀(美女).

▶ 헬레네는 얼마나 예뻤을까요?

▶ 사람이 낳은 여자 중에서 가장 예뻤다고 하니 대단한 미인이었겠지.

헬레니즘Hellenism 동서양(東西洋) 문화가 결합된 그리스(Greece) 문화.

▶ 헬레니즘은 그리스에서 나온 문화야.

▶ 서양사(西洋史)를 이해하기 위해서 헬레니즘과 헤브라이즘(Hebraism)을 공부하고 있어요.

헬륨helium 공기 중에 포함된 기체(氣體)의 하나.

▶ 저 여자 목소리가 꼭 헬륨가스(gas)를 마신 것 같아요.

▶ 목소리가 변하는 게 신기해서 헬륨가스를 마셔본 적이 있어요.

헬리오스Helios [헬리오쓰] 그리스(Greece) 신화(神話) 속에 나오는 신의 하나. 태양(太陽)신.

▶ 헬리오스는 그리스 신화에 나오는 태양신이야.

▶ 전차(戰車)를 몰고 하늘을 가로지르던 그 신이 헬리오스군요.

헬리오스탯

헬리오스탯heliostat 태양(太陽) 광선(光線) 반사경(反射鏡). 회광경(回光鏡).
　▶ 태양열 발전에 대해 공부하다가 헬리오스탯을 알게 되었어요
　▶ 헬리오스탯은 태양광을 반사하는 역할을 해요
헬리콘helicon 관악기(管樂器)의 하나. 대형(大型) 저음(低音) 나팔.
　▶ 헬리콘은 러시아(Russia)에서 처음 만들어졌어요
　▶ 헬리콘 연주(演奏)를 들어보고 싶어요
헬리콥터helicopter /헬기(機) 회전(回轉) 날개 동력(動力) 항공기(航空機).
　▶ 사람들을 구조(構造)하기 위한 헬리콥터가 도착했다.
　▶ 헬리콥터를 타고 본 나이아가라(Niagara) 폭포(瀑布)는 정말 멋졌어요
　▷ 헬리포트(heliport) : 헬리콥터 전용 이착륙장(離着陸場).
헬멧helmet 충격(衝擊) 방지(防止) 머리 보호용 모자.
　▶ 오토바이(auto bicycle)를 탈 때는 헬멧을 꼭 착용해야 합니다.
　▶ 사고가 났을 때 헬멧을 쓰고 있어서 머리는 다치지 않았어요
헬스health [헬쓰] 건강 증진(增進)을 위해서 하는 운동.
　▶ 건강해지기 위해서 헬스를 시작했는데, 너무 힘들어.
　▶ 전문적(專門的)인 헬스트레이너(trainer)의 도움을 받아보는 게 어때?
　▷ 헬스^클럽(health club) : 헬스를 하는 체육관(體育館).
호른Horn /[혼] Ger 금관악기(金管樂器)의 하나.
　▶ 그녀는 호른이 내는 깊은 소리를 좋아해요
　▶ 주변에 호른 연주(演奏)를 잘하는 사람이 있나요?
호모homo[1] Lat 남성 동성애자(同性愛子) ↔ 레즈비언(lesbian).
　▶ 저 남자는 꼭 호모 같아 보이지 않아요?
　▶ 외모(外貌)만 보고 호모인지 아닌지 어떻게 알아?
호모homo[2] Lat 사람의 학명(學名).
　▶ 호모 사피엔스가 살던 시대가 언제라고 했지?
　▶ 호모 파베르는 도구(道具)를 사용한 인류를 말한다.
　▷ 호모 사피엔스(Homo^sapiens) : 지성인(知性人), 현생(現生) 인류 학술용어(學術用語).
　▷ 호모 에렉투스(Homo^erectus) : 직립(直立)인.
　▷ 호모 에코노미쿠스(Homo^economicus) : 경제인. 흔히, 주로 타산적(打算的)인 인간.

▷ 호모 파베르(Homo^faber) : 도구 사용 인간.

호산나hosanna   기독교(基督敎)에서 사용하는, '구원해 주소서'의 의미.

▶ 예수가 나타나자 사람들은 모두 '호산나'를 외쳤다.

▶ 넌 교회(敎會)에 다니면서 '호산나'의 의미도 모르니?

호스hose /[호쓰]   고무관, 비닐(vinyl)관.

▶ 호스에 구멍이 나서 물이 새요

▶ 간신히 호스를 연결했지만 흙탕물이 나왔다.

호스텔hostel   여행자를 위한 숙박소(宿泊所).

▶ 숙소(宿所)는 정했어요?

▶ 잠은 호스텔에서 자면 돼요.

***호스트**host   주인(主人), 주최(主催), 중심.

▶ 그녀는 TV홈쇼핑(home shopping)에서 호스트로 일하고 있어요

▶ 교통정보센터(center)는 언제 호스트 컴퓨터를 교체했대요?

▷ 호스트 컴퓨터(host computer) : 여러 대의 컴퓨터 중에 중심이 되는 컴퓨터.

호스티스hostess [호스티쓰]   술집에서 파트너(partner) 역할을 하는 여성 종사자(從事者).

▶ 우리 사회는 아직도 호스티스에 대한 편견(偏見)을 갖고 있어요.

▶ 호스티스를 하다가 대통령(大統領)의 부인이 된 경우도 있다지요?

호스피스hospice [호스피쓰]   임종(臨終)이 가까워진 환자와 그 가족을 위한 의료(醫療).

▶ 그녀는 10년째 호스피스 봉사활동(奉仕活動)을 하고 있어요

▶ 호스피스인 그녀는 일을 하며 많은 보람을 느낀다고 했다.

호이스트hoist   경량(輕量) 기중기(起重機).

▶ 그 정도 무게면 호이스트로 충분히 들어 올릴 수 있어요

▶ 이 호이스트는 안전한 기계인가요?

호치키스Hotchkiss [호치키쓰]   지철기(紙綴機)의 상표 이름.

▶ 서류는 호치키스로 찍어서 제출해 주세요

▶ 호치키스가 없으니 클립(clip)으로 대신합시다.

▷ 스테이플러(stapler).

호텔hotel   고급형 숙소(宿所). 비싼 숙소

▶ 호텔에 묵고 싶었지만 돈이 없었어요

▶ 호텔만큼은 아니지만 모텔(motel)도 괜찮았어요

호프Hof `Ger`   생맥주(生麥酒).

홀

> ▶ 퇴근길에 호프 한잔 어때?

> ▶ 날이 더우니까 나도 아까부터 호프 생각이 났어.

홀[1]**hall** 연회(宴會)를 위한 넓은 공간.

> ▶ 여름이 되자 홀은 손님들로 가득 찼다.

> ▶ 손님들이 많이 왔어요 홀에 음식을 세팅(setting)해 주세요

홀[2]**hole** 구멍 / 허점(虛點), 약점(弱點).

> ▶ 공은 홀을 한참이나 지나서야 멈췄다.

> ▶ 저쪽 팀(team)에는 그 사람이 바로 홀이야, 블랙홀(black-hole). 이제부터 그쪽으로 공격하자.

***홀드(하다)hold** 멈춤, 잡음, 유지함.

> ▶ 홀드 키(key)를 누르세요

> ▶ 핸드폰(hand phone)의 홀드 화면(畵面)을 바꿨어요

> ▶ 저는 이번 카드 판은 그대로 홀드하겠어요

홀딩(하다)holding 손에 쥐다, 끌어안다.

> ▶ 야, 그건 홀딩 반칙(反則)이야.

> ▶ 그가 경기(競技) 중에 상대 선수를 홀딩하는 장면이 카메라(camera)에 잡혔다.

홀로그램hologram 입체상(立體像)을 재현(再現)한 매체(媒體) 또는 그 방식.

> ▶ 홀로그램은 보는 위치에 따라 모습이 다르게 보인다.

> ▶ 그의 모습이 홀로그램 영상(映像)으로 되살아났다.

> ▷ 홀로그래피(holography) : 빛의 간섭(干涉)성을 이용하여 입체형을 만들어내는 것.

홀스타인Holstein `Net` 젖소의 한 품종(品種).

> ▶ 홀스타인은 다른 젖소와 뭐가 달라요?

> ▶ 홀스타인은 다른 소에 비해서 몸집이 커요

홀인원hole in one 골프(golf)에서, 공을 한 번에 홀(hole) 안으로 넣는 것.

> ▶ 일생(一生)에 한 번도 쉽지 않다는 홀인원을 두 번이나 하다니 대단해요

> ▶ 오늘 처음으로 홀인원을 기록했어요

홈home 집 / 야구에서의 홈 베이스(home base).

> ▶ 이번 경기(競技)는 홈게임인 만큼 우리 팀(team)이 유리(有利)합니다.

> ▶ 나 아무래도 홈쇼핑에 중독(中毒)된 것 같아.

> ▷ 홈＾게임(home game) : 자기 팀 연고지(緣故地)에서 하는 경기, 홈경기(競技).

> ▷ 홈＾경기(競技)(home競技) : 자기 팀 연고지에서 하는 경기, 홈게임.

▷ 홈^구장(home球場) : 자기 팀 연고지 경기장.

▷ 홈^그라운드(home ground) : 자기 팀 연고지 경기장.

▷ 홈^드라마(home+drama) : 가정극(家庭劇).

▷ 홈^드레스(home+dress) : 실용적인 여성용 가정복(家庭服).

▷ 홈^뱅킹(home banking) : 집에서 은행 일을 처리하는 것.

▷ 홈^쇼핑(home shopping) : 집에서 매체(媒體)를 이용해서 쇼핑하는 것.

▷ 홈인(home＋in) : 야구에서, 주자(走者)가 득점(得點)하는 것.

▷ 홈^터미널(home terminal) : 가정용 컴퓨터 단말기(端末機).

▷ 홈^팀(home team) : 자기 팀 연고지에서 경기하는 팀.

▷ 홈^패션(home fashion) : 집을 꾸미는 것 또는 집에서 입는 옷.

홈런home run 야구에서, 타자(打者)가 친 공이 외야석(外野席)으로 넘어가는 것. 득점(得點).

▶ 그는 드디어 홈런을 날렸다.

▶ 홈런 볼을 잡은 행운의 주인공(主人公)은 누구일까?

▷ 홈런^더비(home-run+derby) : 홈런 경쟁(競爭) 게임(game).

홈룸homeroom 초중고교 학급(學級) 내(內) 학생 자치(自治) 활동.

▶ 홈룸을 가장 모범적(模範的)으로 운영(運營)하고 있는 반이 어느 반이죠?

▶ 우리 반 학생들은 홈룸이 있는 토요일을 가장 좋아해요

▷ 에이치아르(HR [에이치알]).

홈^페이지home page 웹(web) 사이트(site)의 초기(初期) 화면(畵面).

▶ 왜 이렇게 홈페이지에 접속(接續)이 안 되죠?

▶ 지금은 홈페이지를 점검(點檢)하는 시간이라 접속이 안 될 거야.

화이트white 흰색. 흰 것.

▶ 오늘은 깔끔하게 화이트 셔츠(shirts)를 입을래.

▶ 화이트골드로 커플링(couple ring)을 했는데 어때?

▷ 화이트^골드(white gold) : 백금(白金)의 대용품(代用品)으로 쓰이는 합금(合金).

▷ 화이트^소스(white sauce) : 버터(butter)와 밀가루에 우유를 섞어서 만든 소스 (sauce).

▷ 화이트^칼라(white-collar) : 사무직(事務職) 근로자(勤勞者) ↔ 블루칼라(blue-collar).

*****화이팅**fighting 잘하라는 응원(應援)의 말 → 파이팅.

▶ 내일 시험이라며? 화이팅이야!

▶ 나는 긴장(緊張)을 한 그에게 화이팅을 외쳐 주었다.

*화일file   서류철(綴) / 컴퓨터(computer) 파일 → 파일.

▶ 영수증 화일 좀 보여 줄래요?

▶ 컴퓨터가 갑자기 꺼지는 바람에 화일이 전부 날아갔어요.

*환타지fantasy   환상적(幻想的)인 것 → 판타지.

▶ 환타지 소설 좀 그만 읽어.

▶ 환타지가 얼마나 재미있는 줄 알아?

*환타지아fantasia Ita   환상곡(幻想曲) → 판타지아.

▶ 환타지아를 들으면 새로운 세계에 빨려 들어가는 기분이 들어.

▶ 환타지아는 보통 작곡가의 상상력(想像力)에 의존(依存)해서 만들어지는 곡이
지요.

후드hood   머리에 쓰는 두건 모양의 쓰개.

▶ 후드티를 입으니 10년은 젊어 보여요.

▶ 저는 후드가 달린 옷을 제일 좋아해요.

▷ 후드^티(hood T-shirt) : 후드가 달린 상의(上衣).

*후라이fry   기름에 굽거나 튀긴 음식 → 프라이.

▶ 달걀 후라이 먹으래?

▶ 방금 후라이드치킨(fried chicken)과 콜라(cola)를 시켰어요.

*후랑크frank sausage   핫도그(hot dog)용 소시지(sausage) → 프랑크 소시지.

▶ 노릇노릇하게 구워진 후랑크를 보니까 갑자기 배가 고파.

▶ 제가 제일 좋아하는 음식이 바로 후랑크를 넣어서 만든 핫도그예요.

*후레시(하다)fresh /프레시   신선한, 새롭다.

▶ 우리 가족의 건강을 위해서 어머니께서는 언제나 후레시한 채소를
준비하십니다.

▶ 이제 저희 회사의 신제품(新製品) '후레시 밀크(milk)'로 건강을 지키세요.

*후룸^라이드flume ride /플룸^라이드   보트(boat)를 타고 물위를 미끄러지는 놀이 기구
의 통칭(通稱). 급류(急流) 타기.

▶ 지난번 놀이동산에서 탄 놀이기구 중에서 후룸라이드가 제일 재미있었다.

▶ 후룸라이드 줄이 제일 기네요. 우리 다른 놀이기구 탈까요?

*후르츠^펀치fruit punch   과일 혼합(混合) 음료 → 프루트펀치.

▶ 시원한 후르츠펀치 한잔 마시고 가요.

▶ 후르츠펀치는 얼음을 넣어서 시원하게 마셔야 제맛이에요

*후리지어freesia /[후리지애] 붓꽃과의 꽃의 하나 → 프리지어.

▶ 노란색 후리지어가 정말 예뻐요

▶ 봄 분위기(雰圍氣)를 내려고 거실에 후리지어를 꽂아 놓았어요.

*후크hook /[훅] 걸쇠, 갈고리.

▶ 후크가 떨어졌는데 어떻게 달아야 하는지 모르겠어.

▶ 후크를 달 때에는 좌우를 잘 맞추는 게 중요해.

훌라^댄스hula dance [훌라댄쓰] /[훌라땐쓰] 하와이(Hawaii)의 민속(民俗)춤.

▶ 훌라댄스를 추는 여인들은 정말 행복해 보였어요

▶ 나도 하와이 전통 춤인 훌라댄스를 제대로 배우고 싶어.

훌라후프Hula-Hoop 운동용 둥근 테.

▶ 어젯밤에 훌라후프를 500번이나 돌렸어요

▶ 훌라후프를 돌리면 살이 빠진다면서요?

*훼미리family 가족(家族) → 패밀리.

▶ 훼미리 여행을 위한 패키지(package) 상품이 있나요?

▶ 오랜만에 훼미리 레스토랑(restaurant)에 가서 외식을 했다.

*휀다fender 자동차 바퀴 윗부분 → 펜더.

▶ 살짝 부딪혔는데도 휀다가 찌그러졌다.

▶ 자동차 외장(外裝) 중에서 휀다는 비교적 교체(交替)가 용이(容易)한 부품이다.

휘슬whistle [휘쓸] 호루라기, 휘파람.

▶ 어디서 휘슬 소리가 들리는 것 같아.

▶ 누가 휘슬을 불었어?

휴대^폰携帶phone 휴대전화.

▶ 서두르는 바람에 휴대폰을 놓고 나왔어.

▶ 영화가 시작되자마자 휴대폰이 울려서 난감(難堪)했다.

휴머니즘humanism 인도주의(人道主義), 인문주의(人文主義), 인본주의(人本主義).

▶ 그의 작품에서는 휴머니즘이 느껴져요

▶ 그는 휴머니스트가 되고 싶다고 했어요

▷ 휴머니스트(humanist) : 인도주의자, 인문주의자, 인본주의자.

히드라[1]Hydra Gre 그리스(Greece) 신화(神話)에 나오는 뱀. 머리가 많다.

▶ 이건 히드라를 그린 그림이야.

히드라

▶ 머리가 모두 몇 개야? 히드라는 정말 징그럽다.

▶ 게임(game)에서의 히드라 캐릭터(character)도 여기에서 유래(由來)한 것이군.

히드라²hydra 민물에 사는 강장동물(腔腸動物)의 하나.

▶ 히드라는 고여 있는 물에서 발견할 수 있어요.

▶ 히드라의 몸은 갈색이어서 발견하기가 쉽지는 않겠어요.

*히로인heroin /헤로인² 여자 영웅(英雄).

▶ 이 영화(映畵)의 히로인은 당연히 전도현이지.

▶ 그녀의 연기력(演技力)은 워낙 훌륭해서 이 드라마(drama)의 히로인으로 손색
  (遜色)이 없다.

히비스커스hibiscus [히비스커쓰] 부용(芙蓉)과 비슷하게 생긴 화초(花草)의 하나.

▶ 차를 만들어 먹으려고 집에서 히비스커스를 키워요.

▶ 히비스커스차는 피로를 풀어주는 효과가 있어요.

히스타민histamine 단백질(蛋白質) 분해 시에 생기는 유독(有毒) 성분의 하나.

▶ 스트레스(stress)를 받으면 우리 몸에서 히스타민이 분비(分泌)된대요.

▶ 히스타민에는 독성(毒性)이 있다던데 스트레스를 받지 말아야겠어요.

히스테리Hysterie Ger   정신신경증(精神神經症)의 한 유형(類型), 비정상적(非正常的)
  인 흥분 상태.

▶ 항상 신경질(神經質)을 내는 사람은 히스테리 환자일 가능성이 높다.

▶ 히스테릭한 상사(上司) 때문에 회사에 가기가 싫다는 사람들이 많다.

▷ 히스테릭하다(hysteric—) : 히스테리가 있는 상태(狀態).

히스토그램histogram 통계(統計)에서 쓰는 도수(度數) 분포 그래프(graph).

▶ 디지털카메라(digital camera)에는 히스토그램이 표시됩니다.

▶ 통계를 잘하는 사람은 히스토그램과 막대그래프 활용(活用)을 잘합니다.

히아신스hyacinth [히아신쓰] 백합(百合)과의 여러해살이풀.

▶ 히아신스의 향기(香氣)는 정말 매혹적(魅惑的)이야.

▶ 히아신스와 튤립(tulip)을 보고 있으니 봄이 느껴져요.

*히어로hero 남자 영웅(英雄).

▶ 그는 모든 여성들의 히어로가 되었다.

▶ 그는 한국 영화(映畵)를 지키는 새로운 히어로가 될 거야.

히치하이크hitchhike 무전여행(無錢旅行)의 한 방법, 무임승차(無賃乘車).

▶ 히치하이크를 하려면 용기와 뻔뻔함이 필요해요.

　▸ 요즘엔 히치하이크를 하기가 정말 힘들지요?

히터heater　난방기(煖房器), 가열기(加熱器).

　▸ 히터를 하루 종일 켜놨더니 공기가 너무 건조(乾燥)해요

　▸ 아무리 추워도 가끔씩 히터를 끄고 창문을 열어서 환기를 해야 해요

히트(치다)hit　치다, 명중(命中)하다 / 성공하다. 유행(流行)하다.

　▸ 노래가 히트를 치자 그는 하루아침에 스타(star)가 되었다.

　▸ 그는 가수(歌手) 활동을 하면서 수많은 히트송을 남겼어요

　▷ 히트＾송(hit song) : 성공한 노래.

　▷ 히트＾앤드＾런(hit-and-run) : 야구 경기(競技) 전략(戰略)의 하나. 치고 달리기.

히프hip /힙　엉덩이.

　▸ 이 옷은 히프가 꽉 끼어서 못 입겠어.

　▸ 허리와 히프를 날씬하게 만들 수 있는 운동을 알려 드릴게요

히피hippie　자유로운 생활을 추구(追求)하는 것. 히피족(族).

　▸ 옷차림이 그게 뭐냐? 히피도 아니고

　▸ 일부러 히피 스타일(style)로 입은 거야.

힌두Hindu　인도(India)의.

　▸ 힌두교를 믿는 사람들은 소고기를 먹지 않아요

　▸ 혹시 주변에 힌두어를 할 줄 아는 사람이 있을까요?

　▷ 힌두＾교(Hindu敎) : 인도 민족(民族) 종교(宗敎).

　▷ 힌두＾족(Hindu族) : 인도인의 한 종족(宗族).

　▷ 힌디＾어(Hindi語) : 인도 유럽(Europe) 어족(語族)의 하나.

힌트hint　단서(端緒), 암시(暗示).

　▸ 너무 어려워요 힌트 좀 주세요

　▸ 중요한 힌트를 알려 드릴게요

힐[1]heel　발꿈치. 여성용 구두/ 하이힐.

　▸ 힐을 너무 많이 신어서 굳은살이 생겼어.

　▸ 발이 아프기는 하지만 힐을 포기할 수는 없어요

　▷ high heeled shoes.

*****힐**[2]hill　언덕, 구릉(丘陵).

　▸ 이 지역(地域)에는 유난히도 힐이 많은 것 같아요

　▸ 얕은 힐에 올랐는데도 마을 풍경(風景)이 한눈에 들어왔다.

힐링

*힐링healing 상처를 낫게 하는 것. 치료(治療), 치유(治癒)하는 것.
　　▶ 마음에 상처를 입은 청소년들을 위해서 힐링캠프(camp)를 열었어요.
　　▶ 좋네요. 저도 제게 맞는 힐링프로그램(program)을 찾고 있었어요.
*힙hip /히프 엉덩이, 궁둥이.
　　▶ 그의 음악을 들을 때면 언제나 나도 모르게 힙이 들썩거린다.
　　▶ 맞는 옷을 골라 드릴게요. 힙 사이즈(size)가 어떻게 되지요?
힙합hiphop [히팝] 흥겨운 멜로디(melody)에 새로운 형식이 가미(加味)된 음악 형식의
　　하나.
　　▶ 젊은이들은 힙합 스타일(style)의 옷을 입고 힙합 음악을 듣고 힙합 춤을 춘다.
　　▶ 이번 주 한국 가요 1위는 힙합 그룹(group)이 차지했습니다.

INDEX A to Z

A	에이
	▷a
a cappella `Ita`	아카펠라
A4	에이포
ABC	에이비시[에이비씨]
ABO	에이비오 /[에이삐오]
ABS	에이비에스[에이비에쓰]
	▶Anti-lock Brake[braking]
	System
acacia	아카시아 /[아카씨아]
academy	아카데미
accel	액셀 /악셀
	▷accelerator
accent	악센트 /액센트
access	액세스[액쎄쓰] /[억쎄쓰]
accessory	액세서리 /악세사리
accordion	아코디언
ace	에이스[에이쓰]
acetone	아세톤
acetylene	아세틸렌 /[아세티렌]
Achilles	아킬레스[아킬레쓰]
acre	에이커
acrylicresin	아크릴
action	액션
AD	에이디
	▶Anno Domini
ad lib	애드리브 애드립
ad^balloon	애드벌룬
address	어드레스[어드레쓰]
ade	에이드
adenovi `Rus`	아데노바이러스[아데노바이러쓰]
adrenaline	아드레날린
advantage	어드밴티지
aerobics	에어로빅 /에어로빅스
aerosol	에어로졸
Africa	아프리카
after service	애프터^서비스[애프터써비쓰]

agapē `Gre`	아가페
agency	에이전시[에이전씨]
agrément `Fra`	아그레망
Ahura-Mazda	아후라^마즈다
AI	에이아이
	▶Artificial Intelligence
AI	에이아이
	▶Avian Influenza
AIDS	에이즈
	▶Acquired Immune Deficiency
	Syndrome
Ainu	아이누
air bag	에어^백 /[에어빽]
air brush	에어^브러시 /[에어브러씨]
air compressor	에어^컴프레서 /[에어콤프레써]
air pump	에어^펌프
air+show	에어^쇼[에어쑈]
air-con	에어컨 에어콘
	▷air conditioner
akropolis `Gre`	아크로폴리스[아크로폴리쓰]
albatross	앨버트로스[앨버트로쓰]
	/알바트로스
album	앨범
alcohol	알코올 /알콜
aldehyde	알데히드
algorism	알고리즘
algorithm	알고리듬
alibi	알리바이
alkali	알칼리 /알카리
Allah	알라
all^star	올스타
allegory	알레고리
alleluia `Lat`	알렐루야 /할렐루야
Allergie `Ger`	알레르기 /알러지
all-round player	올라운드^플레이어
almond	아몬드
aloe `Lat`	알로에
aloha	알로하

C	**시[씨]** /씨
	▷c
cabaret **Fra**	카바레 /캬바레
cabinet	캐비닛 /캐비넷
cable	케이블
cable car	케이블ˆ카
cable TV	케이블ˆ티브이 /케이블티비
cacao **Esp**	카카오
cache	캐시 /[캐씨]
CAD	캐드
	▶Computer-Aided Design
caddie	캐디
cadenza **Ita**	카덴차 /카덴자
cadmium	카드뮴
café **Fra**	카페 /까페
cafeteria **Esp**	카페테리아 /[까페테리아]
caffeine	카페인
cage	케이지
cake	케이크 /케익
calcium	칼슘 /[칼슘]
calendar	캘린더 /카렌다
call	콜
call girl	콜ˆ걸
call taxi	콜ˆ택시
called game	콜드ˆ게임[콜드께임]
calorie	칼로리
CAM	캠
	▶Computer-Aided Manufacturing
camcorder	캠ˆ코더
cameo **Lat**	카메오 /까메오
camera	카메라
camp	캠프
campaign	캠페인
camphor	캠퍼
campus	캠퍼스[캠퍼쓰]
can	캔
Canada	캐나다
canapé **Fra**	카나페 /[까나페]
canaria	카나리아
candy	캔디
cannon	캐넌 /캐논
canoe	카누
canon	카논
cantata **Ita**	칸타타
canvas	캔버스[캔버쓰] /[캔바쓰]
canzone **Ita**	칸초네 /[깐쪼네]
cap	캡
capsule	캡슐
captain	캡틴 /캡
caption	캡션
capture	캡처
car parade	카ˆ퍼레이드
car phone	카ˆ폰
car pool	카ˆ풀
car + center	카ˆ센터 /[카센터] /카센타 /[카쎈타]
car + stereo	카ˆ스테레오
caramel	캐러멜 /카라멜 /캬라멜
carat	캐럿
caravane **Fra**	카라반 캐러밴
carbide	카바이드
carbine	카빈 /칼빈
carbon	카본
carburetor	카뷰레터 /카뷰레타
card	카드
card section	카드ˆ섹션 /[카드쎅션]
cardigan	카디건 /가디건
care	케어
career	커리어
caricature	캐리커처
carnation	카네이션
carnival	카니발
carol	캐럴 /캐롤
carotin	카로틴

chaos	카오스[카오쓰]	Christ	그리스도
chapter	챕터	christ	크리스트
character	캐릭터	Christian	크리스천 /크리스찬
charge	차지	Christmas	크리스마스[크리스마쓰] /[크리쓰마쓰]
charging	차징	Chroma key	크로마ˆ키
charisma	카리스마[카리쓰마]	Churros Esp	추로스[추로쓰] /츄러스 /추러쓰
chart	차트	cider	사이다
chassis	섀시 /샤시 /샷시	cigar	시가 /[씨가]
chatting	채팅	Cinderella	신데렐라
chauvinism	쇼비니즘 /[쑈비니즘]	Cinema	시네마 /씨네마
check	체크 /[첵]	cinnamon	시나몬
check card	체크ˆ카드	circle	서클[써클]
check-in	체크ˆ인	circle lenses	서클ˆ렌즈[써클렌즈]
checklist	체크ˆ리스트	circuit	서킷[써킷]
check-out	체크ˆ아웃	circus	서커스[써커쓰]
cheese	치즈	city	시티[씨티]
cheetah	치타	claim	클레임
chemical	케미컬 /케미칼	clarinet	클라리넷
chemise Fra	슈미즈	class	클래스[클래쓰] /[클라쓰]
chess	체스[체쓰]	classic	클래식
chi	키, 카이 ▷X/χ	clay	클레이
chic Fra	시크	clay animation	클레이ˆ애니메이션 /클레이메이션
chicken	치킨	clean	클린 /크린
chicken + cutlet	치킨ˆ커틀릿 치킨ˆ까스	cleaning	클리닝 /크리닝
chimpanzee	침팬지 /[침팬찌] /[침빤찌]	cleansing	클렌징 /클렌싱 /클린싱
chinatown	차이나ˆ타운	clear	클리어 /[클레어]
chip	칩	clear-file	클리어ˆ파일
chlorella	클로렐라 /크로렐라	click	클릭
chocolate	초콜릿 /초콜렛 /[쪼꼬렛]	client	클라이언트
choice	초이스[초이쓰]	climax	클라이맥스 /[클라이막쓰]
choir	콰이어 /콰이아	climbing	클라이밍
cholera	콜레라	clinch	클린치 /[크린치]
cholesterol	콜레스테롤	clinic	클리닉 /크리닉
chord	코드	clip	클립
chorus	코러스[코러쓰]		
chou + cream Fra	슈ˆ크림		

contact lens	콘택트ˆ렌즈
container	컨테이너 /콘테이너
conte **Fra**	콩트 /꽁트
conté **Fra**	콩테 /[꽁테]
contest	콘테스트 /컨테스트
continuity	콘티
contrabass	콘트라베이스[콘트라베이쓰]
contrast	콘트라스트
control	컨트롤 /콘트롤
convention	컨벤션
convertible	컨버터블
conveyor	컨베이어
cook	쿡
cookie	쿠키
cooking foil	쿠킹포일 쿠킹호일
cooling down	쿨링ˆ다운
coordi-	코디 ▷coordination
coordinator	코디네이터 /코디
copy	카피
cord	코드
corduroy	코르덴 /골덴 ▷corded velveteen
core	코어 /[코아]
cork	코르크 /[콜크]
corner	코너
cornflakes	콘ˆ플레이크 /콘프레이크
corsage **Fra**	코르사주 코사지[코싸지]
corset	코르셋
cosmetic	코스메틱 /코즈메틱
cosmopolitan	코즈모폴리턴 /코스모폴리탄
cosmos	코스모스[코쓰모쓰]
cost	코스트
costume	코스튬
cotton	코튼
counselor	카운슬러 /[카운쓸러] /[카운셀러]
count	카운트
counter	카운터 /[카운타]
counterblow	카운터ˆ블로
counterpunch	카운터ˆ펀치
country club	컨트리ˆ클럽
coup d'Etat **Fra**	쿠데타 /[쿠테타]
coupé **Fra**	쿠페
couple	커플
coupon	쿠폰
court	코트
cover	커버 /카바
cowboy	카우ˆ보이 /카보이
coyote	코요테
CP	시피[씨피] ▶Command Post
CPU	시피유[씨피유] ▶Central Processing Unit
cracker	크래커 /[크래카]
crane	크레인
crank	크랭크
crayon **Fra**	크레용
crayon + pas	크레파스[크레파쓰]
cream	크림
credit card	크레디트ˆ카드[크레딧카드]
crepe	크레이프 크레페
crisis	크라이시스[크라이시쓰]
Cro-Magnon	크로마뇽
croquette **Fra**	크로켓 /고로케 /[고로께]
croquis **Fra**	크로키
cross	크로스[크로쓰]
crossbar	크로스바[크로쓰바]
cross-country	크로스ˆ컨트리[크로쓰컨트리]
crouching start	크라우칭ˆ스타트
croûton **Fra**	크루통
crown	크라운
cruise	크루즈
crunch	크런치

design	디자인	DIY	디아이와이 ▶Do It Yourself
desk	데스크	DJ	디제이 ▶Disc Jockey
desktop	데스크톱 /데스크탑	DMZ	디엠제트 디엠지 ▶De-Militarized Zone
dessert	디저트	DNA	디엔에이 ▶Deoxyribo Nucleic Acid.
détente Fra	데탕트	docking	도킹
deuce	듀스[듀쓰]	doctor	닥터
device	디바이스[디바이쓰]	doctrine	독트린
diagram	다이어그램 /다이아그램	documentary	다큐멘터리 /다큐멘타리 /다큐
dial	다이얼 /다이알	dogma	도그마
dialogue	다이얼로그 /다이알로그	dol(suffix)	돌 ▷idol; celebrity entertainer
diamond	다이아몬드	Dolby system	돌비^시스템[돌비씨스템]
die	다이	doll	돌
Diesel	디젤	dolmen	돌멘
diet	다이어트	dolphin	돌핀
digest	다이제스트	domino	도미노
digital	디지털 /디지탈	Don Juan	돈^후안 /돈주앙
dilemma	딜레마	Don Quixote	돈키호테 /동키호테
dilettante Fra	딜레탕트	door	도어 /도아
dime	다임	Doris	도리스[도리쓰]
diode	다이오드	DOS	도스[도쓰] ▶Disk Operating System
Dionysos	디오니소스[디오니소쓰]	dot printer	도트^프린터
diopter	디옵터	double	더블 /[떠블] /[따블]
diorama Fra	디오라마	dough	도우
dioxine	다이옥신[다이옥씬]	doughnut	도넛 /도우넛 /도너츠 /[도나쓰]
direct	다이렉트	down	다운 /[따운]
director	디렉터	downtown	다운타운
directory	디렉터리 /디렉토리	DPT	디피티 ▶Diphtheria Pertussis Tetanus
disc	디스크	draft	드래프트
disco	디스코	drag	드래그
discount	디스카운트 /[디쓰카운트]	DRAM	디램 ▶Dynamic Random Access Memory
disinflation	디스^인플레이션 [디쓰인플레이션]		
disk	디스크		
diskette	디스켓		
display	디스플레이		
disrespect	디스[디쓰]		
diving	다이빙 /[따이빙]		

end	엔드
ending	엔딩
endorphin	엔도르핀 엔돌핀
energy	에너지
enfant `Fra`	앙팡
engagement `Fra`	앙가주망
Engel	엥겔
engine	엔진
engineer	엔지니어
engineering	엔지니어링
England	잉글랜드
English	잉글리시
enquête `Fra`	앙케트 앙케이트
entropy	엔트로피
entry	엔트리
epee `Fra`	에페 /에뻬
epicurean	에피큐리언
epilogue	에필로그
episode	에피소드
epsilon	엡실론 ▷Eε
equal	이퀄
equalizer	이퀄라이저
eros	에로스[에로쓰]
erotic	에로틱
error	에러 /[에라]
escalator	에스컬레이터 /[에쓰칼레이타]
escargot `Fra`	에스카르고 /[에스까르고] /[에쓰~]
escort	에스코트 /[에쓰코트]
Eskimo	에스키모
esperanto	에스페란토
espresso	에스프레소[에스프레쏘] /[에쓰프레쏘]
esprit `Fra`	에스프리 /[에스쁘리]
essay	에세이[에쎄이]
essence	에센스[에쎈쓰]
estrogen	에스트로겐 /[에스트로젠]
eta	에타 ▷H/η
etching	에칭
ethane `Fra`	에탄
ethanol	에탄올
ethyl	에틸 /[에칠]
ethyl alcohol	에틸^알코올 /[에틸알콜] /[에칠알콜]
etiquette `Fra`	에티켓
etude `Fra`	에튀드 /에뛰드
Eurasia	유라시아
Euro	유로
Euro-communism	유러^코뮤니즘
Eurodollar	유러^달러 /[유로딸라]
Europe	유럽
Eustachio	유스타키오
Eve	이브
evening	이브닝
event	이벤트
expander	익스팬더
EXPO	엑스포 ▶EXPOsition
express	익스프레스[익쓰프레쓰]
extra	엑스트라
extract	엑스트랙트 엑기스[엑끼쓰] /액기스
eye line	아이^라인
eye shadow	아이^섀도
eye+shopping	아이^쇼핑
F	**에프** ▷f
face	페이스[페이쓰]
fade-in	페이드^인
fade-out	페이드^아웃
fair play	페어^플레이

grill	그릴
grinder	그라인더
grip	그립
groggy	그로기
grotesque	그로테스크
ground	그라운드
group	그룹
guarantee	개런티
guard	가드
guerilla **Esp**	게릴라
guest	게스트
guide	가이드
guillotine **Fra**	기요틴 / 길로틴
guinea pig	기니ˆ피그
gyroscope	자이로ˆ스코프

H	**에이치** ▷h
habanera	하바네라
hacker	해커
hair	헤어
Haken **Ger**	하켄
half	하프
hall	홀
Hallelujah **Heb**	할렐루야 / 알렐루야
Halley	핼리
Halloween	할로윈 / [핼러윈]
Halogen	할로겐
ham	햄
HAM	햄 ▷a radio ham
hamburger	햄버거
Hamlet	햄릿
hammer	해머 / [햄마]
hammock	해먹
Hampshire	햄프셔

hamster	햄스터
hand	핸드
hand+phone	핸드ˆ폰
handicap	핸디캡 / 핸디
handkerchief	행커치프 / [행커칩]
handling	핸들링 / [핸드링]
handsome	핸섬[핸썸]
hang glide	행ˆ글라이드
hanger	행거
happening	해프닝
happy end	해피ˆ엔드
hard	하드
hard-disk	하드ˆ디스크
Harmagedon	아마겟돈 / 아마게돈
harmonica	하모니카
harmony	하모니
harp	하프
hat trick	해트ˆ트릭 / [헤드트릭]
Hawaiian guitar	하와이안ˆ기타
Hawwāh **Gre**	하와
HB	에이치ˆ비 ▶Hard Black
HD	에이치ˆ디 ▶High Definition
head	헤드
helicopter	헬리콥터
healing	힐링
health	헬스[헬쓰]
heart	하트
heater	히터
heavy	헤비
hebraism	헤브라이즘
hectare	헥타르
hecto-	헥토-
hedge fund	헤지ˆ펀드 / [헷지펀드]
heel	힐
Hegemony	헤게모니

	/[훌라땐쓰]
Hula-Hoop	훌라^후프
humanism	휴머니즘
humor	유머
humoresque	유머레스크
hungry	헝그리
hurdle	허들
hurricane	허리케인
husky	허스키
hustle	허슬[허쓸]
hyacinth	히아신스[히아신쓰]
hybrid	하이브리드
hydra	히드라
hyena	하이에나
hyper	하이퍼
hyperon	하이퍼론
hyphen	하이픈
Hysterie Ger	히스테리

I	아이
	▷i
IC	아이시[아이씨]
	▶Integrated Circuit
	Inter Change
ice dancing	아이스^댄싱[아이스댄씽 땐씽]
ice hockey	아이스^하키 /[아이쓰하키]
ice rink	아이스^링크 /[아이쓰링크]
ice show	아이스^쇼[아이스쑈]
ice tea	아이스^티 /[아이쓰티]
ice+coffee	아이스^커피 /[아이쓰커피]
icebox	아이스^박스[아이스박쓰] /[아이쓰빡쓰]
ice-cream	아이스^크림 /[아이쓰크림]
icon	아이콘
ID	아이디
	▷IDentification
ID card	아이디^카드

	▷IDentification card
id Lat	이드
idea	아이디어 /이데아
Ideologie Ger	이데올로기
idling	아이들링
idol	아이돌
igloo	이글루
illustration	일러스트레이션 /일러스트
image	이미지
IMF	아이엠에프
	▶International Monetary Fund
imitation	이미테이션
in player	인플레이어
in+course	인코스[인코쓰]
incline	인클라인
incubator	인큐베이터
index	인덱스
Indian	인디언 /인디안
indigo	인디고
Indochina	인도^차이나
Indo-Europe	인도^유럽
Indo-German	인도^게르만
infield fly	인필드^플라이
infighting	인파이팅
inflation	인플레이션 /인플레
influenza	인플루엔자
infrastructure	인프라
initial	이니셜
ink	잉크
inkjet printer	잉크젯^프린터
in-line	인라인[인나인]
in-line antenna	인라인안테나[인나이난테나]
inning	이닝
innovation	이노베이션
inside	인사이드[인싸이드]
inside kick	인사이드^킥[인싸이드킥]

jockey	자키
jogging	조깅
joint	조인트 /[쪼인트]
joke	조크 /[쪼크]
joker	조커 /[쪼커]
joule	줄
journal	저널
joy stick	조이ˆ스틱
Judea	유대
judge	저지
juice	주스[주쓰]
Julius	율리우스[율리우쓰]
jumbo	점보
jump	점프 /[쩜프] /[쨤프]
jumper	점퍼 /[쩜퍼] ▷an electric cable
jumper	점퍼 /잠바 ▷a cloth
junior	주니어
junk	정크
junk food	정크ˆ푸드
Jupiter	주피터

K	**케이** ▷k
Kaiser	카이저
kale	케일
kandelaar **Net**	칸델라 /[칸데라]
kangaroo	캥거루 /캉가루
Kant	칸트
KAPF	카프 ▶Korea Artista Proleta Federatio
kappa	카파 ▷K/κ
Karabiner **Ger**	카라비너
Karst	카르스트

Kartell **Ger**	카르텔
KATUSA	카투사 /[카츄사] ▶Korean Augmentation Troops to United States Army
kayak	카약
KEDO	케도 ▶Korean peninsula Energy Development Organization
keep	킵
keeper	키퍼
Kent	켄트
ketchup	케첩 /케챂
key	키
key holder	키ˆ홀더
key word	키ˆ워드
key + point	키ˆ포인트
keyboard	키ˆ보드
keynote	키ˆ노트
kick	킥
kick boxing	킥ˆ복싱 /[킥뽁씽]
kickoff	킥ˆ오프
kids	키즈
killer	킬러
kilo	킬로 /[키로]
king	킹
kiss	키스[키쓰]
kit	키트 /킷
kitchen	키친
kiwi	키위
klaxon	클랙슨 /[클락쏜] /[크락션]
knife	나이프
knit	니트
knock	노크 /[녹]
knock-down	녹ˆ다운 /[넉따운]
knocking	노킹
knock-out	녹ˆ아웃 /[넉아웃]
knot	노트

liar 라이어

liberal 리버럴

Libido `Ger` 리비도

library 라이브러리

license 라이선스[라이선쓰] /라이센쓰

life 라이프

lift 리프트

liger 라이거
▷ lion + tiger

light 라이트

lighter 라이터 /라이타

lilac 라일락

limbo 림보

lime 라임

limousine `Fra` 리무진

line 라인

linen 리넨 /린넨

liner 라이너

lingerie `Fra` 란제리

link 링크

LIONS Club 라이온스^클럽
▶ Liberty Intelligence Our Nation's Safety-Club

lip 립

lip-balm 립밤

lip-gloss 립글로스[립글로쓰] /[립글로즈]

liposome 리포솜 /리포좀

lipstick 립스틱

list 리스트

liter 리터

litmus 리트머스[리트머쓰]

little 리틀

live 라이브

living 리빙

LNG 엘엔지
▶ Liquefied Natural Gas

loan 론

lobbing 로빙

lobby 로비

location 로케이션 /로케

locker 로커 /라커 /라카

lodge 로지 /롯지

log 로그

logo 로고

logo song 로고^송[로고쏭]

logos `Gre` 로고스[로고쓰]

long-run 롱런

loop 루프

loose 루스 /루즈

Lorelei `Ger` 로렐라이

loss 로스[로쓰]

lost 로스트

lotion 로션

lotto 로또

lounge 라운지

love 러브

love game 러브^게임[러브께임]

low-heeled shoes 로힐

low + teen 로^틴

LP 엘피
▶ Long Playing record

LP gas 엘피^가스[엘피가쓰/까쓰]
▶ Liquefied Petroleum gas

LPG 엘피지
▶ Liquefied Petroleum Gas

L-size 엘^사이즈[엘싸이즈]

lucky 러키 럭키

lucky seven 러키^세븐[러키쎄븐] /럭키세븐

luge 루지 /[룻찌]

luminol 루미놀

Lumpen `Ger` 룸펜

lure 루어

lux 럭스 /룩스

P   피 ▷p

Q 큐
▷q

R 아르[알]
▷r

RAM	램
	▶Random Access Memory
ramp	램프
random	랜덤
range	레인지
ranger	레인저
ranking	랭킹
rap	랩
rapper	래퍼
rate	레이트
rayon	레이온
reach	리치
reader	리더
ready	레디
real	리얼 /레알
rear car	리어^카
rebate	리베이트
rebound	리바운드
receive	리시브[리씨브]
receiver	리시버[리씨버]
reception	리셉션[리쎕션]
recipe	레시피
recital	리사이틀[리싸이틀]
record	레코드 /리코드
recorder	리코더 /레코더
recording	리코딩 /레코딩
recreation	레크리에이션 /레크레이션
red	레드
reed	리드
reel	릴
referee	레퍼리 /[레프리]
refill	리필
reflation	리플레이션
reflex camera	리플렉스^카메라
reggae	레게
register	레지스터
rehearsal	리허설

reji **Jap**	레지
relay	릴레이
remicon	레미콘
remote controller	리모컨 /리모콘
Renaissance	르네상스[르네상쓰] /[르네쌍쓰]
rendez-vous **Fra**	랑데부 /랑데뷰
rental	렌탈
rental car	렌터카
repeat	리피트 /[리핏]
repertory	레퍼토리 /레파토리
reply	리플
report	리포트 /레포트 /[리폿]
reportage **Fra**	르포 /르뽀
reporter	리포터
requiem **Lat**	레퀴엠
research	리서치[리써치]
reset	리셋[리쎗]
residence	레지던스[레지던쓰]
resident	레지던트
résistance **Fra**	레지스탕스[레지스탕쓰]
resort	리조트
restaurant **Fra**	레스토랑
retort	레토르트
return	리턴
Reuter	로이터
revival	리바이벌
revolver	리볼버
Rex	렉스
Rh negative	아르에이치^네거티브 [알에이치~]
Rh positive	아르에이치^포지티브 [알에이치~]
rhapsody	랩소디
rheumatism	류머티즘 류마티즘
rheumatiz	류머티스[류머티쓰] /류마티스[류마티쓰]
rho	로

vampire	뱀파이어
Van Allen	밴앨런
vanilla	바닐라
variation	베리에이션
varnish	바니시
Vaseline	바셀린 /[바세린]
Vatican	바티칸
VCR	브이시아르[브이씨알] ▶Video Cassette Recorder
vector	벡터
Veda San	베다
veil	베일
velodrome	벨로드롬
velvet	벨벳
veneer	베니어 /베니아
Venn diagram	벤다이어그램 /벤다이아그램
venture	벤처
Venus	비너스[비너쓰]
veranda	베란다
Versailles	베르사유
very	베리
vest	베스트
veteran Fra	베테랑
VHF	브이에이치에프 ▶Very High Frequency
vibration	바이브레이션
vibrato Ita	비브라토
victory	빅토리
video	비디오
video art	비디오^아트
viewer	뷰어
Viking	바이킹
villa	빌라
vinyl	비닐
viola Ita	비올라
violation	바이얼레이션 /[바이올레이션]
violet	바이올렛
violin	바이올린
VIP	브이아이피 ▶Very Important Person
virus	바이러스[바이러쓰]
viscose rayon	비스코스^레이온[비스코쓰레이온]
vise	바이스[바이쓰]
vision	비전
Visnu San	비슈누
vital sign	바이털^사인[바이털싸인] /[바이탈싸인]
vitamin	비타민
VOD	브이오디 ▶Video On Demand
vodka Rus	보드카
voice	보이스[보이쓰]
volt	볼트
volume	볼륨
voodoo	부두
VTR	브이티아르[브이티알] ▶Video Tape Recorder
VVIP	브이브이아이피 ▶Very Very Important Person

W	더블유 /[떠블유] /[따블유] ▷w
wafer	웨이퍼 웨하스
waffle	와플
waist	웨이스트
waiter	웨이터 /[웨이타]
waitress	웨이트리스[웨이트리쓰]
walker	워커
walkie-talkie	워키토키
Wallace	월리스[월리쓰]
waltz	왈츠 /[왈쯔]
war	워
warming-up	워밍업

WWW 월드^와이드^웹
▶World Wide Wep

X 엑스
▷x
Xerox 제록스
xi 크시, 크사이
▷Ξ/ξ
X-ray 엑스^레이
xylophone 실로폰

Y 와이
▷y
yacht 요트
Yahweh Heb 야훼, 여호와
yak 야크
yard 야드
yeast 이스트
yellow card 옐로^카드 /옐로우^카드
yellow paper 옐로^페이퍼 /옐로우^페이퍼
YMCA 와이엠시에이[와이엠씨에이]
▶Young Men's Christian Association
yodel 요들
yoga 요가
yoghurt 요구르트 /요거트 /[야구르트]
yo-ho 야호
Yorkshire 요크셔
young 영
youth hostel 유스^호스텔[유쓰호스텔]
yoyo 요요
YWCA 와이더블유시에이[와이더블유씨에이]
▶Young Women's Christian Association

Z 지, 제트
▷z
zero 제로
zero game 제로^게임[제로께임]
zero-sum 제로섬[제로썸]
zeta 제타
▷Z/ζ
Zeus 제우스[제우쓰]
zigzag 지그재그
Zion 시온
Zionism 시오니즘
zip-code 집^코드
zipper 지퍼 /자꾸
zirconium 지르코늄
zone 존
zoo 주
zoom 줌
Zoroaster 조로아스터

일본어

あなご Jap 아나고
あんこ Jap 앙꼬
イジメ, いじめ Jap 이지메
いっぱい Jap 이빠이 /잇빠이 /입빠이
うどん Jap 우동
えん[円] Jap 엔
えんこ 엥꼬
おでん Jap 오뎅
から Jap 가라
からオケ Jap 가라오케 /카라오케
かんじ Jap 간지
くさり Jap 쿠사리
くるま Jap 구루마
こて(鏝) Jap 고데
さしみ Jap 사시미
しまい Jap 시마이

▌조형일

서울대학교 사범대학 대학원 교육학 박사(한국어교육 전공)
디지털서울문화예술대학교 한국언어문화학과 교수
국제한국언어문화학회(INK) 편집이사
전) 가톨릭대학교 인문학부 국어국문학전공 교육전담초빙교수
　　명지대, 서울대, 청주교대, 호서대 강사
　　이탈리아 베니스 Ca'Foscari 대학 한국어 담당 교수
　　서울대학교 언어교육원 한국어교육센터 강사
　　서울대학교 외국인을 위한 한국어교육 지도자 과정 실장
　　KBS 9시 뉴스 국어자문위원
『Korean fundamental Vocabulary』(2005)
『옛말활용사전』(2005)
『행복한 한국어』1(2007)
「시소러스 기반 한국어 어휘교육 연구」(2010)
『읽으면서 배우는 한국어연습』(2011)
『학령기 자녀를 둔 결혼이민자를 위한 한국어』(2012)

▌남주혜

가톨릭대학교 대학원 교육학 석사(한국어교육 전공)
부천시-가톨릭대학교 다문화교육 프로그램 강사
인하대학교 언어교육원 한국어 강사
「학문 목적 한국어 논설문 쓰기 교재 개발 방안 연구」(2011)

알수록 '스마트Smart'해지는 한국어
외래어와 외국어 표현 3300

인　쇄　2012년 4월 3일
발　행　2012년 4월 13일
지은이　조형일·남주혜
펴낸이　이대현
편　집　박선주
디자인　이홍주
펴낸곳　도서출판 역락
　　　　서울 서초구 반포4동 577-25 문창빌딩 2층
　　　　전화 02-3409-2058(영업부), 3409-2060(편집부)
　　　　팩시밀리 02-3409-2059
　　　　이메일 youkrack@hanmail.net
　　　　등록 1999년 4월 19일 제303-2002-000014호
ISBN　978-89-5556-986-5　93700
정　가　30,000원
* 잘못된 책은 바꾸어 드립니다.